Cynnwys

5 Marchnata

6 Adnoddau dynol

CBAC

TGAU BUSNES

Malcolm Surridge
Andrew Gillespie

HODDER
EDUCATION
AN HACHETTE UK COMPANY

CBAC TGAU Busnes

Addasiad Cymraeg o *WJEC and Eduqas GCSE Business* a gyhoeddwyd yn 2017 gan Hodder Education

Cyhoeddwyd dan nawdd Cynllun Adnoddau Addysgu a Dysgu CBAC

Mae CBAC wedi cymeradwyo'r deunydd hwn, sy'n cynnig cefnogaeth o ansawdd uchel ar gyfer cyflwyno cymwysterau CBAC. Er bod y deunydd hwn wedi mynd trwy broses sicrhau ansawdd CBAC, y cyhoeddwr sydd â'r holl gyfrifoldeb am y cynnwys.

Hoffai'r Cyhoeddwyr ddiolch i'r canlynol am roi caniatâd i atgynhyrchu deunyddiau o dan hawlfraint.

Mae cydnabyddiaeth ar gyfer y ffotograffau ar dudalen 372 yng nghefn y llyfr hwn.

Gwnaed pob ymdrech i olrhain pob deiliad hawlfraint, ond os oes unrhyw rai wedi'u hesgeuluso'n anfwriadol bydd y Cyhoeddwyr yn barod i wneud y trefniadau angenrheidiol ar y cyfle cyntaf.

Er y gwnaed pob ymdrech i sicrhau bod cyfeiriadau gwefannau yn gywir adeg mynd i'r wasg, nid yw Hodder Education yn gyfrifol am gynnwys unrhyw wefan y cyfeirir ati yn y llyfr hwn. Weithiau mae'n bosibl dod o hyd i dudalen we a adleolwyd drwy deipio cyfeiriad tudalen gartref gwefan yn ffenestr LlAU (*URL*) eich porwr.

Polisi Hachette UK yw defnyddio papurau sy'n gynhyrchion naturiol, adnewyddadwy ac ailgylchadwy o goed a dyfwyd mewn coedwigoedd cynaliadwy. Disgwylir i'r prosesau torri coed a gweithgynhyrchu gydymffurfio â rheoliadau amgylcheddol y wlad y mae'r cynnyrch yn tarddu ohoni.

Archebion: cysylltwch â Bookpoint Ltd, 130 Milton Park, Abingdon, Oxon OX14 4SE. Ffôn: (44) 01235 827720. Ffacs: (44) 01235 400454. E-bost: education@bookpoint.co.uk. Mae'r llinellau ar agor rhwng 9.00 a 17.00 o ddydd Llun i ddydd Sadwrn, gyda gwasanaeth ateb negeseuon 24 awr. Gallwch hefyd archebu drwy ein gwefan: www.hoddereducation.co.uk.

ISBN: 9781 5104 1713 7

© Malcolm Surridge ac Andrew Gillespie, 2017 (Yr argraffiad Saesneg)

Cyhoeddwyd gyntaf yn 2017 gan
Hodder Education,
An Hachette UK Company,
Carmelite House,
50 Victoria Embankment
London EC4Y 0DZ

www.hoddereducation.co.uk

© CBAC 2018 (yr argraffiad hwn ar gyfer CBAC)

Rhif argraffiad   10 9 8 7 6 5 4 3 2 1

Blwyddyn   2022 2021 2020 2019 2018

Llun y clawr © rawpixel – 123RF.com

Darluniau gan Integra Software Services Pvt, Ltd.

Teiposodwyd yn India gan Integra Software Services Pvt, Ltd., Pondicherry, India

Argraffwyd yn yr Eidal gan Printer Trento.

Mae cofnod catalog y teitl hwn ar gael gan y Llyfrgell Brydeinig.

Rhagarweiniad

Croeso i'ch cwrs TGAU Busnes CBAC.

⬤ Beth byddwch chi'n ei astudio?

Mae eich cwrs TGAU wedi'i rannu'n chwe rhan ac rydyn ni wedi creu pennod wahanol ar gyfer pob un.

Pennod 1: Gweithgaredd busnes

Bwriad y rhan hon o'r cwrs yw eich cyflwyno chi i'r pwnc. Mae'n ystyried natur gweithgaredd busnes, sut a pham mae busnesau'n cyflenwi nwyddau a gwasanaethau, rôl menter busnes ac entrepreneuriaeth, a natur ddynamig busnes. Wrth astudio'r bennod, cewch wybod am y ffurfiau cyfreithiol gwahanol gall busnes eu cael, y nodau maen nhw'n eu gosod ar eu cyfer eu hunain, sut maen nhw'n penderfynu ble i'w lleoli eu hunain a sut maen nhw'n cynllunio eu gweithgareddau. Mae'r bennod hon hefyd yn ystyried sut mae busnesau'n gallu tyfu a pham bydden nhw'n dymuno gwneud hynny, o bosibl. Mae'r bennod hon a Phennod 2 yn ymwneud â phedwar maes swyddogaethol busnes (gweithrediadau busnes, adnoddau dynol, marchnata a chyllid) sy'n cael sylw ym Mhenodau 3-6.

Pennod 2: Dylanwadau ar fusnes

Mae ffactorau allanol yn effeithio ar bob busnes ac mae'r bennod hon yn ystyried rhai o'r pwysicaf o'r rhain. Mae'r bennod yn trafod dylanwadau allanol fel technoleg, yr hinsawdd economaidd, yr amgylchedd, globaleiddio a'r gyfraith.

Pennod 3: Gweithrediadau busnes

Bydd astudio'r bennod hon yn dangos i chi sut mae busnesau'n defnyddio adnoddau i gynhyrchu nwyddau a gwasanaethau yn y ffordd fwyaf effeithlon posibl. Byddwch chi'n darganfod beth mae gweithrediadau busnes yn eu cynnwys mewn gwahanol fathau o fusnesau. Mae'r bennod yn edrych ar y gwahanol ffyrdd mae busnesau'n cynhyrchu nwyddau a gwasanaethau, sut maen nhw'n rheoli eu cyflenwyr a sut maen nhw'n gwerthu eu cynhyrchion, gan gynnwys darparu gwasanaeth rhagorol i gwsmeriaid.

Pennod 4: Cyllid

Bydd y bennod hon yn eich helpu chi i ddeall sut mae busnesau'n codi'r cyllid mae ei angen arnyn nhw i sefydlu ac ehangu eu busnesau. Bydd hefyd yn dangos i chi sut mae busnes yn cyfrifo ei elw (neu ei golled) ac yn defnyddio data ariannol i asesu ei berfformiad a rheoli ei arian.

Pennod 5: Marchnata

Mae'r bennod hon yn dangos i chi sut mae busnesau'n adnabod, yn deall ac yn targedu eu cwsmeriaid drwy hysbysebu a gyda dulliau eraill o hyrwyddo eu cynhyrchion. Bydd y bennod yn eich helpu chi i ddeall sut mae busnesau'n darganfod anghenion eu cwsmeriaid gan ddefnyddio ymchwil marchnata, a sut maen nhw'n defnyddio'r cymysgedd marchnata i gyrraedd lefelau gwerthiant uchel.

Pennod 6: Adnoddau dynol

Mae pynciau yn y bennod hon o'r fanyleb yn cynnwys sut mae busnesau'n recriwtio ac yn dewis gweithwyr newydd, a sut maen nhw'n cymell ac yn hyfforddi'r gweithwyr hynny ar ôl iddyn nhw ddechrau gweithio. Mae hefyd yn ystyried y strwythurau gall busnesau eu dewis i wneud y defnydd mwyaf effeithlon o'u gweithwyr.

● Manteision defnyddio'r llyfr hwn

Bydd y llyfr hwn yn eich helpu chi i astudio TGAU Busnes mewn nifer o ffyrdd. Mae'n cynnwys pob un o'r testunau bydd angen i chi eu hastudio, ac mae'r rhain i'w gweld yn glir yn y chwe phennod. Mae pob pennod yn y llyfr wedi'i rhannu'n nifer o adrannau er mwyn i chi gael cyfres o destunau byr i'w hastudio.

Mae gan y llyfr nifer o nodweddion eraill sydd â'r bwriad o'ch helpu chi i lwyddo yn eich cwrs TGAU.

→ Mae'r holl dermau allweddol wedi cael eu diffinio ar eich cyfer. Bydd hyn yn eich helpu chi i ddefnyddio termau busnes ac i nodi ac esbonio gweithgaredd busnes yn ôl gofynion y fanyleb.

→ Mae blychau 'Ystyried busnes' rheolaidd yn y llyfr, sy'n cysylltu'r theori rydych chi'n ei hastudio ag enghreifftiau o fusnesau go iawn. Mae'n bwysig i chi allu gweld sut mae materion a thestunau'r cwrs TGAU yn effeithio ar fusnesau gwahanol.

→ Mae nifer o nodweddion 'Mentro Mathemateg', fydd yn eich helpu chi i ddefnyddio rhifau'n effeithiol fel rhan o'ch cwrs TGAU. Mae defnyddio data meintiol yn effeithiol yn sgìl pwysig mewn TGAU Busnes.

→ Mae nifer mawr o luniau a diagramau yn y llyfr i'ch helpu chi i ddeall y pwnc. Mae gan rai o'r rhain gwestiynau fydd yn gwneud i chi feddwl yn ddyfnach am y mater dan sylw.

→ Yn ogystal â hyn, mae cyfres o 'Awgrymiadau astudio' drwy'r llyfr sy'n rhoi cyngor i chi ar amrywiaeth eang o faterion yn gysylltiedig â'r arholiadau byddwch chi'n eu sefyll.

→ Ar ddiwedd pob adran, mae cwestiynau ateb byr a chwestiynau ymateb i ddata. Mae'r rhain yn eich galluogi chi i brofi eich gwybodaeth a'ch dealltwriaeth yn ogystal ag ymarfer ateb cwestiynau dull arholi. Bydd hyn yn eich helpu chi i ddatblygu techneg effeithiol ar gyfer arholiadau.

→ Ar ddiwedd pob pennod, mae rhagor o gwestiynau dull arholi a rhai atebion enghreifftiol sy'n dangos sut mae ymdrin â'r mathau hyn o gwestiynau (ac weithiau sut mae peidio ag ymdrin â nhw).

● Pa arholiadau bydd yn rhaid i chi eu sefyll?

Mae eich cwrs TGAU Busnes CBAC yn cael ei asesu drwy ddau arholiad.

1 **Uned 1: Byd Busnes.** Mae'r arholiad hwn yn werth uchafswm o 100 o farciau ac mae'n cyfrif tuag at 62.5 y cant o'ch canlyniad TGAU. Mae'n para dwy awr ac yn ymdrin â holl gynnwys y fanyleb. Mae'r papur arholiad yn cynnwys cymysgedd o atebion byr a chwestiynau strwythuredig yn seiliedig ar ddeunydd ysgogi.

2 **Uned 2: Canfyddiadau Busnes.** Mae'r arholiad hwn yn werth uchafswm o 60 marc ac mae'n cyfrif tuag at 37.5 y cant o'ch canlyniad TGAU. Mae'n para un awr a 30 munud ac mae hefyd yn ymdrin â holl gynnwys y fanyleb. Mae'r papur arholiad yn seiliedig ar nifer o gwestiynau ymateb i ddata.

Pob hwyl gyda'ch cwrs TGAU Busnes.

1

Gweithgaredd busnes

Mae busnes yn cynnwys llawer o weithgareddau gwahanol ac yn y bennod hon byddwn ni'n cynnig trosolwg o'r rhain. Yna byddwn ni'n eu hastudio'n fwy manwl mewn penodau eraill. Yn ogystal â hyn, byddwn ni'n ystyried pam mae pobl yn cychwyn busnes a beth yw nodweddion arferol menter. Byddwn ni hefyd yn archwilio beth yw cynllun busnes; fel arfer caiff hwn ei gynhyrchu pan fydd busnes yn cael ei gychwyn ac yna caiff ei adolygu'n rheolaidd. Wrth gwrs, mae llawer o fathau gwahanol o fusnes a byddwn ni'n edrych ar y rhain a'u nodweddion arferol. Yna byddwn ni'n ystyried pam byddai busnes yn dymuno tyfu, efallai, a beth yw manteision ac anfanteision hynny. Yn olaf, edrychwn ar y ffactorau allai ddylanwadu ar leoliad busnes.

Natur gweithgaredd busnes a nwyddau a gwasanaethau

Mae llawer o fathau gwahanol o fusnes a llawer o resymau gwahanol dros fodolaeth busnesau. Yn yr adran hon gofynnwn beth yw busnes, gan edrych ar fathau gwahanol o amgylchedd busnes a maint gwahanol busnesau.

Erbyn diwedd yr adran, dylech chi wybod am y canlynol:

- natur gweithgaredd busnes
- yr amgylchedd busnes
- yr amgylchedd cystadleuol
- maint gwahanol busnes ar lefelau lleol, cenedlaethol a byd-eang
- natur gyd-ddibynnol gweithgaredd busnes
- yr amgylchedd dynamig.

⬤ Natur gweithgaredd busnes

Corff sy'n cynhyrchu nwydd neu'n cyflenwi gwasanaeth yw busnes. Cynnyrch ffisegol, fel car, yw nwydd. Mae gwasanaeth yn eitem na allwch chi fel arfer ei chyffwrdd, fel cyngor ariannol. Mae busnes yn cynnwys pobl – un weithiau, a miloedd dro arall – a'i nod yw darparu rhywbeth mae pobl eraill yn galw amdano. Mae busnesau'n darparu amrywiaeth o gynhyrchion ar gyfer cwsmeriaid. Rhywun sy'n prynu cynnyrch yw cwsmer. Mae cynhyrchion yn cael eu defnyddio gan ddefnyddwyr. Er enghraifft, os ydych chi'n prynu ffôn symudol i chi eich hun, chi yw'r cwsmer a'r defnyddiwr. Os yw eich rhieni yn ei brynu i chi, nhw yw'r cwsmer a chi yw'r defnyddiwr.

Mae gweithgaredd busnes yn cynnwys troi **adnoddau** yn allgynnyrch mae cwsmeriaid yn gallu talu amdano ac yn fodlon gwneud. Bydd busnes yn dymuno creu allgynnyrch sy'n werth mwy na gwerth yr adnoddau gafodd eu defnyddio.

Adnoddau

Adnoddau yw'r defnyddiau mae busnesau'n eu defnyddio i ddarparu eu nwyddau neu eu gwasanaethau. Gall yr adnoddau hyn gynnwys y canlynol:

➔ Tir: gall hyn gyfeirio at y tir ffisegol ac adnoddau naturiol eraill bydd busnes yn eu defnyddio.

➔ Llafur: sef sgiliau a niferoedd y gweithwyr mae busnes yn eu cyflogi.

➔ Cyfalaf: dyma'r offer sy'n cael ei ddefnyddio i ddarparu'r nwyddau neu'r gwasanaethau, fel technoleg neu beirianwaith.

➔ Menter: sef sgiliau'r bobl sy'n rhan o'r busnes, ac yn benodol eu gallu i adnabod cyfleoedd busnes a dod ag adnoddau at ei gilydd i fynd i'r afael â'r rhain. Mae entrepreneuriaeth yn cyfeirio at y gallu i fod yn entrepreneur, i fentro a chymryd risgiau er mwyn datblygu syniad busnes.

O ran yr hyn mae busnes yn gallu ei gynhyrchu, bydd hyn yn dibynnu ar faint o adnoddau sydd ganddo ac ansawdd y rhain, yn ogystal â'r ffordd mae'r adnoddau hyn yn cael eu cyfuno a'u rheoli.

Allgynnyrch

Allgynnyrch busnes yw'r nwyddau a'r gwasanaethau mae'n eu gwerthu i gwsmeriaid.

Mae gwahanol fathau o allgynnyrch y gall busnes eu cynhyrchu.

Mae'r rhain yn cynnwys y canlynol:

➔ Nwyddau traul: sef cynhyrchion sy'n cael eu prynu er mwyn eu defnyddio a'u treulio, fel brechdanau, diodydd a dillad.

➔ Nwyddau cynhyrchwyr: sef cynhyrchion sy'n cael eu prynu er mwyn eu defnyddio yn y broses gynhyrchu i wneud rhywbeth arall. Er enghraifft, gallai busnes brynu cynhwysion i gynhyrchu pryd parod.

➔ Nwyddau sy'n para: nwyddau sy'n para am gyfnod yw'r rhain. Pan fyddwch chi'n prynu oergell neu bopty microdon newydd, byddwch chi'n disgwyl i'r rhain bara am sawl blwyddyn.

➔ Nwyddau sydd ddim yn para: sef nwyddau sydd ond yn gallu cael eu defnyddio hyn a hyn o weithiau. Er enghraifft, rydych chi'n bwyta hufen iâ felly nid yw'n para.

➔ Gwasanaethau personol: sef gwasanaethau sy'n cael eu darparu ar gyfer y cyhoedd, fel glanhau ffenestri.

➔ Gwasanaethau masnachol: sef gwasanaethau sy'n cael eu darparu ar gyfer busnes, fel gwasanaethau arlwyo i redeg y ffreutur.

> **Term allweddol**
>
> **Adnoddau** yw'r defnyddiau mae busnesau'n eu defnyddio i ddarparu eu nwyddau neu eu gwasanaethau.

> **Term allweddol**
>
> **Allgynnyrch** busnes yw'r nwyddau a'r gwasanaethau mae'n eu gwerthu i gwsmeriaid.

Mentro Mathemateg

Mae Tabl 1.1 yn dangos nifer y mentrau busnes oedd yn gweithredu yn y DU (*UK*) yn 2015.

	Nifer y mentrau busnes (i'r fil agosaf)
Amaethyddiaeth, coedwigaeth a physgota	147
Cynhyrchu	142
Adeiladu	284
Cyfanwerthu ac adwerthu; atgyweirio cerbydau modur	369
Cludiant a storio	83
Llety a gwasanaethau bwyd	146
Gwybodaeth a chyfathrebu	193
Cyllid ac yswiriant	49
Eiddo	88
Proffesiynol, gwyddonol a thechnegol	436
Gweinyddu busnes a gwasanaethau cefnogi	194
Gweinyddiaeth gyhoeddus ac amddiffyn	7
Addysg	40
Iechyd	106
Celfyddydau, adloniant, hamdden a gwasanaethau eraill	166
Cyfanswm	2,450

Tabl 1.1 Busnesau oedd yn gweithredu yn y DU, 2015

1 **Pa ganran o fentrau busnes yn y DU yn 2015 oedd yn y meysydd canlynol:**

   (a) **amaethyddiaeth, coedwigaeth a physgota**

   (b) **adeiladu?**

⬤ Bodloni anghenion a chwantau cwsmeriaid

Efallai fod *angen* i ni symud o gwmpas fel rhan o'n gwaith. Mae gennym ni *chwant* gwneud hynny mewn Ferrari!

Mae busnes yn llwyddiannus os yw'n gallu bodloni anghenion a chwantau cwsmeriaid yn effeithiol. 'Angen' yw rhywbeth mae'n rhaid i bobl ei gael ar lefel sylfaenol – mae angen i ni fwyta ac yfed, er enghraifft. Awydd am gynnyrch penodol yw chwant. Mae angen i ni yfed, ond mae gennym ni chwant cael Coca-Cola. Mae angen i ni fynd o A i B, ond mae gennym ni chwant gwneud hynny mewn Ferrari.

Swyddogaethau busnes

Mae busnes yn troi adnoddau yn allgynnyrch. I fod yn llwyddiannus, rhaid iddo ddeall ei gwsmeriaid yn effeithiol a gwneud yn siŵr ei fod yn darparu cynhyrchion sydd â galw amdanyn nhw. Mae angen i'r busnes ystyried natur y cynnyrch, y ffordd orau o ddangos buddion y cynnyrch i gwsmeriaid posibl, pa bris i'w osod a sut a ble bydd cwsmeriaid eisiau ei brynu. Mae'r gweithgareddau hyn i gyd yn rhan o swyddogaeth 'marchnata'.

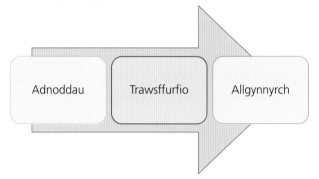

Ffigur 1.1 Mae adnoddau'n cael eu trawsffurfio'n allgynnyrch

Rhaid i'r busnes gynhyrchu'r nwydd neu'r gwasanaeth, ac er mwyn gallu darparu'r cynnyrch, bydd angen pobl. Mewn rhai achosion, efallai mai un person yn unig fydd yn y busnes, ond mae gan rai busnesau gannoedd neu filoedd o bobl yn gweithio iddyn nhw. Mae'r gwaith o reoli pobl (er enghraifft, recriwtio a hyfforddi staff a phenderfynu sut i'w gwobrwyo) yn rhan o swyddogaeth 'adnoddau dynol'.

Bydd yn rhaid i fusnes reoli arian hefyd. Efallai bydd angen codi cyllid, bydd angen monitro'r gwariant mewn rhannau gwahanol o'r busnes, a bydd angen cyfrifo a oes gan y busnes ddigon o arian. Mae'r gweithgareddau hyn yn rhan o swyddogaeth 'cyllid'.

Does dim ots os yw'r busnes yn fach neu'n fawr, a does dim ots beth yw'r cynhyrchion mae'n eu darparu, bydd swyddogaethau marchnata, cyllid, adnoddau dynol a gweithrediadau i gyd yn rhan ohono.

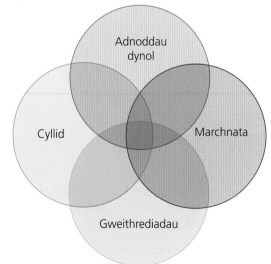

Ffigur 1.2 Gwahanol swyddogaethau busnes

● Natur gyd-ddibynnol gweithgaredd busnes

Mae swyddogaethau busnes yn gyd-ddibynnol. Ystyr hyn yw eu bod nhw'n gysylltiedig â'i gilydd: os ydyn ni'n newid un, mae hynny'n effeithio ar y lleill. Er enghraifft, os bydd yr adran farchnata'n cynhyrchu mwy o werthiant, gall hyn olygu bod angen mwy o gynhyrchu gan yr adran weithrediadau. O ganlyniad, efallai bydd angen mwy o oriau gan staff neu hyd yn oed fwy o weithwyr (adnoddau dynol). Os bydd y refeniw o'r gwerthiant ychwanegol yn ddigon i dalu'r costau, bydd hyn yn arwain at fwy o elw (cyllid).

● Yr amgylchedd busnes

Bydd newidiadau yn yr **amgylchedd busnes** yn effeithio ar fusnes. Mae'r amgylchedd busnes yn cyfeirio at yr holl ffactorau y tu allan i fusnes sy'n gallu effeithio arno.

Dyma rai enghreifftiau:

→ Newidiadau technolegol. Ystyriwch yr her sy'n bodoli i westai oherwydd Airbnb, neu'r her i fusnesau tacsi traddodiadol gan Uber.

→ Newidiadau economaidd. Mae hyn yn cynnwys amrywiaeth o ffactorau economaidd, fel cost benthyca arian oddi wrth y banciau (cyfradd llog), cyfradd y cynnydd mewn prisiau (sef chwyddiant) a'r incwm yn yr economi (sef y Cynnyrch Mewnol Crynswth neu CMC; yn Saesneg, *Gross Domestic Product* neu *GDP*).

→ Newidiadau yn y gyfraith. Gall y rhain effeithio ar gostau (drwy wneud i fusnesau dalu isafswm cyflog i'w gweithwyr, er enghraifft) neu ar y galw am gynnyrch (fel atal cwmnïau tybaco rhag hysbysebu eu cynhyrchion).

→ Disgwyliadau amgylcheddol. Mae gan gwsmeriaid a defnyddwyr fwy a mwy o ddiddordeb mewn effaith busnes ar yr amgylchedd. Pa adnoddau mae'n eu defnyddio? Sut mae'n cynhyrchu'r cynnyrch? Sut mae'n cludo ei gynnyrch? Mae gweithredoedd busnes yn gallu dylanwadu ar benderfyniad cwsmer i ddefnyddio'r busnes neu beidio.

Mae'r amgylchedd busnes yn cynnwys yr **amgylchedd cystadleuol**.

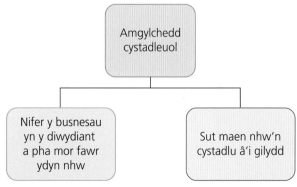

Ffigur 1.3 Sut caiff yr amgylchedd cystadleuol ei ffurfio

Bydd busnes yn cystadlu yn erbyn busnesau eraill. Mae'r amgylchedd cystadleuol yn disgrifio faint o gystadleuaeth sydd rhyngddyn nhw a sut mae busnesau'n cystadlu â'i gilydd. Yn y diwydiant archfarchnadoedd, er enghraifft, does dim llawer o gwmnïau (yn bennaf, Tesco, Sainsbury's, Asda, Morrisons, Aldi a Lidl) ond maen nhw'n cystadlu â'i gilydd mewn ffordd ymosodol iawn gyda rhyfeloedd prisiau a disgowntiau rheolaidd. O gymharu â hynny, does dim llawer o gynhyrchwyr diodydd ysgafn chwaith (fel Coca-Cola a Pepsi) ond maen nhw'n dueddol o beidio â chystadlu â'i gilydd ar sail pris gan eu bod eisiau cadw prisiau mor uchel â phosibl. Mae amgylchedd cystadleuol y ddau ddiwydiant yn wahanol o ran faint o gystadlu sydd ynddyn nhw.

Bydd yr amgylchedd cystadleuol yn pennu pa mor galed mae'n rhaid i fusnes weithio i ddenu a chadw cwsmeriaid. Y mwyaf cystadleuol yw'r amgylchedd, mwyaf i gyd mae angen i'r busnes ganolbwyntio ar ddarparu gwasanaeth o ansawdd da am bris cystadleuol er mwyn curo ei gystadleuwyr.

⬤ Amgylcheddau busnes lleol, cenedlaethol a byd-eang

Gallwn ni archwilio'r amgylchedd busnes o ran yr amgylchedd lleol, cenedlaethol a byd-eang hefyd.

➜ **Amgylchedd busnes lleol**

Mae hwn yn ymwneud â ffactorau lleol fel y boblogaeth leol, cystadleuwyr cyfagos a deddfau a rheoliadau lleol. Er enghraifft, gallai newidiadau i daliadau parcio yng nghanol dinas effeithio ar nifer yr ymwelwyr a'r galw am siopau lleol.

➜ **Amgylchedd busnes cenedlaethol**

Mae hwn yn cyfeirio at y DU gyfan. Gallai newidiadau yn hwn gynnwys cyflwr yr economi cenedlaethol a deddfau'r DU. Er enghraifft, mae gwerthiant sigaréts wedi gostwng oherwydd nad yw cwmnïau tybaco yn cael hysbysebu eu cynhyrchion bellach.

➜ **Amgylchedd busnes byd-eang**

Mae hwn yn cyfeirio at y byd cyfan. Mae mwy a mwy o fusnesau'n gweithredu'n fyd-eang ac mae newidiadau mewn llawer o wledydd eraill yn effeithio arnyn nhw. Er enghraifft, gallai daeargryn yn Japan effeithio ar gyflenwyr cydrannau ceir, a byddai hynny'n effeithio ar allu gwneuthurwyr ceir yn y DU i gynhyrchu.

Awgrym astudio

Peidiwch â drysu rhwng yr 'amgylchedd busnes' – sy'n cynnwys newid gwleidyddol, cyfreithiol, economaidd, cymdeithasol a thechnolegol – a 'materion amgylcheddol', sy'n cyfeirio at ffactorau fel llygredd a chynhesu byd-eang.

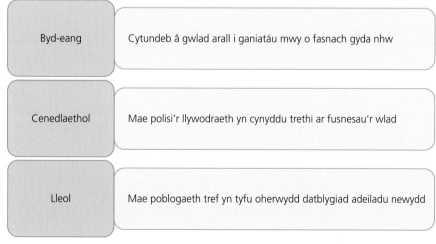

Byd-eang	Cytundeb â gwlad arall i ganiatáu mwy o fasnach gyda nhw
Cenedlaethol	Mae polisi'r llywodraeth yn cynyddu trethi ar fusnesau'r wlad
Lleol	Mae poblogaeth tref yn tyfu oherwydd datblygiad adeiladu newydd

Ffigur 1.4 Enghreifftiau o newidiadau yn yr amgylchedd busnes

● Yr amgylchedd dynamig

Mae'r amgylchedd busnes yn newid yn gyson – mae'n **ddynamig**. Edrychwch ar unrhyw bapur newydd neu wefan newyddion a byddwch chi'n gweld faint o newid sydd – newid mewn incwm, newid yn nifer y bobl sy'n gweithio, deddfau newydd, cystadleuwyr newydd a llawer mwy. Rhaid i unrhyw fusnes barhau i addasu. Efallai eich bod chi'n arfer gallu gwneud arian yn gwerthu teipiaduron unwaith, ond byddech chi'n cael trafferth gwneud hynny heddiw. All busnesau ddim aros yn llonydd. Mae angen iddyn nhw newid.

> **Term allweddol**
>
> Amgylchedd sy'n newid, e.e. gyda thechnoleg newydd a newidiadau yn yr economi, yw **amgylchedd dynamig**.

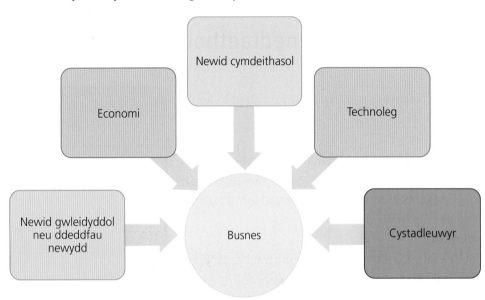

Ffigur 1.5 Sut mae busnes wedi'i gysylltu â'r amgylchedd allanol

● Sectorau busnes

Mae llawer o fathau gwahanol o fusnesau ac mae'n bosibl eu dosbarthu mewn gwahanol ffyrdd. Er enghraifft, gall busnesau gael eu dosbarthu yn ôl eu cam yn y broses gynhyrchu.

1 Mae'r **sector cynradd** yn cynnwys cyrff sydd ar gam cyntaf y broses gynhyrchu ac sy'n defnyddio defnyddiau crai. Mae ffermydd, cwmnïau sy'n chwilio am olew a fflyd o gychod pysgota yn enghreifftiau o fusnesau cynradd.

2 Mae'r **sector eilaidd** yn cynnwys cyrff sydd ar ail gam y broses gynhyrchu. Maen nhw'n defnyddio adnoddau cynradd ac yn troi'r rhain yn gynhyrchion. Enghreifftiau o fusnesau eilaidd yw gwneuthurwyr ac argraffwyr.

3 Mae'r **sector trydyddol** yn cynnwys cyrff sy'n cynnig gwasanaethau, fel gwerthwyr eiddo a busnesau dosbarthu.

Enghreifftiau o fusnesau cynradd, eilaidd a thrydyddol

Mentro Mathemateg

Mae tua 2% o weithwyr yn y DU yn cael eu cyflogi yn y sector cynradd. Mae tua 22% yn cael eu cyflogi yn y sector eilaidd.

1 Pa ganran o weithwyr sy'n cael eu cyflogi yn y sector trydyddol?

2 Beth yw'r busnesau mwyaf yn eich ardal chi? Ydyn nhw'n fusnesau cynradd, eilaidd neu drydyddol?

Mae hefyd yn bosibl dosbarthu busnesau fel hyn:

➜ Y **sector preifat**: mae hwn yn cyfeirio at fusnesau sydd ag unigolion preifat yn berchen arnyn nhw. Fel arfer, mae elw yn nod pwysig i'r busnesau hyn.

➜ Y **sector cyhoeddus**: mae hwn yn cyfeirio at gyrff sydd dan berchenogaeth y llywodraeth, fel y Gwasanaeth Iechyd Gwladol (GIG neu'r *NHS*) ac ysgolion y wladwriaeth. Yn aml mae gan y cyrff hyn nod cymdeithasol – maen nhw'n gobeithio helpu'r gymdeithas.

● Adnabod cyfleoedd busnes ac ymateb iddyn nhw

Bydd busnes yn ceisio adnabod a nodi newidiadau posibl yn yr amgylchedd busnes. Beth bydd cystadleuwyr yn ei wneud yn y dyfodol? Sut bydd deddf newydd yn effeithio ar gostau neu gwsmeriaid? Mae busnesau da yn nodi cyfleoedd. Er enghraifft, mae Amazon wedi symud o werthu llyfrau i werthu amrywiaeth eang o gynhyrchion eraill gan ddefnyddio eu systemau archebu a dosbarthu rhagorol. Gwelodd Airbnb gyfle i ddefnyddio technoleg ar-lein i helpu pobl i osod eu hystafelloedd ar rent i deithwyr. Mae'r amgylchedd busnes yn parhau i newid, gan greu cyfleoedd newydd.

Ystyried busnes: Coca-Cola Zero Sugar

Yn 2016 gwariodd Coca-Cola £10 miliwn ar hysbysebu ei ddiod Coca-Cola Zero Sugar. Neges yr hysbysebu oedd 'Tastes more like Coke, looks more like Coke'. Cafodd pedair miliwn o samplau o'r cynnyrch newydd eu rhoi am ddim er mwyn helpu i'w lansio.

Mae Zero Sugar yn cymryd lle Coke Zero, ac mae wedi cael ei ddatblygu fel bod y blas yn agosach byth at Coke gwreiddiol. Mae'n rhan o'r ymgyrch i annog mwy o yfwyr Coke arferol i newid ac yfed fersiwn sydd â llai o galorïau neu heb galorïau.

Ar ôl i lywodraeth y DU gyflwyno rhywbeth sy'n cael ei galw'n 'dreth siwgr', mae cymhelliad economaidd i Coca-Cola, a'i gystadleuwyr ym maes diodydd ysgafn, geisio perswadio'i ddefnyddwyr i droi at y diodydd hyn.

Mae disgwyl i'r dreth ddod i rym yn 2018, a bydd yn codi treth ar wneuthurwyr diodydd ysgafn am bob litr o ddiod siwgraidd gaiff ei werthu. Mae dwy gyfradd i'r dreth. Mae'r gyfradd uchaf ar gyfer diodydd sy'n cynnwys mwy nag 8g o siwgr am bob 100ml, fel Coke arferol. Mae'r gyfradd isaf ar gyfer diodydd sy'n cynnwys 5–8g, gan gynnwys Coke Life sydd â lefel ganolig o galorïau. Mae diodydd sy'n cynnwys llai na 5g o siwgr wedi'u heithrio.

Mae nifer mwy o bobl eisiau lleihau faint o siwgr sydd yn eu deiet, ond dydyn nhw ddim wedi bod yn awyddus i roi cynnig ar opsiwn di-siwgr gan nad ydyn nhw'n credu bod blas y diodydd hyn cystal â'r gwreiddiol.

1 **Dadansoddwch y ffactorau yn yr amgylchedd allanol sydd wedi arwain at lansio Zero Sugar.**

[6 marc]

Ystyried busnes: Tueddiadau yn y gymdeithas

Mae tueddiadau diweddar yn y gymdeithas allai greu cyfleoedd marchnad yn cynnwys:

→ mwy o ddiddordeb yn yr amgylchedd

→ mwy o ddiddordeb mewn bwyta'n iach

→ mwy o ddiddordeb mewn gwasanaethau wedi'u teilwra i unigolion, fel gwyliau wedi'u haddasu'n benodol neu gyngor ynghylch pa lyfrau gallech chi eu hoffi

→ mwy o deuluoedd lle mae'r ddau bartner yn mynd allan i weithio

→ poblogaeth sy'n heneiddio.

1 **Dadansoddwch sut gallai unrhyw un o'r tueddiadau hyn effeithio ar fusnes.** [6 marc]

Crynodeb

Yn y testun hwn rydych chi wedi ystyried natur gweithgaredd busnes a sut mae busnes yn troi mewngyrch yn allgynnyrch. Rydych chi wedi ystyried yr elfennau gwahanol o fewn busnes a'r ffordd mae'r rhain yn gysylltiedig â'i gilydd. Rydych chi hefyd wedi ystyried yr amgylchedd busnes a natur ddynamig yr amgylchedd hwn.

Cwestiynau cyflym

1 Nodwch **ddau** o adnoddau sy'n cael eu defnyddio gan fusnes. [2 farc]

2 Esboniwch y gwahaniaeth rhwng nwydd a gwasanaeth. [2 farc]

3 Esboniwch y gwahaniaeth rhwng y sector preifat a'r sector cyhoeddus. [2 farc]

4 Rhowch enghraifft o natur gyd-ddibynnol gweithgaredd busnes. [2 farc]

5 Esboniwch y gwahaniaeth rhwng nwyddau traul a nwyddau cynhyrchwyr. [2 farc]

6 Esboniwch y gwahaniaeth rhwng nwyddau sy'n para a nwyddau sydd ddim yn para. [2 farc]

7 Esboniwch y gwahaniaeth rhwng yr amgylchedd cenedlaethol a'r amgylchedd byd-eang. [2 farc]

8 Esboniwch y gwahaniaeth rhwng cynhyrchydd a defnyddiwr. [2 farc]

9 Esboniwch y gwahaniaeth rhwng gwasanaethau personol a gwasanaethau masnachol. [2 farc]

10 Amlinellwch pam mae'r amgylchedd busnes yn cael ei ddisgrifio fel amgylchedd 'dynamig'. [2 farc]

Astudiaeth achos

Mae'r farchnad ar gyfer ffrydio cerddoriaeth (*streaming*) yn ddigidol yn tyfu'n gyflym ar hyn o bryd, er nad oedd hi'n bodoli 10 mlynedd yn ôl. Mae technoleg wedi creu cyfle busnes newydd ac mae'n rhoi mynediad i gwsmeriaid at feintiau mawr o gerddoriaeth am ffi benodol bob mis. Spotify yw'r arweinydd yn y farchnad gyda mwy na 100 miliwn o ddefnyddwyr a 40 miliwn wedi tanysgrifio i'w wasanaeth 'Premium'. Ond mae eraill wedi dod yn rhan o'r farchnad, gan gynnwys Apple Music, Amazon Prime Music a Deezer. Yn UDA, ffrydio oedd yn cyfrif am 51% o wrando ar gerddoriaeth – neu dreuliant cerddoriaeth – yn 2016.

Yr hyn sy'n allweddol i lwyddo yn y busnes ffrydio, fodd bynnag, yw cael cynnwys da; i gael hynny mae angen taro bargen dda â'r cwmnïau cyhoeddi cerddoriaeth fel Universal, Sony a Warner, gan mai nhw sy'n berchen ar yr hawliau i'r gerddoriaeth. Mae Spotify yn talu tua 55% o'i refeniw i labeli cerddoriaeth mewn breindaliadau (*royalties*), gydag arian ychwanegol yn mynd i'r cyhoeddwyr cerddoriaeth. Mae Spotify yn dal heb wneud elw ac mae eisiau lleihau'r swm mae'n ei dalu i gerddorion. Ond mae'r cerddorion yn dadlau nad ydyn nhw'n cael eu talu ddigon fel mae hi.

Buodd yn rhaid i Spotify godi $1 biliwn gan fuddsoddwyr yn 2016 er mwyn gallu parhau.

Cwestiynau

1 Ydy Spotify yn darparu nwydd neu wasanaeth? Esboniwch eich ateb. [2 farc]

2 Amlinellwch un ffordd bosibl sy'n esbonio sut mae Spotify wedi dod yn arweinydd yn y farchnad. [4 marc]

3 Dadansoddwch weithgareddau'r swyddogaethau gwahanol o fewn busnes Spotify. [6 marc]

4 I ba raddau rydych chi'n credu bod amgylchedd busnes y diwydiant cerddoriaeth yn gallu cael ei ddisgrifio fel amgylchedd dynamig? [10 marc]

Menter busnes

Yn yr adran hon, edrychwn ar y rhesymau pam mae pobl yn cychwyn busnes, beth yw risgiau a gwobrau cychwyn busnes, beth yw entrepreneur (neu fentrwr) a'i gymhellion ar gyfer cychwyn busnes.

Erbyn diwedd yr adran, dylech chi wybod am y canlynol:

● beth yw ystyr entrepreneur a menter busnes
● nodweddion entrepreneur
● cymhellion entrepreneur
● risgiau a gwobrau mentro mewn busnes.

● Rhesymau dros gychwyn busnes

Y term am berson sy'n cychwyn ei fusnes ei hun yw **entrepreneur**. Mae entrepreneuriaid yn fodlon cymryd risgiau er mwyn sefydlu rhywbeth drostyn nhw'u hunain. Maen nhw'n gweld cyfle ac mae ganddyn nhw'r agwedd benderfynol, y cymhelliant a'r ffocws sydd eu hangen i gychwyn eu busnesau eu hun yn hytrach na gweithio i rywun arall. Y term am y gallu i fod yn entrepreneur – gan gymryd risgiau er mwyn datblygu syniad busnes – yw entrepreneuriaeth.

Mae entrepreneur yn rhywun sy'n:
→ defnyddio blaengarwch (*initiative*) neu fenter i adnabod cyfle busnes
→ arloesi er mwyn creu busnes newydd sy'n darparu nwyddau a gwasanaethau
→ trefnu adnoddau i greu rhywbeth mae cwsmeriaid yn rhoi gwerth arno ac yn fodlon talu amdano.

Enw arall ar fusnes yw **menter**. Felly mae entrepreneur yn cychwyn menter busnes.

● Pam bydd rhywun yn dod yn entrepreneur?

Mae llawer o resymau pam byddai rhywun eisiau bod yn entrepreneur. Dyma rai rhesymau:
→ Mae eisiau bod yn rheolwr arno'i hun, a gwneud ei benderfyniadau ei hun (yn lle cael ei gyflogi gan rywun arall a bod yn atebol iddo).
→ Mae eisiau cadw holl elw busnes (yn lle gweithio i berchenogion sy'n cadw'r elw).

Termau allweddol

Rhywun sy'n fodlon cymryd y risgiau sydd ynghlwm wrth gychwyn busnes yw **entrepreneur**, neu fentrwr. Mae entrepreneuriaid yn credu bod y gwobrau ddaw o gychwyn busnes yn werth y risg a'r gost sydd ynghlwm wrth hynny.

Enw arall ar fusnes yw **menter**.

➜ Mae angen swydd arnyn nhw ac mae cychwyn eu busnes eu hunain yn un ffordd o wneud yn siŵr bod ganddyn nhw swydd a'u bod, gobeithio, yn ennill arian.

➜ Mae ganddyn nhw ddiddordeb neu hobi ac mae hwn yn tyfu'n fusnes.

➜ Maen nhw eisiau profi rhywbeth iddyn nhw'u hunain (ac i eraill o bosibl) drwy ddangos y gallan nhw gychwyn eu busnes eu hun. Fe allai hyn roi boddhad iddyn nhw.

➜ Maen nhw eisiau darparu gwasanaeth i bobl eraill. Mae rhai busnesau'n cael eu cychwyn i helpu pobl eraill – er enghraifft, agor swyddfa bost yn y gymuned leol neu helpu i redeg gweithgareddau chwaraeon ar gyfer pobl ifanc. **Mentrau cymdeithasol** yw'r rhain a'u bwriad nhw yw bod o fudd i achos penodol yn hytrach na chreu elw i'r perchenogion.

➜ Dydyn nhw ddim yn fodlon ar eu swydd bresennol ac maen nhw eisiau gwneud rhywbeth gwahanol.

➜ Maen nhw eisiau oriau gweithio mwy hyblyg. Maen nhw eisiau gallu gweithio pan fyddan nhw'n dymuno, yn lle gorfod gweithio'r oriau sy'n cael eu pennu gan gyflogwr.

> **Term allweddol**
>
> Busnes neu wasanaeth sy'n helpu achos penodol yw **menter gymdeithasol**.

Ystyried busnes: Tafarn a Bwyty Tyn-y-Capel

Busnes sydd dan berchenogaeth y gymuned yw Tafarn a Bwyty Tyn-y-Capel ym Mwynglawdd (*Minera*), Wrecsam. Mae mwy na 100 o bobl leol yn berchen ar gyfranddaliadau, wedi iddyn nhw fuddsoddi i ddarparu tafarn a rhywle i fwyta allan ar gyfer y gymuned. Mae'r cwmni'n gweithredu gyda strwythur democrataidd lle mae pob cyfranddaliwr yn cael pleidlais ar sut i redeg y cwmni. Yn wreiddiol, gwirfoddolwyr oedd yn rhedeg y busnes, ond mae wedi bod mor llwyddiannus nes bod 8 o staff crai a 20 o staff achlysurol yn cael eu cyflogi yno bellach, a phob un ohonyn nhw'n byw o fewn dwy filltir i'r dafarn. Cafodd y dafarn ei gwobrwyo â Thystysgrif Rhagoriaeth TripAdvisor yn 2015.

1 **Esboniwch pam mae'r holl staff sydd wedi'u cyflogi yn byw o fewn dwy filltir i'r dafarn.**

[4 marc]

Mae cychwyn busnes yn creu llawer o gyfleoedd cyffrous i bobl – maen nhw'n gallu gwneud eu penderfyniadau eu hunain a chreu rhywbeth newydd. Os bydd y busnes yn llwyddo, mae'n debygol bydd hynny'n gwneud i'r person deimlo eu bod wedi cyflawni rhywbeth. Mae cychwyn busnes yn rhoi cyfle i bobl ddangos eu sgiliau a gwneud mwy o arian, efallai, na phe baen nhw'n gweithio i rywun arall.

> **Awgrym astudio**
>
> Er mwyn penderfynu a yw busnes yn llwyddiannus neu beidio, mae'n bwysig gwybod pam cychwynnodd rhywun y busnes yn y lle cyntaf. Os oedd helpu eraill yn nod gwreiddiol gan y busnes, yna hyd yn oed os nad yw'n gwneud elw gall fod yn llwyddiant o hyd.

Mae Syr Stelios Haji-Ioannou wedi cychwyn sawl busnes gwahanol, fel easyJet, easyCar, easyCinema, easyCruise, easyJobs, easyBus ac easyHotels

---

Ystyried busnes: FatFace

O wefan FatFace, dyma ddisgrifiad o agwedd y cwmni a sut cafodd ei sefydlu.

Dechreuodd y cyfan yn 1988 gyda dau ddyn yn mwynhau bywyd ar lethrau Alpau Ffrainc ac yn ceisio osgoi gorfod gweithio i ennill bywoliaeth. Gyda'r arian yn dod i ben dyma nhw'n dyfeisio cynllun: printio crysau chwys a chrysau T, eu gwerthu nhw yn y nos a sgïo yn ystod y dydd. Gyda'r fformiwla syml honno, ganwyd brand FatFace, a'r enw wedi'i ysbrydoli gan eu hoff lethr sgïo yn Val d'Isère, 'La Face'.

Dros 25 mlynedd yn ddiweddarach, yr un ysbryd entrepreneuraidd sydd wrth wraidd y busnes, a'r sail wrth i ni dyfu i fod yn adwerthwr aml-sianel sydd â mwy na 200 o siopau, dyluniad siop sydd wedi ennill gwobr a gwefan e-fasnach sy'n tyfu'n gyflym.

Rydyn ni bob amser yn aros yn driw i'n gwreiddiau, ond rydyn ni hefyd yn dal i chwilio am gyfleoedd

newydd i dyfu. Wrth agor siopau newydd ac ehangu'n rhyngwladol, rydyn ni'n gyson yn archwilio ffyrdd o gyflwyno brand FatFace i fwy o bobl, ond gan ddal i gadw'n brwdfrydedd dros gynnig cynnyrch a phrofiad gwasanaeth ffantastig i'n holl gwsmeriaid.

Ffynhonnell: www.fatface.com

1 **Aeth sylfaenwyr FatFace ati i gychwyn busnes oherwydd ei fod yn hobi roedden nhw'n ei wir fwynhau ac eisiau ei ddilyn. Dadansoddwch ddau reswm arall pam o bosibl mae pobl yn cychwyn busnes.** [6 marc]

⬤ Beth yw nodweddion entrepreneur?

Mae miloedd, os nad miliynau, o entrepreneuriaid mewn unrhyw wlad ac felly dydy hi ddim yn syndod bod nodweddion y bobl hyn yn wahanol mewn llawer o ffyrdd. Ond, mae gan y rhan fwyaf o entrepreneuriaid y nodweddion canlynol:

→ Arloesol. Mae entrepreneur yn dda yn nodi cyfle. Mae'n gallu gweld problem o ran y ffordd mae pethau'n cael eu gwneud, ac yn gallu dychmygu ffordd well o'u gwneud.

→ Dangos menter a blaengarwch. Bydd entrepreneuriaid yn gweld cyfle ac yn manteisio arno yn lle aros i rywun ddweud wrthyn nhw beth i'w wneud. Byddan nhw'n defnyddio'u menter a'u blaengarwch i gyflawni pethau.

→ Cymryd risg. Mae entrepreneur yn cymryd risg gan gredu bod ei syniad yn mynd i weithio.

→ Gweithio'n galed ac yn benderfynol. Os ydych chi'n cychwyn busnes, mae'n rhaid bod yn barod i weithio'n galed i dynnu sylw at eich busnes. Mewn llawer o achosion, dim ond chi fydd yno ar y cychwyn ac felly gall fod yn flinedig iawn.

→ Person sy'n gallu gwneud penderfyniadau ac sy'n drefnus. Mae entrepreneuriaid yn rhedeg y busnes ar eu pen eu hun i ddechrau ac mae angen gallu penderfynu beth i'w wneud mewn sawl maes gwahanol. Mae angen iddyn nhw allu trefnu eu hamser yn effeithiol a threfnu adnoddau fel bod y pethau iawn yn y lle iawn ar yr adeg iawn heb wastraff.

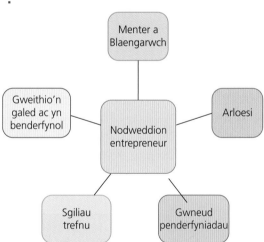

Ffigur 1.6 Nodweddion entrepreneur

Richard Branson yw sylfaenydd cwmni Virgin, ac fe gychwynnodd ei fusnes cyntaf – sef cylchgrawn o'r enw *Student* – yn yr 1960au pan oedd e'n dal yn yr ysgol. Roedd yn arfer ei redeg o flwch ffôn yr ysgol. Ers hynny mae wedi creu cannoedd o fusnesau dan enw Virgin, yn cynnwys cerddoriaeth, clybiau nos, trenau, awyrennau, tacsis, gwisgoedd priodas, cola, yswiriant a phensiynau. Mae Branson wedi bod yn arloeswr erioed, ac mae wastad wedi gallu gweld cyfle busnes. Mae e'n mwynhau cymryd risgiau ond mae'n ceisio gwneud yn siŵr bod y gwobrau posibl yn cyfiawnhau'r risgiau hynny.

1 **Dadansoddwch y nodweddion allai esbonio llwyddiant Branson.** [6 marc]

Risgiau a gwobrau menter busnes

Mae pobl yn cychwyn menter busnes oherwydd eu bod nhw eisiau creu gwobrau iddyn nhw'u hunain ac i eraill.

Mae'r gwobrau yn cynnwys y canlynol:

→ Darparu nwyddau a gwasanaethau i gwrdd ag anghenion pobl eraill. Efallai bydd pobl yn agor siop leol, er enghraifft, i'w gwneud hi'n haws i eraill yn eu pentref brynu nwyddau. Gall hyn arwain at adborth cadarnhaol a boddhad cwsmeriaid.

→ Gwobrau ariannol. Drwy gychwyn a rhedeg busnes gall pobl ennill arian iddyn nhw'u hunain.

→ Boddhad personol. Gall pobl deimlo'u bod wedi cyflawni rhywbeth drwy gychwyn busnes a gwneud iddo lwyddo. Gallan nhw gael boddhad o fod wedi creu rhywbeth newydd a gwneud iddo weithio.

Mae risg yn cyfeirio at y posibilrwydd y bydd rhywbeth yn mynd o'i le.

Mae'r risgiau sydd ynghlwm wrth gychwyn menter busnes yn cynnwys y canlynol:

→ gwerthiant is na'r disgwyl – efallai oherwydd gweithredoedd cystadleuwyr

→ costau annisgwyl – efallai oherwydd bod y rhent neu gost defnyddiau crai yn codi'n annisgwyl

→ digwyddiadau annisgwyl fel argyfwng yn yr economi neu dywydd gwael iawn yn effeithio ar werthiant.

Mae unrhyw benderfyniad mewn busnes (neu unrhyw benderfyniad mewn bywyd a dweud y gwir!) yn cynnwys risg. Gall rhywbeth fynd o'i le a dydy pethau ddim yn mynd cystal ag y dymunem. Os yw busnes yn datblygu cynnyrch newydd, efallai bydd hwnnw'n methu; os yw'n buddsoddi mewn ymgyrch hyrwyddo newydd, efallai na fydd honno'n effeithiol; os bydd yn cyflogi gweithiwr newydd efallai na fydd ef neu hi mor effeithiol â'r disgwyl. Felly mae risgiau'n rhan o redeg unrhyw fenter busnes. Ond gall penderfyniadau arwain at wobrau. Efallai bydd y cynnyrch newydd yn hynod o lwyddiannus, fel yr iPhone; efallai bydd yr ymgyrch hyrwyddo yn cynyddu gwerthiant yn sylweddol; ac efallai bydd y gweithiwr newydd yn gynhyrchiol iawn.

Yr hyn mae angen i reolwyr geisio ei wneud yw cyfrifo'r risg sydd ynghlwm wrth unrhyw benderfyniad a chyfrifo'r gwobrau tebygol. Yna gallan nhw asesu a ddylen nhw fwrw ymlaen â'r penderfyniad neu beidio. Yn aml mae pobl fusnes llwyddiannus yn dweud eu bod nhw'n cymryd risgiau ond eu bod nhw'n 'mentro'n ofalus'. Golyga hyn eu bod nhw wedi ystyried ymlaen llaw beth allai fynd o'i le a pha mor debygol yw hynny, ac wedi ystyried sut gallan nhw leihau'r risg. Gall mwy o ymchwil marchnata, gwell staff neu well paratoi ar gyfer project helpu i leihau'r risgiau a gwneud y penderfyniad yn fwy ymarferol bosibl.

Ystyried busnes: Busnesau'r DU

Roedd 5.5 miliwn o fusnesau sector preifat yn y DU ar ddechrau 2016. Roedd hyn yn gynnydd o 97,000 ers 2015, a 2 filiwn yn fwy nag yn 2000.

1 **Dadansoddwch y ffactorau allai fod wedi dylanwadu ar nifer y mentrau busnes yn y DU rhwng 2000 a 2016.** (6 marc)

Awgrym astudio

Mae llawer o resymau gwahanol pam mae pobl yn cychwyn busnes, ac felly mae angen dadansoddi pob un yn ei gyd-destun. Wrth asesu llwyddiant menter busnes, mae angen i chi ddeall yn glir beth oedd cymhellion yr entrepreneur.

● Y cyngor a'r cymorth sydd ar gael i fusnesau newydd

Fel arfer mae llywodraethau'n awyddus i helpu entrepreneuriaid i gychwyn busnes newydd. Mae hyn oherwydd bod busnesau'n gwneud y canlynol:
→ creu swyddi a helpu i ostwng diweithdra
→ darparu nwyddau a gwasanaethau ar gyfer cwsmeriaid
→ cystadlu yn erbyn darparwyr presennol, gan helpu i sicrhau eu bod nhw'n cynnig gwasanaeth o safon
→ arloesi a darparu cynhyrchion newydd ar gyfer cymdeithas.

Bydd llywodraethau'n gwneud y canlynol:
→ ceisio darparu amgylchedd gwleidyddol ac economi sefydlog fel bod entrepreneuriaid yn teimlo ei bod hi'n haws cynllunio
→ rhoi arian i fusnesau newydd gychwyn i'w helpu nhw i sefydlu
→ rhoi cyngor i entrepreneuriaid ynghylch cychwyn eu busnes a'i redeg – er enghraifft, mae Busnes Cymru (www.businesswales.gov.wales) yn cynnig cyngor ac arweiniad i fusnesau sydd eisiau cychwyn neu dyfu yng Nghymru
→ lleihau nifer y rheoliadau mae angen eu bodloni i entrepreneuriaid gael cychwyn
→ gostwng trethi i'w gwneud hi'n rhatach i fusnesau bach weithredu
→ annog banciau i roi benthyg arian i fusnesau newydd gychwyn a busnesau bach.

Ystyried busnes: Y Prince's Trust

Mae'r Prince's Trust yn bwriadu helpu pobl ifanc 13–30 oed i gael swyddi, addysg a hyfforddiant. Mae hefyd yn cynnal Rhaglen Fenter ar gyfer pobl 18–30 oed i'w helpu i droi eu syniadau yn fusnes. Mae'n cynnig hyfforddiant, mentora, cyllid ac adnoddau i helpu pobl i gychwyn. Mae wedi helpu mwy nag 80,000 o bobl i sefydlu eu busnesau eu hunain.

Er enghraifft, ymunodd Ben Clifford â'r Rhaglen Fenter pan oedd yn ddi-waith. Roedd wedi bod yn cynnal clwb syrffio wythnosol yn y gorffennol ond roedd y Prince's Trust wedi ei berswadio y gallai redeg hynny fel busnes. Gyda chymorth yr ymddiriedolaeth,

cychwynnodd Ben gwmni Surfability UK CIC, sy'n helpu pobl ag anabledd ac anawsterau dysgu i syrffio. Roedd yr hyfforddiant a gafodd yn ddefnyddiol iawn, yn enwedig wrth iddo ddysgu am gynlluniau busnes. Hefyd cafodd grant o'r enw Will it Work gan yr ymddiriedolaeth, sef swm o arian i roi'r syniad busnes ar waith.

1 **Dadansoddwch sut gallai cynllun busnes fod wedi helpu Ben Clifford pan oedd e'n cychwyn ei fusnes.** [6 marc]

Ffynhonnell: www.princes-trust.org.uk

Crynodeb

Mae entrepreneuriaid yn cychwyn mentrau busnes. Maen nhw'n fodlon cymryd y risgiau sydd ynghlwm wrth hyn oherwydd eu bod nhw'n credu bod y gwobrau yn werth y risg. Mae cychwyn busnes yn golygu cymryd risgiau, ond gall ddod â gwobrau yn ei sgil; rhaid i entrepreneuriaid benderfynu a yw'r gwobrau yn ddigon da, ag ystyried y risgiau.

Cwestiynau cyflym

1 Nodwch **ddwy** ffynhonnell bosibl o syniadau newydd ar gyfer busnes. [2 farc]

2 Beth yw 'entrepreneur'? [2 farc]

3 Beth yw ystyr 'menter busnes'? [2 farc]

4 Amlinellwch **un** cymhelliad ar gyfer cychwyn eich busnes eich hun. [2 farc]

5 Nodwch **ddwy** o nodweddion posibl entrepreneur. [2 farc]

6 Nodwch **ddwy** wobr bosibl o gychwyn busnes. [2 farc]

7 Nodwch **ddau** risg posibl i fusnes. [2 farc]

8 Beth yw ystyr 'menter gymdeithasol'? [2 farc]

9 Beth yw ystyr 'elw'? [2 farc]

10 Nodwch **ddau** reswm pam mae menter yn dda i ddefnyddwyr. [2 farc]

Astudiaeth achos

Ganwyd Elon Musk yn 1971. Mae e'n entrepreneur parhaus, sy'n cychwyn un busnes ar ôl y llall.

Dechreuodd yn yr ysgol drwy werthu rhaglen gyfrifiadurol roedd wedi ei chynhyrchu ei hun. Aeth ymlaen i gychwyn busnesau technoleg, fel Zip2 ac X.com. Yn 1999, sefydlodd Musk gwmni Paypal a'i ddatblygu yn fusnes llwyddiannus iawn. Wrth werthu'r cwmni pan oedd yn 32 oed, enillodd Musk $180 miliwn. Yn 2002 cychwynnodd Musk gwmni SpaceX gyda'r nod o ddatblygu ffyrdd o deithio i'r gofod a sefydlu lle i fyw ar y blaned Mawrth. Yn 2003, sefydlodd Musk gwmni Tesla Motors, cynhyrchydd ceir trydan. Ar y dechrau, doedd pobl ddim yn credu bod ffordd o wneud i'r ddau broject hyn lwyddo'n fasnachol, ond erbyn hyn maen nhw'n denu llawer o sylw. Mae ceir Tesla yn dod yn fwy cyfarwydd ar y ffyrdd ac yn ennill llawer o wobrau am eu technoleg. Yn y cyfamser, mae asiantaeth ofod UDA yn defnyddio cwmni SpaceX i gludo cargo gofod. Mae Musk yn parhau i chwilio am syniadau newydd. Ef yw cadeirydd Solar City, cwmni datblygu egni solar, ac mae wedi cyhoeddi astudiaethau dylunio o system gludo 'hyperloop' fydd yn defnyddio pŵer solar i ddarparu ffordd gyflym iawn o deithio. Mae Musk wedi cael ei enwi'n berson busnes y flwyddyn gan y cylchgrawn Fortune, ac mae pobl yn credu ei fod e'n werth mwy na $7 biliwn.

Cwestiynau

1 Amlinellwch ddwy o nodweddion posibl entrepreneur llwyddiannus fel Elon Musk.

(4 marc)

2 Amlinellwch ddwy her gall entrepreneur fel Musk eu hwynebu wrth gychwyn busnes newydd.

(4 marc)

3 Dadansoddwch y rhesymau posibl pam byddai Musk eisiau bod yn entrepreneur.

(6 marc)

4 Mae gan lywodraethau lawer o flaenoriaethau gwahanol. Gwerthuswch a ddylai llywodraethau wneud helpu entrepreneuriaid i gychwyn busnes yn flaenoriaeth.

(10 marc)

Cynllunio busnes

Pryd bynnag byddwch chi'n ystyried gwneud rhywbeth, gall fod o gymorth os ydych chi'n ysgrifennu cynllun yn gyntaf. Gall hyn eich helpu chi i gofio beth yn union rydych chi i fod i'w wneud, a hefyd pryd ac ym mha drefn rydych chi i fod i'w wneud. Mae cynllun busnes yn nodi'r hyn mae busnes yn anelu ato a sut mae'n bwriadu ei gyrraedd. Gall hyn fod yn ddefnyddiol i sawl grŵp yn y busnes a'r tu allan iddo. Mae'r testun hwn yn archwilio'r buddion a'r problemau sy'n gysylltiedig â chynllun busnes hefyd.

Erbyn diwedd yr adran hon, dylech chi wybod am y canlynol:

- pwysigrwydd cynllunio busnes
- rôl y cynllun busnes mewn busnesau newydd
- prif adrannau cynllun busnes.

● Beth yw cynllun busnes?

Mae **cynllun busnes** yn nodi beth mae busnes yn ceisio'i gyflawni dros y blynyddoedd nesaf a sut mae'n bwriadu cyflawni'r nodau hyn. Mae'r adrannau sydd fel rheol i'w gweld mewn cynllun busnes yn cynnwys y canlynol:

→ disgrifiad o'r busnes, gan gynnwys gwybodaeth gefndir am y sylfaenwyr a'r buddsoddwyr, eu profiad blaenorol a beth mae'r busnes yn bwriadu ei wneud

→ adran farchnata, ddylai gynnwys dadansoddiad manwl o'r cwsmeriaid fydd yn cael eu targedu

→ amcanion y busnes

→ adran adnoddau dynol sy'n amlinellu pwy yw'r staff allweddol a pha staff mae eu hangen

→ adran ariannol, sy'n cynnwys dadansoddiad o sefyllfa ariannol y busnes, gan gynnwys rhagolygon elw a llif arian

→ manylion am y prisiau bydd y busnes yn eu gosod am ei gynhyrchion a'r gwerthiant disgwyliedig

→ esbonio sut bydd y busnes yn cystadlu yn erbyn ei gystadleuwyr – sut bydd yn gystadleuol, a beth sy'n ei wneud yn well na'r cystadleuwyr.

Term allweddol

Mae **cynllun busnes** yn nodi beth mae'r busnes yn ei wneud ar hyn o bryd, yn ogystal â'r hyn mae'n bwriadu ei gyflawni yn y dyfodol a sut bydd hynny'n cael ei gyflawni. Bydd y cynllun yn cynnwys cynllun marchnata a chynllun ariannol.

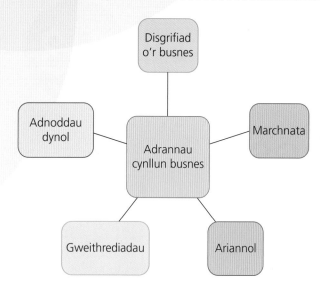

Ffigur 1.7 Adrannau gwahanol cynllun busnes

Mae cynllun busnes yn rhoi gwybodaeth am nodau busnes a sut mae'n bwriadu cyflawni'r nodau hynny

● Pam creu cynllun busnes?

Gallai cynllun busnes gael ei ddefnyddio i wneud y canlynol:

→ **Helpu i gychwyn busnes yn llwyddiannus**. Mae rhedeg busnes newydd yn golygu gwneud llawer o benderfyniadau, ac yn aml mae'r person sy'n eu gwneud nhw yn ddibrofiad. Mae **cynllunio busnes** yn bwysig er mwyn rhagweld unrhyw broblemau. Os caiff problemau eu nodi ymlaen llaw, dylai'r busnes allu delio â nhw'n well.

→ **Codi cyllid**. Mae cynllun busnes yn ddefnyddiol er mwyn ei ddangos i fuddsoddwyr posibl. Pe bai rhywun yn ystyried buddsoddi arian mewn busnes, er enghraifft, bydden nhw eisiau gweld beth mae'r rheolwyr yn bwriadu ei wneud â'r busnes a phryd maen nhw'n debygol o adennill arian ar y buddsoddiad. Bydden nhw eisiau deall pam mae'r rheolwyr yn credu bydd y busnes yn llwyddo. Er enghraifft, efallai bydden nhw eisiau gwybod faint o gynnydd mewn gwerthiant sydd i'w ddisgwyl, beth yw'r targed elw a sut bydd y busnes yn denu cwsmeriaid. Dyna pam bydd banc fel arfer yn gofyn am gael gweld cynllun busnes cyn penderfynu rhoi benthyciad.

→ **Nodi'r weledigaeth a'r amcanion**. Bydd cynllun yn nodi'r hyn yr hoffai busnes fod (sef ei weledigaeth) a beth yn union mae eisiau ei gyflawni erbyn pryd (sef ei amcanion). Gall hyn helpu i ddarparu targed clir i bawb yn y busnes. Gall cael targed greu cymhelliant a helpu pobl i wneud penderfyniadau oherwydd eu bod nhw'n gwybod beth maen nhw'n ceisio'i gyflawni. Gall gweithredoedd gael eu hasesu yn erbyn yr amcanion sydd wedi'u gosod er mwyn penderfynu pa mor effeithiol ydyn nhw.

→ **Bod yn offeryn rheoli i helpu i gydlynu gweithredoedd a helpu wrth wneud penderfyniadau**. Dylai cynllun nodi sut mae amcan yn mynd i gael ei gyflawni – pa adnoddau sy'n angenrheidiol, beth yw'r amserlen, a beth yw'r targedau ar gyfer rhannau gwahanol y busnes. Felly mae cynllun yn helpu i gydlynu gweithgareddau gwahanol rannau'r busnes er mwyn cyflawni'r amcan. Mae'n gwneud penderfynu'n haws oherwydd ei bod yn glir beth mae'r busnes yn ceisio ei gyflawni. Gall popeth gael ei asesu yn ôl ei lwyddiant wrth helpu i gyflawni'r cynllun.

Fel arfer bydd banc eisiau gweld cynllun busnes cyn penderfynu ynghylch cais am fenthyciad

⬤ Problemau gyda chynllunio busnes

Mae rhai problemau gall entrepreneur eu hwynebu, fodd bynnag, pan fydd yn ysgrifennu cynllun busnes. Gall y rhain gynnwys y canlynol:

→ **Ansicrwydd**. Dydy hi ddim bob amser yn hawdd edrych ymlaen a rhagweld yr hyn sy'n mynd i ddigwydd mewn marchnad, neu amcangyfrif ffigurau gwerthiant yn y dyfodol. Efallai na fydd cynlluniau'n hollol gywir. Mae amodau marchnad yn gallu newid yn gyflym (e.e. gallai cystadleuydd newydd gychwyn busnes), sy'n golygu bod cynlluniau'n dyddio. Gall rheolwyr dargedu rhan o'r farchnad heb i honno dyfu wedyn, neu gall eu cynllun fod yn aflwyddiannus. Gall cynllun busnes leihau'r **risg** o wneud rhywbeth yn anghywir, ond nid yw'n dileu'r risg yn gyfan gwbl.

→ **Diffyg profiad**. Efallai na fydd gan bobl sy'n cychwyn eu busnes eu hunain sgiliau angenrheidiol i gynllunio at y dyfodol yn effeithiol. Efallai fod entrepreneur yn berson sy'n dda yn trin gwallt neu'n rhedeg siop, ond dydy hynny ddim yn golygu bydd yn gallu edrych ymlaen a rhagweld newidiadau yn y farchnad yn y dyfodol. Gall busnesau mawr ddefnyddio arbenigwyr ac mae ganddyn nhw fwy o adnoddau, fel ymchwil i'r farchnad – sy'n ddrud – i'w helpu nhw; efallai na fydd gan fusnesau newydd y manteision hyn.

→ **Newid**. Rhaid peidio â llunio cynllun busnes unwaith ac yna ei ddefnyddio am byth. Mae angen adolygu a diweddaru cynlluniau busnes yn rheolaidd – mae angen i reolwyr wybod bob amser i ba gyfeiriad mae busnes yn mynd a sut mae'n mynd i gyrraedd yno. Y rheswm am hyn yw'r ffaith bod amodau'n newid drwy amser, gyda deddfau newydd, cystadleuwyr newydd a newidiadau yn chwaeth cwsmeriaid.

Termau allweddol

Risg yw'r posibilrwydd y gallai rhywbeth fynd o'i le. Mae **ansicrwydd** yn rhywbeth na allwn ni fod yn siŵr a fydd yn digwydd neu beidio.

Gall cynllun busnes, felly, helpu rheolwyr i edrych ymlaen. Ond mae risgiau sylweddol wrth gychwyn busnes. Dydy cael cynllun busnes ddim yn rhoi sicrwydd o lwyddiant. Efallai na fydd y busnes yn llwyddo, ac efallai bydd yr entrepreneuriaid yn colli eu buddsoddiad gwreiddiol.

Lleihau risg cynllunio

I geisio lleihau'r risg y bydd cynlluniau busnes yn mynd o chwith, mae busnesau'n gallu gwneud y canlynol:

→ ymchwilio'n drylwyr i'r farchnad

→ siarad ag arbenigwyr ac ymgynghorwyr (os gallan nhw fforddio gwneud hynny)

→ cynllunio ar gyfer amrywiaeth o ganlyniadau posibl

→ adolygu a diweddaru'r cynllun yn rheolaidd fel ei fod yn aros yn berthnasol, a sicrhau bod unrhyw broblemau'n cael eu nodi'n fuan.

Ni all neb ddileu'r holl risgiau sy'n rhan o gynnal busnes, ond mae'n bosibl eu lleihau nhw neu baratoi ar eu cyfer nhw, o leiaf, ac mae cynllunio gwell yn helpu i wneud hyn.

● Elw

Fel arfer bydd cynllun busnes yn nodi faint o elw mae disgwyl i'r busnes ei wneud. Gall **elw** gael ei gyfrifo gan ddefnyddio'r hafaliad hwn:

Elw = refeniw – cyfanswm y costau

Mae elw'n cael ei gyfrifo ar gyfer cyfnod penodol; er enghraifft, yn aml byddwn ni'n mesur elw busnes dros gyfnod o flwyddyn.

Refeniw busnes yw gwerth ei werthiant. Er enghraifft, os caiff 200 o unedau o gynnyrch eu gwerthu am £5 yr un, dyma'r refeniw:

200 × £5 = £1000.

Mae cyfanswm costau busnes yn cynnwys costau sefydlog a chostau newidiol.

→ Costau sydd ddim yn newid gydag allgynnyrch yw costau sefydlog. Er enghraifft, bydd rhent adeilad yn cael ei osod ar gyfer cyfnod penodol. Yn ystod y cyfnod hwnnw fydd y rhent ddim yn newid, faint bynnag fydd yn cael ei gynhyrchu. Dydy hyn ddim yn golygu nad yw costau sefydlog byth yn newid; gallai'r rhent gael ei gynyddu ar ryw adeg, er enghraifft, ond mae'n bwysig cofio na fydd costau sefydlog yn newid gyda'r swm sy'n cael ei gynhyrchu.

→ Costau sy'n newid gydag allgynnyrch yw costau newidiol. Er enghraifft, mewn caffi, y mwyaf o frechdanau sy'n cael eu cynhyrchu, y mwyaf i gyd o fara sy'n cael ei ddefnyddio. Felly mae cost bara yn gost newidiol.

Os yw refeniw'n fwy na chyfanswm y costau, mae'r busnes yn gwneud elw. Mae gwerth y gwerthiant yn fwy na digon i dalu'r costau am y cyfnod hwnnw.

Os yw refeniw'n llai na chostau dros gyfnod penodol, mae'r busnes yn gwneud colled. Mae gwerth y gwerthiant yn llai na chostau cynhyrchu a gwerthu'r cynnyrch.

Awgrym astudio

Mae cynhyrchu cynllun busnes yn gallu helpu busnes i drefnu ei weithgareddau, ond nid yw'n rhoi sicrwydd o lwyddiant. Er mwyn asesu pa mor ddefnyddiol yw cynllun penodol, mae angen ystyried pwy luniodd y cynllun, sut cafodd ei lunio a pha ymchwil wnaethon nhw. Os yw pethau wedi mynd o chwith, ai anffawd sy'n gyfrifol, neu a ddylai'r rheolwyr fod wedi rhagweld y problemau hyn?

Termau allweddol

Pan fydd refeniw busnes o'i holl werthiant yn fwy na'i gostau, yr **elw** yw'r gwahaniaeth rhyngddyn nhw.
Refeniw yw'r incwm mae cwmni'n ei gael o werthu ei nwyddau neu wasanaethau.

Mentro Mathemateg

Pris gwerthu cynnyrch yw £20. Y costau newidiol yw £12 yr uned. Y costau sefydlog yw £150,000.

Os yw'r busnes yn gwerthu 200,000 o unedau:

1 **Beth yw cyfanswm y refeniw?**

2 **Beth yw'r costau newidiol?**

3 **Beth yw cyfanswm y costau?**

4 **Beth yw elw'r busnes?**

Ystyried busnes: Shell

Rhwng 2015 a 2016 torrodd cwmni Royal Dutch Shell 12,000 o swyddi ledled y byd. Roedd y toriadau hyn yn bennaf oherwydd bod Shell yn trosfeddiannu (*take over*) BG Group, cwmni sy'n chwilio am olew a nwy, ac oherwydd cwymp mawr ym mhrisiau olew. Dywedodd y cwmni fod angen iddo ostwng ei gostau, gwella ei effeithlonrwydd cynhyrchu a sicrhau y gall y busnes gwrdd ag anghenion y dyfodol. Gostyngodd ei elw o $19bn yn 2014 i $3.8bn yn 2015.

Cafodd y cwmni ei daro'n drwm gan y cwymp ym mhris olew, sydd wedi gostwng ers canol 2014 o fwy na $110 y gasgen i lai na $40 y gasgen.

1 **Dadansoddwch y ffactorau sy'n effeithio ar elw Shell.** (6 marc)

Crynodeb

Mae cynllun busnes yn nodi'r hyn mae busnes eisiau ei wneud a sut mae'n bwriadu gwneud hynny. Drwy orfod llunio cynllun, mae'n rhaid i fusnesau ystyried beth allai ddigwydd a beth mae angen iddyn nhw ei wneud.

Gall cynllun busnes da helpu busnes i godi cyllid hefyd. Dylai cynllun gael ei adolygu a'i ddiweddaru'n rheolaidd wrth i amodau newid.

Cwestiynau cyflym

1 Beth yw 'cynllun busnes'? [2 farc]

2 Nodwch **ddwy** o elfennau cynllun busnes. [2 farc]

3 Pam gallai busnes gael problemau wrth lunio cynllun busnes? [2 farc]

4 Amlinellwch **un** rheswm pam efallai na fydd pethau'n digwydd fel mae'r cynllun yn ei ragweld. [2 farc]

5 Sut gall busnes leihau'r risg y bydd cynllun busnes yn methu? [2 farc]

6 Nodwch **ddau** randdeiliad (*stakeholder*) allai fod â diddordeb yn y cynllun busnes. [2 farc]

7 Amlinellwch **un** rheswm pam mae angen adolygu cynllun busnes yn rheolaidd. [2 farc]

8 Amlinellwch **un** rheswm pam gallai cynllun busnes helpu busnes i godi cyllid. [2 farc]

9 Gallai cynllun busnes gynnwys rhagolygon gwerthiant. Amlinellwch **un** rheswm pam mae cael rhagolwg gwerthiant yn bwysig. [2 farc]

10 Amlinellwch **un** rheswm pam dylai'r cynllun busnes nodi pa grŵp cwsmeriaid mae'n ei dargedu. [2 farc]

Astudiaeth achos

Gemwaith Susie

Gadawodd Susie Emslie yr ysgol yn 18 oed. Yn lle mynd i'r brifysgol, penderfynodd ei bod hi eisiau cychwyn ei busnes ei hun yn gwneud gemwaith. Roedd Susie'n ymwybodol iawn o'r amgylchedd a byddai ei gemwaith yn cael ei wneud o gynhyrchion a defnyddiau wedi'u hailgylchu. Yn anffodus, doedd gan Susie ddim digon o gynilion i gyllido ei busnes ei hun.

Ni allai ei theulu helpu chwaith, ac felly penderfynodd y byddai'n rhaid dod â buddsoddwr i mewn neu gael benthyg arian. Gan ei bod hi wedi astudio Astudiaethau Busnes ar gyfer TGAU a Safon Uwch, roedd hi'n gwybod ei bod yn bwysig llunio cynllun busnes.

Cwestiynau

1 Amlinellwch **ddwy** eitem ddylai gael eu cynnwys yng nghynllun busnes Susie. (4 marc)

2 Dadansoddwch sut gallai cynllun busnes helpu busnes Susie i fod yn fwy llwyddiannus. (6 marc)

3 Pa anawsterau gallai Susie eu cael wrth ysgrifennu ei chynllun busnes? (6 marc)

4 Beth ydych chi'n credu yw'r ffactorau pwysicaf byddai banc yn edrych amdanyn nhw yng nghynllun Susie cyn rhoi benthyg arian iddi? Cyfiawnhewch eich ateb. (10 marc)

Nodau ac amcanion busnes

Pryd bynnag byddwch chi'n mynd ati i wneud rhywbeth, mae o gymorth os oes gennych chi syniad clir o'r hyn rydych chi'n ceisio ei gyflawni. Pa radd rydych chi ei heisiau yn eich TGAU Astudiaethau Busnes, er enghraifft? Os ydych chi'n glir ynghylch yr hyn rydych chi eisiau ei gyflawni, byddwch yn ei chael hi'n haws trefnu eich blaenoriaethau a phenderfynu faint o amser ac ymdrech i'w rhoi i broject.

Erbyn diwedd yr adran hon, dylech chi wybod am y canlynol:

- y mathau o nodau ac amcanion busnes
- rôl amcanion wrth gyflawni nodau
- defnyddio amcanion SMART
- sut a pham gall nodau ac amcanion fod yn wahanol rhwng busnesau
- sut a pham gall y nodau a'r amcanion newid wrth i fusnesau ddatblygu
- yr amrywiaeth o randdeiliaid sy'n ymwneud â busnes
- effaith nodau ac amcanion busnes ar randdeiliaid.

⬤ Pwrpas nodau ac amcanion busnes

Targed cyffredinol mae'r perchenogion neu'r rheolwyr yn ei osod ar gyfer busnes yw **nod** busnes. Er enghraifft, efallai bydd entrepreneuriaid yn anelu at ddarparu gwasanaeth da ac ennill digon o arian i fyw arno, a sicrhau bod ganddyn nhw rywfaint o amser ar gyfer eu diddordebau a'u teuluoedd hefyd. Efallai bydd rheolwyr mewn busnesau mawr yn ceisio gwneud digon o elw ar gyfer eu cyfranddalwyr yn ogystal â gofalu am eu gweithwyr a helpu eu cymunedau.

Mae nod y busnes yn rhoi ffocws ar gyfer popeth mae gweithwyr yn ei wneud. Bydd yn rhoi cyfle iddyn nhw edrych yn ôl a gweld a ydyn nhw wedi gwneud yr hyn roedden nhw eisiau ei wneud.

> **Termau allweddol**
>
> Targed cyffredinol y gall busnes anelu ato yw **nod** busnes.

27

Drwy osod nod, bydd rheolwyr yn glir ynglŷn â'r hyn maen nhw eisiau i'r busnes ei gyflawni. Mae hyn yn bwysig am y rhesymau canlynol:

➔ Mae'n helpu gyda gwneud penderfyniadau a sefydlu blaenoriaethau. Er enghraifft, os yw tyfu'r busnes dramor yn **amcan**, dylai'r cwmni ganolbwyntio ar chwilio am archebion newydd dramor. Os aros yn lleol yw'r amcan, dylai'r cwmni ganolbwyntio ar gwsmeriaid cyfagos posibl.

➔ Mae'n helpu buddsoddwyr i ddeall beth yw cyfeiriad y busnes. Gallai hyn olygu eu bod nhw'n fwy parod i gytuno i rai penderfyniadau. Er enghraifft, os yw dyblu gwerthiant yn un o'r amcanion, gallai buddsoddwyr fod yn fwy parod i gytuno i fuddsoddi mewn ffatri newydd. Gallai amcanion clir helpu, felly, wrth geisio codi arian i gychwyn busnes.

➔ Gall fod yn gymhelliant i bawb sy'n gysylltiedig â'r busnes gan eu bod yn gwybod beth maen nhw'n ceisio ei wneud a sut gellir mesur llwyddiant.

> ### Termau allweddol
>
> Mae **amcan** busnes yn darged penodol sy'n cael ei osod er mwyn i fusnes gyrraedd ei nod.

Ystyried busnes: Google

Google

Ysgrifennodd sylfaenwyr Google '10 peth' pan oedd y cwmni'n dal yn eithaf newydd. Maen nhw'n credu bod y nodau hyn yn dal yn berthnasol i'r busnes heddiw:

1 Os yw'r ffocws ar y defnyddiwr, bydd popeth arall yn dilyn.

2 Mae'n well gwneud un peth yn dda, iawn iawn. Chwilio yw ein cryfder ni.

3 Mae cyflym yn well nag araf.

4 Mae democratiaeth ar y we yn gweithio.

5 Does dim angen i chi fod wrth eich desg i fod angen ateb.

6 Gallwch chi wneud arian heb wneud drygioni.

7 Mae mwy o wybodaeth allan yno o hyd.

8 Mae'r angen am wybodaeth yn croesi pob ffin.

9 Does dim angen bod mewn siwt i fod o ddifrif.

10 Dydy gwych ddim yn ddigon da.

Gallwch chi gael gwybod mwy am nodau Google drwy fynd i www.google.com/about/philosophy.html

1 **Dewiswch ddau o nodau Google o'r rhestr uchod. Dadansoddwch pam gallai Google fod wedi gosod y ddau nod hyn.**
(6 marc)

⬤ Nodau ac amcanion

Mae nod yn ddatganiad cyffredinol o'r hyn mae'r perchenogion neu'r rheolwyr eisiau ei gyflawni. Er enghraifft, efallai mai'r nod yw 'gwneud mwy o elw', 'tyfu', neu 'symud i mewn i farchnadoedd newydd'.

Gall nodau gael eu troi'n dargedau mwy penodol sy'n cael eu galw'n 'amcanion'.

Er mwyn iddo fod yn effeithiol, dylai amcan nodi'r canlynol yn glir:

➔ beth yw'r targed – e.e. cynyddu elw 20%

➔ pryd mae'n rhaid ei gyflawni – e.e. cyflawni'r targed o fewn dwy flynedd

➔ pwy sydd i'w gyflawni – hynny yw, pwy sy'n gyfrifol am sicrhau bod y targed yn cael ei gyrraedd

➔ sut i'w gyflawni – hynny yw, beth sy'n ymddygiad derbyniol a beth sydd ddim yn ymddygiad derbyniol.

Amcanion SMART

Yn aml mae amcanion effeithiol yn cael eu gosod fel targedau *SMART*. Mae hyn yn golygu bod angen iddyn nhw fod â'r nodweddion canlynol:

→ Penodol (*Specific*) – maen nhw'n nodi beth yn union sy'n cael ei fesur, fel gwerthiant er enghraifft.

→ Mesuradwy (*Measurable*) – maen nhw'n nodi faint mae'n rhaid i rywbeth newid, er enghraifft, newid o 20%.

→ Cytunedig (*Agreed*) – mae pawb sy'n ymwneud â nhw wedi cytuno arnyn nhw, felly mae pawb yn credu y gallan nhw gael eu cyflawni ac yn deall pam cawson nhw eu gosod.

→ Realistig – mae pawb sy'n ymwneud â nhw yn credu ei bod yn bosibl cyflawni'r amcanion a bod ganddyn nhw'r adnoddau sydd eu hangen i wneud hynny.

→ Seiliedig ar amser (*Time specific*) – mae'n glir pryd bydd rhaid i'r targedau gael eu cyflawni – o fewn tair blynedd, er enghraifft.

Drwy osod amcanion SMART, mae'n bosibl mesur yn union a yw'r busnes wedi cyflawni'r hyn roedd yn bwriadu ei wneud yn y cyfnod penodol.

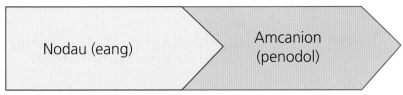

Ffigur 1.8 Mae nodau'n eang, mae amcanion yn benodol

Bydd yr amcan SMART sy'n briodol ar gyfer busnes yn dibynnu ar y cyd-destun. Er enghraifft:

→ Pan fydd galw'n isel, efallai bydd amcan i gynyddu elw yn gosod targed cymharol isel, ond os bydd galw'n cynyddu'n gyflym efallai bydd y targed elw yn cael ei osod yn uwch.

→ Os yw'r amcan yn ymwneud â gostwng prisiau, er enghraifft, mae'n hawdd disgwyl gweld canlyniadau yn weddol gyflym, ond os yw'r amcan yn ymwneud â buddsoddi mewn datblygu cynnyrch newydd, efallai bydd y targed elw yn cael ei osod dros sawl blwyddyn.

● Pa amcanion sy'n nodweddiadol o fusnesau?

Bydd amcanion busnesau yn amrywio rhwng gwahanol gwmnïau a thros amser. Fodd bynnag, mae amcanion fel arfer yn canolbwyntio ar y meysydd canlynol.

Goroesi

Mae hyn yn arbennig o bwysig pan fydd busnes yn cael ei gychwyn. Mae cychwyn busnes yn fenter sy'n llawn risgiau ac mae'n creu llawer o heriau. Yn y tymor byr, o leiaf, mae gwneud dim ond goroesi yn gamp ynddi'i hun. Er mwyn lledaenu enw'r busnes, efallai bydd angen gostwng prisiau a gwneud elw is nag y byddai'r entrepreneur eisiau ei wneud yn y tymor hir.

Uchafu elw

Efallai bydd rhai adegau pan na fydd busnesau'n gwneud elw, ond fel arfer bydd gwneud elw yn un o'r amcanion tymor hir. Os na all busnes wneud elw, bydd y perchenogion fel arfer yn cymryd adnoddau o'r busnes hwn ac yn eu defnyddio rywle arall. Wrth gwrs, gall gymryd amser i gynhyrchu elw – mae cwmnïau fel Ocado a Twitter wedi cymryd sawl blwyddyn i adeiladu'r brand a dechrau gwneud elw – ond os nad oes modd gwneud elw yn y tymor hir mae'r busnes yn debygol o gau.

Ystyried busnes: Tesla

Car awtobeilot Tesla

Mae'r cwmni ceir trydan o UDA, Tesla, yn cael ei edmygu gan lawer am fod yn un o'r cwmnïau mwyaf arloesol yn y byd – ond mae heb wneud elw hyd yma. Cafodd 13 o chwarteri (cyfnodau tri mis) dilynol o golledion.

Mae cwmni Tesla wedi ei feirniadu'n ddiweddar am ddamweiniau yn ei geir awtobeilot. Mae hacwyr cyfrifiaduron hefyd wedi llwyddo i amharu ar geir y cwmni o 11 milltir i ffwrdd. Ond mae'r galw am y ceir wedi cynyddu, ac mae'n cynhyrchu mwy na 100,000 o geir y flwyddyn erbyn hyn.

1 **Dadansoddwch pam mae Tesla yn parhau i gynhyrchu ceir os yw'n gwneud colled.** (6 marc)

Boddhad cwsmeriaid

Gall busnesau osod targedau i gyrraedd lefel benodol o foddhad cwsmeriaid drwy gynnig gwasanaeth gwell neu amrywiaeth fwy o gynhyrchion na'u cystadleuwyr. Gall hynny arwain at fwy o elw yn y tymor hir. Os yw cwsmeriaid yn fodlon, maen nhw'n fwy tebygol o brynu mwy o gynhyrchion.

Cyfran o'r farchnad

Efallai bydd busnesau'n gosod targed o ran y gyfran o'r farchnad maen nhw'n gobeithio ei hennill. Mae hyn yn mesur gwerthiant cynnyrch neu fusnes fel canran o gyfanswm gwerthiant y farchnad. Efallai bydd busnes yn ceisio cyrraedd 20% neu 30% o werthiant y farchnad o fewn pum mlynedd.

Mentro Mathemateg

Yr hafaliad ar gyfer y gyfran o'r farchnad yw:

$$\frac{gwerthiant\ cynnyrch}{cyfanswm\ gwerthiant\ y\ farchnad} \times 100$$

Os yw eich gwerthiant yn £20,000 ac os yw cyfanswm gwerthiant y farchnad yn £400,000, eich cyfran chi o'r farchnad yw:

$$\frac{£20,000}{£400,000} \times 100$$

Beth fydd eich cyfran o'r farchnad os bydd eich gwerthiant yn cynyddu i £50,000 heb i faint y farchnad newid?

Ystyried busnes: Next

Yn ôl ei wefan, prif amcan grŵp Next yw ennill adenillion tymor hir i'w gyfranddalwyr.

Mae'n bwriadu cyflawni hyn drwy weithgareddau fel y rhain:

- gwella a datblygu ystod cynnyrch Next; y gwerthiant sy'n mesur llwyddiant hyn
- cynyddu'r gofod gwerthu (*sales space*) ar yr amod ei fod yn broffidiol
- cynyddu nifer cwsmeriaid proffidiol gwasanaeth Next Directory a'u perswadio i wario mwy
- gwneud yn siŵr bod y busnes yn effeithlon drwy gyrchu cynnyrch, rheoli stoc a rheoli costau mewn ffordd effeithlon
- canolbwyntio ar wasanaeth i gwsmeriaid a lefelau boddhad.

1 **Dadansoddwch y rhesymau posibl pam mae Next yn gosod yr amcan o ennill adenillion tymor hir i'w gyfranddalwyr.** (6 marc)

Bod yn foesegol gadarn

Ystyr moeseg penderfyniad yw gofyn beth sy'n cael ei ystyried yn iawn neu'n anghywir. Bydd rhai busnesau eisiau ymddwyn mewn modd moesegol gadarn – er enghraifft, drwy dalu cyflogau rhesymol i'w staff a thrin eu cyflenwyr a'u cwsmeriaid â pharch. Gall busnesau anfoesegol gael eu beirniadu gan y cyfryngau a cholli cwsmeriaid.

Drwy fod yn foesegol gadarn, gall busnes gael budd yn y ffyrdd canlynol:
→ cael sylw ffafriol yn y cyfryngau
→ defnyddio'r neges foesegol yn ei farchnata
→ denu cwsmeriaid, buddsoddwyr a gweithwyr.

Amcanion cymdeithasol

Efallai bydd busnes yn gosod targedau i helpu'r gymuned leol. Er enghraifft, gall siop gymunedol gael ei chychwyn i helpu trigolion lleol i ddod o hyd i gynhyrchion yn hawdd. Gall busnes anelu at wneud y canlynol:
→ cyflogi trigolion lleol i helpu i greu swyddi yn yr ardal
→ defnyddio rhywfaint o'i arian i fuddsoddi mewn cyfleusterau sy'n helpu'r gymdeithas, fel parciau, cyfleusterau chwaraeon, lleoedd chwarae i blant, ac adeiladau lle gall digwyddiadau cymunedol gael eu cynnal
→ darparu nwyddau a gwasanaethau ar gyfer y gymuned, er enghraifft gwasanaethau i gefnogi pobl sydd dan anfantais rywffordd, fel banciau bwyd.

Amcanion amgylcheddol a chynaliadwyedd

Efallai bydd busnesau eisiau gwneud yn siŵr nad yw eu gweithgareddau'n niweidio'r amgylchedd. Gallan nhw osod targedau i leihau eu defnydd o egni, lleihau eu hôl troed carbon, cyrraedd targedau ailgylchu penodol, lleihau gwastraff neu ailddefnyddio mwy o'u cyflenwadau. Efallai bydd ganddyn nhw ddiddordeb hefyd mewn sicrhau bod y defnyddiau'n dod o ffynonellau cynaliadwy (mae hyn yn golygu bod y ffynonellau'n cael eu hadnewyddu neu na fyddan nhw'n dod i ben). Er enghraifft, gallai cwmni dodrefn ddewis defnyddio pren gan gyflenwr sy'n ailblannu pryd bynnag bydd yn torri coeden i lawr. Dydy adnoddau fel olew ddim yn gynaliadwy (allan nhw ddim cael eu defnyddio am byth) ac maen nhw'n dod i ben. Dyna pam mae rhai busnesau'n ceisio dod o hyd i adnoddau eraill.

Mae *The Big Issue* yn cael ei gynhyrchu ar gyfer pobl ddigartref ac yn cael ei werthu ganddyn nhw i godi arian fel gallan nhw gael hyd i rywle i aros. Mae gan fusnes y Big Issue amcanion cymdeithasol.

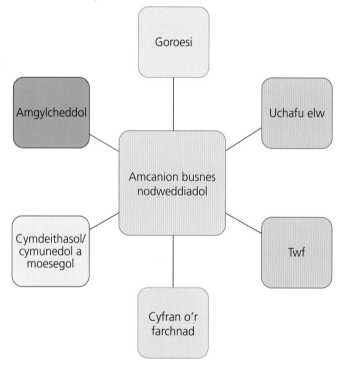

Ffigur 1.9 Crynodeb o amcanion busnes nodweddiadol

Ystyried busnes: Marks and Spencer

Yn ôl Marks and Spencer, mae cwsmeriaid y cwmni'n dod yn fwy a mwy ymwybodol o effaith gweithredoedd busnes ar y byd ac felly mae angen i gwmnïau weithio'n galed i adeiladu a chynnal ymddiriedaeth eu cwsmeriaid. Oherwydd pwysau cynyddol ar adnoddau naturiol, a diffyg gofal am yr adnoddau hyn, bydd hynny'n cynyddu costau ac yn ei gwneud hi'n fwy anodd cael gafael ar ddefnyddiau crai.

Mae Marks and Spencer yn credu bod angen i fusnes llwyddiannus fod yn amgylcheddol a chymdeithasol gynaliadwy. Yn 2007 lansiodd y cwmni eu Cynllun A, sef cynllun busnes fyddai'n paratoi'r busnes ar gyfer gofynion ei gwsmeriaid yn y dyfodol.

Ar ôl cyrraedd llawer o dargedau'r Cynllun A gwreiddiol – gan gynnwys gweithrediadau carbon-niwtral, peidio ag anfon unrhyw wastraff i safleoedd tirlenwi a lleihau defnydd pacio o 25% – lansiodd Marks and Spencer gynllun newydd o'r enw Cynllun A 2020 yn 2014 (gweler Ffigur 1.10), ac yn fwy diweddar Cynllun A 2025, sy'n cynnwys 100 o ymrwymiadau cymdeithasol ac amgylcheddol newydd.

1 **Dadansoddwch pam byddai Marks and Spencer eisiau bod yn fusnes cynaliadwy.**
(6 marc)

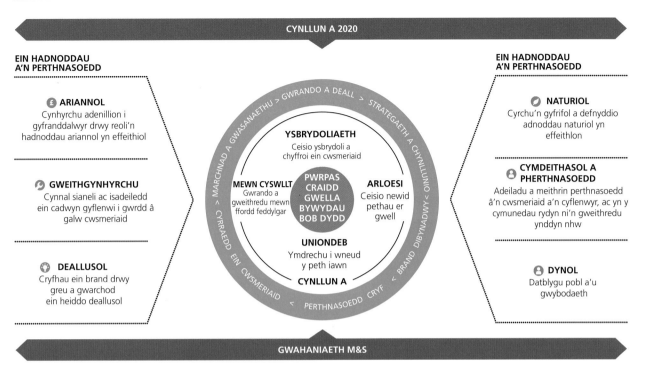

Ffigur 1.10 Cynllun A 2020 Marks and Spencer
Ffynhonnell: Adroddiad Cynllun A M&S, 2016

Cyrff nid-er-elw

Yn achos y rhan fwyaf o **gyrff sector preifat**, mae elw'n amcan pwysig. Ond dydy pob busnes ddim yn ceisio gwneud elw. Er enghraifft, nod **cyrff sector cyhoeddus**, fel ysgolion ac ysbytai, yw darparu gwasanaeth am ddim i'r cyhoedd. Yn y sector preifat, mae cyrff nid-er-elw yn cynnwys clybiau cymdeithasol ac elusennau. Mae mwy na 180,000 o elusennau cofrestredig yn y DU, gan gynnwys Macmillan Cancer Support a'r Isle of Wight Donkey Sanctuary. Mae elusennau yng Nghymru a Lloegr yn cael eu monitro gan y Comisiwn Elusennau, ac mae'r elusennau hyn wedi'u sefydlu i fod o fudd i achos penodol.

● Defnyddio amcanion i fesur perfformiad

Allwch chi ddim gwybod a yw rhywun yn llwyddiannus neu beidio os nad ydych chi'n gwybod beth maen nhw'n ceisio'i gyflawni. Ystyriwch gêm bêl-droed lle mae tîm ar frig yr Uwch Gynghrair yn cael gêm gyfartal yn erbyn tîm ar y gwaelod. I ddechrau gallech chi feddwl eu bod wedi gwneud yn wael. Ond os deallwch chi mai gêm gyfartal yn unig oedd ei hangen arnyn nhw i ennill y gynghrair y tymor hwn, gallwch chi ddeall beth roedden nhw'n ei wneud. Dim ond pan fyddwch chi'n gwybod beth yw'r canlyniad dymunol y gallwch chi benderfynu'n iawn ydy pethau'n mynd yn dda neu beidio. Mae'r un peth yn wir mewn busnes. Gall busnes sy'n gwneud elw o £25,000 y flwyddyn fod yn llwyddiant aruthrol i'r person 18 oed oedd wedi ei gychwyn fel hobi ac oedd yn gobeithio gwneud £10,000 y flwyddyn ar y mwyaf. Ond, gall fod yn siom fawr i dîm o fuddsoddwyr profiadol oedd wedi gosod targed elw o £200,000 y flwyddyn.

Termau allweddol

Mae **cyrff sector preifat** dan berchenogaeth unigolion.

Mae **cyrff sector cyhoeddus** dan berchenogaeth y llywodraeth.

Awgrym astudio

Gofynnwch bob amser beth oedd amcanion pobl wrth gychwyn busnes – dim ond wedyn gallwch chi asesu'n iawn a ydyn nhw wedi llyddo neu beidio. Efallai na fyddwch chi'n hapus ag enillion o £20,000 y flwyddyn, ond gallai rhywun arall fod yn hapus â hynny.

Mae amcanion busnes yn rhoi ffocws, yn helpu busnesau i benderfynu beth i'w wneud ac i adolygu sut mae pethau'n mynd. Yna gallan nhw wneud penderfyniadau priodol os bydd pethau'n mynd o chwith. Dychmygwch eich bod chi'n cymryd blwyddyn i ffwrdd er mwyn teithio. Byddwch chi'n gosod targedau o ran beth rydych chi'n gobeithio'i weld a'i wneud erbyn adegau penodol yn ystod y flwyddyn. Efallai byddwch chi'n treulio mwy o amser na'r disgwyl mewn gwahanol leoedd – ond o gael amcanion gallwch weld sut i wneud iawn am yr amser hwnnw a gwneud popeth oedd yn rhan o'r cynllun. Yn yr un modd, os yw gwerthiant busnes 10% yn is na'r disgwyl, mae'n bosibl dadansoddi'r rhesymau tebygol cyn cymryd camau i roi hwb i'r gwerthiant.

Ystyried busnes: Sport England

Mae Sport England yn gorff i adeiladu cenedl fywiog sydd â mwy o bobl yn cymryd rhan mewn chwaraeon, boed drwy fynd i'r gampfa, cerdded neu gymryd rhan mewn campau tîm. Cenhadaeth Sport England yw rhoi cyfle i bawb yn Lloegr, beth bynnag yw eu hoed, cefndir neu allu, i gymryd rhan mewn chwaraeon neu ymarfer corff. Mae eisiau gwneud y canlynol:

- cynyddu nifer y bobl yn Lloegr sy'n cymryd rhan mewn chwaraeon a gweithgaredd a lleihau nifer y bobl sydd ddim yn gorfforol weithgar
- cynyddu'r gyfran o bobl ifanc (11–18 oed) sydd ag agwedd gadarnhaol at chwaraeon a bod yn gorfforol weithgar
- sicrhau bod cyfleusterau i'r cyhoedd yn cael eu defnyddio'n effeithiol gan gymunedau
- cynyddu nifer yr oedolion sy'n defnyddio'r awyr agored ar gyfer ymarfer corff a lles.

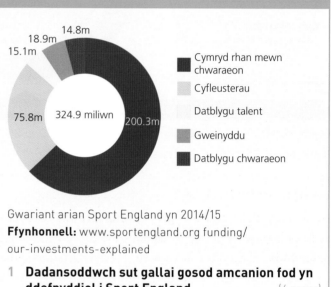

Gwariant arian Sport England yn 2014/15
Ffynhonnell: www.sportengland.org funding/ our-investments-explained

1 **Dadansoddwch sut gallai gosod amcanion fod yn ddefnyddiol i Sport England.** (6 marc)

Sut mae amcanion yn newid wrth i fusnesau dyfu

Pan fydd entrepreneur yn cychwyn busnes, yr amcanion fel arfer yw goroesi'r ychydig fisoedd neu flynyddoedd cyntaf. Gall sefydlu busnes fod yn anodd ac felly mae goroesi yn dipyn o gamp ynddi'i hun. Gall fod yn ddigon i ennill ychydig archebion, profi bod y syniad busnes yn gweithio a dechrau lledaenu enw da. Wrth ystyried costau cychwyn a hyrwyddo busnes i ennill cwsmeriaid, a chofio pa mor anodd yw hyn i ddechrau, mae'n debygol y bydd busnes yn gwneud colledion ar y cychwyn. Dros amser bydd disgwyl iddo wneud elw sy'n ddigon i dalu cost ymwad yr adnoddau.

Ar ôl i fusnes weithredu am rywfaint o amser, gall ei amcanion newid. Efallai bydd y busnes eisiau tyfu. Yn aml mae rheolwyr a pherchenogion eisiau i'r busnes fynd yn fwy er mwyn cael mwy o werthiant ac elw. Gall y twf hwn gynnwys datblygu mwy o gynhyrchion fel bod amrywiaeth ehangach o nwyddau a gwasanaethau. Gall hyn gynnwys ehangu dramor i dargedu cwsmeriaid newydd hefyd.

Newid nodau ac amcanion

Gall nodau ac amcanion busnes newid dros amser gan fod yr amgylchedd busnes yn ddynamig. Gall amcanion newid am y rhesymau hyn:

→ **Ffactorau mewnol**. Pan fydd busnes yn cychwyn, efallai bydd yn canolbwyntio ar oroesi; pan fydd wedi'i sefydlu, efallai mai twf fydd y prif amcan. Dros amser gall nod y bobl sy'n rhedeg y busnes newid. Er enghraifft, pan fydd swm penodol o elw yn cael ei wneud, efallai bydd y rheolwyr yn cyflwyno amcanion mwy cymdeithasol ac amgylcheddol.

→ **Ffactorau allanol**. Gall ffactorau allanol effeithio ar amcanion y busnes. Er enghraifft, gall newid yn y gyfraith olygu bod yn rhaid i fusnes feddwl mwy am yr amgylchedd. Gall newid yng nghyflwr yr economi effeithio ar darged gwerthiant; os yw incwm yn isel, er enghraifft, efallai bydd busnes yn gosod amcan gwerthiant cymharol isel.

⬤ Rhanddeiliaid

Dylai amcanion busnes gael eu gosod gan y perchenogion. Nhw sy'n berchen ar y busnes a dylai pawb sy'n gweithio ynddo geisio cwrdd â'u hanghenion nhw. Os yw'r perchenogion eisiau mwy o elw, dylai pawb anelu at hynny. Ond mae'r **rhanddeiliaid** gwahanol sy'n gysylltiedig â'r busnes yn debygol o gael dylanwad ar benderfyniadau terfynol y perchenogion ynghylch eu hamcanion.

Rhanddeiliad yw unigolyn neu gorff sy'n effeithio ar fusnes, a'i weithgareddau'n effeithio arnyn nhw hefyd. Maen nhw'n cynnwys perchenogion, gweithwyr, cwsmeriaid, cyflenwyr, y gymuned, y llywodraeth a dosbarthwyr.

Bydd gan bob un o'r grwpiau hyn ei amcanion ei hun a gall y rhain ddylanwadu ar y targedau mae busnesau'n eu gosod. Er enghraifft:

→ Efallai bydd **perchenogion** eisiau uchafu'r elw – hynny yw, byddan nhw eisiau gwneud yr adenillion mwyaf posibl.

→ Bydd **gweithwyr** eisiau ennill mwy o arian am eu hymdrechion. Byddan nhw eisiau i'r busnes dyfu fel bod mwy o gyfle i gael dyrchafiad.

→ Efallai bydd **cyflenwyr** eisiau cael eu talu'n brydlon. Felly gall y busnes osod targed i dalu pob bil o fewn cyfnod penodol.

→ Efallai bydd **y gymuned** eisiau i'r busnes ymddwyn yn gyfrifol. Felly gall y busnes osod targed mewn meysydd fel ailgylchu, sŵn, lleihau gwastraff a cheisio cyflogi pobl leol hefyd.

→ Efallai bydd gan **y cwsmeriaid** rôl bwysig i'w chwarae hefyd. Gall busnesau bach fod yn ddibynnol ar nifer cymharol fach o gwsmeriaid ac felly mae gan y prynwyr hyn lawer o bŵer. Efallai bydd cwmni bach sy'n gwerthu i archfarchnad fawr yn gorfod derbyn telerau'r archfarchnad os yw eisiau cael yr archeb. Mae hyn yn golygu bod y prynwyr yn gallu pennu beth sy'n realistig i fusnes o ran lefel debygol o werthiant ac elw.

> **Termau allweddol**
>
> **Rhanddeiliaid** yw unigolion a chyrff sy'n effeithio ar weithgareddau busnes, a'r gweithgareddau hynny'n effeithio arnyn nhw hefyd.

Sut gall rhanddeiliaid ddylanwadu ar fusnes?

Gall rhanddeiliaid ddylanwadu ar fusnes mewn sawl ffordd, gan gynnwys y canlynol:

→ **Negodi**. Gall gweithwyr negodi (*negotiate*) a thrafod i geisio cael gwell cyflog, a gall cyflenwyr hawlio gwell telerau ac amodau.

→ **Gweithredu uniongyrchol**. Gall cwsmeriaid roi'r gorau i brynu cynhyrchion busnes os nad ydyn nhw'n fodlon ar y ffordd mae'r busnes yn ymddwyn. Gall gweithwyr fynd ar streic a gwrthod gweithio os nad ydyn nhw'n cael eu dymuniad.

→ **Gwrthod cydweithredu**. Gall cynghorau lleol wrthod cydweithredu â busnes os nad ydyn nhw'n hoffi ei ymddygiad. Er enghraifft, gallen nhw wrthod caniatâd cynllunio i ailddatblygu neu ehangu'r busnes. Gallai gweithwyr wrthod unrhyw newidiadau mae'r perchenogion yn eu hawgrymu a gallen nhw ddangos eu bod yn anfodlon drwy beidio â gweithio'n galed.

→ **Pleidleisio**. Gall perchenogion busnes wneud eu safbwyntiau'n eglur a gallan nhw bleidleisio ynghylch y camau nesaf i'w cymryd. Er enghraifft, os yw tri pherson wedi cychwyn busnes, gall dau o'r perchenogion drechu'r llall drwy bleidlais wrth benderfynu beth ddylai gael ei wneud.

Wrth ddelio â rhanddeiliaid, efallai bydd busnes yn ystyried y canlynol:

→ Sut mae'n cyfathrebu â rhanddeiliaid. A oes angen rhoi gwybod iddyn nhw am bethau yn gyson? Os felly sut dylai'r busnes wneud hyn? Drwy gylchlythyrau? Neu drefnu cyfarfodydd (fel y Cyfarfod Cyffredinol Blynyddol mae'n rhaid i gwmnïau ei gynnal ar gyfer eu cyfranddalwyr)?

→ A ddylai'r busnes gynnwys rhanddeiliaid gwahanol mewn trafodaethau? Er enghraifft, efallai bydd eisiau cynnal cyfarfodydd lle gall rhanddeiliaid nodi eu safbwyntiau. Efallai bydd rheolwyr eisiau gwahodd cynrychiolwyr y gweithwyr i gyfarfodydd er mwyn sicrhau bod eu safbwyntiau nhw'n cael eu clywed.

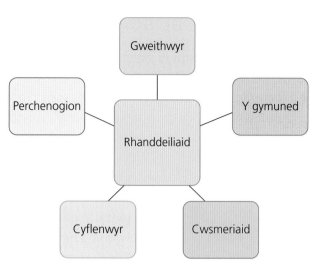

Ffigur 1.11 Crynodeb o'r grwpiau gwahanol o randdeiliaid

Awgrym astudio

Er mwyn penderfynu sut mae rhanddeiliaid penodol yn gallu effeithio ar amcanion busnes, mae angen i chi ystyried faint o bŵer sydd gan y grŵp a pha gamau gallen nhw eu cymryd i effeithio ar y busnes os na fyddan nhw'n cael sylw.

Ystyried busnes: streic Swyddfa'r Post

Yn 2016 aeth miloedd o weithwyr Swyddfa'r Post ar streic 24 awr (hynny yw, aethon nhw ddim i'r gwaith) mewn anghydfod ynghylch penderfyniadau'r rheolwyr i gau canghennau, cwtogi nifer y swyddi a newid eu hawliau pensiwn. Arweiniodd hyn at gau tua 118 o 305 swyddfa yng nghanol dinasoedd a threfi, oherwydd diffyg staff. Ledled y wlad gyfan, roedd bron 99% o'r 11,600 o ganghennau Swyddfa'r Post wedi aros ar agor yn ôl yr arfer.

1 **Dadansoddwch effaith bosibl y streic hon ar gwsmeriaid a rhanddeiliaid.**

(6 marc)

Sut mae penderfyniadau busnes yn effeithio ar randdeiliaid

Gall unrhyw benderfyniad busnes effeithio ar randdeiliaid mewn gwahanol ffyrdd. Gall rhai gael budd. Gall eraill ddioddef. Er enghraifft, gallai penderfyniad gan faes awyr Heathrow i adeiladu rhedfa (*runway*) arall greu'r effeithiau canlynol:

➜ Creu swyddi yn yr ardal.

➜ Helpu masnach a busnesau'r DU.

➜ Helpu twristiaid i deithio'n haws.

➜ Creu refeniw trethi i'r llywodraeth yn sgil y gwariant a'r swyddi ychwanegol.

Ond:

➜ Gallai arwain at fwy o sŵn a phroblemau amgylcheddol fyddai'n effeithio ar y gymuned leol.

➜ Gallai rhai pobl gael eu gorfodi i symud o'r ardal er mwyn gallu adeiladu'r rhedfa.

➜ Gallai arwain at dagfeydd wrth i fwy o bobl yrru i'r maes awyr, gan ei gwneud hi'n fwy anodd i bobl deithio yn yr ardal.

Gwrthdaro rhwng rhanddeiliaid

Dyma rai enghreifftiau o sefyllfaoedd lle gall fod gwrthdaro rhwng rhanddeiliaid:

➜ Efallai bydd busnes yn oedi cyn talu am gyflenwadau fel ei fod yn cadw'r arian yn hirach ac yn gallu ei fuddsoddi; gall hyn greu problemau i gyflenwyr o ran llif arian.

➜ Efallai bydd busnes yn talu cyflogau cymharol isel i weithwyr er mwyn cadw costau'n isel; gall hyn helpu elw ond gall olygu llai o arian i weithwyr.

➜ Efallai na fydd busnes yn rhoi llawer o sylw i unrhyw effeithiau negyddol ar yr amgylchedd a'r gymdeithas oni bai fod deddfau'n ei orfodi i'w hystyried.

Crynodeb

Targed *cyffredinol* yw nod busnes. Targed *penodol* yw amcan busnes. Mae amcanion yn helpu i arwain y busnes a dangos i eraill beth mae'r perchenogion a'r rheolwyr eisiau ei gyflawni. Drwy osod amcan, mae'n bosibl mesur llwyddiant busnes. A gyrhaeddodd y busnes ei dargedau neu beidio? Mae gwahanol randdeiliaid y busnes, fel y gweithwyr, y cyflenwyr, y gymuned a'r prynwyr, yn dylanwadu ar amcanion.

Cwestiynau cyflym

1 Disgrifiwch y gwahaniaeth rhwng nod ac amcan. (2 farc)

2 Beth yw ystyr 'amcan SMART'? (2 farc)

3 Beth yw ystyr 'rhanddeiliad'? (2 farc)

4 Rhowch **ddau** reswm pam gallai amcanion busnes newid. (2 farc)

5 Dangoswch, gydag enghraifft, sut gallai grwpiau gwahanol o randdeiliaid fod ag amcanion gwahanol. (2 farc)

6 Amlinellwch **un** o amcanion posibl cyflenwyr. (2 farc)

7 Amlinellwch **un** o amcanion posibl cyfranddalwyr. (2 farc)

8 Rhowch **un** enghraifft lle gallai dau grŵp gwahanol o randdeiliaid fod â'r un amcanion. (2 farc)

9 Beth yw ystyr 'cyfran o'r farchnad'? (2 farc)

10 Beth yw ystyr 'moeseg busnes'? (2 farc)

Astudiaeth achos

Unilever

Paul Polman yw Prif Weithredwr Unilever, un o'r cwmnïau mwyaf yn y byd. Mae Unilever yn cynhyrchu amrywiaeth eang o gynhyrchion, o bowdr golchi i fwyd. Mae'r cwmni'n cyflogi mwy na 170,000 o bobl ac mae ei werth ar y farchnad yn agos at £90 biliwn.

Mae Polman wedi annog pawb yn ei dîm yn Unilever i ystyried y tymor hir wrth wneud penderfyniadau. Mae wedi rhoi'r gorau i roi'r newyddion diweddaraf i fuddsoddwyr bob tri mis oherwydd ei fod yn credu bod hynny'n tynnu sylw heb angen ac yn gwneud i bobl ganolbwyntio gormod ar y tymor byr. Mae wedi annog pawb yn y busnes i ganolbwyntio ar faterion amgylcheddol. Er enghraifft, mae'r cwmni wedi penderfynu lleihau'r calorïau yn ei hufen iâ, ac mae'n gobeithio peidio defnyddio glo fel ffynhonnell egni o fewn pum mlynedd.

Er bod Polman eisiau canolbwyntio ar faterion byd-eang yn y tymor hir, fodd bynnag, mae'n rhaid iddo ystyried gofynion cyfranddalwyr y cwmni hefyd gan eu bod nhw'n meddwl am eu buddrannau. Mae Polman yn cyfaddef ei bod yn dipyn o gamp ceisio cydbwyso anghenion grwpiau gwahanol o randdeiliaid, ond mae'n credu bod buddsoddwyr yn dechrau dod i ddeall buddion y dull tymor hir. Mae e'n credu bydd modd arbed arian yn ddiweddarach trwy weithredu nawr i arbed y blaned, ac y daw hyn yn fwy poblogaidd gan fuddsoddwyr. Mae Polman yn dweud bod tua 70% o gyfranddalwyr Unilever wedi bod yn gysylltiedig â'r busnes ers iddo fod yno. Mae'n fwriadol yn annog buddsoddwyr tymor hir.

Mae Polman yn benderfynol o brofi y gall Unilever gynyddu refeniw ac elw'r cwmni, beth bynnag yw sefyllfa economaidd neu wleidyddol y byd. Mae e'n credu gall Unilever gael effaith gadarnhaol ar yr amgylchedd gan gwrdd ag anghenion ei gyfranddalwyr ar yr un pryd.

Cwestiynau

1 Beth yw cyfranddaliwr? (2 farc)

2 Amlinellwch un rheswm posibl pam gwnaeth Polman roi'r gorau i roi'r newyddion diweddaraf i fuddsoddwyr bob tri mis. (4 marc)

3 Dadansoddwch yr effaith bosibl gall cwmni fel Unilever ei chael ar y gymuned leol. (6 marc)

4 Trafodwch farn Polman bod gofalu am eich rhanddeiliaid yn gallu bod o fudd i'r busnes yn y tymor hir. (10 marc)

Perchenogaeth busnes

Mae sawl math gwahanol o fusnes yn y DU, gan gynnwys unig fasnachwyr, partneriaethau a chwmnïau cyfyngedig preifat. Mae'r testun hwn yn edrych ar y gwahanol fathau o berchenogaeth busnes ac yn ystyried manteision ac anfanteision pob un.

Erbyn diwedd yr adran hon, dylech chi wybod ystyr, manteision ac anfanteision gweithredu yn y ffurfiau canlynol:

- unig fasnachwr
- partneriaeth
- cwmni cyfyngedig preifat (Cyf.)
- cwmni cyfyngedig cyhoeddus (CCC)
- corff nid-er-elw.

Perchenogaeth busnes

Mae angen i unrhyw un sy'n cychwyn busnes ystyried pa fath o fusnes byddan nhw'n ei gychwyn, a pha ffurf fydd i'r busnes hwnnw. Mae gwahanol opsiynau i'w cael, ac mae'r rhain i'w gweld yn Ffigur 1.12.

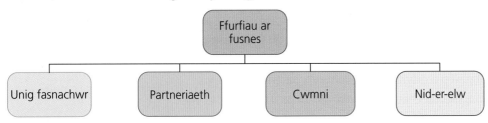

Ffigur 1.12 Mathau o berchenogaeth busnes

Unig fasnachwr

Mae **unig fasnachwr** yn ffurf ar fusnes sydd dan berchenogaeth a rheolaeth un person. Er enghraifft, os ydych chi'n cychwyn eich busnes eich hun yn atgyweirio cyfrifiaduron pobl, rydych chi'n unig fasnachwr. Mae cychwyn fel unig fasnachwr yn hawdd. Does dim angen llenwi unrhyw ddogfennau cyfreithiol. Y cyfan sydd angen ei wneud yw dechrau masnachu. Dyna pam mae'n ffurf mor boblogaidd ar fusnes, a'r ffurf gyntaf i lawer o bobl fusnes enwog. Yr un person sy'n berchen ar fusnes unig fasnachwr ac yn ei reoli, ond gall gyflogi staff eraill.

> **Term allweddol**
>
> **Unig fasnachwr** yw unigolyn sy'n cychwyn busnes ar ei ben ei hun.

Manteision bod yn unig fasnachwr

→ Mae cychwyn busnes fel unig fasnachwr yn gyflym a hawdd. Does dim angen llenwi unrhyw ddogfennau cyfreithiol i gychwyn fel unig fasnachwr.

→ Chi eich hun sy'n gwneud yr holl benderfyniadau. Gall hyn olygu ei bod yn bosibl gwneud penderfyniadau'n gyflym, a gallwch chi sicrhau bod pethau'n cael eu gwneud yn y ffordd orau gennych chi.

→ Chi eich hun sy'n cael yr holl elw, felly os bydd y busnes yn llwyddiannus does dim rhaid i chi rannu'r enillion gyda phobl eraill.

Anfanteision bod yn unig fasnachwr

→ Gall gorfod gwneud yr holl benderfyniadau eich hun fod yn dipyn o straen. Bydd rhai pobl yn ei chael hi'n anodd ymdopi â chymaint â hyn o bwysau.

→ Mae angen i unig fasnachwr ymdrin â phob agwedd ar y busnes: y cyllid, y marchnata a rhedeg y busnes ei hun. Efallai na fydd rhai pobl yn dda yn gwneud pob un o'r rhain.

→ Os oes rhywbeth yn mynd o'i le yn y busnes, mae gennych chi **atebolrwydd anghyfyngedig**. Mae hyn yn golygu gallwch chi golli popeth sy'n eiddo i chi.

→ Fel arfer mae llwyth enfawr o waith i'w wneud fel unig fasnachwr. Er enghraifft, wrth weithio'n galed i adeiladu'r busnes gall fod yn anodd cymryd gwyliau iawn. Os byddwch chi'n sâl, gall yr holl fusnes ddod i stop.

→ Os yw'r unig fasnachwr yn marw, mae'r busnes yn dod i ben hefyd, hyd yn oed os yw ef neu hi wedi bod yn rhedeg y busnes ers blynyddoedd lawer.

→ Gall unig fasnachwr ei chael yn anodd codi digon o arian i allu cychwyn y busnes. Yn aml mae'n rhaid i unig fasnachwr ddibynnu ar ei gyllid ei hun yn bennaf.

→ Mae unig fasnachwr yn debygol o fod yn gwmni bach ac ni fydd ganddo'r un pŵer ag sydd gan fusnes mawr dros gyflenwyr a dosbarthwyr.

● Partneriaeth

Dan Ddeddf Partneriaeth 1890, bydd partneriaeth yn cael ei chreu pan fydd dau berson neu fwy yn cychwyn busnes er mwyn dilyn amcan cyffredin (fel elw, er enghraifft). Er enghraifft, gallai grŵp o ddylunwyr gychwyn partneriaeth gyda'i gilydd. Fel arfer mae hawl i bartneriaethau gael hyd at 20 partner, ond mae eithriadau'n cynnwys cyfreithwyr, cyfrifwyr, arwerthwyr a gwerthwyr eiddo.

Gweithred Partneriaeth

Wrth gychwyn partneriaeth, mae'n ddoeth i'r partneriaid ysgrifennu dogfen gyfreithiol, sef **Gweithred Partneriaeth**. Mae'r weithred yn nodi rheolau'r bartneriaeth. Fel arfer bydd Gweithred Partneriaeth yn cynnwys manylion am y canlynol:

> **Term allweddol**
>
> **Atebolrwydd anghyfyngedig** yw pan fydd eiddo personol perchenogion y busnes mewn perygl os bydd unrhyw broblemau. Does dim uchafswm o ran faint o arian y gallai fod yn rhaid i'r perchenogion ei dalu.

> **Term allweddol**
>
> Mae **Gweithred Partneriaeth** yn gytundeb rhwng partneriaid sy'n nodi rheolau'r bartneriaeth, gan gynnwys y ffordd bydd elw'n cael ei rannu a sut bydd gwerth y bartneriaeth yn cael ei bennu os bydd rhywun eisiau gadael.

→ sut i rannu'r elw – er enghraifft, gall hyn fod yn gysylltiedig â faint o arian mae pob partner yn ei roi i mewn ar y cychwyn neu faint o waith mae'n ei wneud o'i gymharu â'r lleill

→ sut bydd penderfyniadau'n cael eu gwneud – hynny yw, hawliau pleidleisio

→ sut i brisio gwerth y busnes os bydd rhywun eisiau gadael

→ sut i benderfynu a all rhywun arall ymuno â'r bartneriaeth.

Pwrpas Gweithred Partneriaeth yw osgoi anghytuno. Os nad oes Gweithred Partneriaeth, bydd rhaid i'r elw gael ei rannu'n gyfartal, dim ots beth yw mewnbwn pob person.

Manteision partneriaeth (o gymharu â bod yn unig fasnachwr)

→ Mae sawl person mewn partneriaeth ac felly gall pob un gyfrannu arian. Dylai hyn olygu bod mwy o gyllid ar gael nag sy'n bosibl i unig fasnachwr.

→ Mewn partneriaeth mae mwy o bobl yn berchen ar y busnes nag yn achos unig fasnachwr. Felly gall mwy o bobl gymryd rhan wrth drafod problemau a phenderfynu ar strategaethau. Gall hyn arwain at wneud gwell penderfyniadau. Gall y partneriaid gael budd o brofiad ei gilydd a ffyrdd ei gilydd o ystyried problemau.

→ Mae pob un o'r partneriaid yn gallu arbenigo mewn agwedd benodol ar y busnes, sy'n golygu bod gwasanaeth gwell ac ehangach yn cael ei ddarparu.

→ Gall partneriaid gymryd lle ei gilydd – er enghraifft, os yw rhywun yn sâl neu ar wyliau. Felly mewn partneriaeth gall fod yn llai o straen na rhedeg busnes ar eich pen eich hun.

Anfanteision partneriaeth

→ Gall y partneriaid gwahanol fod â syniadau gwahanol ynghylch y ffordd orau o ddatrys problem. Gallai hyn arwain at anghytuno.

→ Gall penderfyniadau fod yn arafach nag yn achos unig fasnachwr oherwydd bod angen ymgynghori â'r holl bartneriaid gwahanol yn lle penderfynu drosoch chi eich hun.

→ Mae'r elw'n cael ei rannu rhwng partneriaid yn lle cael ei gadw gan un person (yr unig fasnachwr).

→ Fel arfer mae gan y partneriaid atebolrwydd anghyfyngedig. Os bydd camgymeriad yn cael ei wneud gan un partner, rhaid i bob partner dalu'r pris.

⬤ Cwmnïau

Mae **cwmni** dan berchenogaeth ei fuddsoddwyr, sef y **cyfranddalwyr**. Mae gwahanol fathau o **gyfrannau** ond y rhai mwyaf arferol yw 'cyfrannau cyffredin'. Mae gan berchenogion cyfrannau cyffredin un bleidlais am bob cyfran sydd ganddyn nhw. Os oes gennych **gyfranddaliad** o 51%, er enghraifft, mae gennych chi 51% o gyfanswm y pleidleisiau.

Termau allweddol

Mae **cwmni** yn fusnes sydd â'i hunaniaeth gyfreithiol ei hun. Gall fod yn berchen ar eitemau, bod mewn dyled yn ariannol, erlyn a chael ei erlyn.

Un o berchenogion cwmni yw **cyfranddaliwr**. Mae pob cyfranddaliwr yn berchen ar 'gyfran' o'r busnes.

Cyfran (*share*) yw un o nifer o rannau cyfwerth o berchenogaeth cwmni. Felly perchenogion cwmni yw'r cyfranddalwyr, sef y rhai sy'n berchen ar y cyfrannau.

Cyfranddaliad (*shareholding*) yw'r casgliad o rannau cyfwerth cwmni sydd ym meddiant un perchennog. Caiff maint cyfranddaliad neu *shareholding* ei fynegi fel arfer fel canran o'r holl gyfrannau sydd ar gael, ond mae cyfrannau yn cael eu cyfrif yn unigol.

Yn y gorffennol, mae 'cyfran' a 'cyfranddaliad' wedi cael eu defnyddio'n gyfnewidiol yn y Gymraeg ar gyfer *share*.

Mae cwmni'n bodoli ar ei ben ei hun yn ôl y gyfraith. Mae hyn yn golygu ei fod yn gallu bod yn berchen ar bethau fel tir ac offer. Pan fyddwch chi, fel aelod o'r cyhoedd, yn prynu cynhyrchion, byddwch chi'n eu prynu gan y cwmni yn hytrach na gan yr unigolion sy'n berchen arno. Felly mae ganddyn nhw **atebolrwydd cyfyngedig**. Mae hyn yn bwysig iawn oherwydd ei fod yn golygu bod pobl yn gallu buddsoddi mewn cwmnïau gan wybod beth yw'r uchafswm gallan nhw ei golli os bydd pethau'n mynd o chwith. Heb hynny, byddai'n fwy anodd denu buddsoddwyr.

Perchenogion cwmni yw'r cyfranddalwyr. Y rheolwyr yw'r bobl sy'n rheoli'r cwmni ac yn gwneud y penderfyniadau bob dydd. Mewn llawer o gwmnïau cyfyngedig preifat, y cyfranddalwyr yw'r rheolwyr. Ond mewn cwmnïau cyfyngedig cyhoeddus, mae'r cyfranddalwyr a'r rheolwyr yn aml yn grwpiau gwahanol o bobl ac mae hyn yn creu bwlch rhwng perchenogaeth a rheolaeth. Mae'n bosibl bod gan y perchenogion a'r rheolwyr amcanion gwahanol. Efallai fod y rheolwyr, er enghraifft, eisiau buddsoddi mewn projectau tymor hir, fel datblygu cynnyrch newydd, ond efallai byddai'n well gan y cyfranddalwyr gymryd arian allan o'r busnes pryd bynnag maen nhw'n dymuno gwneud hynny. Gall hyn achosi gwrthdaro.

> ### Term allweddol
>
> **Atebolrwydd cyfyngedig** yw pan fydd uchafswm o ran faint o arian gall buddsoddwyr ei golli; allan nhw ddim ond colli'r arian gwnaethon nhw ei fuddsoddi, ac nid eu heiddo personol.

Manteision	Anfanteision
Atebolrwydd cyfyngedig	Rhaid cofrestru'r cwmni
Gwell statws yng ngolwg rhai cwsmeriaid	Rhaid datgelu gwybodaeth am werthiant ac elw
Gall barhau ar ôl i'r sylfaenwyr farw	Rhaid i'r cyfrifon gael eu gwirio'n annibynnol
Gall ddenu buddsoddwyr	Os oes buddsoddwyr eraill, does gan y sylfaenydd gwreiddiol ddim rheolaeth lwyr dros y busnes

Tabl 1.2 Crynodeb o fanteision ac anfanteision ffurfio cwmni

Ystyried busnes: Honest Burgers Ltd

Yn 2011 penderfynodd y ffrindiau coleg Tom Barton, 29, a Philip Eeles, 32, ymuno â pherchennog tai bwyta, Dorian Waite, 48, i gychwyn busnes gyda'i gilydd. Roedd y tri eisiau creu cadwyn byrgyrs foethus. Gwelson nhw fod galw cynyddol am 'fyrgyrs premiwm' sy'n defnyddio cynhwysion o safon uchel, a phenderfynon nhw dargedu'r segment hwn o'r farchnad â'u tai bwyta. Cychwynnon nhw gwmni Honest Burgers Ltd ac o fewn pedair blynedd roedden nhw wedi tyfu eu busnes nes bod ganddyn nhw ddeg safle. Roedd y gwerthiant wedi cynyddu i £6.9 miliwn erbyn 2015, gan wneud hwn yn un o'r cwmnïau cyflymaf i dyfu yn y DU. Amcan y cwmni yw parhau i dyfu'n gyflym dros y blynyddoedd nesaf.

Cynnydd gwerthiant blynyddol dros 3 blynedd	205.67%
Gwerthiant diweddaraf mewn £000oedd	6,900
Staff	252

Tabl 1.3 Honest Burgers Ltd

Ffynhonnell: www.honestburgers.co.uk

1 **Dadansoddwch y rhesymau posibl pam penderfynodd Tom, Philip a Dorian greu cwmni yn lle ffurfio partneriaeth.** (6 marc)

● Mathau o gwmni

Dan Ddeddf Cwmnïau 1980, mae dau fath o gwmni yn y DU: cwmni cyfyngedig preifat (sy'n rhoi 'Cyf.' neu Ltd ar ôl ei enw) a chwmni cyfyngedig cyhoeddus (sy'n rhoi 'CCC' neu plc ar ôl ei enw). Mae'r ddau fath o gwmni dan berchenogaeth cyfranddalwyr ac mae gan y ddau atebolrwydd cyfyngedig. Ond mae gwahaniaethau rhyngddyn nhw:

→ Dydy **cwmni cyfyngedig preifat** ddim yn gallu hysbysebu ei gyfrannau ar werth yn gyhoeddus, ac yn aml mae dan berchenogaeth aelodau teulu. Mewn cwmni preifat, mae'n bosibl cyfyngu i bwy cewch chi werthu cyfrannau – er enghraifft, er mwyn cadw busnes dan berchenogaeth aelodau'r teulu.

→ Mae **cwmni cyfyngedig cyhoeddus** yn gallu hysbysebu ei gyfrannau a chael ei restru (cyhoeddi pris ei gyfrannau) ar y **Gyfnewidfa Stoc**. Rhaid bod ganddo gyfalaf cyfrannau o fwy na £50,000. Mewn CCC nid yw'n bosibl cyfyngu pwy gaiff brynu'r cyfrannau. Felly os ydych chi'n berchen ar rai o gyfrannau CCC, gallwch chi eu gwerthu nhw i bwy bynnag rydych chi'n ddymuno, a gall pobl eraill eu prynu nhw ar y Gyfnewidfa Stoc.

Bydd **arnofio** yn digwydd pan fydd cwmni cyfyngedig preifat yn penderfynu dod yn CCC. I wneud hyn, rhaid i gyfrannau gael eu gwerthu i'r cyhoedd a rhaid i'r busnes fodloni rheoliadau'r Gyfnewidfa Stoc.

Termau allweddol

Arnofio yw pan fydd cwmni cyfyngedig preifat yn penderfynu dod yn CCC ac yn rhestru ei gyfrannau ar y Gyfnewidfa Stoc.

Dydy **cwmni cyfyngedig preifat** ddim yn gallu hysbysebu ei gyfrannau ar werth yn gyhoeddus ac yn aml mae dan berchenogaeth aelodau teulu.

Mae **cwmni cyfyngedig cyhoeddus** yn gallu hysbysebu ei gyfrannau a chael ei restru ar y Gyfnewidfa Stoc.

Marchnad ar gyfer cyfrannau cwmnïau cyfyngedig cyhoeddus yw'r **Gyfnewidfa Stoc**. Mae nifer mawr o gyfrannau yn cael eu prynu a'u gwerthu drwy'r amser.

Mentro Mathemateg

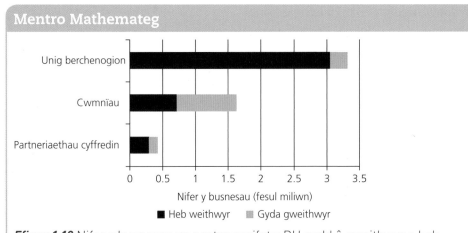

Ffigur 1.13 Nifer y busnesau yn sector preifat y DU oedd â gweithwyr a heb weithwyr ar ddechrau 2015. (**Ffynhonnell:** Adran Busnes, Arloesi a Sgiliau)

1 Pa fath o berchenogaeth busnes sydd fwyaf cyffredin yn y DU?

2 Amlinellwch resymau posibl dros hyn.

Awgrym astudio

Wrth ystyried ffurfiau gwahanol ar fusnes, ystyriwch sefyllfa benodol y bobl sy'n rhan ohonyn nhw. A oes angen iddyn nhw godi arian drwy werthu cyfrannau? A oes gan y perchennog reolaeth lwyr? A yw'n bwysig i'r busnes fod ag atebolrwydd cyfyngedig?

Dyma enghreifftiau o gwmnïau cyfyngedig preifat yn y DU

Manteision creu cwmni cyfyngedig preifat

➜ Atebolrwydd cyfyngedig. Mae eiddo personol y cyfranddalwyr yn ddiogel. Gall hyn helpu busnesau sy'n cychwyn i gael arian gan fuddsoddwyr. Byddai buddsoddwyr yn annhebygol o gymryd y risg o roi eu harian i mewn i fusnes newydd pe bai gan y cwmni atebolrwydd anghyfyngedig. Ond gydag atebolrwydd cyfyngedig bydd ganddyn nhw sicrwydd bod uchafswm o golledion os bydd pethau'n mynd o chwith.

➜ Statws. I lawer o gwsmeriaid, mae gan gwmni statws uwch nag unig fasnachwr. Felly gall cychwyn cwmni fod yn syniad marchnata da.

➜ Os bydd sylfaenwyr y busnes yn marw, bydd y cwmni'n dal i fodoli a bydd pwy bynnag sy'n berchen ar y cyfrannau yn parhau â'r busnes.

➜ Gall rheolwyr gael eu cyflogi i redeg y busnes bob dydd ond mae'r perchenogion yn cadw rheolaeth ac mae'r elw'n cael ei rannu rhwng y cyfranddalwyr.

Anfanteision creu cwmni cyfyngedig preifat

➜ Mae angen mynd drwy weithdrefnau cyfreithiol gwahanol, fel cofrestru'r cwmni, sy'n gallu cymryd tipyn o amser ac arian.

➜ Rhaid i grynodeb o gyfrifon ariannol y busnes gael ei gyhoeddi a bod ar gael i'r cyhoedd. Wrth sicrhau bod gwybodaeth ar gael i bobl eraill, gan gynnwys cystadleuwyr, bydd y busnes yn colli rhywfaint o breifatrwydd.

➜ Rhaid i'r cyfrifon gael eu gwirio gan gyfrifydd annibynnol (sy'n cael ei alw'n archwiliwr), a bydd hynny'n creu costau ychwanegol.

➜ Rhaid i'r busnes dalu treth gorfforaeth (mae unigolion yn talu treth incwm) a gall hyn fod yn fwy nag y byddai unigolyn yn ei dalu'n bersonol.

➜ Mae unrhyw fuddsoddwyr ychwanegol yn y busnes yn dod yn rhanddeiliaid pwysig. Am bob cyfran sydd ganddyn nhw, mae ganddyn nhw bleidlais, ac felly gallan nhw gael dylanwad uniongyrchol ar y busnes. Efallai na fydd ganddyn nhw'r un gwerthoedd ac amcanion â'r perchenogion gwreiddiol. Mae rhai entrepreneuriaid yn ei chael hi'n anodd gweithio gyda buddsoddwyr eraill mewn cwmni gan fod gwrthdaro rhwng eu dulliau o weithio.

➜ Mae dosrannu elw yn golygu bod unrhyw elw gaiff ei ennill yn dod yn eiddo i'r holl gyfranddalwyr (mae faint sy'n cael ei dalu iddyn nhw yn dibynnu ar ba gyfran o'r cyfranddaliadau maen nhw'n berchen arni).

Manteision dod yn gwmni cyfyngedig cyhoeddus

➜ Gall CCC hysbysebu ei gyfrannau i'r cyhoedd. Mae hyn yn golygu bod cyfle i ddenu mwy o fuddsoddwyr posibl na chwmni cyfyngedig preifat.

➜ Mae cwmnïau cyfyngedig cyhoeddus yn denu mwy o sylw'r cyfryngau oherwydd bod ganddyn nhw fwy o gyfranddalwyr. Drwy ddod yn CCC, mae busnes yn debygol o ddenu mwy o sylw cyfryngol – sy'n darparu cyhoeddusrwydd rhad.

➜ Fel arfer ystyrir cwmnïau cyfyngedig cyhoeddus o statws uwch na chwmnïau preifat (ac yn aml maen nhw'n fwy). Gall hyn greu argraff dda ar gwsmeriaid.

➜ Gall buddsoddwyr fod yn fodlon prynu cyfrannau oherwydd dylen nhw allu eu gwerthu yn hawdd. Fel arfer mae llawer o gyfrannau mewn cwmnïau cyfyngedig cyhoeddus sy'n cael eu masnachu'n gyson, felly os bydd buddsoddwr yn gwerthu ei gyfrannau, dylai allu dod o hyd i rywun sydd eisiau eu prynu.

Anfanteision dod yn gwmni cyfyngedig cyhoeddus

➔ Mae sylw yn y cyfryngau yn gallu bod yn dda, ond gall fod yn wael hefyd. Os yw CCC yn gwneud camgymeriad neu rywbeth o'i le, mae'r cyfryngau'n fwy tebygol o roi sylw i'r stori na phe bai'r busnes yn gwmni preifat.

➔ Oherwydd nad yw CCC yn gallu rheoli pwy sy'n prynu ei gyfrannau, mae'n bosibl gall cystadleuydd brynu cyfrannau a throsfeddiannu'r busnes.

➔ Mae CCC yn cael ei reoleiddio'n fwy llym na chwmni cyfyngedig preifat – mae mwy o bethau mae'n rhaid iddo eu gwneud yn ôl y gyfraith. Er enghraifft, rhaid iddo gynhyrchu gwybodaeth fwy manwl am ei gyllid bob blwyddyn a'i hanfon at gyfranddalwyr. Gall hyn fod yn ddrud yn ogystal â golygu bod gwybodaeth ar gael i gystadleuwyr posibl a'r cyfryngau.

➔ Pan ddaw cwmni preifat yn CCC mae'n dod â mwy o fuddsoddwyr allanol i mewn. Efallai na fydd y perchenogion gwreiddiol yn cytuno â safbwyntiau ac amcanion y perchenogion newydd.

Perchenogaeth cyfrannau

Sefydliadau ariannol, fel cwmnïau yswiriant a banciau, sy'n berchen ar lawer o gyfrannau cwmnïau cyfyngedig cyhoeddus. Dim ond tua 14% o gyfranddaliadau CCCau sy'n eiddo i unigolion. Yn aml mae'r sefydliadau ariannol yn rhoi pwysau ar reolwyr CCCau i dalu llawer o arian yn y tymor byr, er mwyn iddyn nhw allu talu eu cyfranddalwyr eu hunain, gan adael llai o gyllid i fuddsoddi yn y tymor hir nag y byddai rheolwyr yn ei ddymuno o bosibl.

> ### Awgrym astudio
>
> Does dim rhaid i gwmnïau cyfyngedig preifat ddod yn gwmnïau cyfyngedig cyhoeddus oni bai eu bod nhw eisiau mwy o fuddsoddiad gan fuddsoddwyr allanol. Yn ystod y broses arnofio, rhaid i gwmnïau fod yn siŵr bydd galw am eu cyfrannau ar y pris maen nhw'n ei osod. Dydy hyn ddim yn rhoi sicrwydd – mae'n dibynnu ar yr hyn mae buddsoddwyr yn ei gredu bydd y busnes yn ei ennill yn y dyfodol.

Ystyried busnes: Fitbit

Mae cwmni Fitbit yn cynhyrchu technoleg i'w gwisgo. Er enghraifft, mae'n cynhyrchu band garddwrn sy'n monitro faint o gamau rydych chi wedi eu cymryd yn ystod y dydd, faint o galorïau rydych chi wedi eu llosgi a pha mor bell rydych chi wedi teithio. Yn 2016 gwerthodd cwmni Fitbit ei gyfrannau i'r cyhoedd er mwyn bod yn CCC.

Roedd Fitbit wedi credu byddai ei gyfrannau'n gwerthu am brisiau rhwng $14 ac $16 ond pan gawson nhw eu rhoi ar werth aeth y pris i fyny i $20. Ar ôl gwerthu'r cyfrannau hyn, roedd y cwmni'n werth mwy na $2.5bn. Bydd yr arian gododd y cwmni o'r gwerthiant yn cael ei ddefnyddio ar gyfer ymchwil i gynhyrchion newydd. Gwnaeth Fitbit golledion am sawl blwyddyn, ond yn 2014 gwnaeth elw o $131.8 miliwn. Y llynedd, gwerthodd y cwmni fwy na 10 miliwn o ddyfeisiau.

1 **Dadansoddwch y ffactorau allai fod wedi pennu pris y cyfrannau roddodd Fitbit ar werth.** (6 marc)

● Mentrau cydweithredol

Mewn **menter gydweithredol**, mae'r aelodau'n berchen ar y busnes ac yn ei redeg. Mae gwahanol fathau o fentrau cydweithredol. Er enghraifft, mae rhai mentrau cydweithredol dan berchenogaeth cwsmeriaid, rhai dan berchenogaeth gweithwyr a rhai dan berchenogaeth preswylwyr lleol. Amcan mentrau cydweithredol yw bod o fudd i'r aelodau. Bydd menter gydweithredol ddefnyddwyr yn ceisio darparu cynhyrchion o ansawdd da am brisiau rhesymol ar gyfer ei chwsmeriaid. Bydd unrhyw elw'n cael ei fuddsoddi yn y busnes neu'n cael ei ddefnyddio i helpu i gyflawni hyn. Bydd menter gydweithredol weithwyr yn ceisio gwella lles ei staff; bydd yr elw'n cael ei dalu i'r gweithwyr.

Mae mentrau cydweithredol yn gyrff lle mae gan bob aelod un bleidlais. Allan nhw ddim cael eu rheoli gan unrhyw un aelod unigol. Yr aelodau i gyd sy'n rheoli'r cwmni ac mae'n cael ei redeg â'u lles nhw mewn golwg.

> ### Termau allweddol
>
> Mewn **menter gydweithredol**, mae'r aelodau'n berchen ar y busnes ac yn ei redeg.
>
> Mae **elusen** yn gorff nid-er-elw sy'n cael ei sefydlu 'at ddibenion elusennol'.

Ystyried busnes: Y John Lewis Partnership

Mae'r John Lewis Partnership yn fenter gydweithredol lwyddiannus iawn. Ei gweithwyr sy'n berchen arni, ac maen nhw'n cael eu galw'n Bartneriaid. Mae pob un o'r 88,900 o Bartneriaid yn ei 48 siop John Lewis a'i 351 o siopau Waitrose yn berchennog cyfartal ar y busnes. Y rheswm dros fodolaeth y busnes yw amcanu at wneud y Partneriaid yn hapus. Mae gan y busnes werthiant blynyddol o fwy nag £11bn. Mae'r Partneriaid yn cael cyfran o fuddion ac elw busnes sy'n eu rhoi nhw'n gyntaf.

1 **Dadansoddwch sut gallai bod dan berchenogaeth y gweithwyr helpu llwyddiant busnes.**
(6 marc)

● Elusennau

Mae **elusen** yn gorff nid-er-elw sy'n cael ei sefydlu at 'ddibenion elusennol'; mae'r rhain yn cael eu nodi yn y gyfraith ac yn cynnwys lleihau tlodi, addysg, crefydd, chwaraeon amatur, diogelu'r amgylchedd a rhoi cymorth i gleifion, yr anabl a'r henoed. Mae unrhyw elw mae'r cwmni yn ei wneud yn cael ei ddefnyddio i fuddsoddi yn yr achosion elusennol hyn.

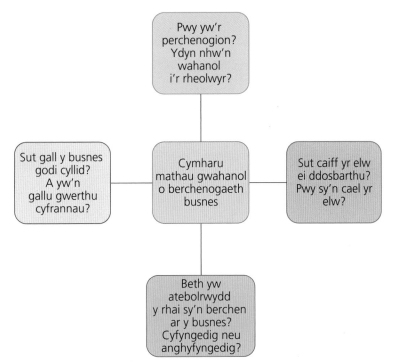

Ffigur 1.14 Crynodeb o ffactorau i'w hystyried wrth gymharu ffurfiau ar berchenogaeth busnes

Crynodeb

Mae llawer o strwythurau cyfreithiol gwahanol i fusnesau. Mae gan bob un fanteision ac anfanteision. Er enghraifft, mae busnes unig fasnachwr yn hawdd ei gychwyn ond mae ganddo atebolrwydd anghyfyngedig. Mae gan bartneriaeth y fantais o gael mewnbwn sawl person gwahanol, ond mae perygl na fyddan nhw'n cytuno. Mae gan gwmni atebolrwydd cyfyngedig ond mae'n rhaid gwneud gwybodaeth yn fwy cyhoeddus. Mae dewis y strwythur cyfreithiol priodol yn benderfyniad busnes pwysig iawn wrth gychwyn busnes.

Pan fydd busnes eisiau tyfu, gall newid ei statws o gwmni cyfyngedig preifat i CCC. Mae gan hyn fanteision (er enghraifft, gall cyfrannau gael eu gwerthu i'r cyhoedd) ac anfanteision (er enghraifft, mae'r busnes yn fwy tebygol o gael ei drosfeddiannu). Bydd yn rhaid i'r perchenogion benderfynu a yw manteision statws CCC yn werth yr anfanteision.

Cwestiynau cyflym

1 Nodwch **ddau** reswm pam o bosibl byddai entrepreneur eisiau bod yn unig fasnachwr. (2 farc)

2 Nodwch **ddwy** broblem bosibl o fod yn unig fasnachwr. (2 farc)

3 Beth yw ystyr 'atebolrwydd cyfyngedig'? (2 farc)

4 Beth yw menter gydweithredol? (2 farc)

5 Nodwch **ddau** wahaniaeth rhwng cwmni cyfyngedig preifat a chwmni cyfyngedig cyhoeddus. (2 farc)

6 Nodwch **ddwy** o fanteision cwmni o gymharu â bod yn unig fasnachwr. (2 farc)

7 Beth yw elusen? (2 farc)

8 Nodwch **ddau** ffactor gallai busnes eu hystyried wrth benderfynu ar y strwythur busnes mwyaf priodol. (2 farc)

9 Nodwch **ddau** reswm dros fod yn gyfranddaliwr. (2 farc)

10 Nodwch **ddwy** fantais o fod yn bartneriaeth yn hytrach nag yn unig fasnachwr. (2 farc)

Astudiaeth achos

Snapchat

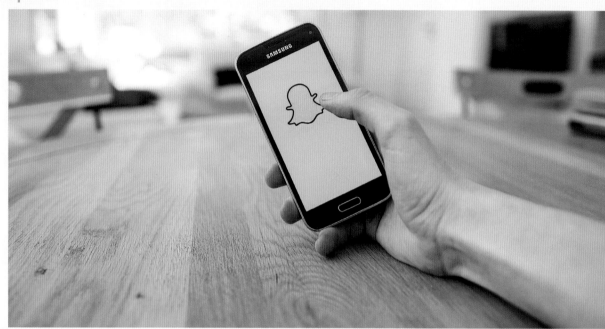

Snap Inc. yw'r cwmni sy'n berchen ar Snapchat, yr ap rhannu lluniau a fideos. Mae'n bwriadu gwerthu ei gyfrannau i'r cyhoedd. Yn ôl yr amcangyfrif, bydd y cwmni'n werth $25bn, yn dibynnu ar y pris mae pobl yn fodlon ei dalu am y cyfrannau.

Mae pobl yn awgrymu bod y sylfaenydd a'r Prif Swyddog Gweithredol, Evan Spiegel, sy'n 26 oed, yn werth $2.1bn. Dim ond 6 oed yw'r cwmni ac roedd disgwyl iddo gynhyrchu refeniw byd-eang o $366.7 miliwn drwy hysbysebion yn 2016. Yn 2015, dim ond ffracsiwn o'r ffigur hwnnw, sef $60 miliwn, oedd cyfanswm refeniw'r cwmni.

Mae'r gwasanaeth yn arbennig o boblogaidd gan bobl ifanc. Gall defnyddwyr anfon lluniau a fideos ohonyn nhw eu hunain yn edrych fel cŵn, sombis neu ddefnyddio effeithiau digrif eraill. Mae ganddo tua 58 miliwn o ddefnyddwyr. Gwrthododd Spiegel gynnig o £3bn gan Facebook yn 2013. Mae ap Snapchat wedi'i gynllunio fel bod negeseuon yn cael eu dileu ar ôl iddyn nhw gael eu darllen neu ar ôl i'w hamser ddod i ben. Wrth i 10 biliwn o fideos gael eu gwylio bob dydd, mae defnydd o'r safle wedi cynyddu 350% dros y flwyddyn ddiwethaf.

Ym mis Medi 2016, cyhoeddodd y cwmni ei fod yn mynd i ehangu a lansio Spectacles, sef sbectol sy'n gallu recordio clipiau deg eiliad a'u hanfon i ffonau clyfar. Bydd cynnyrch caledwedd cyntaf y cwmni ar gael yn fuan felly.

Cwestiynau

1 Beth yw ystyr cwmni cyfyngedig preifat? (2 marc)

2 Amlinellwch **ddau** fudd i Snap Inc. o lansio cynhyrchion sydd ddim yn apiau. (4 marc)

3 Dadansoddwch y ffactorau allai effeithio ar bris y cyfrannau os bydd Snapchat yn penderfynu arnofio'r cwmni ar y Gyfnewidfa Stoc. (6 marc)

4 Dychmygwch fod rheolwyr Snapchat yn ystyried sut i godi arian ar gyfer buddsoddi: naill ai arnofio'r cwmni ar y Gyfnewidfa Stoc **neu** gael benthyg gan fanc. Argymhellwch pa un o'r opsiynau hyn i'w ddewis. Cyfiawnhewch eich ateb. (10 marc)

Astudiaeth achos

Penbleth Sandra

Mae Sandra wedi bod yn dylunio gwefannau i'w ffrindiau ers sawl blwyddyn. Dechreuodd hyn fel hobi ond gwelodd hi ei bod hi'n gallu codi tâl ar bobl am ei gwasanaethau. Mae hi hyd yn oed wedi llwyddo i ennill contractau gan siopau a thai bwyta lleol oedd eisiau gwella eu gwefannau. Mae'n debyg bod gan Sandra dalent ar gyfer y math hwn o waith ac mae hi wedi penderfynu rhoi cynnig ar redeg hyn fel busnes pan fydd hi'n gadael yr ysgol. Dydy hi ddim yn gweld pwrpas mynd i astudio ymhellach a hithau â'r sgiliau mae pobl eu heisiau yn barod. Hyd yma mae hi wedi bod yn gweithio o'i chartref, ond does

dim llawer o le yno a fydd ei rhieni ddim eisiau iddi fod yno drwy'r dydd. Bydd angen iddi chwilio am swyddfa lle gall hi weithio felly. Mae Susie'n ffrind i Sandra. Mae Susie'n dda iawn yn defnyddio cyfryngau cymdeithasol ac mae'n berson sy'n gweithio'n galed. Mae ganddi hi sawl mil o ddilynwyr ar ei blog ffasiwn ei hun yn barod. Mae Susie wedi gofyn i Sandra ffurfio partneriaeth â hi. Mae Sandra wedi penderfynu peidio â chymysgu cyfeillgarwch a busnes. Ond mae hi, wedi'r cwbl, yn ystyried a ddylai hi gychwyn cwmni. Mae'n dipyn o benbleth.

Cwestiynau

1 Esboniwch y buddion posibl i Sandra o ddechrau partneriaeth â Susie. (4 marc)

2 Dadansoddwch y rhesymau posibl pam nad oedd Sandra eisiau ffurfio partneriaeth. (8 marc)

3 Ydych chi'n credu dylai Sandra gychwyn mewn busnes fel unig fasnachwr neu fel cwmni cyfyngedig preifat? Cyfiawnhewch eich ateb. (10 marc)

Twf busnes

Mae tyfu neu ehangu busnes yn amcan cyffredin. Efallai bydd busnes eisiau bod yn fwy nag unrhyw gwmni hedfan arall yn y DU, neu werthu mwy o ddiodydd ysgafn na neb arall, er enghraifft. I gyflawni hyn, efallai bydd yn rhaid iddo wario arian ar offer newydd neu adeilad newydd. Yn yr adran hon, byddwn ni'n edrych ar dwf busnes.

Erbyn diwedd yr adran hon, dylech chi wybod am y canlynol:

● y rhesymau pam mae busnesau'n tyfu

● manteision ac anfanteision dulliau gwahanol o dwf

● manteision ac anfanteision bod yn fasnachfreintiwr ac yn ddeiliad masnachfraint

● y rhesymau pam mae rhai busnesau'n aros yn fach.

● Pam mae busnesau eisiau tyfu?

Mae twf busnes yn gallu arwain at **ddarbodion maint**, sef buddion o ran costau sy'n dod yn ei sgil. Maen nhw'n digwydd pan fydd cost cynnyrch fesul uned yn gostwng wrth i'r raddfa gynhyrchu fynd yn fwy. Gall hyn helpu i gynyddu elw. Mae darbodion maint yn cynnwys:

→ **Darbodion prynu**. Mae busnesau mawr yn prynu cynhyrchion mewn swmp ac felly'n gallu trafod prisiau gwell â chyflenwyr, gan leihau'r gost fesul uned.

→ **Darbodion technegol**. Mae'r rhain i'w cael pan fydd cynhyrchu ar raddfa fawr yn golygu gall busnes wneud defnydd effeithlon o dechnoleg. Er enghraifft, mae llinell gynhyrchu yn ddrud iawn i'w sefydlu. Pe bai un car yn cael ei gynhyrchu bob dydd, byddai'n hynod o ddrud. Ond os yw'r llinell gynhyrchu'n cynhyrchu cannoedd o geir bob dydd, gall y costau cynhyrchu gael eu gwasgaru dros fwy o unedau gan ostwng y gost fesul car (hynny yw, cost yr uned).

→ **Darbodion ariannol**. Os bydd busnes yn tyfu, gall fod yn berchen ar fwy o gyfleusterau fel adeiladau, cludiant ac offer. Mae hyn yn golygu y bydd banc o bosibl yn barod i roi benthyg mwy o arian i'r busnes ar gyfraddau llog is.

→ **Gweinyddu**. Wrth i fusnes dyfu, efallai na fydd angen i'r ochr weinyddol dyfu ar yr un gyfradd. Er enghraifft, efallai fod cyfrifydd yn delio â chyllid y busnes. Gall y busnes dyfu hyd at ryw bwynt penodol heb fod angen penodi mwy o gyfrifwyr; felly mae cost y cyfrifydd yn cael ei rhannu dros fwy o unedau o allgynnyrch.

> **Term allweddol**
>
> Mae **darbodion maint** yn digwydd pan fydd y gost fesul uned yn gostwng wrth i fusnes ehangu.

Gyda mwy o werthiant yn y farchnad, efallai bydd gan y busnes fwy o **gyfran o'r farchnad**. Mae hyn yn golygu bod ei werthiant yn cynyddu o fewn cyfanswm holl werthiant y farchnad honno. Gyda mwy o werthiant, bydd gan fusnes fwy o bŵer yn y farchnad. Er enghraifft, bydd y farchnad yn fwy ymwybodol o'r busnes ac mae adwerthwyr yn debygol o fod yn fwy parod i stocio cynhyrchion brand adnabyddus. Gall hyn helpu busnes i leihau cystadleuaeth. Yn yr un modd, gall busnes fynd yn fwy drwy ennill rheolaeth dros ei gystadleuwyr. Mae hyn yn rhoi mwy o reolaeth iddo o fewn y farchnad ac efallai bydd yn golygu y gall godi prisiau. Felly mae cael cyfran uwch o'r farchnad yn golygu bod gan y busnes fwy o werthiant a mwy o bŵer, sy'n debygol o arwain at fwy o elw.

Gall busnes dyfu drwy werthu cynhyrchion mewn marchnadoedd newydd a datblygu cynhyrchion newydd. Felly mae twf yn gallu taenu risgiau. Os bydd gwerthiant un farchnad neu un cynnyrch yn gostwng, gall hyn gael ei gydbwyso gan werthiant cynhyrchion eraill. Y term am hyn yw **amrywiaethu**.

● Sut mae busnesau'n tyfu

Gall busnes dyfu drwy un o'r ffyrdd canlynol:
- → **twf mewnol** (term arall am hyn yw twf organig), drwy werthu mwy o'i gynhyrchion ei hun
- → **twf allanol** (term arall am hyn yw integreiddio), drwy ymuno â busnes arall.

Mae twf mewnol yn dueddol o fod yn fwy araf na thwf allanol, ond o ganlyniad gall fod yn haws ei reoli. Pan fydd busnesau'n ymuno â'i gilydd bydd eu maint yn newid yn sydyn a gall fod yn anodd rheoli'r broses gyda staff newydd a ffyrdd gwahanol o wneud pethau.

Maint busnes

Mae'n bosibl mesur maint busnes mewn sawl ffordd. Dyma rai enghreifftiau:
- → **Gwerth y gwerthiant**. Term arall am werth gwerthiant cwmni yw'r refeniw neu'r **trosiant**. Po fwyaf yw'r trosiant, y mwyaf yw'r busnes.
- → **Gwerth y busnes**. Mae maint busnes yn gallu cael ei fesur drwy gyfrifo gwerth ei asedau (yr hyn mae'n berchen arno) minws ei rwymedigaethau (ei ddyledion). Po uchaf yw gwerth y busnes, yr uchaf yw gwerth ei berchenogion. Ffordd arall o fesur gwerth busnes (os yw'n gwmni) yw cyfrifo gwerth ei gyfrannau. Y term am hyn yw ei **gyfalafiad marchnad**.
- → **Nifer y gweithwyr**. Nid yw pob corff yn gwerthu ei gynhyrchion (y Gwasanaeth Iechyd Gwladol, er enghraifft) ac felly mae'n amhosibl mesur refeniw. Gall maint y cyrff hyn gael ei fesur drwy ddefnyddio nifer y gweithwyr.

Mae'r ffordd fwyaf priodol o fesur maint busnes yn dibynnu yn rhannol ar y math o fusnes. Wrth gymharu cwmnïau tacsis, er enghraifft, gallech chi edrych ar faint o dacsis sydd ganddyn nhw. Wrth fesur maint archfarchnadoedd gellid

Cafodd Amazon ei sefydlu yn 1994. Cafodd Google ei gychwyn yn 1998. Cafodd Facebook ei lansio yn 2004. Ystyriwch faint mae'r busnesau hyn wedi tyfu ers hynny.

edrych ar faint o siopau sydd ganddyn nhw. Wrth fesur maint elusen, gellid mesur faint o arian mae'n ei godi neu nifer y staff sydd ganddi.

Mentro Mathemateg

Mae cyfalafiad marchnad busnes yn mesur gwerth ei holl gyfrannau, h.y. pris y farchnad am un gyfran × nifer y cyfrannau.

1 Os yw pris cyfredol y cyfrannau yn £2, a nifer y cyfrannau yn 300,000, beth yw cyfalafiad marchnad y cwmni?

2 Os yw cyfalafiad marchnad cyfredol cwmni yn £7.5 miliwn, a phris cyfredol y cyfrannau yn £2.50 yr un, faint o gyfrannau sydd i'w cael?

⬤ Ehangu organig (mewnol)

Mae ehangu organig yn gallu digwydd mewn sawl ffordd wahanol. Un o'r ffyrdd hyn yw **masnachfreintio**.

Masnachfreintio

Mae masnachfreintio (trwyddedu) yn digwydd pan fydd un busnes yn gwerthu'r hawl i ddefnyddio ei enw a gwerthu ei gynhyrchion i fusnes arall. Er enghraifft, mae llawer o siopau McDonald's yn fasnachfreintiau. Mae hyn yn golygu bod rhywun wedi prynu'r hawl gan McDonald's i ddefnyddio ei enw a gwerthu ei gynhyrchion. Y **masnachfreintiwr** yw'r busnes sy'n gwerthu'r fasnachfraint. **Deiliad y fasnachfraint** yw'r busnes sy'n prynu'r fasnachfraint.

Dyma rai o fanteision gwerthu masnachfraint:

→ **Twf cyflymach**. Gall busnes dyfu'n gyflymach drwy fasnachfreintio nag y gallai fel arall gan nad oes angen iddo allu codi digon o arian i agor pob siop. Deiliad y fasnachfraint sy'n darparu'r cyllid i gychwyn y busnes ac sy'n talu am yr hawl i wneud hynny hefyd.

→ **Darbodion maint**. Os yw masnachfreintio'n cyflymu twf, gall arwain at ddarbodion maint, gan helpu deiliad y fasnachfraint a'r masnachfreintiwr.

→ **Mwy o elw**. Yn ogystal ag incwm o werthu'r fasnachfraint, bydd y masnachfreintiwr yn cymryd canran o refeniw neu elw pob siop. Y mwyaf llwyddiannus yw'r deiliad, y mwyaf o elw mae'r masnachfreintiwr yn ei ennill.

→ **Mwy o gymhelliant i staff**. Bydd y person sy'n prynu masnachfraint yn rhedeg ei fusnes ei hun ac yn cadw cyfran uchel o'r elw. Wrth i'r busnes ddod yn fwy llwyddiannus, bydd yn gwneud mwy o arian. Dylai hyn olygu bod deiliad y fasnachfraint yn canolbwyntio ar redeg busnes da ac yn cynhyrchu mwy o enillion iddo ef ei hun ac i'r masnachfreintiwr.

Peryglon gwerthu masnachfraint

Drwy werthu, mae'r masnachfreintiwr yn colli rhywfaint o reolaeth ac mae risg na fydd pethau'n cael eu gwneud yn y ffordd mae'n ei ddymuno. Os oes problem gydag un siop, gall niweidio'r brand cyfan. Dyna pam mae gan fasnachfreintwyr fel McDonald's reolau o ran yr hyn mae deiliad masnachfraint yn ei wneud.

Termau allweddol

Masnachfreintio (trwyddedu) yw pan fydd rhywun yn talu perchennog masnachfraint i gael agor busnes sydd wedi'i sefydlu'n barod.

Mae'r **masnachfreintiwr** yn gwerthu'r fasnachfraint i ddeiliad y fasnachfraint.

Mae **deiliad y fasnachfraint** yn prynu'r fasnachfraint gan y masnachfreintiwr.

Manteision prynu masnachfraint

→ Gall deiliad y fasnachfraint asesu llwyddiant presennol y cynnyrch, a gall hynny ei helpu i fesur y risg yn fwy effeithiol. Gall prynu cynnyrch sefydledig fod yn llai o risg na dyfeisio'ch syniad eich hun a rhoi cynnig ar hwnnw.

→ Efallai fod gan y cynnyrch enw brand ac enw da sydd wedi'u sefydlu'n barod, sy'n ei gwneud hi'n haws ffurfio cronfa gwsmeriaid. Er enghraifft, os byddwch chi'n prynu masnachfraint McDonald's, bydd llawer o gwsmeriaid posibl yn gwybod yn barod beth yw'r cynnyrch.

→ Gall deiliad y fasnachfraint fanteisio ar brofiad y masnachfreintiwr. Gall gael hyfforddiant hefyd.

→ Bydd gan grŵp cyfan y fasnachfraint fwy o rym bargeinio, a gallan nhw gael budd o fwy o ddarbodion maint nag a fyddai'n bosibl i un busnes sy'n cychwyn ar ei ben ei hun.

Anfanteision prynu masnachfraint

Bydd deiliad y fasnachfraint:

→ yn gorfod talu am yr hawl i werthu'r nwydd neu'r gwasanaeth

→ yn rhoi rhywfaint o'i refeniw gwerthiant neu ei elw i'r masnachfreintiwr; mae hyn yn lleihau'r elw byddai rhywun yn ei ennill o'i gymharu â rhedeg ei fusnes ei hun

→ mewn perygl os bydd rhywbeth yn digwydd i enw da cyffredinol y brand. Os oes problem gydag un o ddeiliaid y fasnachfraint, gallai hyn niweidio gwerthiant yr holl ddeiliaid.

Mae manteision ac anfanteision gwerthu a phrynu masnachfreintiau wedi'u rhestru yn Nhabl 1.4 a Thabl 1.5.

Manteision gwerthu masnachfraint	Anfanteision gwerthu masnachfraint
Gall y busnes dyfu'n gyflym	Rydych chi'n colli rhywfaint o reolaeth
Deiliad y fasnachfraint sy'n darparu'r cyllid	Mae perygl gall y brand gael ei niweidio os oes problemau gydag un o ddeiliaid y fasnachfraint
Mae gan ddeiliaid masnachfraint gymhelliant i wneud yn dda gan eu bod yn rhedeg eu busnes eu hun	Rydych chi'n rhannu'r elw gyda deiliad y fasnachfraint

Tabl 1.4 Manteision ac anfanteision gwerthu masnachfraint

Manteision prynu masnachfraint	Anfanteision prynu masnachfraint
Rydych chi'n prynu'r cyfle i fod yn rhan o frand sefydledig ac adnabyddus	Rhaid i chi rannu elw gyda'r masnachfreintiwr
Mae gennych chi gyfle i gael hyfforddiant a chyflenwadau, a gallwch ddysgu gan ddeiliaid eraill y fasnachfraint	Rhaid i chi weithio o fewn canllawiau'r masnachfreintiwr, felly allwch chi ddim bod yn hollol annibynnol
Rydych chi'n rhannu'r costau marchnata gyda'r masnachfreintiwr	Rhaid i chi gyfrannu at ymgyrch farchnata'r grŵp

Tabl 1.5 Manteision ac anfanteision prynu masnachfraint

Ystyried busnes: McDonald's

Mae deiliad masnachfraint McDonald's yn berchen ar ei fusnes ei hun ac fel arfer bydd yn rheoli tîm o fwy na 70 o weithwyr. Bydd deiliad y fasnachfraint yn cael mwyafrif yr enillion os bydd y busnes yn llwyddiannus. Deiliad y fasnachfraint sy'n gyfrifol am reoli'r siop, ond mae'n cael ei gefnogi gan McDonald's mewn sawl ffordd – er enghraifft, o ran hyfforddiant neu os oes angen cyngor ar y ffordd orau o weithio yn y gymuned. Mae angen o leiaf £85,000 ar ddeiliad masnachfraint McDonald's er mwyn buddsoddi. Bydd siop fel arfer yn costio rhwng £150,000 a £400,000 i'w phrynu. Bydd deiliaid masnachfraint yn cael naw mis o hyfforddiant os cân nhw eu derbyn, a byddan nhw'n cael eu cyflwyno i system weithredu fyd-enwog McDonald's.

Mae deiliaid y fasnachfraint yn talu rhwng 10% ac 18% o'u refeniw gwerthiant i McDonald's, ynghyd â ffi gwasanaeth o 5% am gael defnyddio system McDonald's. Mae gofyn hefyd i ddeiliad y fasnachfraint gyfrannu 4.5% o'r gwerthiant i ymgyrch farchnata'r grŵp.

Wedi'i addasu o wefan www.mcdonalds.co.uk

1 **Dadansoddwch pam mae McDonald's yn tyfu drwy werthu masnachfreintiau.** (6 marc)

2 **Trafodwch fanteision prynu masnachfraint McDonald's yn hytrach na chychwyn busnes ar eich pen eich hun.** (10 marc)

Agor siopau newydd

Gall busnes dyfu drwy agor siopau newydd. Meddyliwch am nifer y siopau coffi Costa sydd wedi agor yn ddiweddar. Er mwyn agor siop, bydd angen ymchwil er mwyn canfod y lleoliad iawn, a buddsoddiad i'w chael ar ei thraed.

E-fasnach

Yn lle agor siop ffisegol gallai busnes benderfynu dechrau gwerthu ar-lein. Mae rhai busnesau fel ASOS wedi bod yn llwyddiannus iawn yn cynhyrchu gwerthiant heb siopau ffisegol. Yn achos busnesau eraill sy'n rhedeg siopau ffisegol yn barod, mae mynd ar-lein yn gallu ychwanegu ffordd arall o gyrraedd eu marchnad. Er enghraifft, mae gan y prif archfarchnadoedd weithrediadau ffisegol ac **e-fasnach**. Mae e-fasnach yn rhoi cyfle i fusnes gyrraedd cwsmeriaid ledled y byd 24 awr y dydd. Ond nid yw hyn heb ei broblemau. Os oes gan y busnes gynhyrchion ffisegol, mae'n rhaid cael hyd i ffordd o ddosbarthu'r rhain yn y marchnadoedd mae'n eu gwasanaethu, a gwneud hynny heb i'r gost fynd yn fwy na gwerth buddion mynd ar-lein.

Term allweddol

Mae **e-fasnach** yn golygu masnachu ar-lein.

Mae buddion e-fasnach yn cynnwys y canlynol:
→ Gall cwsmeriaid brynu 24 awr y dydd.
→ Gall cwsmeriaid brynu o unrhyw le yn y byd lle mae cyfle i ddefnyddio'r rhyngrwyd.
→ Gall y busnes olrhain ymddygiad prynwyr yn hawdd ac addasu'r hyn mae'n ei gynnig, a'i brisiau, ar sail hynny.
→ Gall y busnes hefyd awgrymu cynhyrchion eraill y gallai cwsmeriaid eu hoffi, yn seiliedig ar eu hymddygiad yn y gorffennol.

Mae anfanteision e-fasnach yn cynnwys y canlynol:
→ Dydy cwsmeriaid ddim yn gallu gweld y cynhyrchion ffisegol, a gall hynny eu cadw nhw rhag archebu.
→ Mae angen i'r busnes gael system ddosbarthu effeithiol i fynd â'r cynhyrchion at y cwsmeriaid, ble bynnag maen nhw.

➜ Efallai bydd y cwsmeriaid yn archebu llawer o gynhyrchion i weld pa rai maen nhw eu heisiau; efallai byddan nhw eisiau dychwelyd y rhain. Bydd yn rhaid i'r busnes drefnu'r dychweliadau a thalu amdanyn nhw.

Contractio allan

Mae **contractio allan** (*outsourcing*) yn digwydd pan fydd busnes yn defnyddio busnesau eraill i gynhyrchu ar ei gyfer. Os yw galw'n cynyddu, ond bod y busnes heb amser neu nad yw eisiau cymryd y risg o ehangu ei allu cynhyrchu ei hun, gall gontractio cynhyrchu allan i gwmni arall. Er enghraifft, gall adwerthwr dillad ddefnyddio cynhyrchwyr eraill i wneud ei ddillad.

Mae buddion contractio allan yn cynnwys y canlynol:
➜ Does dim angen i'r busnes fuddsoddi mewn cyfleusterau newydd. Yn hytrach, mae'n talu i ddefnyddio cyfleusterau busnes arall.
➜ Gall y busnes ddelio â chynnydd sydyn yn y galw drwy gontractio rhywfaint o'r gwaith cynhyrchu allan.
➜ Does dim angen cymryd y risg o fuddsoddi mewn gallu cynhyrchu newydd fydd ddim yn cael ei ddefnyddio, o bosibl.
➜ Gall y busnes ddefnyddio arbenigedd busnesau mewn rhai agweddau ar gynhyrchu, er mwyn canolbwyntio ar ei weithgareddau craidd; e.e. gallai ysgol gontractio arlwywr arbenigol i ddarparu prydau cinio.

Ond gall rhai problemau ddod yn sgil contractio allan:
➜ Efallai bydd yn costio mwy i dalu darparwr allanol (oni bai fod y cwmni hwnnw'n fwy effeithlon nag y byddech chi).
➜ Bydd gennych chi lai o reolaeth dros ansawdd, a gallai hynny achosi problemau. Felly os yw busnes yn contractio allan, mae angen iddo ddewis cyflenwyr yn ofalus a chadw rheolaeth agos arnyn nhw.

Twf allanol

Mae twf allanol (sydd hefyd yn cael ei alw'n integreiddio) yn digwydd pan fydd busnesau'n ymuno â'i gilydd.
➜ Mae **cydsoddiad** yn digwydd pan fydd dau gwmni neu ragor yn ymuno â'i gilydd ac yn creu busnes ar y cyd.
➜ Mae **trosfeddiannu** (neu '**caffaeliad**') yn digwydd pan fydd un cwmni'n ennill rheolaeth ar gwmni arall ac yn ei brynu.

Manteision twf allanol
➜ Gall twf allanol roi cyfle i fusnes ehangu'n gyflym. Drwy gydsoddi â busnes arall neu ei drosfeddiannu, gall cwmni ddod yn llawer mwy mewn amser byr. Gall twf mewnol fod yn broses lawer mwy araf.
➜ Gall agor marchnadoedd newydd i'r busnes yn gyflym, a rhoi cyfle iddo ddefnyddio'r arbenigedd a'r cysylltiadau sydd wedi'u sefydlu gan y cwmni arall. Gall hyn leihau'r risg o fentro i farchnad newydd.
➜ Gall arwain at ddarbodion maint; efallai bydd y busnes newydd, mwy, yn gallu manteisio ar ddarbodion maint prynu, er enghraifft.

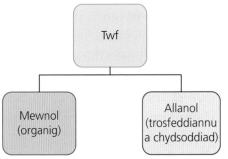

Ffigur 1.15 Crynodeb o'r mathau o dwf busnes

Anfanteision twf allanol

→ Gall fod yn ddrud. Er enghraifft, efallai bydd angen cynnig pris uchel er mwyn perswadio cyfranddalwyr busnes arall i werthu eu cyfrannau.

→ Gall achosi gwrthdaro. Mae rhoi dau fusnes at ei gilydd yn gallu creu problemau oherwydd gallai staff anghytuno ynglŷn â'r ffordd orau o wneud pethau. Efallai byddan nhw wedi arfer gweithio mewn ffyrdd gwahanol, a fyddan nhw ddim yn mwynhau gorfod newid pethau. Gall hyn wneud pobl yn flin ac efallai bydd rhai staff gwerthfawr yn gadael y busnes newydd, mwy.

→ Gall arwain at annarbodion maint. Efallai bydd y busnes mor fawr fel bod hynny'n arwain at broblemau o ran ei reoli a chyfathrebu'n effeithiol â phawb.

Mathau o integreiddio

Mae mathau o integreiddio yn cynnwys:

1 **Integreiddio llorweddol** – pan fydd cwmni'n ymuno â chwmni arall sydd ar yr un cam o'r un broses gynhyrchu. Gall y busnes newydd gael budd o ddarbodion maint gan ei fod yn yr un farchnad, ond ar raddfa fwy. Efallai bydd yn rhannu costau marchnata, yn rhannu sianeli dosbarthu, ac efallai bydd ganddo fwy o bŵer dros gyflenwyr i sicrhau prisiau is.

2 **Integreiddio fertigol** – pan fydd cwmni'n ymuno â chwmni arall sydd ar gam gwahanol o'r un broses gynhyrchu. Gall hyn fod yn **integreiddio fertigol yn ôl**, lle mae cwmni'n ymuno â'i gyflenwyr, neu'n **integreiddio fertigol ymlaen**, lle mae cwmni'n ymuno â'i ddosbarthwyr. Penderfynodd Pepsi brynu Kentucky Fried Chicken, y gadwyn bwyd cyflym, er mwyn gallu gwerthu ei ddiodydd yno. Dyma integreiddio fertigol ymlaen. Gall integreiddio fertigol yn ôl arwain at fwy o reolaeth dros gyflenwyr – gan sicrhau cyflenwadau o ansawdd gwell sy'n cwrdd ag anghenion y busnes. Mae hefyd yn rhoi sicrwydd o gyflenwadau fel bod y cwmni'n cael yr eitemau mae eu heisiau pan fydd eu heisiau nhw. Gall integreiddio fertigol ymlaen olygu bod gan fusnes sicrwydd o gyrraedd y farchnad – er enghraifft, wrth werthu cynnyrch drwy ei siopau ei hun.

3 **Integreiddio cyd-dyriad** – pan fydd cwmni'n ymuno â chwmni arall mewn math gwahanol o gynhyrchu. Mae busnesau Rentokil Initial yn cynnwys glanhau, diogelwch, rheoli plâu a dosbarthu parseli. Gall integreiddio cyd-dyriad leihau'r risg o weithredu mewn un farchnad yn unig. Os bydd galw am un cynnyrch yn lleihau, gall gael effaith lai ar gyd-dyriad nag ar fusnesau eraill os yw'n gweithredu mewn marchnadoedd eraill sy'n dal i dyfu.

Termau allweddol

Integreiddio llorweddol yw pan fydd busnes yn ymuno â busnes arall sydd ar yr un cam o'r un broses gynhyrchu.

Integreiddio fertigol yw pan fydd busnes yn ymuno â busnes arall sydd ar gam gwahanol o'r un broses gynhyrchu.

Integreiddio fertigol yn ôl yw pan fydd busnes yn ymuno â'i gyflenwyr.

Integreiddio fertigol ymlaen yw pan fydd busnes yn ymuno â'i ddosbarthwyr.

Integreiddio cyd-dyriad yw pan fydd busnes yn ymuno â busnes arall mewn math gwahanol o broses gynhyrchu.

Ffigur 1.16 Crynodeb o'r mathau o integreiddio busnes

Ystyried busnes: Poundland a Steinhoff International

Yn 2016, cytunodd y gadwyn adwerthu disgownt Poundland i adael i'r grŵp adwerthu o Dde Affrica, Steinhoff International, ei drosfeddiannu am £597 miliwn. Byddai hyn yn galluogi Steinhoff i ehangu'n gyflym yn y DU a gweddill Ewrop. Mae hyn yn rhannol er mwyn iddo fod yn llai dibynnol ar Dde Affrica lle nad yw'r economi'n gwneud yn dda.

Mae Poundland yn rhedeg mwy na 900 o siopau ledled y DU, Iwerddon a Sbaen, ac yn cyflogi 18,000 o bobl. Mae Steinhoff yn berchen ar 40 brand adwerthu mewn 30 o wledydd, gan gynnwys Bensons for Beds a Harveys yn y DU.

Mae pencadlys Steinhoff yn Ne Affrica. Dyma sydd ganddo:

- 6,500 o allfeydd adwerthu mewn 30 o wledydd
- 22 safle gweithgynhyrchu

- 40 brand adwerthu, gan gynnwys Bensons for Beds a Harveys yn y DU, Conforama yn Ewrop, Pep ac Ackermans yn Ne Affrica a Snooze yn Awstralia.

Talodd Steinhoff 222c y gyfran am Poundland. Roedd pris cyfrannau'r adwerthwr disgownt wedi gostwng o 418c yn Chwefror 2015 i lai na 200c cyn i'r fargen gael ei chyhoeddi.

1 **Pa fath o integreiddio gafwyd wrth i Steinhoff drosfeddiannu Poundland? Cyfiawnhewch eich dewis.** (6 marc)

2 **Trafodwch y manteision a'r anfanteision posibl wrth i Steinhoff drosfeddiannu Poundland.** (10 marc)

3 **Ydych chi'n credu bod trosfeddiannu'n well ffordd i Steinhoff dyfu na thwf mewnol? Cyfiawnhewch eich ateb.** (10 marc)

Ystyried busnes: YouTube a Google

Gwerthodd sylfaenwyr YouTube, sef Chad Hurley a Steve Chen, y busnes i Google am $880 miliwn 20 mis ar ôl iddyn nhw ei gychwyn. Roedd Hurley a Chen yn ieuengach na 30 oed ac wedi cychwyn y busnes mewn garej yn California. Roedd gan Google ei wasanaeth ei hun yn dangos ffilmiau pobl, ond roedd YouTube yn llawer mwy poblogaidd ac roedd ei gyfran o'r farchnad yn fwy na 60%. Mae pobl yn gwylio ffilmiau ar YouTube fwy na 100 miliwn o weithiau bob dydd.

1 **Dadansoddwch pa ffactorau byddai Google wedi eu hystyried wrth benderfynu pa swm byddai'n ei dalu i YouTube.** (6 marc)

Awgrym astudio

Pan fyddwch chi'n penderfynu ai twf mewnol neu allanol sydd orau ar gyfer busnes, ystyriwch y canlynol:

- Pa mor gyflym mae'r busnes eisiau tyfu?
- Sut rai yw'r ddau fusnes? A fydd y ddau gwmni a'u gweithwyr yn gallu cyd-dynnu? A fydd eu polisïau a'u dulliau yn wahanol iawn i'w gilydd?
- Os yw trosfeddiannu'n cael ei ystyried, beth fydd cost prynu'r busnes arall? A yw'n werth hynny?
- Pa mor dda gallai'r rheolwyr reoli busnes fydd yn dod yn fwy o lawer yn sydyn?

● Y rhesymau pam mae rhai busnesau'n aros yn fach

Gall rhai busnesau benderfynu aros yn gymharol fach. Gall hyn fod oherwydd y canlynol:

1 **Maint y farchnad**. Efallai bod y farchnad gyfan yn gymharol fach, e.e. y galw am faneri neu dedi-bêrs. Mae hyn yn golygu bod terfyn ar ba mor fawr gall y busnes dyfu. Byddai hyn yn wir am segment bach o farchnad o'r enw cloer (*niche*). Er enghraifft, un cloer penodol fyddai'r galw am gynnyrch i bobl arbennig o dal.

2 **Argaeledd cyfalaf**. Er mwyn tyfu, efallai bydd angen i fusnes godi cyllid. Os na fydd yn gallu gwneud hyn – oherwydd bod banciau'n amharod i fenthyca, efallai, neu am ei fod yn cael ei ystyried yn ormod o risg – bydd yn rhaid iddo aros yn fach.

3 **Cymhellion entrepreneuriaid a'r perchenogion**. Efallai nad yw perchenogion y busnes yn dymuno iddo dyfu. Gall fod yn well ganddyn nhw fusnes lle maen nhw'n gallu cadw rheolaeth agos ar bopeth sy'n digwydd ynddo. Efallai eu bod nhw'n mwynhau adnabod yr holl weithwyr a gwybod am bob agwedd ar y busnes. Gallen nhw deimlo'n llai cyfforddus os yw'r busnes yn mynd yn rhy fawr, a byddai'n rhaid iddyn nhw ddibynnu mwy ar eraill.

Mentro Mathemateg

Mae Tabl 1.6 yn dangos y mentrau busnes oedd yn gweithredu yn y DU ar ddechrau 2016.

	Nifer y mentrau	Nifer y gweithwyr (miloedd)	Trosiant (£miliwn)
Yr holl fusnesau	5,497,670	26,204	3,860,870
Busnesau bach (0–49 gweithiwr)	5,457,160	12,483	1,278,754
Heb ddim gweithwyr	4,172,185	4,535	254,545
Yr holl gyflogwyr â'r niferoedd canlynol:	1,325,485	21,669	3,606,325
1–9 gweithiwr	1,081,425	3,978	463,421
10–49 o weithwyr	203,550	3,970	560,788
50–249 o weithwyr	33,310	3,251	545,945
250+ o weithwyr	7,200	10,470	2,036,172

Tabl 1.6 Mentrau busnes y DU, 2016

1 Cyfrifwch y canlynol:

(a) Nifer y busnesau sy'n cael eu cyfrif yn fusnesau bach, fel canran o gyfanswm mentrau busnes y DU yn 2016.

(b) Nifer y bobl oedd yn cael eu cyflogi mewn busnesau bach fel canran o gyfanswm y bobl oedd wedi'u cyflogi yn y DU yn 2016.

(c) Trosiant busnesau bach fel canran o gyfanswm trosiant busnesau yn y DU yn 2016.

2 Pam, yn eich barn chi, mae nifer cymharol fach o fusnesau mawr yn y DU?

Awgrym astudio

Os bydd cwestiwn yn gofyn i chi a ddylai busnes dyfu neu beidio, bydd angen i chi bwyso a mesur manteision twf a'u cymharu â'r anfanteision. A fydd y staff yn gallu ymdopi â rheoli busnes mwy? Sut bydd cystadleuwyr yn ymateb? A fydd y twf yn sbarduno rhyfel prisiau?

Crynodeb

Mae twf busnes yn amcan busnes cyffredin. Gall ddod â llawer o fanteision, fel darbodion maint a phŵer yn y farchnad. Bydd yn rhaid i'r perchenogion a'r rheolwyr benderfynu ar y maint iawn ar gyfer eu busnes nhw. Wrth i fusnesau dyfu, efallai bydd eu nodau a'u hamcanion yn newid. Er enghraifft, efallai byddan nhw eisiau ennill y lle amlycaf a chryfaf yn eu marchnad. Efallai bydd angen iddyn nhw fod yn fwy ymwybodol o foeseg eu hymddygiad hefyd, ac o faterion amgylcheddol, oherwydd bydd eu gweithgareddau'n cael eu monitro'n ofalus iawn gan eu rhanddeiliaid.

Cwestiynau cyflym

1 Nodwch **ddwy** ffordd gall y twf ym maint busnes gael ei fesur. (2 farc)

2 Beth yw ystyr 'twf allanol'? (2 farc)

3 Beth yw ystyr 'twf mewnol'? (2 farc)

4 Nodwch **ddau** fath o ddarbodion maint. (2 farc)

5 Nodwch **ddau** o fanteision prynu masnachfraint o'i gymharu â chychwyn eich busnes eich hun. (2 farc)

6 Nodwch **ddau** reswm dros werthu masnachfraint. (2 farc)

7 Amlinellwch y gwahaniaeth rhwng cydsoddiad a throsfeddiant. (2 farc)

8 Esboniwch ystyr 'integreiddio fertigol yn ôl'. (2 farc)

9 Esboniwch ystyr 'integreiddio fertigol ymlaen'. (2 farc)

10 Esboniwch ystyr 'amrywiaethu'. (2 farc)

Astudiaeth achos

Ehangu

Yn 2016 cafodd y busnes byrbrydau moethus, Tyrrells Limited, ei drosfeddiannu gan gwmni o UDA o'r enw Amplify Snack Brands. Cafodd y cwmni o Swydd Henffordd, sy'n cynhyrchu creision wedi'u coginio â llaw, ei werthu am £300 miliwn. Dydy Tyrrells ddim yn gwerthu yng Ngogledd America a does gan Amplify ddim busnes yn y DU, ac felly roedd pobl yn teimlo byddai'r ddau gwmni'n ffitio'n dda â'i gilydd.

Bydd Amplify yn cyflwyno brand Tyrrells yn America a bydd Tyrrells yn gwneud yr un fath yn y DU gyda'r brand SkinnyPop gan Amplify. Mae Tyrrells yn cynnwys y cwmni o Awstralia, Yarra Valley Snack Foods, a brynodd yn 2015, a'r cwmni Aroma Snacks o'r Almaen a brynodd yn 2016.

Cafodd Tyrrells ei gychwyn yn 2002 gan y ffermwr tatws William Chase. Penderfynodd Chase fentro i faes gwneud creision gan ei fod yn credu gallai hynny wneud mwy o elw na gwerthu tatws i'r archfarchnadoedd mawr. Gwerthodd Mr Chase y cwmni yn 2008 am bron £40 miliwn. Defnyddiodd rywfaint o'r arian a gafodd o'r gwerthiant er mwyn cychwyn distyllfa yn cynhyrchu fodca a jin premiwm.

Cwestiynau

1 Beth yw ystyr cwmni cyfyngedig preifat? (2 farc)

2 Amlinellwch sut byddai Amplify yn trosfeddiannu Tyrrells. (4 marc)

3 Dadansoddwch pa ffactorau allai fod wedi pennu gwerth Tyrrells pan gafodd ei werthu. (6 marc)

4 Roedd Amplify wedi prynu Tyrrells fel modd o ehangu. Trafodwch a yw trosfeddiannu yn debygol o fod yn ffordd well i Amplify ehangu na thwf mewnol. (10 marc)

Lleoliad a safle busnes

> Un o'r prif benderfyniadau mae'n rhaid i fusnes ei wneud yw dewis lleoliad. Mae lleoliad yn gallu effeithio ar gostau a galw a chael effaith fawr ar lwyddiant cyffredinol y busnes. Yn y testun hwn byddwn ni'n archwilio'r ffactorau sy'n dylanwadu ar fusnesau newydd wrth iddyn nhw ddewis lleoliad.
>
> Erbyn diwedd yr adran hon, dylech chi wybod am y ffactorau sy'n dylanwadu ar fusnesau wrth benderfynu ar leoliad, fel y canlynol:
>
> - y ffactorau sy'n dylanwadu ar leoliad busnes
> - y ffactorau sy'n dylanwadu ar safle busnes.

● Pam mae lleoliad yn bwysig?

Mae gennych chi syniad busnes gwych. Rydych chi'n gwybod bod marchnad ac rydych chi'n siŵr gallwch chi gynnig gwerth am arian. Ond ble rydych chi am leoli? Mae'n benderfyniad pwysig iawn oherwydd gall effeithio ar y canlynol:

→ **Costau**. Mae'r swm sydd i gael ei dalu mewn rhent neu i brynu adeilad yn amrywio yn ôl lleoliad. Er enghraifft, mae'r rhent am adeilad yng nghanol Llundain yn fwy na'r rhent am swyddfeydd yng Nghanolbarth Cymru. Gall costau cyfleusterau effeithio ar lefel yr elw mae busnes yn ei wneud.

→ **Gwerthiant**. Gall lleoliad bennu a fydd busnes yn cael cwsmeriaid neu beidio. Gall gwesty neu barc thema yn y lle anghywir gael trafferth denu ymwelwyr.

→ **Delwedd**. Yn achos rhai cynhyrchion, gall y man cynhyrchu gael effaith bwysig ar eu delwedd. Efallai bydd yn anodd gwerthu persawr o Southampton neu win o Bradford. Gall ysgol ieithoedd ar yr arfordir neu siop roddion mewn tref ymwelwyr fod yn fwy llwyddiannus.

● Ffactorau sy'n dylanwadu ar leoliad busnes

Y math o fusnes

Bydd y math o fusnes yn cael effaith fawr wrth benderfynu ble dylai gael ei leoli. Mae'n debyg gallai busnes dylunio gwefannau gychwyn o ystafell wely (ac mae llawer wedi gwneud hynny).

Ar y llaw arall, mae angen i siop fod yn agos at gwsmeriaid posibl. Byddai angen i wasanaeth sy'n dosbarthu blodau i gartrefi pobl ystyried y system ffyrdd. Yn gyffredinol, mae ffatrïoedd yn poeni am gyflenwadau a systemau cludiant, ond mae gan siopau fwy o ddiddordeb mewn bod yn agos at eu cwsmeriaid.

Agosrwydd at y farchnad

Bydd busnes eisiau gwybod ble mae ei gwsmeriaid, a'i fod yn gallu eu cyrraedd nhw'n hawdd. Mae hyn yn bwysicach mewn rhai diwydiannau. Does dim angen i wefan cymharu prisiau ar-lein fod yn agos at gwsmeriaid gan eu bod nhw'n ei defnyddio drwy'r rhyngrwyd. Ond yn aml bydd angen i fusnesau gwasanaethau fod yn agos at eu cwsmeriaid – bydd angen i fusnes trin gwallt neu dafarn neu gaffi fod yn hawdd eu cyrraedd.

Cystadleuwyr

Mae'n bwysig ystyried lleoliad cystadleuwyr hefyd. Weithiau, fydd busnes ddim eisiau bod yn rhy agos at ei gystadleuwyr. Bydd gorsafoedd petrol, er enghraifft, dipyn o bellter i ffwrdd oddi wrth ei gilydd. Dro arall, mae cystadleuwyr eisiau bod yn agos at ei gilydd. Mae gwesty newydd yn fwy tebygol o lwyddo os yw'n agor mewn ardal sy'n denu twristiaid yn barod, gyda gwestai eraill gerllaw o bosibl, sy'n denu ymwelwyr. Efallai bydd bwyty newydd yn dymuno bod mewn ardal o'r dref sy'n enwog am ei lleoedd bwyta da. Pan ddaw ymwelwyr i'r ardal, mae'n bosibl y dewisan nhw y bwyty newydd.

Argaeledd defnyddiau crai

Mae rhai busnesau'n dibynnu ar ddefnyddiau crai. Bydd busnes gwin eisiau bod yn agos at y gwinwydd mae'n eu defnyddio i gynhyrchu gwin. Bydd busnes cynnyrch llaeth eisiau bod yn agos at y gwartheg.

Argaeledd llafur a'i gost

Mae rhai busnesau, fel Microsoft a Google, eisiau cyflogi unigolion medrus a galluog iawn. Yn aml gall gweithwyr fel hyn gael eu recriwtio o'r prifysgolion gorau ac felly mae'r busnesau hyn yn aml yn cychwyn yn agos at y sefydliadau hynny, gan greu cysylltiadau da â nhw. Mae busnesau eraill wedi adleoli eu prosesau cynhyrchu i wledydd fel China a Viet Nam lle mae cyflogau'n is.

Isadeiledd

Mae'r isadeiledd yn cyfeirio at y gwasanaethau cludiant, cyfathrebu a chefnogaeth sydd ar gael. Efallai bydd angen i fusnesau allforio (gwerthu dramor) fod yn agos at faes awyr neu borthladd er mwyn cludo nwyddau'n hawdd. Os ydych chi eisiau gwneud busnes yn Llundain ond yn methu fforddio rhenti Llundain, gallech ddewis rhywle sydd tu allan i'r ddinas (gyda rhenti rhatach) ond sydd â chysylltiadau ffyrdd neu drên effeithiol i'ch cludo i Lundain yn gyflym.

Technoleg

Y dyddiau hyn mae llawer o fusnesau'n dibynnu ar systemau cyfathrebu da, fel mynediad i'r rhyngrwyd a dulliau symudol o gyfathrebu. Drwy gael y dulliau cyfathrebu da hyn, gall mwy o fusnesau gael eu rhedeg o'r cartref. Os oes unrhyw beth yn gallu cael ei wneud ar lein, fel dylunio, ysgrifennu, golygu a rhaglennu, mae'n bosibl ei wneud o'r cartref.

Costau

Yn aml mae ystyried faint o arian gall y busnes ei fforddio, a meddwl am gostau, yn effeithio ar benderfyniadau o ran lleoliad. Yn aml, symiau cyfyngedig o arian sydd ar gael i fusnesau newydd gychwyn, ac mae hyn yn golygu bod ganddyn nhw lai o ddewis. Er enghraifft, efallai byddai'n rhaid i chi gychwyn eich busnes glanhau o'ch cartref er mwyn arbed arian. Yna, yn ddiweddarach, os bydd y busnes yn llwyddo, gallwch chi symud i adeilad swyddfeydd. Bydd busnesau'n cymharu costau unrhyw leoliad â'r refeniw ychwanegol mae'r lleoliad yn debygol o'i ennill. Efallai bydd dewis lleoliad sydd â chost uwch yn arwain at fwy o elw yn y pen draw; gall safle dymunol ar gyfer caffi, er enghraifft, arwain at ragor o ymwelwyr a mwy o elw.

Cymorth llywodraeth

Gall llywodraethau lleol a chenedlaethol geisio denu busnesau i'w hardal nhw, oherwydd bod busnesau'n dod â swyddi ac yn helpu rhanbarthau i dyfu. Er mwyn denu busnesau, efallai bydd llywodraethau'n gwneud y canlynol:

→ cynnig cymorthdaliadau i leihau costau; gall hyn gynyddu'r elw i rywun sy'n buddsoddi mewn ardal, gan ei gwneud hi'n fwy atyniadol

→ cynnig trethi is er mwyn cynyddu'r adenillion posibl

→ darparu cymorth ychwanegol, e.e. buddsoddi yn yr isadeiledd

→ darparu cyngor ac arweiniad i helpu'r busnes i sefydlu yn hawdd.

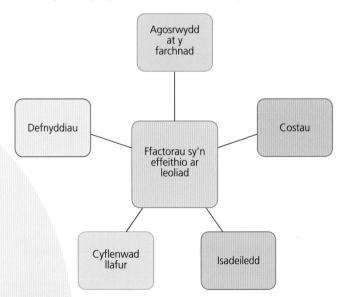

Ffigur 1.17 Ffactorau sy'n dylanwadu ar leoliad busnes

Ystyried busnes: Cynhyrchu ffilmiau yng Nghymru

Mae'r diwydiannau ffilm a theledu ymysg y diwydiannau sy'n tyfu gyflymaf yng Nghymru ac mae hyn, yn rhannol, oherwydd yr arian sy'n cael ei ddarparu gan Lywodraeth Cymru. Er enghraifft, roedd cymorthdaliadau (cymorth ariannol) y llywodraeth wedi argyhoeddi Guy de Beaujeu i wneud Journey's End, ffilm am fywyd yn y ffosydd yn ystod y Rhyfel Byd Cyntaf, yng Nghymru. Un o amodau'r cyllid oedd bod yn rhaid i o leiaf 50% o'r ffilmio ddigwydd yng Nghymru. Ar ddechrau'r unfed ganrif ar hugain, bu Llywodraeth Cymru'n sôn am greu 'Valleywood', ac am ddenu nifer mawr o gynyrchiadau ffilm a theledu

i'r rhanbarth. Araf fu'r cynnydd i ddechrau, ond yn y blynyddoedd diwethaf mae'r cynllun wedi cael cryn lwyddiant. Er enghraifft, mae Journey's End yn un o bedwar cynhyrchiad sydd ar hyn o bryd yn defnyddio Pinewood Studios ger dociau Caerdydd. Yn y cyfamser, mae Dragon Studios ger Pencoed yn ffilmio cyfres deledu mewn deg rhan ar gyfer UDA am y William Shakespeare ifanc. Mae buddsoddi wedi adeiladu'r sail sgiliau sy'n gwneud i gynhyrchwyr ddychwelyd a gweithio yng Nghymru eto.

1 **Esboniwch pam byddai cwmnïau ffilmiau o bosibl yn dewis cynhyrchu yng Nghymru.** (6 marc)

Ystyried busnes: Burberry

Yn 2007, penderfynodd y brand Prydeinig Burberry roi'r gorau i gynhyrchu yng Nghwm Rhondda yng Nghymru ac adleoli i China. Collodd tri chant o weithwyr eu swyddi. Mae'r cwmni'n ei ddisgrifio'i hun fel 'brand moethus ac iddo ymdeimlad Prydeinig nodedig'. Hawliai'r cwmni mai £11 oedd cost

gweithgynhyrchu pob crys polo unigol yng Nghymru o'i gymharu â £4 o bosibl yn China. Yn ôl Burberry, bob blwyddyn roedd y cwmni'n cadw'r ffatri ar agor yn Nghymru, roedd hynny'n lleihau ei elw o £2 filiwn.

1 **Dadansoddwch y rhesymau pam penderfynodd Burberry symud cynhyrchu i China.** (8 marc)

⬤ Dewis safle mewn rhanbarth penodol

Mae ffactorau fel agosrwydd at y farchnad a'r cyflenwad llafur yn dueddol o ddylanwadu'n fawr ar fusnes wrth ddewis lleoliad. Er enghraifft, gallan nhw helpu i ddewis rhwng gwlad A a gwlad B, neu ym mha ran o'r wlad dylen nhw fod. Ond bydd penderfyniad arall i'w wneud wedyn, sef ble yn union i leoli yn y rhanbarth hwnnw.

Mae ffactorau sy'n effeithio ar y dewis o safle penodol yn cynnwys y canlynol:

→ **Pa mor hygyrch (hawdd ei gyrraedd) yw lleoliad penodol.** Ydy cwsmeriaid yn gallu cyrraedd y lleoliad yn hawdd? Ydyn nhw'n gallu parcio? Byddai hyn yn bwysig i siop neu dŷ bwyta, er enghraifft.

→ **Nifer yr ymwelwyr.** Faint o bobl sy'n cerdded heibio i'r lleoliad (sef nifer yr ymwelwyr)? Byddai hyn yn bwysig i gaffi neu siop trin gwallt, er enghraifft.

→ **Costau.** Beth yw'r costau tebygol wrth ddewis lleoliad penodol – beth yw'r rhent, er enghraifft? Gallai hyn fod yn bwysig o ran lle swyddfa.

→ **Agosrwydd at gwsmeriaid.** Efallai bydd rhai busnesau eisiau lleoliad sy'n bell i ffwrdd o'u cystadleuwyr, ond efallai bydd eraill eisiau bod yn agos atyn nhw. Efallai byddwch chi eisiau casgliad o siopau wrth ymyl ei gilydd er mwyn denu pobl i'r ardal. Drwy gael ardal o dai bwyta, caffis a chlybiau nos wrth ymyl ei gilydd, gallai hynny wneud lleoliad penodol yn gyrchfan gymdeithasol dda.

→ **Rhesymau personol.** Efallai bydd pobl yn lleoli mewn safle penodol oherwydd rhesymau personol. Er enghraifft, efallai eu bod nhw'n hoffi'r ardal, neu wedi cael eu magu yno, neu bod ganddyn nhw deulu yn yr ardal.

Ffigur 1.18 Camau wrth ddewis safle

⬤ Busnes mewn cyd-destun

Bydd y lleoliad 'iawn' ar gyfer busnes yn dibynnu ar y cyd-destun. Er enghraifft:

→ Efallai bydd gwesty sydd wedi'i anelu at bobl busnes eisiau bod yng nghanol dinas, ond efallai bydd gwesty arall sy'n cynnig gwyliau penwythnos eisiau bod mewn lleoliad deniadol allan yn y wlad.

→ Bydd caffi eisiau bod yn agos at nifer mawr o bobl sy'n mynd heibio, ond efallai byddai eisiau i orsaf drydan niwclear gael ei lleoli i ffwrdd oddi wrth grwpiau mawr o boblogaeth.

Ystyried busnes: Toyota

Ers dros 50 mlynedd, mae cerbydau Toyota wedi cael eu gwerthu mewn mwy na 170 o wledydd a rhanbarthau ledled y byd. Wrth i'r cwmni allforio mwy, mae hefyd wedi cynhyrchu mwy dramor; mae gan y cwmni bolisi o gynhyrchu cerbydau lle bynnag mae'r galw amdanyn nhw. Erbyn hyn mae ganddo 51 lleoliad cynhyrchu mewn 26 gwlad a rhanbarth gwahanol.

Un her sy'n codi o hyn yw sicrhau nad yw'n effeithio ar yr ansawdd. Ble bynnag mae car Toyota yn cael ei adeiladu, rhaid iddo fod o'r un ansawdd. Dydy'r cwmni ddim yn rhoi label ar gerbydau sy'n dweud 'Wedi'i wneud yn UDA' neu 'Wedi'i wneud yn Japan'; yr unig beth mae'n ei ddweud yw 'Wedi'i wneud gan TOYOTA'. O ganlyniad mae'n rhaid iddyn nhw sicrhau bod yr ansawdd yr un fath ble bynnag bydd car yn cael ei gynhyrchu.

1 Trafodwch y ffactorau gallai Toyota eu hystyried wrth benderfynu ble i leoli ffatri. (10 marc)

Awgrym astudio

Bydd y lleoliad 'iawn' ar gyfer busnes yn dibynnu ar natur y busnes. Gwnewch yn siŵr eich bod chi'n ystyried anghenion penodol y busnes hwnnw. A oes angen iddo fod yn agos at ddefnyddiau crai? Pa mor agos at ei gwsmeriaid mae'n rhaid iddo fod?

Ystyried busnes: Hewlett Packard

Dechreuodd y busnes cyfrifiaduron byd-eang Hewlett Packard (HP) mewn garej yn Palo Alto

Yn 1938, penderfynodd Bill Hewlett a Dave Packard gymryd risg a chychwyn eu busnes eu hunain. Gadawodd Dave ei swydd yn General Electric yn Efrog Newydd a dychwelyd i Palo Alto. Chwiliodd Bill am le ar rent lle gallen nhw fyw a gweithio. Daeth o hyd i un lle oedd yn teimlo'n berffaith yn Rhodfa Addison. Roedd gan yr eiddo fflat llawr gwaelod ar gyfer Dave a'i wraig newydd Lucile, sied 8 × 18 troedfedd i Bill fyw ynddo a garej y gallai Bill a Dave ei ddefnyddio fel gweithdy. Roedden nhw'n rhannu'r rhent o $45 y mis. Cafodd y garej ei ddefnyddio fel labordy ymchwil, gweithdy datblygu a lle i weithgynhyrchu'r cynhyrchion cynnar, gan gynnwys yr osgiliadur sain Model 200A. Erbyn 1940 roedd angen mwy o le ar y cwmni a symudodd HP i safle mwy yn Ffordd Page Mill gerllaw.

Cafodd y garej ei gydnabod fel 'Man Geni Silicon Valley' yn 1989. Prynodd HP yr eiddo yn 2000 a'i adfer i'r cyflwr roedd ynddo yn 1939.

1 Dadansoddwch pa resymau o bosibl arweiniodd Hewlett a Packard i ddewis y lleoliad hwn ar gyfer eu gweithdy newydd. (6 marc)

Crynodeb

Gall lleoliad busnes effeithio ar ei gostau a'r galw am ei gynnyrch, sydd yn eu tro yn gallu cael effaith fawr ar ei elw. Felly mae dewis y lleoliad iawn yn benderfyniad busnes pwysig. Mae'r lleoliad iawn yn dibynnu ar lawer o ffactorau gwahanol, gan gynnwys costau, galw, technoleg, cyflenwyr a chystadleuwyr. Rhaid i'r rheolwyr benderfynu ar leoliad cyffredinol y busnes ac yna ar y safle penodol yn y rhanbarth hwnnw lle caiff ei leoli.

Cwestiynau cyflym

1 Esboniwch **un** rheswm pam gallai nifer yr ymwelwyr effeithio ar leoliad busnes. (2 farc)

2 Amlinellwch **un** rheswm sut gallai'r farchnad lafur effeithio ar leoliad busnes. (2 farc)

3 Amlinellwch **un** rheswm pam gallai'r isadeiledd effeithio ar leoliad busnes. (2 farc)

4 Amlinellwch **un** rheswm pam gallai technoleg effeithio ar leoliad busnes. (2 farc)

5 Esboniwch **un** ffactor allai effeithio ar leoliad gwesty o fewn rhanbarth penodol. (2 farc)

6 Esboniwch **un** ffactor allai effeithio ar leoliad caffi o fewn dinas. (2 farc)

7 Amlinellwch **un** ffactor allai ddylanwadu ar leoliad busnes mwyngloddio glo. (2 farc)

8 Esboniwch **un** ffactor allai ddylanwadu ar leoliad maes carafanau. (2 farc)

9 Esboniwch **un** ffactor allai ddylanwadu ar leoliad busnes cynllunio gemau cyfrifiadurol. (2 farc)

10 Nodwch **un** math o fusnes sydd angen lleoliad yn agos at ei gyflenwyr. (2 farc)

Astudiaeth achos

Lleoli busnes newydd

Mae Scarlett wedi bod yn gweithio yn ffreutur pencadlys banc ers sawl blwyddyn. Mae hi newydd etifeddu ychydig o filoedd o bunnoedd gan ei nain, ac mae hi'n benderfynol o wneud defnydd da o'r arian. Mae hi wastad wedi bod eisiau rhedeg ei busnes ei hun ac mae hi nawr yn benderfynol o gychwyn ei chaffi ei hun. Dydy hi ddim eisiau busnes arbennig o fawr, dim ond un digon mawr iddi allu ennill digon i gael bywyd cysurus. Does ganddi ddim rhwymau teuluol sy'n ei chlymu wrth unrhyw leoliad, a byddai'n hapus iawn i symud allan o Lundain. Byddai hi'n mwynhau cael aer glanach a rhywle lle mae modd byw bywyd ychydig arafach. Mae hi wedi clywed bod rhai rhanbarthau mor awyddus i ddenu busnesau newydd nes byddan nhw'n talu cymhorthdal i'r busnesau hynny.

Cwestiynau

1 Esboniwch **un** rheswm pam byddai llywodraeth leol o bosibl yn darparu cymhorthdal ar gyfer busnes sy'n lleoli yn ei hardal. (2 farc)

2 Esboniwch sut gall lleoliad caffi effeithio ar ei lwyddiant. (4 marc)

3 Dadansoddwch y buddion i'r banc os yw ei bencadlys wedi'i leoli yn Llundain. (6 marc)

4 Beth yn eich barn chi fyddai'r prif ffactorau ddylai ddylanwadu ar ble mae Scarlett yn penderfynu lleoli ei chaffi? (10 marc)

Adolygu'r bennod

1 Darllenwch Eitem A ac atebwch y cwestiynau sy'n dilyn.

➡️ Eitem A: Ehangu Heathrow

Yn 2016 rhoddodd llywodraeth y DU ganiatâd i adeiladu trydedd rhedfa (*runway*) ym Maes Awyr Heathrow er mwyn ehangu gallu meysydd awyr y DU. Dywedodd y llywodraeth byddai hyn yn helpu busnesau'r DU i fasnachu dramor yn haws ac i greu swyddi. Dywedodd yr Adran Drafnidiaeth byddai rhedfa newydd yn Heathrow yn dod â buddion economaidd i deithwyr ac i'r economi ehangach fyddai'n werth hyd at £61bn. Dywedodd byddai'n creu cynifer â 77,000 o swyddi lleol ychwanegol dros yr 14 blynedd nesaf.

Dywedodd Heathrow Airport Ltd y byddai'r ehangu'n golygu ei bod bellach yn bosibl cynnig mwy o deithiau hedfan uniongyrchol i gyrchfannau (*destinations*) yn y DU yn ogystal â hyd at 40 dinas newydd dramor. Mae'n annhebygol bydd yr adeiladu'n dechrau cyn 2020, os bydd yn dechrau o gwbl! Mae hyn oherwydd bod cryn dipyn o wrthwynebiad o hyd gan lawer o randdeiliaid sy'n dymuno rhwystro'r project rhag digwydd. Mae rhai o'r rhanddeiliaid hyn yn cwyno am y sŵn byddai'r rhedfa newydd yn ei achosi; mae rhai'n gofidio gallen nhw golli eu cartrefi er mwyn i'r rhedfa gael ei hadeiladu; ac mae eraill yn anhapus â'r effaith ar lefelau llygredd a'r cynnydd posibl mewn tagfeydd traffig.

(a) Beth yw ystyr rhanddeiliad?   (2 farc)

(a) Mae rhanddeiliad yn berchennog cwmni.

> 💬 Mae'r ateb hwn yn ddryslyd. Diffiniad o gyfranddaliwr yw hwn, nid rhanddeiliad.

(b) Amlinellwch un budd i fuddsoddwyr o gychwyn busnes fel cwmni.   (4 marc)

(b) Drwy gychwyn fel cwmni bydd gan y buddsoddwyr atebolrwydd cyfyngedig. Mae hyn yn golygu gall y buddsoddwyr golli'r arian maen nhw wedi ei fuddsoddi yn y cwmni, ond allan nhw ddim colli eu hasedau personol. Mae hyn yn rhoi diogelwch i fuddsoddwyr ac yn lleihau risg buddsoddi.

> 💬 Mae hwn yn ateb da. Mae'n dangos dealltwriaeth fanwl o atebolrwydd cyfyngedig, sy'n un o fuddion sefydlu cwmni. Ateb clir a pherthnasol.

(c) Dadansoddwch sut mae gweithgareddau dwy o'r swyddogaethau busnes gwahanol o fewn Maes Awyr Heathrow yn helpu'r busnes i wneud elw.   (6 marc)

(c) Y swyddogaethau busnes yw marchnata, gweithrediadau, cyllid ac adnoddau dynol. Bydd adnoddau dynol yn recriwtio ac yn hyfforddi staff. Byddan nhw'n gwneud hyn yn achos holl weithgareddau gwahanol y maes awyr, fel y staff diogelwch, y rhai sy'n rhedeg y siopau a'r staff parcio.

Bydd y swyddogaeth farchnata'n ceisio deall beth mae cwsmeriaid ei eisiau a helpu i sicrhau eu bod nhw'n darparu ar gyfer hyn. Gall hyn olygu gwneud yn siŵr ei bod yn hawdd bwcio, y gall cwsmeriaid aros gerllaw, a bod ganddyn nhw'r amrywiaeth iawn o siopau i brynu pethau ynddyn nhw.

Mae swyddogaeth gweithrediadau yn rhedeg y maes awyr ei hun. Bydd yn gwneud yn siŵr bod y maes awyr yn rhedeg yn effeithlon. Ystyr hyn yw sicrhau bod awyrennau'n glanio ac yn esgyn yn brydlon, a bod teithwyr yn symud o gwmpas y maes awyr yn hawdd a heb orfod ciwio. Byddan nhw'n gwneud yn siŵr bod pethau'n gweithio, o'r parcio i'r siopau i'r awyrennau.

Bydd swyddogaeth cyllid yn codi arian os oes ei angen i fuddsoddi, a bydd yn mesur gwariant a chostau.

💬 Mae'r ateb hwn yn dangos bod y myfyriwr yn deall swyddogaethau gwahanol busnes. Mae'n dangos rhywfaint o wybodaeth am yr hyn gallai'r swyddogaethau hyn ei olygu mewn maes awyr. Mae'n defnyddio'r wybodaeth yn dda. Fodd bynnag, mae'r ateb yn ymdrin â phedair swyddogaeth er bod y cwestiwn yn gofyn am ddwy; mae hyn yn golygu bod amser yn cael ei wastraffu ar roi mwy o bwyntiau yn lle dewis a datblygu dau. Yn ogystal â hyn, dydy'r ateb ddim yn dadansoddi sut mae'r swyddogaethau'n helpu'r busnes i wneud elw. Felly mae'n colli elfen bwysig o'r cwestiwn; mae'n golygu bod yr ateb yn dangos dealltwriaeth ond heb ddadansoddi, ac felly ni fyddai'n cael y marc uwch.

(ch) Dadansoddwch yr achos o blaid ac yn erbyn agor rhedfa newydd yn Heathrow. Argymhellwch a ddylai hi gael ei hagor neu beidio.

(10 marc)

(ch) Bydd agor rhedfa yn Heathrow yn creu swyddi. Bydd yn creu swyddi i'r rheini sy'n adeiladu'r rhedfa a'r holl ddefnyddiau fydd yn cael eu defnyddio yn yr adeiladu. Ar ôl iddi agor bydd yn creu mwy o swyddi yn y maes awyr. Bydd hefyd yn helpu twristiaeth a busnesau Prydain i werthu eu cynnyrch dramor ac felly bydd hyn yn creu mwy fyth o swyddi. Wrth i fwy o bobl weithio, bydd hyn yn arwain at fwy o wario a dylai hynny arwain at fwy o swyddi eto a thwf yn yr economi. Dyma pam gall agor rhedfa newydd yn Heathrow fod yn beth da.

Fodd bynnag, bydd hefyd yn achosi problemau llygredd a sŵn. Efallai bydd mwy o draffig o amgylch y maes awyr fydd yn arafu teithiau ceir i eraill. Efallai bydd mwy o sŵn i'r rhai sy'n byw gerllaw ac efallai bydd rhai'n gorfod colli eu tai er mwyn i'r rhedfa gael ei hadeiladu. Felly yn gymdeithasol ac yn amgylcheddol, gall y costau fod yn fawr, ac yn fwy efallai na buddion ei hadeiladu.

Yn gyffredinol bydd yn dibynnu ar faint y costau a gall y rhain fod yn anodd eu mesur. Mae'n anodd gwybod faint yn union o swyddi ychwanegol fydd yn cael eu creu, ac mae'n anodd mesur yr effaith amgylcheddol. Sut ydych chi'n mesur pethau fel diffyg awydd pobl i symud? Bydd yn fater o gyfaddawdu (*compromise*) a dewis un yn lle'r llall, a bydd yn dibynnu ar faint y pethau hyn. Efallai dylid argymell parhau os yw'r buddion yn fwy na'r costau, a gall hynny ddigwydd os bydd camau'n cael eu cymryd i leihau'r costau – er enghraifft, rheoli pryd bydd teithiau hedfan yn digwydd a'r llygredd maen nhw'n cael ei greu. Efallai mai'r argymhelliad fydd caniatáu rhedfa arall, ond nid yn y lleoliad hwn os yw'r costau'n is rywle arall.

💬 Ateb rhagorol sy'n ystyried y ddwy ochr ac yn dod â nhw at ei gilydd yn dda iawn.

2 Darllenwch Eitem B ac atebwch y cwestiynau sy'n dilyn.

⇨Eitem B: The Book Experience

Fran Watts yw rheolwr-gyfarwyddwr The Book Experience, cwmni cyfyngedig preifat. Sefydlodd Fran ei siop lyfrau gyntaf 10 mlynedd yn ôl ac ers hynny mae ei busnes wedi tyfu a thyfu. Mae Fran wastad wedi bod yn uchelgeisiol, ac mae hi'n benderfynol o wneud The Book Experience yn un o'r cadwynau mwyaf o siopau llyfrau yn y DU gyda chyfran fawr o'r farchnad. Hyd at 5 mlynedd yn ôl roedd hi wedi bod yn tyfu'r busnes drwy dwf organig. Yna penderfynodd y gallai hi dyfu'n gyflymach drwy dwf allanol ac mae hi eisoes wedi trosfeddiannu dwy gadwyn arall o siopau llyfrau wedi'u lleoli mewn rhannau gwahanol o'r wlad. Roedd hi wedi ystyried gwerthu masnachfraint ond penderfynodd yn erbyn hynny. Mae The Book Experience yn ei sefydlu ei hun yn gyflym fel cystadleuydd o ddifrif i gwmnïau fel Borders a Waterstones. Yr hyn sy'n poeni Fran ychydig yw sut gallen nhw ymateb i'w llwyddiant hi. Mae hi hefyd yn poeni am y feirniadaeth mae ei busnes yn ei chael yn y cyfryngau. Mae llawer o bobl yn honni ei bod yn amhosibl i siopau llyfrau annibynnol bach oroesi ar ôl iddi hi agor ei siopau hi mewn ardal, oherwydd na allan nhw gystadlu ar sail pris. Mae'r siopau llyfrau lleol yn dweud bod The Book Experience yn ymddwyn yn anfoesegol ac yn arwain at gau siopau ledled y wlad.

Llynedd penderfynodd Fran byddai The Book Experience yn gwneud yn well fel cwmni cyfyngedig cyhoeddus ac felly fe arnofiodd hi'r busnes. Fel rhan o'r arnofiant bu'n rhaid iddi lunio dogfen i'w dangos i fuddsoddwyr posibl. Yn y ddogfen hon, nododd hi amcanion newydd ar gyfer y busnes sy'n tyfu, gan gynnwys posibilrwydd ehangu'n rhyngwladol.

(a) Nodwch ddwy o nodweddion cwmni cyfyngedig cyhoeddus. (2 farc)

(b) Esboniwch pam roedd Fran o bosibl eisiau newid o fod yn gwmni cyfyngedig preifat i fod yn gwmni cyfyngedig cyhoeddus. (4 marc)

(c) Dadansoddwch y rhesymau pam defnyddiodd Fran dwf allanol fel ffordd o ehangu. (4 marc)

(ch) Gwerthuswch a oedd Fran yn iawn i benderfynu yn erbyn masnachfraint. (9 marc)

2

Dylanwadau ar fusnes

Mae pob busnes yn bodoli mewn amgylchedd allanol. Mae'r amgylchedd hwn yn gallu effeithio ar fusnesau a dylanwadu ar sut maen nhw'n gweithredu. Mae busnesau llwyddiannus yn gallu addasu i newidiadau yn eu hamgylchedd allanol a sicrhau eu bod yn parhau i fod yn gystadleuol. Yn y bennod hon, byddwn ni'n edrych ar sut mae newidiadau mewn technoleg, deddfwriaeth (neu ddeddfau), yr amgylchedd naturiol a'r economi i gyd yn gallu effeithio ar fusnesau. Byddwn ni hefyd yn edrych ar sut mae datblygiadau eraill fel globaleiddio ac ymwybyddiaeth well o ymddygiad moesegol wedi effeithio ar ymddygiad busnesau. Mae'r bennod hon hefyd yn ystyried sut mae busnesau wedi ymateb i newidiadau yn eu hamgylchedd allanol.

Dylanwad technolegol ar weithgaredd busnes

Mae technoleg yn chwarae rôl gynyddol bwysig yng ngweithgareddau nifer o fusnesau heddiw. Mae hyn yn wir am bob math o fusnes, nid dim ond y rhai sy'n gwerthu cynhyrchion technolegol – er enghraifft, Samsung. Mae'r adran hon yn edrych ar sut mae datblygiadau mewn technoleg wedi dylanwadu ar y ffordd mae busnesau'n gweithredu a sut mae busnesau wedi ymateb.

Erbyn diwedd yr adran hon, dylech chi wybod am y canlynol:

- sut mae newidiadau mewn technoleg yn effeithio ar fusnesau
- sut mae technoleg yn cael ei defnyddio yn y gweithle ac wrth werthu nwyddau a gwasanaethau
- sut mae busnesau'n defnyddio cyfryngau digidol a chymdeithasol i gyfathrebu â chwsmeriaid
- manteision ac anfanteision defnyddio technoleg newydd i fusnesau a rhanddeiliaid.

● Sut mae newidiadau mewn technoleg yn effeithio ar fusnesau

Mae newidiadau mewn technoleg yn effeithio ar fusnesau mewn tair prif ffordd:
- → drwy alluogi busnesau i greu cynhyrchion newydd
- → drwy ganiatáu'r defnydd o ddulliau cynhyrchu newydd yn y gweithle
- → drwy newid y ffyrdd mae nwyddau a gwasanaethau'n cael eu prynu.

Technoleg a chynhyrchion newydd

Mae cyfran gynyddol o gynhyrchion sy'n cael eu prynu gan ddefnyddwyr y DU wedi'u seilio ar ddatblygiadau mewn technoleg. Mae cwsmeriaid eisiau cynhyrchion fel ffonau clyfar, ceir sy'n gyrru eu hunain a setiau teledu â sgrin grom. Er mwyn bod yn llwyddiannus, mae'n rhaid i fusnesau gwrdd â'r anghenion cwsmeriaid hyn. Mae newidiadau mewn technoleg wedi arwain rhai busnesau i roi'r gorau i gynhyrchu rhai cynhyrchion a chychwyn cyflenwi rhai eraill yn eu lle. Er enghraifft, yn y gorffennol, roedd cwmnïau fel Kodak yn cyflenwi ffilm i'w ddefnyddio mewn camerâu.

Roedd dyfodiad camerâu digidol yn golygu nad oedd yna alw am ffilm mwyach. Mae Kodak nawr yn darparu cynhyrchion eraill, gan gynnwys argraffwyr.

Mae newidiadau cyflym mewn technoleg yn golygu bod angen i fusnesau fod yn barod i ddatblygu cynhyrchion newydd drwy'r amser. Mae hyn yn arbennig o bwysig mewn diwydiannau fel cyfrifiadura a ffonau symudol, lle mae'r newidiadau technolegol yn digwydd yn gyflym iawn.

Technoleg a dulliau cynhyrchu newydd

Mae datblygiadau mewn technoleg yn cynnig ffyrdd newydd a mwy effeithlon i fusnesau gynhyrchu nwyddau a gwasanaethau. Gall technoleg gael ei defnyddio i gymryd lle gweithwyr wrth gynhyrchu llawer o nwyddau. Mae llawer o fusnesau yn defnyddio technoleg i ddylunio cynhyrchion newydd, a robotiaid i gynhyrchu'r cynhyrchion. Gall hyn leihau'r costau a galluogi busnesau i ddatblygu cynhyrchion newydd yn gyflymach.

Mae datblygiad graffen – defnydd carbon cryf ac ysgafn iawn – wedi arwain at newidiadau mewn dulliau cynhyrchu. Mae'n cael ei ddefnyddio, er enghraifft i wneud defnydd pacio gwrth-ladrad cryf, sy'n boblogaidd gyda busnesau sy'n gwerthu dros y rhyngrwyd.

Mae hyd yn oed y busnesau lleiaf yn defnyddio technoleg yn eu dulliau cynhyrchu. Er enghraifft, mae'r rhan fwyaf o fusnesau'n defnyddio taenlenni (*spreadsheets*) i gofnodi data ariannol neu beiriannau i lapio a labelu eu cynhyrchion.

Oherwydd bod gan y rhan fwyaf o bobl ffôn symudol, ychydig iawn o ffonau cyhoeddus sydd ar ôl bellach. Mae BT yn darparu cynhyrchion newydd fel gwasanaethau ffonau symudol a band eang

---

Ystyried busnes: Blue Prism Group plc

Mae busnesau yn y DU yn cyflogi pobl i gyflawni miliynau o dasgau gweinyddol rheolaidd. Er enghraifft, pan fydd un o gwsmeriaid darparwr gwasanaeth ffôn symudol (fel Vodafone) eisiau symud hen rif ffôn i gerdyn SIM newydd, mae'n rhaid cyflawni nifer o dasgau syml. Mae'n rhaid i rywun ddiweddaru nifer o gronfeydd data, yn aml drwy dorri a phastio gwybodaeth. Yn aml, gall peiriant gyflawni tasgau rheolaidd fel hyn yn gyflymach ac yn fwy cywir.

Mae Blue Prism yn disgrifio'i hun fel cwmni sy'n datblygu 'robotiaid meddalwedd' – gweithlu rhithwir (*virtual workforce*) ar gyfer busnesau. Er enghraifft, gall robotiaid meddalwedd gael eu dylunio i ymateb i ymholiadau gan gwsmeriaid a rhanddeiliaid eraill. Mae'r robotiaid meddalwedd mwyaf datblygedig yn anfon cwestiynau anodd i weithwyr ac yn dysgu o'u hymatebion. Mae'r meddalwedd yn cael ei raglennu ar sail yr atebion dynol. O ganlyniad, mae perfformiad y meddalwedd yn gwella dros amser – ac mae costau llafur y busnes yn gostwng.

Mae'r Blue Prism Group yn gweithio gyda mwy na 100 o fusnesau mewn amrywiaeth o ddiwydiannau, gan gynnwys O2, World Hotels a'r Gwasanaeth Iechyd Gwladol.

1 **Dadansoddwch pam mae cynhyrchion Blue Prism yn debygol o fod yn boblogaidd iawn gyda llawer o fusnesau eraill yn y DU.** (6 marc)

Technoleg a phrynu nwyddau a gwasanaethau

Gwelwn yn nes ymlaen yn yr adran hon fod defnyddwyr yn newid y ffordd maen nhw'n prynu nwyddau a gwasanaethau. Mae busnesau'n gwerthu llai drwy siopau mewn pentrefi, trefi a dinasoedd. Mae defnyddwyr yn defnyddio'r rhyngrwyd fwyfwy i brynu nwyddau a gwasanaethau. Mae dros 75% o ddefnyddwyr yn y DU yn defnyddio'r rhyngrwyd i brynu nwyddau a gwasanaethau neu i gymharu cynhyrchion. Mae cyfran helaeth o siopa ar-lein yn cael ei wneud drwy'r ffonau clyfar diweddaraf. Mae llawer o fusnesau wedi creu gwefannau i werthu eu cynhyrchion ac mae eraill wedi cau rhai o'u siopau. Mae adwerthwyr fel Amazon ac ASOS, sydd ddim ond yn gwerthu ar-lein, wedi gweld cynnydd mawr yn eu gwerthiant.

Technoleg a newid

Mae newidiadau mewn technoleg yn cael effaith fawr ar nifer o ddiwydiannau. Gallai rhai datblygiadau mewn technoleg chwyldroi diwydiannau cyfan. Gallai datblygiad technoleg batri effeithlon weld twf aruthrol yn y defnydd o geir trydan. Bydd hyn yn amlwg yn cael effaith enfawr ar fusnesau sy'n cynhyrchu ceir, ond gallai cwmnïau olew, fel BP, weld gostyngiad sylweddol yn y galw am olew, petrol a diesel o ganlyniad.

Mae newidiadau mewn technoleg yn effeithio ar gynhyrchion busnesau a'r ffyrdd o'u cynhyrchu. Gall technoleg newydd ddod â rhai busnesau i ben, ond gall greu rhai newydd hefyd. Mae rhai yn credu bod newid technolegol yn debygol o gyflymu a bod yr effeithiau ar fusnesau'n mynd i fod yn fwy.

⬤ Defnyddio technoleg yn y gweithle

Mae busnesau yn defnyddio technoleg drwy'r gweithle i gyd er mwyn cyflawni amrywiaeth o weithgareddau gwahanol iawn.

Gweinyddu

Mae rôl technoleg wrth weinyddu, yn y rhan fwyaf o fusnesau wedi cynyddu dros y blynyddoedd diwethaf. Mae'n gyffredin iawn i raglenni cyfrifiadurol gael eu defnyddio i reoli gwybodaeth y busnes.

➜ **Taenlenni**. Mae taenlenni'n cael eu defnyddio i wneud cyfrifiadau. Mae'n bosibl defnyddio'r wybodaeth hon i baratoi cofnodion ariannol.

➜ **Cronfeydd data**. Mae rhaglen o'r math yma yn cael ei defnyddio i storio gwybodaeth am gwsmeriaid, cynhyrchion, cyflenwyr a llawer o fathau eraill o ddata. Mae'n bosibl chwilio drwy'r gronfa i ddewis gwybodaeth berthnasol.

➜ **Pecynnau prosesu geiriau**. Mae'n bosibl defnyddio'r ffurf hon ar dechnoleg i brosesu gwybodaeth. Mae'n gallu creu a golygu ffeiliau gwybodaeth. Gellir anfon rhain yn hawdd at bobl eraill y tu mewn neu'r tu allan i'r busnes.

➜ **Pecynnau cyfrifon ariannol**. Mae'n rhaid i gwmnïau gynhyrchu cyfrifon ariannol bob blwyddyn. Gall pecynnau cyfrifon ariannol gymryd gwybodaeth am incwm a gwariant busnes, gwneud y cyfrifiadau angenrheidiol a chyflwyno'r canlyniadau yn y fformatau sydd eu hangen.

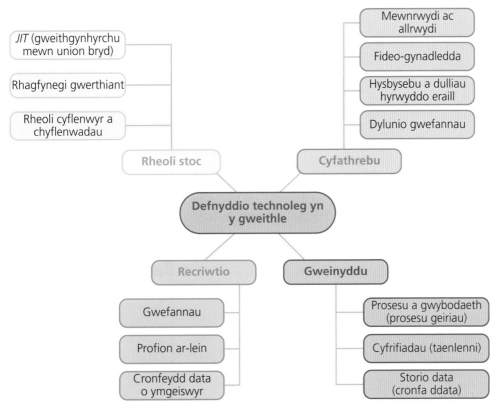

Ffigur 2.1 Crynodeb o'r defnydd o dechnoleg yn y gweithle

Cyfathrebu

Mae busnesau'n defnyddio technoleg er mwyn cyfathrebu'n gyflymach ac yn fwy effeithlon. Yr enw ar y dechnoleg sy'n cael ei defnyddio i gyfathrebu yw **technoleg gwybodaeth a chyfathrebu** neu **TGCh**. Gyda datblygiad y rhyngrwyd, cafodd TGCh ei thrawsnewid wrth i fusnesau ddatblygu gwefannau. Roedd rhain yn cael eu defnyddio i hyrwyddo a gwerthu eu cynhyrchion ac i gasglu gwybodaeth gan gwsmeriaid a rhanddeiliaid allanol eraill.

> **Term allweddol**
>
> Systemau cyfrifiadurol a systemau cyfathrebu y gall busnes eu defnyddio i gyfnewid gwybodaeth â'u rhanddeiliaid yw **technoleg gwybodaeth a chyfathrebu (TGCh)**.

Mae technoleg wedi cymryd lle staff derbynfa mewn llawer o fusnesau. Gall meddalwedd cyfrifiadurol greu e-dderbynyddion i ateb galwadau ffôn, cyfeirio galwadau a derbyn negeseuon

73

Mae busnesau'n defnyddio gwahanol becynnau cyfrifiadurol i wella'u cyfathrebu mewnol, ac i wella sut maen nhw'n cyfathrebu â rhanddeiliaid.

→ **Fideo-gynadledda**. Defnyddio cyfrifiaduron i ddarparu cyswllt rhwng dau neu fwy o bobl yw **fideo-gynadledda**. Mae'n galluogi pobl i weld ei gilydd yn ogystal â'u clywed. Mae hyn yn gost effeithlon iawn i fusnesau sydd â phobl mewn lleoliadau gwahanol, gan ei fod yn osgoi amser a chost teithio. Gall busnesau hefyd ddefnyddio'r dechnoleg hon, ynghyd â rhaglenni fel Skype a Facetime, i gyfathrebu â chwsmeriaid a chyflenwyr.

→ **Rhwydweithiau cyfrifiadurol**. Mae rhwydweithio cyfrifiaduron yn ei gwneud hi'n bosibl iddyn nhw gyfathrebu â'i gilydd. Mae hyn yn galluogi defnyddwyr cyfrifiaduron i gael mynediad at ddata, fel cofnodion cwsmeriaid, lefelau stoc neu ffigurau gwerthiant, lle bynnag y maen nhw.

→ **Hysbysebu a hyrwyddo**. Mae **hyrwyddo** yn cyfeirio at y ffyrdd gwahanol y mae busnesau'n cyfathrebu â'u cwsmeriaid. Rydyn ni'n edrych ar hyrwyddo yn fwy manwl ar dudalennau 292-299. Mae hysbysebu yn un math o hyrwyddo. Mae technoleg fel pecynnau graffeg cyfrifiadurol yn cael eu defnyddio i greu a thrin delweddau ar gyfrifiaduron. Maen nhw'n galluogi busnesau i ddylunio delweddau hyrwyddo mewn ffordd rad a hawdd – er enghraifft, drwy olygu ffotograffau.

→ **Pecynnau dylunio gwefannau**. Gall busnesau yn y DU greu gwefannau sy'n gallu cael eu defnyddio i hyrwyddo'r busnes, casglu barn cwsmeriaid a gwerthu cynhyrchion. Yn 2015, roedd gan fwy na 75% o fusnesau bach yn y DU wefan.

Mae llawer o fusnesau mwy yn gweithredu mewnrwydi (*intranets*), sef rhwydweithiau cyfathrebu preifat i'w defnyddio gan weithwyr y busnes yn unig; mae rhai busnesau'n defnyddio allrwydi (*extranets*), sy'n debyg, ond gall rhanddeiliaid penodol eraill, fel cyflenwyr, gael mynediad atyn nhw hefyd. Mae gweithwyr yn gallu defnyddio'r rhyngrwydi bychain hyn i gyfathrebu â'i gilydd, monitro lefelau cynhyrchu ac ansawdd nwyddau a gwasanaethau, ac i roi archebion i'w cyflenwyr mewn da bryd. Mae mewnrwydi'n gallu darparu mynediad at y mathau gwahanol o wybodaeth sydd eu hangen ar weithwyr, gan gael gwared ar yr holl waith papur.

Recriwtio

Er mwyn cyflogi gweithiwr newydd, rhaid i fusnes annog pobl sydd â sgiliau addas i ymgeisio am swyddi. Yna, mae'n rhaid i'r busnes ddewis y bobl orau o'r rhai sydd wedi ymgeisio. Gall technoleg wneud y broses hon yn fwy effeithlon, yn ogystal â lleihau'r costau. Rydyn ni'n edrych ar **recriwtio** yn fwy manwl ym Mhennod 6.

Hysbysebu swyddi

Gall busnesau ddefnyddio'u gwefannau i hysbysebu'r swyddi sydd ar gael. Bydd pobl sydd â diddordeb mewn gweithio i fusnes penodol yn edrych ar y wefan yn aml i weld beth sydd ar gael. Mae Ffigur 2.2 yn dangos tudalen o wefan Dŵr Cymru, sy'n hysbysebu ei swyddi gwag.

Ffigur 2.2 Tudalen o wefan Dŵr Cymru lle mae'n hysbysebu'r swyddi sydd ar gael

Rheoli stoc

Mae busnesau yn cadw **stociau** o ddefnyddiau crai a chydrannau sydd eu hangen ar gyfer gwaith cynhyrchu. Er enghraifft, bydd gwneuthurwr dillad yn cadw stociau o ddefnydd, botymau, sipiau ac edafedd. Mae busnesau hefyd yn cadw stociau o gynhyrchion sydd wedi eu gorffen ond heb eu gwerthu. Mae'r rhain yn angenrheidiol i sicrhau bod modd cyflenwi cynhyrchion i gwsmeriaid ar fyr rybudd. Mae dal stoc yn ddrud, felly mae busnesau'n ceisio dal cyn lleied â phosibl. Ond mae'n hanfodol bod gan fusnesau ddigon o stoc ar gael pan fo angen. Gall technoleg helpu i reoli stoc drwy gydbwyso costau ac argaeledd. Mae nifer o fusnesau'n defnyddio technoleg i fonitro eu lefelau stoc. Pan fyddwch chi'n prynu cynnyrch mewn archfarchnad, mae'r gwerthiant yn cael ei gofnodi'n electronig gan ddefnyddio system Pwynt Gwerthu Electronig neu EPOS (*Electronic Point of Sale*). Mae'r system EPOS yn darllen y codau bar ar gynhyrchion. Mae'r system EPOS yn addasu'r lefelau stoc yn awtomatig. Mae'r dechnoleg rheoli stoc yna'n archebu mwy o gyflenwadau pan fydd y stociau'n cyrraedd isafswm. Gall y defnydd hwn o dechnoleg gadw'r lefelau stoc mor isel â phosibl, gan sicrhau hefyd nad yw'r busnes yn brin o gynhyrchion i'w gwerthu.

Defnyddio technoleg er mwyn helpu i ragfynegi gwerthiant

Mae technoleg yn galluogi busnesau i gael cyswllt gwell â'u cwsmeriaid ac mae'n rhoi rhybudd cynnar am unrhyw newidiadau mewn patrymau gwerthiant. Mae hyn yn galluogi'r busnes i addasu'r lefelau cynhyrchu er mwyn sicrhau bod ganddo stoc ddigonol (ond dim gormod) o nwyddau gorffenedig er mwyn cwrdd â'r galw gan ei gwsmeriaid. Gall technoleg gael ei defnyddio hefyd i ddangos patrymau gwerthiant dros gyfnod o amser, gan ei gwneud hi'n haws i'r busnes ragfynegi lefelau cynhyrchu yn gywir. Mae cwmnïau fel Good Data wedi datblygu meddalwedd sy'n gallu dadansoddi symiau enfawr o ddata (o'r enw 'data mawr') i ganfod ymddygiad defnyddwyr. Mae'r meddalwedd hwn yna'n defnyddio'r wybodaeth hon i ragfynegi gwerthiant yn y dyfodol.

Technoleg a chyflenwyr

Mae rhai busnesau gweithgynhyrchu yn defnyddio systemau rheoli stoc Mewn Union Bryd (*JIT: Just In Time*). Mae'r systemau hyn yn golygu nad oes angen i fusnesau gadw unrhyw stoc o ddefnyddiau crai na chydrannau. Yn lle hynny, defnyddir technoleg i osod archebion am gyflenwadau pan fo'u hangen ac maen nhw'n cyrraedd 'mewn union bryd' i'w defnyddio. Rydyn ni'n edrych ar systemau rheoli stoc *JIT* yn fwy manwl ym Mhennod 3.

● Cynllunio drwy gymorth cyfrifiadur a gweithgynhyrchu drwy gymorth cyfrifiadur

Mae technoleg yn gallu chwarae rhan ganolog yn y broses o gynllunio a gweithgynhyrchu cynhyrchion. Gall dulliau cynllunio drwy gymorth cyfrifiadur (*CAD: computer aided design*) a gweithgynhyrchu drwy gymorth cyfrifiadur (*CAM: computer aided manufacturing*) helpu busnesau i gynhyrchu cynhyrchion o safon uchel yn effeithlon iawn.

Cynllunio drwy gymorth cyfrifiadur

Mae *CAD* yn defnyddio technoleg fodern i gynllunio cynhyrchion. Mae *CAD* yn galluogi busnesau i wneud y canlynol:

→ cynhyrchu lluniadau dau neu dri dimensiwn cywir ar gyfrifiaduron

→ storio a golygu lluniadau yn ôl yr angen

→ goresgyn problemau cyn i unrhyw beth gael ei gynhyrchu

→ rhannu lluniadau'n electronig â chwsmeriaid a gwneuthurwyr.

Mae Airbus, y gwneuthurwr awyrennau Ewropeaidd, yn defnyddio pecyn meddalwedd i gynllunio a phrofi ei awyrennau newydd. Mae hyn yn osgoi nifer o'r costau a'r problemau cychwynnol sy'n gysylltiedig ag adeiladu model go iawn o'r awyren newydd. Yn 2016, dechreuodd Airbus ddefnyddio argraffwyr 3-D a oedd wedi'u cysylltu â'i feddalwedd *CAD* er mwyn cynhyrchu cydrannau ar gyfer ei awyrennau.

Mae defnyddio *CAD* yn helpu busnesau i leihau costau cynllunio cynhyrchion newydd. Mae hefyd yn golygu bod cynnyrch ar gael i gwsmeriaid yn gynharach na fyddai wedi bod yn bosibl fel arall. Mae hyn yn rhoi cyfle i fusnesau godi prisiau uwch am gynhyrchion sy'n cynnig mwy o fuddiannau i gwsmeriaid na'r hyn mae eu cystadleuwyr yn ei gynnig. Mae'n bosibl y bydd elw yn codi o ganlyniad i hyn.

Gweithgynhyrchu drwy gymorth cyfrifiadur

Mae *CAM* yn defnyddio cyfrifiaduron fel rhan bwysig o broses cynhyrchu cynhyrchion.

Mae cyfrifiaduron yn cael eu defnyddio wrth gynhyrchu i:

→ reoli sut mae defnyddiau a chydrannau'n cael eu dosbarthu i'r llinell gynhyrchu.

→ rheoli symudiadau'r robotiaid sy'n cyflawni gweithgareddau cynhyrchu yn awtomatig.

Mae un cyfrifiadur yn gallu rheoli nifer o beiriannau robotig ar linell gynhyrchu. Gall y cyfrifiadur symud y cynnyrch o beiriant i beiriant ar y llinell gynhyrchu nes bod y broses gynhyrchu'n gyflawn.

Mae gweithwyr yn gallu ail-raglennu systemau *CAM* yn gymharol hawdd, sy'n ei gwneud hi'n hawdd i addasu'r cynnyrch sy'n cael ei gynhyrchu i gwrdd ag union anghenion y cwsmer. Hefyd, bydd ansawdd y cynhyrchion yn hynod o gyson gan ei fod yn cael ei reoli gan beiriant, a ddim yn cael ei effeithio gan wallau dynol. Gall systemau *CAM* mwy cymhleth reoli tasgau fel archebu rhannau newydd ar gyfer y peiriannau sy'n cael eu defnyddio ar y llinell gynhyrchu, a threfnu gwaith cynnal a chadw hanfodol.

Mae *CAD* a *CAM* yn galluogi busnesau i gynllunio a chynhyrchu nwyddau a gwasanaethau gan ddefnyddio llai o adnoddau nag oedd eu hangen yn y gorffennol. Er enghraifft, roedd modelau o geir ac awyrennau newydd arfer cael eu hadeiladu o bren, er mwyn profi'r cynlluniau. Roedd hyn yn cymryd amser ac yn ddrud ac roedd hi'n anodd gwneud unrhyw newidiadau. Mae technoleg wedi symleiddio'r broses gynllunio'n fawr iawn. Yn yr un modd, roedd gweithgynhyrchu'n cael ei reoli gan fodau dynol ac roedd hynny'n arwain at fwy o wallau. Roedd hi'n anoddach hefyd i weithredu llinellau cynhyrchu yn ddi-dor.

Yn anochel, mae yna anfanteision ynghlwm â defnyddio *CAD* a *CAM* mewn busnesau. Mae'r systemau'n ddrud gan fod angen robotiaid a pheiriannau eraill, ynghyd â chyfrifiaduron a meddalwedd arbenigol. Bydd angen hyfforddi gweithwyr i ddefnyddio'r systemau hefyd. Efallai na fydd rhai busnesau llai yn gallu fforddio'r buddsoddiad sydd ei angen. Gallai rhai gweithwyr wrthwynebu'r syniad o gyflwyno systemau *CAM* a gallai rhai eraill golli eu swyddi. Mae cyflwyno'r systemau hyn yn llwyddiannus, yn gallu bod yn dipyn o her i reolwyr.

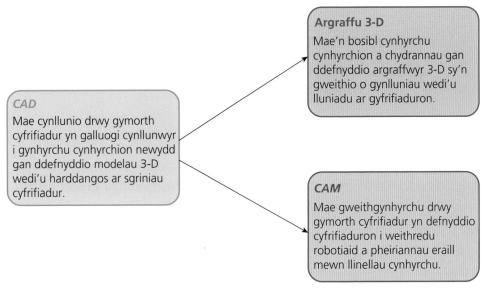

Argraffu 3-D
Mae'n bosibl cynhyrchu cynhyrchion a chydrannau gan ddefnyddio argraffwyr 3-D sy'n gweithio o gynlluniau wedi'u lluniadu ar gyfrifiaduron.

CAD
Mae cynllunio drwy gymorth cyfrifiadur yn galluogi cynllunwyr i gynhyrchu cynhyrchion newydd gan ddefnyddio modelau 3-D wedi'u harddangos ar sgriniau cyfrifiadur.

CAM
Mae gweithgynhyrchu drwy gymorth cyfrifiadur yn defnyddio cyfrifiaduron i weithredu robotiaid a pheiriannau eraill mewn llinellau cynhyrchu.

Ffigur 2.3 *CAD*, *CAM* ac argraffu 3-D

● E-fasnach ac m-fasnach

Mae **e-fasnach**, neu fasnach electronig, yn digwydd pan fydd nwyddau a gwasanaethau'n cael eu gwerthu drwy ddefnyddio system electronig fel y rhyngrwyd. Mae'r rhan honno o e-fasnach, sy'n golygu defnyddio dyfeisiau llaw di-wifr fel ffonau clyfar, yn cael ei galw'n fasnach symudol (*mobile commerce*) neu **m-fasnach**. Weithiau, mae'r ddau yn cael eu galw'n fasnach ar-lein.

Mae e-fasnach yn cynnwys gwerthiant o'r mathau canlynol gan ddefnyddio systemau electronig:
→ busnesau yn gwerthu i gwsmeriaid neu i fusnesau eraill gan ddefnyddio'u gwefannau
→ unigolion yn gwerthu'n uniongyrchol i bobl eraill drwy wefannau fel eBay.

Mae nifer cynyddol o fusnesau'n defnyddio'r rhyngrwyd i werthu cynhyrchion. O ganlyniad, mae canran cyfanswm y gwariant adwerthu gan ddefnyddwyr yn y DU sy'n cael ei wneud drwy wefannau busnesau, yn cynyddu'n raddol (gweler Tabl 2.1 dros y dudalen) a chyrhaeddodd 16.8% yn 2016. Roedd cyfanswm y gwerthiant drwy ffonau clyfar yn y DU yn £13.7bn yn 2015.

Termau allweddol

E-fasnach (neu fasnach electronig) yw'r weithred o brynu neu werthu cynnyrch drwy ddefnyddio system electronig fel y rhyngrwyd.

M-fasnach (neu fasnach symudol) yw'r weithred o brynu a gwerthu cynhyrchion drwy ddyfeisiau llaw di-wifr fel ffonau clyfar.

Blwyddyn (*Rhagolygon)	Cyfanswm gwerthiant adwerthu (£ biliwn)	Gwerthiant ar-lein fel canran o gyfanswm gwerthiant adwerthu (%)	Cyfradd twf blynyddol gwerthiant ar-lein (%)
2014	406.01	13.5	17.1
2015	401.95	15.2	16.2
2016*	401.14	16.8	14.9
2017*	404.75	17.0	10.0
2018*	410.02	18.1	9.0
2019*	414.94	19.3	8.3

Mentro mathemateg

Defnyddiwch y data yn Nhabl 2.1 i gyfrifo gwerth (mewn £ biliwn) y gwerthiant ar-lein yn 2015 a rhagolygon gwerth y gwerthiant ar-lein yn 2019.

Tabl 2.1 Gwerthiant adwerthu ar-lein yn y DU fel canran o gyfanswm gwerthiant adwerthu yn y DU a chyfradd twf gwerthiant ar-lein (**Ffynhonnell:** Smart Insights ac eMarketer)

Pwysigrwydd e-fasnach ac m-fasnach

Mae llawer o fusnesau'n defnyddio e-fasnach ac m-fasnach fel ffyrdd o gyrraedd cwsmeriaid newydd. Er enghraifft, gall archfarchnadoedd y DU, fel Morrisons a Sainsbury's, werthu nwyddau groser ar-lein i gwsmeriaid sy'n byw mewn ardaloedd lle nad oes siop gerllaw. Mae cwsmeriaid yn archebu gan ddefnyddio gwefan yr archfarchnad ac mae'r nwyddau'n cael eu dosbarthu i'w cartrefi.

Mae gwerthu ar-lein yn gallu bod yn gyfrifol am lawer o dwf gwerthiant unrhyw fusnes drwy adael iddo werthu i grwpiau newydd o gwsmeriaid. Gwelodd Arcadia, adwerthwr dillad yn y DU sy'n berchen ar Topshop a Burton, gynnydd yn ei werthiant ar-lein o'i gymharu â busnesau eraill. Yn 2015, gwelodd Arcadia gynnydd o 23.9% yn ei werthiant ar-lein, tra bod ei werthiant yn ei siopau wedi gostwng 0.9%. Yn ogystal â hyn, gall busnesau annog defnyddwyr i raddio ac adolygu'r cynhyrchion maen nhw'n eu gwerthu. Mae hyn yn helpu rheolwyr busnesau i fonitro anghenion defnyddwyr ac i werthu'r nwyddau a'r gwasanaethau mwyaf poblogaidd. O ganlyniad, mae'n gwneud y busnes yn fwy cystadleuol yn ei farchnadoedd.

Un elfen bwysig yw bod e-fasnach ac m-fasnach yn galluogi busnesau llai i werthu eu cynhyrchion mewn marchnadoedd cenedlaethol neu hyd yn oed yn fyd-eang. Mae'r busnes yn gallu hysbysebu ei gynhyrchion yn eang heb wario symiau mawr o arian ar hysbysebu. Os oes gan y busnes wefan safonol, gall fod yn gystadleuol ym mhob rhan o'r byd. Mae Arran Aromatics, sy'n cael ei drafod ar y dudalen nesaf, yn enghraifft o fusnes bach sydd wedi gallu gwerthu i farchnad llawer ehangach drwy ddefnyddio e-fasnach.

Mae defnyddio m-fasnach ac e-fasnach yn apelio at lawer o fusnesau, yn enwedig adwerthwyr. Drwy werthu mwy ar-lein, gall yr adwerthwyr redeg llai o siopau. Mae hyn yn helpu i leihau costau fel rhent a chyfraddau busnes ar gyfer siopau ar y stryd fawr. Ym mis Tachwedd 2016, cyhoeddodd Marks and Spencer y byddai'n cau 30 o'i siopau yn y DU er mwyn lleihau costau, gan fod mwy o bobl yn prynu ar-lein. Bydd y penderfyniad hwn yn lleihau costau'r cwmni heb amharu'n ormodol ar y lefelau gwerthiant, wrth i siopa ar-lein ddod yn fwy poblogaidd.

Mae yna anfanteision i werthu ar-lein hefyd. Er enghraifft, mae'n golygu llai o swyddi. Yn ystod 2016, roedd cyfartaledd o 15 siop yn rhoi'r gorau i fasnachu yn y DU bob dydd. Roedd y cynnydd mewn gwerthiant ar-lein wedi cyfrannu'n fawr at hyn, er bod rhesymau eraill hefyd. O ganlyniad, mae nifer o bobl wedi colli eu swyddi. Yn achos llawer o gymunedau, mae gweld y siopau hyn yn cau yn golygu bod siopau eraill yn dioddef gan fod llai o bobl yn ymweld â'r stryd fawr neu'r ganolfan siopa ac mae gwerthiant mewn busnesau eraill, fel bwytai,

Ystyried busnes: Arran Aromatics

Mae Arran Aromatics yn cynhyrchu cynnyrch cosmetig, persawr a chanhwyllau ar Ynys Arran, oddi ar arfordir gorllewinol yr Alban. Sefydlwyd y cwmni yng nghegin y sylfaenydd yn 1989. Ers hynny, mae'r cwmni wedi tyfu'n gyflym.

Mae'r cwmni'n defnyddio'i safle ar Arran i ysbrydoli'r gwaith o greu cynhyrchion newydd. Dyma sydd ar wefan y cwmni:

> Mae amrywiaeth cyfoethog y lliwiau yn y cymysgedd unigryw hwn o dirweddau, ac amrywiaeth ei berlysiau a'i flodau yn tanio ein creadigrwydd a'n hangerdd tuag at bethau prydferth, wedi'u gwneud mewn ffordd brydferth.

Mae'n defnyddio'i wefan i hysbysebu a gwerthu ei gynhyrchion. Mae'n cynhyrchu nwyddau cosmetig ar gyfer nifer o gadwyni gwestai amlycaf y DU, gan gynnwys Malmaison. Mae hefyd yn gwerthu ei gynnyrch cosmetig, ei ganhwyllau a'i bersawrau drwy ddeg siop yn yr Alban.

Ffynhonnell: Arran Aromatics, http://wholesale.arranaromatics.com/our-story#

Wedi'i ysbrydoli gan natur: Arran Aromatics

1 **Dadansoddwch sut mae gwefan Arran Aromatics yn helpu'r busnes i hysbysebu ei gynhyrchion.**

(6 marc)

yn gallu gostwng hefyd. Yn olaf, gall busnesau ddioddef o ganlyniad i symud at werthu ar-lein. Mae gwerthu ar-lein yn golygu ei bod hi'n hawdd i gwsmeriaid gymharu prisiau. Os nad yw busnes yn cynnig prisiau cystadleuol, mae'n gallu colli llawer o werthiant. Gall olygu costau ychwanegol hefyd, yn y tymor byr o leiaf. Mae angen datblygu gwefannau yn ogystal â dulliau dosbarthu. Bydd angen hyfforddi'r gweithwyr ar sut i ddefnyddio'r systemau newydd. Mae'n bosibl y bydd elw yn gostwng o ganlyniad i hyn.

⬤ Cyfryngau digidol a chymdeithasol

Mae **cyfryngau digidol** yn cyfeirio at gyfathrebu drwy ddefnyddio dyfeisiau fel gliniaduron, tabledi a ffonau clyfar i drosglwyddo gwybodaeth. Mae cyfryngau digidol yn cynnwys cyfathrebu mewn nifer o ffyrdd gwahanol:

→ e-bost
→ negeseuon testun
→ **sgwrsio dros y we** (*webchat*)
→ ffôn-gynadledda a fideo-gynadledda
→ **apiau**
→ defnyddio gwefannau fel Facebook, Twitter, WhatsApp neu Instagram sydd wedi'u cynllunio'n bennaf i annog cyfathrebu digidol.

Ffyrdd o gyfathrebu ar-lein yw **cyfryngau cymdeithasol**, fel gwefannau ac apiau. Maen nhw'n rhannu gwybodaeth ac yn helpu i ddatblygu cysylltiadau cymdeithasol a phroffesiynol rhwng pobl. Mae cyfryngau cymdeithasol yn cynnwys gwefannau rhwydweithio adnabyddus, fel Facebook a Twitter, a blogiau.

Termau allweddol

Cyfryngau digidol yw gwybodaeth sy'n gallu cael ei hanfon yn electronig rhwng dyfeisiau cyfrifiadurol gan gynnwys testun, lluniau a defnydd fideo.

Mae **sgwrsio dros y we** yn ffordd o gyfathrebu mewn amser real (ar unwaith) gan ddefnyddio porwyr gwe fel Firefox neu Internet Explorer.

Apiau yw darnau o feddalwedd wedi'u cynllunio at ddiben penodol ac i'w defnyddio ar ffonau clyfar a thabledi.

Ffyrdd o gyfathrebu ar-lein yw **cyfryngau cymdeithasol**, fel gwefannau ac apiau. Maen nhw'n rhannu gwybodaeth ac yn datblygu cysylltiadau cymdeithasol a phroffesiynol.

Defnyddio cyfryngau digidol a chymdeithasol i gyfathrebu â chwsmeriaid

Mae cyfathrebu digidol yn golygu bod gan fusnesau llawer mwy o gyswllt â'u cwsmeriaid nag oedd ganddyn nhw yn y gorffennol. Mae'n helpu busnesau i gyfathrebu mewn ffyrdd gwahanol. Er enghraifft, gall cwsmeriaid gyfathrebu â busnesau drwy ddefnyddio negeseuon testun, e-bost neu wefannau cyfryngau cymdeithasol fel Twitter neu Facebook. Maen nhw'n gallu holi cwestiynau, gosod archebion neu wneud cwynion. Mae busnesau wedi gorfod ymateb drwy hyfforddi gweithwyr i reoli'r ffyrdd newydd hyn o gyfathrebu a thrwy greu cyfrifon cyfryngau cymdeithasol ar wefannau allweddol.

O ganlyniad i'r cynnydd ym mhoblogrwydd cyfryngau cymdeithasol, mae nifer o fusnesau'n penodi pobl i reoli cysylltiadau'r busnes â chwsmeriaid drwy gyfryngau cymdeithasol. Mae'n hanfodol bod proffil y busnes yn cael ei reoli'n effeithiol ar gyfryngau cymdeithasol er mwyn cynnal enw da'r busnes. Mae peidio ag ymateb yn gyflym ac yn gadarnhaol i feirniadaeth ar Twitter neu wefannau cyfryngau cymdeithasol eraill, yn gallu niweidio enw da busnes.

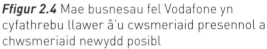

Ffigur 2.4 Mae busnesau fel Vodafone yn cyfathrebu llawer â'u cwsmeriaid presennol a chwsmeriaid newydd posibl

Fodd bynnag, mae defnyddio cyfryngau cymdeithasol yn effeithiol, yn gallu helpu i gynnal (neu adfer) enw da busnes. Yn 2012 derbyniodd O2, cwmni telegyfathrebu yn y DU, feirniadaeth ar y cyfryngau cymdeithasol pan nad oedd ei wasanaeth ffonau symudol yn gweithio. Ymatebodd adran cyfryngau cymdeithasol y cwmni yn onest a gyda hiwmor. Defnyddiodd O2 y cyfryngau cymdeithasol mewn ffordd bwysig gan fod gwaith ymchwil yn dangos bod 17% o holl ddefnyddwyr Twitter yn y DU wedi derbyn gwybodaeth am broblemau'r cwmni.

Mae pob busnes, os ydyn nhw'n fawr neu'n fach, yn gallu defnyddio ffyrdd digidol o gyfathrebu er mwyn cysylltu â chwsmeriaid mewn ffyrdd newydd a gwerthfawr. Er enghraifft, gall busnesau mawr ei ddefnyddio i roi gwybod i nifer enfawr o gwsmeriaid am ddatblygiadau pwysig, fel lansiad cynnyrch newydd. Yn yr un modd, gall busnesau bach sydd ag adnoddau cyfyngedig, ei ddefnyddio i hyrwyddo'u gwasanaethau i gwsmeriaid newydd posibl.

Ystyried busnes: WhatsApp a Rare Pink

Gwasanaeth negeseua cymdeithasol yw WhatsApp a gafodd ei brynu gan Facebook yn 2014. Hwn yw un o'r apiau cyfathrebu sy'n tyfu gyflymaf yn y byd. Mae ganddo fwy na 700 miliwn o ddefnyddwyr ac mae'n trosglwyddo 30 biliwn o negeseuon bob dydd. Mae WhatsApp yn galluogi defnyddwyr i siarad mewn amser real ac mae'n cefnogi amlgyfryngau, gan gynnwys negeseuon fideo a llais.

Busnes dylunio a chynhyrchu modrwyau diemwnt yw Rare Pink. Mae'n cynnig ymgynghoriadau ar-lein i gwsmeriaid sy'n edrych am fodrwyau unigryw,

wedi'u dylunio'n arbennig i'r cwsmer. Mae un o'r cyd-sylfaenwyr, Nickolay Piriankov, yn defnyddio WhatsApp i ffurfio perthynas â'i gwsmeriaid. 'Roedd cwsmeriaid yn gofyn amdano', meddai. 'Nawr mae gan bob ymgynghorydd dylunio WhatsApp ar ei ffôn gwaith. Rydyn ni'n gwneud yn siŵr eu bod nhw'n gallu cysylltu â'u hymgynghorydd, 24 awr y dydd.'

Ffynhonnell: Wedi'i addasu o'r Telegraph, 29 Ionawr 2015

1 **Esboniwch pam mae gan bob un o ymgynghorwyr dylunio Rare Pink WhatsApp ar eu ffôn gwaith.**

(4 marc)

Cyfryngau digidol a chymdeithasol ac amcanion busnes

Gwelsom ym Mhennod 1 sut mae busnesau'n gallu anelu at amrywiaeth o dargedau fel llwyddo i gael twf o 5% yn eu refeniw gwerthiant o fewn blwyddyn. Mae defnyddio cyfryngau digidol a chymdeithasol wedi dod yn hanfodol i lawer o fusnesau er mwyn iddyn nhw gyflawni eu hamcanion.

Mae rhai mentrau wedi creu modelau busnes newydd sy'n seiliedig ar ddefnyddio cyfathrebu digidol – er enghraifft, defnyddio apiau. Maen nhw'n gallu cyfathrebu'n fwy effeithiol â chyflenwyr a gweithwyr er mwyn darparu gwasanaethau'n effeithlon ac am gost isel. Mae hyn yn helpu i gyflawni amcanion fel cynyddu gwerthiant mewn marchnad neu werthu cynhyrchion mewn marchnadoedd newydd. Mae Uber yn enghraifft o fusnes sy'n defnyddio cyfryngau cymdeithasol fel rhan ganolog o'i weithrediadau.

Ystyried busnes: Uber

Cwmni Americanaidd yw Uber sy'n darparu gwasanaethau tacsi mewn dinasoedd dros y byd. Mae gan gwsmeriaid yr ap Uber ar eu ffonau clyfar ac maen nhw'n ei ddefnyddio i alw am dacsi. Mae hyn yn cael ei arddangos i yrwyr Uber. Pan mae gyrrwr yn derbyn yr archeb, mae'r cwsmer yn cael gwybodaeth gan gynnwys pryd bydd y tacsi'n cyrraedd, enw'r gyrrwr a rhif cofrestru'r tacsi.

Mae'r tâl am y gwasanaeth tacsi yn cael ei gymryd yn awtomatig o gerdyn credyd y teithiwr. Mae Uber yn defnyddio meddalwedd digidol sydd wedi'i gysylltu â'i ap, er mwyn cyfrifo cost y daith yn ôl nifer y cwsmeriaid a nifer y tacsis sydd ar gael. Yn ystod cyfnodau prysur, gall y prisiau godi'n sylweddol.

Mae gyrwyr Uber wedi'u cysylltu â'r un ap. Pan maen nhw'n cofrestru i'w gwaith, maen nhw'n cysylltu â'r ap ac mae'r archebion gan deithwyr, eu lleoliadau a'u cyrchfannau yn ymddangos ar eu ffonau clyfar. Mae technoleg lloerenni yn cael ei defnyddio i arwain gyrwyr at leoliadau eu teithwyr.

1   **Esboniwch un ffordd mae Uber yn elwa drwy ddefnyddio cyfryngau digidol.**   (4 marc)

Mae cyfryngau digidol a chymdeithasol hefyd yn gallu rhoi gwybodaeth hanfodol i reolwyr busnes, gan eu helpu i wneud penderfyniadau. Er enghraifft, gall y dechnoleg hon ddarparu data ar nifer y bobl sy'n ymweld â siop, faint o amser maen nhw'n ei dreulio yn y siop ac a ydyn nhw'n gwsmeriaid sy'n dychwelyd ai peidio. Gall rheolwyr gymharu tueddiadau dros gyfnod o amser, a gallai'r wybodaeth hon gael ei defnyddio i fonitro effeithiolrwydd ymgyrch farchnata benodol. Mae defnyddio'r dechnoleg ddigidol hon yn arwain at fanteision eraill i reolwyr. Os ydy rheolwyr yn gallu rhagfynegi nifer y cwsmeriaid ar amseroedd penodol, maen nhw'n gallu gwneud yn siŵr bod digon o staff ar gael a'u bod nhw'n cael eu cadw'n brysur drwy'r amser. Mae hyn yn gallu helpu rheolwyr i gwrdd â thargedau elw drwy sicrhau bod y gwerthiant mor uchel â phosibl a'r costau mor isel â phosibl.

● Manteision ac anfanteision defnyddio technoleg newydd

Mae defnyddio technoleg newydd yn cynnig manteision ac anfanteision i fusnesau a'u rhanddeiliaid.

Manteision technoleg newydd

Elw uwch

Mae defnyddio technoleg flaengar yn gallu lleihau costau cynnal busnes yn sylweddol, sy'n ei alluogi i gynyddu ei elw. Yn 2016 cyflwynodd Tesla, cwmni technoleg o America, deils to ar gyfer tai, sydd hefyd yn gweithio fel paneli solar. Bydd hyn yn helpu cwmnïau i adeiladu tai â phaneli solar yn fwy rhad. Dim ond teils bydd eu hangen, yn lle teils gyda phaneli arnyn nhw. Gall hyn leihau costau adeiladu tai a gallai gynyddu elw cwmnïau'r diwydiant.

Mae technoleg hefyd yn gallu gwneud busnesau'n fwy effeithlon, gan leihau costau cynhyrchu nwyddau a gwasanaethau. Gall hyn helpu busnes i gynyddu ei elw. Er enghraifft, mae Airbus yn gallu defnyddio technoleg i ddylunio awyrennau newydd yn rhad. Yn y gorffennol, byddai wedi adeiladu modelau drud.

Gwerthiant uwch

Mae technoleg newydd yn caniatáu busnesau i hysbysebu a gwerthu eu cynhyrchion i gwsmeriaid ac i farchnadoedd fyddai heb fod o fewn cyrraedd yn y gorffennol. Er enghraifft, gall hyd yn oed y busnesau lleiaf gael budd o werthu ar-lein, gan ddefnyddio gwefannau ochr yn ochr ag e-fasnach. Gall dylunydd gemwaith mewn pentref anghysbell ffurfio marchnad i'w hun yn ddigon syml drwy gael nifer o ddilynwyr ar Instagram. Mae technoleg newydd yn helpu i leihau'r bwlch rhwng busnesau mawr a busnesau llai.

Mae rhanddeiliaid eraill, fel cwsmeriaid, wedi elwa oherwydd bod busnesau'n gallu defnyddio technoleg i fentro i farchnadoedd newydd. Mae ganddyn nhw ddewis ehangach o gynhyrchion ac mae'r prisiau wedi gostwng oherwydd bod yna fwy o gystadleuaeth.

Anfanteision technoleg newydd

Yn Ffigur 2.5 mae anfanteision technoleg newydd i randdeiliaid.

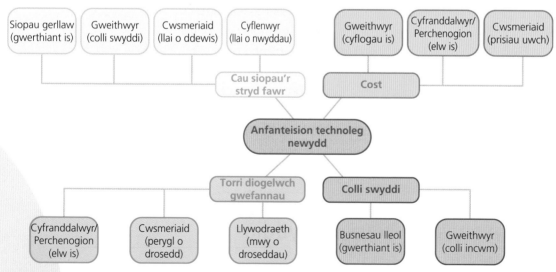

Ffigur 2.5 Anfanteision technoleg newydd a'r rhanddeiliaid y mae'n effeithio arnyn nhw

Cost

Mae technoleg yn gallu bod yn ddrud i'w gosod a'i defnyddio. Yn aml, dim ond cyfran fach o'r gost yw prynu'r cyfrifiaduron a'r meddalwedd angenrheidiol. Mae angen gweithwyr â gwybodaeth a sgiliau arbenigol ar fusnesau hefyd, ac mae'r rhain yn debygol o fod yn ddrud. Mae yna gostau cynnal a chadw hefyd: mae angen diweddaru gwefannau.

Colli swyddi

Mae technoleg yn gallu cymryd lle pobl. Gwelsom yn gynharach fod busnesau'n defnyddio llai o staff derbynfa. Awgrymodd arolwg yn 2015 y gallai technoleg ddisodli dros 50% o swyddi yn y DU. Gallai ceir a lorïau di-yrrwr fygwth miliynau o swyddi yn y dyfodol. I lawer o bobl, ac yn enwedig y rhai sydd mewn swyddi di-grefft, mae technoleg yn fygythiad real i'w cyflogaeth yn y dyfodol.

Cau siopau'r stryd fawr

Gwelsom yn Nhabl 2.1 fod gwerthiant ar-lein yn y DU yn cynyddu'n gyflym. Mae'r un peth yn wir mewn gwledydd eraill hefyd. Un o sgil effeithiau hyn yw bod llai o bobl yn ymweld â siopau. Dydy rhai siopau ddim wedi goroesi'r gostyngiad hwn mewn gwerthiant ac maen nhw wedi cau. Yn hanner cyntaf 2016, bu'n rhaid i 2,656 o siopau gau yn y DU – cyfradd o 15 y dydd.

Os bydd siopau'n cau ar y stryd fawr, gall y siopau eraill sydd yno ddioddef hefyd. Efallai bydd llai o bobl yn ymweld â'r stryd fawr ac mae'n bosibl y bydd gwerthiant yn gostwng mewn siopau eraill hefyd. Gallai pobl sy'n byw yn lleol golli siopau gwerthfawr ac mae strydoedd yn gallu mynd i edrych yn flêr. Mae pobl leol hefyd yn colli eu swyddi.

Torri diogelwch gwefannau

Mae troseddwyr wedi torri diogelwch gwefannau nifer o gwmnïau yn y DU ac mae'r cwmnïau wedi colli gwybodaeth bersonol cwsmeriaid. Yn 2015, roedd ymosodiad seiber ar wefan cwmni cyfathrebu TalkTalk. O ganlyniad, collwyd manylion personol bron i 157,000 o gwsmeriaid, gan gynnwys manylion cyfrifon banc. Cafodd y wybodaeth hon ei phasio i droseddwyr a geisiodd ei defnyddio i ddwyn arian oddi ar gwsmeriaid TalkTalk. Cafodd y cwmni gosb o £400,000 am gadw data cwsmeriaid yn anniogel. Mae'r cwmni wedi cyfaddef bod yr ymosodiad seiber yn debygol o gostio £35 miliwn iddo. Gallai ei gyfranddalwyr ddioddef os yw elw'r cwmni yn gostwng.

> **Awgrym astudio**
>
> Ystyriwch sut gall technoleg sy'n newid effeithio ar fathau gwahanol o fusnesau, gan nad yw'r effeithiau bob amser yr un peth.

Crynodeb

Mae technoleg yn newid drwy'r amser. Mae newidiadau mewn technoleg yn effeithio ar bob busnes ac mewn sawl ffordd. Defnyddir technoleg at nifer o ddibenion yn y gweithle, gan gynnwys gweinyddu, cyfathrebu, recriwtio, rheoli stoc a chynhyrchu. Mae defnyddio e-fasnach ac m-fasnach wedi dod yn fwyfwy pwysig yn y DU. Mae busnesau yn y DU yn defnyddio cyfryngau digidol a chymdeithasol i gyfathrebu â'u cwsmeriaid. Mae technoleg newydd yn gallu cynnig manteision ac anfanteision i fusnesau a'u rhanddeiliaid.

Cwestiynau cyflym

1 Nodwch **ddwy** ffordd mae technoleg newydd yn gallu effeithio ar fusnesau. (2 farc)

2 Disgrifiwch pam gallai busnes ddefnyddio cronfa ddata i'w helpu â'i waith gweinyddol. (2 farc)

3 Rhowch **ddwy** enghraifft o wybodaeth y gallai busnes ei chyfnewid â'i gwsmeriaid drwy ddefnyddio cyfryngau cymdeithasol. (2 farc)

4 Beth yw ystyr y term 'fideo-gynadledda'? (2 farc)

5 Beth yw ystyr y termau 'e-fasnach' ac 'm-fasnach'? (4 marc)

6 Disgrifiwch **un** ffordd mae cynllunio drwy gymorth cyfrifiadur (CAD) yn helpu busnesau i gynllunio cynhyrchion newydd. (2 farc)

7 Beth yw ystyr y term 'cyfryngau digidol'? (2 farc)

8 Disgrifiwch **un** rheswm pam gallai busnes ddefnyddio gwefannau cyfryngau cymdeithasol i gyfathrebu â'i gwsmeriaid. (2 farc)

9 Dadansoddwch **un** rheswm pam mae e-fasnach yn bwysig iawn i fusnesau yn y DU. (2 farc)

10 Nodwch dair anfantais bosibl i fusnesau yn sgil defnyddio technoleg newydd. (2 farc)

Astudiaeth achos

Botymau Dash Amazon

Amazon yw'r adwerthwr ar-lein mwyaf yn y byd. Mae'r cwmni'n defnyddio e-fasnach ac m-fasnach i werthu ei gynhyrchion mewn 17 o wledydd. Mae'n adnabyddus am werthu cynhyrchion am brisiau isel ac mae wedi buddsoddi llawer iawn o arian mewn technoleg. Mae Amazon wedi gweld twf cyflym iawn yn ei werthiant, ond mae wedi cael ei feirniadu am ddwyn cwsmeriaid oddi ar siopau lleol. Dim ond yn ddiweddar mae Amazon wedi dechrau gwneud elw sylweddol.

Yn 2016, lansiodd Amazon ei fotymau Dash prynu ar unwaith (*instant purchase*) yn y DU. Mae'r botymau Dash yn galluogi defnyddwyr i brynu cynhyrchion fel coffi, tabledi peiriant golchi llestri a phowdr golchi, drwy bwyso botwm ar ddyfais ddigidol sydd wedi'i chysylltu'n ddi-wifr â'r rhyngrwyd. Dim ond yn ddiweddar y mae Amazon wedi dechrau gwerthu nwyddau groser i ddefnyddwyr yn y DU.

Mae cwsmeriaid yn prynu botwm digidol ar wahân ar gyfer pob brand (mae Andrex, Play-doh a Dettol yn rhai enghreifftiau). Mae pwyso'r botwm yn gosod archeb ar gyfer swm penodol o'r cynnyrch, sy'n cael ei ddosbarthu gan Amazon. Mae'r botymau Dash wedi'u cysylltu â chyfrif Amazon ac maen nhw'n archebu cynhyrchion newydd ar unwaith gan gyflenwyr sydd â chytundebau ag Amazon.

Cwestiynau

1 Beth yw ystyr y term 'm-fasnach'? (2 farc)

2 Esboniwch **un** anfantais bosibl i Amazon o ddefnyddio technoleg i werthu cynhyrchion. (4 marc)

3 Dadansoddwch sut bydd defnyddio botymau Dash yn helpu Amazon i gystadlu ag adwerthwyr eraill. (6 marc)

4 Trafodwch y manteision a'r anfanteision o ddefnyddio'r botymau Dash i randdeiliaid Amazon. (8 marc)

Dylanwad moesegol ar weithgaredd busnes

Mae materion moesegol yn denu llawer o sylw yn y cyfryngau ac maen nhw wedi dod yn faterion cynyddol bwysig i randdeiliaid busnes. Mae rhai busnesau'n defnyddio polisïau moesegol fel ffordd o wneud eu hunain yn wahanol i'w cystadleuwyr. Drwy gael ei ystyried yn fusnes moesegol, bydd busnes yn gweld nifer o fanteision, ond gall arwain at anfanteision hefyd.

Erbyn diwedd yr adran hon, dylech chi wybod am y canlynol:

- beth yw ystyr moeseg busnes
- y mathau o faterion moesegol sy'n effeithio ar weithgaredd busnes
- sut a pham mae gwrthdaro yn codi rhwng moeseg ac elw
- manteision ac anfanteision mabwysiadu polisïau moesegol i fusnesau a'u rhanddeiliaid.

● Beth yw moeseg busnes?

Mae **moeseg busnes** yn cyfeirio at benderfyniadau busnes ac a ydyn nhw'n cael eu hystyried yn rhai moesegol gywir neu anghywir. Mae rhanddeiliaid busnes eisiau gwybod a yw'r busnes yn foesegol ai peidio. Mae hyn yn golygu eu bod nhw eisiau gwybod, er enghraifft, sut mae'r busnes yn trin ei gyflenwyr a'i weithwyr. A yw'r busnes yn gwneud penderfyniadau sy'n foesegol gywir neu, er enghraifft, y rhai sy'n arwain at yr elw mwyaf?

Gall rhanddeiliaid fel defnyddwyr, gweithwyr, cyfranddalwyr a phobl sy'n byw yn agos at y busnes ofyn cwestiynau fel y rhai isod.

→ A yw'r **cyflenwyr** (yn enwedig busnesau bach) yn cael eu talu'n brydlon, neu a yw'r taliadau'n hwyr?

→ A yw'r gweithwyr yn cael eu trin yn deg? A ydyn nhw'n cael eu talu'n dda? A yw llafur plant yn cael ei ddefnyddio mewn ffatrïoedd tramor?

→ A yw'r cwsmeriaid yn ymwybodol o'r defnyddiau sy'n cael eu defnyddio i wneud y cynhyrchion?

→ A yw hysbysebion y busnes yn onest ac yn deg? A yw'r cynhyrchion yn niweidiol?

Mae Ffigur 2.6 yn dangos y gwahaniaeth rhwng gweithgareddau sy'n foesegol ac yn gyfreithiol, a'r rhai allai gael eu hystyried anfoesegol ac anghyfreithlon.

GWEITHGAREDDAU CYFREITHIOL		GWEITHGAREDDAU ANGHYFREITHLON
GWEITHGAREDDAU BUSNES MOESEGOL	GWEITHGAREDDAU BUSNES CYFREITHIOL - ond sy'n cael eu hystyried yn anfoesegol gan rai rhanddeiliaid	GWEITHGAREDDAU BUSNES ANGHYFREITHLON AC ANFOESEGOL
Er enghraifft:	Er enghraifft:	Fel defnyddio llafur plant neu dalu llai na'r cyflog byw (yr isafswm cyflog cyfreithiol yn y DU)
• Rhoi swm sylweddol o'r elw i elusen • Sefydlu busnesau mewn ardaloedd sydd â diweithdra uchel er mwyn creu swyddi	• Gwerthu bwydydd sy'n uchel • mewn braster a siwgr • Talu cyflogau uchel i'r rheolwyr ond dim ond y cyflog byw i lawer o'r gweithwyr	

Amrediad o weithgareddau busnes

Ffigur 2.6 Ymddygiad busnes moesegol, anfoesegol ac anghyfreithlon

---

Ystyried busnes: Lush

Mae siopau Lush i'w gweld ar y stryd fawr ledled y DU ac mae nifer o bobl yn ei ystyried yn fusnes moesegol. Mae'r gadwyn o siopau yn gwerthu cynnyrch cosmetig ac amrywiaeth eang o sebonau. Mae sebonau, siampŵau a geliau cawod Lush yn cael eu gweithgynhyrchu gan ddefnyddio ryseitiau llysieuol neu fegan. Mae'r cwmni'n annog defnyddwyr i ailgylchu eu cynwysyddion.

Dydy Lush ddim yn prynu cyflenwadau gan fusnesau sy'n defnyddio anifeiliaid i brofi eu cynhyrchion ac mae'n cefnogi nifer o elusennau, yn enwedig rhai sy'n diogelu'r amgylchedd. Er enghraifft, mae Lush yn cefnogi Sea Shepherd, sef mudiad sy'n ceisio amddiffyn morfilod, morloi a chreaduriaid eraill y môr.

Mae Lush eisiau i bobl fwynhau gweithio i'r cwmni. Mae'r holl staff yn derbyn tâl sy'n uwch na chyfradd yr isafswm cyflog ac maen nhw'n cael disgownt ar gynhyrchion y cwmni. Os yw pen-blwydd gweithiwr yn syrthio ar ddiwrnod gwaith arferol, maen nhw'n cael diwrnod ychwanegol o wyliau gyda thâl.

1 **Dadansoddwch y rhesymau pam byddai nifer o bobl yn ystyried bod Lush yn gwmni moesegol.**

(6 marc)

⬤ Materion moesegol i fusnesau

Dros amser, mae nifer y mathau gwahanol o faterion moesegol sy'n wynebu busnesau yn y DU wedi cynyddu. Mae'r materion isod yn cynrychioli rhai o'r materion sy'n wynebu busnesau yn y DU.

Marchnata moesegol

Ystyr marchnata moesegol yw bod yr holl benderfyniadau marchnata yn edrych ar oblygiadau moesegol y penderfyniadau. Mae busnesau sy'n defnyddio dulliau marchnata moesegol yn dilyn canllawiau fel y rhai isod.

→ Dylai pob cyhoeddiad marchnata fod yn gywir ac yn onest.
→ Dylai'r holl weithwyr sy'n ymwneud â gwaith marchnata wneud a chefnogi penderfyniadau moesegol.

→ Dylai pob grŵp o ddefnyddwyr gael eu trin yn deg (er enghraifft, wrth farchnata i blant).

→ Dylai gwybodaeth defnyddwyr gael ei chadw'n breifat bob amser.

Gall nifer o weithgareddau marchnata gael eu hystyried yn anfoesegol. Mae'r rhain yn cynnwys gwneud galwadau 'niwsans' i bobl er mwyn ceisio gwerthu cynnyrch, gwerthu manylion defnyddwyr i fusnesau eraill a chreu hysbysebion camarweiniol. Gall hysbysebion anaddas i blant hefyd fod yn anfoesegol, fel y gwelwch chi yn y rhan 'Ystyried busnes' isod.

Ystyried busnes: Mae hysbysebion 'bwyd sothach' yn temtio plant

Mewn arolwg a gafodd ei gynnal gan Cancer Research UK yn 2016, gwelwyd bod hysbysebion teledu ar gyfer melysion, creision a bwyd cyflym yn cael effaith fawr ar blant ysgolion cynradd. Drwy ddefnyddio sêr enwog, lliwiau llachar a lleisiau doniol, mae'r ymchwilwyr yn credu bod yr hysbysebion yn gallu denu plant a dylanwadu ar eu harferion bwyta.

Yn 2016, roedd 33% o blant oedd yn eu blwyddyn olaf yn yr ysgol gynradd, dros eu pwysau. Roedd mwy na hanner y plant hyn dros eu pwysau'n ddifrifol.

1 **Disgrifiwch pam mae hysbysebu 'melysion, creision a bwyd cyflym' i blant ar y teledu yn gallu cael ei ystyried yn anfoesegol.** (4 marc)

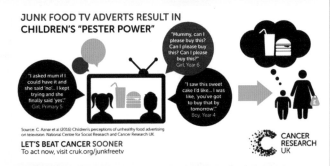

Ffigur 2.7 Hysbysebion 'bwyd sothach' a phŵer plagio (**Ffynhonnell:** Camille Aznar, Andy MacGregor, Gillian Rosenberg, Lauren Porter a Hayley Lepps (2016). Primary school children's perceptions of unhealthy food advertising on TV. Y Ganolfan Genedlaethol dros Ymchwil Cymdeithasol a Cancer Research UK)

Ymdrin â chyflenwyr

Mae trin cyflenwyr yn foesegol yn golygu bod angen talu'n brydlon a pheidio â gwneud gorchmynion afresymol. Dydy hi ddim yn anghyffredin i fusnesau mawr ddefnyddio'u pŵer i osod telerau anffafriol ar gyflenwyr. Mae camddefnyddio pŵer yn gallu cynnwys:

→ talu prisiau isel iawn, sy'n golygu nad yw'r cyflenwr yn gwneud elw

→ oedi taliadau

→ bygwth tynnu archebion yn ôl oni bai bod telerau anffafriol yn cael eu derbyn

→ peidio ag ymateb i gwynion gan gyflenwyr.

Mae nifer o archfarchnadoedd y DU wedi cael eu beirniadu am drin cyflenwyr yn anfoesegol. Mae beirniaid yn dweud bod yr archfarchnadoedd yn gallu gwneud hyn gan y byddai colli eu harchebion anferthol yn gallu arwain at oblygiadau trychinebus i gyflenwyr bychain. Mae Tesco, archfarchnad fwyaf y DU, wedi cael ei beirniadu am oedi taliadau i'w chyflenwyr, gan gymryd dwy flynedd weithiau i dalu. Mae hyn yn golygu bod cyflenwyr yn wynebu anawsterau wrth geisio talu eu costau eu hunain.

Ystyried busnes: Tesco a'i gyflenwyr

Mae Tesco, archfarchnad fwyaf y DU, wedi cael gorchymyn i wneud 'newidiadau sylweddol' i'r ffordd mae'n trin ei chyflenwyr. Mae'r archfarchnad wedi oedi taliadau i'w chyflenwyr yn fwriadol er mwyn cynyddu ei helw. Mae rhai o gyflenwyr yr archfarchnad wedi gorfod aros dwy flynedd cyn derbyn taliad am gynhyrchion roedden nhw wedi eu darparu i'r adwerthwr. Roedd rhai taliadau'n filiynau o bunnoedd.

Mae'r archfarchnad wedi derbyn llawer o gyhoeddusrwydd negyddol ynglŷn â'i chysylltiadau â'i chyflenwyr yn y blynyddoedd diwethaf. Tesco yw'r un sy'n perfformio waethaf o'r pedair prif archfarchnad yn y DU, o ran trin eu cyflenwyr yn deg, yn ôl y Groceries Code Adjudicator. Gwelwyd bod 30% o gyflenwyr yr archfarchnad yn credu mai'n anaml iawn y byddai Tesco yn dilyn cod ymarfer y pwyllgor gwarchod safonau.

1 **Esboniwch un effaith bosibl i Tesco o'r cyhoeddusrwydd am ei gweithredoedd sy'n cael eu hystyried yn anfoesegol gan rai pobl.** (4 marc)

Disgwyl i gyflenwyr ymddwyn yn foesegol

Mae rhai busnesau'n disgwyl i'w cyflenwyr fasnachu'n foesegol drwy, er enghraifft, beidio â defnyddio llafur plant a thrwy dalu cyflogau teg i'w gweithwyr. Dydy cyfraddau cyflog isel iawn ddim yn anghyfreithlon mewn rhai gwledydd; yn yr un modd, mae 260 miliwn o blant yn cael eu cyflogi dros y byd. Mae'n gyffredin i adwerthwyr yn y DU, fel Marks and Spencer, sy'n prynu dillad gan gyflenwyr tramor, i osod safonau moesegol. Gall rhain gael eu cynnwys yn y cytundebau rhwng y ddau fusnes ac weithiau bydd hyn yn golygu bod ffatrïoedd yn cael eu harolygu heb rybudd.

Mae busnesau'n gallu elwa drwy sicrhau eu bod nhw'n ymdrin â chyflenwyr moesegol yn unig. Mae brandiau dillad ffasiynol fel Della a Reformation wedi bod yn llwyddiannus iawn yn gwerthu dillad sydd wedi'u cynhyrchu gan gyflenwyr moesegol.

Mae plant yn gweithio ym mhob rhan o'r diwydiant dillad ffasiwn. Maen nhw'n cynaeafu cotwm yn Uzbekistan, yn troelli edafedd yn India ac yn gwneud dillad mewn ffatrïoedd ar draws Bangladesh

Mae defnyddio cyflenwyr moesegol yn helpu i wneud y busnes yn ddeniadol i gwsmeriaid sydd â'r un safbwyntiau moesegol. Gall hyn arwain at werthiant uwch na'r hyn y gallen nhw ddisgwyl ei weld fel arall.

Hawliau anifeiliaid

Mae **hawliau anifeiliaid** yn cyfeirio at y syniad bod yn rhaid trin anifeiliaid â thrugaredd (*humanely*) a'u hamddiffyn rhag cael eu camddefnyddio a'u cam-drin. Mae yna safbwyntiau gwahanol ar hawliau anifeiliaid. Mae rhai cefnogwyr hawliau anifeiliaid yn gwrthwynebu bridio a lladd anifeiliaid i'w bwyta; mae eraill yn dadlau y dylai hyn gael ei wneud heb iddyn nhw ddioddef.

Bydd busnesau moesegol yn gwneud sawl penderfyniad er mwyn amddiffyn hawliau anifeiliaid. Nid yw'r rhain yn ofynion cyfreithiol, a gallan nhw gynnwys:

→ peidio â defnyddio croen neu ffwr anifeiliaid i wneud cynhyrchion
→ peidio â chynnal unrhyw arbrofion ar anifeiliaid
→ peidio â defnyddio anifeiliaid at ddibenion adloniant – er enghraifft, mewn syrcas
→ peidio â defnyddio anifeiliaid ar gyfer llafur caled – er enghraifft, i dynnu pwysau trwm neu i aredig tir.

Term allweddol

Mae **hawliau anifeiliaid** yn cyfeirio at y syniad bod yn rhaid trin anifeiliaid â thrugaredd a'u hamddiffyn rhag cael eu camddefnyddio a'u cam-drin.

Mae rhai busnesau'n rhoi cyhoeddusrwydd i'w hymrwymiad i hawliau anifeiliaid er mwyn gwahaniaethu rhyngddyn nhw â'u cystadleuwyr. Er enghraifft, mae The Body Shop yn gwerthu cynnyrch cosmetig a chynnyrch gofal croen mewn mwy na 2,000 o siopau dros y byd. Mae wedi ymrwymo'n llawn i amddiffyn hawliau anifeiliaid ac mae wedi derbyn gwobr gan yr RSPCA am yr hyn mae'n ei wneud i gefnogi anifeiliaid.

Cyfrifoldeb cymdeithasol

Mae busnes yn dangos **cyfrifoldeb cymdeithasol** pan mae'n edrych ar fuddiannau pob un o'i grwpiau rhanddeiliaid wrth wneud penderfyniadau. Dydy rhai busnesau ddim yn gwneud hyn. Maen nhw'n canolbwyntio yn lle hynny ar fuddiannau grwpiau penodol o randdeiliaid, fel cyfranddalwyr. Mae hyn yn golygu bod penderfyniadau'n cael eu gwneud yn aml, er mwyn gwneud cymaint o elw â phosibl.

Bydd busnesau â chyfrifoldeb cymdeithasol yn llunio penderfyniadau fel y rhai sy'n cael eu hamlinellu isod.

→ Mae'n bosibl y bydd y busnesau hyn yn defnyddio ffynonellau drutach o ddefnyddiau crai sydd ddim yn niweidio'r amgylchedd (er enghraifft, defnyddio pren cynaliadwy).

→ Mae cwmnïau sydd â chyfrifoldeb cymdeithasol yn aml yn talu cyfradd uwch i'w gweithwyr na'r hyn sy'n cael ei amlinellu mewn deddfau isafswm cyflog.

→ Gallen nhw benderfynu darparu cyfleusterau ar gyfer cymunedau lleol, fel caeau chwarae i blant. Mae Greggs, y pobydd, yn cynnig clybiau brecwast mewn ysgolion.

→ Gallai cwmni sydd â chyfrifoldeb cymdeithasol ddewis cyfrannu cyfran o'i elw at elusen. Mae Thornton's, yr adwerthwr siocled, yn cefnogi amrywiaeth o elusennau.

Mae yna anfanteision i fusnesau sy'n cael eu hystyried yn rhai sydd heb gyfrifoldeb cymdeithasol. Mae nifer o fusnesau, gan gynnwys Starbucks, Google ac Amazon, wedi cael eu beirniadu am ddefnyddio polisïau sy'n eu galluogi i dalu cyfraddau treth isel iawn yn y DU. Mae rhai defnyddwyr wedi barnu bod y penderfyniadau hyn yn anfoesegol. O ganlyniad, mae'r cwmnïau wedi derbyn cyhoeddusrwydd negyddol. Gall hyn leihau gwerthiant ar gyfer y busnesau hyn, gyda'r potensial i niweidio eu cyfran o'r farchnad. Er enghraifft, mae rhai defnyddwyr yn y DU wedi boicotio Amazon am dalu cyfraddau treth isel iawn yn y DU.

> **Term allweddol**
>
> Mae **cyfrifoldeb cymdeithasol** yn ffordd o reoli busnesau, lle mae buddiannau pob grŵp yn y gymdeithas yn cael eu hystyried wrth wneud penderfyniadau.

Mae Starbucks wedi cael ei feirniadu am dalu beth mae rhai yn ei ystyried yn symiau treth 'annheg'. Dim ond £8.6 miliwn o dreth dalodd Starbucks ar ei elw yn y DU dros 14 blynedd

Sut mae gweithwyr yn cael eu trin

I lawer o fusnesau, pobl yw eu hadnodd pwysicaf. Mae hyn yn arbennig o wir am fusnesau sy'n cyflenwi gwasanaethau fel gofal iechyd. Gall rheolwyr wneud penderfyniadau i reoli eu hadnoddau dynol mewn ffordd foesegol. Gall hyn gynnwys, er enghraifft, peidio â defnyddio cytundebau sero awr. Mae defnyddio cytundebau sero awr yn golygu nad yw gweithwyr yn gwybod faint o oriau, os unrhyw oriau o gwbl, bydd gofyn iddyn nhw weithio bob wythnos.

Dyma rai enghreifftiau eraill o ymddygiad moesegol:

→ cynnig hyfforddiant o safon uchel i weithwyr, er gwaethaf y gost
→ talu cyflogau sy'n caniatáu safon byw dderbyniol i'r gweithwyr.

Ystyried busnes: Sports Direct

Adwerthwr dillad yn y DU yw Sports Direct a sefydlwyd gan Mike Ashley yn 1982. Mae gan y cwmni 670 o siopau dillad chwaraeon ac mae tua 420 ohonyn nhw yn y DU.

Mae Sports Direct wedi cael ei feirniadu'n llym am rai o arferion gwaith y cwmni.

- Roedd tua 90% o weithwyr y cwmni wedi'u cyflogi ar gytundebau sero awr, sy'n golygu nad oes ganddyn nhw unrhyw warant o waith.

- Mae gweithwyr y cwmni wedi cael cosb gwerth 15 munud o'u cyflog am fod munud yn hwyr i'r gwaith.

- Mae gweithwyr wedi gorfod aros am archwiliadau diogelwch ar ddiwedd eu shifft ond dydyn nhw heb gael eu talu am yr amser hwn.

Mae Mike Ashley wedi dweud bod angen i'r cwmni wella'r ffordd y mae'n trin ei weithwyr.

1 **Esboniwch sut byddai Sports Direct yn elwa drwy drin ei weithwyr yn fwy moesegol.** (4 marc)

Masnach deg

Mae masnach deg yn digwydd pan fydd cynhyrchwyr mewn gwledydd sy'n datblygu yn cael pris teg am eu gwaith, gan gwmnïau mewn gwledydd datblygedig. Ystyr hyn yw bod y pris sy'n cael ei dalu am gynhyrchion yn rhoi digon o arian i gynhyrchwyr allu fforddio hanfodion bywyd – fel bwyd, addysg a gofal iechyd.

Mae **cynhyrchion masnach deg** yn aml yn ddrutach ac mae busnesau'n gorfod talu amdanyn nhw'n gynharach. Fodd bynnag, mae grŵp o ddefnyddwyr yn y DU sydd wedi ymrwymo i brynu cynhyrchion masnach deg, sy'n galluogi adwerthwyr masnach deg i sicrhau lefelau gwerthiant da.

> **Term allweddol**
>
> **Cynhyrchion masnach deg** yw cynhyrchion y mae cwsmeriaid yn talu prisiau uwch amdanyn nhw, gyda'r nod o wella safonau byw pobl mewn gwledydd tlotach.

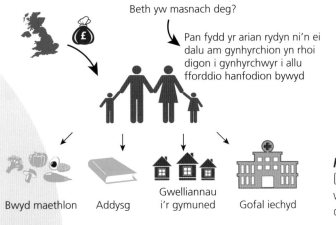

Beth yw masnach deg?

Pan fydd yr arian rydyn ni'n ei dalu am gynhyrchion yn rhoi digon i gynhyrchwyr i allu fforddio hanfodion bywyd

Bwyd maethlon Addysg Gwelliannau i'r gymuned Gofal iechyd

Ffigur 2.8 Esbonio masnach deg (**Ffynhonnell:** Gwefan Traidcraft, www.traidcraft.co.uk/fairtrade-the-definition)

Mae nifer o fusnesau yn y DU yn ymgymryd â masnach deg. Er enghraifft, mae'r Co-operative Group yn gwerthu amrywiaeth eang o gynhyrchion masnach deg yn ei siopau drwy'r DU gyfan. Mae'n hyrwyddo 'pythefnos masnach deg' bob gwanwyn. Mae'r Co-operative Group, ynghyd â nifer o fusnesau eraill, yn ymwneud â masnach deg gan ei fod yn awyddus i gefnogi cymunedau tlotach dramor.

Polisïau moesegol

Mae **polisi moesegol** yn gosod y camau bydd busnes yn eu dilyn er mwyn sicrhau bod ei benderfyniadau a'i weithredoedd yn foesegol. Mae polisïau moesegol hefyd yn cael eu galw'n godau ymddygiad moesegol neu'n godau moesegol. Mae ymchwil yn dangos bod gan 82% o fusnesau yn y DU bolisïau moesegol. Mae gan tua 92% o fusnesau mawr, bolisïau moesegol.

Mae polisïau moesegol yn ymdrin â'r mwyafrif o weithgareddau'r busnes, gan gynnwys y rhai sydd wedi eu hamlinellu uchod. Mae polisi moesegol yn disgrifio nid yn unig sut mae gweithgareddau busnes yn cwrdd â gofynion cyfreithiol ond hefyd sut maen nhw'n cwrdd â safonau uwch. Felly, er enghraifft, gallai busnes geisio helpu gweithwyr i sicrhau cydbwysedd rhwng ymrwymiadau gwaith a theulu drwy roi mwy na'r lleiafswm cyfreithiol o wyliau cyflogedig.

Awgrym astudio

Ystyriwch sut mae penderfyniadau moesegol gan fusnesau yn gallu effeithio ar bob math o weithgareddau busnes (fel marchnata a chyllid) yn ogystal â'r ffordd maen nhw'n cynhyrchu nwyddau a gwasanaethau.

Term allweddol

Mae **polisi moesegol** yn gosod y camau bydd busnes yn eu dilyn er mwyn sicrhau bod ei benderfyniadau a'i weithredoedd yn foesegol.

Ystyried busnes: Polisi moesegol Next plc

Gwelir isod ran o'r polisi moesegol sy'n cael ei ddefnyddio gan Next plc, sef adwerthwr ffasiwn ar y stryd fawr yn y DU. Mae'n cael ei hysbysebu ar wefan y busnes. Mae'r rhan hon yn ymwneud â chwmnïau sy'n cyflenwi dillad i Next, ac mae nifer ohonyn nhw wedi'u lleoli dramor.

Dyma Brif Safonau Next:
- dim llafur plant
- rhyddid i ymgysylltu a'r hawl i gydfargeinio
- amodau gwaith diogel ac iach
- dim llafur gorfodol
- buddiannau a chyflogau teg
- arfer cyfle cyfartal / dim gwahaniaethu
- diogelwch swyddi
- trin gweithwyr â pharch
- oriau gwaith cyfreithlon.
  Ffynhonnell: Next plc, www.nextplc.co.uk/corporate-responsibility/code-of-practice

1 **Esboniwch pam mae Next plc yn defnyddio polisïau moesegol.** (4 marc)

Mae rhai polisïau moesegol, ddim ond yn nodi y bydd y cwmni'n gweithio o fewn y gyfraith. Er enghraifft, mae'r pwynt bwled olaf yn y rhan Ystyried busnes uchod yn dweud bod Next plc yn disgwyl i'w gyflenwyr sicrhau bod oriau gweithwyr o fewn yr uchafswm sy'n cael ei ganiatáu yn ôl y gyfraith. Fodd bynnag, mae elfennau eraill o bolisi moesegol yn mynd ymhellach. Mae diogelwch swydd yn enghraifft o bolisi a all fynd y tu hwnt i ofynion cyfreithiol.

⬤ Moeseg busnes ac elw

Os bydd busnes yn penderfynu ymddwyn yn foesegol, mae'n bosibl y bydd ei elw'n gostwng, yn y tymor byr o leiaf. Mae penderfyniadau moesegol yn aml yn ei gwneud hi'n ddrutach i fusnesau gynhyrchu a gwerthu nwyddau a gwasanaethau. Gall hyn arwain at elw is.

Gall unrhyw un o'r gweithredoedd moesegol canlynol arwain at elw is:

➔ Defnyddio adnoddau sy'n diogelu'r amgylchedd neu gynhyrchion masnach deg, sy'n ddrutach.

➔ Darparu hyfforddiant o safon uchel i weithwyr (ond ar ôl yr hyfforddiant, gallen nhw gymryd swydd arall).

➔ Cynnig cynhyrchion rhatach i grwpiau penodol, fel pensiynwyr.

➔ Ymddwyn mewn ffordd sy'n gymdeithasol-gyfrifol, drwy ystyried anghenion yr holl randdeiliaid wrth wneud penderfyniadau, yn hytrach nag anghenion y cyfranddalwyr yn unig.

Ystyried busnes: Adwerthwyr yn y DU a Myanmar

Mae'r adwerthwr dillad ffasiwn H&M wedi wynebu honiadau bod ei gyflenwyr yn defnyddio plant sydd mor ifanc ag 14 oed mewn ffatrïoedd yn Myanmar. Roedd rhai plant yn gweithio diwrnodau 12 awr o hyd. Mae'r honiadau wedi codi pryderon newydd ynghylch yr amodau yn Myanmar. Mae gan nifer o adwerthwyr yn y DU gyflenwyr yn y wlad, gan gynnwys Marks and Spencer, Tesco, Primark a New Look.

Dywedodd H&M eu bod wedi cymryd camau gweithredol gyda'r ddwy ffatri ynghylch cardiau adnabod a goramser, ar ôl iddyn nhw ddeall bod grŵp o blant 14–17 oed wedi bod yn gweithio oriau hir. Mae adwerthwyr ffasiwn eraill yn y DU yn dweud y bydd newid y drefn a thalu £1.82 i weithwyr am ddiwrnod 8 awr o hyd yn helpu diwydiant dillad Myanmar i ffynnu.

1 **Dadansoddwch y rhesymau posibl pam mae H&M yn defnyddio cyflenwyr yn Myanmar lle gall plant fod yn cael eu cyflogi.** (6 marc)

Gall busnesau wynebu gwrthdaro rhwng gwneud penderfyniadau moesegol a sicrhau'r elw mwyaf posibl.

Fodd bynnag, efallai nad yw hyn yn wir bob amser. Mae cael enw da fel busnes moesegol yn gallu helpu busnes i ddenu nifer fawr o gwsmeriaid, er gwaethaf y prisiau uwch. Mae hufen iâ Ben & Jerry's yn boblogaidd iawn ymhlith defnyddwyr yn y DU a thu hwnt, er bod ei brisiau'n gymharol uchel. Mae hyn, yn rhannol, oherwydd bod y busnes yn gwneud penderfyniadau moesegol ac yn cael cyhoeddusrwydd da am wneud hynny. Yn yr un modd, mae rhai busnesau'n elwa drwy gynnig cyflogau da a hyfforddiant o safon uchel. Mae hyn yn eu helpu i ddenu gweithwyr o'r safon uchaf, yn ogystal ag ysgogi'r gweithwyr presennol.

Mae busnesau sy'n ymddangos fel petaen nhw'n ymddwyn yn anfoesegol yn gallu dioddef cyhoeddusrwydd gwael. Gall hyn ddifetha enw da'r busnes, gan ostwng ei werthiant a'i elw. Mae yna berygl y gallai hyn ddigwydd i Sports Direct ar ôl iddo gael ei feirniadu'n gyhoeddus am y ffordd mae'n trin ei weithwyr (gweler Ystyried busnes ar dudalen 90).

● Manteision ac anfanteision polisïau moesegol

Gall defnyddio polisïau moesegol greu nifer o fanteision ac anfanteision i fusnesau a'u rhanddeiliaid.

Y manteision

Codi prisiau uwch

Yn aml, gall busnesau moesegol godi prisiau uwch am eu cynhyrchion. Mae defnyddwyr yn gosod mwy o werth ar eu nwyddau a'u gwasanaethau am nifer o resymau. Efallai fod y busnes yn cefnogi elusennau neu'n gwarchod rhanddeiliaid fel gweithwyr neu drigolion lleol drwy ofalu am yr amgylchedd. Mae defnyddwyr yn gallu bod yn fodlon talu mwy am gynhyrchion sy'n cael eu gwerthu gan fusnesau fel hyn. Mae'r Co-operative Group, fel y soniwyd amdanyn nhw uchod, yn gwerthu cynhyrchion masnach deg am brisiau uwch ac mae'r rhain wedi bod yn boblogaidd gyda grŵp o ddefnyddwyr. Mae cael mwy o ryddid i osod prisiau uwch yn gallu helpu i gynyddu elw busnes.

Denu mwy o ddefnyddwyr

Mae'n gyffredin i fusnesau ddefnyddio'u polisïau moesegol yn eu hysbysebion. Mae ymchwil marchnad wedi dangos bod nifer o ddefnyddwyr yn credu y dylai busnesau ymddwyn yn foesegol. Gall hysbysebion sy'n hyrwyddo polisïau moesegol busnes fod yn ddeniadol iawn wrth geisio cadw cwsmeriaid presennol ac ennill rhai newydd. Mae McDonald's, y gadwyn bwyd cyflym, yn cydnabod hyn ac mae wedi defnyddio hysbysebion sy'n pwysleisio sut mae'n gofalu am ei gweithwyr a sut mae wedi cyflwyno mwy o fwydydd iach ar fwydlenni'r bwytai.

Cymhelliant gweithwyr

Dangosodd gwaith ymchwil yn 2015 fod bron i hanner y gweithwyr yn y DU eisiau gweithio i gwmni moesegol a chwmni sy'n cael effaith gadarnhaol ar ei holl randdeiliaid. Mae hyn yn golygu bod busnesau moesegol yn ddeniadol i weithwyr. Mae busnesau moesegol yn fwy tebygol o ddenu ymgeiswyr o'r ansawdd gorau i swyddi ac i'w cyflogi nhw am gyfnodau hir. Mae hyn yn helpu i wella perfformiad y gweithlu a lleihau'r costau mae busnesau'n eu hwynebu pan fyddan nhw'n recriwtio gweithwyr newydd.

Sefydlogrwydd cyflenwyr

Mae cyflenwyr yn hoffi bod yn gysylltiedig â chwmnïau moesegol. Maen nhw'n gwerthfawrogi'r cyfle i fod yn gysylltiedig â chwmnïau fel The Body Shop sy'n cael eu hedmygu am eu polisïau moesegol. Gall cyflenwyr ddefnyddio hyn yn eu hysbysebion nhw eu hunain. Mae'n debygol y bydd cyflenwyr eisiau perthynas sefydlog a thymor hir gyda busnesau moesegol.

Yr anfanteision

Costau cynhyrchu uwch ac elw is

Mae mabwysiadu polisïau moesegol yn gallu cynyddu costau. Mae defnyddio defnyddiau sydd ddim yn niweidio'r amgylchedd neu dalu cyflogau uwch, fel arfer yn ddrutach. O ganlyniad, gall busnesau weld bod eu costau cynhyrchu wedi cynyddu a bod eu helw yn is. Mae hyn yn fwyaf tebygol o ddigwydd pan na all y busnes godi prisiau uwch i dalu am y costau cynyddol. Canlyniad y sefyllfa hon yw llai o elw i'r busnes.

Y peryglon o ymddangos yn anfoesegol

Rhaid i fusnesau sy'n gwerthu eu hunain fel busnes moesegol neu un amgylcheddol gyfeillgar, wneud yn siŵr eu bod nhw'n cadw at eu gair! Os daw hi i'r amlwg eu bod nhw'n dweud celwydd, gallen nhw gael cyhoeddusrwydd niweidiol iawn. Gallai gwerthiant ac elw ostwng yn sylweddol o ganlyniad. Mae Volkswagen, y gwneuthurwr ceir o'r Almaen, yn dioddef gostyngiad yn y gwerthiant mewn llawer o farchnadoedd ar ôl iddi ddod i'r amlwg ei fod wedi 'twyllo' wrth brofi allyriadau (*emissions*) ceir y cwmni.

> **Term allweddol**
>
> Mae **cymhelliant** yn amrywiaeth o ffactorau sy'n dylanwadu ar bobl i ymddwyn mewn ffyrdd penodol.

Polisïau moesegol a diwydiannau gwahanol

Efallai mai mewn diwydiannau lle mae busnesau'n gwerthu cynhyrchion tebyg y mae manteision mwyaf polisïau moesegol. Mae dod yn fusnes moesegol mewn diwydiant fel hyn yn helpu busnes i wahaniaethu ei hun oddi wrth ei gystadleuwyr. Gall hyn wneud busnes yn fwy deniadol i ddefnyddwyr. Mae hyn yn helpu i esbonio pam mae'r Co-operative Bank yn gwerthu ei hun fel banc moesegol. Mae'n ffordd o wahaniaethu rhwng ei wasanaethau bancio ef a'r rhai sy'n cael eu cynnig gan gystadleuwyr llawer mwy, fel Barclays. Mae polisïau moesegol y Co-operative Bank yn rheswm i ddefnyddwyr ddewis y banc hwn yn hytrach na banciau eraill.

Mae busnesau mewn mwy o ddiwydiannau yn dod yn fwyfwy ymwybodol bod defnyddwyr yn disgwyl iddyn nhw ymddwyn yn foesegol. Mae'r peryglon o beidio â gwneud hynny wedi tyfu. Mae defnyddwyr iau, yn enwedig rhai a gafodd eu geni ar ôl 1980, yn rhoi mwy o werth ar ymddygiad moesegol gan fusnesau.

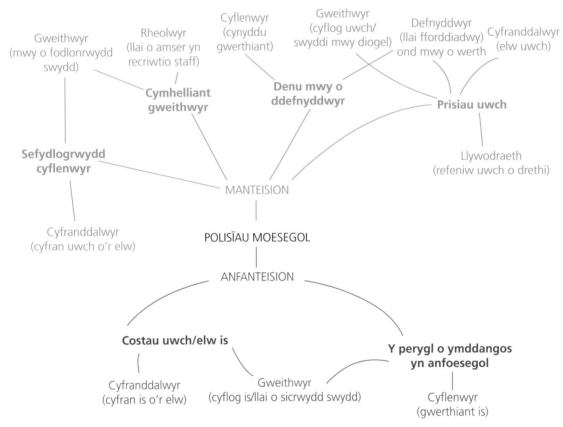

Ffigur 2.9 Manteision ac anfanteision polisïau moesegol a'r rhanddeiliaid maen nhw'n effeithio arnyn nhw

---

Awgrym astudio

Ystyriwch sut mae defnyddio polisïau moesegol yn gallu effeithio ar fathau gwahanol o fusnesau. Yn achos rhai busnesau, fel y rhai sy'n prynu cyflenwadau o dramor, mae'n gallu bod yn anoddach i'w reoli. Ar y llaw arall, gallai caffi bach llysieuol weld ei bod hi'n llawer haws gweithredu'n foesegol, a defnyddio hyn yn ei ddeunydd marchnata.

Ystyried busnes: Polisïau moesegol Unilever

Mae cwmnïau bwyd a diod mwyaf y byd wedi gwneud llawer o ymdrech i wella'u polisïau moesegol, yn ôl elusen Oxfam. Mae Oxfam yn dweud bod Unilever wedi gwella'n aruthrol o safbwynt materion moesegol ers i'w ymgyrch a'i system raddio gychwyn yn 2013. Mae Unilever yn cynhyrchu llawer o frandiau adnabyddus sy'n cael eu gwerthu yn y DU, gan gynnwys Marmite, sebon Dove, Persil a Flora. Mae mwy na 97% o gartrefi yn y DU yn prynu brandiau Unilever – daw nifer ohonyn nhw o'r prif archfarchnadoedd fel Tesco ac Asda. Fodd bynnag, mae Unilever yn

wynebu cystadleuaeth gref gan wneuthurwyr bwyd a chynhyrchion cartref eraill.

Mae Unilever wedi cael eu canmol am gyflwyno amrywiaeth o bolisïau amgylcheddol a moesegol. Mae'r rhain yn cynnwys cefnogi ffermwyr ar raddfa fach (talu prisiau teg iddyn nhw, er enghraifft) a hawliau gweithwyr (er enghraifft talu cyflogau teg).

1 **Esboniwch un fantais ac un anfantais i Unilever dros fabwysiadu polisïau moesegol.** (6 marc)

Crynodeb

Mae rhanddeiliaid llawer o fusnesau yn rhoi pwyslais cynyddol ar foeseg. Gall materion moesegol effeithio ar amrywiaeth o weithgareddau busnes gan gynnwys marchnata, ymdrin â chyflenwyr, trin anifeiliaid a masnach deg. Yn achos rhai busnesau, mae yna

wrthdaro rhwng defnyddio polisïau moesegol ac elw'r busnes. Mae defnyddio polisïau moesegol yn cynnig amrywiaeth o fanteision ac anfanteision i fusnesau a'u rhanddeiliaid.

Cwestiynau cyflym

1 Beth yw ystyr y term 'moeseg busnes'? (2 farc)

2 Nodwch **ddau** gwestiwn y mae'n bosibl eu gofyn er mwyn penderfynu a yw busnes yn un moesegol ai peidio. (2 farc)

3 Esboniwch **un** ffordd gallai busnes ddefnyddio marchnata moesegol. (2 farc)

4 Nodwch **ddwy** ffordd gallai busnesau amddiffyn hawliau anifeiliaid. (2 farc)

5 Disgrifiwch sut gallai busnes sy'n gymdeithasol gyfrifol fod yn wahanol i un sydd ddim yn gymdeithasol gyfrifol. (3 marc)

6 Nodwch **ddwy** ffordd gallai busnes drin ei weithwyr yn foesegol. (2 farc)

7 Disgrifiwch beth yw ystyr 'masnach deg'. (3 marc)

8 Beth yw ystyr y term 'polisi moesegol'? (2 farc)

9 Disgrifiwch **un** rheswm pam gallai penderfyniadau moesegol leihau elw busnes. (2 farc)

10 Nodwch **ddwy** fantais bosibl i fusnes drwy ddefnyddio polisïau moesegol. (2 farc)

Astudiaeth achos

Deliveroo

Cwmni dosbarthu bwyd ar-lein yw Deliveroo sy'n gweithredu yn y DU ac mewn 11 gwlad arall. Mae'n dosbarthu bwyd o fwytai sydd heb wasanaeth dosbarthu eu hunain – er enghraifft, Pizza Express a Wagamama. Mae wedi tyfu'n gyflym, gan ennill refeniw o £130 miliwn yn 2015–16. Mae Deliveroo newydd dderbyn £212 miliwn gan fuddsoddwyr er mwyn ariannu ehangu'r cwmni ymhellach.

Mae'r cwmni wedi bod yn rhan o anghydfod tâl gyda'i yrrwr dosbarthu. Anfonodd y cwmni e-bost at ei weithwyr yn dweud y bydden nhw'n derbyn tâl o £3.75 am bob dosbarthiad yn hytrach na chyfradd o £7 yr awr a £1 ychwanegol am bob dosbarthiad ar gyfnodau tawel. O dan y cynllun newydd, byddai'r gweithwyr yn ennill llai na'r cyflog byw, yn enwedig pan nad oes llawer o archebion gan y cwmni. Gallai hyn achosi anawsterau i'r cwmni a gallai olygu bod rhaid iddyn nhw newid y cynllun.

Mae Deliveroo wedi dweud y bydd yn gweithredu'r telerau cyflog, gan honni bod y gyrwyr wedi ymateb yn gadarnhaol mewn treialon cynnar. Mae'n disgwyl wynebu cystadleuaeth gynyddol gan gwmnïau fel Uber yn y dyfodol agos.

Cwestiynau

1 Nodwch **ddau** randdeiliad a allai elwa petaen nhw'n cytuno ar y fargen gyflog newydd hon. *(2 farc)*

2 Esboniwch pam gallai'r penderfyniad hwn gael ei ystyried yn anfoesegol. *(4 marc)*

3 Dadansoddwch pam mae Deliveroo yn wynebu gwrthdaro rhwng moeseg ac elw gyda'r penderfyniad hwn. *(6 marc)*

4 Dadansoddwch y goblygiadau i Deliveroo yn sgil ei benderfyniad i newid ei system daliadau. Yn eich ateb dylech chi ystyried:
   ● y manteision i'r busnes
   ● yr anfanteision i'r busnes.

   Rhaid i chi werthuso a fydd y manteision yn fwy na'r anfanteision ai peidio. Defnyddiwch dystiolaeth i gefnogi eich ateb. *(15 marc)*

Dylanwad amgylcheddol ar weithgaredd busnes

Mae defnyddwyr yn y DU yn ymwybodol iawn o'r materion amgylcheddol sy'n gysylltiedig â gweithgaredd busnes. Mae nifer o ddefnyddwyr yn 'wyrdd' ac yn dewis prynu gan fusnes sy'n amgylcheddol gyfeillgar. Mae materion amgylcheddol hefyd yn bwysig i randdeiliaid eraill, gan gynnwys gweithwyr, llywodraethau a chyflenwyr.

Erbyn diwedd yr adran hon, dylech chi wybod am y canlynol:

- y costau amgylcheddol posibl sy'n cael eu hachosi gan weithgaredd busnes
- ystyr cynaliadwyedd
- sut mae busnesau'n gallu ymateb i faterion amgylcheddol
- manteision ac anfanteision gweithredu polisïau amgylcheddol gyfeillgar ar fusnesau a'u rhanddeiliaid.

● Beth yw'r amgylchedd?

Pan rydyn ni'n defnyddio'r term **amgylchedd** yn y bennod hon, mae'n cyfeirio at y byd naturiol: y tirlun rydyn ni'n byw ynddo a'i nodweddion naturiol fel y moroedd, yr afonydd, y coedwigoedd a'r mynyddoedd.

● Costau amgylcheddol gweithgaredd busnes

Mae gweithgaredd busnes yn gallu arwain at niwed i'r amgylchedd. Er enghraifft, gall y siopau mewn canolfan siopa fawr fel Blue Water yng Nghaint achosi tagfeydd traffig a llygredd aer. Mae hyn yn digwydd oherwydd bod miloedd o geir, faniau a lorïau yn teithio yn ôl ac ymlaen i Blue Water.

> **Term allweddol**
>
> Y byd naturiol rydyn ni'n byw ynddo yw'r **amgylchedd**, sef y tirlun a'i nodweddion naturiol fel y moroedd, yr afonydd, y coedwigoedd a'r mynyddoedd.

Yn 2016, achosodd Gŵyl Glastonbury dagfeydd traffig difrifol gan fod y tywydd gwael wedi'i gwneud hi'n anodd i bobl gyrraedd y maes

Tagfeydd traffig

Mae tagfeydd traffig yn y DU ac mewn gwledydd eraill yn gostus iawn yn nhermau llygredd. Yn 2013, roedd bron i 70% o weithlu'r DU yn teithio i'w gwaith mewn car yn ystod yr oriau brig. Ar gyfartaledd, roedd gyrwyr yn treulio 124 awr mewn tagfeydd traffig gyda pheiriannau'n cynhyrchu llygryddion fel carbon deuocsid. Mae llygredd aer ar ei waethaf mewn dinasoedd fel Llundain lle mae'r traffig mewn tagfeydd yn aml. Mae tagfeydd traffig yn achosi symiau enfawr o lygredd aer a **chostau allanol** anferth. Mae pobl eraill, heblaw am yrwyr ceir yn talu'r costau hyn hefyd. Er enghraifft, mae'r llygredd yn achosi anawsterau anadlu i rai pobl.

Term allweddol

Mae **costau allanol** gwaith cynhyrchu yn codi pan fydd gweithgareddau busnes yn arwain at effeithiau niweidiol ar bobl eraill sydd ddim yn ymwneud yn uniongyrchol â'r cynhyrchu.

Gwlad/ dinas	Swm y carbon deuocsid sy'n cael ei gynhyrchu gan dagfeydd traffig (cilo tunnell fetrig)		Costau allanol tagfeydd traffig (£ biliwn)	
	2013	**2030***	**2013**	**2030***
Y DU	1,931	2,401	10.5	286.3
Llundain	658	937	3.6	111.7
Ffrainc	1,917	2,175	13.9	308.4
Yr Almaen	3,010	3,032	21.8	429.9
UDA	8,576	10,351	300.2	538.2

* Data rhagolygon

Tabl 2.2 Swm y carbon deuocsid a chostau allanol cysylltiedig o ganlyniad i dagfeydd traffig, 2013 a 2030, ar gyfer detholiad o wledydd a Llundain (**Ffynhonnell:** Inrix.com)

Mentro mathemateg

Cyfrifwch y cynnydd canrannol yn swm y carbon deuocsid sy'n cael ei gynhyrchu gan y DU ac UDA rhwng 2013 a 2030 (rhagolygon). Pa un yw'r uchaf?

Llygredd sŵn ac aer

Mae Ffigur 2.10 yn crynhoi ffynonellau posibl llygredd aer. Mae nifer o'r rhain o ganlyniad i weithgareddau busnes.

→ **Amaethyddiaeth**. Mae gwaith ymchwil wedi dangos mai amaethyddiaeth yw prif achos llygredd aer yn Ewrop. Gwrteithiau nitrogen sy'n cael eu defnyddio i dyfu cnydau a gwastraff anifeiliaid sy'n achosi'r llygredd.

→ **Diwydiannau gweithgynhyrchu**. Mae'r rhain yn achosi llygredd aer wrth allyrru nwyon yn ystod y broses o gynhyrchu nwyddau.

→ **Trafnidiaeth**. Mae ceir a lorïau yn allyrru symiau enfawr o nwyon llygredig – mae hyn hefyd yn wir am awyrennau.

→ **Gorsafoedd pŵer**. Mae nifer o orsafoedd pŵer yn y DU ac mewn gwledydd eraill yn defnyddio glo a nwy i gynhyrchu trydan. Mae hyn yn achosi allyriadau enfawr o garbon deuocsid a nwyon eraill.

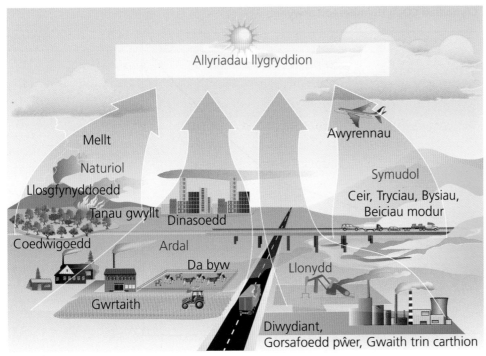

Ffigur 2.10 Mae yna lawer o ffynonellau llygredd aer, ac mae gweithgareddau busnesau yn gyfrifol am nifer o'r rhain (**Ffynhonnell:** Gwasanaeth y Parciau Cenedlaethol)

Gall llygredd hefyd fod ar ffurf sŵn. Llygredd sŵn yw unrhyw synau annymunol sy'n achosi pryder i bobl ac anifeiliaid. Y prif achos ohono yw peirianwaith, yn enwedig ceir, lorïau ac awyrennau. Mae gwaith ymchwil yn dangos bod llygredd sŵn yn achosi pryder i fywyd gwyllt. Mae hyn yn gallu niweidio patrymau bridio nifer o anifeiliaid gwyllt a bygwth eu gallu i oroesi.

Defnyddio adnoddau cyfyngedig

Mae llawer o'r adnoddau a ddefnyddir gan fusnesau yn brin neu'n gyfyngedig. Mae adnoddau naturiol fel olew, glo, aur a sinc yn gyfyngedig. Mae hyn yn golygu mai symiau cyfyngedig sy'n bodoli yn y byd ac unwaith bydd y cyfan wedi'i ddefnyddio, mae'n rhaid canfod adnodd arall yn ei le. Mae rhagolygon yn awgrymu y gallai adnoddau nwy naturiol y byd gael eu defnyddio erbyn 2050. Dydy rhai adnoddau eraill ddim yn gyfyngedig – er enghraifft, rhai mathau o bren neu egni solar.

Os bydd busnesau a defnyddwyr yn penderfynu cynhyrchu a phrynu cynhyrchion sy'n defnyddio **adnoddau cyfyngedig**, gall hyn arwain at broblemau yn y dyfodol. Ni fydd gan genedlaethau'r dyfodol fynediad at olew, er enghraifft, i bweru peiriannau. Os ydy busnesau a defnyddwyr yn gwneud penderfyniadau sy'n seiliedig ar ddefnyddio adnoddau cyfyngedig, dydy hyn ddim yn gynaliadwy yn y tymor hir. Rydyn ni'n edrych ar y syniad o gynaliadwyedd ar dudalen 101.

Newid hinsawdd

Newid tymor hir, ar raddfa fawr ym mhatrymau tywydd neu dymereddau cyfartalog y blaned yw **newid hinsawdd**.

Termau allweddol

Adnoddau cyfyngedig yw adnoddau sy'n bodoli mewn symiau cyfyngedig yn unig. Mae glo ac olew yn enghreifftiau.

Newid tymor hir, ar raddfa fawr ym mhatrymau tywydd neu dymereddau cyfartalog y blaned yw **newid hinsawdd**.

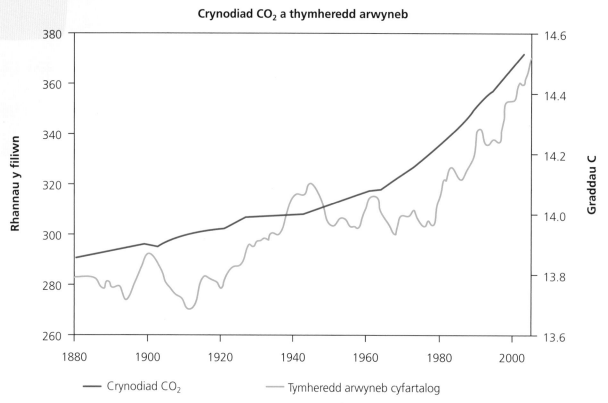

Crynodiad CO₂ a thymheredd arwyneb

— Crynodiad CO₂   — Tymheredd arwyneb cyfartalog

Ffigur 2.11 Tymereddau byd-eang cyfartalog 1880–2005 (**Ffynhonnell:** Market Calls)

Ffactorau fel y rhai canlynol sy'n achosi newid hinsawdd:

➜ torri'r coedwigoedd glaw i lawr

➜ defnyddio tanwyddau ffosil fel olew i gynhyrchu a chludo cynhyrchion

➜ defnyddio gwrteithiau artiffisial i dyfu cnydau.

Mae defnyddwyr yn cyfrannu at newid hinsawdd drwy benderfynu prynu cynhyrchion sy'n cyfrannu at gynhesu byd-eang. Er enghraifft, mae penderfynu hedfan i wlad arall yn cynhyrchu lefelau uchel o allyriadau, sy'n cyfrannu at ryddhau carbon deuocsid a nwyon eraill. Newid hinsawdd yw canlyniad hyn.

Niwed wedi'i achosi gan ddatgoedwigo

Ystyried busnes: Olew palmwydd a datgoedwigo

Mae olew palmwydd i'w gweld mewn tua 50% o gynhyrchion ar silffoedd archfarchnadoedd mewn un ffurf neu'i gilydd. Mae'r cynhyrchion hyn yn cynnwys bwyd, cynnyrch cosmetig, bwyd anifeiliaid a meddyginiaethau. Mae olew palmwydd yn gysylltiedig â dinistrio coedwigoedd glaw y byd. Mae creu planhigfeydd olew palmwydd newydd, er mwyn cwrdd â'r galw cynyddol am olew palmwydd, wedi arwain at ddinistrio nifer o goedwigoedd. Mae nifer ohonyn nhw wedi'u lleoli yn Indonesia a Malaysia lle mae'r incymau yn gymharol isel.

Heddiw, mae tua 13 miliwn hectar o blanhigfeydd olew palmwydd yn y byd. Mae defnyddio coedwigoedd glaw fel hyn yn niweidio'r amgylchedd. Mae'n dinistrio'r fioamrywiaeth yn y coedwigoedd hyn, ynghyd â chynefin rhywogaethau fel yr orangwtan.

1 **Dadansoddwch un rheswm pam mae busnesau yn Malaysia ac Indonesia yn dinistrio'r coedwigoedd glaw pan mae'n achosi niwed difrifol i'r amgylchedd.**

(4 marc)

Cynaliadwyedd

Dulliau cynhyrchu sy'n gallu parhau yn y tymor hir heb niweidio'r amgylchedd yw dulliau cynhyrchu **cynaliadwy**. Heb **gynhyrchu cynaliadwy**, gallai cenedlaethau'r dyfodol orfod ymdopi ag amgylchedd wedi'i niweidio o ganlyniad i benderfyniadau sy'n cael eu gwneud heddiw.

Dyma rai dulliau cynhyrchu cynaliadwy:

→ defnyddio ffynonellau egni adnewyddadwy fel pŵer solar a gwynt
→ dulliau teithio sydd ddim yn achosi llygredd – er enghraifft, cerbydau trydan
→ osgoi defnyddio adnoddau cyfyngedig drwy wneud cynhyrchion allan o ddefnyddiau wedi'u hailgylchu neu rai adnewyddadwy fel pren cynaliadwy
→ cynhyrchu nwyddau a gwasanaethau heb ddefnyddio cemegau a chynhyrchion eraill sy'n niweidio'r amgylchedd.

Mae Marks and Spencer, un o fusnesau mwyaf adnabyddus y DU, wedi ymrwymo i fod yn 'adwerthwr mwyaf cynaliadwy'r byd' erbyn 2020. Bydd hyn yn golygu bod rhaid i'r cwmni wneud y canlynol:

→ dewis ei gyflenwyr yn ofalus i sicrhau nad ydyn nhw'n niweidio'r amgylchedd
→ adeiladu siopau amgylcheddol gyfeillgar drwy ddefnyddio, er enghraifft, pŵer solar a lleihau allyriadau carbon o ddulliau cludo.

> **Termau allweddol**
>
> Mae **cynaliadwyedd** yn cyfeirio at ddulliau cynhyrchu y gellir eu cynnal yn y tymor hir heb niweidio'r amgylchedd.
>
> Mae **cynhyrchu cynaliadwy** yn digwydd pan fydd cynhyrchu nwyddau a gwasanaethau ddim yn cael effaith ar genedlaethau'r dyfodol, er enghraifft o ganlyniad i ddefnyddio'r holl adnoddau anadnewyddadwy, fel olew.

Sut mae busnesau'n gallu ymateb i faterion amgylcheddol

Gall busnesau ymateb i faterion amgylcheddol mewn amrywiaeth o ffyrdd. Bydd yr union ymateb yn dibynnu ar y math o fusnes a'r mater penodol dan sylw. Er enghraifft, mae cwmnïau awyrennau yn wynebu'r her i leihau'r llygredd aer a sŵn maen nhw'n ei achosi.

Defnyddio egni adnewyddadwy

Mae busnesau'n defnyddio egni am nifer o resymau. Mae angen egni arnyn nhw i wresogi ffatrïoedd, siopau a swyddfeydd, i bweru peiriannau ac i ddarparu tanwydd i gerbydau. Gall busnesau ddefnyddio amrywiaeth o ffynonellau egni adnewyddadwy. Does dim rhaid iddyn nhw ddefnyddio adnoddau cyfyngedig. Mae yna nifer o ffynonellau **egni adnewyddadwy** sy'n cael eu defnyddio gan fusnesau yn y DU. Dyma rai ohonyn nhw:

→ **Pŵer gwynt**. Mae swm cynyddol o drydan y DU yn cael ei gynhyrchu gan dyrbinau yn y môr ac ar y tir.
→ **Egni dŵr**. Mae'r môr yn ffynhonnell egni bwysig. Mae tonnau a symudiad tonnau (yn enwedig mewn morydau) yn cael eu defnyddio i gynhyrchu trydan. Am lawer o flynyddoedd, mae'r DU wedi cynhyrchu pŵer trydan dŵr gan ddefnyddio tyrbinau wedi'u gosod mewn argaeau (*dams*) ar draws afonydd.
→ **Egni solar**. Mae celloedd solar yn cael eu defnyddio i drawsnewid egni golau i mewn i drydan. Mae celloedd solar bach yn cael eu defnyddio mewn cyfrifianellau, tra bod grwpiau mwy o gelloedd solar yn pweru arwyddion ffordd mewn ardaloedd anghysbell. Mae paneli solar yn cael eu gosod ar doeau nifer o adeiladau yn y DU er mwyn cynhyrchu trydan.

> **Term allweddol**
>
> Mae **egni adnewyddadwy** yn cael ei gynhyrchu gan ddefnyddio adnoddau sydd ddim yn gyfyngedig, fel tyrbinau gwynt neu bŵer tonnau.

→ **Egni biomas**. Mae egni biomas yn cael ei gynhyrchu o adnoddau organig naturiol fel pren gwastraff, rhai cnydau a thail anifeiliaid. Mae egni biomas yn cael ei gynhyrchu drwy losgi gwastraff organig i gynhyrchu ager sy'n rhedeg tyrbin er mwyn cynhyrchu trydan.

Yn 2015, roedd 25% o egni'r DU yn cael ei gynhyrchu gan ffynonellau adnewyddadwy, a daeth tua hanner o'r egni hwnnw o bŵer gwynt.

Ystyried busnes: Project Morlyn Llanw Bae Abertawe

Morlyn Llanw Bae Abertawe fydd gorsaf bŵer morlyn llanw gyntaf y byd.

Morglawdd ar siâp pedol, wedi'i adeiladu oddi ar yr arfordir a sydd â thyrbinau ynddo, yw morlyn llanw. Mae'r morlyn o waith dyn yn llenwi â dŵr ac yna'n gwagio gyda'r llanw a thrai. Mae'n bosibl cynhyrchu trydan ar adeg llanw a thrai, bedair gwaith y dydd, bob dydd.

Oherwydd y llanw anhygoel ar arfordir gorllewinol Prydain, drwy gadw gatiau'r tyrbinau ar gau am dair awr yn unig, mae gwahaniaeth o 14 troedfedd yn barod rhwng uchder y dŵr y tu mewn a'r tu allan i'r morlyn.

Mae pŵer yn cael ei gynhyrchu wedyn wrth i'r dŵr ruthro drwy diwbiau 200 troedfedd o hyd, sy'n troi'r tyrbinau dŵr 23 troedfedd o ddiamedr.

Bydd Morlyn Llanw Bae Abertawe yn cynnwys 16 tyrbin dŵr mewn morglawdd chwe milltir o hyd, a bydd yn cynhyrchu trydan i 155,000 o gartrefi am y 120 mlynedd nesaf.

(**Ffynhonnell:** Pŵer Morlyn Llanw)

1 **Esboniwch pam byddai busnesau eisiau defnyddio trydan a gynhyrchwyd gan forlyn llanw Bae Abertawe.** (6 marc)

Pecynnu bioddiraddadwy

Mae bacteria neu organebau byw eraill yn gallu dadelfennu (*decompose*) pecynnu bioddiraddadwy. Mae angen y math hwn o becynnu gan fod llawer o ddefnydd pacio wedi'i wneud o blastig. Mae mwy na 500 biliwn o fagiau plastig yn cael eu defnyddio dros y byd bob blwyddyn. Dydy plastigau confensiynol ddim yn torri i lawr am lawer o flynyddoedd os ydyn nhw'n cael eu claddu mewn safleoedd tirlenwi. Maen nhw hefyd yn creu sbwriel mewn mannau cyhoeddus. Mae bagiau plastig sy'n para am gyfnod hir hefyd yn achosi llawer o lygredd yn y môr.

Fodd bynnag, mae gwaith ymchwil diweddar gan gwmni o'r Eidal, Novamont, wedi creu defnyddiau pacio bioplastig. Mae'r rhain wedi'u gwneud o ddefnyddiau adnewyddadwy ac mae'n bosibl eu troi'n gompost, felly dydyn nhw ddim yn cynhyrchu gwastraff.

Masnach deg

Rydyn ni'n cyfeirio at fasnach deg pan mae cynhyrchwyr mewn gwledydd tlotach yn derbyn pris teg am eu cynhyrchion gan gwmnïau mewn gwledydd datblygedig. Mae bananas, coffi, te a chotwm i gyd yn cael eu cynhyrchu gan gyflenwyr masnach deg. Mae yna isafswm pris ar gyfer y rhan fwyaf o nwyddau masnach deg. Mae hwn yn ddigon uchel i dalu costau dulliau cynhyrchu cynaliadwy ac mae'n helpu i ddiogelu'r amgylchedd lleol. Mae derbyn prisiau uwch am eu cynhyrchion, yn golygu bod ffermwyr lleol yn gallu gofalu am eu hamgylchedd a dydyn nhw ddim mor debygol o ddefnyddio cemegau i gynyddu lefelau cynhyrchu. Mae rhai cytundebau masnach deg yn gwahardd cynhyrchwyr rhag cynnal gweithgareddau sy'n niweidio'r amgylchedd. Mae rhai eraill yn annog ffermio organig – cynhyrchu heb ddefnyddio cemegau.

Lleihau gwastraff

Mae cymdeithasau modern yn cynhyrchu symiau enfawr o wastraff. Gall gwastraff fod yn fwyd heb ei ddefnyddio, yn ddefnydd pacio neu'n hen gynhyrchion. Mae Ewrop yn cynhyrchu 1.8 biliwn tunnell fetrig o wastraff bob blwyddyn.

Drwy gael gwared ar wastraff cynhyrchu yn ofalus, mae'n bosibl osgoi amrywiaeth o broblemau amgylcheddol fel llygredd dŵr a llygredd aer gan fod cynhyrchion yn allyrru nwyon wrth iddyn nhw ddiraddio. Mae cemegau peryglus yn gallu aros yn y pridd hefyd, sy'n peryglu iechyd pobl ac anifeiliaid.

Y ddwy brif ffordd i gael gwared ar wastraff yn y DU yw tirlenwi (ei gladdu) a llosgi. Gall y ddau beth hyn achosi niwed i'r amgylchedd.

Nod busnesau sydd â **chyfrifoldeb amgylcheddol** neu sy'n amgylcheddol gyfrifol yw lleihau faint o wastraff sy'n cael ei greu yn sgil cynhyrchu a defnyddio'u cynhyrchion nhw. Gall hyn olygu defnyddio llai o ddefnyddiau pacio neu gynhyrchion sy'n para'n hirach – fel bod llai yn cael eu cynhyrchu. Yn 2016, cyhoeddodd Tesco ei fod wedi ailgynllunio'i ddefnydd pacio er mwyn cadw cynnyrch cig, fel cyw iâr, yn ffres am gyfnod hirach. Mae'n disgwyl y bydd hyn yn lleihau faint o fwyd sy'n cael ei wastraffu. Mae busnesau eraill yn defnyddio defnydd pacio bioddiraddadwy, fel yr esboniwyd yn gynharach.

Cynlluniau ailgylchu

Un o'r prif ffyrdd o leihau gwastraff yw drwy **ailgylchu**, sy'n ailddefnyddio defnyddiau er mwyn cynhyrchu cynhyrchion newydd. Er ei bod yn gyffredin i bobl ailgylchu poteli a chaniau, mae busnesau'n cynllunio mwy a mwy o gynhyrchion y gallwn ni eu hailgylchu. Er enghraifft, mae adeiladau bellach yn cael eu datgymalu yn hytrach na'u dymchwel, gyda'r nod o ailddefnyddio'r briciau a'r metel, yn ogystal â gosodion a ffitiadau fel ffenestri. Mae'n bosibl ailgylchu llawer o geir yn gyfan gwbl ac mae cwmnïau fel BMW yn defnyddio hyn yn eu hysbysebion er mwyn denu cwsmeriaid.

> ### Ystyried busnes: Levi Strauss
>
> Gwneuthurwr dillad Americanaidd yw Levi Strauss – mae'n debyg ei fod yn fwyaf adnabyddus am ei jîns. Mae'n cyflwyno cynllun ailgylchu dillad yn y DU, ar sail model sy'n llwyddiannus yn UDA. Mae'n cynnig disgownt o 10% ar gynhyrchion Levi i gwsmeriaid sy'n cyfrannu hen ddillad ac esgidiau. Mae'r ymgyrch hon wedi denu llawer o gyhoeddusrwydd yn UDA. Mae gan adwerthwyr eraill, fel H&M, gynlluniau tebyg hefyd.
>
> Mae blychau casglu yn cael eu gosod mewn siopau Levi yn y DU a bydd cwsmeriaid sy'n dod â dillad neu esgidiau glân, sych o unrhyw frand i'w hailgylchu yn derbyn taleb. Gellir cyfnewid y daleb am ddisgownt ar ddillad newydd.
>
> Mae'r cwmni'n gobeithio ehangu'r cynllun ailgylchu drwy Ewrop i gyd erbyn Rhagfyr 2017.
>
> 1 **Dadansoddwch pam mae Levi Strauss yn cyflwyno'i gynllun ailgylchu yn y DU.** (6 marc)

Defnyddio dŵr yn effeithlon

Mae dŵr yn dod yn adnodd cynyddol brin wrth i boblogaeth y byd dyfu. Erbyn 2025, mae disgwyl y bydd dwy ran o dair o boblogaeth y byd yn wynebu prinder dŵr. Yn Ewrop a Gogledd America, mae busnesau ac amaethyddiaeth yn defnyddio tua 89% o ddŵr. Mae busnesau'n gwastraffu llawer o ddŵr oherwydd aneffeithlonrwydd. Gall prinder dŵr achosi niwed i'r amgylchedd pan na all planhigion ac anifeiliaid oroesi os oes gormod o ddŵr yn cael ei gymryd i'w ddefnyddio mewn busnesau a chartrefi.

Mae defnyddio dŵr yn effeithlon yn fater pwysig i bob busnes. Mae llawer o fusnesau wedi cyflwyno technegau i ddefnyddio dŵr yn fwy effeithlon. Dyma rai o'r technegau hyn:

→ **Ailgylchu**. Mae'r dechnoleg ddŵr ddiweddaraf yn ei gwneud hi'n bosibl i olchi dŵr gwastraff a'i ddefnyddio eto o fewn y busnes. Yn y tymor hir, gall hyn leihau costau'r busnes yn ogystal â diogelu'r amgylchedd.

→ **Mesuryddion dŵr**. Mae'r mwyafrif o fusnesau yn y DU yn defnyddio mesuryddion dŵr (*water meters*) ac maen nhw'n talu am faint o ddŵr maen nhw'n ei ddefnyddio. Yn y gorffennol, roedd busnesau yn talu swm sefydlog am ddŵr, ar sail gwerth eu hadeiladau. Mae mesuryddion dŵr yn tueddu i leihau faint o ddŵr mae busnesau'n ei ddefnyddio, a hynny rhwng 10% a 15%.

→ **Dulliau cynhyrchu newydd**. Mae llawer o ddiwydiannau yn y DU yn gweithredu mewn ffyrdd sydd wedi'u cynllunio i leihau faint o ddŵr maen nhw'n ei ddefnyddio. Er enghraifft, mae swyddfeydd yn cael eu cynllunio fel bod dŵr glaw yn cael ei gasglu a'i ddefnyddio i fflysio toiledau. Mae ffermwyr yn tyfu cnydau sydd angen llai o ddŵr. Mae ffermwyr hefyd yn defnyddio technoleg i reoli dulliau dyfrhau, fel bod cyn lleied o ddŵr â phosibl yn cael ei ddefnyddio.

● Manteision ac anfanteision polisïau amgylcheddol gyfeillgar

Y manteision

Gwerthiant yn cynyddu wrth i fwy o ddefnyddwyr gael eu denu

Term allweddol

Cyhoeddiadau sy'n disgrifio perfformiad amgylcheddol busnes ar gyfer rhanddeiliaid y busnes yw **adroddiadau amgylcheddol**.

Mae nifer gynyddol o fusnesau'n defnyddio rhai polisïau amgylcheddol gyfeillgar. Mae llawer yn cyhoeddi **adroddiadau amgylcheddol** blynyddol sy'n rhoi cyhoeddusrwydd i'w gweithredoedd amgylcheddol gyfeillgar. Gall hyn arwain at gyhoeddusrwydd cadarnhaol i fusnesau, yn enwedig os nad ydy eu cystadleuwyr yn cyhoeddi adroddiadau fel hyn. Mae llawer o fusnesau'n defnyddio polisïau amgylcheddol gyfeillgar fel rhan o'u hysbysebu. Mae Marks and Spencer wedi rhoi lle blaenllaw i'w bolisïau amgylcheddol gyfeillgar (o'r enw Cynllun A) yn ei hysbysebion ers 2007.

Yn aml, mae busnesau sydd ag enw da am fod yn amgylcheddol gyfeillgar yn gweld cynnydd yn eu gwerthiant gan fod defnyddwyr yn fwy tebygol o brynu eu cynhyrchion. Mae hyn yn rhoi cyfle i berchenogion y busnes wneud mwy o elw. Gall gweithwyr hefyd elwa drwy dderbyn mwy o gyflog a chael swyddi mwy diogel.

Cafodd BP, y cwmni olew o Brydain, ei feirniadu'n hallt am ollyngiad olew enfawr yn 2010 a achosodd niwed amgylcheddol difrifol yng Ngwlff Mecsico

Cymhelliant gweithwyr

Mae llawer o weithwyr yn cael eu denu at fusnesau sy'n defnyddio dulliau cynhyrchu amgylcheddol gyfeillgar ac sydd yn gwerthu cynhyrchion amgylcheddol gyfeillgar. Byddai mwy na chwarter y gweithwyr yn y DU yn dymuno i'r busnes maen nhw'n gweithio iddo gyflwyno polisïau mwy amgylcheddol gyfeillgar.

Lefelau llygredd a gwastraff is

Gwelsom yn gynharach yn yr adran hon fod busnesau yn achosi llawer iawn o lygredd. Mae llygredd o ddulliau cynhyrchu busnes, neu o'i gynhyrchion, yn gallu achosi niwed i'r amgylchedd yn ogystal â niwed i iechyd pobl. Gall polisïau priodol helpu i leihau llygredd er budd pawb yn y gymdeithas. Gall y busnes ei hun elwa hefyd gan ei fod yn lleihau'r costau sy'n gysylltiedig â chael gwared ar wastraff y busnes.

Mae ailgylchu, a pholisïau tebyg, yn gallu lleihau lefelau gwastraff. Mae lefelau gwastraff uchel yn golygu bod adnoddau'n cael eu defnyddio'n gyflymach. Mae cael gwared ar wastraff yn aml yn achosi llygredd ynddo'i hun. Gall lleihau faint o wastraff sy'n cael ei gladdu neu ei losgi helpu i ostwng llygredd aer a phridd.

Y buddiannau i genedlaethau'r dyfodol

Drwy gynhyrchu cynhyrchion mewn ffordd gynaliadwy, mae busnesau'n cyfyngu ar effaith eu gweithgareddau ar genedlaethau'r dyfodol. Mae hyn yn golygu y dylai pobl sy'n cael eu geni yn y dyfodol weld bod llawer o adnoddau anadnewyddadwy fel copr neu sinc yn dal i fod ar gael. Ni fydd yn rhaid i genedlaethau'r dyfodol dalu i lanhau'r amgylchedd chwaith. Yn bwysicaf oll, efallai mae'n bosibl y bydd effeithiau newid hinsawdd wedi'u cyfyngu. Mewn rhai ffyrdd, y rhanddeiliaid sy'n debygol o gael eu heffeithio fwyaf gan ddefnyddio cynhyrchion a dulliau cynhyrchu amgylcheddol gyfeillgar yw'r rhai sydd heb eu geni eto.

Yr anfanteision

Costau cynhyrchu uwch

Mae cyflwyno polisïau amgylcheddol gyfeillgar yn gallu cynyddu costau cynhyrchu. Er enghraifft, gall fod yn fwy costus i ddefnyddio defnyddiau sydd ddim yn niweidio'r amgylchedd fel cynhyrchion masnach deg. Mae'n aml yn rhatach i fusnes ddefnyddio adnoddau newydd yn hytrach na rhai sydd wedi'u hailgylchu. Gwelsom yn gynharach fod Levi Strauss yn gweithredu cynllun ailgylchu. Bydd hyn yn golygu bod yna gostau gweinyddol ac fe fydd y cwmni'n colli refeniw gan ei fod yn rhoi talebau i gwsmeriaid i dalu'n rhannol am gynhyrchion y cwmni. Heblaw bod polisïau amgylcheddol gyfeillgar yn denu mwy o gwsmeriaid, neu'n caniatáu prisiau uwch, maen nhw'n gallu lleihau'r elw; mewn rhai achosion, gallai'r polisïau hyn wneud busnes yn anghystadleuol.

Gall costau cynhyrchu uwch niweidio nifer o grwpiau rhanddeiliaid, gan gynnwys y rhai canlynol:
➜ gallai perchenogion busnesau dderbyn llai o elw
➜ gallai rhai busnesau roi'r gorau i fasnachu, gan leihau'r cyfleoedd gwaith ar gyfer pobl leol a lleihau'r archebion i gyflenwyr.

Yr effaith ar ddefnyddwyr

Gall cwmnïau sy'n defnyddio polisïau amgylcheddol gyfeillgar effeithio'n negyddol ar ddefnyddwyr. Mae'r polisïau hyn yn aml yn golygu bod busnesau'n talu costau uwch, sy'n gallu arwain at brisiau uwch. Os yw'r cynhyrchion hyn yn hanfodol, fel bwyd neu egni, gall hyn ostwng safon byw rhai defnyddwyr. Os oes rhaid i ddefnyddwyr dalu mwy am egni sy'n amgylcheddol gyfeillgar (wedi'i gynhyrchu gan dyrbinau gwynt, er enghraifft), mae hyn yn gadael llai o arian ar gyfer cynhyrchion eraill.

Weithiau, gall ansawdd rhai cynhyrchion amgylcheddol gyfeillgar fod yn is na rhai eraill sy'n llai gwyrdd. Er enghraifft, mae llawer o fylbiau golau egni isel yn cymryd amser i gynhesu ac yn cynhyrchu llai o olau na bylbiau golau gwynias traddodiadol. Mewn llawer o wledydd, gan gynnwys y DU, dydy hi ddim yn bosibl prynu bylbiau golau gwynias erbyn hyn.

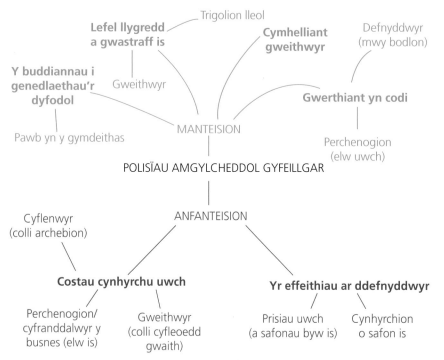

Ffigur 2.12 Manteision ac anfanteision polisïau amgylcheddol gyfeillgar a'r rhanddeiliaid maen nhw'n effeithio arnyn nhw

Awgrym astudio

Ystyriwch sut mae defnyddio polisïau amgylcheddol gyfeillgar yn gallu effeithio ar fathau gwahanol o fusnesau. I fusnesau mewn diwydiannau fel gweithgynhyrchu cemegau, mae materion amgylcheddol yn gallu bod yn bwysig iawn. Fodd bynnag, gall materion amgylcheddol fod yn llai pwysig i fusnes sy'n cynhyrchu gemau cyfrifiadurol.

Crynodeb

Mae yna nifer o gostau amgylcheddol sy'n gallu digwydd o ganlyniad i weithgaredd busnes, gan gynnwys llygredd a newid hinsawdd. Mae busnesau'n gallu lleihau'r effeithiau hyn drwy ddefnyddio dulliau cynhyrchu cynaliadwy. Gallen nhw geisio lleihau gwastraff, defnyddio ffynonellau egni adnewyddadwy, pecynnu bioddiraddadwy a chynhyrchion masnach deg. Mae yna nifer o fanteision ac anfanteision i ddefnyddio polisïau amgylcheddol gyfeillgar.

Efallai bydd defnyddwyr hefyd yn cael anhawster i ddod o hyd i fusnesau sy'n gwerthu cynhyrchion amgylcheddol gyfeillgar. Er enghraifft, dydy nifer o siopau bach ddim yn gwerthu bwydydd organig gan na fydden nhw'n gwerthu digon ohonyn nhw i'w wneud yn werth chweil. Gall hyn fod yn rhwystredig i ddefnyddwyr sydd eisiau 'gwneud eu cyfraniad bach nhw' i warchod yr amgylchedd.

Cwestiynau cyflym

1 Beth yw ystyr y term 'yr amgylchedd'? (2 farc)

2 Disgrifiwch beth yw ystyr yr ymadrodd 'costau cynhyrchu allanol'. (3 marc)

3 Nodwch **ddwy** gost amgylcheddol bosibl sy'n gysylltiedig â gweithgaredd busnes. (2 farc)

4 Disgrifiwch **un** dull cynhyrchu cynaliadwy y gall busnes ei ddefnyddio. (2 farc)

5 Beth yw ystyr y term 'cyfrifoldeb amgylcheddol'? (2 farc)

6 Nodwch **ddwy** ffynhonnell egni adnewyddadwy. (2 farc)

7 Disgrifiwch pam gall busnesau sy'n defnyddio egni adnewyddadwy helpu i warchod yr amgylchedd. (3 marc)

8 Disgrifiwch **un** ffordd mae cynhyrchu cynnyrch masnach deg yn helpu i warchod yr amgylchedd. (2 farc)

9 Nodwch **un** ffordd gallai busnes ddefnyddio cyflenwadau dŵr mewn ffordd fwy effeithlon. (1 marc)

10 Nodwch **un fantais** ac **un anfantais** i fusnes a'i randdeiliaid o ddefnyddio polisïau amgylcheddol gyfeillgar. (2 farc)

Astudiaeth achos

Sarah yn anelu at gynaliadwyedd

Mae Sarah Winter yn rheoli ac yn berchen ar fusnes sy'n cynhyrchu dodrefn. Mae Winter Ltd yn gwneud dodrefn pren yn bennaf – cadeiriau, byrddau a chypyrddau dillad. Mae'r cwmni wedi'i leoli yn Llundain ond mae'n gwerthu ei gynnyrch i siopau dodrefn ledled Ewrop. Mae ei werthiant wedi tyfu'n gyflym (er bod y twf wedi arafu'n ddiweddar) er gwaethaf y gystadleuaeth gref yn y farchnad ddodrefn yn Ewrop.

Mae gan Winter Ltd enw da am gynnyrch o safon uchel ac mae'n gosod prisiau uchel. Mae hefyd yn wynebu costau uchel – gan wario llawer ar gostau cludo a chael gwared ar wastraff, er enghraifft. Mae'n defnyddio symiau mawr o drydan a dŵr i gynhyrchu dodrefn. Mae'n mewnforio llawer o'i bren o Norwy.

Mae Sarah yn awyddus i gyflwyno polisïau amgylcheddol gyfeillgar. Mae'n gobeithio troi'r cwmni'n fusnes cynaliadwy. Mae'n credu y gallai hyn gynnig nifer o fuddiannau, er y bydd yna anfanteision hefyd. Mae'n credu bod yn rhaid iddi weithredu gan fod y cwmni wedi colli tri o'i brif gwsmeriaid dros y pedwar mis diwethaf.

Cwestiynau

1 Beth yw ystyr y term 'busnes cynaliadwy'? (2 farc)

2 Disgrifiwch **ddwy** ffordd y gallai gweithgareddau Winter Ltd effeithio ar yr amgylchedd. (4 marc)

3 Dadansoddwch sut gallai Winter Ltd wneud ei weithgareddau'n fwy amgylcheddol gyfeillgar. (6 marc)

4 Trafodwch y manteision a'r anfanteision i Winter Ltd o ddefnyddio polisïau mwy amgylcheddol gyfeillgar. (8 marc)

Testun 2.4

Dylanwad economaidd ar weithgaredd busnes

Mae'r hinsawdd economaidd yn dylanwadu'n fawr ar weithgaredd busnes. Mae'n gallu newid yn gymharol gyflym o fod yn un sy'n cynnig amgylchedd masnachu da i fusnesau, i un sy'n ei gwneud hi'n anodd masnachu ynddi.

Erbyn diwedd yr adran hon, dylech chi wybod am y canlynol:

- beth yw ystyr hinsawdd economaidd
- sut mae newidiadau yn lefelau incwm defnyddwyr, diweithdra, cyfraddau llog a chyfraddau treth yn effeithio ar fusnesau
- sut mae newidiadau yn y ffactorau economaidd hyn yn effeithio ar fusnesau a'u rhanddeiliaid
- y gwahaniaethau rhwng rhai o brif drethi'r DU.

● Beth yw'r hinsawdd economaidd?

Cyn disgrifio'r **hinsawdd economaidd**, mae'n bwysig deall ystyr y term **economi**. Mae economi'r DU ac economïau eraill wedi'u gwneud o filiynau o **ddefnyddwyr**, llawer o filoedd o fusnesau, yn ogystal â'r llywodraethau cenedlaethol a'r llywodraethau lleol. Mae'r bobl a'r cyrff hyn i gyd yn penderfynu beth i'w brynu, ei werthu, ei gynhyrchu a'i fewnforio o wledydd tramor, lle i weithio a llawer o faterion eraill. Mae gweithredoedd a phenderfyniadau'r unigolion a'r cyrff hyn gyda'i gilydd yn penderfynu beth sy'n cael ei gynhyrchu, ei brynu a'i werthu. Dyma yw 'yr economi'.

Term sy'n cyfeirio at gyflwr economi yw'r hinsawdd economaidd. Mae'n ystyried a yw'r economi yn:

→ cynhyrchu mwy neu lai o nwyddau a gwasanaethau
→ darparu defnyddwyr ag incymau sydd yn codi neu'n gostwng
→ profi cynnydd neu ostyngiad yn y swm mae defnyddwyr yn gallu ei wario ar nwyddau a gwasanaethau
→ darparu mwy neu lai o swyddi i bobl.

Termau allweddol

Mae'r **hinsawdd economaidd** yn disgrifio cyflwr ffactorau allweddol mewn gwlad, fel lefel y nwyddau a'r gwasanaethau sy'n cael eu creu a nifer y swyddi sydd ar gael.

Mae **economi** wedi'i wneud o filiynau o ddefnyddwyr unigol, llawer o filoedd o fusnesau, a llywodraethau. Maen nhw i gyd yn gwneud penderfyniadau ar beth i'w brynu a'i gynhyrchu.

Defnyddwyr yw unigolion sy'n prynu nwyddau a gwasanaethau gan fusnesau.

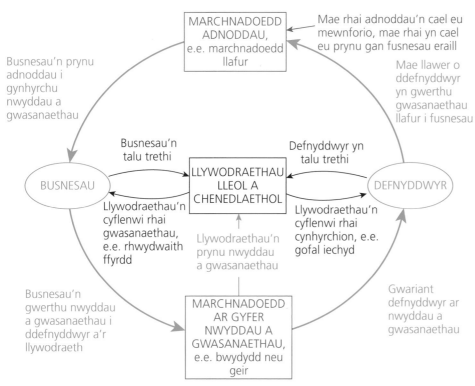

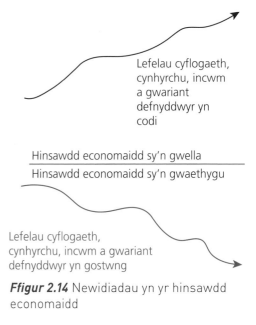

MARCHNADOEDD ADNODDAU, e.e. marchnadoedd llafur

Mae rhai adnoddau'n cael eu mewnforio, mae rhai yn cael eu prynu gan fusnesau eraill

Busnesau'n prynu adnoddau i gynhyrchu nwyddau a gwasanaethau

Mae llawer o ddefnyddwyr yn gwerthu gwasanaethau llafur i fusnesau

Busnesau'n talu trethi

Defnyddwyr yn talu trethi

BUSNESAU

LLYWODRAETHAU LLEOL A CHENEDLAETHOL

DEFNYDDWYR

Llywodraethau'n cyflenwi rhai gwasanaethau, e.e. rhwydwaith ffyrdd

Llywodraethau'n prynu nwyddau a gwasanaethau

Llywodraethau'n cyflenwi rhai cynhyrchion, e.e. gofal iechyd

Busnesau'n gwerthu nwyddau a gwasanaethau i ddefnyddwyr a'r llywodraeth

MARCHNADOEDD AR GYFER NWYDDAU A GWASANAETHAU, e.e. bwydydd neu geir

Gwariant defnyddwyr ar nwyddau a gwasanaethau

Ffigur 2.13 Darlun wedi'i symleiddio o economi

Fel mae Ffigur 2.14 yn ei ddangos, mae'n bosibl disgrifio newid yn yr hinsawdd economaidd fel un sy'n gwella neu'n gwaethygu, gan ddibynnu ar beth sy'n digwydd i ffactorau allweddol fel lefelau cynhyrchu a nifer y swyddi sydd ar gael. Yn gyffredinol, mae cynnydd yn y ffactorau economaidd allweddol hyn yn arwydd o hinsawdd economaidd sy'n gwella.

Lefelau cyflogaeth, cynhyrchu, incwm a gwariant defnyddwyr yn codi

Hinsawdd economaidd sy'n gwella

Hinsawdd economaidd sy'n gwaethygu

Lefelau cyflogaeth, cynhyrchu, incwm a gwariant defnyddwyr yn gostwng

Ffigur 2.14 Newidiadau yn yr hinsawdd economaidd

Mae prynwyr a gwerthwyr yn rhan bwysig iawn o'r economi

Ystyried busnes: Brexit yn arwain at bryderon am hinsawdd economaidd sy'n gwaethygu

Mae gan nifer o fusnesau bach a chanolig eu maint bryderon ynglŷn â hinsawdd economaidd y DU yn y dyfodol, yn dilyn y penderfyniad i adael yr Undeb Ewropeaidd (UE).

Mae gwaith ymchwil yn dangos bod dros 25% o fusnesau bach a chanolig eu maint yn credu bydd yr hinsawdd economaidd yn gwaethygu. Dim ond 20% o'r busnesau hyn sy'n disgwyl y byddan nhw'n ehangu dros y flwyddyn nesaf, tra bod 57% yn rhagweld

dim twf o gwbl yn y lefelau cynhyrchu nwyddau a gwasanaethau. Mae tua 10% yn poeni bydd eu busnesau'n cynhyrchu llai o nwyddau a gwasanaethau dros y 12 mis nesaf, ac mae rhai yn rhagweld y bydd eu busnes yn dod i ben.

1 **Dadansoddwch y goblygiadau tebygol i ddefnyddwyr os bydd yr hinsawdd economaidd yn y DU yn gwaethygu.** [3 marc]

⬤ Y ffactorau economaidd a gweithgaredd busnes

Mae yna nifer fawr o ffactorau economaidd sy'n gallu effeithio ar weithgareddau busnesau. Rydyn ni am edrych ar sut mae newidiadau i bedwar o'r rhain yn gallu effeithio ar fusnesau a'u rhanddeiliaid. Dyma'r pedwar ffactor economaidd:

- diweithdra
- incwm defnyddwyr
- cyfraddau llog
- cyfraddau treth.

Lefelau diweithdra

Mae person yn cael ei alw'n ddi-waith pan mae'n chwilio am swydd, ond yn methu â dod o hyd i un. Cododd lefel **diweithdra**'r DU yn sydyn yn 2008–09. Digwyddodd hyn oherwydd bod y DU wedi profi argyfwng ariannol ac fe aeth yr hinsawdd economaidd yn sylweddol waeth o ganlyniad. Mewn cyferbyniad â hyn, mae diweithdra yn y DU wedi gostwng ers 2012. Ym mis Hydref 2016, ychydig dros 800,000 o bobl oedd yn ddi-waith.

Term allweddol

Mae **diweithdra** yn bodoli pan fydd rhywun yn chwilio am swydd, ond yn methu â dod o hyd i un.

Mentro mathemateg

Yn 2010, roedd 1.6 miliwn o bobl yn ddi-waith yn y DU. Erbyn 2016, roedd hyn wedi gostwng i 800,000.

Cyfrifwch y gostyngiad canrannol yn nifer y bobl ddi-waith rhwng y ddwy flynedd hyn.

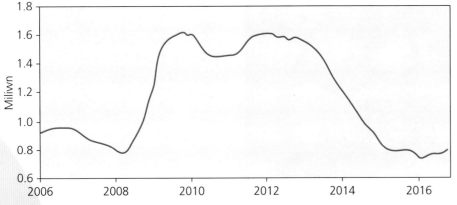

Ffigur 2.15 Nifer y bobl ddi-waith yn y DU, 2011–16 (**Ffynhonnell:** Trading Economics)

Gall gostyngiadau yn y lefel diweithdra, fel y rhai yn y DU rhwng 2011 a 2016, gael dwy effaith sylweddol ar fusnesau.

➡ **Y posibilrwydd o werthiant uwch**. Oherwydd bod gan fwy o bobl swyddi, mae'n debygol y bydd **gwariant defnyddwyr** yn codi. Mae pobl sy'n ddi-waith yn derbyn budd-daliadau gan y llywodraeth, ond taliadau cymharol fach yw'r rhain. O ganlyniad, ychydig o nwyddau a gwasanaethau mae pobl ddi-waith yn eu prynu. Yn 2016, roedd 700,000 yn llai o bobl yn ddi-waith yn y DU o'i gymharu â 2011. Mae hyn yn cynrychioli nifer o werthiannau ychwanegol posibl i fusnesau.

➡ **Costau cyflogi uwch**. Mae lefel diweithdra'r DU yn 2016, sef 800,000, yn ffigur isel. Mae hyn yn golygu bod rhai mathau o lafur, yn enwedig gweithwyr â chrefft, yn gallu mynd yn brin. O ganlyniad, gall cyfraddau cyflogau godi wrth i fusnesau gystadlu i gyflogi'r gweithwyr sydd ar gael. Mae cyflogau uwch yn gallu lleihau elw busnes os nad yw'n gallu cynyddu prisiau ei nwyddau a'i wasanaethau.

Fodd bynnag, mae yna adegau pan fydd lefel diweithdra'n codi. Digwyddodd hyn yn y DU rhwng 2008 a 2010. Mae hyn yn gallu achosi problemau i fusnesau, er gwaethaf y posibilrwydd o gyflogau is. Mae gwariant defnyddwyr yn debygol o ostwng ac mae'n gallu digwydd yn sydyn iawn. Mae hyn yn arwain at ostyngiad yng ngwerthiant nifer o fusnesau, yn enwedig rhai sy'n gwerthu eitemau moethus fel gemwaith a gwyliau tramor.

Mae newidiadau yn y lefel diweithdra yn effeithio ar randdeiliaid busnes hefyd.

➡ **Gweithwyr**. Os yw diweithdra'n codi, efallai na fydd gweithwyr yn cael codiad cyflog. Mae'n bosibl y bydd busnesau'n gwerthu llai o gynhyrchion, sy'n golygu nad ydyn nhw'n fodlon talu cyflogau uwch. Ar yr un pryd, bydd mwy o bobl ddi-waith a fyddai efallai'n fodlon gweithio am gyfraddau cyflog is. Mae'r gwrthwyneb yn wir pan mae diweithdra'n gostwng.

➡ **Cyflenwyr**. Gall busnesau sy'n cyflenwi nwyddau a gwasanaethau i fusnesau eraill weld gostyngiad yn eu gwerthiant yn ystod cyfnodau o ddiweithdra. Gallai hyn ostwng elw'r busnes. Yn yr un modd, gallai gwerthiant ac elw godi os bydd diweithdra'n gostwng a chwsmeriaid yn gosod archebion mwy.

Effeithiau'r newidiadau yn incwm defnyddwyr ar fusnesau

Mae cysylltiad uniongyrchol rhwng incwm defnyddwyr a lefel eu gwariant. Dydy hyn ddim yn syndod. Os yw defnyddwyr yn derbyn incwm uwch, maen nhw'n debygol o wario mwy a bydd gwerthiant busnesau'n codi. Mae hyn yn arbennig o wir os ydyn nhw'n gweld cynnydd yn eu hincwm gwario. Incwm gwario yw'r incwm mae defnyddwyr yn ei dderbyn ar ôl tynnu trethi fel treth incwm. Os bydd incwm defnyddwyr yn gostwng, bydd eu gwariant nhw a gwerthiant busnesau hefyd yn gostwng.

Dydy newidiadau yn incwm defnyddwyr ddim yn effeithio ar lefel gwerthiant pob busnes yn yr un ffordd. Dydy rhai busnesau sy'n cynhyrchu neu'n gwerthu cynhyrchion hanfodol fel bwydydd sylfaenol ddim yn gweld gostyngiad mawr yn eu gwerthiant pan fydd incwm defnyddwyr yn lleihau. Yn yr un modd, dydyn nhw ddim yn mwynhau cynnydd sylweddol yn eu gwerthiant pan mae incwm defnyddwyr yn codi.

Gall cynnydd mewn diweithdra arwain at fusnesau'n talu cyflogau llai, ond gallai llawer weld gostyngiad yn eu gwerthiant

Ar y llaw arall, mae rhai busnesau'n gwerthu nwyddau a gwasanaethau sy'n gweld gwahaniaeth sylweddol yn eu gwerthiant pan mae incwm defnyddwyr yn newid. Mae'r cynhyrchion hyn yn debygol o fod yn eitemau moethus a rhai sydd ddim yn hanfodol. Rhai enghreifftiau o'r rhain yw bagiau llaw gan ddylunwyr enwog a bwydydd organig. Enw'r cynhyrchion hyn yw **cynhyrchion sy'n incwm elastig** gan fod eu gwerthiant yn sensitif i newidiadau yn incwm defnyddwyr.

> **Term allweddol**
>
> **Cynhyrchion sy'n incwm elastig** yw rhai â gwerthiant sy'n sensitif i newidiadau yn incwm defnyddwyr.

Fel sy'n wir gyda diweithdra, gall newidiadau yn lefel incwm defnyddwyr effeithio ar randdeiliaid busnes.

→ **Llywodraeth y DU**. Fel y gwelwn yn ddiweddarach yn yr adran hon, mae'r llywodraeth yn gosod trethi ar incwm a gwariant defnyddwyr. Mae cynnydd yn incwm a gwariant defnyddwyr yn golygu bod y llywodraeth yn y DU yn derbyn mwy o refeniw o drethi. Mae hyn yn galluogi'r llywodraeth i gynyddu gwariant ar wasanaethau fel iechyd ac addysg. Gall gostyngiad yn incwm a gwariant defnyddwyr orfodi'r llywodraeth i lunio penderfyniadau anodd er mwyn lleihau ei gwariant ei hun.

→ **Gweithwyr**. Os bydd defnyddwyr yn gweld cynnydd yn eu hincwm, byddan nhw'n gwario mwy. Mae hyn yn gwneud swyddi gweithwyr yn fwy diogel gan fod eu hangen ar fusnesau i gyflenwi eu cynhyrchion. Efallai gallen nhw hefyd fargeinio am gyflogau uwch os yw busnesau'n mwynhau gwerthiant uwch. Ar y llaw arall, gall gostyngiad yn incwm defnyddwyr fod yn newyddion drwg i weithwyr.

Ystyried busnes: Dydy lefelau incwm defnyddwyr ddim yn effeithio ar werthiant Ryanair

Mae Ryanair yn fwyaf adnabyddus am ddarparu teithiau awyren rhad ledled Ewrop. Mae gwefan y cwmni yn hysbysebu teithiau awyren i ddinasoedd Ewropeaidd fel Aarhus (Denmarc) a Warsaw (Gwlad Pwyl) am gyn lleied â £10 un ffordd. Mae'r cwmni wedi llwyddo i ostwng ei brisiau dros amser. Mae prisiau Ryanair yn rhatach na nifer o'i gystadleuwyr. Yn 2016, Ryanair oedd â'r prisiau rhataf (fesul cilometr hedfan) o unrhyw gwmni awyrennau yn Ewrop.

Drwy werthu teithiau awyren yn rhad iawn, mae wedi cynyddu ei werthiant yn aruthrol. Yn 1990, roedd ganddo 745,000 o deithwyr. Erbyn 2016, roedd y ffigur wedi codi i 117 miliwn. Mae nifer teithwyr y cwmni wedi cynyddu'n gyson ers 2000, hyd yn oed pan oedd incwm defnyddwyr yn gostwng.

Mae gwerthiant Ryanair wedi tyfu'n gyflym iawn, hyd yn oed ar adegau pan mae incwm defnyddwyr wedi gostwng

1 **Dadansoddwch pam gallai gwerthiant Ryanair fod wedi parhau i gynyddu hyd yn oed pan oedd incwm defnyddwyr yn gostwng.** (6 marc)

Cyfraddau llog

Cyfraddau llog yw'r gost o fenthyg arian, wedi'i fynegi fel canran. Os bydd busnes neu ddefnyddiwr yn benthyg arian, mae'n rhaid iddyn nhw ad-dalu'r swm a gafodd ei fenthyg yn ogystal â swm ychwanegol ar ei ben – y taliad llog. Mae'r swm ychwanegol wedi'i fynegi fel canran er mwyn ei wneud yn haws i'w ddeall. Mae cyfradd ganrannol uwch yn golygu taliad 'ychwanegol' mwy. Yn yr un modd, os bydd defnyddiwr neu fusnes yn cynilo arian (drwy ei roi mewn cyfrif banc, er enghraifft), maen nhw'n derbyn swm ychwanegol yn ôl, ar ffurf taliad llog.

> **Term allweddol**
>
> **Cyfraddau llog** yw'r gost o fenthyg arian, wedi'i fynegi fel cyfradd ganrannol.

Mae cyfraddau llog yn y DU wedi bod yn isel am gyfnod sylweddol o amser. Mae'r mwyafrif o gyfraddau llog yn y DU yn seiliedig ar y Gyfradd Banc, sy'n cael ei gosod gan Fanc Lloegr bob mis.

Gall newidiadau yn y cyfraddau llog effeithio ar hinsawdd economaidd y wlad, fel y gwelwch chi yn Ffigur 2.16. Maen nhw'n cael yr effaith hon gan eu bod nhw'n effeithio ar benderfyniadau defnyddwyr a busnesau.

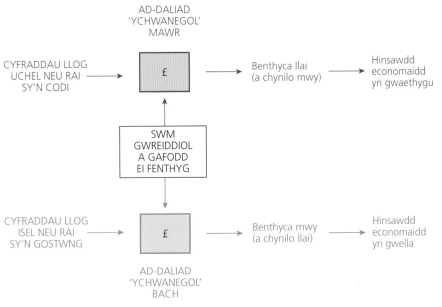

Ffigur 2.16 Cyfraddau llog gwahanol a'r hinsawdd economaidd

Defnyddwyr a newidiadau mewn cyfraddau llog

Bydd newid yn y cyfraddau llog yn effeithio ar benderfyniadau defnyddwyr mewn dwy brif ffordd. Gall effeithio ar y swm maen nhw'n penderfynu ei gynilo a'r swm maen nhw'n dewis ei wario. Mae'r effaith yn gallu bod yn arwyddocaol os oes newidiadau mawr yn y cyfraddau llog.

Gadewch i ni dybio bod yna ostyngiad yn y cyfraddau llog – fel y digwyddodd yn y DU ym mis Awst 2016. Mae hyn yn debygol o arwain at yr effeithiau canlynol.

→ **Defnyddwyr yn cynilo**. Bydd gostyngiad yn y cyfraddau llog yn golygu bod rhai defnyddwyr yn penderfynu peidio â chynilo gan fod y taliadau llog ychwanegol wedi cael eu gostwng. Mae'n bosibl y byddan nhw'n gwario eu **cynilion** presennol ar nwyddau a gwasanaethau ac yn cynilo llai yn y dyfodol.

→ **Defnyddwyr yn gwario**. Yn ogystal â gwario eu cynilion, bydd defnyddwyr yn fwy parod i fenthyg arian i brynu eitemau drutach fel tai a ffonau symudol. Byddan nhw'n gwneud hyn gan fod cyfraddau llog is yn lleihau'r swm ychwanegol mae'n rhaid iddyn nhw ei ad-dalu.

> **Term allweddol**
>
> **Cynilion** yw incwm y mae defnyddwyr neu fusnesau'n ei dderbyn ond ddim yn ei wario.

Mae eitemau drud fel ceir yn dod yn fwy fforddiadwy i nifer o ddefnyddwyr pan mae'r cyfraddau llog yn is

Busnesau a newidiadau yn y cyfraddau llog

Mae rhai busnesau'n dibynnu'n fawr ar arian benthyg i ariannu eu gweithgareddau. Weithiau, dim ond am gyfnod byr mae'r arian hwn yn cael ei fenthyg, er enghraifft, i dalu am ddefnyddiau crai. Ar adegau eraill, gall gael ei fenthyg am gyfnod hir. Un enghraifft o hyn fyddai i dalu am ffatri neu swyddfeydd newydd.

Mae benthyg symiau mawr o arian, yn enwedig dros gyfnodau hir, yn golygu bod newidiadau yn y cyfraddau llog yn gallu effeithio'n sylweddol ar fusnesau.

➜ **Cyfraddau llog yn codi**. Yn y sefyllfa hon, gall busnes wynebu cynnydd mawr yn swm y llog mae'n ei dalu ar ei fenthyciadau presennol. Gallai hyn gynyddu ei gostau, gan leihau'r elw. Mewn achosion eithafol, gall cynnydd mawr yn y cyfraddau llog olygu nad yw busnes yn gallu ad-dalu ei fenthyciadau. Yn yr achos hwn, mae'n debygol y bydd yn cael ei orfodi i roi'r gorau i fasnachu.

➜ **Cyfraddau llog yn gostwng**. Mae hon yn sefyllfa fwy ffafriol i nifer o fusnesau sydd â benthyciadau. Efallai bydd costau benthyca yn gostwng, gan helpu i wella elw'r busnes. Fodd bynnag, gallai busnesau sydd â chynilion mawr dderbyn llai o arian yn ôl.

Un ffordd y gall busnes amddiffyn ei hun yw trefnu benthyciadau â chyfraddau llog sefydlog. Mae hyn yn golygu nad yw'r gyfradd llog na'r taliadau misol yn newid o gwbl drwy gydol cyfnod y benthyciad. Er hyn, gall cyfraddau llog benthyciadau sydd ar gyfraddau sefydlog fod yn uwch o'r cychwyn cyntaf.

Un ffordd arall y gall newid yn y cyfraddau llog effeithio ar fusnesau yw pan fydd defnyddwyr yn penderfynu gwario llai neu fwy ar eu nwyddau neu wasanaethau. Os bydd cyfraddau llog yn codi, efallai bydd rhai defnyddwyr yn penderfynu cynilo mwy. Efallai bydd defnyddwyr eraill yn dewis peidio â chymryd benthyciadau i brynu ceir newydd neu dechnoleg fel setiau teledu neu gyfrifiaduron. Gallai'r penderfyniadau hyn olygu bod busnes yn gwerthu llai o gynhyrchion ac yn derbyn llai o refeniw o'i werthiant. Canlyniad tebygol hyn yw llai o elw.

Bydd busnesau sy'n gwerthu nwyddau moethus yn gweld yr effaith fwyaf pan fydd cyfraddau llog yn codi. Yn yr un modd, maen nhw'n elwa fwyaf pan mae'r cyfraddau llog yn gostwng.

Gall cyfraddau llog is arwain at gynilo llai, a lefelau benthyg a gwario uwch gan ddefnyddwyr. Dylai hyn helpu i gynyddu elw busnes.

Ychydig iawn o ddefnyddwyr sy'n gallu prynu tai heb fenthyciadau, gan fod angen benthyg symiau mawr yn aml. O ganlyniad, gall gwerthiant tai fod yn sensitif iawn i newidiadau yn y cyfraddau llog

Ystyried busnes: Gwerthiant ceir newydd yn codi wrth i gyfraddau llog gael eu gostwng

Cododd gwerthiant ceir newydd yn y DU ym mis Awst 2016, gan gofnodi cyfanswm o 81,640 am y mis. Yn ystod wyth mis cyntaf 2016, cyrhaeddodd gwerthiant ceir newydd 1.68m. Roedd hyn yn cyd-fynd â 2015, a oedd yn flwyddyn neilltuol. Ar ddechrau mis Awst

2016, cafodd cyfraddau llog eu gostwng, er eu bod eisoes wedi bod ar y lefel isaf am dros 300 mlynedd.

1 **Dadansoddwch pam gallai gwerthiant ceir fod wedi cyrraedd y lefelau uchaf erioed yn 2015 a 2016.**
[3 marc]

Mae'n bwysig cofio y bydd effeithiau unrhyw newid yn y cyfraddau llog yn fwy os yw'r newid yn un mawr ac os yw'n golygu bod y cyfraddau'n cyrraedd lefelau uchel iawn, neu isel iawn.

Cyfraddau llog yn codi	Cyfraddau llog yn gostwng
Yn cyd-fynd yn gyffredinol â'r hinsawdd economaidd yn gwaethygu i nifer o fusnesau.	Fel arfer yn gysylltiedig ag ymdrechion i wella'r hinsawdd economaidd i fusnesau.
Dyma rai o'r effeithiau: • gallai busnesau weld gostyngiad yn eu gwerthiant wrth i ddefnyddwyr gynilo mwy o'u hincwm • gallai gwerthiant nwyddau a gafodd eu prynu gan ddefnyddio arian benthyg (fel tai) ostwng yn sylweddol • mae busnesau'n debygol o gynhyrchu llai er mwyn cyd-fynd â'u gwerthiant • gallai busnesau ohirio cynlluniau i ehangu, fel agor siopau newydd.	Dyma rai o'r effeithiau: • gwerthiant yn codi, yn enwedig cynhyrchion moethus a rhai sydd ddim yn hanfodol • bydd mwy o nwyddau a gwasanaethau'n cael eu cynhyrchu, gan gynyddu incwm defnyddwyr, o bosibl • efallai bydd angen i fusnesau gyflogi gweithwyr ychwanegol, gan helpu i gynyddu gwariant defnyddwyr.

Tabl 2.3 Crynodeb o effeithiau cyfraddau llog yn newid ar ddefnyddwyr a busnesau

Chwyddiant

Mae'r rhan fwyaf o economïau yn gweld rhywfaint o **chwyddiant** – mae hyn yn golygu bod lefel gyffredinol y prisiau yn yr economi yn cynyddu. Dros y blynyddoedd diwethaf, mae cyfraddau chwyddiant y DU wedi bod yn gymharol isel, er eu bod wedi dechrau codi ar ddechrau 2017. Mae disgwyl i chwyddiant gyrraedd cyfradd o 3% yn 2018. Mae hyn yn golygu bod pris nwyddau a gwasanaethau yn yr economi'n mynd i fod, ar gyfartaledd, 3% yn uwch na blwyddyn yn gynharach.

Effaith chwyddiant ar ddefnyddwyr a busnesau

Mae effeithiau chwyddiant yn dibynnu ar gyfradd y chwyddiant. Dydy cynnydd araf mewn prisiau dros amser ddim yn broblem i'r rhan fwyaf o ddefnyddwyr a busnesau. Targed Banc Lloegr ar gyfer cyfradd chwyddiant y DU yw 2% y flwyddyn. Gall busnesau fwynhau gwerthiant a refeniw uwch os yw prisiau'n cynyddu'n araf. Gall prisiau sy'n cynyddu'n araf annog busnesau i ehangu lefelau cynhyrchu, gan gynyddu lefelau cyflogaeth yn yr economi. Gallai defnyddwyr hefyd ymateb i gyfradd chwyddiant isel drwy wario eu harian ar unwaith, yn hytrach na disgwyl nes bydd prisiau'n uwch yn y dyfodol.

Fodd bynnag, gall cyfraddau chwyddiant uchel achosi problemau mawr. Mae cyfraddau chwyddiant uchel a chyfraddau chwyddiant sy'n codi yn achosi ansicrwydd ymhlith busnesau ynghylch lefelau gwerthiant yn y dyfodol. Gallai hyn eu hannog i beidio â chyflwyno cynhyrchion newydd neu agor ffatrïoedd, swyddfeydd neu siopau newydd. Gall nwyddau a gwasanaethau sy'n cael eu cynhyrchu dramor fod yn gymharol ratach os oes gan yr economïau hynny gyfraddau chwyddiant is. Gallai busnesau yn y DU ddod yn llai cystadleuol ym marchnad y DU ac yn fyd-eang os yw'r gyfradd chwyddiant yn uwch yn y DU nag mewn economïau eraill.

Mae defnyddwyr hefyd yn gallu dioddef yn ystod cyfnodau o chwyddiant uchel, yn enwedig os yw eu tâl a'u cyflogau'n codi'n arafach. Mae hyn yn golygu nad ydyn nhw'n gallu parhau i brynu'r un faint o nwyddau a gwasanaethau. O ganlyniad, gall eu safon byw ostwng. Fodd bynnag, gallai defnyddwyr gael codiad cyflog i wneud iawn am y prisiau uwch. Os hynny, efallai y gallan nhw barhau i brynu'r un faint o nwyddau a gwasanaethau er bod chwyddiant yn cynyddu prisiau.

Cyfraddau treth

Mae'r llywodraeth yn codi arian drwy godi **trethi** i dalu am yr amrywiaeth o nwyddau a gwasanaethau mae'n eu darparu. Mae unigolion a busnesau yn y DU yn talu nifer o drethi gwahanol. Dim ond tri o'r rhain byddwn ni'n eu hystyried:

→ treth incwm
→ treth ar werth (TAW)
→ treth gorfforaethol

Treth incwm

Mae'r math hon o dreth yn cael ei thalu ar yr incwm sy'n cael ei dderbyn gan unigolion a rhai mathau o fusnesau (unig fasnachwyr a phartneriaethau yn bennaf). Mae treth incwm hefyd yn cael ei thalu ar rai taliadau llog y mae pobl a busnesau'n eu derbyn ar eu cynilion. Yn olaf, mae cyfranddalwyr yn talu treth incwm ar incwm maen nhw'n ei dderbyn o gyfrannau (*shares*).

Mae treth incwm yn y DU wedi'i strwythuro fel bod pobl sydd ar incwm uchel yn talu mwy o dreth. Mae gan bawb hawl i dderbyn swm penodol o incwm cyn iddyn nhw dalu unrhyw dreth. Yn 2017-18, gallai person a oedd yn gweithio yn y DU ennill £11,500 heb dalu unrhyw dreth incwm. Fodd bynnag, mae'n rhaid talu treth ar unrhyw incwm a enillir dros y ffigur hwn.

Treth ar werth

Treth ar wariant yw treth ar werth (TAW) sy'n cael ei thalu gan unigolion a busnesau yn y DU. Mae'n cael ei hychwanegu at bris nwyddau a gwasanaethau a dydy nifer o bobl ddim yn sylweddoli eu bod wedi ei thalu. Mae faint o TAW mae person neu gwmni'n ei thalu yn dibynnu ar faint mae'n ei wario.

Yn achos y rhan fwyaf o nwyddau a gwasanaethau sy'n cael eu gwerthu yn y DU, mae TAW yn cael ei hychwanegu ar gyfradd o 20%. Felly, ychwanegir £10 o dreth at bris cynnyrch sydd ar werth am £50, gan ddod â'r cyfanswm sydd i'w dalu at £60. Fodd bynnag, mae cyfraddau TAW is ar rai nwyddau – er enghraifft, cyfradd TAW o 5% sydd ar seddi diogelwch ceir i blant. Mae rhai nwyddau a gwasanaethau hefyd wedi eu heithrio rhag talu TAW. Mae bwyd yn enghraifft o gynnyrch nad oes angen talu TAW arno.

Treth gorfforaethol

Mae'r dreth hon yn cael ei thalu gan gwmnïau preifat a chwmnïau cyhoeddus yn y DU ar eu helw. Mae'r rhan fwyaf o gwmnïau'n talu treth gorfforaethol ar gyfradd o 19% o'u helw ar hyn o bryd. Fodd bynnag, maen nhw'n gallu hawlio nifer o lwfansau er mwyn lleihau faint o dreth maen nhw'n ei thalu.

Trethi uniongyrchol ac anuniongyrchol

Gall trethi gael eu diffinio fel rhai uniongyrchol ac anuniongyrchol. Mae Tabl 2.4 yn crynhoi'r gwahaniaethau rhyngddyn nhw.

Trethi uniongyrchol	Trethi anuniongyrchol
Mae **trethi uniongyrchol** yn cael eu talu ar incwm neu elw.	Mae **trethi anuniongyrchol** yn cael eu talu ar wariant ar nwyddau a gwasanaethau gan unigolion a busnesau.
Enghreifftiau: ● treth incwm ● treth gorfforaethol	Enghraifft: ● TAW

Tabl 2.4 Trethi uniongyrchol ac anuniongyrchol

Newidiadau mewn cyfraddau treth

Mae cynyddu trethi yn tueddu i waethygu'r hinsawdd economaidd. Mae trethi uwch yn lleihau gallu busnesau ac unigolion i wario arian ar bethau eraill. Gall hyn arwain at werthiant llai i fusnesau. Mae hyn yn arbennig o wir i fusnesau sy'n gwerthu cynnyrch sydd ddim yn hanfodol, fel gwyliau tramor.

Fodd bynnag, mae effaith trethi uwch yn dibynnu ar yr hyn mae'r llywodraeth yn ei wneud â'r refeniw ychwanegol mae'n ei dderbyn. Os yw'r refeniw'n cael ei wario ar gefnogi pobl sydd ddim mor gefnog, yna gall yr effaith gyffredinol fod yn bositif. Mae'r rhai sydd ar incwm isel yn debygol o wario'r rhan fwyaf o unrhyw incwm ychwanegol maen nhw'n ei dderbyn. Gall busnesau weld nad yw eu gwerthiant yn gostwng wedi'r cyfan. Mae hyn yn fwy tebygol o ddigwydd i fusnesau sy'n gwerthu eitemau hanfodol – er enghraifft, archfarchnadoedd.

Gall gostwng trethi gryfhau'r hinsawdd economaidd. Mae hyn yn cynnig manteision i amrywiaeth o randdeiliaid. Efallai y bydd hi'n haws i weithwyr ddod o hyd i swyddi, gall cyfranddalwyr fwynhau elw uwch a gall cyflenwyr dderbyn archebion ychwanegol.

● Economi Cymru

Mae cysylltiad agos rhwng economi Cymru ac economi gweddill y DU. Fodd bynnag, mae ganddo rai nodweddion sy'n ei wneud yn arbennig.

Prif nodweddion economi Cymru

Mae economi Cymru'n llawer llai nag economi'r DU gyfan. Mae nifer o wahaniaethau eraill.

Data poblogaeth

3.1 miliwn oedd poblogaeth Cymru yn 2015, sy'n cynrychioli dim ond 5% o boblogaeth y DU. Mae poblogaeth Cymru hefyd yn hŷn na phoblogaeth y DU, gan fod ganddi gyfran uwch o bobl sydd wedi ymddeol.

Cyflogaeth a diweithdra

Mae diweithdra yng Nghymru ychydig yn is nag yn y DU, fel y gwelwch yn y tabl canlynol. Fodd bynnag, mae cyfran lai o bobl oed gwaith sy'n byw yng Nghymru yn gweithio.

Eitem	Cymru	DU
Cyfradd diweithdra (Medi 2016)	4.4%	4.8%
Cyfradd cyflogaeth (Medi 2016)	73.1%	74.5%
Cyfartaledd y cyflog wythnosol (2015)	£473.40	£527.70
Cyfraddau tlodi (2014-15)	23%	21%
Oedran cyfartalog y boblogaeth (blynyddoedd, 2014)	42.1	40.0

Tabl 2.5 Detholiad o ddata economaidd am Gymru a'r DU (**Ffynhonnell:** ONS)

Incwm a thlodi

Mae'r incwm cyfartalog yng Nghymru yn is na'r incwm yn y DU gyfan. Cyfartaledd y cyflog wythnosol yng Nghymru yw £473.40 – tua 89.7% o swm y DU gyfan. Mae'r gyfradd gyflog is hon yn arwain at oblygiadau arwyddocaol i'r safon byw yng Nghymru. Yn gyffredinol, dydy pobl Cymru ddim yn gallu fforddio prynu cymaint o nwyddau a gwasanaethau â nifer o bobl sy'n byw mewn rhannau eraill o'r DU.

Dywedir bod pobl yn y DU yn byw mewn tlodi os yw eu hincwm yn llai na 60% o'r incwm cyfartalog ar gyfer y wlad. Mae cyfran uwch o bobl yng Nghymru'n byw mewn tlodi, o'i chymharu â'r DU gyfan, fel y gwelwch chi yn Nhabl 2.5.

Y prif ddiwydiannau

Mae rhai diwydiannau fel iechyd ac addysg, amddiffyn, gweithgynhyrchu, amaethyddiaeth a choedwigaeth ar y cyfan yn bwysicach yng Nghymru nag yn y DU. Ar y llaw arall, mae cyfran is o bobl yn gweithio yn y gwasanaethau ariannol (bancio ac yswiriant, er enghraifft) a gwasanaethau busnes eraill fel cyfrifeg.

Masnach ryngwladol

Prif bartneriaid **masnachu rhyngwladol** Cymru yw'r UE ac UDA. Yn 2015, allforiodd Cymru werth £12.18 biliwn o nwyddau a gwasanaethau. O'r rhain, cafodd 41% eu gwerthu i'r UE a 23% i UDA.

Termau allweddol

Y **gyfradd diweithdra** yw nifer y bobl ddi-waith fel canran o'r rhai sy'n gweithio neu'n chwilio am waith.

Y **gyfradd cyflogaeth** yw canran y bobl oed gwaith sy'n gweithio.

Masnach ryngwladol yw gwerthu nwyddau a gwasanaethau ym mhob rhan o'r byd.

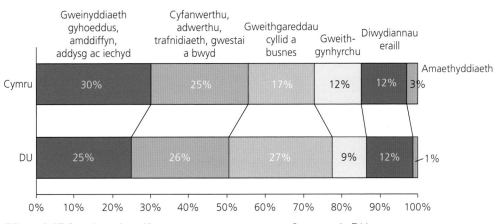

Ffigur 2.17 Cymharu'r prif sectorau yn economïau Cymru a'r DU (**Ffynhonnell:** Llywodraeth Cymru)

Economi Cymru a gweithgaredd busnes yng Nghymru

Mae busnesau sydd wedi'u lleoli yng Nghymru yn cael eu dylanwadu gan natur economi Cymru o safbwynt cynhyrchu a gwerthu nwyddau a gwasanaethau.

Gwerthu nwyddau a gwasanaethau yng Nghymru

Ar gyfartaledd, mae defnyddwyr Cymru yn hŷn na defnyddwyr yn y DU gyfan. Mae hyn yn golygu bod angen i fusnesau sy'n gwerthu nwyddau a gwasanaethau yng Nghymru sicrhau eu bod yn cynnig cynhyrchion addas ar gyfer y garfan fwy hon o bobl hŷn.

Cynhyrchu nwyddau a gwasanaethau yng Nghymru

Mae Cymru'n lleoliad deniadol i fusnesau am nifer o resymau, gan gynnwys cyfraddau cyflog cymharol isel. Mae hyn yn golygu y gallai busnesau sy'n chwilio am safle i'w busnes newydd, ddewis Cymru er mwyn ceisio rheoli eu costau cynhyrchu. Mae gan Gymru hefyd gysylltiadau da â gweddill y DU a gwledydd tramor. Mae ganddi gysylltiadau ffyrdd a rheilffyrdd da, dau faes awyr, a rhai o borthladdoedd prysuraf y DU. Mae llywodraeth Cymru yn darparu gwasanaethau band eang cyflym llawn i 96% o'r holl adeiladau yng Nghymru erbyn 2016, gyda nifer o adeiladau'n gallu cael mynediad at gyflymder o dros 100 Mbps. Agorodd Amazon warws dosbarthu mawr yn Abertawe ac mae Go Compare, y cwmni yswiriant, wedi'i leoli yng Nghasnewydd.

Awgrym astudio

Ystyriwch sut mae'r economi'n gallu effeithio ar fathau gwahanol o fusnesau. Er enghraifft, mae busnesau mewn diwydiannau sy'n gwerthu nwyddau moethus yn fwy tebygol o deimlo effaith unrhyw newidiadau mewn lefelau incwm a chyflogaeth. Fodd bynnag, bydd busnesau sy'n gwerthu nwyddau drud fel tai, sydd fel arfer yn cael eu prynu drwy ddefnyddio benthyciadau, yn fwy tebygol o deimlo effaith newidiadau yn y cyfraddau llog.

Crynodeb

Mae nifer o ffactorau economaidd yn effeithio ar fusnesau, gan gynnwys newidiadau yn incwm defnyddwyr, diweithdra, cyfraddau llog a chyfraddau treth. Mae'r ffactorau economaidd hyn yn effeithio ar fusnesau yng Nghymru ac yn y DU gyfan mewn ffyrdd gwahanol. Mae'r llywodraeth yn gosod trethi ar incwm ac elw. Mae'r trethi sy'n cael eu defnyddio yn y DU yn cynnwys treth incwm, TAW a threth gorfforaethol.

Cwestiynau cyflym

1 Beth yw ystyr y term 'hinsawdd economaidd'? (2 farc)

2 Pa **ddau** o'r pethau canlynol sydd fwyaf tebygol o fod yn arwyddion o hinsawdd economaidd sy'n gwella?

(i) Gostyngiad yn nifer y bobl sy'n ddi-waith ond yn chwilio am swydd

(ii) Cynnydd yn nifer y busnesau sy'n cael eu gorfodi i roi'r gorau i fasnachu gan nad ydyn nhw'n gallu ad-dalu benthyciadau

(iii) Cynnydd yn nifer y bobl mewn gwaith

(iv) Cynnydd yn nifer y bobl sy'n symud dramor i weithio (2 farc)

3 Disgrifiwch **un** effaith bosibl ar fusnesau'r DU pe bai lefelau cyflogaeth yn gostwng. (2 farc)

4 Beth yw ystyr y term 'cyfraddau llog'? (2 farc)

5 Disgrifiwch **un** effaith bosibl ar fusnes pe bai cyfraddau llog yn gostwng. (2 farc)

6 Pam na fydd gostyngiad mewn incwm defnyddwyr yn effeithio'n ormodol ar werthiant bara mewn siop fara? (2 farc)

7 Awgrymwch **ddwy** ffordd y gallai defnyddwyr weithredu wrth ymateb i gynnydd mewn cyfraddau llog. (2 farc)

8 Pa **un** o'r canlynol sy'n dreth anuniongyrchol?

(i) Treth incwm

(ii) TAW

(iii) Treth gorfforaethol (1 marc)

9 Disgrifiwch y gwahaniaeth rhwng treth incwm a TAW. (3 marc)

10 Disgrifiwch **un** gwahaniaeth arwyddocaol rhwng economi Cymru ac economi'r DU. (2 farc)

Astudiaeth achos

Dadansoddwr yn rhagweld y bydd cyfraddau llog y DU yn codi

Mae Roger Bootle yn ddadansoddwr economaidd. Mae wedi dweud ei fod yn disgwyl y bydd cyfraddau llog yn y DU yn codi dros y cyfnod rhwng 2017 a 2019. Nid yw'n disgwyl i Fanc Lloegr godi cyfraddau llog yn 2017. Fodd bynnag, mae wedi rhagweld bydd cyfraddau llog y DU yn cyrraedd 3% erbyn 2019 a gallen nhw gyrraedd 5% ar ôl hynny.

Os bydd cyfraddau llog yn codi fel mae Roger Bootle wedi'i ragweld, gallai effeithio'n sylweddol ar rai diwydiannau. Er enghraifft, gallai effeithio'n negyddol ar y diwydiant adeiladu tai gan fod defnyddwyr fel arfer yn prynu tai drwy ddefnyddio benthyciadau. Mae'r llywodraeth wedi rhagweld bydd gwariant cartrefi yn y DU yn codi rhwng 1.1% a 2.1% bob blwyddyn tan 2021.

Cwestiynau

1 Nodwch **ddwy** enghraifft o gynhyrchion, ar wahân i dai, mae defnyddwyr yn aml yn eu prynu drwy ddefnyddio arian benthyg. (2 farc)

2 Dadansoddwch un ffordd byddai'r cynnydd hwn sy'n cael ei ragweld yn y cyfraddau llog yn gallu effeithio ar yr adran gyllid mewn cwmni mawr. (3 marc)

3 Dadansoddwch effeithiau tebygol y cynnydd hwn sy'n cael ei ragweld yn y cyfraddau llog ar lefel gwariant defnyddwyr yn y DU. (6 marc)

4 Dadansoddwch effeithiau'r cynnydd hwn sy'n cael ei ragweld mewn cyfraddau llog ar fusnesau'r DU. Yn eich ateb, dylech chi edrych ar:

● fusnesau y gallai'r cynnydd hwn mewn cyfraddau llog effeithio arnyn nhw

● busnesau na fyddai'n gweld cymaint o effaith y cynnydd hwn mewn cyfraddau llog.

Rhaid i chi werthuso a fydd y cynnydd hwn mewn cyfraddau llog yn effeithio'n sylweddol ar fusnesau'r DU ai peidio. Defnyddiwch dystiolaeth i gefnogi eich ateb. (12 marc)

Effaith globaleiddio ar fusnesau

Mae economi'r byd wedi dod yn llawer mwy cydgysylltiedig dros y 50 mlynedd diwethaf, drwy broses o'r enw globaleiddio. Mae hyn wedi arwain at fanteision ac anfanteision i fusnesau yn y DU. Mae globaleiddio wedi golygu bod busnesau amlwladol yn chwarae rhan allweddol yn economïau'r DU ac yn fyd-eang. Mae aelodaeth y DU o'r Undeb Ewropeaidd hefyd wedi cael effaith sylweddol ar fusnesau yn y DU.

Erbyn diwedd yr adran hon, dylech chi wybod am y canlynol:

● manteision ac anfanteision masnach ryngwladol i fusnesau'r DU

● ystyr y term 'globaleiddio'

● manteision ac anfanteision globaleiddio i fusnesau'r DU

● effaith globaleiddio ar fusnesau'r DU a'u rhanddeiliaid

● effaith busnesau amlwladol ar Gymru a gweddill y DU

● effaith bod yn aelod o'r Undeb Ewropeaidd ar fusnesau a'u rhanddeiliaid.

● Masnach ryngwladol

Mae pob gwlad yn y byd yn ymdrin â masnach ryngwladol mewn rhyw ffordd neu'i gilydd. Mae masnach ryngwladol yn ymwneud â gwerthu cynhyrchion (o'r enw **allforion**) i ddefnyddwyr a busnesau dramor. Mae hefyd yn cynnwys prynu nwyddau a gwasanaethau gan gynhyrchwyr mewn gwledydd eraill. **Mewnforion** yw enw'r rhain.

Mae masnach ryngwladol yn bwysig iawn i'r DU. Yn 2015, roedd y DU wedi:

➔ gwerthu allforion gwerth £512.4 biliwn i wledydd tramor (tua 28% o gyfanswm cynhyrchion y DU)

➔ prynu mewnforion gwerth £547.2 biliwn o wledydd tramor.

Mae masnach ryngwladol yn effeithio ar fusnesau yn y DU, hyd yn oed os nad ydyn nhw'n allforio nac yn mewnforio nwyddau a gwasanaethau'n uniongyrchol. Daw masnach ryngwladol â manteision ac anfanteision i'r rhan fwyaf o fusnesau yn y DU.

Termau allweddol

Nwyddau a gwasanaethau sy'n cael eu cynhyrchu mewn un wlad a'u gwerthu mewn gwlad arall yw **allforion**.

Nwyddau a gwasanaethau sy'n cael eu prynu gan gynhyrchwyr tramor yw **mewnforion**.

Mae dros 3,000 o longau yn cludo allforion a mewnforion drwy borthladd Felixstowe bob blwyddyn

Manteision masnach ryngwladol

Twf mewn gwerthiant ac elw

Gall busnesau yn y DU werthu mewn marchnadoedd llawer mwy os ydyn nhw'n gwerthu dramor. Er enghraifft, mae'r Undeb Ewropeaidd (UE) yn cynnwys dros 500 miliwn o ddefnyddwyr, o'i chymharu ag ychydig dros 64 miliwn yn y DU. Mae masnach ryngwladol hefyd yn cynnig cyfleoedd i werthu mewn marchnadoedd enfawr fel y rhai yn China, India ac UDA. Mae hyn yn caniatáu i fusnesau yn y DU weld cynnydd enfawr yn eu gwerthiant, yn ogystal â mwy o elw.

Marchnadoedd newydd

Mae gwerthu dramor yn gallu cynnig marchnadoedd newydd i fusnesau yn y DU. Mae llywodraeth y DU wedi gosod targed i ddyblu gwerth allforion y DU i £1,000 biliwn erbyn 2020. Dangosodd gwaith ymchwil gan UK Trade and Investment fod 20% o werthiant tramor i gwsmeriaid newydd. Mae hyn yn awgrymu bod nifer o gyfleoedd ar gael mewn marchnadoedd tramor.

Llai o risg

Gall masnachu dramor helpu i leihau'r risg y bydd busnes yn gweld gostyngiad mawr yn ei werthiant. Er enghraifft, mae disgwyl i incymau godi'n araf iawn yn y DU hyd at o leiaf 2020. Mae hyn yn golygu ei bod hi'n bosibl y bydd busnesau yn y DU sy'n gwerthu cynhyrchion moethus fel gemwaith a cheir cyflym yn gweld gostyngiad yn eu gwerthiant. Drwy werthu dramor, lle mae disgwyl i incymau godi'n gyflym mewn gwledydd fel China, gall hyn helpu i amddiffyn rhag gostyngiad mewn gwerthiant yn y DU.

Lledaenu gwybodaeth dechnegol

Gall busnesau yn y DU ddysgu yn sgil cysylltiadau masnachu â mentrau tramor. Gall mewnforio cynhyrchion technolegol iawn, fel ceir trydanol, helpu i wella'r cynhyrchion sy'n cael eu cyflenwi gan fusnesau'r DU. Er bod yna ddeddfau sy'n gwahardd busnesau rhag copïo cynhyrchion newydd yn uniongyrchol, gall busnesau'r DU ddefnyddio'r mewnforion hyn i ddatblygu cynhyrchion gwell.

Mae busnesau yn y DU hefyd yn gallu dysgu sut i gynhyrchu cynhyrchion yn fwy effeithlon gan fusnesau tramor. Er enghraifft, mae gwneuthurwyr ceir tramor fel Nissan a Toyota wedi sefydlu ffatrïoedd yn y DU. Maen nhw wedi defnyddio technegau cynhyrchu, fel defnyddio cyn lleied o stoc â phosibl, ac mae busnesau eraill yn y DU wedi copïo hynny.

Anfanteision masnach ryngwladol

Rhwystrau ieithyddol

Mae rhwystrau ieithyddol yn ychwanegu at gymhlethdodau gwerthu cynhyrchion y DU mewn marchnadoedd tramor. Mae'n gallu gwneud ymchwil marchnad yn anoddach gan y byddai'n bosibl camddeall anghenion defnyddwyr. Yn ogystal, gall olygu bod angen defnydd pacio gwahanol i werthu mewn gwahanol farchnadoedd. Mae hon yn broblem fwy sylweddol i fusnesau'r DU sy'n gwerthu cynhyrchion cymhleth lle mae defnyddwyr angen llawer o wybodaeth cyn prynu, fel yswiriant.

Problemau gyda chadwyni cyflenwi

Mae busnesau'n defnyddio **cadwyni cyflenwi** i symud cynhyrchion o'r fan lle maen nhw (a'r adnoddau sy'n cael eu defnyddio) yn cael eu gwneud, i'r fan lle mae defnyddwyr neu fusnesau eraill yn eu prynu. Mae cadwyni cyflenwi yn golygu trawsnewid adnoddau naturiol, defnyddiau crai a chydrannau, yn gynnyrch gorffenedig, sydd yna'n cael ei ddosbarthu i'r cwsmer. Gall cadwyni cyflenwi fynd yn hir ac yn gymhleth iawn i fusnesau sy'n gwerthu cynhyrchion dramor.

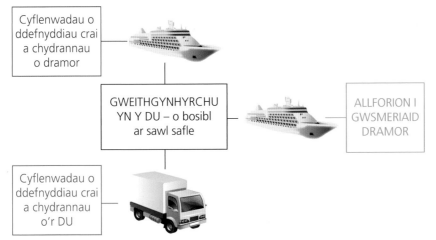

Ffigur 2.18 Enghraifft o gadwyn gyflenwi ryngwladol. Mae rhai busnesau yn y DU yn mewnforio o lawer o gyflenwyr mewn gwledydd gwahanol ac yn allforio i gwsmeriaid mewn 50 neu fwy o wledydd. Mae hyn yn golygu eu bod yn gweithredu cadwyni cyflenwi cymhleth iawn

Mae'n gyffredin i fusnesau'r DU fewnforio defnyddiau crai a chydrannau o dramor, cyn gwerthu'r cynhyrchion terfynol dramor. Mae'n anoddach rheoli cadwyni cyflenwi cymhleth – gall greu nifer o broblemau:

➜ Mae'n bosibl y bydd oedi a chostau annisgwyl wrth gludo defnyddiau crai a chydrannau gan gyflenwyr tramor.

➜ Gallai cyflenwyr tramor fod yn anfoesegol – er enghraifft, defnyddio llafur plant.

➜ Gall cynhyrchion gael eu difrodi neu gall fod yna oedi yn ystod y broses ddosbarthu i farchnadoedd tramor.

Materion yn ymwneud â chyfraddau cyfnewid

Cyfraddau cyfnewid (*exchange rates*) yw pris un arian cyfred wedi'i fynegi yn nhermau un arall.

Bydd unrhyw fusnes yn y DU sy'n mewnforio defnyddiau crai neu gydrannau o dramor, neu sy'n allforio ei gynhyrchion i farchnadoedd tramor, yn cael ei effeithio gan newid mewn cyfraddau cyfnewid.

Termau allweddol

Cadwyn gyflenwi yw'r gwahanol brosesau sy'n ymwneud â chynhyrchu cynnyrch a'i ddosbarthu i brynwyr.

Cyfradd gyfnewid yw pris un arian cyfred wedi'i fynegi yn nhermau un arall.

Mae cyfradd gyfnewid y bunt	Enghraifft	Prisiau allforion y DU dramor (mewn arian tramor)	Prisiau cynhyrchion wedi'u mewnforio yn y DU (mewn punnoedd)
Yn cynyddu	Roedd £1 yr un gwerth â $1.20 UDA yn wreiddiol; mae'n cynyddu yn ei werth i fod yr un gwerth â $1.50 UDA.	Cynnydd mewn prisiau	Gostyngiad mewn prisiau
Yn gostwng	Roedd £1 yr un gwerth â $1.20 UDA yn wreiddiol; mae'n gostwng yn ei werth i fod yr un gwerth â $1.05 UDA.	Gostyngiad mewn prisiau	Cynnydd mewn prisiau

Tabl 2.6 Effaith newidiadau yng nghyfradd gyfnewid y bunt ar brisiau allforion a mewnforion

Mae Tabl 2.6 yn dangos bod newidiadau yng nghyfradd gyfnewid y bunt yn gallu effeithio ar:

→ gostau cynhyrchu busnes yn y DU os yw'n mewnforio nwyddau a gwasanaethau

→ pris cynhyrchion allforiwr o'r DU mewn marchnadoedd tramor.

Os yw'r gyfradd gyfnewid yn cynyddu, mae fel arfer yn gwneud prisiau allforion o'r DU yn ddrutach dramor. I fusnesau sy'n gwerthu mewn marchnadoedd lle mae cystadleuaeth ffyrnig am brisiau, gall hyn fod yn broblem.

Ystyried busnes: Gostyngiad yn y bunt yn effeithio ar wneuthurwr trenau model

Busnes bach yw Dapol sy'n cynhyrchu trenau model sy'n cael eu gwerthu yn y DU a thramor. Mae wedi'i leoli yn Y Waun yng ngogledd Cymru, er bod rhai o'i gynhyrchion yn cael eu gwneud dramor. Mae'r farchnad ar gyfer trenau model yn gystadleuol iawn gyda chystadleuwyr mwy, fel Hornby. Mae Dapol yn gwerthu amrywiaeth o drenau, gan gynnwys locomotif stêm Britannia am £140.

Yn dilyn penderfyniad y DU i adael yr Undeb Ewropeaidd (UE), gwelwyd gostyngiad o tua 15% yng nghyfradd gyfnewid y bunt yn erbyn arian gwledydd eraill. Er enghraifft, cwympodd mewn gwerth yn erbyn doler America ($). Cafodd hyn effaith sylweddol ar Dapol. Er enghraifft, gwelwyd cynnydd rhwng 10% a 20% yng nghostau'r defnyddiau a'r cydrannau roedd Dapol yn eu mewnforio.

1 **Gostyngodd gwerth y bunt o £1 = $1.49 i £1 = $1.20 rhwng mis Mehefin 2016 a'r mis Ionawr canlynol. Cyfrifwch y newid ym mhris locomotif stêm Britannia Dapol sy'n cael ei werthu yn America, o ganlyniad i'r gostyngiad yng ngwerth y bunt.** (3 marc)

2 **Dadansoddwch un effaith ar Dapol o ganlyniad i'r gostyngiad mawr yn y gyfradd gyfnewid.** (3 marc)

Trethi a deddfau lleol

Gall fod yn anodd i fusnesau'r DU werthu rhai cynhyrchion dramor gan fod deddfau lleol yn wahanol. Gall olygu bod rhaid addasu cynhyrchion er mwyn cydymffurfio â rheolau lleol. Gall hyn ychwanegu at gostau a lleihau elw.

Yn yr un modd, gall allforwyr o'r DU orfod talu trethi lleol wrth allforio i wledydd eraill. **Tollau** (*tariffs*) yw'r enw ar drethi ar fewnforion. Mae hyn yn gallu arwain at brisiau uwch i gwsmeriaid tramor a lefelau gwerthiant is. Yn 2016, fe wnaeth China gyflwyno toll a oedd yn ychwanegu 46% at bris dur a oedd wedi'i gynhyrchu yng Nghymru gan Tata.

Term allweddol

Treth ar fewnforion yw **toll**. Fel arfer, mae'n cael ei mynegi fel canran o bris y mewnforion.

● Beth yw globaleiddio?

Mae **globaleiddio** yn rym pwysig sydd wedi newid y ffordd mae nifer o fusnesau'n gweithredu ers y 1970au. Mae economïau wedi dod yn fwy cydgysylltiedig o ganlyniad i'r ffactorau canlynol:

→ mae gwledydd yn masnachu mwy gyda'i gilydd

→ mae pobl wedi symud i fyw a gweithio dramor ac mae arian wedi llifo rhwng gwledydd gwahanol

→ mae **cwmnïau amlwladol** wedi dod yn fwyfwy pwysig ac maen nhw wedi cyflenwi cynhyrchion i farchnadoedd ar draws y byd.

Cynnydd mewn masnach ryngwladol

Un o nodweddion mwyaf arwyddocaol globaleiddio yw ei fod wedi arwain at fwy o fasnachu rhwng gwledydd – yr enw ar y math hwn o fasnach yw masnach ryngwladol. Mae Ffigur 2.19 isod yn dangos y cynnydd aruthrol yng ngwerth allforion yn fyd-eang rhwng 1960 a 2015, ac nid yw'n ystyried effaith prisiau'n codi. Yn 1960, cyfanswm gwerth allforion gan bob gwlad oedd $125 biliwn; erbyn 2015 roedd y ffigur wedi cyrraedd $16,600 biliwn.

Termau allweddol

Globaleiddio yw'r duedd i farchnadoedd fynd yn fyd-eang yn eu mentergarwch

Mae **cwmni amlwladol** yn cynhyrchu nwyddau a gwasanaethau mewn mwy nag un wlad. Maen nhw hefyd yn cael eu galw'n gorfforaethau rhyngwladol.

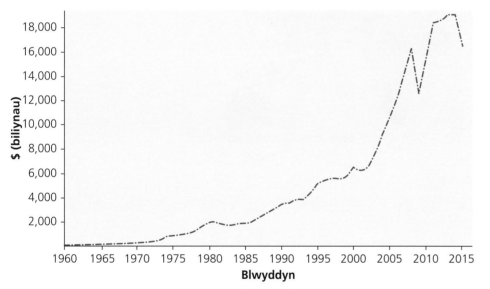

Ffigur 2.19 Allforion byd-eang 1960-2015 ($ biliwn) (**Ffynhonnell:** The World Bank, http://data.worldbank.org/topic/trade)

Rydyn ni wedi gweld y cynnydd hwn mewn masnach ryngwladol gan fod incymau wedi cynyddu mewn llawer o wledydd dros y cyfnod hwn. Mae hyn wedi arwain at gynnydd yn y galw am nifer o gynhyrchion fel ffonau symudol, ceir a rhai bwydydd fel cig eidion ac olew palmwydd. Yn aml, mae'r cynhyrchion hyn yn cael eu cynhyrchu mewn gwledydd eraill ac yn cael eu hallforio i'r man lle mae'r defnyddwyr yn byw. Yn ogystal â hyn, mae incymau wedi codi'n arbennig o gyflym mewn gwledydd fel China, India a Brasil, gan arwain at gynnydd mawr iawn mewn masnach gyda'r gwledydd hyn.

Yn olaf, mae mwy o gytundebau masnach wedi eu llunio rhwng gwledydd, gan ei gwneud hi'n bosibl i gyfnewid nwyddau a gwasanaethau heb gymaint o rwystrau masnachu. Mae Cyfundrefn Masnach y Byd (*WTO: World Trade Organisation*) yn gyfundrefn ryngwladol sydd wedi chwarae rhan allweddol yn y gwaith o leihau rhwystrau masnachu, fel tollau (trethi ar nwyddau a gwasanaethau wedi'u mewnforio). Mae wedi arwain ar drafodaethau i leihau rhwystrau masnachu ac mae hefyd yn datrys anghydfodau masnachu (*trade disputes*) rhwng gwledydd.

Mae pobl ac arian wedi symud yn fwy rhydd dros ffiniau rhyngwladol

Mae globaleiddio wedi annog pobl i symud rhwng gwledydd gwahanol wrth geisio gwella'u safon byw. Yn benodol, mae wedi cynyddu nifer y rhai sy'n mudo (*migrate*) i wledydd ag incymau uwch yn Ewrop a Gogledd America. Mae'r gwledydd hyn yn apelio at fudwyr gan fod busnesau eisiau gweithwyr a gan fod y cyflogau'n gymharol uchel. Mae Ffigur 2.20 yn dangos rhai o brif lwybrau rhyngwladol mudwyr.

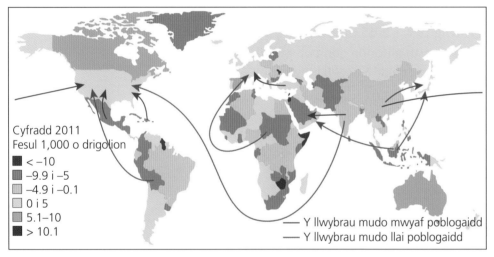

Cyfradd 2011
Fesul 1,000 o drigolion
- ■ < −10
- ■ −9.9 i −5
- □ −4.9 i −0.1
- □ 0 i 5
- ▨ 5.1–10
- ■ > 10.1

—— Y llwybrau mudo mwyaf poblogaidd
—— Y llwybrau mudo llai poblogaidd

Ffigur 2.20 Llif mudwyr dros y byd

Datblygiad cwmnïau amlwladol

Mae globaleiddio wedi arwain at farchnadoedd mwy rhyngwladol. Mae nifer o fusnesau wedi addasu i'r duedd hon drwy gynhyrchu ar lefel ryngwladol, yn hytrach na gweithredu mewn marchnad sengl yn unig. Mae cwmnïau amlwladol (*MNCs: multinational companies*) yn cynhyrchu nwyddau a gwasanaethau mewn mwy nag un wlad ac mae eu cynhyrchion fel arfer yn cael eu gwerthu mewn nifer o wledydd. Mae Apple, Lenovo a Tesco i gyd yn enghreifftiau o gwmnïau amlwladol.

Mae globaleiddio wedi'i gwneud hi'n haws i gwmnïau amlwladol brynu adnoddau'n rhad o wledydd eraill. Er enghraifft, yn 2015 prynodd Nestlé tua 420,000 tunnell fetrig o olew palmwydd o Indonesia a Malaysia. Mae'n defnyddio'r olew i gynhyrchu danteithion.

McDonald's yw un o'r cwmnïau amlwladol mwyaf adnabyddus yn y byd

Cyfleoedd a bygythiadau gweithio mewn marchnad fyd-eang

Term allweddol

Mae **marchnadoedd byd-eang** yn cynnwys cwsmeriaid o bob rhan o'r byd.

Mae globaleiddio'n golygu bod busnesau yn y DU yn gwerthu eu nwyddau a'u gwasanaethau mewn **marchnadoedd byd-eang**. Maen nhw'n gwerthu cynhyrchion i ddefnyddwyr, busnesau a llywodraethau o bob rhan o'r byd. Mae gweithio mewn marchnad fyd-eang yn cynnig cyfleoedd ac yn cyflwyno bygythiadau i fusnesau yn y DU.

Y cyfleoedd mewn marchnad fyd-eang

Costau cynhyrchu is

Mae busnesau yn y DU yn gallu cynhyrchu nwyddau a gwasanaethau'n rhatach yn sgil globaleiddio. Un cyfle arbennig yw sefydlu cyfleusterau cynhyrchu dramor lle mae costau cynhyrchu yn is. Mae Lush, sef busnes o'r DU sy'n cynhyrchu a gwerthu cynnyrch cosmetig drwy gadwyn o siopau ar y stryd fawr, yn symud llawer o'i waith cynhyrchu i'r Almaen. Mae'r cwmni'n gwerthu llawer iawn o'i gynhyrchion yn Ewrop.

Marchnadoedd newydd

Mae gweithredu yn y farchnad fyd-eang yn golygu bod busnesau yn y DU yn gallu gwerthu cynhyrchion yn y rhan fwyaf o wledydd ar draws y byd.

Bygythiadau'r farchnad fyd-eang

Drwy agor marchnadoedd byd-eang, mae'n golygu bod busnesau'r DU yn wynebu mwy o gystadleuaeth gan fusnesau tramor. Gall hyn achosi goblygiadau negyddol difrifol. Efallai bydd busnesau o'r DU yn canfod nad ydyn nhw'n gallu cystadlu â chystadleuwyr tramor mwy effeithlon. Mae nifer o ddiwydiannau gweithgynhyrchu (*manufacturing*) yn y DU wedi dirywio oherwydd cystadleuaeth o dramor. Rhai enghreifftiau o hyn yw diwydiannau cynhyrchu beiciau modur a beiciau.

Manteision ac anfanteision globaleiddio

Daw globaleiddio â nifer o fanteision ac anfanteision i fusnesau yn y DU ac i'w rhanddeiliaid.

Manteision globaleiddio

Twf cyflym

Mae globaleiddio wedi helpu rhai busnesau yn y DU i dyfu'n gyflym drwy ddarparu cyfleoedd mewn marchnadoedd tramor. Mae hyn yn cynnig amrywiaeth o fanteision i fusnesau, gan gynnwys darbodion maint. Er enghraifft, mae prynu symiau mawr yn galluogi busnesau i dalu prisiau is am gyflenwadau fesul uned. Mae twf yn helpu i sicrhau elw uwch ac enillion gwell i'r cyfranddalwyr.

Buddsoddiad o'r tu allan

Mae globaleiddio wedi helpu'r DU i ddenu symiau mawr iawn o **fuddsoddiad o'r tu allan**. Ers 1990 mae'r DU wedi derbyn swm enfawr o fuddsoddiad o'r tu allan: yn 2015 derbyniodd y DU £25.5 biliwn. Mae hyn yn helpu cwmnïau'r DU i dyfu ac mae rhywfaint o'r buddsoddiad yn gwella ffyrdd a thelegyfathrebu. Mae rhai o fusnesau'r DU wedi cael eu prynu gan gwmnïau tramor.

Adnoddau rhatach

Mae globaleiddio yn golygu bod gan fusnesau'r DU fynediad at adnoddau rhatach. Mae llawer o'r glo yn y DU yn cael ei fewnforio gan ei fod yn rhatach. Mae rhai busnesau'n manteisio ar ffynonellau llafur rhatach o dramor.

> **Term allweddol**
>
> Mae **buddsoddiad o'r tu allan** yn digwydd pan mae llywodraethau, busnesau ac unigolion yn buddsoddi cyfalaf mewn gwlad arall – er enghraifft, adeiladu ffatrïoedd newydd neu brynu cwmnïau.

Anfanteision globaleiddio

Mae rhai busnesau a'u rhanddeiliaid wedi 'colli' oherwydd globaleiddio gan ei fod yn achosi nifer o anfanteision hefyd.

Cystadleuaeth ffyrnig

Mae busnesau'r DU yn wynebu cystadleuaeth ffyrnig gan gwmnïau tramor yn sgil globaleiddio. Mae hyn yn gallu rhoi pwysau arnyn nhw i werthu am brisiau is. Gallai hyn arwain at lai o swyddi i weithwyr neu bod llai o elw ar gael i gwmnïau ei ddosbarthu i'w cyfranddalwyr.

Cystadleuwyr newydd

Mae cystadleuwyr newydd yn dod i'r amlwg yn sgil globaleiddio. Mae dyfodiad cystadleuwyr newydd yn ei gwneud hi'n anoddach i fusnesau'r DU i gynyddu neu gynnal eu cyfran nhw o'r farchnad. Mae cyfranddalwyr, gweithwyr a chyflenwyr y busnesau hyn yn dioddef. Gall elw busnesau ostwng, efallai bydd angen llai o weithwyr a bydd cyflenwyr yn derbyn archebion llai am eu nwyddau a'u gwasanaethau.

Bygythiad trosfeddiannu

Mae busnesau'r DU dan fygythiad cynyddol o gael eu trosfeddiannu yn sgil globaleiddio. Mae prynu busnes yn y DU yn ffordd gyflym i gwmni amlwladol fod yn berchen ar frand adnabyddus a chael ei droed i mewn i farchnad y DU. Gall hyn effeithio'n negyddol iawn ar rai rhanddeiliaid. Er enghraifft, yn 2010 cafodd Cadbury, un o wneuthurwyr siocled enwocaf y DU, ei brynu gan gwmni o America, sef Kraft. O fewn wythnosau, penderfynodd Kraft gau ffatri Cadbury ym Mryste a symud ei waith cynhyrchu i Wlad Pwyl, lle mae'r costau'n is. Collodd dros 400 o bobl eu swyddi. Nid oedd cyflenwyr y ffatri bellach yn derbyn archebion am nwyddau a gwasanaethau.

● Cwmnïau amlwladol

Mae cwmnïau amlwladol yn cynhyrchu nwyddau a gwasanaethau mewn mwy nag un wlad. Rhai enghreifftiau o gwmnïau amlwladol yw Hitachi, Ford a Sony.

Mae globaleiddio wedi arwain at gynnydd mawr yn nifer y cwmnïau amlwladol. Yn 1969 roedd y Cenhedloedd Unedig yn amcangyfrif bod yna 7,000 o gwmnïau amlwladol yn y byd. Erbyn 2006 roedd y ffigur hwn wedi codi i fwy nag 80,000 o gwmnïau amlwladol. Mae'r twf cyflym hwn wedi digwydd gan fod y broses globaleiddio wedi'i gwneud hi'n haws i gwmnïau gynhyrchu mewn gwledydd eraill. Mae yna lai o rwystrau masnachu ac mae'n haws symud pobl i leoliadau lle mae eu hangen dros y byd.

Ystyried busnes: Starbucks

Cwmni amlwladol o America yw Starbucks sydd â bron i 24,000 o siopau coffi mewn 70 o wledydd dros y byd. Mae siopau coffi Starbucks yn gwerthu diodydd oer a phoeth, cacennau a bisgedi yn ogystal â phrydau ysgafn. Mae gan rai o'i siopau coffi drwydded i werthu diodydd alcoholig.

Mae Starbucks wedi gwahaniaethu ei hun oddi wrth y cadwyni siopau coffi eraill drwy bwysleisio ansawdd ei goffi (yn enwedig ei goffi tywyll wedi'i rostio) yn ogystal ag ansawdd profiad ei gwsmeriaid.

1 **Dadansoddwch pam mae Starbucks yn fusnes addas i weithredu fel cwmni amlwladol.** (6 marc)

Brandiau byd-eang

Mae datblygu **brand** sy'n cael ei adnabod ledled y byd yn bwysig i gwmnïau amlwladol. I fod yn effeithiol, rhaid i frand byd-eang gynnig yr un manteision i ddefnyddwyr lle bynnag maen nhw'n byw. Mae brandiau fel Google a Pepsi-Cola wedi llwyddo i wneud hyn. Mae brand Google, er enghraifft, yn addo data perthnasol sydd ar gael yn hawdd. Mae'r brandio hwn yn ymdrin â symudiad Google o ddarparu peiriannau chwilio (*search engines*), i gyflenwi llyfrau, mapiau a ffonau symudol. Mae Tabl 2.7 yn dangos brandiau byd-eang a'r gwerth uchel o werthiant byd-eang y maen nhw'n llwyddo i'w gael.

> **Term allweddol**
>
> Enw, dyluniad, logo neu symbol yw **brand**, sy'n gwneud cynnyrch yn wahanol i'r hyn sy'n cael ei gynhyrchu gan ei gystadleuwyr.

Mae brand byd-eang yn cynnig manteision pwysig i gwmnïau amlwladol.

➜ **Ansawdd**. Mae brandiau byd-eang yn aml yn cael eu hystyried yn rhai o ansawdd uchel, yn enwedig gan ddefnyddwyr mewn gwledydd ag incwm is fel India a China. Mae hyn yn eu gwneud nhw'n ddymunol iawn ac yn rhoi gwerth iddyn nhw, ac mae'n helpu i gryfhau gwerthiant brandiau byd-eang.

➜ **Costau is**. Mae cwmnïau â brandiau byd-eang yn aml yn cynhyrchu nwyddau a gwasanaethau ar raddfa fawr iawn. Mae hyn yn eu galluogi nhw i brynu cyflenwadau am brisiau is fesul uned ac i ddefnyddio'r dechnoleg ddiweddaraf yn eu gwaith cynhyrchu. Mae costau is yn galluogi cwmnïau amlwladol â brandiau byd-eang i werthu am brisiau is neu i fwynhau mwy o elw.

Cwmni	Mamwlad	Diwydiant	Gwerthiant, $ miliwn, 2015
Volkswagen	Yr Almaen	Cynhyrchu cerbydau	236,600
Apple	UDA	Technoleg	233,715
BP	DU	Archwilio a chynhyrchu olew	225,982
Samsung	De Corea	Electroneg	177,440
Amazon	UDA	Adwerthu	107,006
Microsoft	UDA	Technoleg	93,580
Nestlé	Y Swistir	Cynhyrchu bwyd	92,285
Disney	UDA	Adloniant	52,465
Banc Barclays	DU	Gwasanaethau ariannol	49,490
Christian Dior	Ffrainc	Dillad a phersawr	41,901

Tabl 2.7 Detholiad o'r prif frandiau byd-eang

Manteision bod yn gwmni amlwladol

Mae'r twf cyflym yn nifer y cwmnïau amlwladol dros y 50 mlynedd diwethaf wedi digwydd, yn rhannol, oherwydd bod cwmnïau yn elwa mewn sawl ffordd drwy weithredu mewn mwy nag un wlad. Gallwn ni nodi pum prif ffordd y mae cwmnïau'n elwa drwy fasnachu fel cwmnïau amlwladol.

Gellir dadlau mai Coca-Cola yw'r brand mwyaf adnabyddus yn y byd. Yn 2013, cafodd cynhyrchion y cwmni eu gwerthu mewn mwy na 200 o wledydd

Cyfran fwy o'r farchnad

Mae cwmnïau'n elwa drwy ddominyddu marchnadoedd. Os gallan nhw gynyddu eu gwerthiant o'i gymharu â gwerthiant eu cystadleuwyr, maen nhw'n cynyddu eu cyfran o'r farchnad. Mae cwmnïau amlwladol sydd â chyfran uchel o'r farchnad yn elwa mewn sawl ffordd.

→ Maen nhw'n gosod archebion mwy gyda chyflenwyr ac maen nhw'n gallu negodi bargeinion ffafriol yn haws. Gall hyn ostwng eu costau.

→ Mae ganddyn nhw fwy o ddylanwad ar y prisiau sy'n cael eu codi yn y farchnad. Efallai na fydd cwmnïau eraill sydd â chyfrannau llai o'r farchnad yn ceisio eu tanbrisio.

→ Mae cwmnïau amlwladol sydd â chyfran fawr o'r farchnad yn gallu gwario mwy ar hysbysebu eu cynhyrchion. Mae hyn yn gwneud enw eu brand yn fwy cyfarwydd i ddefnyddwyr.

→ Gall cwmnïau â chyfrannau uchel iawn o'r farchnad elwa os bydd defnyddwyr yn cysylltu eu henw nhw â math o gynnyrch. Yn 2016, roedd cyfran Google o farchnad y peiriannau chwilio tua 90%. Mae wedi bod ar y lefel hon ers 2010. Mae defnyddwyr yn aml yn defnyddio'r term 'google' i gyfeirio at ddefnyddio peiriant chwilio. Mae hyn yn helpu'r cwmni i gynnal ei safle blaenllaw yn y farchnad.

Costau cynhyrchu rhatach

Mae masnachu fel cwmni amlwladol yn helpu cwmni i leihau ei gostau cynhyrchu. Un ffordd o wneud hyn yw lleoli cyfleusterau cynhyrchu dramor mewn gwledydd lle mae'r costau llafur a chostau eraill yn llawer is. Mae nifer o fusnesau adnabyddus o'r DU wedi symud dramor gyda'r nod o leihau costau cynhyrchu. Er enghraifft, yn 2011 symudodd Cadbury lawer o'i waith cynhyrchu siocled i ffatri newydd yng Ngwlad Pwyl. Mae'n hawdd gweld pam mae costau cynhyrchu yng Ngwlad Pwyl yn is nag yn y DU. Y cyflog cyfartalog yn y DU yn 2014 oedd £23,275. Derbyniodd gweithwyr yng Ngwlad Pwyl gyfartaledd o tua £8,500 yn y flwyddyn honno.

Darbodion maint

Yn gyffredinol, mae cwmnïau amlwladol yn llawer mwy na busnesau eraill. Oherwydd hyn, maen nhw'n elwa o ddarbodion maint. Mae hyn yn golygu bod cost cynhyrchu uned allgynnyrch sengl yn lleihau wrth i gwmnïau amlwladol gynhyrchu symiau mwy o nwyddau neu wasanaethau. Felly, gall busnes sy'n cynhyrchu 1,000 uned o allgynnyrch wneud hynny ar gost o £250 fesul uned. Fodd bynnag, gallai busnes llawer mwy sy'n cynhyrchu 300,000 uned o allgynnyrch wneud hynny ar gost o £175 fesul uned, er enghraifft.

Mae cwmnïau amlwladol yn elwa o ddarbodion maint am nifer o resymau, gan gynnwys y rhai canlynol:

→ Gan eu bod nhw'n gosod archebion mawr gyda chyflenwyr, maen nhw'n gallu negodi a sicrhau prisiau isel fesul uned.

→ Maen nhw'n gallu fforddio defnyddio'r dechnoleg fwyaf effeithlon i gynhyrchu nwyddau a gwasanaethau.

→ Mae banciau yn aml yn cytuno i roi benthyciadau i gwmnïau amlwladol ar gyfraddau llog isel gan eu bod nhw fel arfer yn cael eu hystyried yn risg isel.

Os bydd cwmni amlwladol yn elwa o ddarbodion maint, mae'n gallu gwerthu cynhyrchion am brisiau is. Mae hyn yn ei helpu i ddenu hyd yn oed mwy o gwsmeriaid.

Osgoi rhwystrau masnachu

Dydy busnesau ddim bob amser yn rhydd i werthu eu nwyddau a'u gwasanaethau ym mhob gwlad. Mae gan rai gwledydd, neu grwpiau o wledydd, rwystrau yn eu lle i gyfyngu ar fewnforion o wledydd eraill. Trethi ar fewnforion (o'r enw tollau) yw'r rhwystrau hyn yn aml, neu gyfyngiadau ar nifer y cynhyrchion y gellir eu mewnforio.

Mae cwmnïau amlwladol yn gallu osgoi rhwystrau masnachu drwy leoli eu cyfleusterau cynhyrchu o fewn y wlad neu'r gwledydd. Mae hyn yn golygu nad yw unrhyw nwyddau neu wasanaethau sy'n cael eu cynhyrchu yn cael eu hystyried yn fewnforion ac felly maen nhw'n osgoi unrhyw rwystrau masnachu fel tollau. Mae'r UE yn grŵp o 28 o wledydd sy'n codi'r un tollau â'i gilydd ar fewnforion o wledydd y tu allan i'r UE. Mae llawer o gwmnïau amlwladol adnabyddus wedi sefydlu o fewn yr UE er mwyn osgoi'r tollau hyn. Mae'r rhain yn cynnwys:

→ Google (cwmni technoleg o America)

→ Samsung (cwmni electroneg o Korea).

Mae gan Honda ffatri fawr yn y DU sy'n cynhyrchu ceir. Mae llawer o'r cerbydau hyn yn cael eu hallforio i wledydd eraill yn yr UE

Grantiau gan y llywodraeth

Gall cwmnïau amlwladol gael effaith gadarnhaol ar yr economïau lle maen nhw'n dewis sefydlu eu hunain. Yn Hydref 2016, penderfynodd Nissan gynhyrchu fersiwn diweddaraf ei fodel Qashqai yn Sunderland. Bydd hyn yn creu 7,000 o swyddi. Yn ddealladwy, mae'r rhan fwyaf o lywodraethau'n awyddus iawn i ddenu cwmnïau mawr oherwydd y swyddi maen nhw'n eu creu.

Mae'r rhan fwyaf o wledydd yn cynnig **grantiau llywodraeth** er mwyn helpu i berswadio cwmnïau amlwladol i sefydlu eu hunain yn eu gwledydd nhw, yn enwedig mewn ardaloedd â diweithdra uchel. Mae grantiau llywodraeth yn cynnig nifer o fuddiannau i gwmnïau amlwladol. Maen nhw'n helpu i ariannu eitemau gwariant mawr, fel adeiladu ffatri newydd. Does dim rhaid ad-dalu grantiau llywodraeth.

> ### Term allweddol
>
> Swm o arian sy'n cael ei roi i fusnesau gan lywodraeth at ddiben penodol yw **grant llywodraeth**. Dydy'r grantiau hyn ddim yn cael eu had-dalu fel arfer.

⬤ Effaith cwmnïau amlwladol ar y DU

Daw cwmnïau amlwladol â nifer o fuddiannau i'r gwledydd maen nhw'n lleoli eu hunain ynddyn nhw. Fodd bynnag, mae rhoi cartref i gwmni amlwladol yn gallu arwain at nifer o effeithiau negyddol.

Effeithiau cadarnhaol cwmnïau amlwladol

Creu swyddi

Mae cwmnïau amlwladol sy'n gweithredu yn y DU yn creu nifer fawr o swyddi. Maen nhw'n creu swyddi yn uniongyrchol yn eu gweithrediadau nhw eu hunain. Maen nhw hefyd yn gallu creu swyddi yn anuniongyrchol â chyflenwyr a'r adwerthwyr sy'n gwerthu eu cynhyrchion. Er enghraifft, mae'r diwydiant cynhyrchu ceir yn y DU wedi'i wneud yn bennaf o gwmnïau amlwladol tramor fel Ford, Toyota, BMW a Honda. Cafodd 800,000 o bobl waith yn y diwydiant hwn yn y DU yn 2015.

Cyflwyno technoleg newydd

Mae cwmnïau amlwladol yn dod â thechnoleg newydd i'r economi. Yn 2015, gwelwyd cynnydd o 5% yn y gwariant ar ymchwil a datblygu cynhyrchion newydd a phrosesau cynhyrchu gan fusnesau tramor. Cwmnïau amlwladol tramor oedd yn gyfrifol am tua 51% o'r gwariant yn y DU ar **ymchwil a datblygu**. Mae Ffigur 2.21 yn dangos sut mae cyfran y gwariant ar ymchwil a datblygu gan fusnesau tramor wedi codi dros amser yn y DU.

> **Term allweddol**
>
> **Ymchwil a datblygu** yw'r astudiaeth wyddonol sydd ei hangen i ddatblygu cynhyrchion a phrosesau cynhyrchu newydd.

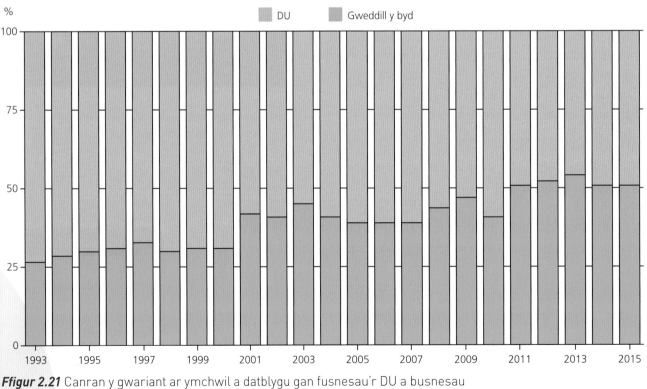

Ffigur 2.21 Canran y gwariant ar ymchwil a datblygu gan fusnesau'r DU a busnesau tramor 1993-2015 (**Ffynhonnell:** ONS)

Mae Airbus yn buddsoddi'n fawr mewn ymchwil a datblygu. Mae ei gynhyrchion a'i brosesau cynhyrchu newydd yn helpu i wneud economi'r DU yn fwy cystadleuol ac yn helpu i greu swyddi

Ychwanegu at dwf yr economi

Pan mae economïau'n tyfu, maen nhw'n cynhyrchu symiau mwy o nwyddau a gwasanaethau, yn creu mwy o swyddi ac mae incymau fel arfer yn codi. Mae'r wlad gyfan yn elwa o hyn.

Mae gan gwmnïau amlwladol ddylanwad enfawr ar ba mor gyflym mae economi'r DU yn tyfu. Mae cwmnïau amlwladol yn fusnesau mawr a chystadleuol iawn ac maen nhw'n aml yn gweld cyfraddau twf uchel yn eu gwerthiant. Gall hyn gryfhau cyfraddau twf yr economïau lle mae'r cwmnïau wedi eu sefydlu. Yn 2016 cadarnhaodd Google ei fod yn ehangu ei swyddfeydd yn Llundain, gan greu 3,000 o swyddi.

Mae cwmnïau amlwladol yn helpu busnesau eraill i dyfu'n gyflym hefyd. Busnes wedi'i leoli yn Wrecsam yw Magellan ac mae'n cyflenwi cydrannau metel i wneuthurwyr eraill. Yn 2016, arwyddodd gytundeb gwerth £400 miliwn i ddarparu cydrannau i Airbus, sef gwneuthurwr awyrennau amlwladol. Mae gan Airbus ffatri yng ngogledd Cymru.

Mwy o ddewis i ddefnyddwyr

Heb gwmnïau amlwladol, byddai'r stryd fawr yn edrych yn wahanol iawn yn y DU. Cwmnïau amlwladol sy'n berchen ar adwerthwyr fel Zara, Starbucks, Apple a McDonald's. Ar yr un pryd, mae pobl yn y DU yn gwario mwy a mwy ar-lein. Cwmnïau amlwladol sy'n berchen ar nifer o'r gwefannau poblogaidd. Amazon, yr adwerthwr ar-lein o America, yw'r mwyaf yn y byd. Cyrhaeddodd ei werthiant yn y DU £6.31 biliwn yn 2015.

Effeithiau negyddol cwmnïau amlwladol

Ecsbloetio llafur a dadsgilio swyddi

Mae nifer o gwmnïau amlwladol yn y DU wedi cael eu beirniadu am ecsbloetio gweithwyr. Mae hyn yn arbennig o gyffredin yn yr hyn sy'n cael ei alw'n economi 'gig'. Mae busnesau yn yr **economi 'gig'** fel arfer yn defnyddio gweithwyr sy'n hunangyflogedig yn hytrach na rhai sy'n cael eu cyflogi gan y busnesau. Mae hyn yn lleihau'r trethi cyflogaeth sy'n rhaid i'r busnesau eu talu. Mae'r busnesau hyn hefyd yn osgoi talu cyflogau pan mae gweithwyr yn sâl neu ar eu gwyliau. Mae nifer o gwmnïau amlwladol yn rhan o'r economi 'gig', gan gynnwys Uber. Mae tua 6% o weithwyr yn y DU yn rhan o'r economi 'gig'.

Term allweddol

Mae'r **economi 'gig'** yn cyfeirio at fusnesau sy'n defnyddio gweithwyr dros dro yn bennaf sydd ddim yn derbyn budd-daliadau fel oriau gwaith gwarantedig neu dâl gwyliau a salwch.

Ystyried busnes: Hermes

Cwmni dosbarthu parseli amlwladol dan berchenogaeth cwmni o'r Almaen yw Hermes. Mae'n darparu gwasanaethau dosbarthu drwy'r DU gyfan ac mae'n rhan o'r economi 'gig'. Yn 2015, roedd gan y cwmni 10,500 o yrwyr (o'r enw 'couriers') a oedd yn hunangyflogedig ac felly doedden nhw ddim yn cael eu cyflogi gan y cwmni yn gyfreithiol. Dim ond 1,963 o weithwyr oedd gan Hermes yn y DU yn 2015. Mae Hermes yn disgwyl i'w 'couriers' gael eu cerbydau eu hunain ac mae'n talu ffi iddyn nhw am bob parsel maen nhw'n ei ddosbarthu. Dydy Hermes ddim yn gwarantu unrhyw oriau gwaith sefydlog i'w 'couriers'.

1 **Disgrifiwch un ffordd gallai pobl ystyried bod Hermes yn ecsbloetio'i couriers.** (3 marc)

Mae rhai cwmnïau amlwladol wedi cael eu cyhuddo o **ddadsgilio** swyddi eu gweithwyr. Mae hyn yn golygu bod swyddi'n mynd yn fwy syml ac yn cynnwys llai o dasgau. O ganlyniad, mae'n haws ac yn rhatach i gwmnïau amlwladol hyfforddi gweithwyr newydd pan fo angen.

Dydy'r elw ddim yn aros yn y DU

Dydy hi ddim yn anarferol i gwmnïau amlwladol anfon yr elw maen nhw'n ei ennill drwy fasnachu yn y DU yn ôl i'w mamwlad. Mae hyn yn golygu bod y buddiannau posibl o'r elw hwn (o bosibl, buddsoddiad mwy mewn ffatrïoedd, swyddfeydd a siopau yn y DU) yn diflannu.

Effaith ar yr amgylchedd

Mae cwmnïau amlwladol yn y DU (ac mewn gwledydd eraill) wedi cael eu beirniadu'n hallt am niweidio'r amgylchedd. Mae rhai cwmnïau amlwladol yn bwerus iawn ac yn gallu defnyddio eu hadnoddau mewn ffyrdd sydd â'r potensial i niweidio'r amgylchedd. Yn 2017, roedd adroddiadau'n honni bod INEOS, cwmni cemegol amlwladol, yn bwriadu adfer cronfeydd olew yn Sherwood Forest yn Nottingham. Mae nifer o grwpiau'n gwrthwynebu hyn yn gryf, gan gynnwys Cyfeillion y Ddaear – grŵp sydd wedi'i sefydlu i warchod yr amgylchedd.

Term allweddol

Mae **dadsgilio** yn golygu bod gweithwyr yn cyflawni tasgau llai cymhleth a llai niferus.

● Yr Undeb Ewropeaidd

Cyfundrefn sy'n cynnwys 28 o wledydd Ewrop yw'r UE. Mae 28 aelod yr UE yn gweithredu fel un wlad mewn sawl ffordd. Mae nwyddau a gwasanaethau'n symud yn rhydd rhyngddyn nhw heb unrhyw dollau na chwotâu. Mae pedwar ar bymtheg o'r 28 gwlad yn defnyddio'r un arian cyfred – yr ewro.

Mae'r gwledydd oedd yn aelodau o'r UE yn 2016 i'w gweld yn Ffigur 2.22 ar y dudalen nesaf. Mae'r DU yn aelod o'r UE ar hyn o bryd. Fodd bynnag, yn dilyn refferendwm ym mis Mehefin 2016, mae'r DU wedi penderfynu gadael y gyfundrefn. Disgwylir i hyn ddigwydd yn 2020.

Mae cyfanswm poblogaeth y 28 gwlad yn yr UE dros 500 miliwn. Gall unrhyw wlad Ewropeaidd wneud cais i ymuno â'r UE.

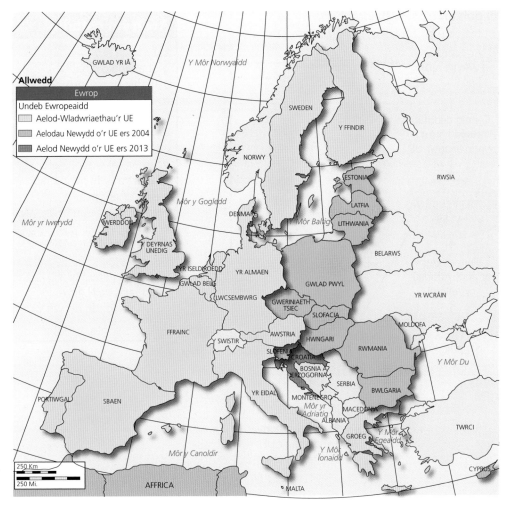

Allwedd

Ewrop
Undeb Ewropeaidd
Aelod-Wladwriaethau'r UE
Aelodau Newydd o'r UE ers 2004
Aelod Newydd o'r UE ers 2013

Ffigur 2.22 Y 28 gwlad a oedd yn aelodau o'r UE yn 2016

Prif nodweddion yr UE

Mae'r UE yn wahanol i nifer o gyfundrefnau rhyngwladol eraill.

Sefydliadau'r UE

Mae gan yr UE sefydliadau i reoli ei faterion ariannol, i basio deddfau ac i'w lywodraethu. Dyma brif sefydliadau'r UE:

→ **Cyngor y Gweinidogion**. Mae'r cyngor hwn yn gwneud penderfyniadau pwysig ynghylch cyfeiriad yr UE yn y dyfodol.

→ **Y Comisiwn Ewropeaidd**. Mae'r Comisiwn yn cynnig deddfau newydd ac yn rheoli sut mae'r UE yn cael ei weithredu o ddydd i ddydd.

→ **Senedd Ewrop**. Mae'n goruchwylio gwaith y Comisiwn Ewropeaidd ac yn cynnig diwygiadau i ddeddfau newydd a sut mae arian yr UE yn cael ei wario.

→ **Y Llys Cyfiawnder**. Y llys hwn sy'n dod i benderfyniadau ynghylch anghydfodau am ddeddfau'r UE.

Mae Ffigur 2.23 yn crynhoi rôl pob un o'r sefydliadau hyn.

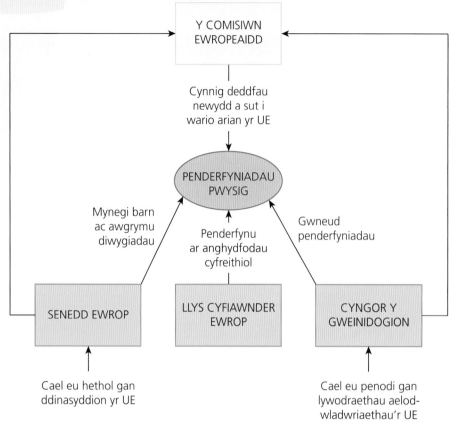

Ffigur 2.23 Sefydliadau'r UE

Marchnad Sengl Ewrop

Daeth **Marchnad Sengl Ewrop** (*ESM: European Single Market*) i fodolaeth ym mis Ionawr 1993. Roedd hyn yn golygu mai un diriogaeth fyddai'r UE heb unrhyw ffiniau mewnol na rheoliadau a allai rwystro symudiad rhydd nwyddau a gwasanaethau. Cyn i Farchnad Sengl Ewrop gael ei chreu, roedd hi weithiau'n anodd i wneuthurwyr mewn un wlad UE i werthu cynhyrchion mewn gwledydd eraill. Roedd hyn yn digwydd gan fod rheoliadau gwahanol yn bodoli ynghylch cynhyrchion, fel labelu a diogelwch trydanol. Diddymodd Marchnad Sengl Ewrop y gwahaniaethau hyn.

Mae Marchnad Sengl Ewrop hefyd yn sicrhau bod:
→ y deddfau a'r rheoliadau yn y 28 aelod-wladwriaeth yn gymharol debyg i'w gilydd
→ y 28 aelod-wladwriaeth yn gosod yr un tollau ar gynhyrchion sy'n cael eu mewnforio o'r tu allan i'r UE.

Effaith bod yn aelod o'r UE

Mae yna fanteision ac anfanteision yn gysylltiedig â bod yn aelod (neu beidio â bod yn aelod) o'r UE i fusnesau'r DU a'u rhanddeiliaid. Mae'r rhain yn cael eu crynhoi yn Nhabl 2.8.

Mae Huawei yn un o sawl cwmni o China sydd wedi'u lleoli yn y DU ac sy'n gwerthu eu cynhyrchion ledled yr Undeb Ewropeaidd

Manteision	Effeithio ar ba grŵp	Anfanteision
• Mae'n llawer haws i fusnesau'r DU allforio i weddill yr UE – gall nwyddau symud yn rhydd o amgylch yr UE. Does dim tollau na rheoliadau gwahanol. • Gall busnesau'r DU gyflogi pobl o unrhyw le yn yr UE a gallan nhw fenthyg arian gan fanciau mewn gwledydd eraill. Mae'r rhyddid hwn yn helpu i leihau costau cynhyrchu. • Mae'n haws i fusnesau'r DU ddefnyddio cyflenwyr Ewropeaidd. Mae hyn yn rhoi mwy o ddewis iddyn nhw ac mae'n helpu i gadw'r costau lawr.	Busnesau'r DU	• Mae busnesau'r DU yn wynebu cystadleuaeth uniongyrchol gan fusnesau Ewropeaidd. Maen nhw'n gallu cystadlu ym marchnadoedd y DU heb unrhyw anfanteision. • Mae'n gallu bod yn anoddach i fasnachu gyda gwledydd y tu allan i'r UE. Yr UE sy'n trafod telerau'r rheolau masnachu gyda'r gwledydd hyn, ac mae'n bosibl na fyddan nhw'n addas ar gyfer busnesau'r DU.
• Mae bod yn aelod o'r UE yn helpu i roi mwy o ddewis i ddefnyddwyr gan eu bod nhw'n gallu prynu nwyddau a gwasanaethau sydd wedi eu cynhyrchu mewn 28 o wledydd, nid dim ond yn y DU. • Gall prisiau cynhyrchion fod yn is gan fod yna fwy o gystadleuaeth gan fusnesau dros Ewrop.	Cwsmeriaid	• Mae bod yn aelod o'r UE yn ei gwneud hi'n anodd i'r DU gytuno ar gytundebau masnach gyda gwledydd eraill fel China ac UDA. Efallai byddai cwsmeriaid yn cael mwy o ddewis a phrisiau hyd yn oed yn is pe bai hynny'n bosibl.
• Gall gweithwyr weithio mewn unrhyw wlad yn yr UE, gan roi dewis ehangach o swyddi. • Mae busnesau o'r tu allan i'r UE (fel Honda) wedi eu lleoli yn y DU er mwyn bod yn rhydd i werthu drwy'r UE i gyd. Mae hyn yn creu miloedd o swyddi.	Gweithwyr	• Oherwydd symudiad rhydd pobl ledled yr UE, mae pobl o wledydd eraill yr UE yn gallu dod i weithio yn y DU. Gall hyn greu mwy o gystadleuaeth am swyddi a gall ostwng cyfraddau cyflog.
• Mae'r UE yn gwario rhywfaint o'i gyllideb yn y DU, er enghraifft, ar adeiladu ffyrdd mewn ardaloedd gwledig. Mae hyn yn gallu lleihau'r swm y mae llywodraeth y DU angen ei wario.	Llywodraethau	• Mae llywodraeth y DU yn gorfod talu'r UE am ei haelodaeth. Mae'r arian hwn yn cael ei ddefnyddio i ariannu gwariant yr UE. Mae'r DU yn talu tua £18.2 biliwn y flwyddyn. Gallai'r arian hwn gael ei wario ar wasanaethau fel addysg. • Mae gan lywodraeth y DU lai o reolaeth dros ei heconomi gan ei bod yn aelod o'r UE. Mae wedi ei chyfyngu gyda rhai o'r newidiadau mae'n gallu eu gwneud i drethi (fel TAW), er enghraifft.

Tabl 2.8 Manteision ac anfanteision bod yn aelod o'r UE

Crynodeb

Mae masnach ryngwladol yn dod â manteision ac anfanteision i fusnesau yn y DU. Mae globaleiddio wedi cynnig cyfleoedd i fusnesau'r DU, ond mae hefyd wedi creu bygythiadau fel mwy o gystadleuaeth. Mae cwmnïau amlwladol wedi dod yn fwyfwy pwysig dros y byd ac maen nhw wedi effeithio'n gadarnhaol ac yn negyddol ar y DU. Drwy fod yn aelod o'r UE, mae'r DU yn elwa drwy allu gwerthu i farchnad fwy o lawer, ond mae hefyd yn golygu bod mwy o reoliadau ar gyfer busnesau'r DU.

Cwestiynau cyflym

1 Beth yw ystyr y term 'globaleiddio'? (2 farc)

2 Disgrifiwch **un** rheswm pam gallai cwmni o'r DU fod eisiau ymwneud â masnach ryngwladol. (2 farc)

3 Pa **ddau** o'r pethau canlynol sydd *ddim* yn digwydd oherwydd globaleiddio?

   (i) Prisiau uwch am gynhyrchion ar farchnadoedd rhyngwladol

   (ii) Mwy o rwystrau mudo rhwng gwledydd

   (iii) Mwy o arian yn llifo rhwng gwledydd

   (iv) Niferoedd uwch o gwmnïau amlwladol (2 farc)

4 Esboniwch **un** o fanteision globaleiddio i fusnesau'r DU. (3 marc)

5 Esboniwch **un** o anfanteision globaleiddio i fusnesau'r DU. (2 farc)

6 Pa **ddau** o'r busnesau canlynol sy'n gwmnïau amlwladol?

   (i) Gwneuthurwr yn y DU sy'n allforio ei gynhyrchion i 12 gwlad

   (ii) Adwerthwr yn y DU sydd â siopau mewn gwledydd yn Asia a Gogledd America

   (iii) Busnes o'r DU sy'n cystadlu yn erbyn cwmnïau tramor ym marchnad y DU

   (iv) Gwneuthurwr o'r DU sydd â ffatrïoedd yn y DU, Ffrainc ac UDA (1 marc)

7 Nodwch **ddwy** effaith gadarnhaol y gallen ni eu gweld pe bai cwmnïau amlwladol yn sefydlu eu hunain yn y DU. (2 farc)

8 Nodwch **ddwy** effaith negyddol y gallen ni eu gweld pe bai cwmnïau amlwladol yn sefydlu eu hunain yn y DU. (2 farc)

9 Beth yw ystyr 'Marchnad Sengl Ewrop'? (2 farc)

10 Disgrifiwch **un** anfantais i fusnesau'r DU o'r ffaith bod y wlad yn aelod o'r Undeb Ewropeaidd. (2 farc)

Astudiaeth achos

Tata Steel

Cwmni cynhyrchu dur amlwladol o India yw Tata Steel ac mae ganddo ffatrïoedd yn China, India, Awstralia, Cymru a Lloegr. Yn 2016 cyhoeddodd y byddai 1,100 o bobl yn colli eu swyddi a chafodd holl fusnes y DU ei roi ar werth. Gallai hyn arwain at gau ei ffatrïoedd a cholli cyfanswm o hyd at 15,000 o swyddi.

Mae Tata Steel yn gwneud colled o £1 miliwn bob dydd gan ei fod yn masnachu mewn marchnad sydd wedi gweld prisiau'n gostwng yn isel iawn oherwydd bod dur rhad yn cael ei fewnforio gan gynhyrchwyr o China, lle mae pris yn bwynt gwerthu pwysig. Mae cynhyrchwyr dur China yn cynhyrchu 1 biliwn tunnell fetrig o ddur bob blwyddyn ac maen nhw'n mwynhau darbodion maint. Mae rhai pobl wedi beirniadu llywodraeth China am gadw gwerth ei harian cyfred, sef yr yuan, i lawr.

Mae Tata Steel wedi cael trafferth i werthu ei gynhyrchion, er gwaethaf y ffaith bod nifer o'r prif wneuthurwyr, fel Nissan a Honda, wedi manteisio ar farchnadoedd ceir byd-eang i sefydlu eu hunain yn y DU.

Mae rhai economegwyr yn gobeithio bydd y gostyngiad sylweddol yng nghyfradd gyfnewid y bunt yn 2016 yn helpu Tata Steel i oroesi.

Cwestiynau

1 Disgrifiwch pam mae Tata Steel yn gwmni amlwladol. (2 farc)

2 Dadansoddwch un fantais ac un anfantais masnach ryngwladol i Tata Steel. (4 marc)

3 Dadansoddwch y rhesymau posibl pam mae gwneuthurwyr dur o China yn gystadleuol mewn marchnadoedd rhyngwladol. (6 marc)

4 Dadansoddwch effeithiau globaleiddio ar Tata Steel. Yn eich ateb, dylech chi edrych ar:
- fanteision globaleiddio i'r cwmni
- anfanteision globaleiddio i'r cwmni.

Ydych chi'n credu bod Tata Steel wedi elwa, yn gyffredinol, yn sgil globaleiddio? Cyfiawnhewch eich ateb. (12 marc)

Effaith deddfwriaeth ar fusnesau

Mae llawer o ddeddfau (sy'n cael eu galw hefyd yn ddeddfwriaeth) yn effeithio ar fusnesau. Bwriad nifer fawr o'r rhain yw gwarchod gweithwyr busnes yn eu gwaith. Mae rhai eraill wedi'u llunio i warchod defnyddwyr sy'n prynu nwyddau a gwasanaethau. Mae deddfau hefyd yn gwarchod hawliau pobl sy'n datblygu cynhyrchion newydd neu'n ysgrifennu llyfrau neu gerddoriaeth. Yn yr adran hon, rydyn ni'n edrych ar rai o'r deddfau hyn ac yn esbonio sut maen nhw'n effeithio ar fusnesau a'u rhanddeiliaid.

Erbyn diwedd yr adran hon, dylech chi wybod am y canlynol:

- y cyfyngiadau a'r cyfrifoldebau mae deddfwriaeth yn eu gosod ar fusnesau
- sut mae deddfau'n gwarchod gweithwyr, defnyddwyr a hawliau dyfeiswyr, artistiaid ac ysgrifenwyr
- sut mae deddfau'n effeithio ar fusnesau a'u rhanddeiliaid.

● Yr angen am ddeddfwriaeth ym myd busnes

Mae **deddfwriaeth** yn cynnig fframwaith o reolau sy'n rheoli sut mae cymdeithas yn cael ei rhedeg. Mae'r rheolau hyn yn berthnasol i fusnesau yn ogystal ag unigolion. Mae bron i bob rhan o weithgaredd busnes yn cael ei rheoleiddio gan y gyfraith. Mae deddfau gwahanol yn effeithio ar hysbysebu, dylunio cynhyrchion, cyflogi pobl a gwerthu cynhyrchion.

Mae angen deddfau busnes ar y DU er mwyn sicrhau nad yw busnesau'n gweithredu mewn ffyrdd sy'n niweidiol i'w rhanddeiliaid. Gwelsom yn gynharach fod gan fusnesau lawer o botensial i niweidio'r amgylchedd naturiol. Mae angen deddfau er mwyn sicrhau nad yw hyn yn digwydd.

Cyfyngiadau a chyfrifoldebau deddfwriaeth

Mae deddfau sy'n gwarchod gweithwyr yn ceisio taro cydbwysedd rhwng hawliau cyflogwyr a hawliau gweithwyr. Y nod yw caniatáu i gyflogwyr ddefnyddio llafur yn effeithlon gan sicrhau hefyd nad yw'r gweithwyr yn cael eu trin yn annheg. Mae deddfau'n bodoli i sicrhau bod busnesau'n gyfrifol am

> **Term allweddol**
>
> Set o reolau sy'n llywodraethu'r ffordd mae cymdeithas yn cael ei rhedeg yw **deddfwriaeth**. Mae'n derm arall am 'ddeddfau'.

ddarparu amgylchedd gwaith diogel, iach ac effeithlon. Ar yr un pryd mae deddfau yn gwahardd busnesau yn y DU rhag talu cyflogau isel iawn.

Mae deddfau gwarchod defnyddwyr yn gwahardd busnesau rhag trin eu cwsmeriaid yn annheg. Er enghraifft, dydy busnesau methu gwerthu ceir sy'n annibynadwy iawn neu sy'n achosi gormod o lygredd. Maen nhw hefyd yn gyfrifol am ddarparu cynhyrchion sy'n ddiogel.

Pan mae rhywun yn dyfeisio cynnyrch newydd neu'n ysgrifennu nofel lwyddiannus, gall busnesau eu helpu nhw i ecsbloetio eu gwaith. Fodd bynnag, mae deddfau yn y maes hwn yn gwahardd busnesau rhag dwyn gwaith pobl neu fudiadau eraill.

Fel gyda phob busnes, mae gweithgareddau cwmnïau sy'n darparu gwasanaethau trenau, yn cael eu rheoli gan ddeddfau. Mae'n rhaid i'w hysbysebion fod yn onest a rhaid i'w gweithwyr gael contract cyflogaeth

Awgrym astudio

Mae'r adran hon yn amlinellu nifer o ddeddfau sy'n berthnasol i fusnesau. Does dim rhaid i chi ddyfynnu enwau'r deddfau hyn yn eich arholiad, na'r dyddiadau pan gawson nhw eu cyflwyno, ond rhaid i chi ddeall sut maen nhw'n gallu effeithio ar fusnesau a'u rhanddeiliaid.

⬤ Cyfraith cyflogaeth

Mae nifer y deddfau sy'n gwarchod hawliau gweithwyr wedi cynyddu'n fawr dros y 30 mlynedd diwethaf. Mae'r rhai pwysicaf yn cael eu hesbonio isod.

Isafswm Cyflog Cenedlaethol a'r Cyflog Byw Cenedlaethol

Mae gan y DU ddeddfau sy'n ymwneud â chyfraddau isafswm cyflog ers Ebrill 1999. Yn 2015, penderfynodd y llywodraeth y dylid cyflwyno isafswm cyflog newydd ac uwch o fis Ebrill 2016 ar gyfer gweithwyr 25 oed a throsodd. Yr enw ar hwn yw'r **Cyflog Byw Cenedlaethol**.

Term allweddol

Cyfradd gyflog fesul awr sy'n cael ei gosod gan y llywodraeth yw'r **Cyflog Byw Cenedlaethol**. Rhaid i bob gweithiwr dros oedran penodol dderbyn y gyfradd gyflog hon, o leiaf.

Dyma brif elfennau'r deddfau isafswm cyflog o 2016 ymlaen:

→ Rhaid i weithwyr 25 oed a throsodd dderbyn y Cyflog Byw Cenedlaethol neu o leiaf £7.50 yr awr. Mae disgwyl i'r gyfradd hon godi'n raddol i £9 yr awr erbyn 2020.

→ Yn achos gweithwyr sydd o dan 25 oed, mae cyfraddau'r Isafswm Cyflog Cenedlaethol (ac nid cyfraddau'r cyflog byw) yn parhau i fod yn berthnasol. Mae'r rhain yn amrywio o £3.50 yr awr i £7.05 yr awr, gan ddibynnu ar oedran y gweithiwr.

→ Rhaid i bob gweithiwr dderbyn y gyfradd gyflog briodol fel isafswm. Mae hyn yn cynnwys gweithwyr dros dro a gweithwyr rhan-amser.

Mae rhai galwedigaethau fel staff gweini a chynorthwywyr siop yn derbyn cyfraddau cyflog cymharol isel. Maen nhw'n fwy tebygol o elwa o unrhyw gynnydd yn yr isafswm cyflog

Mae Tabl 2.9 yn crynhoi isafswm y cyfraddau cyflog mae'n rhaid i fathau gwahanol o weithwyr eu derbyn.

Blwyddyn	25 oed a throsodd	21-24 oed	18-20 oed	O dan 18 oed	Prentis
2016	£7.50	£7.05	£5.60	£4.05	£3.50

Tabl 2.9 Cyfraddau Isafswm Cyflog Cenedlaethol a Chyflog Byw Cenedlaethol yn y DU yn 2017 (**Ffynhonnell:** Llywodraeth y DU, www.gov.uk/national-minimum-wage-rates)

Mae cyfraddau'r Isafswm Cyflog Cenedlaethol a'r Cyflog Byw Cenedlaethol yn newid bob mis Ebrill.

Ystyried busnes: Busnesau'n peidio â thalu'r Isafswm Cyflog Cenedlaethol

Mae llywodraeth y DU wedi mabwysiadu polisi 'enwi a chywilyddio' cyflogwyr sydd ddim yn talu'r isafswm cyflog. Ym mis Chwefror 2016, cyhoeddodd y llywodraeth enwau dros 90 o gyflogwyr sydd heb fod yn talu'r Isafswm Cyflog Cenedlaethol.

Mae gan y busnesau ddyled o fwy na £1.8 miliwn i'w gweithwyr. Mae'r rhan fwyaf o'r swm hwn yn ddyledus gan Total Security Services o Lundain. Dyma'r tri busnes oedd â'r symiau mwyaf yn ddyledus i'w gweithwyr:

● Methodd Total Security Services Ltd, Llundain, E4, â thalu £1,742,655.56 i 2,519 o weithwyr.

● Methodd Abbey House (Cumbria) Ltd, sy'n masnachu fel Abbey House Hotel, Barrow-in-Furness, â thalu £13,468.47 i 13 o weithwyr.

● Methodd Richard Lewis Communications plc, Southampton, â thalu £8,751.99 i dri o weithwyr.

Mae'n rhaid i'r busnesau dan sylw ad-dalu'r arian sy'n ddyledus i'w gweithwyr a gallen nhw hefyd wynebu erlyniad.

1 **Dadansoddwch yr anfanteision posibl i fusnesau sy'n cael eu 'henwi a'u cywilyddio' fel hyn.** (6 marc)

Deddf Cydraddoldeb 2010

Mae llywodraeth y DU wedi pasio nifer o ddeddfau i wahardd **gwahaniaethu** yn erbyn gweithwyr ar sail hil, rhyw neu oedran. Yn 2010, daeth yr holl ddeddfwriaeth a luniwyd i roi diwedd ar wahaniaethu ynghyd mewn un ddeddf, sef Deddf Cydraddoldeb.

Mae'r ddeddf hon yn dweud na all gweithwyr gael eu trin yn wahanol yn y gweithle ar sail unrhyw un o'r ffactorau canlynol:

→ oedran

→ anabledd

→ hil

→ newid rhyw (pobl sydd wedi newid eu rhyw ers cael eu geni)

→ priodas a phartneriaeth sifil

→ crefydd neu gred

→ beichiogrwydd neu gyfnod mamolaeth

→ rhyw

→ cyfeiriadaeth rywiol.

Contractau cyflogaeth

Mae **contract cyflogaeth** yn gytundeb rhwng cyflogwr a gweithiwr a dyma yw sylfaen y berthynas waith. Mae gan y rhan fwyaf o weithwyr hawl gyfreithiol i gael datganiad ysgrifenedig o brif amodau a thelerau eu cyflogaeth o fewn deufis i gychwyn eu swydd. Dylai'r contract cyflogaeth hwn gynnwys manylion pethau fel:

→ cyfraddau cyflog a pha mor aml bydd y gweithiwr yn cael ei dalu

→ hyd gwyliau ac oriau gwaith arferol

→ y gweithle arferol

→ manylion am gynllun pensiwn y busnes.

Dim ond drwy gytundeb â'r gweithiwr y gall busnes addasu contract cyflogaeth sy'n bodoli'n barod.

Diswyddo teg ac annheg

Ystyr **diswyddo** gweithiwr yw bod ei gontract cyflogaeth yn dod i ben. Gall diswyddo fod yn deg am nifer o resymau. Dyma rai ohonyn nhw:

→ oherwydd nad yw'r swydd yn bodoli mwyach – mae hyn yn golygu bod y gweithiwr yn cael ei wneud yn **ddi-waith** (*redundant*)

→ oherwydd nad yw gweithiwr yn gallu gwneud y swydd yn iawn – efallai nad oes ganddyn nhw'r sgiliau cywir

→ oherwydd salwch tymor hir

→ am 'gamymddwyn difrifol' fel lladrad neu drais yn y gwaith

→ am resymau 'sylweddol' eraill, fel pan fydd y gweithiwr yn cael ei anfon i'r carchar.

Os daw cyflogwr â chontract gweithiwr i ben am resymau gwahanol i'r uchod, gall fod yn enghraifft o ddiswyddo annheg. Hynny yw, nid yw'r penderfyniad i ddod â chontract cyflogaeth y gweithiwr i ben yn un cyfreithiol. Byddai gweithiwr yn cael ei ddiswyddo'n annheg mewn amgylchiadau fel hyn:

➡ Pan fydd yn ymaelodi ag undeb llafur.
➡ Pan fydd yn syrthio'n feichiog.
➡ Pan fydd yn mynnu cymryd hawliau fel absenoldeb rhieni neu wyliau blynyddol.

Deddf Iechyd a Diogelwch yn y Gwaith

Mae'r Ddeddf hon yn nodi bod rhaid i gyflogwyr 'sicrhau eu bod yn diogelu iechyd, diogelwch a lles eu holl weithwyr yn y gwaith'. Mae'r Ddeddf yn ymdrin â nifer o weithgareddau busnes, er enghraifft:

➡ gosod a chynnal offer a dillad diogelwch
➡ gwarchod y gweithwyr rhag sylweddau peryglus
➡ gosod gardiau ar beirianwaith peryglus
➡ ysgrifennu ac arddangos polisi diogelwch.

Mae'r Ddeddf hefyd yn nodi bod angen i weithwyr ddilyn yr holl weithdrefnau iechyd a diogelwch a chymryd gofal dros eu diogelwch eu hunain a diogelwch pobl eraill.

⬤ Cyfraith defnyddwyr

Gall busnesau drin eu cwsmeriaid yn annheg mewn nifer o ffyrdd, er enghraifft:

➡ drwy werthu nwyddau a gwasanaethau sy'n wahanol i'r hyn sy'n cael ei ddisgrifio – er enghraifft, symiau anghywir wedi eu nodi ar y pecyn
➡ drwy werthu cynhyrchion sydd ddim yn ddiogel – er enghraifft, teganau sy'n cynnwys cemegau peryglus
➡ drwy werthu cynhyrchion o ansawdd gwael neu am brisiau annheg
➡ drwy werthu gwybodaeth am ddefnyddwyr i fusnesau eraill heb eu caniatâd.

Mae **deddfau defnyddwyr** yn cael eu pasio gan y llywodraeth er mwyn gwarchod defnyddwyr drwy wahardd arferion annheg rhag digwydd. Rydyn ni weithiau'n cyfeirio atyn nhw fel deddfau gwarchod defnyddwyr.

> **Term allweddol**
>
> Deddfau sydd wedi eu cyflwyno er mwyn atal busnesau rhag trin eu cwsmeriaid yn annheg yw **deddfau defnyddwyr**.

Mae defnyddwyr yn dibynnu ar gael y wybodaeth gywir am y cynhwysion mewn rhai eitemau fel cynhyrchion di-glwten

Deddf Hawliau Defnyddwyr, 2015

Nododd y ddeddf hon newid mawr yn neddfau defnyddwyr (*consumers*) yn y DU. Mae'n gwneud deddfau defnyddwyr yn haws, yn gryfach ac yn fwy diweddar. Mae'n rhoi hawliau clir i ddefnyddwyr ac yn eu gwarchod pan maen nhw'n prynu nwyddau a gwasanaethau.

Mae'r Ddeddf Hawliau Defnyddwyr yn ymdrin ag:
→ ansawdd cynnyrch
→ dychwelyd nwyddau
→ atgyweiriadau ac amnewidiadau
→ hawliau dosbarthu.

Mae'r ddeddf hon yn nodi bod rhaid i bob cynnyrch sy'n cael ei werthu i ddefnyddwyr fod o safon foddhaol (hynny yw, heb dorri), yn addas i'r pwrpas ac yr un fath â'r disgrifiad ohono. Mae gan ddefnyddwyr yr hawl i wrthod cynhyrchion sydd ddim yn cwrdd â'r safonau hyn o fewn amser rhesymol. Gan fod llawer o nwyddau'n cael eu dosbarthu i gartrefi defnyddwyr y dyddiau hyn, mae'r ddeddf hon yn gwarchod defnyddwyr rhag:
→ cynhyrchion sy'n 'mynd ar goll' cyn cael eu dosbarthu, a
→ dosbarthu'n hwyr.

Yn olaf, mae'r Ddeddf Hawliau Defnyddwyr yn gwarchod prynwyr rhag telerau annheg mewn cytundebau rhwng busnesau a chwsmeriaid. Rhai enghreifftiau o hyn yw ffioedd a chostau cudd, yn enwedig wrth brynu cynhyrchion ar-lein. Mae'r ddeddf hon yn cael ei defnyddio i herio cwmnïau awyrennau sy'n ceisio ychwanegu ffioedd ychwanegol sydd ddim yn cael eu hysbysebu ym mhrisiau eu teithiau awyren.

Ystyried busnes: The Body Shop

Un o hysbysebion The Body Shop

Cwmni o'r DU yw The Body Shop sy'n gwerthu dros 900 o gynhyrchion cosmetig fel hylifau i'r corff a siampŵ. Mae'n gweithredu drwy'r DU gyfan ac yn gwerthu ei gynhyrchion mewn 263 o siopau, yn ogystal â thrwy ei wefan.

Mae'r cwmni'n adnabyddus am ei ymrwymiad i ddiogelu'r amgylchedd a chyflenwi cynnyrch cosmetig o ansawdd uchel i'w ddefnyddwyr. Ymhlith ei ymrwymiadau niferus, mae'r cwmni'n bwriadu:

● defnyddio math o adnodd y mae'n bosibl ei olrhain yn ei gynhyrchion ac adnoddau sydd ddim yn niweidio'r amgylchedd

● defnyddio adnoddau mewn cynhyrchion sy'n cynnal rhywogaethau planhigion ac anifeiliaid penodol, yn ogystal â bywoliaeth cymunedau lleol.

Mae The Body Shop yn defnyddio'i ymrwymiad i ddiogelu'r amgylchedd yn ei ymgyrchoedd hysbysebu.

1 **Esboniwch un ffordd gallai cyfraith defnyddwyr effeithio ar hysbysebion The Body Shop.** (4 marc)

Hysbysebu

Cyfathrebu â chwsmeriaid posibl drwy ddefnyddio cyfryngau fel y rhyngrwyd, teledu a phapurau newydd yw hysbysebu.

Mae nifer o ddeddfau yn y DU yn ymwneud â hysbysebu. Maen nhw'n dweud bod yn rhaid i bob hysbyseb:
→ ddisgrifio cynnyrch yn gywir
→ bod yn gyfreithiol, yn weddus, yn onest ac yn wir
→ osgoi annog ymddygiad anghyfreithlon, peryglus neu wrthgymdeithasol.

Mae'r Rheoliadau Masnachu Annheg yn y DU yn atal busnesau rhag camarwain neu harasio defnyddwyr drwy, er enghraifft:
→ gynnwys negeseuon anwir neu dwyllodrus
→ gadael gwybodaeth bwysig allan
→ defnyddio technegau gwerthu ymosodol.

Mae'n ofynnol i fusnesau sy'n gwerthu rhai cynhyrchion, fel bwyd, alcohol neu feddyginiaeth, i gwrdd â mwy o ofynion cyfreithiol penodol wrth gynhyrchu hysbysebion. Er enghraifft, gall bragdy honni bod ei ddiod yn 'isel mewn alcohol' dim ond os yw'n cynnwys rhwng 0.5% a 1.2% o alcohol.

Labelu cynhyrchion

Mae labeli yn darparu llawer o wybodaeth i ddefnyddwyr ac yn eu helpu i benderfynu a ydyn nhw am brynu cynnyrch ai peidio.
→ **Rheoliadau Labelu Bwyd 1970**. Mae'r ddeddf hon yn nodi bod yn rhaid i fwyd pecyn gynnwys y cynhwysion sydd wedi'u rhestru ar y label.
→ **Deddf Pwysau a Mesuriadau 1986**. Mae'r ddeddf hon yn datgan bod yn rhaid nodi pwysau a mesuriadau ar becynnau neu gynwysyddion. Mae hefyd yn nodi bod yn rhaid i'r mesuriadau fod yn gywir.
→ **Rheoliadau Masnachu Annheg 2008**. Daeth y ddeddf hon i gymryd lle rhan helaeth o'r Ddeddf Disgrifiadau Masnach fwy adnabyddus. Mae'n ei gwneud hi'n anghyfreithlon i roi gwybodaeth anghywir i ddefnyddwyr ar ddefnyddiau pacio a labeli. Mae hefyd yn ei gwneud hi'n anghyfreithlon i ddefnyddio dulliau gwerthu ymosodol gan rai sy'n gwerthu o ddrws i ddrws.

Prynu cynhyrchion drwy ddefnyddio benthyciadau

Mae **Deddf Credyd Defnyddwyr 1974** yn atal busnesau rhag codi cyfraddau llog uchel iawn ar ddefnyddwyr os ydyn nhw'n cymryd benthyciad i brynu cynhyrchion drud fel ceir. Mae hefyd yn caniatáu i ddefnyddwyr gael wythnos lle mae ganddyn nhw'r hawl i newid eu meddwl ynglŷn â chytuno ar unrhyw fenthyciad.

Defnyddio gwybodaeth yn anghywir

Mae busnesau modern yn casglu symiau enfawr o ddata am eu cwsmeriaid ac mae llawer ohonyn nhw'n cael eu cadw ar gyfrifiaduron. Mae'n gyffredin i fusnesau fod ag enwau, cyfeiriadau, manylion cardiau credyd a rhifau ffôn cwsmeriaid.

Mae'n rhaid i'r wybodaeth hon gael ei defnyddio'n gywir:

→ **Deddf Camddefnyddio Cyfrifiaduron 1990**. Mae'r Ddeddf hon yn gwahardd pobl rhag edrych ar wybodaeth sydd wedi'i storio ar gyfrifiaduron os nad oes ganddyn nhw hawl i'w darllen.

→ **Deddf Diogelu Data 1998**. Mae hon yn ddeddf bwysig sy'n rheoli sut mae gwybodaeth am ddefnyddwyr yn cael ei defnyddio. Rhaid i fusnesau sy'n storio gwybodaeth am ddefnyddwyr wneud hynny mewn ffordd ddiogel ac osgoi unrhyw ladrata neu golled. Mae'n atal manylion personol defnyddwyr rhag cael eu gwerthu neu eu rhoi i fusnesau eraill heb ganiatâd y defnyddwyr.

Diogelwch cynhyrchion

Mae nifer o ddeddfau'n gwarchod diogelwch defnyddwyr.

→ **Deddf Bwyd a Chyffuriau 1984**. Mae'r ddeddf hon yn rhestru pethau y gellir, a phethau na ellir, eu hychwanegu at gynnyrch bwyd. Mae'r ddeddf hefyd yn ei gwneud hi'n anghyfreithlon i wneud neu i werthu bwyd mewn adeiladau budr.

→ **Deddf Gwarchod Defnyddwyr 1987**. Mae'r ddeddf hon yn gwahardd cwmnïau rhag gwerthu cynhyrchion peryglus i ddefnyddwyr. Mae'n gosod cyfrifoldeb ar fusnesau am unrhyw salwch neu anaf mae defnyddwyr yn eu cael ar ôl defnyddio'u cynhyrchion nhw.

→ **Deddf Diogelwch Bwyd 1990**. Mae'r ddeddf hon yn ei gwneud hi'n anghyfreithlon i werthu bwyd sydd ddim yn ddiogel ac a allai achosi salwch i ddefnyddwyr. Mae'r Ddeddf yn berthnasol i ffermwyr yn ogystal â bwytai a siopau.

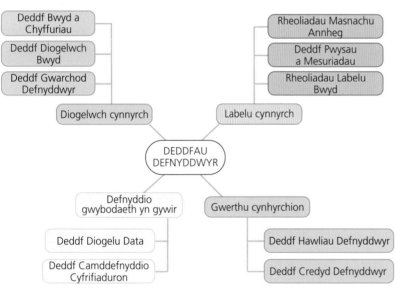

Ffigur 2.24 Deddfau defnyddwyr yn y DU

● Cyfraith eiddo deallusol

Mae **eiddo deallusol** (sy'n cael ei alw'n *IP: intellectual property*) yn cyfeirio at bethau sy'n cael eu creu gan y meddwl dynol. Gall hyn gynnwys:

→ enwau busnesau neu enwau eu brandiau

→ dyfeisiadau – er enghraifft, math newydd o fatri

→ dyluniad cynhyrchion busnes

→ llyfrau, paentiadau a cherddoriaeth.

Term allweddol

Dyfeisiadau, gweithiau celf, llyfrau, yn ogystal ag enwau, symbolau a delweddau sy'n cael eu defnyddio gan fusnesau yw **eiddo deallusol**.

Gall eiddo deallusol fod yn werthfawr iawn, gan ei fod yn gallu creu llif incwm i'w berchenogion am lawer o flynyddoedd. GlaxoSmithKline (GSK) yw cwmni fferyllol mwyaf y DU. Yn 2014 cyhoeddodd ei fod wedi datblygu meddyginiaeth sy'n gweithio fel brechlyn yn erbyn malaria. Amcangyfrifir bod cost datblygu'r cyffur dros £500 miliwn. Fodd bynnag, yn y dyfodol gallai helpu GSK i ennill biliynau o bunnoedd mewn refeniw.

Gan fod eiddo deallusol mor werthfawr, mae'r rhan fwyaf o lywodraethau, gan gynnwys llywodraeth y DU, wedi pasio deddfau i'w wahardd rhag cael ei gopïo. Mae tri math o ddeddf yn cael eu defnyddio yn y DU i warchod eiddo deallusol.

Patentau

Gall person neu fusnes sy'n dyfeisio cynnyrch neu broses newydd wneud cais i gael **patent**. Cyflwynodd y DU Ddeddf Hawlfraint, Dyluniadau a Phatentau yn 1988. Mae'r ddeddf hon yn rhoi'r hawl i ddeiliaid patent i ddefnyddio, gwneud, trwyddedu neu werthu dyfeisiad am hyd at 20 mlynedd. Ar ôl i batent gael ei gofrestru â'r Swyddfa Batent, y dyfeisiwr yn unig sydd â'r hawl i elwa o'r dyfeisiad am gyfnod penodol.

Mae busnesau bach sy'n datblygu syniadau newydd yn aml yn gwerthu'r patent i gystadleuwyr mwy, gan ei bod hi'n gallu costio dros £40,000 i gael patent llawn.

> **Term allweddol**
>
> Os oes **patent** gan rywun ar ddyfeisiad, nhw yw'r unig un sydd â'r hawl i ddefnyddio neu gynhyrchu'r dyfeisiad newydd hwnnw am gyfnod penodol o amser.

Ystyried busnes: Gillette yn mynd â rhywun i'r llys am dorri patent

Gillette yw gwneuthurwr amlycaf y byd am gynhyrchion eillio, fel raseli. Mae'n rhan o Procter and Gamble, sef cwmni amlwladol o America sy'n gwerthu amrywiaeth eang o nwyddau defnyddwyr, gan gynnwys meddyginiaethau a chynnyrch glanhau.

Yn 2016 cyhoeddodd Gillette ei fod yn cymryd camau cyfreithiol yn erbyn cystadleuydd llai, sef Dollar Shave Club, am dorri ei batent. Roedd cwmni Gillette yn honni mai eu syniad nhw oedd y defnyddiau roedd Dollar Shave Club yn eu defnyddio i orchuddio llafnau'r raseli a'u cadw'n finiog. Dywedodd Gillette fod y defnyddiau wedi'u gwarchod gan batent a gofrestrwyd ganddyn nhw yn 2004.

Cafodd Dollar Shave Club ei ffurfio yn 2012 ond mae'r cwmni wedi bod yn llwyddiannus iawn yn denu cwsmeriaid. Amcangyfrifir bod gan y cwmni 10% o gyfran y farchnad yn UDA yn barod, am y math o raseli y mae Gillette yn dweud sydd wedi eu gwarchod o dan eu patent nhw. Amcangyfrifir bod cyfran Gillette o'r farchnad tua 70%.

1 **Esboniwch pam efallai fod cwmni Gillette wedi penderfynu cymryd camau cyfreithiol yn erbyn Dollar Shave Club i warchod eu patent.** (6 marc)

Hawlfraint

Mae pobl sy'n creu gweithiau artistig yn elwa drwy gael eu gwarchod gan **hawlfraint** (*copyright*). Mae hawlfraint yn berthnasol i amrywiaeth eang o weithiau artistig gan gynnwys llyfrau, cerddoriaeth, paentiadau, cerflunwaith a ffilmiau, yn ogystal â rhaglenni cyfrifiadurol, hysbysebion a mapiau. © yw'r symbol ar gyfer hawlfraint. Mae hawlfraint yn gwahardd eraill rhag copïo deunyddiau artistig heb ganiatâd y perchennog.

Mae gwarchodaeth hawlfraint yn cael ei darparu yn y DU gan Ddeddf Hawlfraint, Dyluniadau a Phatentau 1988. Mae'r warchodaeth hon yn cael ei rhoi'n awtomatig a does dim angen cofrestru hawlfraint, yn wahanol i batentau.

> **Term allweddol**
>
> Mae **hawlfraint** yn disgrifio'r hawliau sydd gan ysgrifenwyr ac artistiaid dros eu gwaith.

Nodau masnach

Mae **nodau masnach** (*trademarks*) ym mhobman. Maen nhw i'w gweld mewn canolfannau siopa ac ar y teledu. Maen nhw ar ffurf geiriau, enwau, arwyddion neu symbolau sy'n cael eu defnyddio i wahaniaethu rhwng cynhyrchion neu frandiau gwahanol fusnesau. Dyma rai enghreifftiau cyffredin.

Mae nodau masnach Apple, Google, Vodafone a Nike yn hynod o adnabyddus dros y byd i gyd. Maen nhw'n werthfawr hefyd – amcangyfrifir mai $29.5 biliwn yw gwerth nod masnach Apple

Mae nodau masnach yn cynnwys ymadroddion. Er enghraifft, y slogan 'Just do it' yw nod masnach Nike ers 1988. Mae'n aml yn ymddangos ochr yn ochr â'i symbol 'swoosh', sydd i'w weld uchod.

Mae'n werth gwarchod nodau masnach gan eu bod nhw'n werthfawr. Maen nhw'n ffordd gyflym o gyfathrebu â chwsmeriaid gan helpu i ysgogi gwerthiant. Mae rhai cwmnïau'n cysylltu eu henw, sy'n nod masnach, â chynhyrchion gwahanol wrth fentro i ddiwydiannau newydd. Mae hyn yn helpu i ddefnyddio enw da wrth symud i farchnadoedd newydd. Mae Virgin wedi defnyddio'i enw a'i logo at y diben hwn. ® yw symbol nod masnach.

⬤ Effaith deddfwriaeth ar fusnesau a'u rhanddeiliaid

Mae deddfwriaeth yn dod â nifer o fuddiannau i fusnesau a'u rhanddeiliaid, ond mae'n gallu achosi problemau hefyd. Yn aml iawn, mae deddfwriaeth yn gwarchod un neu fwy o grwpiau rhanddeiliaid ar draul rhai eraill.

Costau ac elw

Mae deddfau'r isafswm cyflog a'r cyflog byw yn cynyddu costau cynhyrchu i nifer o fusnesau, yn enwedig y rhai hynny sy'n cyflogi gweithwyr heb lawer o sgiliau, fel glanhawyr neu gasglwyr ffrwythau. Yn y DU, mae'n rhaid i fusnes dalu o leiaf £7.20 yr awr i weithiwr 25 oed a throsodd; heb ddeddfwriaeth, gallai'r gyfradd gyflog fod yn is. Mae hyn yn golygu bod costau'r busnes yn uwch nag y gallen nhw fod a gallai wneud y busnes yn llai proffidiol. Fodd bynnag, mae hyn yn cynnig buddiannau i'r gweithwyr sy'n mwynhau cyflog uwch a safon byw well nag y bydden nhw o bosibl fel arall.

Fodd bynnag, gallai cyflogau uwch ysgogi gweithwyr i weithio'n galetach i'r busnes. Gallai hyn arwain at weithlu mwy effeithlon sy'n llai tebygol o gymryd amser o'u gwaith. Mae hyn yn gallu arwain at gynnydd yn yr elw, sy'n dod â buddiannau i berchenogion y busnesau, fel y cyfranddalwyr.

Mae deddfau sydd wedi'u llunio i warchod eiddo deallusol o fudd i bobl greadigol ac maen nhw'n gwahardd pobl eraill rhag copïo eu syniadau heb ganiatâd. Mae hyn o fudd i'r unigolion neu'r busnesau dan sylw. Mae defnyddwyr hefyd yn elwa. Mae busnesau'n fwy tebygol o fuddsoddi mewn datblygu cynhyrchion a syniadau newydd os ydyn nhw'n gwybod eu bod nhw'n gallu eu gwarchod. Mae deddfau eiddo deallusol yn eu gwarchod ac yn eu galluogi i elwa'n ariannol o'u creadigrwydd. Mae nifer o feddyginiaethau newydd y mae galw mawr amdanyn nhw, yn cael eu datblygu gan gwmnïau fferyllol gan eu bod yn gallu gwneud cais am batent. Mae hyn yn eu galluogi i ennill digon o refeniw a fydd, gobeithio, yn talu am y gost uchel sydd ynghlwm â datblygu cyffuriau newydd.

Marchnata a gwerthiant

Mae defnyddwyr yn amlwg yn cael eu gwarchod gan ddeddfwriaeth defnyddwyr (*consumer legislation*). Maen nhw'n llai tebygol o dderbyn cynhyrchion o safon wael neu weld hysbysebion camarweiniol, a gall defnyddwyr fod yn fwy hyderus wrth brynu cynhyrchion. Gall hyn fod yn fanteisiol i fusnesau hefyd gan ei fod yn annog defnyddwyr i brynu nwyddau a gwasanaethau. Mae hyn yn ei gwneud hi'n anoddach hefyd i fusnesau diegwyddor hysbysebu a gwerthu cynhyrchion o safon wael.

Rhaid i fusnesau sicrhau bod eu cynhyrchion yn cwrdd â'r safonau priodol a'r deddfau gwahanol, er enghraifft deddfau labelu. Mae hyn yn golygu bod deddfwriaeth defnyddwyr yn gallu ychwanegu at gostau busnesau, gan leihau'r elw. Gall hefyd olygu bod cynhyrchion yn cael eu galw yn ôl, sy'n gallu niweidio elw busnes yn sylweddol. Yn 2016 bu'n rhaid i Samsung roi'r gorau i werthu ei ffôn clyfar Galaxy Note 7 gan fod y batris yn mynd ar dân. Roedd yn rhaid i'r cwmni alw mwy na 2.5 miliwn o ffonau a oedd wedi eu gwerthu'n barod yn ôl, a thalu iawndal i gwsmeriaid.

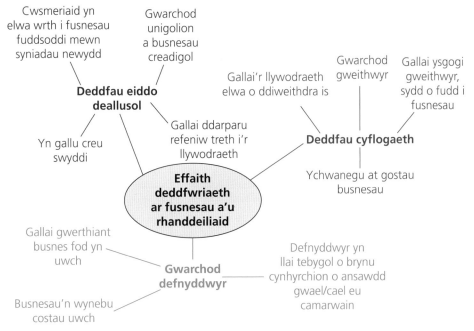

Ffigur 2.25 Crynodeb o effaith deddfwriaeth

Cynhyrchu

Mae deddfau cyflogaeth yn gallu ychwanegu at gostau cynhyrchu busnes. Mae'n rhaid i bob busnes yn y DU ddarparu amgylchedd gwaith diogel ac iach i'w weithwyr. Mae hwn yn fater pwysig iawn i ddiwydiannau fel gweithgynhyrchu, cloddio ac amaethyddiaeth, sy'n gallu bod yn beryglus. Gall darparu hyfforddiant, dillad diogelwch ac offer diogelwch fod yn gostus, yn ogystal ag arafu'r gwaith cynhyrchu ar brydiau. Mae deddfau defnyddwyr yn helpu i sicrhau bod dulliau cynhyrchu yn gwarchod y bobl sy'n defnyddio'r nwyddau neu'r gwasanaeth. Mae llawer iawn o ddeddfwriaeth yn ymwneud â'r maes cynhyrchu a gwerthu bwyd. Gwelsom yn gynharach fod bwyd yn gorfod bod yn ddiogel a'i fod yn cael ei gynhyrchu a'i werthu mewn amgylchedd

Yn 2015 cafodd dau o blant yn eu harddegau eu hanafu'n wael pan darodd dau gerbyd yn erbyn ei gilydd ar reid Smiler yn Alton Towers. Mae deddfau iechyd a diogelwch yn bodoli er mwyn ceisio atal hyn rhag digwydd eto

glân. Mae hyn yn helpu i osgoi salwch ymhlith defnyddwyr. Mae hefyd yn helpu i hyrwyddo'r diwydiant bwyd fel un diogel, lle gall defnyddwyr fod yn hyderus yn yr hyn maen nhw'n ei brynu. O ganlyniad, gall y busnesau elwa o'r deddfau.

Gweithgareddau adnoddau dynol

Gweithwyr yw'r rhai mwyaf amlwg i elwa o ddeddfau cyflogaeth. Maen nhw'n cael eu gwarchod, er enghraifft, rhag gwahaniaethu a diswyddo annheg. Gall cyflogwyr wynebu costau uwch yn sgil deddfau cyflogaeth gan eu bod nhw'n gorfod talu'r Cyflog Byw Cenedlaethol. Gallai hyn olygu llai o elw.

Fodd bynnag, mae busnesau hefyd yn gallu elwa o ddeddfwriaeth cyflogaeth. Gall talu cyflogau da i weithwyr a darparu amgylchedd gwaith diogel a swyddi diogel helpu i ysgogi gweithwyr. Gall hyn eu gwneud nhw'n fwy cynhyrchiol ac yn llai tebygol o adael. Felly, mae busnesau'n osgoi costau recriwtio a hyfforddi gweithwyr newydd.

Mae'r llywodraeth hefyd yn elwa yn sgil effeithiau deddfau cyflogaeth ar weithgareddau adnoddau dynol. Mae deddfau sy'n gwarchod cyflogaeth yn helpu i ostwng lefel diweithdra. Mae gwariant y llywodraeth ar gefnogi pobl ddi-waith yn gallu lleihau, o ganlyniad.

Crynodeb

Mae'n rhaid i fusnesau yn y DU weithredu yn unol â deddfwriaeth. Mae hyn yn dod â chyfyngiadau a chyfrifoldebau, ond hefyd yn cynnig buddiannau. Rhai o'r prif feysydd deddfwriaethol ar gyfer busnesau yw deddfau sy'n ymwneud â chyflogaeth, gwarchod defnyddwyr ac eiddo deallusol.

Awgrym astudio

Ystyriwch sut mae'r gwahanol fathau o ddeddfwriaeth yn gallu effeithio ar fusnesau gwahanol. Mae deddfau cyflogaeth yn gallu ychwanegu at y baich o gynnal busnes a gall rhain fod yn broblem fawr i fusnesau bach os nad oes ganddyn nhw reolwyr â'r sgiliau angenrheidiol. Ar y llaw arall, mae deddfau eiddo deallusol yn cynnig buddiannau enfawr i fusnesau creadigol, hyd yn oed os ydyn nhw'n fach, a gallan nhw eu helpu i gystadlu yn erbyn cystadleuwyr mwy.

Cwestiynau cyflym

1 Beth yw ystyr y term 'deddfwriaeth'? (2 farc)

2 Pa **ddau** o'r ffactorau canlynol sy'n cael eu cynnwys mewn deddfau cyflogaeth sy'n ymdrin â gwahaniaethu?

  (i) Rhyw

  (ii) Credoau gwleidyddol

  (iii) Cyfeiriadaeth rywiol

  (iv) Celf y corff fel tatŵs (2 farc)

3 Pa un o'r datganiadau canlynol ynglŷn a chyfraith cyflogaeth yw'r un cywir?

  (i) Dim ond gweithwyr llawn amser sydd â hawl i wyliau â thâl.

  (ii) Mae gan bob gweithwraig feichiog hawl i gymryd 52 wythnos o wyliau tuag adeg genedigaeth ei phlentyn.

  (iii) Does dim cyfyngiad cyfreithiol ar nifer yr oriau y gellir gofyn i weithiwr eu gweithio bob wythnos.

  (iv) Dim ond gyda chaniatâd gan eu cyflogwr y gall gweithwyr ymuno ag undeb llafur. (1 marc)

4 Esboniwch **un** ffordd gallai deddfau cyflogaeth yn y DU effeithio ar elw cadwyn siopau coffi fel Starbucks. (2 farc)

5 Esboniwch **un** ffordd gallai busnes elwa o fodolaeth deddfau cyflogaeth y DU. (2 farc)

6 Nodwch **ddwy** ffordd gall busnes drin ei gwsmeriaid yn anghyfreithlon. (2 farc)

7 Esboniwch **un** ffordd gallai deddfau cyflogaeth gynyddu costau busnes. (2 farc)

8 Nodwch **ddau** fath o eiddo deallusol gallai busnes fod eisiau eu gwarchod. (2 farc)

9 Disgrifiwch y gwahaniaethau rhwng patent a nod masnach. (4 marc)

10 Disgrifiwch **un** ffordd mae patent yn wahanol i hawlfraint. (2 farc)

Astudiaeth achos

easyJet plc

Mae easyJet yn adnabyddus yn y DU fel cwmni teithiau awyren rhad. Mae'r cwmni'n cynnig teithiau awyren o'r DU i 134 o leoliadau yn Ewrop. Cariodd y cwmni 70 miliwn o deithwyr yn 2015. Yn 2016 roedd ganddo 10,000 o weithwyr, sy'n golygu bod costau cyflogaeth yn rhan fawr o gyfanswm costau'r cwmni. Mae gan easyJet 233 o awyrennau a 24 canolfan ar draws Ewrop – Gatwick yw'r un mwyaf. Mae'r cwmni'n cystadlu'n ffyrnig â chystadleuwyr fel Ryanair.

Mae easyJet yn gwneud llawer o hysbysebu er mwyn ennill cwsmeriaid ac mae'n hyrwyddo'i deithiau awyren ar sail eu prisiau rhad. Mae'r cwmni'n defnyddio meddalwedd sydd wedi'i ddylunio'n glyfar er mwyn iddo allu newid ei brisiau ar-lein i sicrhau bod refeniw ei werthiant mor uchel â phosibl. Mae ei brisiau mor isel â £40 y person, sy'n golygu ei bod yn hanfodol i'r cwmni reoli ei gostau'n dynn. Mae rhai deddfau'n ei gwneud hi'n anoddach i easyJet wneud hyn.

Mae'r cwmni dan bwysau, ynghyd â chwmnïau awyrennau eraill, i dynnu ffioedd cudd o'u prisiau. Un enghraifft yw codi ffioedd sylweddol er mwyn newid enwau ar docynnau. Gallai'r rhain fod yn torri rheolau'r Ddeddf Hawliau Defnyddwyr.

Cwestiynau

1 Nodwch **ddwy** eitem o eiddo deallusol y gallai easyJet fod eisiau eu gwarchod. (2 farc)

2 Esboniwch sut gallai deddfau cyflogaeth gynyddu costau easyJet. (4 marc)

3 Esboniwch sut gall easyJet elwa drwy orfod cydymffurfio â deddfau'r DU. (6 marc)

4 Trafodwch ai deddfwriaeth cyflogaeth neu ddeddfau defnyddwyr sy'n cael yr effaith fwyaf ar y cwmni awyrennau. Yn eich ateb, dylech chi edrych ar:

  ● effeithiau deddfwriaeth cyflogaeth ar y cwmni

  ● effeithiau deddfau defnyddwyr ar y cwmni. (12 marc)

Adolygu'r bennod

1 Darllenwch Eitem A ac atebwch y cwestiynau sy'n dilyn.

➡ Eitem A: Cyfnod newydd yn D&C Ltd

Mae D&C Ltd yn darparu gwasanaethau bysiau a bysiau moethus yn Nyfnaint a Chernyw. Mae'r cwmni'n cynnig dau fath o wasanaeth:

- Gwasanaethau bws rheolaidd drwy'r ddwy sir gyfan. Mae pobl yn defnyddio'r rhain yn bennaf am resymau hanfodol fel mynd i'r gwaith neu i'r ysgol, neu i siopa mewn trefi lleol.

- Gwyliau. Mae'r cwmni'n cynnig teithiau bysiau moethus i bob rhan o'r DU ac Ewrop.

Mae D&C Ltd wedi gorfod talu'r Cyflog Byw Cenedlaethol ers mis Ebrill 2016. Mae nifer o'i weithwyr wedi derbyn codiad cyflog. Soniodd sawl un ei bod hi'n hen bryd iddyn nhw gael codiad cyflog. Mae elw'r cwmni wedi bod yn isel iawn ac mae'r farchnad hynod o gystadleuol yn ei gwneud hi'n anodd iddyn nhw godi eu prisiau. Ar yr un pryd, mae rhagolygon yn dangos y bydd lefel diweithdra yn Nyfnaint a Chernyw yn codi'n sylweddol dros y ddwy flynedd nesaf.

Mae D&C Ltd yn ystyried newid ei fflyd (*fleet*) o fysiau a bysiau moethus i ddefnyddio hydrogen fel tanwydd. Bydd hyn yn well i'r amgylchedd ac yn lleihau costau tanwydd o £1 miliwn bob blwyddyn. Mae'r gwaith ymchwil yn dangos bod 95% o'r bobl leol yn cymeradwyo'r cynllun. Bydd yn rhaid i'r cwmni fenthyg £5 miliwn i dalu am y gwaith trawsnewid.

(a) Nodwch ddwy ffordd y mae gweithgareddau D&C Ltd yn effeithio ar yr amgylchedd. (2 farc)

(a) Mae'r cwmni'n effeithio ar yr amgylchedd mewn sawl ffordd. Mae bysiau a bysiau moethus y cwmni'n gallu achosi tagfeydd gan eu bod nhw'n debygol o gael eu defnyddio ar adegau prysur yn ystod y bore a gyda'r nos. Bydd bysiau a bysiau moethus D&C Ltd hefyd yn achosi llygredd aer a sŵn wrth iddyn nhw deithio drwy drefi a dinasoedd yn Nyfnaint a Chernyw, a gallai hyn achosi rhai problemau iechyd i'r bobl leol.

💬 Er bod yr ateb hwn yn cynnwys yr holl wybodaeth angenrheidiol, nid yw'n ateb da iawn. Mae'n llawer rhy hir ar gyfer cwestiwn sy'n werth dau farc yn unig. Hefyd, roedd y cwestiwn yn gofyn i'r ymgeisydd i *nodi* dwy ffordd ond mae'r ateb hwn yn eu hesbonio. Mae'n bwysig i chi ddeall bod cwestiynau'n gofyn am fathau gwahanol o atebion. Os bydd cwestiwn yn gofyn i chi nodi neu ddatgan rhywbeth, does dim angen esboniad.

(b) Esboniwch **un** effaith gallai talu'r Cyflog Byw Cenedlaethol ei gael ar D&C Ltd. (4 marc)

(b) Bydd y gweithwyr hynny sydd wedi cael codiad cyflog o ganlyniad i'r Cyflog Byw Cenedlaethol yn hapus ac efallai y bydd yn eu hysgogi ac yn gwneud iddyn nhw weithio'n galetach. Gallai hyn wella perfformiad y gweithlu. Gallai hyn gael tipyn o effaith gan fod y gweithwyr eisoes yn teimlo y dylen nhw fod wedi cael codiad cyflog yn gynharach, felly efallai bydd y codiad hwn yn ysgogiad mawr.

💬 Ar y cyfan, roedd hwn yn ateb da. Mae'r hyd yn addas ac mae'n gwneud yn union beth oedd y cwestiwn yn gofyn amdano. Mae wedi disgrifio un effaith yn unig ac mae wedi defnyddio gwybodaeth o'r Eitem er mwyn helpu i ddatblygu'r esboniad. Mae'n ateb effeithiol gan ei fod yn cyfuno gwybodaeth berthnasol â thystiolaeth o'r Eitem i roi ateb cryf.

(c) Dadansoddwch sut gallai'r galw am wasanaethau bysiau a bysiau moethus D&C Ltd newid pe bai diweithdra yn cynyddu.

[6 marc]

(c) Os bydd lefel diweithdra Dyfnaint a Chernyw'n cynyddu, yn unol â'r rhagolygon, gellir disgwyl y bydd incwm pobl yn yr ardal yn gostwng. Bydd hyn yn golygu bod llai o alw am wasanaethau bysiau a bysiau moethus gan fod incwm pobl yn llai. Gan fod ganddyn nhw lai o arian i'w wario, byddan nhw'n lleihau eu gwariant ar y rhan fwyaf o bethau, gan gynnwys teithio.

Ond mae gan D&C Ltd ddau wasanaeth. Mae'n darparu gwasanaethau bysiau, sy'n hanfodol i nifer o bobl. Felly mae'n bosibl na fydd hwn yn gweld cymaint o effaith â gwasanaethau bysiau moethus, sydd ar gyfer pobl sy'n mynd ar eu gwyliau. Os bydd pobl yn colli eu swyddi a'u hincwm, maen nhw'n rhoi'r gorau i brynu pethau moethus fel gwyliau. Gallai'r galw am deithiau bysiau moethus ostwng yn sylweddol, tra bod y galw am wasanaethau bysiau ddim ond yn gostwng ychydig.

💬 Mae hwn yn ateb da arall. Mae'r ateb yn defnyddio gwybodaeth berthnasol sydd wedi'i dewis yn ofalus ac mae'n defnyddio'r wybodaeth gywir o Eitem A i'w gefnogi. Un cryfder penodol yw sylweddoli bod yr effaith ar y galw am wasanaethau'r cwmni yn mynd i fod yn wahanol ar gyfer gwasanaethau bysiau a bysiau moethus. Mae hwn yn ateb ystyriol. Mae meddwl yn ofalus a chynllunio cyn ysgrifennu eich atebion bob amser yn syniad da.

(ch) Trafodwch a ddylai D&C Ltd drawsnewid ei holl fysiau i redeg ar hydrogen. Rhowch resymau dros eich cyngor.

[9 marc]

(ch) Mae yna resymau pam dylai D&C Ltd drawsnewid ei fysiau. Nid yw'n gwneud llawer o elw wrth iddo wynebu cystadleuaeth gref ac nid yw'n gallu codi ei brisiau. Mae 95% o'r bobl leol yn cefnogi'r syniad o ddefnyddio tanwydd hydrogen, sy'n well i'r amgylchedd. Gallai trawsnewid y tanwydd alluogi'r cwmni i godi ei brisiau heb golli gormod o gwsmeriaid. Efallai y gallai gynyddu prisiau ei deithiau bysiau moethus yn sylweddol a byddai hyn yn helpu i wella ei elw.

Ar y llaw arall, gallai'r cwmni gael trafferth i dalu am y gwaith trawsnewid gan ei fod yn golygu y byddai'n rhaid iddo fenthyg £5 miliwn. Gallai fod yn anodd i'r cwmni wneud hyn gan mai dim ond ychydig o elw mae'n ei wneud a gallai'r polisi fod yn rhy ddrud. Os bydd rhaid iddo ad-dalu'r benthyciad, efallai na fydd yn gallu rhoi mwy o godiad cyflog i'w weithwyr.

Ar y cyfan, rwyf i'n argymell bod y cwmni'n gwneud y buddsoddiad hwn. Fe fydd yn gwella delwedd y cwmni ac mae'n boblogaidd ymhlith y bobl leol a gallai'r cwmni ei ddefnyddio mewn hysbysebion. Yn bwysicach na dim, mae'n gwneud synnwyr yn ariannol. Gan fod defnyddio hydrogen yn mynd i wneud costau tanwydd y cwmni £1 miliwn yn llai bob blwyddyn, fe fydd wedi talu am y buddsoddiad o fewn 5 mlynedd.

💬 Mae hwn yn ateb cryf am nifer o resymau. Mae'r dadleuon sy'n cael eu gwneud yn eglur, maen nhw wedi'u datblygu'n llawn ac maen nhw'n ystyried sut byddai penderfynu trawsnewid y bysiau a'r bysiau moethus i redeg ar hydrogen yn effeithio ar rannau gwahanol o'r busnes, fel hysbysebu a chyflog gweithwyr. Mae'n ateb y cwestiwn bob amser. Mae'n defnyddio'r wybodaeth sy'n cael ei rhoi yn Eitem A yn effeithiol iawn i ddatblygu'r dadleuon. Yn olaf, mae'r argymhelliad sy'n cael ei wneud yn un synhwyrol, o ystyried y dadleuon cynharach ac mae'n cael ei gyfiawnhau'n llawn.

2 Darllenwch Eitem B ac atebwch y cwestiynau sy'n dilyn:

⇨ Eitem B: Y ffatri newydd

Mae Reston Ltd yn cynhyrchu beiciau trydan. Mae'n gwerthu tua 60% o'r beiciau mae'n eu gwneud yn America, lle mae'r brand yn ffasiynol iawn. Mae'r gweddill yn cael eu gwerthu yn y DU lle mae llawer yn cael eu prynu drwy ddefnyddio benthyciadau. Mae Reston Ltd yn prynu dur a chydrannau eraill o China.

Mae'n wynebu penderfyniad mawr. Mae ei ffatri bresennol yn hen ac yn ddrud i'w chadw. Dydy hi ddim yn ddigon mawr os bydd gwerthiant y cwmni'n llwyddo i gynyddu 25% dros y ddwy flynedd nesaf, fel mae'r cwmni'n ei obeithio. Byddai angen iddo recriwtio 25 o weithwyr newydd, ac mae'n awyddus i gynyddu nifer y merched yn ei weithlu.

Byddai ei ffatri newydd yn ddigon mawr i'w alluogi i gynhyrchu dwywaith cymaint o feiciau trydan ag sy'n bosibl ar hyn o bryd. Fodd bynnag, byddai angen benthyciad mawr ar y cwmni i dalu am y ffatri.

Mae dau fater economaidd yn peri pryder i'r cwmni. Mae cyfradd gyfnewid y bunt wedi gostwng 10% yn ddiweddar yn erbyn sawl arian cyfred amlwg arall, fel doler America ac Yuan China. Mae disgwyl i'r cyfraddau llog gynyddu 3% dros y flwyddyn nesaf hefyd.

(a) Disgrifiwch **ddwy** ffordd gallai deddfau cyflogaeth effeithio ar Reston Ltd. (4 marc)

(b) Dadansoddwch **un** ffordd gallai'r cwmni elwa drwy fasnach ryngwladol Reston Ltd. (6 marc)

(c) Gwerthuswch a ddylai Reston Ltd adeiladu ei ffatri newydd ai peidio. Yn eich ateb, dylech chi edrych ar:
- yr effeithiau ar gostau cynhyrchu Reston Ltd
- sut gallai'r newidiadau economaidd effeithio ar y galw am feiciau Reston Ltd. (10 marc)

3

Gweithrediadau busnes

Wrth galon unrhyw fusnes mae'r gweithrediadau. Yn y bennod hon byddwn ni'n edrych ar y gwahanol ffyrdd sydd gan fusnesau o gynhyrchu, a manteision ac anfanteision pob dull. Byddwn ni hefyd yn gofyn sut a pham mae busnesau'n monitro ansawdd eu gweithrediadau a sut gallan nhw geisio'i wella. Yn ogystal â hyn, byddwn ni'n astudio cadwyn gyflenwi busnes ac yn ystyried y gwahanol agweddau ar reoli'r gadwyn, fel caffael, logisteg a rheoli stoc. Yn olaf, byddwn ni'n edrych ar y broses werthu, a sut mae gwasanaeth da i gwsmeriaid yn gallu helpu busnes.

Dulliau cynhyrchu

Mae pob busnes yn cynhyrchu rhywbeth. Mae busnesau gweithgynhyrchu yn cynhyrchu nwyddau fel dodrefn, dillad neu glociau. Mae busnesau eraill yn darparu gwasanaethau fel trin gwallt, gofal deintyddol neu wasanaeth glanhau. Mae pob math o fusnes yn gorfod cynhyrchu rhywbeth – hynny yw, casglu'r adnoddau sy'n angenrheidiol ar gyfer cyflenwi'r nwyddau neu'r gwasanaethau at ei gilydd. Mae'r testun hwn yn eich cyflwyno chi i'r dulliau cynhyrchu ac yn ystyried sut gall gweithrediadau gael eu gwneud yn effeithlon drwy ddefnyddio cyn lleied o adnoddau â phosibl. Byddwn ni'n edrych ar y mater o ansawdd ac yn ystyried sut gall busnesau gynhyrchu nwyddau a gwasanaethau sy'n bodloni eu cwsmeriaid. Byddwn ni hefyd yn edrych ar y ffactorau sy'n dylanwadu ar wasanaeth da i gwsmeriaid, a sut gall hyn helpu busnes.

Erbyn diwedd yr adran hon, dylech chi wybod am y canlynol:

- pa ddulliau cynhyrchu gall busnes eu defnyddio
- manteision ac anfanteision gwahanol ddulliau cynhyrchu

● Rheoli gweithrediadau

Mae **rheoli gweithrediadau (neu reoli cynhyrchu)** yn cyfeirio at yr holl weithgareddau sy'n rhan o reoli'r broses drawsffurfio. Mae'n golygu cymryd mewngyrch, ei droi yn allgynnyrch a'i ddosbarthu i'r cwsmer. Yn y testun hwn ystyriwn pa mor bwysig yw penderfyniadau o ran gweithrediadau wrth reoli busnes yn llwyddiannus. Byddwn ni hefyd yn archwilio sut gall rheoli gweithrediadau a thechnoleg wneud busnes yn fwy effeithiol.

● Dulliau cynhyrchu

Cynhyrchu yw'r broses o newid mewngyrch (*input*), fel defnyddiau crai, egni a gwasanaethau llafur, yn nwyddau a gwasanaethau sy'n gallu cael eu gwerthu. Yn aml bydd pobl yn meddwl am gynhyrchu yn yr ystyr o weithgynhyrchu, ond mae hefyd yn rhan ganolog o gyflenwi gwasanaethau. I gyflenwi gwasanaeth fel glanhau swyddfeydd, mae angen casglu'r adnoddau canlynol ynghyd:

→ pobl i drefnu'r busnes a gwneud y gwaith glanhau ei hun

→ defnyddiau ac offer glanhau, fel sugnwyr llwch

> **Term allweddol**
>
> Mae **rheoli gweithrediadau (neu reoli cynhyrchu)** yn cyfeirio at yr holl weithgareddau sy'n rhan o'r gwaith o reoli'r broses drawsffurfio.
>
> **Cynhyrchu** yw'r broses o newid mewngyrch, fel gwasanaethau llafur, yn nwyddau a gwasanaethau sy'n gallu cael eu gwerthu.

→ faniau neu geir i gludo glanhawyr i'r swyddfeydd sydd angen eu glanhau

→ tanwydd i'w roi yn y faniau neu'r ceir.

Mae'r broses gynhyrchu yn casglu'r adnoddau hyn ynghyd a chanlyniad y broses yw swyddfa lân.

Mae sawl math gwahanol o gynhyrchu i'w gael, ond maen nhw i gyd yn cynnwys troi adnoddau yn allgynnyrch

● Cynhyrchu yn ôl y gwaith

Dull cynhyrchu lle mae cynnyrch yn cael ei gyflenwi i gwrdd ag union ofynion cwsmer yw **cynhyrchu yn ôl y gwaith**. Mae'n arwain at gynhyrchu eitemau unigryw ar archeb ar gyfer cwsmeriaid. Er enghraifft:

→ **Cynllunio gerddi**. Bydd busnesau sy'n cynllunio (neu'n ailgynllunio) gerddi yn trafod anghenion y cwsmer, yn cynnig eu syniadau nhw eu hunain ac yn cyflenwi cynnyrch sy'n unigryw i'r cwsmer hwnnw.

→ **Teilwriaid**. Bydd llawer o fusnesau teilwra yn gwneud dillad fel siwtiau i gwrdd ag anghenion eu cwsmeriaid. Mae dillad yn cael eu gwneud yn ôl maint y cwsmer a'i ddewis o ddyluniad a defnydd.

→ **Hyfforddwyr personol**. Mae gan rai pobl hyfforddwyr personol i wella eu ffitrwydd a'u hiechyd unigol. Bydd yr hyfforddwr yn darparu rhaglen ddeiet ac ymarfer i gyd-fynd ag anghenion y cwsmer unigol.

→ **Tai bwyta**. Mewn llawer o dai bwyta, mae prydau'n cael eu paratoi a'u coginio i gwrdd ag anghenion penodol cwsmeriaid. Er enghraifft, byddai rhywun sy'n archebu stêc yn dweud sut mae eisiau iddi gael ei choginio, ac efallai byddai'n dewis cyfuniad penodol o lysiau i'w cael hefyd.

Term allweddol

Dull cynhyrchu lle mae cynnyrch yn cael ei gyflenwi i gwrdd ag union ofynion cwsmer yw **cynhyrchu yn ôl y gwaith**.

Manteision cynhyrchu yn ôl y gwaith

→ **Dyluniadau unigryw**. Mae cynhyrchu yn ôl y gwaith yn cael ei ddefnyddio gan fusnesau i ennill mantais dros gystadleuwyr mwy. Er enghraifft, all busnes teilwra bach ddim disgwyl cyflenwi dillad mor rhad â chwmni mawr. Ond efallai gall gyfiawnhau codi prisiau uwch oherwydd ei fod yn cynnig gwasanaeth personol.

→ **Amrywiaeth a hyblygrwydd**. Mae cynhyrchu yn ôl y gwaith yn ffordd briodol o gyflenwi rhai gwasanaethau personol, fel trin gwallt, gofal deintyddol a gofal iechyd, lle mae anghenion pob cwsmer yn wahanol.

Anfanteision cynhyrchu yn ôl y gwaith

→ **Costau**. Mae cynhyrchu yn ôl y gwaith yn ddull drud o gynhyrchu gan fod pob cynnyrch yn wahanol ac efallai yn golygu newid y broses gynhyrchu. Oni bai fod y busnes yn siŵr ei fod yn gallu codi prisiau uchel, efallai bydd yn ei chael yn anodd gwneud elw.

→ **Recriwtio a hyfforddiant**. Yn aml mae angen gweithwyr medrus ac arbenigol ar gyfer cynhyrchu yn ôl y gwaith ac felly gall fod yn anodd recriwtio gweithwyr a/neu mae angen i weithwyr gael cryn dipyn o hyfforddiant.

→ **Meintiau isel**. Mae cynhyrchu yn ôl y gwaith yn cynnig hyblygrwydd ac mae'n cwrdd ag anghenion pob cwsmer. Nid yw'n addas, fodd bynnag, os oes angen cynhyrchu meintiau mawr.

Ystyried busnes: The Flower Shop

O wefan The Flower Shop:

Mae The Flower Shop, un o'r prif fusnesau gwerthu blodau yn y DU, wedi datblygu ei enw da am waith newydd ac arloesol, gan gyfuno arddull gwych wrth drefnu blodau â safon ardderchog o wasanaeth i gwsmeriaid. Yn ein stoc mae gennyn ni'r amrywiaeth ehangaf o flodau a dail (ffres ac artiffisial), yn ogystal â'r rhoddion ac ategolion (*accessories*) anarferol sy'n golygu gallwn ni ddarparu gwasanaeth rhoddion a dylunio rhagorol. Mae The Flower Shop yn aelod o Interflora, sy'n golygu ein bod ni'n gallu anfon blodau ledled y DU ac Iwerddon a hefyd i'r rhan fwyaf o wledydd y byd. Dim ots os yw hi'r briodas fwyaf, y digwyddiad busnes pwysicaf neu'r bouquet lleiaf, byddwn ni'n rhoi'r sylw unigol haeddiannol i bob archeb.

Ffynhonnell: www.theflower-shop.co.uk

1 **Dadansoddwch pam mae'r busnes hwn yn defnyddio cynhyrchu yn ôl y gwaith fel dull cynhyrchu.** [6 marc]

● Swp-gynhyrchu

Mae **swp-gynhyrchu** i'w gael pan fydd grwpiau o eitemau yn symud gyda'i gilydd trwy gamau gwahanol y broses gynhyrchu. Er enghraifft, mae cnwd o rawnwin yn cael ei dyfu a'i fedi (ei gasglu). Yna mae'n mynd trwy sawl cam i gynhyrchu swp penodol o win ar gyfer y flwyddyn honno. Y flwyddyn ganlynol, mae swp arall yn cael ei brosesu. Yn yr un modd, gall pobyddion gynhyrchu swp o does sydd wedyn yn cael ei droi'n swp o sawl torth o fara.

Term allweddol

Mae **swp-gynhyrchu** yn digwydd pan fydd swm penodol o eitemau yn symud gyda'i gilydd trwy gamau gwahanol y broses gynhyrchu.

Manteision swp-gynhyrchu

→ Mae cynhyrchu'n digwydd ar raddfa fwy na chynhyrchu yn ôl y gwaith, gan alluogi mwy o werthiant.

→ Mae'r gost am bob uned yn debygol o fod yn is na chynhyrchu yn ôl y gwaith, oherwydd gall unrhyw gostau cynhyrchu gael eu taenu ar draws y swp cyfan.

→ Gall sypiau gwahanol gael eu newid i gwrdd ag anghenion cwsmeriaid gwahanol ac felly mae mwy o hyblygrwydd i'r dull hwn nag sydd mewn masgynhyrchu lle mae pob uned yr un fath.

Anfanteision swp-gynhyrchu

→ Mae llai o amrywiaeth unigol nag sydd i'w gael wrth gynhyrchu yn ôl y gwaith ac felly dydy pob cynnyrch ddim yn cael ei wneud yn ôl gofynion cwsmer unigol.

→ Gall gymryd amser ac arian i osod yr offer ar gyfer pob swp o gynhyrchu.

→ Efallai bydd yna lefelau uchel o stoc ym mhob cam wrth i'r swp symud trwy'r broses gynhyrchu.

→ Ni fydd peiriannau'n cael eu defnyddio mewn ffordd effeithlon iawn, oherwydd ar ryw adeg, bydd peiriannau'n eistedd heb waith i'w wneud wrth aros i'r swp o gynhyrchion gael ei gwblhau yn y cam blaenorol.

→ Bydd 'amser segur' (*downtime*) wrth i'r broses gael ei newid o gynhyrchu un swp i swp arall. Mae amser segur yn golygu bod peiriannau'n segur – hynny yw, heb waith i'w wneud – a bod dim yn cael ei gynhyrchu.

● Masgynhyrchu (llif-gynhyrchu)

Mae **masgynhyrchu** (neu **lif-gynhyrchu**) i'w gael pan fydd cynhyrchu eitemau unfath yn digwydd yn barhaus ac ar raddfa fawr. Mae pob eitem yn symud yn barhaus o un cam o'r broses i'r llall. Dychmygwch ffatri sy'n llenwi miloedd o boteli â sudd bob dydd. Caiff pob potel ei glanhau a'i llenwi, rhoddir caead arni, gosodir label ac mae'r botel yn symud ymlaen i gael ei phecynnu heb stopio. Mae masgynhyrchu'n addas lle mae angen meintiau mawr o eitemau unfath.

Manteision llif-gynhyrchu

→ Mae'n galluogi cwmnïau i gynhyrchu meintiau enfawr o allgynnyrch ac felly gallan nhw werthu niferoedd mawr (gan dybio bod galw amdanyn nhw).

→ Mae'n creu amodau ar gyfer arbenigo. Mae hyn yn golygu bod y broses yn cael ei rhannu'n gyfres o gamau, gydag unigolion yn arbenigo ym mhob cam. Drwy arbenigo, gall unigolion ddod yn fwy effeithlon yn yr hyn maen nhw'n ei wneud wrth ailadrodd. Gall hyn gyflymu'r broses a gwneud pobl yn fwy cynhyrchiol. Term arall am arbenigo yw 'rhaniad llafur'. Gall arbenigo ei gwneud hi'n haws recriwtio a hyfforddi pobl, oherwydd bod gan weithwyr newydd lai o dasgau i'w dysgu.

→ Mae'n ddull cymharol rad fesul uned. Mae'n ddrud i brynu'r cyfarpar ar y dechrau a threfnu'r broses, ond mae'r costau'n cael eu taenu dros filiynau o unedau cynhyrchu ac felly mae cost pob uned yn isel mewn gwirionedd. Dychmygwch eich bod chi'n gwario £5 miliwn ar broses lif-gynhyrchu ond yn cynhyrchu 50 miliwn o unedau: 10c yn unig yw'r gost fesul uned.

> **Term allweddol**
>
> Mae technegau **masgynhyrchu ('llif-gynhyrchu')** i'w cael pan fydd eitem yn symud yn barhaus o un cam o'r broses i gam arall. Mae'n golygu bod busnes yn gallu cynhyrchu eitemau unfath ar raddfa fawr.
>
> **Arbenigo** yw pan fydd unigolion yn canolbwyntio ar nifer cyfyngedig o dasgau.

Anfanteision llif-gynhyrchu

→ Mae'r costau cychwynnol yn uchel. Gall llinell gynhyrchu gostio miliynau o bunnoedd ac efallai na fydd y busnes yn gallu fforddio hyn.

→ Mae risg i'r dull hwn. Mae angen i fusnesau fuddsoddi llawer o arian er mwyn gallu cynhyrchu ar raddfa fawr. Mae perygl y bydd galw'n gostwng, ac na fydd yr offer drud yn cael ei ddefnyddio'n effeithlon. Os bydd y busnes yn cynhyrchu ychydig yn unig o eitemau, bydd y broses yn ddrud iawn am bob eitem.

→ Efallai na fydd y dull yn hyblyg. Gall proses llif gynhyrchu miliynau o eitemau ond mae'r rhain i gyd yn weddol debyg i'w gilydd. Fodd bynnag, mae datblygiadau diweddar mewn technoleg yn golygu ei bod hi'n bosibl, hyd yn oed wrth lif-gynhyrchu, i wneud cynhyrchion ychydig yn wahanol i'w gilydd er mwyn cwrdd ag archebion cwsmeriaid (er enghraifft, lliwiau gwahanol a nodweddion gwahanol). Er hynny, dydy llif-gynhyrchu ddim mor hyblyg â chynhyrchu yn ôl y gwaith, ac nid yw'n bosibl cynhyrchu yn ôl chwaeth penodol pob cwsmer.

→ Gall arbenigo a rhaniad llafur arwain at ddiflastod ac anfodlonrwydd. Efallai bydd gweithwyr yn blino ar wneud yr un nifer cyfyngedig o dasgau o hyd, ac efallai byddan nhw'n gadael y busnes. Os oes llawer o bobl yn absennol yn aml neu'n gadael eu swydd, mae hynny'n gallu bod yn ddrud a tharfu ar y busnes.

Awgrym astudio

Wrth feddwl a ddylai busnes gyflwyno proses lif-gynhyrchu neu beidio, dylech chi ystyried materion fel y canlynol:

● y gost

● lefel debygol y galw

● yr angen am hyblygrwydd wrth gynhyrchu.

Mentro Mathemateg

Mae busnes yn defnyddio llinell gynhyrchu sydd â chostau sefydlog uchel. Cwblhewch y tabl canlynol a chyfrifwch yr effaith ar gost pob uned wrth i raddfa'r cynhyrchu gynyddu.

Allgynnyrch (unedau)	Costau newidiol (tybiwch mai £2 yw'r gost newidiol yr uned)	Costau sefydlog	Cyfanswm y costau = costau sefydlog + costau newidiol	Cost yr uned = cyfanswm y costau/allgynnyrch
1,000		£5,000,000		
2,000		£5,000,000		
5,000		£5,000,000		
10,000		£5,000,000		
20,000		£5,000,000		
50,000		£5,000,000		
100,000		£5,000,000		

Ystyried busnes: Masgynhyrchu Model T Ford

Car Ford Model T

Un o'r ceir mwyaf enwog i gael ei wneud erioed yw Model T Ford, gafodd ei gynhyrchu gan gwmni Ford o 1918 ymlaen. Mae'r car yn enwog oherwydd mai dyma'r cyntaf i gael ei wneud gan ddefnyddio technegau llif-gynhyrchu. Roedd y ceir yn symud ar hyd y llinell gydosod ac ym mhob cam byddai darn arall o'r car yn cael ei osod. Drwy gyflwyno llif-gynhyrchu, cynyddodd nifer y ceir oedd yn cael eu gwneud, gan olygu ei bod hi'n llawer rhatach eu cynhyrchu. Cafodd ceir Ford eu gwerthu am bris llawer is na phris unrhyw un arall, gan olygu mai dyma'r car cyntaf i filiynau o bobl allu ei fforddio.

1 **Dadansoddwch y buddion i gwmni Ford wrth ddefnyddio masgynhyrchu i gynhyrchu'r Model T.** [6 marc]

Ffactorau i'w hystyried wrth ddewis dull cynhyrchu

Wrth benderfynu ar y dull mwyaf addas o gynhyrchu, dylai rheolwyr ystyried y canlynol:

→ **Faint sydd i'w gynhyrchu**. Ar gyfer meintiau uchel, gall masgynhyrchu fod yn briodol. Ar gyfer eitemau unigryw mae cynhyrchu yn ôl y gwaith yn briodol.

→ **Hyblygrwydd cynhyrchu**. Gall cynhyrchu yn ôl y gwaith gynhyrchu eitem unigryw ar gyfer pob cwsmer. Mae cynhyrchu yn ôl y gwaith yn debygol o fod o ansawdd uwch gan fod yr eitem yn cael ei gwneud i gyd-fynd yn union â gofynion y cwsmer. Mae masgynhyrchu wedi'i ddylunio i gyrraedd safon penodedig, ac felly efallai na fydd y cynnyrch mor benodol o ran gofynion cwsmeriaid.

→ **Costau**. Mae costau cychwynnol masgynhyrchu yn uchel oherwydd bod angen buddsoddi'n drwm mewn cyfarpar ar gyfer y llinell gynhyrchu. Fodd bynnag, os yw'n cael ei ddefnyddio wedyn i gynhyrchu meintiau enfawr, mae'n bosibl taenu'r costau hyn dros filiynau o unedau o allgynnyrch. O gymharu, mae'r gost fesul uned wrth gynhyrchu yn ôl y gwaith yn gymharol uchel oherwydd bod gofyn am sgiliau arbenigol. Mae maint yr allgynnyrch yn isel ac felly dydy'r costau ddim yn cael eu taenu dros lawer o unedau o allgynnyrch.

> **Awgrym astudio**
>
> Cofiwch y gwahaniaeth rhwng cyfanswm y costau a'r gost fesul uned. Mae masgynhyrchu yn debygol o fod â chyfanswm costau sy'n uwch, ond oherwydd bod yr allgynnyrch yn uchel mae'r gost fesul uned yn debygol o fod yn is.

	Manteision	Anfanteision
Yn ôl y gwaith	Hyblyg iawn; wedi'i addasu i gwrdd ag anghenion cwsmer	Drud; gall fod angen sgiliau a chyfarpar arbenigol; efallai na chaiff yr holl gyfarpar ei ddefnyddio ar gyfer pob tasg.
Swp	Rhywfaint o hyblygrwydd – gallu newid sypiau. Caiff eitemau eu cynhyrchu mewn grwpiau ac felly mae cost yr uned yn debygol o fod yn is na chynhyrchu yn ôl y gwaith.	Ceir oedi rhwng y camau gwahanol wrth i gam B aros i'r holl elfennau gwblhau cam A. Lefelau uchel o stociau ar wahanol gamau'r broses – gall arwain at ddifrod, dwyn neu ddirywiad stociau a'r gost o'u storio hefyd.
Llif	Graddfa fawr a chostau yr uned yn isel	Anhyblyg iawn – cynhyrchion wedi'u safoni; drud i gychwyn gan fod angen prynu offer

Tabl 3.1 Cymharu dulliau cynhyrchu

Crynodeb

Mae gwahanol ddulliau cynhyrchu y gallai busnes eu defnyddio. Mae'r rhain yn cynnwys cynhyrchu yn ôl y gwaith, swp-gynhyrchu a llif-gynhyrchu. Wrth benderfynu pa ddull i'w ddefnyddio, bydd rheolwyr yn ystyried amrywiaeth o ffactorau fel maint tebygol y cynhyrchu, yr angen am gynhyrchu hyblyg, a'r costau.

Cwestiynau cyflym

1 Beth yw ystyr 'cynhyrchu yn ôl y gwaith'? [2 farc]

2 Amlinellwch **un** o fanteision cynhyrchu yn ôl y gwaith. [2 farc]

3 Amlinellwch **un** o anfanteision cynhyrchu yn ôl y gwaith. [2 farc]

4 Beth yw ystyr 'swp-gynhyrchu'? [2 farc]

5 Amlinellwch **un** o fanteision swp-gynhyrchu. [2 farc]

6 Amlinellwch **un** o anfanteision swp-gynhyrchu. [2 farc]

7 Beth yw ystyr 'llif-gynhyrchu'? [2 farc]

8 Amlinellwch **un** o fanteision llif-gynhyrchu o'i gymharu â chynhyrchu yn ôl y gwaith. [2 farc]

9 Esboniwch **un** o fanteision arbenigo. [2 farc]

10 Esboniwch **un** o anfanteision arbenigo. [2 farc]

Astudiaeth achos

Tai Frank

Ar ôl gweithio yn y diwydiant adeiladu am lawer o flynyddoedd, cychwynnodd Frank ei fusnes ei hun pan oedd yn ei 30au cynnar. Roedd wedi datblygu amrywiaeth o sgiliau a chysylltiadau ac wedi cynilo tipyn o arian. Lluniodd gynllun busnes a chafodd fenthyg arian gan fanc i gychwyn cwmni atgyweirio (trwsio) ac adeiladu tai. I ddechrau, bu'n gwneud gwaith atgyweirio yn bennaf. Roedd pob tasg yn wahanol ac yn aml yn dod â'i heriau ei hun. Yn arbennig gyda thai hŷn, byddai'n dechrau atgyweirio un peth ac yna'n gweld bod rhywbeth arall wedi torri, a bod angen atgyweirio hwnnw hefyd. Yna yn 2014 daeth Frank o hyd i rywfaint o dir ac adeiladodd ei dŷ cyntaf. Roedd wedi'i gynllunio'n benodol yn ôl gorchmynion y cwsmer oedd eisiau cartref ymddeol, gyda syniadau pendant iawn o'r hyn roedd ei eisiau. Gwnaeth Frank lawer o arian o'r contract hwn ac am y blynyddoedd nesaf adeiladodd dai yn ôl gofynion y cwsmeriaid. Roedd hyn yn golygu bod ei fusnes wedi aros yn gymharol fach oherwydd bod pob tŷ yn cymryd amser i'w gynllunio a'i adeiladu, ond roedd ei fusnes yn gymharol lwyddiannus. Ond nawr roedd Frank eisiau cymryd cam mawr ymlaen. Roedd wedi clywed am fusnes yn yr Almaen oedd yn adeiladu tai mewn ffatri. Yna byddai gwahanol rannau'r tai yn cael eu cludo i'r lleoliad ac yn cael eu cydosod. Roedd y math newydd hwn o broses yn golygu ei bod yn bosibl adeiladu rhannau'r tai dan do. Roedd hyn yn gwneud bywyd yn llawer haws nag adeiladu tŷ yn yr awyr agored, lle byddai tywydd gwael yn aml yn atal yr adeiladu. Pan fyddai'r darnau'n dod i'r safle, gallai nifer mawr o dai tebyg gael eu cydosod yn gyflym iawn mewn un lleoliad. Roedd Frank yn hoffi'r syniad ac roedd wedi darganfod rhai caeau lle gallai adeiladu tua 30 o dai. Byddai'n galw'r safle yn 'Maes Mair' ar ôl ei fam.

Cwestiynau

1 Pa fath o ddull cynhyrchu roedd Frank yn ei ddefnyddio ym mlynyddoedd cynnar ei fusnes? [2 farc]

2 Esboniwch un fantais ac un anfantais sy'n perthyn i'r dull hwn o gynhyrchu. [6 marc]

3 Pa fath o ddull cynhyrchu roedd Frank yn ystyried ei ddefnyddio ar gyfer Maes Mair? [2 farc]

4 Trafodwch fanteision ac anfanteision y dull hwn o gynhyrchu. [10 marc]

Ansawdd

I gyflawni 'ansawdd', rhaid i reolwyr ddiffinio beth maen nhw'n ceisio ei gyflawni. Mae angen diffinio beth maen nhw'n ei gredu mae'r cwsmer ei eisiau. Mae cynnyrch o ansawdd da yn cwrdd â gofynion y cwsmer. Dylai busnes osod targedau ar gyfer ei weithrediadau: er enghraifft, bydd yn cynhyrchu cynnyrch erbyn amser penodol; bydd ganddo nodweddion penodol; bydd yn cael ei ddosbarthu o fewn slot amser penodol. Bydd gan gwsmeriaid ddisgwyliadau am y nwyddau a'r gwasanaethau hyn; er enghraifft, o ran cyflymder y gwasanaeth a'r bwyd gewch chi yn McDonald's, neu os byddwch chi'n bwcio bwrdd mewn tŷ bwyta drud. Bydd gennych ddisgwyliadau o ran ansawdd yr ystafelloedd a'r cyfleusterau mewn Travelodge ac mewn gwesty 5 seren. Mae angen i reolwyr ddeall disgwyliadau cwsmeriaid a chwrdd â'r rhain. Erbyn diwedd yr adran hon, dylech chi wybod am y canlynol:

- y cysyniad o ansawdd
- sut mae busnes yn cyflawni ansawdd
- pwysigrwydd ansawdd i fusnes.

● Y cysyniad o ansawdd

Mae ansawdd yn golygu cyrraedd targedau sydd wedi cael eu gosod gan y busnes er mwyn bodloni gofynion cwsmeriaid. Mae nwydd neu wasanaeth o ansawdd da yn gynnyrch sy'n bodloni'r gofynion hyn yn gyson. Bydd union natur y targedau sy'n cael eu gosod yn dibynnu ar natur y busnes.

Er enghraifft:
→ Gallai ysbyty osod targedau ar gyfer faint o amser mae cleifion yn gorfod aros cyn cael eu gweld, faint o amser mae'n ei gymryd i drin cleifion a faint o lawdriniaethau sy'n llwyddiannus.
→ Gallai cwmni hedfan osod targedau yn ymwneud â'r canran o awyrennau sy'n gadael ar amser, y canran o awyrennau sy'n glanio'n brydlon, y canran o bobl sy'n colli eu bagiau a sgôr bodlonrwydd cwsmeriaid ar gyfer ansawdd y gwasanaeth ar yr awyren.
→ Gallai gwneuthurwr siocled fesur nifer y cynhyrchion sy'n cyrraedd y targedau cywir ar gyfer pwysau, nifer y cynhyrchion sy'n cyrraedd y targedau blas, sawl pecyn i'w ddosbarthu sy'n gadael y ffatri'n brydlon a nifer y cwsmeriaid sy'n cael biliau cywir.

Does dim rhaid i gynnyrch o ansawdd da fod yn ddrud i'r cwsmer; yn syml, mae'n rhaid iddo fod yn gynnyrch sy'n cwrdd â gofynion y cwsmer yn gyson. Dydy bwyd McDonald's ddim yn ddrud ond os yw'n cael ei ddarparu'n gyflym ac yn effeithlon, os ydyn ni'n cael yr hyn rydyn ni wedi ei archebu, os yw'r siop yn lân a'r staff yn gwrtais, mae'n dal i allu cael ei alw'n fusnes bwyd 'o ansawdd da'. O gymharu, os ewch chi i dŷ bwyta drud a gweld bod y gwasanaeth yn araf, bod y bwyd wedi'i goginio'n wael, bod y gweinydd yn rhoi'r bil anghywir i chi a'u bod nhw'n colli eich cotiau, yna mae hwn yn fusnes o ansawdd gwael.

● Cyflawni ansawdd

I gyflawni ansawdd, mae angen i fusnes wneud y canlynol:
→ penderfynu beth yw'r targedau cywir; mae hyn yn dibynnu ar beth mae eisiau ei gynnig i gwsmeriaid, a beth mae'r cwsmeriaid yn ei ddisgwyl
→ sicrhau ei fod yn cyrraedd targedau (a chymryd camau i wella os ddim).

Gosod targedau ansawdd

Bydd perthynas uniongyrchol rhwng y targedau ansawdd a'r hyn mae'r busnes yn ei ddarparu. Efallai mai nod cwmni trenau yw sicrhau bod trenau'n gadael a chyrraedd o fewn pum munud i'r amser sydd wedi'i gyhoeddi. Efallai mai nod deintydd yw cynnig apwyntiad o fewn dau ddiwrnod. Efallai mai nod cwmni ceir yw sicrhau nad oes problemau â'r car o fewn y flwyddyn gyntaf. Efallai mai nod tŷ bwyta yw gweini ar gwsmeriaid o fewn 5 munud ar ôl iddyn nhw eistedd.

I gyflawni'r targedau ansawdd hyn bydd angen i fusnes ystyried y canlynol:
→ staffio – faint o staff sy'n angenrheidiol a pha sgiliau sydd eu hangen arnyn nhw
→ buddsoddi mewn peiriannau a thechnoleg
→ pa gyflenwyr sy'n cael eu defnyddio, ac ansawdd eu heitemau.

Bydd penderfyniadau ansawdd yn effeithio ar benderfyniadau rhannau eraill o'r busnes. Wrth wella ansawdd a gwasanaethu cwsmeriaid yn gyflymach yn y siop, bydd angen mwy o staff a mannau talu. Yn achos cwmni sy'n mynd allan i drwsio ceir, wrth geisio cyrraedd cwsmeriaid yn gyflymach efallai bydd angen mwy o gerbydau. Os nad oes mwy o adnoddau ar gael, ni all busnes addo gwell ansawdd (neu o leiaf, ni ddylai wneud).

Gwirio i weld a yw ansawdd wedi cael ei gyflawni

Ar ôl i fusnes osod safonau ar gyfer ansawdd, mae'n gallu mesur wedyn a yw'r rhain wedi cael eu cyflawni neu beidio. Er mwyn mesur perfformiad, gall holi gwahanol grwpiau. Er enghraifft:
→ **Cwsmeriaid**. Mae llawer o fusnesau'n gofyn i gwsmeriaid lenwi holiadur. Mae gan sawl busnes linell ffôn i gwsmeriaid adael iddyn nhw wybod a ydyn nhw wedi gwneud yn dda neu'n wael. Mae busnesau fel Starbucks a Pret A Manger yn annog cwsmeriaid i siarad â rheolwr y siop os oes ganddyn nhw gŵyn neu syniad. Yn y ffordd hon caiff busnes wybod beth yw barn ei ddefnyddwyr.

Os nad oes digon o bobl yn llenwi'r ffurflenni neu'n cysylltu, efallai bydd y busnes yn defnyddio mathau eraill o ymchwil marchnata cynradd i gael gwybod eu barn.

→ **Ymwelwyr cudd**. Mae rhai busnesau, fel gwestai a thai bwyta, yn cyflogi ymwelwyr cudd i ddefnyddio'r cynnyrch yn gyfrinachol er mwyn profi ansawdd y gwasanaeth. Gall hyn roi syniad da iddyn nhw o sut mae dieithryn yn gweld y busnes, ond gall staff deimlo bod y busnes yn ysbïo arnyn nhw.

→ **Staff**. Gall y busnes ofyn i staff wirio ansawdd y gwaith sy'n cael ei wneud, naill ai ar bob cam o'r broses neu ar y diwedd. Gall staff wirio rhag ofn bod unrhyw gamgymeriadau wedi'u gwneud. Mae system rheoli ansawdd, er enghraifft, yn gwirio cynhyrchion i weld a oes unrhyw ddiffygion ynddyn nhw.

Rheoli ansawdd a sicrhau ansawdd

Un ffordd o gyflawni ansawdd gwell yw canolbwyntio ar arolygu a gweld a oes camgymeriadau wedi digwydd. Y term am hyn yw **rheoli ansawdd**. Er enghraifft, ar ôl i gynhyrchion gael eu cynhyrchu, efallai bydd busnes yn eu samplu a'u profi. Os bydd camgymeriadau'n cael eu darganfod, bydd yn adolygu'r broses ac yn gwneud newidiadau os oes angen. Dull gwahanol o drin ansawdd yw **sicrhau ansawdd**. Nod y dull hwn yw atal camgymeriadau cyn iddyn nhw ddigwydd. Mae sicrhau ansawdd yn canolbwyntio ar gael pethau'n iawn ar bob cam o'r broses. Yn ddamcaniaethol felly, fydd dim angen arolygu'r cynnyrch terfynol oherwydd eich bod chi'n gwybod na fydd ganddo unrhyw gamgymeriadau. Yn achos sicrhau ansawdd, mae angen i fusnesau ystyried y canlynol:

→ pa gyflenwyr maen nhw'n eu defnyddio er mwyn gwneud yn siŵr nad yw'r cyflenwadau'n creu problemau

→ hyfforddi staff fel eu bod nhw'n gallu gwirio'u gwaith eu hunain yn hytrach nag aros iddo gael ei arolygu

→ darparu'r cyfarpar a'r dechnoleg i alluogi gweithwyr i wirio eu gwaith eu hunain.

Mae'n bosibl na fydd gweithwyr yn croesawu'r broses o gyflwyno sicrhau ansawdd oherwydd ei fod yn rhoi mwy o ffocws ar yr angen iddyn nhw gael eu gwaith eu hunain yn iawn, yn hytrach na gadael i rywun arall wirio i wneud yn siŵr nad oes camgymeriadau. Efallai byddan nhw'n ystyried hyn yn ymdrech ychwanegol ac na fyddan nhw'n hapus am hynny.

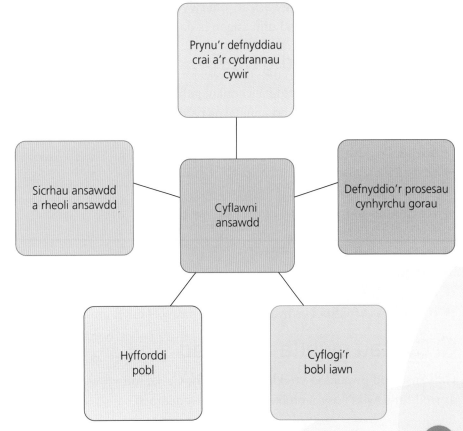

Ffigur 3.1 Crynodeb o'r ffyrdd gall busnesau gyflawni ansawdd

Pwysigrwydd ansawdd i fusnes

Mae ansawdd da yn bwysig i fusnes oherwydd y canlynol:

→ Mae ansawdd da yn golygu bod busnes yn bodloni disgwyliadau ei gwsmeriaid. O ganlyniad, mae cwsmeriaid yn fwy tebygol o ddod yn ôl neu argymell busnes. Yn McDonald's neu Starbucks mae cwsmeriaid yn gwybod beth gawn nhw. O gymharu, os ewch chi i gaffi newydd, dydych chi byth yn siŵr sut bydd y bwyd nac yn gwybod a fydd yr un fath y tro nesaf; rydych chi'n cymryd risg. Os ydych wedi cael profiad gwael (er enghraifft, mae eich taith hedfan yn cael ei chanslo ac rydych chi'n colli diwrnod o'ch gwyliau) efallai na fyddwch chi'n defnyddio'r busnes hwnnw eto. Mae cynnal ansawdd yn ei gwneud hi'n haws i'r busnes lansio mwy o gynhyrchion gan y bydd pobl yn adnabod enw'r brand ac yn ymddiried ynddo.

→ Mae osgoi camgymeriadau'n arbed arian. Os bydd cwmni'n gwerthu cynnyrch sy'n ddiffygiol (*faulty*), bydd rhaid galw'r cynnyrch yn ôl a rhoi un arall yn ei le. Os oes problem gyda'r dyluniad, efallai bydd rhaid ailddylunio'r cynnyrch neu newid ei wneuthuriad. Os yw'r cynnyrch yn beryglus, gall y cwmni gael ei erlyn hyd yn oed. Mae'n rhatach sicrhau ei fod yn iawn y tro cyntaf.

→ Dylai busnes allu gosod pris uwch am gynnyrch o ansawdd da, oherwydd bydd cwsmeriaid yn talu am rywbeth dibynadwy ac am y sicrwydd y bydd yr hyn maen nhw'n ei brynu yn gweithio ac yn gwneud yr hyn y dylai ei wneud.

→ Gall wella delwedd y brand ac enw da'r cynnyrch.

→ Efallai bydd yn lleihau gwastraff oherwydd bydd galw am y cynnyrch a chaiff ei werthu; felly fydd dim angen ei daflu.

> **Awgrym astudio**
>
> Cofiwch nad yw cynhyrchion o ansawdd da o reidrwydd yn ddrud – maen nhw'n gwneud yr hyn mae disgwyl iddyn nhw ei wneud ac maen nhw'n rhoi gwerth rhagorol am arian. I gyflawni ansawdd, rhaid i reolwyr osod y targedau mae cwsmeriaid eu heisiau, ac yna gwneud yn siŵr eu bod yn cyflawni'r targedau hyn dro ar ôl tro. I gyflawni ansawdd da, efallai bydd yn rhaid i'r cwmni wario tipyn o arian i ddechrau, ond gall arbed arian yn y tymor hir.

Cost ansawdd gwael

Os na fydd cynnyrch yn cwrdd â safonau, gall arwain at:

→ anfodlonrwydd cwsmeriaid – efallai na fydd cwsmeriaid yn prynu'r cynnyrch eto nac yn ei argymell i eraill; os yw cwsmeriaid yn anfodlon maen nhw'n dueddol o ddweud wrth bobl eraill, ac mae hynny'n niweidio'r brand

→ cost adalw cynhyrchion diffygiol – mae angen dweud wrth gwsmeriaid am unrhyw gamgymeriadau a thalu cwsmeriaid i ddychwelyd y cynnyrch

→ cost amnewid nwyddau – efallai bydd yn rhaid cynhyrchu eitemau newydd i gymryd lle'r hen rai

→ cost gwastraff – os yw'r ansawdd yn wael, efallai bydd yn rhaid taflu eitemau i ffwrdd

→ cost nwyddau sy'n cael eu cynhyrchu ond heb i neb fod eu heisiau

→ cost achos cyfreithiol os bydd y busnes yn cael ei erlyn am ansawdd gwael.

Costau gwella ansawdd

Gall ansawdd gwael fod yn ddrud iawn felly. Gallai fod yn werth gwario mwy ar wella ansawdd i osgoi problemau yn ddiweddarach.

Mae costau cyflawni ansawdd gwell yn cynnwys y canlynol:

→ costau arolygu a gwirio. Y term am hyn yw rheoli ansawdd. Er mwyn gwneud yn siŵr nad oes camgymeriadau wedi eu gwneud, gallai'r busnes wario mwy ar samplu ac arolygu cynhyrchion. Dylai arolygu mwy rheolaidd nodi mwy o ddiffygion os oes rhai. Gall arian gael ei wario hefyd ar fwy o gyfarpar, allai fod yn well yn nodi diffygion sydd yno.

→ costau hyfforddi staff i wirio'u hansawdd eu hunain. Mae hyn yn golygu rhoi gwybodaeth, sgiliau a chyfarpar sydd eu hangen ar bobl i wirio bod eu gwaith yn cyrraedd y safon angenrheidiol, ac i osgoi camgymeriadau.

● Busnes mewn cyd-destun

Bydd y targedau ansawdd penodol sy'n cael eu gosod gan fusnes yn amrywio o ddiwydiant i ddiwydiant. Er enghraifft:

→ Gallai gwneuthurwyr ceir fesur faint o geir sydd â diffygion mecanyddol.

→ Gallai cwmnïau trenau fesur y gyfran o drenau sy'n gadael a chyrraedd yn brydlon.

→ Gallai canolfan alwadau fesur pa mor gyflym mae galwadau'n cael eu hateb.

→ Gallai gwesty fesur cwynion cwsmeriaid.

Mewn gwirionedd, bydd gan fusnes sawl targed gwahanol. Er enghraifft, gallai cwmni hedfan fesur y canlynol:

→ y gyfran o deithiau hedfan sy'n esgyn a glanio yn brydlon

→ nifer y bagiau sy'n cael eu colli wrth gael eu cludo

→ nifer y cwynion gan gwsmeriaid

→ yr amser mae'n ei gymryd i gael teithwyr ar awyren ac oddi ar awyren

→ yr amser mae'n ei gymryd i ymateb i ymholiadau cwsmeriaid.

● Problemau wrth geisio cyflawni ansawdd cyson

Er mwyn cyflawni ansawdd da mae angen cyflenwyr da, ffyrdd o wneud y gwaith sydd wedi'u diffinio'n dda a monitro perfformiad yn rheolaidd. Gall hyn fod yn anodd wrth i fusnes dyfu oherwydd efallai bydd yn masnachfreintio ei weithrediadau neu'n contractio rhywfaint o'i gynhyrchu allan. Er mwyn tyfu'n gyflym, mae'r busnes yn colli rheolaeth dros rai agweddau ar gynhyrchu, ac o ganlyniad i hyn mae'n bosibl y bydd yr ansawdd yn dioddef.

Ystyried busnes: Galaxy 7 gan Samsung

Yn 2016 rhoddodd Samsung y gorau i werthu ei ffôn clyfar Galaxy 7. Os oedd unrhyw un wedi prynu un yn barod, cynigion nhw ei amnewid am ffôn arall. Roedd nifer o ffonau wedi ffrwydro oherwydd problemau gyda'r batri. Roedd y cwmni'n defnyddio nifer o gyflenwyr ac mae'n debyg bod problem gydag un ohonyn nhw. Dechreuodd y cwmni wneud mwy o wirio ansawdd, ond yn y diwedd penderfynodd dynnu'r cynnyrch yn ôl.

1 **Dadansoddwch y costau posibl i Samsung oherwydd y problemau gyda'i Galaxy 7.**

[6 marc]

Crynodeb

Gallwn ni fesur ansawdd cynnyrch drwy ofyn a yw'n cwrdd ag anghenion ei gwsmeriaid neu beidio. I gyflawni ansawdd da, rhaid i reolwyr ddiffinio beth maen nhw ei eisiau, cyflwyno ffyrdd o sicrhau bod y targedau hyn yn cael eu cyflawni, a mesur pa mor dda maen nhw'n gwneud yn erbyn y targedau hyn. Mae'n bwysig cynnal ansawdd cyson, ac mae'n bosibl cyflawni hyn drwy wahanol ffyrdd fel hyfforddi, buddsoddi a gweithio gyda chyflenwyr.

Cwestiynau cyflym

1 Beth yw ystyr 'ansawdd'? [2 farc]

2 Nodwch **ddwy** ffordd gall ansawdd gael ei fesur mewn ysbyty. [2 farc]

3 Nodwch **ddwy** ffordd gall ansawdd gael ei fesur gan wneuthurwr ceir. [2 farc]

4 Nodwch **ddwy** ffordd gall ansawdd gael ei fesur yn achos cwmni hedfan. [2 farc]

5 Esboniwch **un** o gostau ansawdd gwael. [2 farc]

6 Nodwch **ddau** o fuddion cael ansawdd da. [2 farc]

7 Esboniwch pam gall cyflenwyr fod yn bwysig wrth geisio cyflawni ansawdd gwell. [2 farc]

8 Esboniwch sut mae'r syniad o sicrhau ansawdd yn wahanol i reoli ansawdd. [2 farc]

9 Esboniwch pam gallai gweithwyr wrthwynebu'r syniad o gyflwyno proses sicrhau ansawdd. [2 farc]

10 Pam gallai McDonald's gael ei ddisgrifio fel darparwr bwyd o ansawdd da er bod ei gynhyrchion yn gymharol rad? [2 farc]

Astudiaeth achos

Sounds Alive

Johnny Cash yw rheolwr-gyfarwyddwr Sounds Alive, cynhyrchydd setiau radio digidol sy'n cael eu gwerthu ledled y byd. Mae'r cwmni'n cynhyrchu'r rhain gan ddefnyddio dulliau llif-gynhyrchu. Mae'r gwaith wedi'i drefnu gan ddefnyddio arbenigo a rhaniad llafur. Prif ffocws Johnny ar hyn o bryd yw gwella ansawdd cynhyrchion y cwmni. Mae nifer cynyddol o gynhyrchion wedi cael eu dychwelyd i'r cwmni am eu bod yn ddiffygiol yn ystod y misoedd diwethaf ac mae Johnny'n benderfynol o ddatrys hyn. Mae gan y busnes adran rheoli ansawdd ond mae Johnny eisiau cyflwyno system sicrhau ansawdd. Mae Johnny'n credu gallai'r problemau ansawdd fod rywbeth i'w wneud â thwf cyflym y cwmni yn y blynyddoedd diwethaf. Mae archebion mawr o wledydd tramor yn golygu ei fod wedi ehangu'r cynhyrchu yn sylweddol. Mae wedi defnyddio llawer o gyflenwyr newydd, wedi cyflogi llawer o staff newydd ac wedi dod ar draws problemau amrywiol wrth geisio trefnu'r cynhyrchu ar raddfa fwy effeithlon. Mae tyfu'r busnes wedi dod â llawer o fanteision, ond does dim amheuaeth ei fod wedi achosi rhai problemau hefyd.

Cwestiynau

1 Beth yw ystyr 'llif-gynhyrchu'? [2 farc]

2 Amlinellwch **ddwy** broblem bosibl i fusnes Johnny wrth ddefnyddio rhaniad llafur. [4 marc]

3 Dadansoddwch pam byddai ansawdd da yn bwysig i Johnny. [6 marc]

4 Dadansoddwch yr achos o blaid cyflwyno system sicrhau ansawdd i Johnny.

Dadansoddwch yr achos yn erbyn cyflwyno system sicrhau ansawdd i Johnny.

Argymhellwch a ddylai Johnny gyflwyno system sicrhau ansawdd neu beidio. Amlinellwch eich ateb. [10 marc]

Y gadwyn gyflenwi

Mae llwyddiant busnes yn dibynnu ar lawer o ffactorau, gan gynnwys ei gyflenwyr. Edrychwn yn fanylach ar gyflenwyr a'r gadwyn gyflenwi yma.

Erbyn diwedd yr adran hon, dylech chi wybod am y canlynol:

- y gadwyn gyflenwi
- caffael – sef cyrchu a phrynu
- logisteg
- rheoli stoc
- y berthynas rhwng meysydd swyddogaethol busnes a'i gadwyn gyflenwi
- effaith penderfyniadau cyflenwad a logisteg ar fusnesau.

Beth yw cyflenwadau?

Bydd pob busnes yn defnyddio cyflenwadau (*supplies*). Gallan nhw gynnwys:

→ eitemau cyffredinol sy'n cael eu defnyddio i gadw'r busnes i fynd, er enghraifft egni, ffonau a chynhyrchion glanhau
→ defnyddiau sy'n rhan o'r broses gynhyrchu – bydd car yn cynnwys miloedd o gyflenwadau fel darnau'r injan, teiars, paent a seddau
→ pryniannau mawr sy'n cael eu defnyddio i greu'r broses gynhyrchu; er enghraifft, cyfarpar y llinell gynhyrchu yn y ffatri geir.

Mae prynu, sef '**caffael**', cyflenwadau yn rhan bwysig o reoli gweithrediadau. Mewn busnes mawr gall miliynau o bunnoedd gael eu gwario ar gyflenwyr, a bydd rheolwyr arbenigol yn gyfrifol am gaffael cyflenwadau. Bydd rheolwyr eisiau gwneud yn siŵr bod eu harian yn cael ei ddefnyddio'n gall, heb ei wastraffu, a bod y cyflenwadau iawn yn cael eu dewis. Bydd caffael yn cynnwys dewis cyflenwyr addas, sefydlu'r telerau talu a thrafod y contract.

Y gadwyn gyflenwi

Bydd cyflenwr busnes yn dueddol o fod â'i gyflenwyr ei hun hefyd, gan greu cadwyn gyflenwi. Mae'r **gadwyn gyflenwi** yn disgrifio'r gwahanol gamau wrth symud nwyddau a gwasanaethau o'u ffynhonnell i'w cwsmer terfynol. Mae'n cyfeirio at yr holl fusnesau, pobl a gweithgareddau sy'n rhan o'r prosesau cynhyrchu, o'r dechrau nes i'r cynnyrch gyrraedd y cwsmer.

Termau allweddol

Bydd **caffael** yn golygu dewis cyflenwyr, sefydlu'r telerau talu a thrafod y contract.

Cadwyn gyflenwi yw'r gwahanol brosesau sy'n rhan o gynhyrchu cynnyrch a'i ddosbarthu i brynwyr. Wrth reoli'r gadwyn gyflenwi mae angen caffael cyflenwadau, ystyried logisteg a rheoli stoc.

Er enghraifft, efallai bydd archfarchnad yn gwerthu pryd bwyd wedi'i becynnu, ar ôl iddo gael ei gynhyrchu gan fusnes, oedd wedi prynu'r llysiau gan fusnes arall, oedd wedi prynu'r rhain gan ffermwr, oedd wedi prynu tractor gan gyflenwr arall. Mae pob un o'r busnesau hyn yn rhan o'r gadwyn gyflenwi. Erbyn hyn mae busnesau'n masnachu ledled y byd, felly gall y gadwyn gyflenwi fod yn gymhleth iawn. Edrychwch ar y silffoedd yn eich archfarchnad leol ac ystyriwch faint o fusnesau gwahanol sydd wedi sicrhau bod y cynhyrchion ar y silffoedd. Mae angen penderfynu beth i'w stocio, o ble dylen nhw ei brynu, ac yna cyd-drefnu'r archebu a'r dosbarthu â'r nwyddau sydd i fod ar y silffoedd ar ddiwrnod penodol. Mae hyn yn fater cymhleth iawn. Mae rheoli'r gadwyn gyflenwi yn cynnwys prynu cyflenwadau (caffael), symud cyflenwadau o'r ffatri i'r busnes (logisteg) a storio cyflenwadau yn y busnes (rheoli stoc).

Pam mae cyflenwyr yn bwysig

Gall cyflenwyr busnes effeithio ar lwyddiant y busnes hwn mewn sawl ffordd:

→ Os gall cyflenwyr ddosbarthu cynhyrchion yn brydlon, bydd gan y busnes y stociau sydd eu hangen i gwrdd â gofynion ei gwsmeriaid. Ni fydd ei stoc o nwyddau yn dod i ben ac ni fydd yn methu â chynhyrchu neu werthu. Felly, mae cael cyflenwyr dibynadwy yn bwysig wrth helpu busnes i gynllunio ei weithgareddau yn effeithiol.

→ Os gall cyflenwyr gynhyrchu a dosbarthu yn gyflym ac yn ddibynadwy, gall busnes ddal cymharol ychydig o stoc oherwydd gall archebu mwy yn hawdd; mae hyn yn lleihau'r gost o ddal stoc.

→ Os bydd cyflenwr yn darparu cynhyrchion o ansawdd da, bydd hynny'n helpu enw da a safon y busnes. Ni fydd yn cael problemau gydag eitemau diffygiol ac eitemau'n cael eu dychwelyd.

→ Os gall y cyflenwr gynhyrchu'n effeithlon, bydd hynny'n helpu i leihau costau'r busnes ac yn gadael iddo ddarparu ei gynhyrchion am bris gwell neu gynyddu maint ei elw.

Gall cyflenwyr hefyd achosi problemau i fusnesau. Er enghraifft, byddai cyflenwyr yn achosi problemau pe bai:

→ eu nwyddau'n cyrraedd yn hwyr

→ eu prisiau'n uchel neu'n newid yn aml

→ ansawdd y cynhyrchion maen nhw'n eu cyflenwi yn wael.

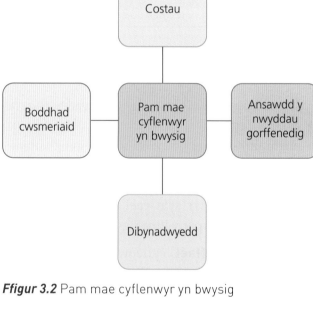

Ffigur 3.2 Pam mae cyflenwyr yn bwysig

Busnes mewn cyd-destun

Mae materion y gadwyn gyflenwi yn dibynnu ar y cyd-destun:

→ Mae gan lawer o weithgynhyrchion fel ffonau symudol gydrannau o bob rhan o'r byd. Felly mae rheoli'r gadwyn gyflenwi yn golygu bod angen rheoli llawer o fusnesau rhyngwladol – ond bydd siop fferm leol, ar y llaw arall, yn delio yn bennaf â chyflenwyr lleol.

➡ Mewn marchnadoedd cystadleuol iawn, efallai bydd pwysau mawr i gadw'r costau i lawr ac felly mae cael hyd i'r cyflenwyr iawn yn hollbwysig; ystyriwch gwmnïau fel Poundland a Primark.

➡ Mae rhai busnesau fel Amazon a Next yn defnyddio'u cyflymder a'u dibynadwyedd wrth ddosbarthu nwyddau fel ffyrdd allweddol o gystadlu; mae hyn yn golygu bod cyflenwyr dibynadwy yn hanfodol iddyn nhw.

Dewis cyflenwyr addas

Mae dewis cyflenwyr yn benderfyniad hollbwysig i fusnesau gan y bydd yn effeithio ar lwyddiant yr hyn maen nhw'n ei wneud. Bydd y dewis yn cynnwys nifer o ffactorau fel y canlynol:

➡ cost

➡ ansawdd

➡ pa amrywiaeth o gynhyrchion mae'n bosibl ei chyflenwi

➡ cyflymder y dosbarthu

➡ pa mor hyblyg yw'r cyflenwr (er enghraifft, o ran y meintiau sy'n gallu cael eu cynhyrchu ac amseriad y dosbarthu)

➡ dibynadwyedd (er enghraifft, y gallu i ddosbarthu o fewn slot amser penodol)

➡ enw da – hynny yw, beth mae eraill wedi ei ddweud ynghylch gweithio gyda'r busnes hwn

➡ telerau talu (er enghraifft, faint o amser sydd gan y busnes i dalu?)

➡ telerau'r contract (er enghraifft, pa iawndal ariannol fyddai'n cael ei dalu pe bai nwyddau'n cyrraedd yn hwyr?)

➡ ymddygiad cyflenwyr; bydd rhai busnesau eisiau gwybod sut mae ei gyflenwyr yn trin eu staff, oherwydd byddan nhw'n poeni am foeseg ymddygiad y cyflenwyr.

Ystyried busnes: Rachel's Organic

Cafodd Rachel's Organic ei sefydlu yn 1984 ac erbyn hyn mae gan y cwmni amrywiaeth o gynnyrch llaeth organig. Mae'r cwmni'n dweud bod ei gynhyrchion i gyd yn cael eu gwneud gan ddefnyddio'r cynhwysion organig gorau, y llaeth organig gorau oll a dim byd arall. Maen nhw'n honni bod hyn yn arwain at 'flas pur, hyfryd' a moethus.

1 **Esboniwch pam mae dewis y cyflenwyr iawn yn bwysig i Rachel's Organic.** [6 marc]

Inditex yw'r cwmni sy'n berchen ar siopau Zara. Mae gan Inditex god ymddygiad ar gyfer pob un o'i gyflenwyr. Mae'r cwmni eisiau i'w gyflenwyr weithio'n foesegol ac yn gyfrifol.

Mae'r Cod yn trafod sawl maes, gan gynnwys yr agweddau canlynol:

- dim llafur gorfodol
- dim llafur plant
- dim gwahaniaethu yn erbyn neb
- parch at ryddid i ymgysylltu a chydfargeinio

- peidio â thrin pobl yn llym neu'n greulon
- iechyd a hylendid yn y gweithle
- yr hawl i gael tâl
- oriau gweithio rhesymol
- cyflogaeth wedi'i dogfennu
- gallu i olrhain y broses gynhyrchu
- iechyd a diogelwch y cynnyrch
- adduned amgylcheddol.

1 **Dadansoddwch pam mae gan Inditex god ymddygiad ar gyfer ei gyflenwyr.** [6 marc]

Logisteg

Mae **logisteg** yn cyfeirio at gludo nwyddau, gwasanaethau, gwybodaeth ac arian o ffynhonnell y cynhyrchu i'r cwsmer. Mae'n golygu rheoli a sicrhau bod popeth yn y lle iawn pan ddylai fod yno. Mae'n cynnwys rheoli storio defnyddiau (warysu). Ystyriwch bwysigrwydd logisteg i fusnes fel Amazon. Rhaid iddo sicrhau bod eitemau'n mynd o'r cynhyrchwyr i'w warws ac oddi yno at gwsmeriaid. Mae'n ceisio gwneud hyn mor effeithlon a chyflym â phosibl. Ystyriwch beth sydd ei angen wrth wneud y gwaith o sicrhau bod y cynnyrch rydych chi wedi ei archebu gartref o Amazon yn cael ei ddosbarthu i gyrraedd eich drws 24 awr yn ddiweddarach. Os gwnewch chi hyn, gallwch chi ddychmygu beth mae logisteg yn ei olygu. Wedi i'ch archeb gael ei rhoi, bydd Amazon yn canfod yr eitemau dan sylw yn un o'i warysau enfawr mor gyflym â phosibl, yn eu hanfon i ganolfan ddosbarthu leol ac yna'n trefnu iddyn nhw gael eu casglu a'u dosbarthu i chi. Mae logisteg effeithiol yn creu proses sy'n effeithlon o ran amser a chost, ac yn ddibynadwy.

Bydd penderfyniadau logisteg yn golygu dewis y ffordd orau o gludo cynhyrchion oddi wrth y cyflenwr i'r busnes ac o'r busnes i'r cwsmer. Er enghraifft, a ddylai cynhyrchion gael eu hanfon ar long, mewn awyren neu ar y ffyrdd? Bydd penderfyniadau cludiant fel hyn yn ystyried y canlynol:

→ yr amser mae dull cludo penodol yn ei gymryd
→ y costau
→ yr effaith ar yr amgylchedd
→ natur y cynhyrchion sy'n cael eu symud a gofyn a ydyn nhw'n fwy addas ar gyfer rhai mathau o gludiant.

Er enghraifft, mae symud cynhyrchion ar long yn gymharol rad ond mae'n araf iawn. Mae eu symud nhw mewn awyren yn ddrud ond yn gyflym.

Efallai bydd yn rhaid i reolwyr logisteg ystyried materion eraill hefyd, fel sut i gadw rhai cynhyrchion yn oer, neu sut i amddiffyn eitemau penodol wrth eu cludo a materion diogelwch.

Term allweddol

Mae **logisteg** yn cyfeirio at symud nwyddau, gwasanaethau, gwybodaeth ac arian drwy gydol y broses gynhyrchu.

Ystyried busnes: Diodydd Innocent

Mae gan gwmni diodydd Innocent nod o adael y byd yn lle gwell nag oedd cyn iddyn nhw fodoli.

'Dyna pam rydyn ni bob amser yn cludo ein ffrwythau dros dir neu fôr, yn hytrach nag mewn awyren. Rydyn ni'n cael ein ffrwythau o lawer o leoedd gwahanol. Rydyn ni'n ceisio cael cymaint â phosibl o Ewrop, ond yn achos ffrwythau trofannol fel mango a granadila mae'n rhaid i ni chwilio rywle arall. Ein polisi yw cyrchu'r ffrwythau gorau oll a chanfod y ffordd orau o'u cael nhw i mewn i'n poteli fel gallwn ni fod yn siŵr mai ein diodydd ni yw'r gorau posibl. Yn ddiddorol, yn ein harchwiliad carbon fe welson ni fod ein milltiroedd bwyd yn cyfrif am lai na thraean o'n hôl troed carbon cyfan. Er mwyn cael y gostyngiadau mwyaf, felly, dylen ni fod yn gweithio ar feysydd fel pecynnu a photelu. Ond dydy hynny ddim yn golygu ein bod ni'n mynd i roi'r gorau i chwilio am y ffordd fwyaf effeithlon o gludo'n ffrwythau.'

Ffynhonnell: Innocent Drinks, www.innocentdrinks.co.uk

1 **Dadansoddwch pa ffactorau gallai Innocent eu hystyried wrth benderfynu sut i gludo ei nwyddau.** [6 marc]

Ystyried busnes: Canolfannau cyflawni Amazon

Gourock — Dunfermline

Manceinion

Rugeley

Doncaster

Caerlŷr

Peterborough

Bae Abertawe

Dunstable

Milton Keynes   Hemel Hempstead

Canolfannau cyflawni Amazon

Mae gan Amazon 12 canolfan gyflawni (*fulfilment centre*) yn y DU. Mae'r canolfannau cyflawni hyn yn gallu anfon 1.5 miliwn o eitemau y dydd. Bydd gwneuthurwyr yn anfon eu cynhyrchion i'r canolfannau hyn ac yna bydd Amazon yn eu hanfon nhw ymlaen at gwsmeriaid. Warysau enfawr yw'r rhain, lle mae miliynau o eitemau yn cael eu storio yn barod i gael eu hanfon allan i gyflawni archeb.

1 **Dadansoddwch pa ffactorau allai ddylanwadu ar ble mae Amazon yn lleoli ei ganolfannau cyflawni.** [6 marc]

Cyfaddawdu yn y gadwyn gyflenwi

Wrth benderfynu pa gyflenwyr i'w defnyddio, efallai bydd y busnes yn gorfod cyfaddawdu (*compromise*). Er enghraifft, efallai bydd hi'n costio mwy i gael ansawdd gwell (ond gall hyn arbed arian yn ddiweddarach drwy osgoi problemau gyda chwsmeriaid), neu efallai bydd yn costio mwy i gael cyflenwadau'n gyflymach.

Er enghraifft, llong yr Emma Maersk yw un o danceri mwyaf y byd. Mae'n cludo miloedd o gynwysyddion ar draws y byd. Mae'n gwneud hyn yn effeithlon iawn ond yn araf. Os bydd busnes eisiau cyflenwadau yn fuan, efallai bydd yn cael awyren i'w gludo; byddai hyn yn fwy cyflym ond yn fwy drud.

Yr Emma Maersk yw un o danceri mwyaf y byd

173

Cyflenwyr ac ansawdd

Mae system gynhyrchu o ansawdd yn cwrdd â'i thargedau yn gyson. Dydy system o ansawdd gwael ddim yn cwrdd â'i thargedau. Mae McDonald's, er enghraifft, yn datblygu prosesau er mwyn gallu cynhyrchu byrgyrs sy'n bodloni safonau penodol, dro ar ôl tro, ledled y byd. Mae hyn yn broses o ansawdd uchel. Gall Amazon addo dosbarthu o fewn amserlen benodol, ac os yw'n cyflawni hynny'n gyson, mae'n cyflawni ansawdd yn ei weithrediadau.

Dylai rôl cyflenwyr fod yn gwbl glir wrth helpu busnesau i gwrdd â thargedau ansawdd. Efallai bydd cyflenwr gwael yn hwyr neu'n anfon eitemau diffygiol. Gall hyn olygu bod busnes yn brin o stoc ac yn gorfod anfon eitemau sydd ddim cystal â'r hyn gwnaethon nhw ei addo.

Stociau

Rhan bwysig o reoli'r gadwyn gyflenwi yw rheoli stociau.

Mae stociau'n gallu cynnwys y canlynol:
→ defnyddiau crai a chydrannau
→ nwyddau rhannol orffenedig
→ nwyddau gorffenedig

Mae dal stociau yn bwysig er mwyn:
→ cael cyflenwadau i allu dal i gynhyrchu
→ cael stociau i gwrdd â galw cwsmeriaid

Ond mae hefyd anfanteision wrth ddal stociau:
→ Dydy arian sydd wedi'i fuddsoddi mewn stoc ddim yn creu adenillion; gallai'r arian hwn fod mewn banc yn ennill llog.
→ Gall stoc gael ei ddifrodi neu ei ddwyn, sy'n costio arian i'r busnes.
→ Rhaid i stoc gael ei storio; mae hyn yn golygu costau warysu.
→ Efallai fod angen amddiffyn neu ddiogelu stoc; er enghraifft, efallai bydd angen cadw bwyd mewn oergell.

Rheoli stoc: Cynhyrchu mewn union bryd

Mae cynhyrchu **mewn union bryd** (*just in time*: JIT) yn golygu cynhyrchu ar archeb – bydd busnes yn gwneud eitem dim ond pan fydd cwsmer eisiau'r eitem. Mae hyn yn lleihau'r gwastraff sy'n cael ei greu wrth daflu eitemau sydd dros ben, ac mae'n golygu hefyd nad oes angen i'r busnes ddal unrhyw stociau (neu o leiaf ddal cyn lleied â phosibl). Er mwyn i *JIT* weithio, rhaid i gyflenwyr allu ymateb yn gyflym iawn i archebion a rhaid iddyn nhw ddosbarthu cynhyrchion sy'n gweithio. Wrth ymateb i archebion cwsmeriaid yn gyflym, allwch chi ddim fforddio gadael i unrhyw beth fynd o'i le.

> **Term allweddol**
>
> Mae dull **cynhyrchu mewn union bryd** yn dal cyn lleied o stoc â phosibl. Mae eitemau'n cael eu harchebu mewn union bryd i gael eu defnyddio.

Rheoli stoc mwy traddodiadol: Rhag ofn

Mae dull gwahanol a mwy traddodiadol o reoli stoc yn cael ei alw'n ddull **rhag ofn** (*just in case*: JIC). Dyma sy'n digwydd pan fydd busnesau'n dal stociau rhag ofn bydd eu hangen. Mae hyn yn ffordd dda o sicrhau bod stoc ar gael bob amser ar gyfer cynhyrchu neu werthiant, ond mae'n eithaf aneffeithlon wrth ystyried ffactorau fel costau storio. Y duedd yn y blynyddoedd diwethaf fu symud oddi wrth y dull *JIC* tuag at reoli stoc *JIT*, mewn ymdrech i wneud y broses gynhyrchu'n fwy hyblyg a mwy rhad.

> **Term allweddol**
>
> Mae **cynhyrchu rhag ofn** yn dal stociau rhag ofn bydd oedi gan gyflenwyr, neu gynnydd sydyn annisgwyl yn y galw.

Dull mewn union bryd yn erbyn dull rhag ofn

Mae angen i fusnesau gydbwyso manteision dull *JIT* (sy'n golygu bod y busnes yn rhedeg yn fwy syml) â dull *JIC* (sy'n golygu bod gan y busnes stoc sbâr os bydd galw'n cynyddu yn sydyn). Bydd busnesau'n dewis strategaethau gwahanol. Er enghraifft:

→ Mae'r adwerthwr dillad Zara yn archebu meintiau bach o stoc yn aml iawn. Mae hyn yn golygu ei fod yn gallu ymateb yn gyflym i newidiadau mewn ffasiwn a newid ei stociau yn rheolaidd. Ar unrhyw adeg benodol, does gan y cwmni ddim llawer o stoc, ac felly go brin bydd rhaid iddo ostwng y pris i'w werthu. Mae hynny'n helpu i wella elw. Ar y llaw arall, rhaid iddo dalu i gael dillad wedi'u dosbarthu'n aml. Dull mewn union bryd (*JIT*) yw hwn.

→ Mae Uniqlo, adwerthwr dillad arall, yn dal meintiau mawr o amrywiaeth cymharol fach o gynnyrch. Mae'n archebu eitemau 'clasurol a diamser' mewn swmp, sy'n golygu gall gael budd drwy ddarbodion maint ac nad oes angen dosbarthu dillad yn rhy aml. Mae hyn yn nes at ddull rhag ofn (*JIC*).

Nid yw'r naill na'r llall o'r dulliau hyn o reidrwydd yn well na'i gilydd, ond maen nhw'n ddulliau gwahanol o drin stoc.

Mewn union bryd	Rhag ofn
Manteision	**Manteision**
Costau dal stoc yn isel gan ei fod yn dal y lleiaf o stoc sy'n bosibl.	Gallu cwrdd â chynnydd sydyn yn y galw gan fod stoc sbâr ar gael.
Does dim angen cymaint o le i storio stoc.	Llai o risg os bydd problemau gyda chyflenwyr.
Llai o berygl o ddwyn stoc neu orfod gostwng y pris i werthu'r stoc.	Prynu meintiau mwy a chael gostyngiadau yn y pris o bosibl (disgownt am swmp brynu); costau cludo llai gan fod nwyddau'n cael eu dosbarthu'n llai aml.
Anfanteision	**Anfanteision**
Prynu meintiau bach ac felly'n llai tebygol o gael disgownt am swmp brynu (darbodion maint); mae costau cludo yn fwy am fod nwyddau'n cael eu dosbarthu'n fwy aml.	Dal stoc allai ddyddio, neu efallai bydd angen gostwng y pris i'w werthu.
Risg os bydd anawsterau gyda chyflenwyr	Costau dal stoc yn uwch wrth ddal stociau rhag ofn bydd cynnydd yn y galw neu broblemau gyda chyflenwyr

Tabl 3.2 Cymharu dulliau *JIT* a *JIC* o ddal stoc

● Rheoli stoc yn gyfrifiadurol

Mae technoleg wedi galluogi busnesau i gadw golwg llawer gwell ar eu lefelau stoc ac i gyfathrebu'n effeithiol â chyflenwyr. Os prynwch chi eitem mewn siop a bod y cod bar yn cael ei sganio, mae hyn yn gadael i'r busnes fonitro faint yn union o unedau sydd wedi'u gwerthu ac felly faint sydd ar ôl mewn stoc. Gall cyfrifiaduron ddadansoddi cyfraddau defnyddio, ac wrth amcangyfrif amserau dosbarthu cyflenwyr gwahanol, gallan nhw gyfrifo pryd i archebu stociau newydd. Erbyn hyn mae llawer o fusnesau'n ailarchebu eu cyflenwadau'n awtomatig.

Mae cysylltiadau cyfrifiadurol gwell rhwng cynhyrchwyr a chyflenwyr yn golygu bod mwy o fusnesau'n gallu defnyddio dull *JIT*. Gall cynhyrchwyr weithredu gan ddal lefelau cymharol fach o stoc, ac ailarchebu eitemau'n fwy rheolaidd i gymryd lle'r stoc sydd wedi'i werthu. Mae rheoli stoc yn well yn lleihau costau, gwastraff a faint o stoc sy'n cael ei ddal ar unrhyw adeg benodol.

Ystyried busnes: Bonobos

Mae siop Bonobos ym Manhattan wedi'i lleoli wrth ymyl brandiau enwog fel Zara a Gap. Gall siopwyr edrych ar y rhesi o ddillad cyn penderfynu beth i'w brynu. Ond y gwahaniaeth gyda Bonobos o gymharu â'r rhan fwyaf o siopau yw nad yw'r siopwyr yn gallu mynd adref â'r dillad maen nhw eisiau eu prynu! Does gan y cwmni ddim stoc ar wahân i'r eitemau sy'n cael eu harddangos. Mae'r model busnes hwn wedi cael ei ddefnyddio o'r blaen ar gyfer eitemau sy'n anodd eu cludo adref, fel dodrefn; ond nid yw wedi cael ei ddefnyddio fawr ddim gan adwerthwyr dillad.

Erbyn hyn mae gan Bonobos 20 o siopau o'r fath yn UDA. Mae'n bwriadu agor o leiaf saith arall eleni. Mae gan ei siopau lawer o steiliau gwahanol o ddillad mewn llawer o feintiau, ond dydy pob steil ddim i'w gael ym mhob maint. Yr unig waith sydd gan y gwerthwyr yw helpu pob siopwr i ddod o hyd i'r dillad maen nhw'n eu hoffi, nodi'r ffit iawn a helpu'r cwsmer i archebu'r dillad ar-lein. Mae holl stoc Bonobos yn cael ei ddal mewn un warws canolog.

Mae hyn yn gadael i Bonobos rentu siopau sydd â llawer llai o le oherwydd nad oes angen lle ar gyfer stociau. Yn ogystal â hyn:

- does dim angen staff i ddadbacio dillad sy'n cyrraedd a threulio llawer o amser yn ail-lenwi silffoedd
- nid oes stoc dros ben, sydd wedyn yn gorfod cael ei ddisgowntio er mwyn ei werthu, gan leihau maint yr elw.

Siopau eraill fel Bonobos yw Paul Evans a Jack Erwin. Dyma ddau gwmni esgidiau sydd ag ystafelloedd arddangos yn Efrog Newydd, lle gall siopwyr archwilio'r esgidiau ac yna archebu ar lein. Mae Warby Parker yn gwneud yr un fath ar gyfer parau o sbectol.

Dechrau ar lein wnaeth y cwmnïau sy'n rhoi cynnig ar ystafelloedd arddangos fel hyn. Mae adwerthwyr mawr sydd wedi hen sefydlu yn annhebygol o droi siopau yn ystafelloedd arddangos, am y tro o leiaf. Mae ganddyn nhw gwsmeriaid sydd wedi arfer gweld a phrynu yn hytrach nag archebu ac aros. Wrth ddosbarthu i unigolion yn hytrach na chludo meintiau mawr i siopau, byddai gofyn hefyd i'r adwerthwyr sefydledig newid eu rhwydweithiau dosbarthu yn sylweddol. Fodd bynnag, oherwydd bod yr ystafelloedd arddangos hyn yn rhatach i'w rhedeg na siopau confensiynol, mae'n bosibl agor mwy ohonyn nhw, a hynny'n gyflymach. Ai dyma fydd dyfodol adwerthu?

1 **Beth yw ystyr stoc?** [2 farc]

2 **Amlinellwch pam byddai adwerthwr dillad eisiau dal stoc o bosibl.** [4 marc]

3 **Dadansoddwch fanteision posibl dal cymharol ychydig o stoc.** [6 marc]

4 **A yw'n well i adwerthwr dillad ddal lefelau uchel o stoc, neu lefelau isel? Cyfiawnhewch eich ateb.** [10 marc]

⬤ Sut mae'r gadwyn gyflenwi yn cysylltu â meysydd swyddogaethol eraill y busnes

Bydd gweithgareddau cyflenwyr yn effeithio ar feysydd swyddogaethol eraill busnes. Er enghraifft:

→ **Cyllid**. Er enghraifft, bydd y dewis o gyflenwyr yn effeithio ar y pris sy'n cael ei dalu am eitemau a bydd hynny'n effeithio ar gostau. Bydd penderfyniadau logistaidd yn cael effaith ar gostau cludo.

→ **Gweithrediadau**. Efallai bydd caffi, er enghraifft, eisiau gwerthu cynhyrchion heb glwten, a bydd hynny'n effeithio ar ba gyflenwyr sy'n cael eu dewis. Bydd ansawdd cynhyrchion cyflenwyr yn effeithio ar ansawdd y cynnyrch gorffenedig. Bydd y broses weithrediadau hefyd yn dibynnu ar ba mor aml mae dosbarthu'n digwydd.

→ **Marchnata**. Bydd y gadwyn gyflenwi yn dylanwadu ar beth sy'n cael ei gynnig i gwsmeriaid a sut i hyrwyddo hyn. Mae rhai busnesau'n defnyddio eu cyflenwyr fel rhan o'u dulliau hyrwyddo eu hunain – er enghraifft, cwmnïau gliniaduron yn pwysleisio eu bod nhw'n defnyddio prosesydd Intel, neu siopau sy'n gwerthu cynnyrch lleol.

Bydd y swyddogaethau eu hunain hefyd yn dylanwadu ar y ffordd caiff y gadwyn gyflenwi ei rheoli. Er enghraifft:

→ Efallai bydd y swyddogaeth cyllid yn rhoi terfyn ar y swm o arian sy'n gallu cael ei wario ar fewngyrch.

→ Bydd y swyddogaeth marchnata yn effeithio ar werthiant, a hynny'n ei dro yn effeithio ar faint o gyflenwadau gaiff eu harchebu a natur y cyflenwadau sydd eu hangen.

→ Bydd y swyddogaeth gweithrediadau yn dylanwadu ar nodweddion y cyflenwadau sy'n ofynnol.

Effaith penderfyniadau cyflenwi ar fusnesau a rhanddeiliaid

Mae'r penderfyniadau sy'n cael eu gwneud yng nghyd-destun cyflenwyr yn gallu cael effaith fawr ar y busnes cyfan ac ar ei randdeiliaid. Mae'r penderfyniadau hyn yn cynnwys y canlynol:

→ o ble dylai'r busnes brynu cynhyrchion

→ faint i'w dalu am y cyflenwadau a faint o amser i'w gymryd i dalu

→ faint o gyflenwadau i'w prynu a pha mor aml

→ ble i storio cyflenwadau

→ sut i ddosbarthu cyflenwadau.

Bydd y penderfyniadau hyn yn effeithio ar y busnes oherwydd byddan nhw'n cael effaith ar gostau ac ansawdd y cyflenwadau, ac ar ba mor ddibynadwy yw'r dosbarthu a thrwy hynny'r cynhyrchu.

Bydd y penderfyniadau'n effeithio ar randdeiliaid fel y canlynol:

→ **perchenogion y busnes**. Mae hyn oherwydd bod penderfyniadau cyflenwi yn effeithio ar nodweddion fel ansawdd cynhyrchion, y costau a chyflymder y dosbarthu. Bydd hyn yn effeithio ar werthiant, elw a buddrannau.

→ **y gymuned leol**. Bydd cludo cynhyrchion yn effeithio ar lygredd aer a thagfeydd. Gall dewis cyflenwyr lleol greu swyddi a helpu twf yn y gymuned.

→ **y cyflenwyr eu hunain**. Os bydd cyflenwr penodol yn ennill contract, efallai bydd yn gallu ehangu a gwobrwyo ei staff a'i fuddsoddwyr ei hun. Os bydd cyflenwr arall yn colli contract, efallai bydd ei werthiant a'i elw yn gostwng.

→ **y llywodraeth**. Bydd symud cynhyrchion o gwmpas y wlad yn effeithio ar y pwysau sydd ar isadeiledd, fel y system ffyrdd. Bydd dewis cyflenwyr yn y DU yn ffordd o hybu'r economi.

Crynodeb

Mae cynhyrchu'r nwydd terfynol yn debygol o gynnwys llawer o gyflenwyr adnoddau gwahanol. Mae rheoli'r gadwyn gyflenwi hon yn bwysig o ran costau, ansawdd a bod yn ddibynadwy. Rhaid i reolwyr ddewis cyflenwyr a rheoli logisteg y gadwyn gyflenwi. Rhaid iddyn nhw reoli eu stoc yn effeithiol hefyd.

Cwestiynau cyflym

1 Esboniwch **ddwy** ffordd gallai cyflenwyr effeithio ar berfformiad busnes. [4 marc]

2 Beth yw ystyr 'caffael'? [2 farc]

3 Nodwch **ddau** ffactor gallai busnes eu hystyried wrth ddewis cyflenwr. [2 farc]

4 Amlinellwch **un** ffordd mae cyflenwyr yn effeithio ar ansawdd busnes. [2 farc]

5 Pam gallai fod angen cyfaddawd wrth ddewis cyflenwyr? [2 farc]

6 Beth yw ystyr 'logisteg'? [2 farc]

7 Nodwch **ddau** fath o stoc. [2 farc]

8 Beth yw ystyr dull 'mewn union bryd' o reoli stoc? [2 farc]

9 Beth yw ystyr dull 'rhag ofn' o reoli stoc? [2 farc]

10 Nodwch **ddau** reswm pam mae rheoli stoc yn effeithiol yn bwysig i fusnes. [2 farc]

Astudiaeth achos

Peli tennis Wimbledon

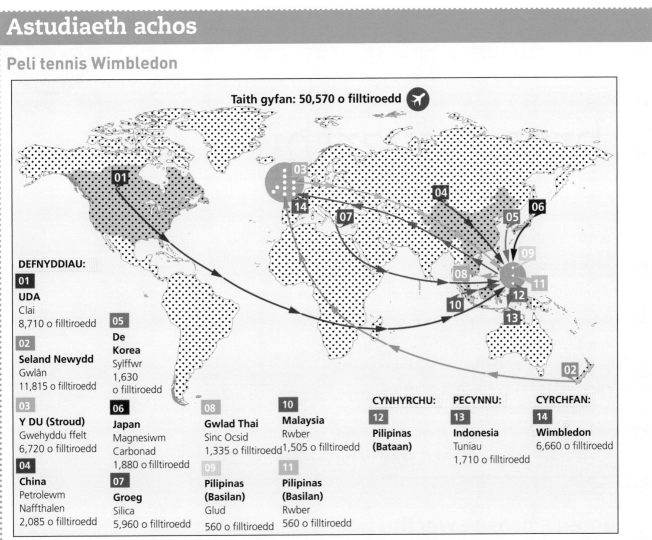

Figur 3.3 Cynhyrchu peli tennis Wimbledon (Ffynhonnell: Ysgol Fusnes Warwick)

Mae cynhyrchu nwydd fel pêl dennis, sy'n ymddangos mor syml, mewn gwirionedd yn cynnwys nifer o gynhyrchwyr ledled y byd. Mae'r gadwyn gyflenwi gymhleth yn golygu bod angen cludo clai o Dde Carolina yn UDA, silica o Groeg, magnesiwm carbonad o Japan, sinc ocsid o Wlad Thai, sylffwr o Dde Korea a rwber o Malaysia i Bataan yn y Pilipinas. Yno mae'r rwber yn mynd trwy broses gemegol fel ei fod yn para'n well.

Mae'r gwlân yn teithio o Seland Newydd i Stroud yn Swydd Gaerloyw, lle caiff ei droi'n ffelt ac yna'i anfon i Bataan.

Ar yr un pryd mae petrolewm naffthalen o Zibo yn China, a glud o Basilan yn y Pilipinas yn cael eu cludo i Bataan, lle mae Slazenger yn gweithgynhyrchu'r bêl. Yn olaf, caiff tuniau eu cludo o Indonesia ac ar ôl i'r peli gael eu pecynnu maen nhw'n cael eu hanfon i Wimbledon.

Cwestiynau

1 Disgrifiwch beth yw ystyr cadwyn gyflenwi.

[2 farc]

2 Amlinellwch pam mae logisteg yn bwysig yn y gwaith o gynhyrchu pêl dennis. [4 marc]

3 Dadansoddwch y ffactorau sy'n cael eu hystyried wrth ddewis cyflenwyr ar gyfer cynhyrchu pêl dennis. [6 marc]

4 Gwerthuswch ym mha ffyrdd mae rheoli'r gadwyn gyflenwi yn effeithio ar lwyddiant busnes. [10 marc]

Y broses werthu

Wrth sôn am werthu cynnyrch, rydyn ni'n cyfeirio at y rhyngweithio terfynol rhwng y busnes a'r cwsmer yn y broses gyfnewid. Llwyddiant y broses werthu sy'n penderfynu a fydd y gwerthu'n digwydd, ac a fydd y busnes yn ennill refeniw neu beidio. Yn yr adran hon byddwn ni'n edrych yn fanwl ar y broses werthu.

Erbyn diwedd yr adran hon, dylech chi wybod am y canlynol:

● camau'r broses werthu

● y berthynas rhwng gwerthu a'r swyddogaethau eraill

● pwysigrwydd gwasanaeth da i gwsmeriaid

● nodweddion gwasanaeth da i gwsmeriaid

● pryd mae busnesau'n rhyngweithio â chwsmeriaid

● sut mae gwasanaeth cwsmeriaid yn cael ei weithredu ar lein.

⬤ Camau'r broses werthu

Wrth sôn am werthu cynnyrch, rydyn ni'n cyfeirio at y berthynas derfynol rhwng y busnes a'r cwsmer yn y broses gyfnewid. Llwyddiant y broses werthu sy'n penderfynu a fydd y gwerthu'n digwydd, ac a fydd y busnes yn ennill refeniw neu beidio. Dychmygwch eich bod chi'n rhedeg busnes adwerthu. Rydych chi wedi dylunio cynllun gosod y siop, archebu'r stoc, gosod yr arddangosfeydd a chyflogi'r staff. Mae cwsmeriaid yn ymweld â'r siop, ond a fyddan nhw'n prynu neu'n mynd i rywle arall?

I sicrhau proses werthu effeithiol, mae angen y canlynol gan y staff:

→ bod â gwybodaeth dda am y cynnyrch maen nhw'n ei werthu: beth mae'n ei wneud sut mae'r brandiau amrywiol yn wahanol? Pa fanteision maen nhw'n eu cynnig? Drwy hyn gallan nhw ateb ymholiadau cwsmeriaid.

→ adnabod cyfleoedd gwerthu. Mae angen i staff ddeall beth mae cwsmeriaid ei eisiau a sut gall y busnes eu helpu nhw i ddatrys eu problemau. Mewn rhai achosion gallan nhw gasglu'r wybodaeth hon yn y siop. Er enghraifft, gall staff gwerthu fynd at gwsmeriaid a cheisio deall y broblem sydd ganddyn nhw, beth maen nhw'n gobeithio ei brynu ac yna canfod y datrysiad gorau ar eu cyfer. Mewn sefyllfaoedd eraill bydd staff gwerthu yn chwilio am fwy o gyfleoedd gwerthu. Er enghraifft, efallai byddan nhw'n cysylltu â chwsmeriaid posibl i weld a oes unrhyw beth gallan nhw ei wneud i helpu. Efallai bydd dylunwyr yn cysylltu â chwmnïau ar y ffôn neu drwy e-bost i weld a fydd angen unrhyw waith dylunio arnyn nhw yn y dyfodol agos. Bydd busnesau hefyd yn archwilio'u cofnodion eu hunain i weld pa gwsmeriaid sydd wedi prynu eitemau yn y gorffennol ond heb wneud yn ddiweddar; gallan nhw gysylltu â'r rhain i geisio adfywio'r berthynas.

→ dangos eu bod yn gallu **ymgysylltu â'r cwsmer**. Os yw hyn yn digwydd, bydd cwsmeriaid yn cael profiad cadarnhaol o'r broses brynu. Mae hyn yn debygol o arwain at fwy o werthiant ac yn annog cwsmeriaid i argymell y busnes i eraill.

Mae ymgysylltu â'r cwsmer yn cynnwys y canlynol:

→ hysbysu cwsmeriaid am nodweddion a buddion y cynnyrch neu'r gwasanaeth mewn ffordd effeithiol. Er enghraifft, gall staff esbonio beth mae un cyfrifiadur yn ei wneud o'i gymharu ag un arall – a yw'n ysgafnach? Ydy oes y batris yn hirach? Sut ansawdd sydd i'r graffigwaith? A yw'n well ar gyfer syrffio'r we neu'n fwy ar gyfer tasgau gwaith?

→ cwblhau'r gwerthiant. Mae hyn yn golygu gwneud yn siŵr bod y cwsmer yn cytuno o ddifrif i brynu'r cynnyrch. Rhaid i staff dawelu unrhyw bryderon sydd gan gwsmeriaid a'u perswadio bod hwn yn ddewis da.

→ cynnig dilyniant a gwasanaeth ôl-werthiant da. Mewn rhai achosion bydd busnesau eisiau dilyn y gwerthiant â gwasanaeth ychwanegol. Efallai byddan nhw eisiau gwirio bod y cwsmer yn hapus â'r profiad – mae hyn yn ffordd o fesur ansawdd y gwaith maen nhw'n ei wneud. Efallai bydd busnesau hefyd yn cynnig gwasanaethau ôl-werthiant; er enghraifft, efallai byddan nhw'n cludo'r cynnyrch i'ch tŷ ac yn ei osod ar eich cyfer.

> **Term allweddol**
>
> Mae busnes yn **ymgysylltu â'r cwsmer** os yw'r busnes a'r cwsmeriaid yn cyfathrebu drwy gydol y broses werthu.

Wrth ddadansoddi'r broses werthu, bydd busnes eisiau archwilio pob cam i weld pa mor dda cafodd ei gynnal a sut gallai gael ei wella. Er enghraifft, os oes gennych chi fusnes sy'n trefnu partïon a'ch bod yn cael llawer o ymholiadau ond ychydig iawn o werthiant, mae angen archwilio'r broses – beth sy'n cadw cwsmeriaid draw? Gan bwy maen nhw'n prynu yn lle? Beth allai gael ei wella? Er enghraifft:

→ A oes angen rhoi gwell gwybodaeth i'r cwsmeriaid am eich gwasanaeth? A ddylech chi fuddsoddi mewn llyfrynnau gwell? Allech chi gael mwy o enghreifftiau o bartïon llwyddiannus rydych chi wedi eu trefnu a mwy o lythyrau gan gwsmeriaid cyfredol yn eich canmol?

→ Allech chi wella'r ffordd rydych chi'n siarad am y busnes? A fyddai'n help pe baech chi'n cwrdd â chwsmeriaid posibl yn eu cartrefi yn hytrach nag yn eich swyddfa? Pa argraff mae eich swyddfa'n ei chreu arnyn nhw pan fyddan nhw'n cerdded i mewn?

→ Ydyn nhw'n poeni am faint y blaendal rydych chi'n gofyn amdano? Allech chi ei gwneud hi'n haws iddyn nhw dalu fesul ychydig?

Drwy ddadansoddi'r broses werthu, efallai bydd busnes yn gallu trosi mwy o ymholiadau yn werthiant, a mwy o werthiant yn werthiant cyson.

⬤ Dadansoddi data

Mae angen i fusnesau ddadansoddi'r data am eu gwerthiant yn ofalus, er mwyn deall pa amcanion dylen nhw eu gosod yn y dyfodol. Nid dim ond cyfanswm nifer yr unedau sy'n cael eu gwerthu neu gyfanswm gwerth y gwerthiant sydd o bwys. Dyma bethau eraill sydd o bwys:

→ Faint mae cwsmeriaid gwahanol yn ei brynu? A oes rhai cwsmeriaid allweddol, ac os felly, ydy'r busnes yn gofalu amdanyn nhw yn ddigon da? Ydy'r busnes yn gallu cadw cwsmeriaid a'u cael i brynu mwy? A oes angen triniaeth arbennig arnyn nhw? Bydd banciau, er enghraifft, yn rhoi gwasanaethau arbennig i'w cwsmeriaid cyfoethog iawn er mwyn cadw eu busnes. Dylai busnesau sylweddoli nad yw pob cwsmer yn gyfartal; mae rhai yn gwario mwy na'i gilydd; mae rhai yn fwy teyrngar na'i gilydd; mae rhai yn dod yn ôl yn fwy rheolaidd na'i gilydd. Mae angen i fusnesau ddeall hyn a datblygu cynlluniau ar sail hynny.

→ Pa mor aml mae pobl yn prynu eto? Ydy cwsmeriaid yn dod yn ôl? Os nad ydyn nhw, pam nad ydyn nhw? A yw'n bosibl cael mwy o gwsmeriaid i ddod yn ôl ac a yw'n bosibl gwerthu pethau eraill iddyn nhw? Mae Tesco yn cynnig amrywiaeth eang o gynhyrchion i gwsmeriaid, ond hefyd yn cynnig gwasanaethau bancio ac yswiriant.

Felly bydd dadansoddi gwerthiant yn galluogi busnes i ganolbwyntio ar yr amcanion allweddol gyda phob grŵp. Gyda rhai cwsmeriaid rydych chi'n ceisio eu hannog nhw i brynu ar ôl iddyn nhw wneud ymholiad. Gydag eraill, rydych chi'n ceisio'u cael nhw i symud o brynu eitemau sydd â phrisiau isel i eitemau sydd â phrisiau uwch, neu eu cael nhw i roi cynnig ar gynhyrchion eraill sydd ar gael. Gyda rhai, rydych chi'n ceisio'u cael nhw i brynu'n fwy aml.

⬤ Gwerthiant a swyddogaethau eraill busnes

Bydd y broses werthu yn effeithio ar swyddogaethau eraill y busnes, fel y canlynol:

→ **Gweithrediadau**. Trwy ddeall bod grwpiau gwahanol o gwsmeriaid, a bod anawsterau neu gyfleoedd posibl yn sgil pob un, bydd hynny'n effeithio ar y gweithrediadau. Er enghraifft, i droi ymholiad yn werthiant, efallai bydd angen i'r cwsmer flasu'r cynnyrch neu gael sampl er mwyn profi gwerth y cynnyrch. Felly gall cynhyrchu eitemau profi neu samplau fod yn ddefnyddiol. Er mwyn tawelu pryderon cwsmer sy'n poeni am y gwasanaeth os oes rhywbeth yn mynd o'i le, efallai bydd yn rhaid i fusnes ddatblygu ei wasanaethau cymorth.

→ **Cyllid**. I reoli'r broses werthu yn dda, efallai bydd angen buddsoddi mewn hyfforddiant i staff fel gallan nhw ddadansoddi data gwerthiant, nodi patrymau a datblygu cynlluniau gweithredu priodol. Ond o ganlyniad i hyn, efallai bydd y tîm gwerthu yn cynhyrchu mwy o werthiant neu'n cadw mwy o gwsmeriaid. Dylai rheoli gwerthiant yn effeithiol arwain at fwy o elw; os nad yw hynny'n digwydd, nid yw'r rheoli'n cael ei wneud yn effeithiol.

→ **Adnoddau dynol**. Mae angen cael tîm gwerthu sy'n ddigon mawr i reoli cwsmeriaid yn effeithiol. Mae angen iddyn nhw fod â'r wybodaeth, y sgiliau a'r adnoddau i ddeall patrymau gwerthiant a gweld cyfleoedd.

Er hyn, mae'r berthynas rhwng y gwerthiant a'r swyddogaethau eraill yn berthynas ddwy ffordd. Er enghraifft:

→ **Cyllid**. Efallai bydd pwysau ariannol yn cyfyngu ar nifer y gwerthwyr gall y cwmni eu fforddio, ac ar ansawdd y staff.

→ **Gweithrediadau**. Bydd ansawdd yn effeithio ar ba mor hawdd yw gwerthu. Os yw'n gynnyrch o safon, mae'n debygol mai gwaith y tîm gwerthu fydd rheoli'r galw amdano, yn lle gweithio i gynhyrchu'r gwerthiant.

→ **Adnoddau dynol**. Gall y staff sydd ar gael amrywio, gan effeithio ar ansawdd y tîm gwerthu ac ar ba mor dda maen nhw'n rheoli'r broses.

● Beth yw gwasanaeth cwsmeriaid da?

Mae **gwasanaeth cwsmeriaid** yn golygu cadw cwsmeriaid yn hapus. Gall ddigwydd cyn i chi brynu eitem (er enghraifft, cyngor ar-lein), wrth i chi brynu (er enghraifft, cymorth yn y siop) ac ar ôl i chi brynu eitem (er enghraifft, wrth ofyn am gymorth ychwanegol – h.y. **gwasanaeth ôl-werthiant**).

Mae gwasanaeth cwsmeriaid da yn dibynnu ar y canlynol:

1 Y cynhyrchion eu hunain

Gall busnesau roi gwasanaeth da i gwsmeriaid drwy wneud yn siŵr bod y nwyddau neu'r gwasanaethau maen nhw'n eu cyflenwi yn cwrdd ag anghenion cwsmeriaid. Mae hyn yn dibynnu ar ffactorau fel y rhain:

⇨ **Dibynadwyedd (*reliability*)**. Dylai nwyddau fod yn ddibynadwy a gwneud yr union beth mae'r cwsmer yn ei ddisgwyl. Er enghraifft, mae cwsmeriaid yn disgwyl i beintwyr ac addurnwyr beintio tai fel bod y gwaith yn para am flynyddoedd heb bylu na philio.

⇨ **Diogelwch**. Mae cwsmeriaid yn poeni am ddiogelwch wrth brynu rhai cynhyrchion. Er enghraifft, rhaid i gwmnïau hedfan gymryd gofal mawr i ddiogelu teithwyr sy'n hedfan gyda nhw.

2 Gwybodaeth dda am y cynnyrch

Mae cwsmeriaid yn disgwyl gwybodaeth glir am nwyddau a gwasanaethau. Mae hyn yn eu helpu nhw i benderfynu pa gynnyrch i'w brynu. Er enghraifft, mae llawer o gwsmeriaid yn disgwyl darllen gwybodaeth am faeth bwydydd gan fod hyn yn eu helpu nhw i fwyta deiet cytbwys. Mae'n bwysig bod cwsmeriaid yn deall beth maen nhw'n ei brynu.

3 Gwasanaeth ôl-werthiant

Rhan bwysig o wasanaeth cwsmeriaid. Mae'n cynnwys:

⇨ delio â chwynion yn gyflym ac yn deg
⇨ dosbarthu cynhyrchion heb oedi – mae hyn yn bwysig os yw cynhyrchion yn rhai darfodus, fel bwydydd ffres
⇨ cyfnewid nwyddau sy'n ddiffygiol neu sydd ddim yn cwrdd ag anghenion cwsmeriaid
⇨ atgyweirio nwyddau (a hynny am ddim os ydyn nhw dan warant)
⇨ cynnig cyngor a chymorth i gwsmeriaid ar ôl iddyn nhw brynu'r cynhyrchion.

Termau allweddol

Gwasanaeth cwsmeriaid yw'r rhan o weithgareddau busnes sy'n ymwneud â cheisio cwrdd ag anghenion cwsmeriaid gystal ag sy'n bosibl.

Gwasanaeth ôl-werthiant yw cwrdd ag anghenion cwsmeriaid ar ôl iddyn nhw brynu cynnyrch – er enghraifft, drwy atgyweirio neu gynnal a chadw'r cynnyrch.

4 Gweithwyr

Er mwyn darparu gwasanaeth o safon uchel i gwsmeriaid, mae angen gweithwyr sydd â'r sgiliau a'r agweddau cywir:

⇨ Dylai gweithwyr fod yn barod i helpu gan ymateb yn gyflym ac mewn modd cyfeillgar i ymholiadau gan gwsmeriaid.

⇨ Dylai gweithwyr gael eu hyfforddi i wneud yn siŵr eu bod nhw'n gwybod am y busnes a'i gynhyrchion. Drwy hyn byddan nhw'n gallu ateb cwestiynau cwsmeriaid.

⇨ Bydd hyfforddiant mewn sgiliau cyfathrebu yn helpu gweithwyr i roi atebion cwrtais a chlir. Mae hyn yn bwysig mewn sgyrsiau ffôn, pan na all cwsmeriaid weld y gweithiwr.

Mae gwasanaeth cwsmeriaid da yn gofyn bod gweithwyr:

⇨ yn gwybod yn dda am y cynnyrch

⇨ yn ymgysylltu â'r cwsmeriaid ac yn sicrhau eu bod nhw'n cael profiad cadarnhaol o'u hymweliad.

5 Adeiladau

Rhaid i westai, siopau a thai bwyta gynnal a chadw'r **adeiladau** yn dda i gadw cwsmeriaid yn hapus:

⇨ Dylai adeiladau fod yn lân, yn enwedig lle mae bwyd yn cael ei baratoi, ei goginio a'i fwyta.

⇨ Dylai cwsmeriaid allu canfod eu ffordd o gwmpas y busnes. Er enghraifft, mae'n bwysig iawn fod arwyddion clir mewn ysbytai.

⇨ Bydd cwsmeriaid anabl yn anfodlon os nad ydyn nhw'n gallu defnyddio cynhyrchion busnes. Mae newid diweddar yn y gyfraith yn golygu bod yn rhaid i bob busnes wneud newidiadau 'rhesymol' fel bod pobl anabl yn gallu prynu ei gynhyrchion.

⇨ Mae cwsmeriaid yn disgwyl cyfleusterau da, fel ystafelloedd ar gyfer newid cewynnau babanod mewn siopau stryd fawr.

> ### Term allweddol
>
> **Adeiladau** yw'r lleoliadau ffisegol mae busnesau'n eu defnyddio – gall y rhain gynnwys swyddfeydd, siopau a ffatrïoedd.

6 Talu

Gall busnesau gael budd o gwrdd ag anghenion cwsmeriaid drwy gynnig amrywiaeth o ffyrdd o dalu am nwyddau a gwasanaethau. Gall busnesau bach gynyddu gwerthiant drwy dderbyn sieciau a chardiau credyd a hefyd drwy gynnig meintiau bach o gynhyrchion am brisiau sy'n gymharol isel.

7 Rheoli disgwyliadau cwsmeriaid

Rhan bwysig o wasanaeth cwsmeriaid yw rheoli disgwyliadau cwsmeriaid. Os ydych chi'n disgwyl i siop fod ar agor am 9am a hithau'n agor am 9.15, efallai byddwch chi'n ddig. Ond pe bai rhywun wedi dweud wrthych chi yn y lle cyntaf mai am 9.15 byddai'n agor, efallai na fyddai ots gennych. Mae angen i fusnesau ystyried yn ofalus beth maen nhw'n ei addo, a gwneud yn siŵr eu bod nhw'n cyflawni'r addewidion neu'n mynd y tu hwnt iddyn nhw. Rheol aur ar gyfer gwasanaeth cwsmeriaid yw peidio ag addo gormod byth.

Nodweddion gwasanaeth cwsmeriaid da

Mae nodweddion gwasanaeth cwsmeriaid da yn cynnwys y canlynol:

→ **Cyfarch y cwsmer**. Gall eich ymateb cyntaf wrth i chi fynd i mewn i siop effeithio ar eich parodrwydd i aros a phrynu. Bydd llawer o ffactorau gwahanol yn effeithio ar yr argraff a gewch: ffactorau fel cynllun yr adeilad, y décor, sut cewch eich cyfarch, faint o amser mae'n rhaid i chi aros a sut mae staff yn eich trin pan fyddwch chi'n cyrraedd. Yn y rhan fwyaf o gwmnïau gwerthu ceir y dyddiau hyn, byddwch chi'n aros mewn ardal gysurus iawn sydd â pheiriant diodydd da a llyfrynnau hyrwyddo sgleiniog. Mae'n siŵr bydd ceir hardd i'w gweld o'ch cwmpas mewn ystafell arddangos drwsiadus.

→ **Rhyngweithio â'r cwsmer**. Gall hyn gynnwys mynd at y cwsmer i weld a oes modd ei helpu – mae angen penderfynu pa mor hir i adael i'r cwsmer ei hun edrych o gwmpas cyn i aelod o staff fynd i'w gyfarch. Yn y gorffennol mewn llawer o gwmnïau gwerthu ceir, roedd y staff yn cael eu talu ar gomisiwn, felly bydden nhw'n ceisio gwerthu car i chi hyd yn oed os nad oedd y car yn addas i chi mewn gwirionedd. Arweiniodd hyn at lawer o gwynion. Erbyn hyn yn y rhan fwyaf o gwmnïau gwerthu mae'r staff yn cael cyflog ac maen nhw yno i roi cyngor i chi pan fyddwch chi ei eisiau. Y nod yw gwneud profiad y cwsmer yn un dymunol.

→ **Adnabod anghenion a chwantau cwsmeriaid**. Drwy holi cwsmeriaid, gall fod yn bosibl adnabod beth sydd ei angen arnyn nhw. Dydy hi ddim bob amser yn glir beth sydd ei angen arnyn nhw ac felly mae'n bwysig darganfod beth yw eu hanghenion a'u chwantau allweddol. Mewn siop DIY, er enghraifft, mae cwsmeriaid yn aml yn gofyn am y peth anghywir oherwydd nad ydyn nhw'n gwybod beth sydd ei angen i wneud y gwaith. Mae staff yn cael eu hannog i siarad â chwsmeriaid a deall pa broblem maen nhw'n ceisio ei datrys.

→ **Annog adborth gan y cwsmer**. Mae hyn yn bwysig er mwyn deall a ydych yn eu helpu nhw'n effeithiol. Ydych chi'n bod yn rhy dechnegol? Ydych chi'n dweud pethau rhy syml? Mae angen adborth er mwyn gwybod a yw eich gwybodaeth yn ddefnyddiol ac yn briodol. Gall yr adborth fod wyneb yn wyneb, neu gall busnes ofyn i gwsmeriaid lenwi ffurflen gwasanaeth cwsmeriaid neu ffurflen ar-lein. Mae hefyd yn bosibl annog cwsmeriaid i adael adolygiadau ar wefannau; drwy hynny gall pobl eraill weld barn cwsmeriaid blaenorol a gall y busnes ddysgu mwy am safon ei wasanaeth.

→ **Ymateb i adborth**. Mae hyn yn golygu ystyried yr adborth gewch chi. Erbyn hyn mae busnesau'n aml yn dilyn cyfryngau cymdeithasol fel Twitter i weld a oes unrhyw gwynion. Yna maen nhw'n sicrhau eu bod nhw'n gweithredu lle bo hynny'n briodol, gan ymateb ar-lein i ddangos eu bod nhw'n gwrando.

Rhyngweithio â chwsmeriaid

Bydd busnesau'n rhyngweithio â chwsmeriaid mewn nifer o sefyllfaoedd gwahanol. Mae'r rhain yn cynnwys:

→ **Ateb cwestiynau am y cynnyrch neu'r gwasanaeth**. Dychmygwch eich bod yn rhedeg tŷ bwyta moethus. Efallai bydd angen i'ch staff esbonio beth yw ystyr rhai o'r eitemau ar y fwydlen! Neu dychmygwch eich bod yn gwerthu gliniaduron a bod angen esbonio manteision darn o gynnyrch i gwsmeriaid.

→ **Gwerthu'r cynnyrch**. Dychmygwch eich bod chi'n werthwr tai. Bydd eich staff eisiau esbonio manteision pob eiddo ond byddan nhw hefyd yn ceisio eu gwerthu nhw. Byddan nhw eisiau nodi materion allweddol fel cyllideb y cwsmer a'r prif bethau mae'r cwsmer yn chwilio amdanyn nhw mewn eiddo. Bydd y tîm gwerthu hefyd eisiau nodi unrhyw rwystrau posibl fydd yn atal y cwsmer rhag prynu'r eiddo, rhag ofn ei bod yn bosibl datrys y rhain.

→ **Delio â chwynion cwsmeriaid**. Dychmygwch eich bod chi'n rhedeg cwmni ffonau symudol. Efallai bydd rhai cwsmeriaid yn anfodlon â safon y gwasanaeth maen nhw wedi ei gael, neu â'r trefniadau ar gyfer biliau. Bydd angen i staff gael eu hyfforddi i drin â'r cwynion hyn. Erbyn hyn mae llawer o wefannau'n rhedeg cefnogaeth gwasanaeth cwsmeriaid 24 awr rhag ofn bod gan gwsmeriaid unrhyw broblemau.

→ **Ymateb i adborth ar ddefnydd cwsmeriaid o'r cynnyrch a'u hadolygiadau ohono**. Gallech chi ddilyn adolygiadau cwsmeriaid ar wahanol wefannau fel TripAdvisor ac ymateb pan fydd angen. Gallech chi wahodd cwsmeriaid i roi sylwadau ac awgrymiadau dros y ffôn neu ar y wefan. Lle bo'n addas, gallwch chi ddefnyddio'r wybodaeth hon i benderfynu beth wnewch chi nesaf.

Manteision gwasanaeth cwsmeriaid da

Mae gwasanaeth o safon i gwsmeriaid yn helpu busnesau i fod yn gystadleuol. Mae'n un ffordd i fusnesau ddangos eu bod yn wahanol i'w cystadleuwyr, ac o gystadlu'n llwyddiannus â nhw.

Ystyried busnes: Center Parcs a boddhad cwsmeriaid

Mae cwmni Center Parcs yn rhedeg nifer o barciau gwyliau yn Ewrop. Mae ganddo enw da iawn am ei wasanaeth cwsmeriaid. Yn ôl y Sefydliad Gwasanaeth Cwsmeriaid, mae ei sgôr gwasanaeth cwsmeriaid yn uwch na'r safon fyd-eang. Dywed y cwmni ei fod yn cyflawni hyn drwy fuddsoddi mewn hyfforddiant i staff a gwella'r llety, y cyfleusterau hamdden a'r tai bwyta.

	2015/16	2014/15[1]
Canran gwelyau llawn (%)	97.7	96.9
Nosweithiau o gwsg (miliynau)	7.2	6.8
Nifer y gwesteion (miliynau)	2.1	2.0
Buddsoddiad cyfalaf (£miliwn)	63.2	42.9
Refeniw (£miliwn)	420.2	385.2
Elw cyn treth (£miliwn)	57.3	22.8
Cyfradd ddyddiol gyfartalog (£)(net o TAW)	167.31	159.43
Archebion llety drwy'r we (% o'r cyfanswm)	84	82
Boddhad gwesteion (% o'r gwesteion sy'n rhoi sgôr rhagorol neu dda i'w gwyliau	96	96
Trosiant gweithwyr (%)	30	24

[1] Mae pob ffigur yn cyfeirio at 52 wythnos o fasnachu ar gyfer y pedwar pentref gwreiddiol, a 44 wythnos o fasnachu ar gyfer Coedwig Woburn, agorodd ym mis Mehefin 2014.

Ffigur 3.4 Uchafbwyntiau ariannol Center Parcs, 2014/15 a 2015/16 (**Ffynhonnell:** drwy garedigrwydd Center Parcs UK)

1 **Dadansoddwch y rhesymau pam mae lefelau uchel o foddhad cwsmeriaid yn bwysig i Center Parcs.**

(6 marc)

Cynyddu boddhad cwsmeriaid

Dylai gwasanaeth cwsmeriaid da gynyddu boddhad cwsmeriaid ac arwain at fwy o fusnes sy'n dychwelyd. Dylai helpu i wneud y canlynol:

→ **Denu cwsmeriaid newydd**

Os yw busnes newydd yn cyflenwi nwydd neu wasanaeth tebyg i'r rhai sydd ar y farchnad yn barod, yna gall gwasanaeth cwsmeriaid da ddangos ei fod yn wahanol a'i helpu i ennill cwsmeriaid newydd. Gall cwsmeriaid newydd gael eu denu os yw pobl eraill yn ei argymell.

→ **Cynyddu gwariant cwsmeriaid**

Bydd cwsmeriaid bodlon yn cael eu denu at y busnes ac yn gwario mwy o ganlyniad i hynny. Efallai byddan nhw'n prynu mwy o gynnyrch penodol a/neu yn rhoi cynnig ar rai o'r cynhyrchion eraill mae'r busnes yn eu cynhyrchu.

→ **Cynyddu'r gyfran o'r farchnad**

Cyfran marchnad yw'r canran o werthiant marchnad benodol sy'n cael ei ennill gan un busnes. Os yw cwsmeriaid busnes yn fodlon (neu'n fwy na bodlon) â'r gwasanaeth maen nhw'n ei gael, efallai byddan nhw'n dweud wrth ffrindiau amdano, ac efallai bydd y busnes yn cael sylw cadarnhaol mewn papurau newydd lleol. Gall hyn arwain at gynnydd yn y gwerthiant a chyfran fwy o'r farchnad.

→ **Cynyddu teyrngarwch (*loyalty*) cwsmeriaid**

Os bydd busnes newydd yn rhoi'r hyn maen nhw ei eisiau i'w gwsmeriaid o ran gwasanaeth, bydd yn llai tebygol o'u colli nhw i fusnesau eraill. Efallai bydd pobl ar eu gwyliau yn ymweld â'r un busnes gwely a brecwast eto os oedden nhw'n teimlo bod y busnes wedi bodloni eu holl anghenion.

→ **Cynyddu proffidioldeb**

Os yw gwasanaeth cwsmeriaid da yn arwain at fwy o gwsmeriaid, mwy o werthiant a mwy o deyrngarwch i'r brand, dylai hynny arwain at broffidioldeb uwch i'r busnes.

> **Term allweddol**
>
> Mae **teyrngarwch cwsmeriaid** yn golygu bod cwsmeriaid busnes yn prynu dro ar ôl tro oherwydd bod yn well ganddyn nhw gynhyrchion y busnes hwn na chynhyrchion ei gystadleuwyr.

Ystyried busnes: First Direct a boddhad cwsmeriaid

Gwasanaeth bancio ar-lein ac ar y ffôn yw First Direct. Mae'n ennill gwobrau yn rheolaidd am ei wasanaeth cwsmeriaid.

Yn ôl y wefan, dydy'r cwmni ddim yn wahanol oherwydd yr hyn mae'n ei wneud (mae'n cynnig cyfrifon cynilo ac ati, fel pob banc) ond oherwydd y ffordd mae'n ei wneud. Pan fyddwch chi'n cysylltu â'r cwmni, bydd yn gwrando, bydd yn siarad â chi a bydd bob amser yn cofio mai eich arian chi sydd dan sylw! Nid oes ganddo system ateb awtomatig. Nid yw'n gofyn i chi bwyso 1 am hyn a 2 am y llall; mae'n parchu ei gwsmeriaid ac yn gwybod eu bod nhw'n hoffi siarad â phobl go iawn.

I wneud yn siŵr bod cwsmeriaid yn cael y gwasanaeth sydd ei angen, maen nhw ar gael dros y ffôn ac ar-lein 24 awr y dydd, gan gynnwys gwyliau banc. Llwyddodd y cwmni i ragweld y twf mewn bancio dros y ffôn ac ar y rhyngrwyd, ac mae wedi achub y blaen ar ei gystadleuwyr yn y meysydd hyn. Ac yn ôl y cwmni, maen nhw wrth eu bodd yn gwneud y gwaith!

1 **Dadansoddwch y ffyrdd gallai gwasanaeth rhagorol i gwsmeriaid fod o fudd i fanc.** (6 marc)

Pam mae gwasanaeth cwsmeriaid gwael yn digwydd?

Mae gwasanaeth cwsmeriaid gwael yn gallu digwydd am y rhesymau canlynol:

→ **Busnesau'n addo gormod**. Maen nhw'n codi disgwyliadau cwsmeriaid heb eu bodloni. Er enghraifft, mae siop ar-lein yn addo dosbarthu o fewn 24 awr, a'r eitem yn cyrraedd ar ôl 3 diwrnod. Mae angen i fusnes sicrhau bod ganddo'r adnoddau angenrheidiol i gadw'i addewidion.

→ **Cyfathrebu gwael**. Efallai nad yw lefel y gwasanaeth yn cael ei egluro i gwsmeriaid. Efallai byddwch chi'n mynd i barc thema yn disgwyl cael mynd ar y reidiau yn syth. Os yw'n glir o flaen llaw y bydd rhywfaint o oedi, yna byddwch chi'n disgwyl hynny ac ni chewch eich siomi.

→ **Rheoli gwael**. Efallai fod gan y busnes ddigon o adnoddau i gyflawni ei addewidion a bodloni'r disgwyliadau, ond efallai nad yw'n rheoli ei adnoddau'n iawn. Efallai nad yw'n rhannu'r tasgau iawn rhwng y staff, neu efallai nad yw'n trefnu amserlen sy'n sicrhau defnydd effeithiol o'i offer.

→ **Ffactorau allanol**. Gall gwasanaeth gwael ddigwydd oherwydd problemau allanol, fel cyflenwyr yn achosi oedi.

Effeithiau gwasanaeth cwsmeriaid gwael

Mae gwasanaeth cwsmeriaid gwael yn debygol o arwain at y canlynol:

→ cwsmeriaid anfodlon – fyddan nhw ddim yn dod yn ôl i brynu gan y busnes
→ problemau wrth geisio denu cwsmeriaid newydd
→ colli refeniw ac elw.

Gwasanaeth cwsmeriaid a gwefannau

Bydd gan fusnesau bach iawn neu fusnesau newydd hyd yn oed eu gwefan eu hun. Mae gwefannau'n cynnig y wybodaeth ddiweddaraf am fusnesau a'u cynhyrchion. Gallan nhw fod yn ffordd rad o hysbysebu. Mae'n bosibl sefydlu gwefan am ychydig gannoedd o bunnoedd a chyflogi dylunydd gwefannau yn weddol rad i dreulio ychydig oriau bob wythnos yn ei chynnal a'i diweddaru.

Gall gwefan helpu i gynnig gwasanaeth cwsmeriaid da mewn nifer o ffyrdd:

→ Gall roi gwybodaeth i'r cwsmer am y busnes a gall gynnwys lluniau a fideos i ddweud mwy am y cynnyrch a'r busnes. Mae hyn yn helpu'r cwsmer i wneud dewis gwybodus a ddylai brynu'r cynnyrch neu beidio.

→ Gall helpu i hysbysebu busnes bach i grŵp llawer mwy o gwsmeriaid, gan arwain at gynnydd yn y gwerthiant.

→ Gall gynnig atebion i gwestiynau sy'n cael eu gofyn yn aml. Gall hon fod yn ffordd gyflym i gwsmeriaid gael atebion i gwestiynau syml fel 'Beth yw oriau agor y busnes?' Mae defnyddio e-bost yn rhoi cyfle i gwsmeriaid gysylltu â busnesau ar unwaith gydag unrhyw broblemau neu gwynion.

→ Gall gynnig cyngor i gwsmeriaid cyfredol os oes ganddyn nhw broblemau â chynnyrch. Efallai byddan nhw'n gallu datrys eu problem yn syth, neu ddefnyddio'r wefan i gysylltu â'r busnes a gofyn am gymorth.

Ystyried busnes: The Admiral Group

Cafodd The Admiral Group ei sefydlu yn 1993. Ers hynny mae wedi tyfu o fod yn fusnes bach newydd i fod yn un o ddarparwyr yswiriant ceir mwyaf y DU, sydd hefyd yn weithgar mewn saith gwlad arall. Mae'r cwmni wedi tyfu'n gyflym gan barhau i wneud elw ac ennill nifer o wobrau.

Yn 1993 roedd yn un brand, heb ddim cwsmeriaid a dim ond 57 aelod o staff. Erbyn hyn mae gan y grŵp weithrediadau yn Sbaen, yr Eidal, Ffrainc ac UDA, gyda dros 5 miliwn o gwsmeriaid. Yn wreiddiol roedd y cwmni yn arbenigo mewn yswiriant ceir. Yn 2005 creodd Admiral gynnyrch newydd o'r enw 'MultiCar Insurance'. Bwriad hwn oedd cynnig bargen well i bobl oedd â dau gar neu fwy. Gallai teulu yswirio ei holl geir ar un polisi a chael pris gwell. Yn 2013, cyflwynodd y cwmni gynnyrch arloesol arall gyda'i ddyfais yswiriant 'Black Box'. Caiff blwch ei osod yng nghar cwsmeriaid, ac mae hwn yn monitro eu gyrru. Bydd gyrwyr diogel yn talu cyfraddau yswiriant is. Mae Admiral hefyd wedi amrywiaethu ac erbyn hyn mae gan y cwmni bortffolio o gynhyrchion yswiriant eraill, gan gynnwys yswiriant cartrefi ac yswiriant faniau. Mae hyn yn golygu gall Admiral fodloni eich holl anghenion yswiriant, gan arbed amser ac arian i chi.

Cafodd y cwmni ei ddewis gan ddefnyddwyr yn Ddarparwr Yswiriant Ceir Gorau am bedair blynedd yn olynol.

1 **Esboniwch ym mha ffyrdd gall Admiral gyrraedd ei lefelau uchel o foddhad cwsmeriaid.** (6 marc)

E-fasnach ac m-fasnach

Mae llawer o fusnesau bach wedi datblygu eu gwefannau ymhellach. Nid yn unig maen nhw'n eu defnyddio i hysbysebu eu cynhyrchion, ond hefyd i gynnal e-fasnach ac m-fasnach gan werthu eu cynhyrchion yn uniongyrchol i gwsmeriaid drwy'r rhyngrwyd. Gallan nhw hefyd ddefnyddio'r dechnoleg hon i wella lefel eu gwasanaeth i gwsmeriaid. Er enghraifft:

→ Gall siopa ddigwydd ar unrhyw adeg o'r dydd o unrhyw le yn y byd, sy'n gwneud prynu yn broses fwy cyfleus o lawer, gan arwain at werthiant uwch. Er enghraifft, gallai llawer o archebion gael eu gwneud gyda'r nos pan fydd cwsmeriaid gartref o'u gwaith.

Erbyn hyn mae busnesau'n gallu casglu llawer mwy o wybodaeth am eu cwsmeriaid nag erioed o'r blaen. Gallan nhw ei dadansoddi'n gynt ac yn fwy effeithiol hefyd. Mae Amazon yn gwybod beth rydych chi wedi'i weld, pryd, o ble rydych chi wedi chwilio a beth brynoch chi yn y gorffennol. Mae hyn yn golygu ei fod yn gallu gwneud y canlynol:

→ argymell cynhyrchion mae'n gwybod byddwch chi'n eu hoffi, gan ei fod wedi dilyn eich arferion siopa a phori'r we

→ rhoi cyngor ar-lein i ateb eich cwestiynau yn syth

→ gadael i chi gofrestru i gael gwybodaeth am y cynhyrchion diweddaraf sydd o ddiddordeb i chi

→ gadael i chi adolygu cynnyrch a darllen adolygiadau pobl eraill i gael gwybod mwy amdano.

Crynodeb

Mae'r broses werthu yn rhan bwysig o sicrhau bod y gwerthiant yn digwydd. Rhaid i reolwyr ystyried gwahanol gamau'r broses werthu a sicrhau bod profiad y cwsmer yn un cadarnhaol. Rhan bwysig o'r broses werthu yw gwasanaeth cwsmeriaid.

Mae gwasanaeth cwsmeriaid yn golygu bodloni anghenion cwsmeriaid gystal ag sy'n bosibl. Gall busnesau wella eu gwasanaeth cwsmeriaid drwy hyfforddi eu staff yn effeithiol, gwneud cynhyrchion sy'n ddibynadwy a chynnig gwybodaeth glir am eu cynhyrchion a'u gwasanaeth ôl-werthiant effeithiol. Wrth i dechnoleg ddatblygu, mae wedi helpu busnesau i wella eu gwasanaeth cwsmeriaid drwy ddefnyddio gwefannau a thrwy gynnal e-fasnach ac m-fasnach.

Cwestiynau cyflym

1 Beth yw camau'r broses werthu? [2 farc]

2 Rhowch **ddwy** enghraifft o sut mae'r gwerthiant yn gallu effeithio ar y swyddogaethau busnes eraill. [2 farc]

3 Beth yw ystyr y term 'gwasanaeth cwsmeriaid'? [2 farc]

4 Nodwch **ddwy** ffordd gallai busnes gynnig gwasanaeth cwsmeriaid da. [2 farc]

5 Rhowch **ddwy** o fanteision gwasanaeth cwsmeriaid da. [2 farc]

6 Nodwch **ddau** o beryglon gwasanaeth cwsmeriaid gwael. [2 farc]

7 Nodwch **ddwy** o nodweddion gwasanaeth cwsmeriaid da. [2 farc]

8 Nodwch **ddwy** sefyllfa lle mae busnesau'n rhyngweithio â chwsmeriaid. [2 farc]

9 Nodwch **ddau** reswm pam gallai teyrngarwch cwsmeriaid fod o fudd i fusnes. [2 farc]

10 Pam mae disgwyliadau cwsmeriaid yn bwysig yng nghyd-destun gwasanaeth cwsmeriaid? [2 farc]

Astudiaeth achos

Yr Excelsior

Doedd Romily Jones ddim eisiau agor ei negeseuon e-bost – roedd hi'n poeni bydden nhw'n cynnwys mwy o gwynion eto. Dros yr wythnosau diwethaf, mae hi wedi bod yn cael cwynion bron bob dydd gan gwsmeriaid am safon y gwasanaeth neu ansawdd y bwyd gawson nhw wrth aros yn y gwesty. Enw'r gwesty yw'r Excelsior ac arferai fod yn un o'r gwestai gorau yn Rhydychen. Teulu Romily sy'n berchen arno ers sawl cenhedlaeth a dechreuodd hi ar ei gwaith fel rheolwr y llynedd. Aeth y misoedd cyntaf yn dda, ond yn ystod misoedd prysur yr haf dechreuodd y cwynion gyrraedd. Roedd hi'n anodd rheoli'r busnes ar y pryd oherwydd bod y gwesty'n brysur. Cafodd cymaint o staff rhan amser ychwanegol eu cyflogi i helpu – myfyrwyr fel arfer – ac roedd pawb dan bwysau. I ddechrau roedd Romily'n credu, yn syml, bod y cwsmeriaid yn fwy parod i gwyno nag yn y gorffennol, ond wedyn penderfynodd hi gyflogi ymwelydd cudd (*mystery visitor*) i weld sut siâp oedd ar bethau. Cafodd hi fraw wrth ddarllen ei adroddiad – roedd pethau yn bendant yn edrych yn wael. Roedd hi hyd yn oed yn cael adolygiadau ofnadwy ar-lein erbyn hyn. Dechreuodd gynnig ad-dalu unrhyw un oedd yn cwyno er mwyn ceisio gwella eu barn am y gwesty – ond roedd hyn yn effeithio ar faint elw'r gwesty.

Cwestiynau

1 Beth yw ystyr 'maint yr elw'? [2 farc]

2 Esboniwch **ddau** reswm pam mae gwasanaeth cwsmeriaid da yn bwysig i'r Excelsior. [4 marc]

3 Dadansoddwch pa ffyrdd gallai Romily wella gwasanaeth cwsmeriaid yn y gwesty. [9 marc]

4 I ba raddau rydych chi'n credu bod adolygiadau gwael ar-lein o bwys i westy? [10 marc]

Adolygiad o'r bennod

1 Darllenwch Eitem A ac atebwch y cwestiynau sy'n dilyn.

➡ Eitem A: Galaxy Note 7 gan Samsung

Mae Samsung yn arweinydd ym maes nwyddau traul electronig ac mae'n cynhyrchu amrywiaeth eang o gynhyrchion gwahanol. Ond yn ddiweddar bu'n rhaid i'r cwmni alw ei setiau ffôn Galaxy Note 7 yn ôl oherwydd bod rhai o'r batris ynddyn nhw yn mynd ar dân. Roedd hyn yn drychineb i'r cwmni o ran ei effaith ar ddelwedd y brand. Roedd yna enghreifftiau amlwg eraill wedi digwydd yn y diwydiant pan fu'n rhaid galw ffonau'n ôl. Er enghraifft, yn 2007 roedd Nokia wedi gorfod galw 46 miliwn o fatris yn ôl oherwydd pryderon eu bod nhw'n gorgynhesu. Ond yn y gorffennol roedd hi wedi bod yn bosibl tynnu'r batris allan o'r set ffôn a'u dychwelyd ar eu pen eu hunain. Yn achos y Galaxy Note 7, bu'n rhaid galw'r ffôn cyfan yn ôl, gan gostio miliynau.

Bu'n rhaid i Samsung roi'r gorau i gynhyrchu'r ffôn a chynnig iawndal (*compensation*) i gwsmeriaid, gyda'r dewis o gael eu harian i gyd yn ôl neu gael rhywfaint yn ôl ynghyd â model hŷn. Dydy hi ddim yn glir faint o setiau llaw Note 7 gafodd eu heffeithio, ond mae'n debygol ei fod tua 4 miliwn. Mae sôn bod tua 35 wedi gorgynhesu, ond oherwydd y risg cafodd pob un ei alw'n ôl. Roedd y cwmni wedi gobeithio gwerthu nifer mawr o'r Galaxy 7 ac roedd ganddo'r gallu i gynhyrchu 6 miliwn ohonyn nhw mewn blwyddyn. Roedd eisiau manteisio ar y broses fasgynhyrchu.

Roedd llawer o ddefnyddwyr hefyd wedi prynu casys, clawr bysellfwrdd, lens olwg lydan i'r camera a phensiliau stilws a phaciau pŵer sbâr ar gyfer eu Note 7; mae'r rhain bellach yn ddi-werth.

(a) Beth yw ystyr masgynhyrchu? [2 farc]

(a) Mae masgynhyrchu yn golygu cynhyrchu ar raddfa fawr.

> 💬 Mae'r ateb hwn yn rhannol gywir ond nid yw'n ddigon i ennill dau farc. Byddai wedi bod yn fanteisiol cyfeirio at safoni cynhyrchion.

(b) Amlinellwch ddau o'r darbodion maint sy'n bosibl i Samsung drwy gynhyrchu ei ffonau ar raddfa fawr. [4 marc]

(b) Mae darbodion maint yn mesur y gost fesul uned am bob uned. Gall y rhain fod o ganlyniad i swmp brynu. Neu gallan nhw fod o ganlyniad i dechnoleg. Neu arbenigo. Neu raniad llafur.

> 💬 Mae'r ateb hwn yn dangos dealltwriaeth o ddarbodion maint. Mae'n nodi rhai darbodion maint. Fodd bynnag, nid yw'n amlinellu'r rhain.

(c) Dadansoddwch beth yw canlyniadau ansawdd gwael i gwmni Samsung. [6 marc]

(c) Mae ansawdd gwael yn golygu nad yw'r cynnyrch yn cwrdd â'r targedau sy'n ofynnol o ran gofynion cwsmeriaid. Yn yr achos hwn mae'n golygu problemau gyda batris aeth ar dân. Mae hyn yn wael i'r cwmni gan ei fod yn cael effaith ar ei enw da a delwedd y brand. Gall hyn arwain at golli gwerthiant nawr ac yn y dyfodol.

Gall yr ansawdd gwael olygu hefyd bod rhaid i'r cwmni gymryd y ffonau'n ôl. Bydd cydlynu'r gwaith o'u galw'n ôl a threfnu iddyn nhw gael eu cludo yn broses ddrud. Efallai bydd yn rhaid i'r cwmni dalu iawndal i'w gwsmeriaid hefyd. Gall hyn i gyd arwain at gostau uwch ac elw is.

Fodd bynnag, mae'n dibynnu sawl ffôn sy'n rhan o'r broblem a faint sy'n gorfod cael eu galw'n ôl. Mae hefyd yn dibynnu pa mor wael yw'r difrod i gwsmeriaid a faint bydd yr iawndal yn ei gostio. Os bydd y cwmni'n ymateb yn gyflym ac yn effeithiol, gall greu'r argraff fod y cwsmeriaid yn bwysig iddo ac efallai na fydd cymaint o niwed i'r brand.

💬 Mae hwn yn ateb da iawn – mewn gwirionedd, yn rhy dda! Mae'n dadansoddi effeithiau ansawdd gwael yn dda. Ond wedyn mae'n mynd ymlaen i drafod yr effeithiau hyn. Mae'n gwerthuso'r cwestiwn gafodd ei osod, ond does dim angen hynny yn y cwestiwn hwn. Mae'r cwestiwn yn gofyn am ddadansoddi yn unig. Ni fyddai'r myfyriwr yn colli marciau am wneud hyn, ond bydd wedi colli amser allai fod wedi cael ei ddefnyddio ar gwestiynau eraill yn yr arholiad.

(ch) Gwerthuswch yr effaith mae galw'r Note 7 yn ôl yn debygol o'i chael ar elw cyffredinol Samsung yn y tymor hir. [10 marc]

(ch) Gall y cynnyrch hwn niweidio elw oherwydd bydd yn rhaid i'r cwmni dalu am alw'r ffonau yn ôl. Bydd hyn yn costio arian. Bydd wedi talu i ddatblygu'r ffôn ond nawr ni fydd unrhyw werthiant ac felly bydd costau o hyd, ond dim refeniw. Efallai bydd y digwyddiad yn niweidio'r brand, gan effeithio yn ei dro ar werthiant cynhyrchion eraill a gwneud mwy o ddrwg eto i'r elw.

Fodd bynnag, mae'r cwmni yn 'gawr' ac mae ganddo lawer o gynhyrchion, felly bydd ei elw cyffredinol yn dibynnu ar werthiant ei gynhyrchion eraill – fel ei setiau teledu, ei dabledi neu hyd yn oed ei ffonau eraill. Efallai bydd y gostyngiad hwn mewn elw o ganlyniad i'r Note 7 yn weddol fach o'i gymharu â'r hyn sy'n cael ei ennill rywle arall.

Gall yr effaith ddibynnu hefyd ar y ffordd mae'r cwmni'n ymdrin â'r digwyddiad. Os yw pobl yn gweld ei fod yn gweithredu'n gyflym ac yn hael o ran iawndal, efallai bydd hyder cwsmeriaid yn y brand yn dychwelyd yn gyflym a byddan nhw'n teimlo'n ddiogel yn prynu eto. Os yw cwsmeriaid yn cael trafferth dychwelyd yr eitemau, efallai byddan nhw'n fwy petrus.

Mae'n dibynnu hefyd pa mor bell ymlaen rydyn ni'n edrych. Bydd pobl yn cofio'r digwyddiad hwn am dipyn o amser, ond mae'n fwy na thebyg y daw rhyw fater arall i gymryd y sylw ymhen ychydig flynyddoedd. Os felly, gan ddibynnu ar y camau bydd Samsung yn eu cymryd, bydd yr effaith wedi lleihau.

I grynhoi, mae hwn yn fater mawr i Samsung ac mae'n debygol o niweidio'r elw. Fodd bynnag, y peth allweddol erbyn hyn yw'r ffordd mae'n ymdrin â'r sefyllfa, a fydd yn gallu adennill hyder, ac a oes ganddo gynhyrchion eraill i'w lansio'n llwyddiannus.

💬 Mae hwn yn ateb rhagorol sy'n amlygu peryglon y galw'n ôl o ran ei effaith ar elw. Ond mae hefyd yn deall bod yr effaith ar elw cyffredinol Samsung yn dibynnu ar lawer o ffactorau eraill.

2 Darllenwch Eitem B ac atebwch y cwestiynau sy'n dilyn.

➡️ Eitem B: Cwmnïau egni

Cwmnïau egni yw rhai o'r perfformwyr gorau yn y DU o ran gwasanaeth cwsmeriaid.

Mae tabl cynghrair diweddar Cyngor ar Bopeth yn dangos mai'r cwmni egni SSE gafodd y nifer lleiaf o gwynion o blith holl fusnesau egni y DU, gyda dim ond 22.5 am bob 100,000 o gwsmeriaid. Roedd EDF yn ail, Nwy Prydain yn bedwerydd ac E.On yn bumed. Mae'r rhain felly'n esiamplau o wasanaeth cwsmeriaid da.

Roedd cwmnïau egni eraill fel Npower a Scottish Power yn llai llwyddiannus. Un o'r cyflenwyr bach, Extra Energy, oedd y gwaethaf o'r 21 cwmni gafodd eu mesur, gyda chyfradd gwynion oedd 80 gwaith yn fwy na chyfradd SSE.

Cafodd Extra Energy ei sefydlu yn 2014. Ymddiheurodd i gwsmeriaid a dywedodd ei fod bellach yn delio â mwy o gwynion o fewn ei darged, sef erbyn diwedd y diwrnod gwaith nesaf. Awgrymodd dadansoddwyr bod Extra Energy wedi cael trafferth cynnal safon foddhaol o ran gwasanaeth cwsmeriaid wrth iddo ehangu. Cynyddodd nifer y cwsmeriaid yn gyflym ac mae dadansoddwyr yn dweud bod y cwmni yn ceisio ennill tir o ran cael digon o adnoddau i ddelio â nhw.

Fel arfer mae cwynion yn ymwneud â biliau sy'n hwyr neu'n anghywir, neu'r anhawster mae cwsmeriaid yn ei gael wrth geisio cysylltu â'u cyflenwr nwy neu drydan.

Yn ôl un arbenigwr, roedd cwmnïau wedi codi gormod o dâl ar bedair miliwn o gwsmeriaid y llynedd yn sgil camgymeriadau yn eu biliau.

(a) Esboniwch beth yw ystyr 'gwasanaeth cwsmeriaid'. [2 farc]

(b) Amlinellwch pa ffactorau all wneud i bobl ddewis un cwmni egni yn hytrach nag un arall. [4 marc]

(c) Dadansoddwch y buddion i gwmni egni o gael gwasanaeth cwsmeriaid da. [6 marc]

(ch) Gwerthuswch a yw buddsoddi mwy mewn hyfforddiant yn allweddol i sicrhau gwasanaeth gwell i gwsmeriaid. [9 marc]

4

Cyllid

Mae cyllid yn ddylanwad pwysig ar weithgareddau busnes. Mae'r bennod hon yn edrych ar rôl cyllid o fewn busnes gan ddechrau gyda'r ffynonellau cyllid y gall busnes eu defnyddio. Byddwn ni'n ystyried manteision ac anfanteision y prif ffynonellau cyllid sydd ar gael i fusnesau yn y DU. Byddwn ni hefyd yn ymchwilio i'r costau gwahanol mae'n rhaid i fusnes eu talu, yn ogystal â'i refeniw a sut mae elw'n cael ei gyfrifo. Byddwn ni'n edrych ar gyfrifon elw a cholled (datganiadau incwm) sy'n cofnodi perfformiad ariannol busnes. Mae llawer o fusnesau'n methu oherwydd nad ydyn nhw'n rheoli eu llif arian yn effeithiol. Bydd y bennod hon yn ystyried pam mae arian mor bwysig i fusnes, sut mae llifoedd arian yn gallu cael eu rhagfynegi, a sut mae'n bosibl gwella perfformiad llif arian. Byddwn ni'n gorffen drwy edrych ar ddata ariannol i ddadansoddi perfformiad ariannol busnes.

Ffynonellau cyllid

Mae angen i fusnesau hen a newydd godi cyllid. Mae'r adran hon yn ystyried pam mae angen i fusnesau godi arian a'r ffynonellau sy'n gallu cael eu defnyddio i wneud hyn. Mae llawer o ffynonellau cyllid ar gael o fewn y busnes a'r tu allan iddo. Wrth ddewis pa un sydd fwyaf addas, rhaid ystyried yr amgylchiadau.

Erbyn diwedd yr adran hon, dylech chi wybod am y canlynol:

● y ffynonellau mewnol ac allanol o gyllid sy'n cael eu defnyddio gan fusnesau hen a newydd

● manteision ac anfanteision defnyddio'r ffynonellau hyn o gyllid

● pa ffynonellau cyllid sydd fwyaf addas ar gyfer amgylchiadau penodol.

● Pam mae angen i fusnesau godi cyllid?

Os ydyn ni'n deall pam mae angen i fusnes godi cyllid, yna mae'n haws o lawer dewis y ffynhonnell fwyaf priodol o gyllid. Mae angen cyllid ar fusnesau am nifer o resymau.

Busnesau newydd

Bydd angen cyllid (hynny yw, arian) ar fusnes newydd er mwyn prynu amrywiaeth o eitemau sy'n hanfodol i allu dechrau masnachu. Bydd angen i entrepreneur wario arian ar rai o'r canlynol o leiaf er mwyn cychwyn busnes:

➜ **Rhentu neu brynu adeilad**. Gallai hwn fod yn siop, yn swyddfa neu'n ffatri, ac mae'n debygol o fod yn gymharol ddrud.

➜ **Cerbydau**. Bydd angen ceir ar lawer o fusnesau er mwyn ymweld â chwsmeriaid a chyflenwyr, yn ogystal â faniau neu lorïau i ddosbarthu cynhyrchion.

➜ **Hysbysebu'r busnes**. Ni fydd cwsmeriaid posibl yn gwybod am fusnes newydd os nad yw'n ei hyrwyddo ei hun. Mae llawer o fusnesau newydd yn gwario symiau mawr ar hysbysebu cyn dechrau masnachu.

➜ **Cyfarpar a pheiriannau ar gyfer y busnes**. Mae angen rhywfaint o gyfarpar neu beiriannau ar y rhan fwyaf o fusnesau, yn enwedig os ydyn nhw'n bwriadu gweithgynhyrchu cynhyrchion. Er enghraifft, ar gyfer busnes newydd sy'n gwneud dodrefn, bydd angen cyfarpar i dorri, llyfnu a llathru (*polish*) pren.

Mae hyd yn oed cychwyn busnes bach yn golygu bod rhaid i entrepreneur wario symiau sylweddol o arian cyn dechrau masnachu

Busnesau sefydledig

Yn aml yn achos busnesau sefydledig sydd wedi bod wrthi ers tipyn o amser, mae angen iddyn nhw godi cyllid am nifer o resymau.

→ **Ehangu**. Mae'n gyffredin i fusnesau benderfynu cynyddu maint eu menter, o bosibl drwy fentro i farchnadoedd newydd neu drwy werthu mwy mewn marchnadoedd presennol. I wneud hyn, efallai fod angen i fusnesau godi cyllid i dalu am siopau, ffatrïoedd neu swyddfeydd ychwanegol ac i recriwtio gweithwyr newydd. Er enghraifft, mae Spotify yn gwmni sy'n cyflenwi cerddoriaeth, podlediadau a gwasanaethau ffrydio fideo. Ceisiodd y cwmni godi $500 miliwn yn 2016 i ariannu ehangu ymhellach yn fyd-eang.

→ **Gwella effeithlonrwydd**. Gall busnesau godi arian er mwyn ei wario ar hyfforddi gweithwyr, neu i brynu technoleg i'w defnyddio wrth gynhyrchu. Mae gweithwyr sydd wedi'u hyfforddi'n well neu dechnoleg newydd yn y llinell gynhyrchu yn gallu helpu busnesau i gynhyrchu nwyddau a gwasanaethau'n gyflymach gyda llai o adnoddau. Ond gall hyn fod yn ddrud a gall fod angen symiau mawr o arian.

→ **Datblygu cynhyrchion newydd**. Mae datblygu cynhyrchion newydd yn ffordd bwysig o gystadlu i lawer o gwmnïau, ond mae'n gallu bod yn gostus. I ddatblygu cynhyrchion newydd, efallai bydd yn rhaid i fusnesau dalu am ymchwil gwyddonol a chyfleusterau cynhyrchu newydd, yn ogystal â hysbysebu i roi gwybod i gwsmeriaid. Yn 2015 gwariodd Nissan, y cwmni ceir o Japan, £100 miliwn yn ei ffatri yn Sunderland er mwyn gallu gwneud ei gar Juke newydd yno.

Mae'r cwmni o Japan, Nintendo, wedi buddsoddi'n helaeth wrth ddatblygu'r Nintendo Switch

⬤ Ffynonellau cyllid

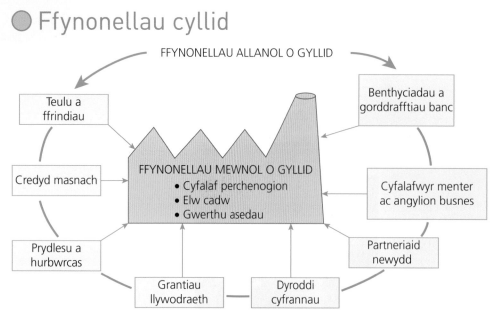

Ffigur 4.1 Crynodeb o'r ffynonellau mewnol ac allanol o gyllid

Ffynonellau mewnol o gyllid

Arian sydd ar gael o'r tu mewn i fusnes yw **ffynhonnell fewnol o gyllid**. Mae defnyddio ffynonellau mewnol o gyllid yn golygu nad yw busnes yn wynebu taliadau **llog** all fod yn uchel. Mae hefyd yn golygu nad oes gan gyrff eraill, fel banciau, lais wrth benderfynu sut mae'r busnes yn cael ei redeg. Fodd bynnag, mae ffynonellau cyllid mewnol llawer o fusnesau yn gyfyngedig.

Cyfalaf perchenogion

Cyfalaf perchenogion neu **arian perchenogion** yw'r term sy'n cael ei ddefnyddio am arian sy'n cael ei roi i mewn i'r busnes gan ei berchenogion. Efallai fod gan fusnes un perchennog neu ragor, gan ddibynnu a yw'r busnes yn cael ei gychwyn fel unig fasnachwr, partneriaeth neu gwmni cyfyngedig preifat. Y mwyaf o berchenogion sydd mewn busnes, y mwyaf pwysig yw arian perchenogion fel ffynhonnell o gyllid. Efallai bydd perchenogion busnes newydd yn defnyddio'u cynilion i fuddsoddi yn eu busnes – os oes ganddyn nhw gynilion.

Elw cadw yw elw sydd wedi'i wneud gan y busnes mewn blynyddoedd blaenorol (gweler Ffigur 4.2). Gall busnes proffidiol gasglu swm mawr drwy gynilo ei elw o flynyddoedd cynt. Mae un fantais fawr o ddefnyddio elw cadw: ni fydd rhaid i'r busnes dalu llog gan nad yw'n cael benthyg arian. Gall y ffynhonnell hon o gyllid fod ar gael i fusnes llwyddiannus ar unwaith. Elw cadw yw'r ffynhonnell bwysicaf o gyllid i fusnesau mawr. Mae wedi'i amcangyfrif bod rhwng 80% a 90% o'r arian sy'n cael ei godi ar gyfer buddsoddi gan fusnesau mawr yn y DU yn dod o elw cadw.

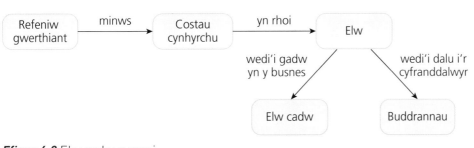

Ffigur 4.2 Elw cadw cwmni

Mentro Mathemateg

Defnyddiwch y wybodaeth yn Ffigur 4.2 i gyfrifo'r elw cadw sydd ar gael i'r cwmni yn yr amgylchiadau isod.

1 **Costau cynhyrchu = £19.5 miliwn**

2 **Buddrannau = £1.5 miliwn**

3 **Refeniw gwerthiant = £23.4 miliwn**

Gwerthu asedau

Mae gwerthu **asedau** yn gallu rhoi symiau mawr o arian i fusnes, yn dibynnu ar yr hyn sy'n cael ei werthu. Gall asedau gael eu gwerthu mewn dwy ffordd.

→ Gwerthu asedau fel adeiladau am arian.

→ Gwerthu ased ac yna ei brydlesu (*lease*) yn ôl. Mae'r busnes yn gwerthu'r ased ac yna'n ei brydlesu'n ôl fel ei fod yn dal ar gael i'w ddefnyddio. Yn 2015 cododd archfarchnad Morrisons £175 miliwn drwy werthu eiddo cyn ei brydlesu'n ôl gan y perchennog newydd.

Drwy werthu asedau gall busnes godi arian heb orfod gwneud taliadau llog. Ond mae anfanteision i ddefnyddio'r ffynhonnell hon o gyllid. Efallai bydd busnes yn gwerthu ased ond y bydd angen yr ased yn ddiweddarach. Os yw'n gwerthu'r ased ac yn ei brydlesu'n ôl, bydd yn rhaid i'r busnes dalu swm o arian yn rheolaidd i'r perchennog newydd. Gall hyn leihau elw tymor hir y busnes.

Tesco plc yw archfarchnad fwyaf y DU. Gwerthodd y cwmni gadwyn canolfannau garddio Dobbies am £217 miliwn yn 2016. Roedd angen yr arian i fuddsoddi er mwyn gwella ei archfarchnadoedd.

Ystyried busnes: Elw mwyaf erioed Clwb Pêl-droed Lerpwl

Yn 2016 cyhoeddodd Clwb Pêl-droed Lerpwl bod ei berfformiad ariannol dros y flwyddyn flaenorol wedi bod yn gryf iawn. Datgelodd y clwb bod ei ganlyniadau ariannol blynyddol yn dangos y refeniw blynyddol mwyaf erioed o bron £300 miliwn, a'r elw mwyaf erioed o £60 miliwn. Y Fenway Sports Group sy'n berchen ar Glwb Pêl-droed Lerpwl. Talodd y Fenway Sports Group £300 miliwn i brynu'r clwb ac mae eisiau gwneud elw drwy hyn. Mae'r Clwb wedi dweud bydd

y rheolwr, Jurgen Klopp, yn gallu gwario'n helaeth ar chwaraewyr newydd gan ddefnyddio'r elw hwn. Ond gall chwaraewr pêl-droed o'r safon uchaf gostio hyd at £50 miliwn.

1 **Dadansoddwch y manteision a'r anfanteision os yw Clwb Pêl-droed Lerpwl yn defnyddio ei elw fel ffynhonnell o gyllid i brynu chwaraewyr newydd.**

(6 marc)

Ffynonellau allanol o gyllid

Mae **ffynonellau allanol o gyllid** yn dod o'r tu allan i'r busnes – er enghraifft, benthyciad gan fanc.

Ffrindiau a theulu

Mae cael benthyg arian gan ffrindiau a theulu yn ffynhonnell boblogaidd o gyllid i lawer o entrepreneuriaid sy'n cychwyn busnes bach. Gall fod yn ffynhonnell gyllid i fusnes bach sy'n ceisio tyfu hefyd.

Ond mae anfanteision i hyn. Efallai na fydd ffrindiau a theulu yn gallu rhoi benthyg digon o arian neu efallai bydd angen iddyn nhw ei gael yn ôl yn sydyn, gan adael y busnes yn brin o gyllid. Yn olaf, ac yn bwysig, bydd ffrindiau a theulu yn llai tebygol o edrych yn ofalus ar gynllun busnes yr entrepreneur a gwneud i'r entrepreneur feddwl yn ofalus am y busnes mae'n bwriadu'i gychwyn.

Pam gallai entrepreneur ofidio am gael benthyg swm mawr o arian gan aelod o'r teulu?

Benthyciadau a gorddrafftiau banc

Os yw banc yn credu bod gan entrepreneur syniad busnes da ac y bydd yn gallu ad-dalu unrhyw arian mae'n ei fenthyca iddo, efallai bydd yn cytuno i roi benthyciad i helpu i gychwyn y busnes. Mae benthyciad banc yn golygu bod banc yn rhoi swm mawr o arian i fusnes, ac yn gyfnewid am hyn mae'r busnes yn cytuno i ad-dalu'r swm mewn rhandaliadau dros y blynyddoedd nesaf. Bydd yn rhaid i'r busnes dalu llog ar y benthyciad hefyd. Tâl ychwanegol mae'n rhaid i'r benthycwr ei roi i'r banc yw hwn, ac mae'n galluogi'r banc i wneud elw wrth fenthyca i bobl.

Mae anfanteision i fenthyciadau banc. Gall y banc ofyn am **warant cyfochrog** – sef ased sy'n eiddo i'r busnes sy'n cael benthyg yr arian. Mae'r ased cyfochrog yn dod dan reolaeth y banc, ac mae ganddo'r hawl i'w werthu os na fydd y busnes yn ad-dalu'r benthyciad. Hefyd, os yw'r banc yn codi cyfradd llog uchel ar y benthyciad, gall hon fod yn ffynhonnell ddrud o gyllid.

Math arbennig o fenthyciad tymor byr yw **gorddrafft**. Mae'n rhoi'r hawl i entrepreneur neu fusnes fenthyca symiau amrywiol o arian hyd at uchafswm penodol. Mae gorddrafft yn fenthyciad hyblyg iawn gan y bydd busnes yn ei ddefnyddio dim ond pan fydd ei angen.

Mae Ffigur 4.3 yn dangos sut gallai busnes newydd gael budd o ddefnyddio gorddrafft. Mae'r busnes wedi cytuno â'i fanc ar orddrafft o £2,000. Felly gall y busnes fenthyca unrhyw swm hyd at £2,000 o'r banc am unrhyw gyfnod mae'n ei ddewis. Mae gorddrafft yn fenthyciad hyblyg sy'n golygu mai dim ond pan fydd ei angen y bydd busnes yn ei ddefnyddio. Yn yr achos hwn, cafodd y gorddrafft ei ddefnyddio rhwng misoedd 4 ac 8 a rhwng misoedd 11 ac 16.

> ### Termau allweddol
>
> Mae **ffynhonnell allanol o gyllid** yn cyfeirio at arian sy'n dod o'r tu allan i'r busnes – er enghraifft, benthyciad gan fanc.
>
> Ased mae banc yn ei ddal fel gwarant ar gyfer ad-dalu benthyciad yw **gwarant cyfochrog** (collateral).
>
> Mae **gorddrafft** yn rhoi'r hawl i entrepreneur neu fusnes fenthyca symiau amrywiol o arian hyd at uchafswm penodol.

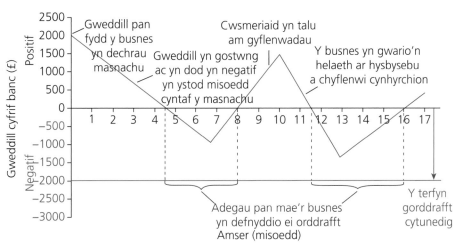

Ffigur 4.3 Sut gallai busnes newydd ddefnyddio ei orddrafft

Mae gan orddrafftiau anfanteision i fusnesau fodd bynnag. Yn gyntaf, efallai na fydd banc yn cytuno i roi gorddrafft i rai busnesau, neu efallai y bydd yn codi cyfraddau llog uchel. Gall hyn olygu bod gorddrafft yn ffynhonnell ddrud iawn o gyllid. Yn olaf, gall banc dynnu gorddrafft yn ôl heb fawr ddim rhybudd, gan adael problemau ariannol difrifol i'r busnes.

Ystyried busnes: Ehangu Travelodge

Mae Travelodge, y gadwyn o westai cost isel, wedi cyhoeddi ei bod yn mynd i agor 19 gwesty newydd yn y DU, gan ddod â'r cyfanswm i 542. Ar gyfer yr ehangu hwn bydd angen buddsoddiad o £140 miliwn. Cododd elw'r cwmni £40 miliwn yn 2015 i £261 miliwn.

Mae'r cwmni newydd orffen moderneiddio ei westai presennol, ac fe gostiodd hyn £100 miliwn. Mae hefyd yn bwriadu agor 250 o westai ychwanegol dros y blynyddoedd nesaf.

1 **Esboniwch un fantais i Travelodge pe bai'n defnyddio benthyciad banc fel ffynhonnell o gyllid i brynu ei 19 gwesty newydd.** (4 marc)

Cyfalafwyr menter ac angylion busnes

Mae **cyfalafwyr menter** yn bobl gyfoethog neu gyrff sy'n darparu cyllid ar gyfer busnesau a ystyrir yn risg. Mae'n gyffredin i ran o'r cyllid hwn fod ar ffurf benthyciad. Fel arfer mae'r gweddill yn cael ei ddefnyddio i brynu cyfrannau yn y busnes. Mae cyfalaf menter yn ffynhonnell boblogaidd o gyllid ledled y byd. Yn 2015 darparodd cyfalafwyr menter gyfanswm o £100 miliwn o gyllid. Mae gan y ffynhonnell hon o gyllid fanteision. Gall cyfalafwyr menter gynnig cyngor, profiad a chysylltiadau â busnesau eraill. Fodd bynnag, yn aml mae cyfalafwyr menter eisiau rhywfaint o reolaeth dros y busnes maen nhw'n ei gyllido. Gall hyn greu problemau i entrepreneuriaid sydd eisiau cadw rheolaeth.

Mae angylion busnes yn debyg i hyn. Unigolion cyfoethog yw'r rhain, sy'n cynnig cefnogaeth ariannol ar gyfer busnesau a ystyrir yn risg. Fodd bynnag, dim ond symiau cymharol fach o arian maen nhw'n ei gynnig, yn aml i fusnesau sydd newydd eu sefydlu. Mae manteision ac anfanteision y ffynhonnell hon o gyllid yn debyg i'r rhai ar gyfer cyfalafwyr menter.

Term allweddol

Mae **cyfalafwyr menter** yn bobl gyfoethog neu gyrff sy'n darparu cyllid ar gyfer busnesau a ystyrir yn risg.

Partneriaid newydd

Mae llawer o fusnesau yn y DU yn bartneriaethau. Ffynhonnell amlwg o gyllid ar gyfer y math hwn o fusnes yw gwahodd rhywun i ymuno â'r busnes fel partner newydd, a gofyn iddyn nhw ddarparu rhywfaint o gyllid yn gyfnewid am hynny. Gall hyn fod yn ffynhonnell dda o gyllid os ydyn nhw'n dod â sgiliau gwerthfawr gyda nhw. Er enghraifft, gallai syrjeri milfeddyg fod yn bartneriaeth. Gallai partner newydd gynnig sgiliau pwysig (fel arbenigedd mewn trin ceffylau) i'r cwmni yn ogystal ag arian.

Efallai bydd rhai partneriaid presennol yn anfodlon, fodd bynnag, os bydd partner newydd eisiau newid pethau. Os bydd busnes yn recriwtio sawl partner newydd, gall y partneriaid presennol golli rheolaeth.

Dyroddi cyfrannau

Dim ond cwmnïau sy'n gallu gwerthu cyfrannau neu gyfranddaliadau. Gall cyfrannau gael eu gwerthu am arian, sy'n gallu cael ei ddefnyddio mewn amrywiaeth o ffyrdd. Y term am y bobl sy'n prynu'r cyfrannau yw cyfranddalwyr, ac mae pob un yn berchen ar ran o'r cwmni. Mae'n llawer haws i gwmnïau cyfyngedig cyhoeddus werthu cyfrannau gan eu bod nhw'n gallu defnyddio'r Gyfnewidfa Stoc – marchnad lle gall cwmnïau werthu cyfrannau. Wrth werthu cyfrannau, nid yw'r cwmni'n gorfod talu llog fel y byddai'n gorfod ei wneud gyda benthyciad.

Fodd bynnag, mae anfanteision i gwmnïau sy'n gwerthu cyfrannau fel ffordd o godi cyllid. Yn gyntaf, os yw'r busnes yn gwerthu nifer mawr o gyfrannau, gall olygu bod gan y perchenogion (cyfranddalwyr) newydd ddigon o gyfranddaliad i gymryd rheolaeth dros y busnes yn lle'r perchenogion presennol. Yn ail, bydd y cyfranddalwyr newydd yn disgwyl cael cyfran o elw'r cwmni (ar ffurf buddrannau). Yn olaf, gall dyroddiad mawr o gyfrannau newydd ostwng pris pob cyfran, a bydd hynny'n siomi'r cyfranddalwyr presennol.

Ystyried busnes: Centrica

Cwmni cyhoeddus mawr sy'n cyflenwi nwy a thrydan yn y DU a Gogledd America yw Centrica plc. Mae'n berchen ar sawl cwmni, gan gynnwys Nwy Prydain a Scottish Gas.

Yn 2016 cododd Centrica arian drwy werthu cyfrannau newydd oedd yn werth £700 miliwn. Bydd yr arian gafodd ei godi yn cael ei ddefnyddio i ad-dalu rhai o fenthyciadau'r cwmni yn ogystal â phrynu cwmni arall. Gostyngodd pris cyfrannau Centrica 12% ar ôl y cyhoeddiad.

1 **Dadansoddwch y manteision a'r anfanteision i Centrica o ddefnyddio gwerthu cyfrannau newydd fel ffynhonnell o gyllid.** (6 marc)

Credyd masnach

Cyfnod o amser y mae cyflenwyr yn ei ganiatáu i gwsmeriaid cyn bod rhaid iddyn nhw dalu am gyflenwadau yw **credyd masnach**. Mae llawer o fusnesau'n gallu negodi credyd masnach i ganiatáu cyfnod o 30, 60 neu hyd yn oed 90 diwrnod cyn gorfod talu am gyflenwadau. Benthyciad tymor byr yw hwn i bob pwrpas.

Does dim llog yn cael ei godi ar y ffynhonnell hon o gyllid. Ond ateb tymor byr iawn yw hwn a dim ond symiau cymharol fach o arian all gael eu codi fel hyn.

Term allweddol

Cyfnod o amser mae cyflenwyr yn ei ganiatáu i gwsmeriaid cyn bod rhaid iddyn nhw dalu am gyflenwadau yw **credyd masnach**.

Yn 2016 penderfynodd y darlledwr teledu Sky werthu ei bencadlys a'i stiwdios yng Ngorllewin Llundain am £454 miliwn. Mae'n bwriadu prydlesu'r adeiladau hyn yn y dyfodol.

Hurbwrcas a phrydlesu

Mae hurbwrcas yn ffordd o brynu asedau a thalu amdanynt mewn rhandaliadau. Mewn gwirionedd mae'n fath o fenthyciad. Gall fod yn ffordd ddrud o brynu. Fydd y busnes ddim yn berchen ar yr eitem nes ei fod wedi talu amdano'n llawn. Ni all busnesau godi symiau mawr o arian drwy hyn.

Mae prydlesu'n ddull tebyg. Gyda hwn does dim angen i fusnes godi cyllid i brynu asedau fel cerbydau, llungopiwyr a pheiriannau. Mae prydlesu ased yn golygu bod y busnes yn rhentu'r eitem heb fod yn berchen arni. Mae hyn yn osgoi'r angen i godi cyllid ac yn gadael iddo adnewyddu'r ased yn rheolaidd. Ond mae'n rhaid i'r busnes dalu am yr eitemau yn barhaus.

Grantiau llywodraeth

Swm o arian sy'n cael ei roi i entrepreneur neu fusnes am reswm penodol yw grant. Mae'r llywodraeth yn annog pobl i gychwyn neu ehangu busnesau oherwydd bod hyn yn creu swyddi. Mae busnesau'n talu trethi hefyd, ac mae hyn yn helpu'r llywodraeth i dalu am ei chynlluniau gwario ei hun.

Fel arfer mae grantiau gan lywodraeth y DU yn cael eu rhoi os bydd busnes yn creu swyddi, yn enwedig mewn ardal sydd heb lawer o swyddi i bobl. Bydd grantiau'r llywodraeth yn darparu rhan o'r arian angenrheidiol – fel arfer rhaid i'r busnes roi swm o arian i mewn sy'n hafal i grant y llywodraeth. Mae llywodraeth y DU yn cynnig amrywiaeth o grantiau i fusnesau hen a newydd.

Mae grantiau hefyd ar gael gan yr Undeb Ewropeaidd (UE) a Llywodraeth Cymru. Mae'r UE yn cynnig amrywiaeth o grantiau, gan gynnwys grantiau i annog busnesau bach a chanolig i ddatblygu cynhyrchion newydd. Gall Llywodraeth Cymru roi grantiau i fusnesau yng Nghymru. Dim ond am ran o gost project y bydd yn talu, ac efallai bydd yn dibynnu ar greu swyddi. Efallai y bydd ar gael i fusnesau mewn ardaloedd o ddiweithdra uchel yng Nghymru yn unig.

Gall grantiau fod yn anodd eu cael. Efallai bydd yn rhaid i fusnesau fodloni nifer o amodau, fel creu nifer o swyddi, i fod yn gymwys. Efallai bydd angen llenwi llawer o ffurflenni a chael cyfweliad wrth wneud cais am grantiau. Ond does dim rhaid i'r rhan fwyaf o grantiau gael eu had-dalu, a does dim llog chwaith.

203

● Dewis ffynhonnell briodol o gyllid

Does dim modd dewis un ffynhonnell 'orau' o gyllid i fusnes. Bydd y ffynhonnell fwyaf priodol o gyllid yn dibynnu ar yr amgylchiadau. Mae'r ffactorau sy'n dylanwadu ar y ffynhonnell neu'r ffynonellau o gyllid yn gallu amrywio rhwng busnesau newydd a busnesau sefydledig. Maen nhw wedi'u crynhoi yn Ffigur 4.4 isod.

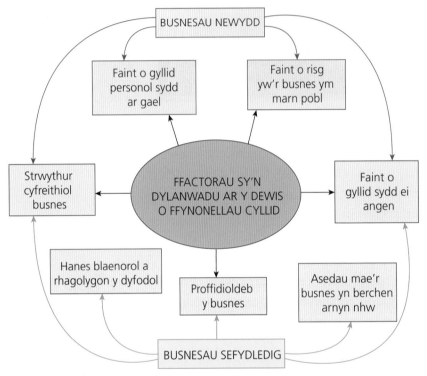

Ffigur 4.4 Ffactorau sy'n dylanwadu ar y dewis o ffynonellau cyllid i fusnesau newydd a busnesau sefydledig

Dewis ffynonellau addas o gyllid mewn cyd-destunau gwahanol

Busnesau newydd

Mae'n gyffredin i entrepreneuriaid ddefnyddio eu harian eu hunain i gyllido **busnesau newydd eu cychwyn**, o leiaf yn rhannol. Y mwyaf o gyllid personol sydd gan entrepreneur, y lleiaf i gyd mae angen ei godi o ffynonellau eraill. Bydd rhai entrepreneuriaid yn cychwyn busnes ar ôl iddyn nhw golli eu swydd. Os bydd rhywun yn colli swydd efallai bydd yn derbyn iawndal, sef tâl colli gwaith, sy'n gallu cael ei ddefnyddio i gychwyn busnes. Mewn amgylchiadau eraill, mae entrepreneuriaid yn gwerthu eu cartrefi i godi arian.

Dim ond cwmnïau sy'n gallu gwerthu cyfrannau fel ffynhonnell o gyllid. Gall busnes newydd ei gychwyn fod yn gwmni cyfyngedig preifat. Mae hyn yn golygu bod codi arian drwy werthu cyfrannau yn bosibl. Ond efallai mai dim ond nifer cyfyngedig o gyfrannau y gall cwmni cyfyngedig preifat (cyf.) ei

Term allweddol

Busnes sydd wedi cael ei sefydlu yn ddiweddar yw **busnes newydd ei gychwyn**.

werthu i godi arian, gan fod yn rhaid i'r holl gyfranddalwyr gytuno bod modd defnyddio'r ffynhonnell hon.

Os bydd pobl yn credu bod llawer o risg ynghlwm â busnes newydd, bydd hynny'n cyfyngu ar nifer y ffynonellau cyllid sydd ar gael. Efallai na fydd banciau a chymdeithasau adeiladu yn fodlon cynnig morgeisiau, benthyciadau na gorddrafftiau rhag ofn na chawn nhw eu had-dalu.

Materion llif arian

Mae'n gyffredin i fusnesau wynebu problemau **llif arian**. Mae hyn yn golygu nad oes ganddyn nhw ddigon o arian parod i dalu am yr adnoddau sy'n angenrheidiol i barhau i gynhyrchu. Felly efallai na fydd ganddyn nhw ddigon o arian i dalu am ddefnyddiau crai neu gydrannau, neu i dalu cyflogau eu gweithwyr.

Mae dewis y ffynhonnell fwyaf priodol o gyllid i gryfhau sefyllfa llif arian busnes yn dibynnu ar beth sy'n achosi'r problemau. Efallai fod cwsmer wedi bod yn araf yn talu, ac efallai felly fod y cwmni'n hwyr yn talu'i ddyled hefyd. Os felly, gallai gorddrafft fod yn ffynhonnell dda o arian. Mae gorddrafft yn hyblyg, mae ar gael yn syth, ac nid yw'n rhy ddrud os caiff ei ddefnyddio am gyfnodau byr yn unig.

Ond os yw'r busnes yn wynebu problemau llif arian tymor hir, gall ffynonellau eraill fod yn well. Efallai bydd credyd masnach yn ffynhonnell briodol o gyllid, gan ofyn i gyflenwyr am gyfnod hirach o amser cyn gorfod talu am nwyddau a gwasanaethau. Mae hyn yn rhoi mwy o amser i'r busnes dalu ei filiau ei hun, a does dim taliadau ychwanegol am y ffynhonnell hon o gyllid. Mewn achosion mwy difrifol, gall benthyciad banc fod yn rhatach na gorddrafft.

Ehangu

Mae hyn yn debygol o olygu codi symiau cymharol fawr o arian. Efallai bydd mwy nag un ffynhonnell o gyllid yn cael ei defnyddio. Os yw'r busnes yn gwmni, un ffordd atyniadol o godi cyllid yw gwerthu cyfrannau, gan ei fod yn osgoi taliadau llog. Yn achos busnesau mewn ardaloedd o ddiweithdra uchel, neu lle bydd yr ehangu'n creu swyddi, efallai gallan nhw wneud cais am grantiau llywodraeth. Efallai na fydd yn rhaid ad-dalu'r rhain, ond bydd yn rhaid i ffynonellau eraill eu cefnogi nhw hefyd.

Bydd hyn yn dibynnu hefyd ar ba asedau sy'n cael eu prynu fel rhan o'r ehangu. Os yw'r ehangu'n golygu bod angen prynu peiriannau neu adeiladau, efallai bydd benthyciad banc yn fwy addas. Bydd y banc yn gallu defnyddio'r adeiladau neu'r peiriannau fel gwarant cyfochrog ar gyfer y benthyciad.

Cododd yr adwerthwr arlein notonthehighstreet.com £21 miliwn drwy adael i gyfalafwyr menter gymryd ecwiti yn y busnes. Mae'n bwriadu ehangu ei fusnes yn y DU a thramor

Crynodeb

Gall busnesau godi cyllid o nifer o ffynonellau. Y rhai pwysicaf yw elw cadw, gwerthu asedau, benthyciadau banc a morgeisiau, a gwerthu cyfrannau. Ond gall busnesau newydd ddibynnu ar gael benthyciadau gan ffrindiau a theulu yn ogystal ag arian yr entrepreneur ei hun. Mae gan bob un o'r ffynonellau hyn o gyllid fanteision ac anfanteision. Mae'r ffynhonnell orau o gyllid yn dibynnu ar yr amgylchiadau. Gallai entrepreneuriaid a rheolwyr ystyried proffidioldeb y busnes yn y gorffennol a'r elw mae'n disgwyl iddo'i wneud, yr asedau sydd ar gael i'r busnes, ei strwythur cyfreithiol a faint o arian mae angen iddo ei godi.

Cwestiynau cyflym

1 Nodwch **ddau** reswm pam gallai fod angen i fusnes newydd godi cyllid. (2 farc)

2 Esboniwch, gyda chymorth enghreifftiau, y gwahaniaeth rhwng ffynonellau mewnol ac allanol o gyllid. (4 marc)

3 Pa **ddwy** o'r ffynonellau canlynol o gyllid y bydd angen eu had-dalu ar ryw adeg?

   (i) Benthyciad banc

   (ii) Grant llywodraeth

   (iii) Gorddrafft

   (iv) Elw cadw (2 farc)

4 Nodwch un o anfanteision posibl defnyddio benthyciad banc fel ffynhonnell o gyllid. (1 marc)

5 Disgrifiwch anfantais i fusnes o ddefnyddio grantiau llywodraeth fel ffynhonnell o gyllid. (3 marc)

6 Disgrifiwch y gwahaniaeth rhwng prydlesu a hurbwrcas. (3 marc)

7 Nodwch **ddwy** fantais i fusnes o ddefnyddio ffrindiau a theulu fel ffynhonnell o gyllid. (2 farc)

8 Disgrifiwch beth yw ystyr 'angel busnes'. (2 farc)

9 Nodwch **ddau** ffactor allai ddylanwadu ar fusnes newydd wrth benderfynu beth yw'r ffynhonnell fwyaf priodol o gyllid. (2 farc)

10 Nodwch **ddwy** ffynhonnell briodol o gyllid ar gyfer cwmni cyfyngedig cyhoeddus proffidiol. (2 farc)

Astudiaeth achos

Mantra Cyf.

Cwmni cyfyngedig preifat sy'n creu siediau, byrddau adar a darnau eraill o ddodrefn gardd yw Mantra Cyf. Mae ganddo ffatri yn Swydd Buckingham, a dwy siop mewn trefi gerllaw lle mae'n gwerthu ei gynhyrchion. Mae'r cwmni'n defnyddio ei orddrafft yn rheolaidd fel ffynhonnell o gyllid tymor byr, er bod cyfraddau llog wedi codi yn ddiweddar.

Mae gan y cwmni ddau gyfranddaliwr sy'n frodyr ac sy'n rhedeg y busnes. Mae gwerthiant Mantra Cyf. wedi cynyddu dros y misoedd diwethaf, ac mae ei elw wedi tyfu'n gyson. Y llynedd, elw'r cwmni oedd £20,000.

Mae angen i Mantra Cyf. adeiladu estyniad i'w ffatri a phrynu cyfarpar newydd ar gyfer y ffatri estynedig. Maen nhw wedi amcangyfrif mai £190,000 fydd cost yr estyniad i'r ffatri a'r cyfarpar newydd. Mae'r cyfranddalwyr yn bwriadu defnyddio benthyciad banc i godi'r cyfan o'r £190,000, ond bydd angen gwarant cyfochrog. Fodd bynnag, mae cyfrifydd y cwmni wedi awgrymu bod y cwmni'n gwerthu un o'i siopau yn lle cael benthyciad.

Cwestiynau

1 Nodwch **ddau** ased y gallai Mantra Cyf. eu defnyddio fel gwarant cyfochrog ar gyfer y benthyciad banc. (2 farc)

2 Esboniwch pam dylai Mantra Cyf. beidio â dibynnu ar ei orddrafft fel ffynhonnell o gyllid. (4 marc)

3 Esboniwch yr anfanteision i Mantra Cyf. o gael benthyg £190,000 gan fanc. (6 marc)

4 Mae cyfrifydd Mantra Cyf. wedi cynghori'r cwmni i godi'r arian drwy werthu un o'i siopau yn lle cael benthyciad. Argymhellwch pa ffynhonnell o gyllid dylai'r cwmni ei defnyddio. Rhowch resymau dros eich ateb. (9 marc)

Refeniw a chostau

Mae angen i reolwyr ac entrepreneuriaid fod â dealltwriaeth sylfaenol o gyllid busnes, neu fydd eu busnesau ddim yn debygol o lwyddo. Mae'r adran hon yn eich cyflwyno i rai termau pwysig ac yn defnyddio nifer o enghreifftiau i ddangos sut mae rheolwyr yn gallu cyfrifo costau eu busnes, er mwyn dadansoddi a fydd y busnes yn gwneud elw neu golled. Mae hefyd yn ystyried pa mor werthfawr yw buddsoddiad ac a fydd hwnnw'n gwneud elw neu golled.

Erbyn diwedd yr adran hon, dylech chi wybod am y canlynol:

- ystyr termau ariannol fel refeniw, costau ac elw, a sut i gyfrifo costau, refeniw ac elw a cholled, yn ogystal â'u dehongli
- sut i lunio siartiau adennill costau a'u dehongli, a sut i gyfrifo'r trothwy elw (sef y pwynt adennill costau)
- effeithiau newid costau a phrisiau ar ddadansoddi adennill costau
- sut mae elw'n cael ei ddefnyddio fel gwobr ar gyfer buddsoddiad busnes

● Termau ariannol sylfaenol

Refeniw

Refeniw busnes yw'r incwm mae'n ei dderbyn o werthu ei gynhyrchion. Mae'r refeniw'n cael ei gyfrifo drwy luosi nifer y cynhyrchion sy'n cael eu gwerthu â'r **pris** gwerthu cyfartalog. Er enghraifft, efallai fod cwmni ceir yn cynhyrchu 10,000 o geir mewn blwyddyn ac yn gwerthu'r rhain am bris gwerthu cyfartalog o £20,000. Ei refeniw am y flwyddyn honno yw £200 miliwn (10,000 × £20,000).

> **Term allweddol**
>
> **Pris** yw'r swm mae busnes yn gofyn i gwsmer ei dalu am un o'i gynhyrchion.

Gwerthodd Apple 232 miliwn o setiau iPhone yn 2015. Pe bai'n derbyn pris cyfartalog o £500 am bob un, £116,000 miliwn fyddai cyfanswm ei refeniw!

Pris

Pris yw'r swm mae busnes yn gofyn i gwsmer ei dalu am un o'i gynhyrchion. Mae penderfynu pa bris i'w godi am gynnyrch yn benderfyniad pwysig i reolwyr. Yn gyffredinol mae'r pris a ddewisir yn dibynnu ar ddau ffactor:

→ y prisiau mae busnesau eraill yn eu gosod am gynhyrchion tebyg

→ **costau** cynhyrchu'r nwydd neu'r gwasanaeth mae'r busnes yn ei werthu.

Gwerthiant

Ystyr **gwerthiant** yw nifer y cynhyrchion a werthir gan fusnes dros gyfnod penodol – wythnos neu fis neu flwyddyn fel arfer. Er enghraifft, efallai fod deintydd yn trin 125 o gleifion mewn wythnos. Y nifer hwn yw gwerthiant y busnes. Mae'n bwysig cofio nad yw gwerthiant yn cael ei nodi yn nhermau arian. 'Refeniw' yw'r ffordd o fynegi gwerthiant mewn termau ariannol.

Costau

Costau yw'r gwariant sy'n angenrheidiol i gychwyn busnes a'i redeg. Fel arfer mae'n rhaid i fusnes dalu dau fath o gostau: costau sefydlog a chostau newidiol.

Costau sefydlog

Dydy **costau sefydlog** ddim yn newid gyda lefel allgynnyrch (*output*) busnes. Rhaid i berson sy'n rhedeg siop dalu'r un swm o rent neu ardrethi busnes, dim ots os yw'r busnes yn denu llawer neu ychydig o gwsmeriaid. Enghreifftiau eraill yw yswiriant adeiladau'r busnes a ffioedd cyfrifydd y busnes. Gall costau sefydlog fod yn faich i fusnes bach gan fod rhaid eu talu, hyd yn oed os nad yw'r busnes yn cynhyrchu neu werthu nifer mawr o'i gynhyrchion.

Costau newidiol

Mae **costau newidiol** yn amrywio'n uniongyrchol gyda lefel allgynnyrch y busnes. Os yw perchennog siop yn gwerthu i ragor o gwsmeriaid, yna bydd rhaid i'r busnes brynu mwy o stoc. Efallai bydd rhaid iddo gyflogi mwy o staff i weithio hefyd. Felly, mae costau fel defnyddiau crai a chyflogau yn amrywio gyda'r allgynnyrch. Dyma'r costau newidiol.

Mae'n bosibl cyfrifo costau newidiol busnes drwy gyfrifo cost newidiol cynhyrchu un uned, a lluosi hyn â nifer yr unedau mae'r busnes yn eu cynhyrchu. Er enghraifft, os oes cost newidiol o £15 wrth gynhyrchu un tegell a bod y busnes yn gwneud 30,000 mewn blwyddyn, cyfanswm y costau newidiol am y flwyddyn yw £450,000 (30,000 × £15).

Cyfanswm y costau

Holl wariant busnes dros gyfnod yw cyfanswm y costau. Drwy adio'r costau sefydlog a'r costau newidiol, cawn gyfanswm y costau mae'n rhaid i fusnes eu talu dros gyfnod penodol. Rydyn ni'n cyfrifo cyfanswm y costau gan ddefnyddio'r fformiwla hon: cyfanswm y costau = costau sefydlog + costau newidiol. Os oes gan fusnes gostau newidiol o £350,000 y flwyddyn a chostau sefydlog o £405,000 y flwyddyn, cyfanswm ei gostau am y flwyddyn yw £755,000.

Termau allweddol

Costau yw'r gwariant sy'n angenrheidiol i gychwyn a rhedeg busnes.

Mae **gwerthiant** yn cyfeirio at nifer y cynhyrchion sy'n cael eu gwerthu gan fusnes.

Termau allweddol

Costau yw'r gwariant sy'n angenrheidiol i gychwyn busnes a'i redeg. Fel arfer mae'n rhaid i fusnes dalu dau fath o gostau: costau sefydlog a chostau newidiol.

Costau sefydlog yw'r costau sydd ddim yn newid wrth i fusnes newid lefel ei allgynnyrch.

Costau newidiol yw'r costau sy'n amrywio'n uniongyrchol gyda lefel allgynnyrch y busnes.

Mae cyfanswm y costau yn ffigur pwysig iawn i reolwyr ac entrepreneuriaid. Fel y gwelwn ni isod, mae'n rhan bwysig o gyfrifo i weld a yw busnes wedi gwneud elw neu beidio. Mae Ffigur 4.5 yn dangos y gwahaniaethau rhwng cyfanswm y costau, y costau sefydlog a'r costau newidiol. Mae'n dangos bod cyfanswm y costau yn hafal i'r costau sefydlog os yw lefel cynhyrchu busnes yn sero, oherwydd nad oes unrhyw gostau newidiol.

> **Term allweddol**
>
> **Colled** yw swm y gwahaniaeth os yw costau busnes yn fwy na'r refeniw o'i holl werthiant.

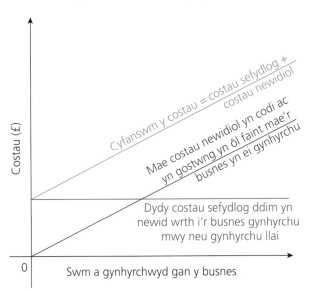

Yn ystod adegau prysur, bydd costau newidiol bwyty bwyd cyflym yn codi oherwydd bydd angen mwy o fyrgyrs a byns, ac efallai bydd angen talu am weithwyr ychwanegol. Ond fydd costau sefydlog y bwyty ddim yn newid.

Ffigur 4.5 Costau sefydlog, newidiol a chyfanswm y costau

Elw

Elw yw swm y gwahaniaeth os yw refeniw busnes o'r holl werthiant yn fwy na'i gostau. **Colled** yw swm y gwahaniaeth os yw costau busnes yn fwy na'r refeniw o'i holl werthiant.

Os yw refeniw busnes yn fwy na chyfanswm ei gostau dros gyfnod penodol fel mis neu flwyddyn, mae'r busnes yn gwneud elw. Ond os yw cyfanswm y costau yn fwy na'r refeniw gaiff ei ennill gan y busnes, mae'r busnes yn gwneud colled. Mae Ffigur 4.6 yn dangos y perthnasoedd rhwng refeniw, cyfanswm y costau, colled ac elw.

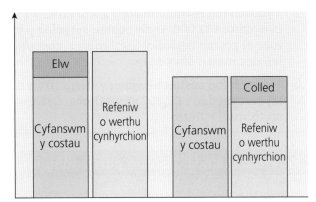

Ffigur 4.6 Refeniw, cyfanswm y costau, elw a cholled

Ystyried busnes: Tesco yn wynebu prisiau sy'n codi

Yn 2016 roedd adwerthwr mwyaf y DU yn wynebu her wrth i un o'i gyflenwyr mwyaf, Unilever, godi prisiau ei gynhyrchion yn sylweddol. Mae Unilever yn cyflenwi nifer o gynhyrchion poblogaidd ac adnabyddus i Tesco, gan gynnwys Marmite a Persil. Cododd Unilever ei brisiau 10% oherwydd bod ei gostau ei hun wedi codi.

Roedd hyn yn creu problemau i Tesco gan ei fod yn gwerthu nwyddau groser mewn marchnad lle mae cwsmeriaid yn chwilio am y prisiau isaf o hyd.

1 **Esboniwch sut gallai Tesco fod wedi ymateb i'r cynnydd mewn prisiau am gyflenwadau oddi wrth Unilever.**

(4 marc)

Cyfrifo elw

Mae hwn yn gyfrifiad ariannol pwysig i unrhyw fusnes. Mae'r fformiwla ar gyfer cyfrifo elw yn syml.

Elw = cyfanswm y refeniw – cyfanswm y costau

Mae'n bosibl cyfrifo'r elw neu'r golled ar gyfer busnes gan ddefnyddio'r fformiwla hon, fel sydd i'w weld yn y dair enghraifft isod.

(i) Refeniw blynyddol caffi yw £198,000 a chyfanswm ei gostau yw £168,000 am y flwyddyn. Yn ôl y fformiwla uchod, mae'r busnes wedi gwneud elw o £30,000 dros y flwyddyn.

(ii) Mae gan wneuthurwr teis refeniw misol o £28,000. Costau sefydlog y cwmni yw £12,000 bob mis a'i gostau newidiol misol yw £19,000. Elw'r busnes bob mis = £28,000 – (£12,000 + £19,000) = £28,000 – £31,000 = colled o £3,000.

(iii) Mae fferm ffrwythau yn gwerthu 10,000 kg o afalau bob wythnos am 40 ceiniog y kg. Costau newidiol y busnes bob wythnos yw £1,500 a'i gostau sefydlog wythnosol yw £2,000. Elw wythnosol y busnes yw (£0.40 × 10,000) – (£1,500 + £2,000) = £4,000 – £3,500 = £500.

Mentro Mathemateg

1 Yn enghraifft (i) uchod, tybiwch fod refeniw'r caffi yn gostwng i £192,500 a bod ei gostau'n cynyddu i £171,000. Beth fyddai ei lefel newydd o elw?

2 Tybiwch fod refeniw misol y gwneuthurwr teis (yn enghraifft ii) yn cynyddu i £31,000. Dydy costau sefydlog y busnes ddim yn newid, ond mae ei gostau newidiol fesul mis yn gostwng i £18,500. Cyfrifwch elw'r busnes mewn blwyddyn.

3 Tybiwch fod costau newidiol y fferm ffrwythau (yn enghraifft iii) yn cynyddu i £2,200 yr wythnos. Cyfrifwch yr effaith ar elw wythnosol y fferm.

Ystyried busnes: Paentio portreadau anifeiliaid

Mae Roshan Ali yn arlunydd talentog. Mae e'n berchen ar fusnes paentio portreadau ar gyfer perchenogion cŵn, cathod ac anifeiliaid anwes eraill. Mae wedi ennill enw da yn ei dref enedigol am safon ei bortreadau o anifeiliaid. Wrth adolygu sefyllfa ariannol ei fusnes ar ddiwedd y flwyddyn ariannol ddiwethaf, daeth Roshan o hyd i'r data isod.

- Yn ystod y flwyddyn roedd wedi paentio 120 o bortreadau anifeiliaid.
- Pris gwerthu pob un o'i bortreadau oedd £150 y portread.
- Ei gostau sefydlog am y flwyddyn oedd £5,000.
- Ei gostau newidiol fesul portread oedd £100.

1 Cyfrifwch y canlynol am y flwyddyn sydd newydd ddod i ben:
- Cyfanswm costau newidiol y busnes (2 farc)
- Cyfanswm costau'r busnes (2 farc)
- Elw'r busnes am y flwyddyn (3 marc)

2 Mae Roshan yn bwriadu codi pris ei bortreadau i £200 y flwyddyn nesaf. Cyfrifwch pa elw y gall ei ddisgwyl am y flwyddyn. Mae e'n credu na fydd unrhyw newidiadau eraill i'r gwerthiant nac i'r costau. (5 marc)

3 Esboniwch pam gallai Roshan fod yn anghywir wrth gredu na fydd unrhyw newidiadau eraill. (4 marc)

Mae elw'n ffordd bwysig o fesur llwyddiant i lawer o fusnesau. Mae'r rhan fwyaf o reolwyr yn gobeithio bydd eu busnes yn gwneud elw. Ond mae gan rai rheolwyr amcanion eraill heblaw elw, fel y gwelson ni ym Mhennod 1.4. Elw yw'r wobr am gymryd y risg o fuddsoddi mewn busnes.

Mae llawer o fusnesau bach, fel y busnes tacsis hwn, yn cael eu cychwyn yn y gobaith o wneud elw

Dadansoddiad adennill costau

Dim ond pan fydd y refeniw o'r gwerthiant yn fwy na'r costau y gall busnes wneud elw. Os yw'r refeniw'n llai na'r costau bydd y busnes yn gwneud colled. Y **trothwy elw** yw'r lefel o gynhyrchu (neu allgynnyrch) lle mae'r refeniw o'r gwerthiant yn hafal i gyfanswm y costau cynhyrchu. Yn y sefyllfa hon, fydd y busnes ddim yn gwneud colled nac elw.

Os yw cyfanswm y refeniw yn **fwy** na chyfanswm y costau...	... bydd y busnes yn gwneud **elw**.
Os yw cyfanswm y refeniw yn **llai** na chyfanswm y costau...	... bydd y busnes yn gwneud **colled**.
Ond os yw cyfanswm y refeniw yn **hafal i** gyfanswm y costau...	... bydd y busnes yn **adennill costau**.

Tabl 4.1 Elw, colled ac adennill costau

Siartiau adennill costau

Mae'n bosibl dangos allgynnyrch adennill costau busnes, fel sydd i'w weld yn Ffigur 4.7 isod. Mae'r **siart adennill costau** hwn yn darlunio sefyllfa Viv Burns, perchennog busnes sy'n creu pwysau papur wedi'u gwneud o wydr. Mae hi'n gwerthu'r pwysau papur am £25 yr un. Cost newidiol gwneud un ohonyn nhw yw £10. Costau sefydlog ei busnes yw £7,500 y flwyddyn.

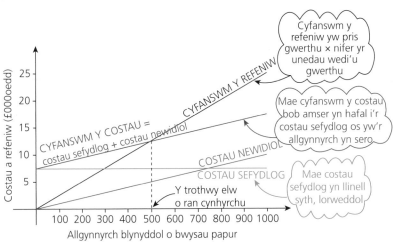

Bydd busnes Viv Burns yn adennill costau os bydd hi'n cynhyrchu a gwerthu 500 o bwysau papur mewn blwyddyn

Ffigur 4.7 Siart adennill costau ar gyfer busnes Viv Burns

Mae siart adennill costau yn cynnwys pedair llinell. Mae'n gwneud synnwyr os ydych chi'n tynnu'r llinellau hyn ar siart yn y drefn sy'n cael ei nodi isod.

1 **Costau sefydlog**. Dydy'r rhain ddim yn newid wrth i'r lefel cynhyrchu godi neu ostwng. Costau sefydlog busnes Viv yw £7,500 bob blwyddyn. Dim ots faint o bwysau papur mae hi'n eu gwneud, dydy'r costau sefydlog ddim yn newid. Ei chostau sefydlog yw £7,500, dim ots os yw hi'n gwneud 10 o'r pwysau neu os yw hi'n gwneud 100 ohonyn nhw. Dyna pam rydyn ni'n lluniadu hon fel llinell syth lorweddol.

2 **Costau newidiol**. Gwelson ni'n gynharach fod costau newidiol yn codi a gostwng yn uniongyrchol gyda lefel y cynhyrchu. Felly ar lefel uwch o allgynnyrch bydd yn rhaid i fusnes Viv dalu costau newidiol uwch. Er enghraifft, os yw hi'n cynhyrchu 500 o'r pwysau papur, gwelwn o'r diagram mai £5,000 yw ei chostau newidiol. Mae llinell y costau newidiol yn goleddu i fyny o'r chwith i'r dde.

3 **Cyfanswm y costau**. Cyfanswm y costau yw'r costau sefydlog a'r costau newidiol wedi'u hadio at ei gilydd. Felly, er enghraifft, ar lefel cynhyrchu o 1,000 o'r pwysau papur fesul blwyddyn, cyfanswm costau Viv fyddai £17,500. Mae hyn yn cynnwys costau sefydlog (£7,500) a chostau newidiol (£10,000). Mae'r ffigurau'n cael eu hadio at ei gilydd yn yr un ffordd ar lefelau eraill o gynhyrchu.

4 **Cyfanswm y refeniw**. Term arall am hyn yw'r refeniw o'r gwerthiant. Mae'n cael ei gyfrifo drwy luosi'r lefel cynhyrchu â phris gwerthu'r cynnyrch. Felly pe bai busnes Viv yn cynhyrchu dim, ni fyddai ganddo refeniw. Ond pe bai'n cynhyrchu 500 o'r pwysau, byddai ganddo refeniw o £12,500 (500 × £25). Yn olaf, ar lefel gynhyrchu o 1,000 o'r pwysau papur, cyfanswm refeniw'r busnes fyddai £25,000.

Y trothwy elw

Mae cynhyrchu'n cyrraedd y trothwy elw pan fydd cyfanswm y costau cynhyrchu yn hafal i gyfanswm y refeniw o'r gwerthiant. Mewn siart adennill costau, mae'r trothwy elw yn digwydd ar y lefel cynhyrchu lle mae llinell cyfanswm y costau yn croestorri llinell cyfanswm y refeniw.

Dehongli siart adennill costau

Yn Ffigur 4.8, mae'r trothwy elw ar gyfer busnes Viv yn cael ei gyrraedd ar lefel cynhyrchu o 500 o bwysau papur y flwyddyn. Ar y lefel hon o gynhyrchu, mae llinell cyfanswm y costau yn croestorri llinell cyfanswm y refeniw.

→ **Lefelau cynhyrchu sy'n is na'r trothwy elw**. Ar y lefelau hyn o gynhyrchu, bydd cyfanswm y costau yn fwy na chyfanswm y refeniw. Mae llinell cyfanswm y costau yn uwch na llinell cyfanswm y refeniw. O ganlyniad, bydd y busnes yn gwneud colled. Felly, bydd unrhyw lefel cynhyrchu rhwng 0 a 499 o unedau yn gwneud colled.

→ **Lefelau cynhyrchu sy'n uwch na'r trothwy elw**. Ar y lefelau uwch hyn o gynhyrchu, bydd cyfanswm y refeniw yn fwy na chyfanswm y costau, sy'n golygu y bydd y busnes yn gwneud elw. Ar y graff, mae llinell cyfanswm y refeniw yn uwch na llinell cyfanswm y costau. Bydd unrhyw lefel cynhyrchu sy'n creu mwy na 500 o'r pwysau papur yn arwain at elw.

Mentro Mathemateg

Pa gostau sefydlog bydd yn rhaid i fusnes Viv eu talu pan fydd hi'n cynhyrchu (i) 400 o'r pwysau papur a (ii) 800 o'r pwysau papur?

Awgrym astudio

Gan fod y rhain i gyd yn llinellau syth, does dim angen plotio costau a refeniw ar bob lefel cynhyrchu wrth lunio siart adennill costau. Plotiwch y ffigurau perthnasol ar gyfer allgynnyrch sero a'r allgynnyrch mwyaf ar gyfer y tair cost a chyfanswm y refeniw. Yna cysylltwch y ddau bwynt ar gyfer pob un o'r pedair llinell.

Mae Ffigur 4.8 yn dangos y bydd busnes Viv yn gwneud elw os bydd yn cynhyrchu a gwerthu mwy na 500 o unedau. Os bydd yn cynhyrchu ac yn gwerthu llai na 500 o unedau, bydd y busnes yn gwneud colled.

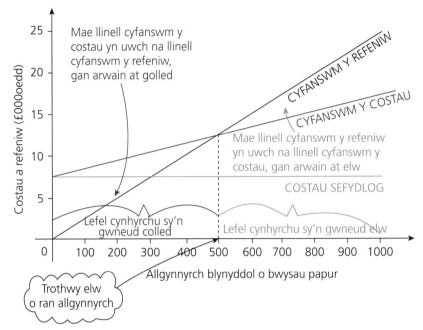

Ffigur 4.8 Dehongli siart adennill costau Viv Burns

> **Ystyried busnes: adennill costau a BP**
>
> BP yw un o gwmnïau olew mwyaf y byd. Mae dadansoddwyr yn credu y gall y cwmni adennill costau os yw pris casgen o olew yn $60. Ar adeg ysgrifennu'r llyfr hwn, pris casgen o olew ym marchnadoedd y byd oedd $52.
>
> 1 **Esboniwch beth mae'r ffigurau hyn yn ei olygu ar gyfer elw BP o werthu olew.**   (4 marc)

Cyfrifo'r trothwy elw

I gyfrifo'r lefel o gynhyrchu sy'n angenrheidiol i adennill costau, mae'r fformiwla ganlynol yn cael ei defnyddio:

Trothwy elw = costau sefydlog/cyfraniad fesul uned

Y cam cyntaf yw cyfrifo'r **cyfraniad fesul uned**. Cyfraniad busnes yw ei refeniw o'r gwerthiant minws costau newidiol y cynhyrchu. Mae'n bosibl cyfrifo'r **cyfraniad** ar gyfer un uned o gynhyrchu. Y term am hyn yw'r cyfraniad fesul uned ac mae'n cael ei gyfrifo gan ddefnyddio'r fformiwla ganlynol:

Pris gwerthu un uned o allgynnyrch – cost newidiol cynhyrchu un uned o allgynnyrch

Mae ffigur costau sefydlog yn cael ei rannu â ffigur y cyfraniad fesul uned i roi'r trothwy elw.

> **Termau allweddol**
>
> **Cyfraniad** yw refeniw gwerthiant minws costau newidiol y cynhyrchu.
>
> Y **cyfraniad fesul uned** yw'r refeniw gwerthiant minws costau newidiol y cynhyrchu wedi'i rannu â nifer yr unedau o allgynnyrch.

Gwelsom yn gynharach fod gan fusnes Viv Burns y ffigurau canlynol ar gyfer costau a refeniw:

→ Y costau sefydlog blynyddol yw £7,500.

→ Y pris gwerthu yw £25 am bob eitem.

→ Cost newidiol cynhyrchu pob un o'r pwysau papur yw £10.

Gallwn ni ddefnyddio'r wybodaeth hon i gyfrifo'r lefel cynhyrchu blynyddol sydd ei angen i adennill costau ar gyfer busnes Viv.

Trothwy elw Viv = £7,500/£25 − £10 = £7,500/£15 = 500 o bwysau papur y flwyddyn.

Mentro Mathemateg

Tybiwch fod Viv yn penderfynu codi ei phris i £35. Beth fyddai'r trothwy elw newydd?

Effeithiau newid costau a phrisiau ar y trothwy elw

Un defnydd pwysig o dechneg adennill costau yw rhagfynegi beth fydd effaith newid prisiau a chostau. Gall rheolwyr ddefnyddio hyn i ateb cwestiynau 'beth os': er enghraifft, beth fyddai'n digwydd i'r lefel cynhyrchu:

→ pe bai costau cynhyrchu yn cynyddu neu'n gostwng, neu

→ pe bai'r busnes yn codi neu'n gostwng ei brisiau?

Defnyddiwn enghraifft busnes Viv Burns i ystyried effeithiau newid costau a phrisiau ar y trothwy elw.

Newidiadau mewn costau

Mae Ffigur 4.9 yn dangos effaith newid yng nghyfanswm y costau ar drothwy elw busnes Viv Burns.

→ **Cynnydd mewn costau**. Bydd cynnydd mewn costau yn achosi i fusnes orfod cynhyrchu a gwerthu mwy o unedau o allgynnyrch os yw'n mynd i adennill costau, neu gyrraedd y trothwy elw. Y rheswm am hyn yw y bydd angen mwy o refeniw i dalu'r costau uwch. Mae'n golygu y bydd yn rhaid iddo werthu mwy o'i nwyddau neu wasanaethau, gan gymryd nad yw'n bwriadu codi ei brisiau. Yn Ffigur 4.9 mae llinell cyfanswm costau Viv yn troi tuag i fyny o'i safle gwreiddiol i bwynt Cyfanswm y Costau 2. Effaith hyn yw cynyddu'r allgynnyrch sydd ei angen i adennill costau o 500 o bwysau papur i 700 o bwysau papur.

→ **Gostyngiad mewn costau**. Mae gostyngiad mewn costau yn golygu nad oes angen i fusnes werthu cymaint o unedau o allgynnyrch i adennill costau neu gyrraedd y trothwy elw. Mae hyn oherwydd bod ei refeniw bellach yn gorfod talu am lefel is o gostau, a fydd dim angen gwerthu cymaint o unedau o allgynnyrch i dalu'r ffigur is hwn. Yn Ffigur 4.9 mae llinell cyfanswm y costau yn troi tuag i lawr i bwynt Cyfanswm y Costau 3. O ganlyniad, y lefel cynhyrchu sy'n angenrheidiol i adennill costau bob blwyddyn yw tua 380 o bwysau papur y flwyddyn.

Mae defnyddio dadansoddiad adennill costau i ragfynegi beth fydd effaith newid mewn costau ar y trothwy elw yn arf defnyddiol i reolwyr. Gall roi arweiniad iddyn nhw ac awgrymu sut dylai'r busnes ymateb i newidiadau fel hyn.

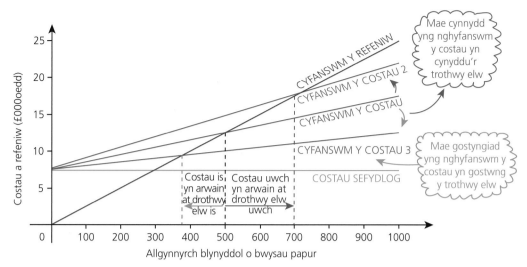

Ffigur 4.9 Effeithiau newid costau ar y trothwy elw

Newidiadau mewn prisiau

Efallai bydd busnesau'n dewis newid eu prisiau, neu efallai bydd yn rhaid iddyn nhw ymateb i newidiadau ym mhrisiau'r farchnad.

→ **Codi prisiau**. Mae prisiau uwch yn golygu y bydd angen i fusnes gynhyrchu a gwerthu llai o gynhyrchion i adennill costau neu gyrraedd y trothwy elw. Mae'r gostyngiad hwn yn y trothwy elw yn digwydd oherwydd bod y busnes yn derbyn mwy o refeniw o bob uned sy'n cael ei gwerthu, a hynny heb i'w gostau newid. Mae hyn i'w weld yn Ffigur 4.10 lle mae Viv wedi penderfynu codi pris ei phwysau papur i £30. Mae hyn yn golygu bod yn rhaid iddi gynhyrchu a gwerthu 375 o bwysau papur y flwyddyn i adennill costau.

→ **Gostwng prisiau**. Mae gostwng prisiau yn golygu bod y busnes yn derbyn refeniw is am bob uned sy'n cael ei gwerthu. Ar yr un pryd nid yw ei gostau'n newid. Felly mae'n rhaid iddo werthu mwy o unedau o'r cynnyrch i adennill costau neu gyrraedd y trothwy elw. Yn Ffigur 4.10 mae llinell Cyfanswm y Refeniw 3 wedi'i thynnu i ddangos effaith penderfyniad Viv Burns i ostwng pris ei phwysau papur i £20. Mae hyn yn golygu bod yn rhaid iddi gynhyrchu a gwerthu 750 o bwysau papur y flwyddyn i adennill costau.

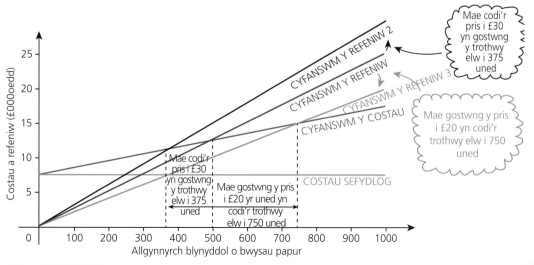

Ffigur 4.10 Effeithiau newid prisiau ar y trothwy elw

215

Mae rhagfynegi effeithiau newid prisiau ar y trothwy elw yn gallu helpu rheolwyr i asesu a ddylen nhw werthu cynnyrch penodol neu beidio. Os bydd hyd yn oed gostyngiad bach yn y pris yn ei gwneud hi'n anodd i'r busnes adennill costau, efallai bydd y rheolwyr yn penderfynu peidio â gwerthu'r cynnyrch dan sylw. Gallen nhw deimlo ei fod yn ormod o risg.

Newid cychwynnol	Effaith ar y siart adennill costau	Effaith ar y trothwy elw	Esboniad
Cynnydd mewn costau	Llinell cyfanswm y costau yn troi tuag i fyny	Angen lefel allgynnyrch uwch i adennill costau	Oherwydd bod costau'n uwch mae angen cynhyrchu a gwerthu mwy os yw'r busnes yn mynd i adennill costau.
Gostyngiad mewn costau	Llinell cyfanswm y costau yn troi tuag i lawr	Angen lefel allgynnyrch is i adennill costau	Mae costau is (os yw prisiau heb newid) yn golygu bod angen i'r busnes gynhyrchu a gwerthu llai o unedau i adennill costau.
Cynnydd mewn prisiau	Llinell cyfanswm y refeniw yn troi tuag i fyny	Angen lefel allgynnyrch is i adennill costau	Mae prisiau uwch a chostau sydd heb newid yn golygu bod angen i'r busnes werthu llai o unedau o allgynnyrch i adennill costau.
Gostyngiad mewn prisiau	Llinell cyfanswm y refeniw yn troi tuag i lawr	Angen lefel allgynnyrch uwch i adennill costau	Mae prisiau is a chostau sydd heb newid yn golygu bod angen i'r busnes werthu mwy o unedau o allgynnyrch i adennill costau.

Tabl 4.2 Effeithiau newid costau a phrisiau ar drothwy elw busnes

Mae un prif wendid i'r dull hwn o ddefnyddio adennill costau i asesu effeithiau newid prisiau. Rydyn ni wedi nodi bod codi prisiau yn golygu bod angen i fusnes werthu llai o unedau o allgynnyrch i adennill costau. Ond gallai pris uwch olygu y bydd y busnes yn llwyddo i werthu llai o unedau. Efallai bydd cwsmeriaid yn penderfynu prynu gan fusnesau eraill sydd heb godi eu prisiau.

Mae hyn yn dangos gwendid sylfaenol y dadansoddiad adennill costau. Mae'n gallu dweud wrth fusnes faint o unedau o allgynnyrch mae angen eu gwerthu i adennill costau. Ond nid yw hynny'n golygu o reidrwydd y bydd y busnes yn llwyddo i werthu digon o unedau i adennill costau.

Gall archfarchnadoedd godi eu prisiau gyda'r bwriad o ostwng y lefel o werthiant sy'n angenrheidiol i adennill costau

Mentro Mathemateg

Mae busnes yn gwerthu ei gynhyrchion am un pris: £50 yr uned. Ei gostau sefydlog yw £25,000 y flwyddyn. Costau newidiol cynhyrchu yw £30 yr uned. Mae perchenogion y busnes yn ystyried codi'r pris gwerthu i £60.

Cyfrifwch beth yw trothwy elw'r busnes am bris gwerthu o £50 yr uned. Sut mae'r trothwy elw yn newid os yw'r pris yn cael ei godi i £60 yr uned?

Gwelsom yn gynharach fod gan Roshan Ali fusnes llwyddiannus yn paentio portreadau o anifeiliaid ar gyfer eu perchenogion. Yn y flwyddyn ariannol ddiweddaraf, talodd busnes Roshan gostau sefydlog o £5,000, ei bris gwerthu oedd £150 a'i gostau newidiol oedd £100 y portread. Mae e'n ystyried codi ei bris i £200 y portread.

1 **Gan ddefnyddio Ffigur 4.8 ar dudalen 213 fel canllaw, lluniwch siart adennill costau i ddangos trothwy elw busnes Roshan, gan dybio ei fod e'n gwerthu'r portreadau am £150.** (6 marc)

2 **Cyfrifwch y trothwy elw ar gyfer y busnes os bydd e'n codi'r pris i £200.** (4 marc)

⬤ Buddsoddiad busnes

Pam mae busnesau'n buddsoddi?

Os yw busnes yn prynu ased newydd fel ffatri neu fan ddosbarthu newydd, mae fel arfer yn talu swm sylweddol i brynu'r ased. Y term am y taliad hwn yw **buddsoddiad**. Gall busnesau fuddsoddi mewn asedau eraill neu brojectau eraill hefyd yn y gobaith o wneud elw. Er enghraifft, gall busnes benderfynu buddsoddi mewn un neu fwy o'r canlynol:

→ prynu tir ac adeiladau

→ prynu peiriannau llinell gynhyrchu newydd neu gerbydau newydd

→ trosfeddiannu (*take over*) cystadleuydd neu gyflenwr drwy ei brynu

→ mentro mewn marchnad newydd (dramor, o bosibl) neu gynhyrchu nwydd newydd (fel yn achos Aston Martin isod).

Mae pob buddsoddiad yn cynnwys rhywfaint o risg oherwydd y posibilrwydd na fydd yn datblygu yn ôl y disgwyl. Er enghraifft, yn 2016 cyhoeddodd y cwmni ceir moethus Aston Martin ei fod yn mynd i adeiladu ail ffatri ym Morgannwg er mwyn cynhyrchu car newydd. Efallai na fydd car newydd y cwmni'n llwyddiannus ac efallai bydd gwerthiant yn isel. Felly gallai Aston Martin golli arian. Ond bydd y cwmni wedi dewis buddsoddi yn y gobaith o wneud elw. Dyma'r wobr am gymryd risg. Dim ond os oes gobaith o wneud elw mawr y bydd busnes yn penderfynu gwneud buddsoddiad sydd â llawer o risg.

> **Term allweddol**
>
> Mae busnes yn **buddsoddi** pan fydd yn prynu ased fel ffatri yn y gobaith o wneud elw o ddefnyddio'r ased.

Gall busnesau fuddsoddi mewn asedau fel ffatrïoedd newydd yn y gobaith o wneud elw. Does dim sicrwydd o elw ac mae pob buddsoddiad yn cynnwys rhywfaint o risg.

Crynodeb

Mae busnes yn talu costau sefydlog a chostau newidiol er mwyn cynhyrchu nwyddau a gwasanaethau. Mae'n derbyn refeniw wrth werthu ei gynhyrchion. Y gwahaniaeth rhwng y ddau yw'r elw neu'r golled. Mae'r trothwy elw yn cael ei gyrraedd ar lefel cynhyrchu lle nad yw busnes yn gwneud elw na cholled. Mae'r lefel hwn o gynhyrchu yn gallu cael ei gyfrifo neu ei ddangos ar siart adennill costau. Mae newid prisiau a/neu newid costau yn newid y trothwy elw. Fel arfer mae busnesau'n buddsoddi yn y gobaith o wneud elw.

Cwestiynau cyflym

1 Esboniwch y gwahaniaeth rhwng costau ac elw.
(3 marc)

2 Ar lefel benodol o gynhyrchu, costau sefydlog busnes yw £100,000 a chyfanswm ei gostau yw £240,000. Cyfrifwch ei gostau newidiol ar y lefel hwn o gynhyrchu. (2 farc)

3 Pa un o'r canlynol fyddai'n cynyddu elw busnes (gan dybio nad oes unrhyw newidiadau eraill)?

(i) Gostyngiad yn ei brisiau

(ii) Gostyngiad yn ei gyfraniad fesul uned

(iii) Gostyngiad yn ei gostau newidiol

(iv) Gostyngiad yn ei werthiant (1 marc)

4 Beth yw ystyr y term 'adennill costau'? (2 farc)

5 Mae busnes yn gwerthu ei gynhyrchion am £125 yr un. Cost newidiol cynhyrchu un uned o allgynnyrch yw £55. Cyfrifwch ei gyfraniad am bob uned o allgynnyrch. (2 farc)

6 Mae gan fusnes y ffigurau canlynol ar gyfer costau a refeniw bob mis:

Costau sefydlog = £500,000
Pris gwerthu = £24
Cost newidiol am bob uned o allgynnyrch = £11.50

Cyfrifwch beth yw lefel adennill costau (trothwy elw) misol y busnes. (3 marc)

7 Disgrifiwch sut gallai cynnydd mewn costau effeithio ar drothwy elw busnes, gan dybio nad oes unrhyw newidiadau eraill. (3 marc)

8 Esboniwch pam y byddai busnes o bosibl yn buddsoddi mewn project sydd â risg. (2 farc)

Astudiaeth achos

Mêl Nigel

Gydag arian gan ei dad, cychwynnodd Nigel fusnes yn ei gartref yn cynhyrchu a gwerthu mêl. Gadawodd Nigel swydd dda i gychwyn ei fusnes. I ddechrau, doedd Nigel ddim yn credu bod ei werthiant yn ddigon uchel i wneud elw, ond nawr mae'n credu bod ei fusnes yn broffidiol.

Casglodd Nigel ffigurau ei gostau a'i refeniw er mwyn cyfrifo elw'r busnes am y flwyddyn – neu'r golled. Pe bai'n gweld bod y busnes wedi gwneud colled, credai Nigel bod yr ateb yn hawdd: codi pris pob jar o'r mêl. O wneud hyn, byddai'r busnes yn sicr o ennill digon o refeniw i wneud elw.

- Costau newidiol pob jar o'r mêl £1.00
- Costau sefydlog blynyddol £1,500
- Pris gwerthu pob jar o'r mêl £2.25
- Gwerthiant dros y flwyddyn 2,500

Cwestiynau

1 Beth yw ystyr y term 'refeniw'? (2 farc)

2 Gan gyfrifo, disgrifiwch y gwahaniaeth rhwng elw a cholled. (4 marc)

3 Gan ddefnyddio'r ffigurau uchod, cyfrifwch elw neu golled Nigel am y flwyddyn. (6 marc)

4 Rhowch gyngor i Nigel, gan awgrymu a yw codi ei bris yn ffordd sicr o wneud elw neu beidio. (8 marc)

Cyfrifon elw a cholled (datganiadau incwm)

Mae'n rhaid i'r rhan fwyaf o fusnesau lunio cyfrifon elw a cholled. Mae hyn yn ofynnol yn ôl y gyfraith, ac mae'r gyfraith yn nodi sut dylai'r cyfrifon hyn gael eu strwythuro. Mae'r adran hon yn dangos sut caiff cyfrifon elw a cholled eu cyfrifo a sut maen nhw'n gallu cael eu dehongli gan fusnesau a'u rhanddeiliaid.

Erbyn diwedd yr adran hon, dylech chi wybod am y canlynol:

- elfennau cynnwys cyfrifon elw a cholled
- sut i gyfrifo a dehongli cyfrifon elw a cholled
- sut mae maint yr elw crynswth a net yn gallu cael ei gyfrifo a'i ddehongli
- sut gall busnesau wella elw neu leihau costau.

⬤ Cyfrifon elw a cholled (datganiadau incwm)

Mae **cyfrif elw a cholled** yn ddatganiad ariannol sy'n nodi refeniw a chostau busnes ac yn nodi a yw wedi gwneud elw neu golled dros gyfnod masnachu. Term arall am gyfrifon elw a cholled yw datganiadau incwm.

Elfennau cyfrifon elw a cholled

Mae cyfrif elw a cholled yn dangos tri darn allweddol o wybodaeth ar gyfer busnes dros gyfnod masnachu, sydd fel arfer yn flwyddyn:

- ➜ y refeniw gwerthiant mae'r busnes wedi ei ennill – termau eraill am refeniw gwerthiant yw 'incwm gwerthiant' neu 'trosiant'
- ➜ y costau cynhyrchu mae'r busnes wedi eu talu
- ➜ swm yr elw mae'r busnes wedi ei ennill neu'r golled a wnaeth.

Mae Ffigur 4.12 yn dangos prif gydrannau cyfrif elw a cholled yn ogystal â'i strwythur. Mae pum adran gan gyfrif elw a cholled.

Term allweddol

Mae **cyfrif elw a cholled** yn ddatganiad ariannol sy'n dangos refeniw gwerthiant a chostau busnes, ac felly ei elw neu ei golled dros gyfnod penodol. Term arall am gyfrifon elw a cholled yw datganiadau incwm.

→ **Refeniw gwerthiant**. Dyma'r refeniw mae busnes yn ei gael drwy werthu ei nwyddau a'i wasanaethau dros gyfnod y cyfrif elw a cholled. Term arall am hyn yw trosiant gwerthiant. Er enghraifft, byddai cyfrif elw a cholled Marks and Spencer yn cynnwys y refeniw mae'r cwmni wedi ei gael wrth werthu bwyd, dillad a chynhyrchion eraill.

→ **Cost gwerthiant**. Dyma'r costau sy'n gysylltiedig â chyflenwi'r nwydd neu'r gwasanaeth. Mae costau gwerthiant Marks and Spencer yn cynnwys y costau canlynol:

 ⇨ cyflogau gweithwyr sy'n gysylltiedig â chludo a gwerthu cynhyrchion

 ⇨ prynu'r cynhyrchion sy'n cael eu gwerthu yn ei siopau

 ⇨ costau egni fel nwy a thrydan.

→ **Elw crynswth**. Refeniw minws cost gwerthiant yw elw crynswth. Byddai tŷ bwyta'n cyfrifo ei elw crynswth fel hyn:

Elw crynswth = refeniw (yr incwm o werthu prydau bwyd a diodydd i gwsmeriaid) – cost gwerthiant (cost prynu bwyd ac ati a chyflogau'r gweithwyr)

→ **Treuliau**. Nid yw'r costau hyn yn newid pan fydd lefel y cynhyrchu yn newid. Bydd treuliau'n cynnwys cyflogau rheolwyr, costau yswiriant, llog ar fenthyciadau a hefyd cost cynnal a chadw adeiladau. Term arall sy'n cael ei ddefnyddio weithiau am dreuliau yw 'gorbenion'.

→ **Elw net**. Dyma ran olaf y cyfrif elw a cholled. Mae'r elw net yn cael ei gyfrifo drwy dynnu'r treuliau o'r elw crynswth. Mae elw net yn fesur da o berfformiad busnes.

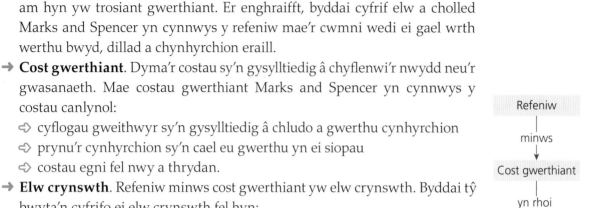

Ffigur 4.12 Strwythur sylfaenol cyfrif elw a cholled

Llunio cyfrif elw a cholled

Mae Ffigur 4.12 yn dangos strwythur cyfrif elw a cholled. Mae'r cyfrifon hyn yn cael eu llunio ar gyfer cyfnod masnachu penodol, sef blwyddyn yn aml. Wrth lunio'r cyfrif hwn, rhaid i reolwyr neu gyfrifwyr gwblhau nifer o dasgau.

→ Maen nhw'n asesu'r refeniw mae'r busnes wedi ei dderbyn ar gyfer y cyfnod.

→ Maen nhw'n cyfrifo costau'r busnes am y cyfnod masnachu.

→ Yna maen nhw'n gwahanu'r costau hyn yn ddwy ran, sef cost gwerthiant (costau sy'n angenrheidiol i gyflenwi'r cynnyrch fel cyflogau a chostau egni) a threuliau. Dydy treuliau ddim yn gysylltiedig â lefel y cynhyrchu, ac maen nhw'n cynnwys llog ar fenthyciadau ac yswiriant.

Mae'r blwch 'Ystyried busnes' sy'n trafod Starlight yn Coventry yn rhoi enghraifft o lunio cyfrif elw a cholled, yn ogystal ag ymarfer i chi ei gwblhau.

Ystyried busnes: Starlight yn Coventry

Mae Susie West yn rhedeg Starlight, un o glybiau nos mwyaf poblogaidd Coventry. Mae gan Starlight ddau far a llawr dawnsio mawr. Mae'n cynnal nosweithiau DJ ac mae bandiau lleol hefyd yn chwarae ar nosweithiau Gwener.

Mae Susie'n rhedeg ei busnes fel cwmni cyfyngedig preifat ac mae ei chyfrifydd wrthi'n paratoi ei chyfrif elw a cholled ar gyfer y llynedd. Mae hi wedi casglu'r wybodaeth ganlynol:

- Costau diogelwch (cyflogi pobl i fod wrth y drws): £12,500
- Refeniw gwerthiant drwy dâl mynediad a gwerthu diodydd: £200,000
- Cyflogau'r staff bar a'r DJs: £96,000
- Costau marchnata: £7,500
- Llog ar fenthyciad banc: £2,500
- Costau tanwydd: £5,500
- Cost prynu diodydd i mewn:£45,500

Gan ddefnyddio'r wybodaeth hon, lluniodd y cyfrifydd y cyfrif elw a cholled sydd i'w weld yn Nhabl 4.3.

	£
Refeniw gwerthiant	200,000
Cost gwerthiant (costau tanwydd £5,500; cyflogau £96,000; cost prynu diodydd i mewn £45,000)	147,000
Elw crynswth	**53,000**
Treuliau (costau diogelwch £12,500; llog ar fenthyciad banc £2,500; costau marchnata £7,500)	22,500
Elw net	**30,500**

Tabl 4.3 Cyfrif elw a cholled Starlight Ltd

Yna digwyddodd nifer o newidiadau i ffigurau refeniw gwerthiant a chostau Starlight Ltd. Newidiodd y refeniw gwerthiant i £220,000, y cyflogau i £99,000 a'r costau marchnata i £10,000.

1 **Ailgyfrifwch gyfrif elw a cholled Starlight Ltd gan ddefnyddio'r ffigurau newydd hyn.** (6 marc)

Mae llawer o gostau'n codi o redeg y llong hon. Bydd cost gwerthiant yn cynnwys cost bwyd ar gyfer y teithwyr, cost tanwydd ar gyfer yr injan a chyflogau'r criw. Ond bydd cost yswirio'r llong a chost ei chynnal a'i chadw yn y cyflwr gorau yn cael eu cyfrif yn orbenion.

⬤ Sut i ddehongli cyfrifon elw a cholled

Bydd gan randdeiliaid busnes, fel rheolwyr, cyflenwyr a pherchenogion, ddiddordeb mawr yn y wybodaeth sydd yn ei gyfrifon elw a cholled. Efallai byddan nhw'n edrych, er enghraifft, ar dueddiadau elw i weld a yw'r busnes yn gwneud mwy o elw nag mewn blynyddoedd blaenorol.

Ar y llaw arall, efallai byddan nhw'n ystyried ffigurau treuliau i weld pa mor dda mae'r busnes yn rheoli ei gostau.

Cymharu â blynyddoedd blaenorol

Ffordd amlwg o asesu elw busnes yw drwy gymharu â'r elw mewn blynyddoedd blaenorol. Ond mae'n bwysig nodi nad yw pob busnes yn gweithredu â'r nod o wneud yr elw mwyaf posibl.

Dyma rai ffyrdd allweddol o asesu perfformiad busnes dros amser drwy edrych ar ei gyfrif elw a cholled:

→ refeniw'r gwerthiant o nwyddau a gwasanaethau
→ yr elw crynswth a'r elw net.

Os yw elw'n uwch nag mewn blynyddoedd blaenorol, mae'r busnes yn debygol o ystyried honno'n flwyddyn lwyddiannus mewn termau ariannol. Mae Tabl 4.4 yn dangos ffigurau elw net AstraZeneca plc, cwmni fferyllol sy'n datblygu a gwerthu cyffuriau ledled y byd. Yn ôl y tabl, cynyddodd elw AstraZeneca plc yn 2014, ond gostyngodd yn sydyn yn 2015. Byddai ei reolwyr yn debygol o ymchwilio i weld beth achosodd hyn, a sut i wella elw yn y dyfodol.

Blwyddyn	2015 £m	2014 £m	2013 £m
Refeniw gwerthiant	20,252	21,760	21,152
Elw crynswth	16,444	16,971	16,840
Elw net	2,316	1,012	2,107

Tabl 4.4 Refeniw gwerthiant ac elw net AstraZeneca plc 2013–2015 (**Ffynhonnell:** Adroddiad Blynyddol AstraZeneca plc, 2015, www.astrazeneca.com/content/dam/ az/our-company/investor-relations/presentations-and-webcast/Annual-Reports/ AZ_Annual_Report_2015.pdf)

Ystyried busnes: Elw ASOS yn codi

Adwerthwr dillad ffasiwn ar-lein yw ASOS plc. Mae'r cwmni wedi'i leoli yn y DU. Mae'n gwerthu dillad ei frand ei hun yn ogystal â dillad sy'n cael eu cyflenwi gan gwmnïau eraill.

Mae Tabl 4.5 isod yn dangos refeniw ac elw'r cwmni ar gyfer 2014 a 2015.

Blwyddyn	2015 £m	2014 £m
Refeniw gwerthiant	1,150.78	975.47
Elw crynswth	575.80	485.01
Elw net	36.85	36.59

Tabl 4.5 Gwybodaeth ariannol am ASOS, 2014 a 2015 (**Ffynhonnell:** ASOS plc, www. asosplc.com/~/media/Files/A/ASOS/results-archive/pdf/2015-annual-report-pdf)

1 **Dadansoddwch y newidiadau ym mherfformiad ASOS plc rhwng 2014 a 2015.** (6 marc)

Elusen sy'n gwella mynediad at ddŵr diogel, hylendid ac iechydaeth (*sanitation*) yw WaterAid UK. Ei nod yw trawsnewid bywydau pobl yn hytrach na gwneud elw

Cymharu â pherfformiad cystadleuwyr

Ffordd effeithiol o asesu perfformiad ariannol busnes yw cymharu gwybodaeth o'i gyfrif elw a cholled â gwybodaeth o gyfrifon elw a cholled ei gystadleuwyr. Os gall busnes gynyddu ei refeniw a'i elw yn gyflymach nag eraill yn yr un diwydiant, mae'n arwydd da bod y busnes yn perfformio'n gryf yn ariannol.

Mae Tabl 4.6 yn cymharu perfformiad ariannol AstraZeneca plc a GlaxoSmithKline plc yn 2014 a 2015.

Blwyddyn	AstraZeneca plc		GlaxoSmithKline plc	
	2015 £m	2014 £m	2015 £m	2014 £m
Refeniw gwerthiant	20,252	21,760	23,923	23,006
Elw net	2,316	1,012	8,372	2,831

Tabl 4.6 Gwybodaeth ariannol am AstraZeneca plc a GlaxoSmithKline plc ar gyfer 2014 a 2015 (**Ffynonelllau**: Adroddiad Blynyddol AstraZeneca plc, 2015, www.astrazeneca. com/content/dam/az/our-company/investor-relations/presentations-and-webcast/ Annual-Reports/AZ_Annual_Report_2015.pdf; Adroddiad Blynyddol GSK, 2015, http:// annualreport.gsk.com/#)

Roedd perfformiad ariannol AstraZeneca yn 2015 yn edrych yn eithaf da o'i gymharu â 2014, ond nid yw'n edrych cystal wrth gymharu â pherfformiad ariannol ei gystadleuydd, GlaxoSmithKline (GSK). Cynyddodd refeniw gwerthiant GSK yn 2015 ac roedd yn uwch na refeniw gwerthiant AstraZeneca. Ond y ffigur pwysicaf yw elw net GSK ar gyfer 2015. Roedd bron pedair gwaith cymaint ag elw net Astra Zeneca, a hynny er bod y refeniw gwerthiant ddim ond ychydig yn uwch. Mae hyn yn awgrymu bod GSK wedi rheoli ei gostau yn well o lawer nag AstraZeneca.

Rhanddeiliaid a chyfrifon elw a cholled

Mae cyfrifon elw a cholled yn rhoi gwybodaeth bwysig i nifer o randdeiliaid busnes gwahanol.

→ **Rheolwyr**. Mae cyfrifon elw a cholled yn ddefnyddiol iawn i reolwyr busnes. Maen nhw'n helpu rheolwyr wrth benderfynu sut i wella perfformiad y busnes. Er enghraifft, os yw elw'r busnes yn is na'r disgwyl, gallai'r rheolwyr gymryd camau i wella elw, drwy godi prisiau o bosibl.

→ **Cyfranddalwyr**. Bydd pobl a busnesau eraill sy'n bwriadu buddsoddi arian mewn busnes, neu sydd wedi gwneud hynny yn barod, yn cael llawer o wybodaeth wrth edrych ar gyfrifon elw a cholled y busnes. Mae'r rhain yn awgrymu pa mor ddiogel yw'r buddsoddiad ac yn awgrymu a allan nhw ddisgwyl i'r buddsoddiad ennill elw.

→ **Gweithwyr**. Efallai bydd gweld gwybodaeth yng nghyfrif elw a cholled y busnes yn arwain gweithwyr i hawlio cyflogau uwch. Os yw elw'n cynyddu'n gryf, fel yn achos Sainsbury's, gallan nhw ddefnyddio'r wybodaeth hon fel dadl o blaid cyflogau uwch.

→ **Y llywodraeth**. Mae'r llywodraeth yn defnyddio'r wybodaeth yng nghyfrif elw a cholled busnes i asesu faint o dreth dylai'r busnes ei thalu ar yr elw. Yn y DU, mae Cyllid a Thollau Ei Mawrhydi yn casglu treth ar ran y llywodraeth.

Ystyried busnes: Mwy o wybodaeth am Starlight yn Coventry

Mae Susie West yn rhedeg Starlight, un o glybiau nos mwyaf poblogaidd Coventry. Mae Susie'n rhedeg ei busnes fel cwmni cyfyngedig preifat a'i phrif amcan busnes yw gwneud elw. Mae ei chyfrifydd yn paratoi ei chyfrif elw a cholled ar gyfer y llynedd. Mae hwn i'w weld isod, yn ogystal â chyfrif elw a cholled am y flwyddyn flaenorol.

	Y llynedd £	Y flwyddyn flaenorol £
Refeniw gwerthiant	940,200	939,125
Cost gwerthiant	438,130	434,050
Elw crynswth	**502,070**	**505,075**
Gorbenion	225,500	247,925
Elw net	**276,570**	**257,150**

Tabl 4.7 Cyfrif elw a cholled Starlight Ltd

O edrych ar y ddau gyfrif elw a cholled, mae Susie'n credu bod perfformiad ariannol Starlight yn well y llynedd nag yn y flwyddyn flaenorol.

1 **Rhowch ddwy enghraifft o dreuliau y gallai Starlight orfod eu talu.** (2 farc)

2 **Nodwch ddau o randdeiliaid Starlight. Ym mhob achos, esboniwch pam byddai gan y rhanddeiliad ddiddordeb yn y clwb nos.** (6 marc)

3 **Defnyddiwch y cyfrif elw a cholled yn Nhabl 4.7 i ddadansoddi pam mae Susie'n credu bod perfformiad ariannol Starlight yn well y llynedd nag yn y flwyddyn flaenorol.** (6 marc)

Sut i gyfrifo cymarebau elw a'u defnyddio

Gall rheolwyr ddefnyddio gwybodaeth o gyfrif elw a cholled busnes i gyfrifo cymarebau (*ratios*) ariannol. Mae **cymarebau ariannol** yn cymharu dau ffigur o ddatganiadau ariannol busnes.

Mae'n beth cyffredin i reolwyr a rhanddeiliaid eraill gyfrifo cymarebau elw. Mae'r cymarebau hyn yn cymharu elw busnes â ffigur arall o gyfrif elw a cholled y busnes. Un o'r ffigurau mwyaf amlwg i'w gymharu â ffigur elw'r busnes yw'r refeniw gwerthiant a enillodd.

Gallwn ni ddefnyddio dau ffigur elw mewn cyfrifiad fel hwn: **elw crynswth** ac **elw net**. Mae ffigurau elw crynswth ac elw net i'w canfod yng nghyfrif elw a cholled y busnes. Mae defnyddio ffigurau'r elw crynswth a'r elw net yn gadael i ni gyfrifo dwy gymhareb elw: maint yr elw crynswth a maint yr elw net.

Maint yr elw crynswth

Mae'r gymhareb elw hon yn cymharu elw crynswth busnes mewn cyfnod masnachu penodol â ffigur y refeniw ar gyfer yr un flwyddyn. Mae'n cael ei chyfrifo gan ddefnyddio'r fformiwla isod ac mae'r ateb yn cael ei roi mewn canran:

Maint yr elw crynswth = elw crynswth/refeniw gwerthiant × 100

Er enghraifft, os yw elw crynswth busnes mewn blwyddyn yn £30,000 a'i refeniw gwerthiant am yr un cyfnod yn £120,000, mae maint yr elw crynswth fel sydd i'w weld isod:

$$\text{Maint yr elw crynswth} = \frac{£30,000 \times 100}{£120,000} = 25\%$$

Maint yr elw crynswth yw 25%, sy'n golygu bod 25c o bob £1 o refeniw yn elw crynswth. Ydy 25% yn ffigur da ar gyfer maint yr elw crynswth? Gallwn ni gael ateb dim ond trwy gymharu'r ffigur ag un o'r canlynol:

➔ targed y busnes ar gyfer maint yr elw crynswth
➔ maint elw crynswth y busnes mewn blynyddoedd blaenorol
➔ elw crynswth busnesau eraill tebyg.

Maint yr elw net

Mae'r gymhareb elw hon yn cymharu elw net busnes mewn cyfnod masnachu penodol â ffigur y refeniw ar gyfer yr un flwyddyn. Mae'n cael ei chyfrifo gan ddefnyddio'r fformiwla isod ac mae'r ateb yn cael ei roi mewn canran:

Maint yr elw net = elw net/refeniw gwerthiant × 100

Er enghraifft, os yw elw net busnes mewn blwyddyn yn £12,000 a'i refeniw gwerthiant am yr un cyfnod yn £120,000, mae maint yr elw net fel sydd i'w weld isod:

$$\text{Maint yr elw net} = \frac{£12,000 \times 100}{£120,000} = 10\%$$

Gall maint yr elw net fod yn ffordd well o asesu perfformiad ariannol busnes, gan fod ei gyfrifiad yn cynnwys yr **holl gostau** mae'r busnes wedi'u talu. Mae maint yr elw crynswth, ar y llaw arall, yn cynnwys cost gwerthiant y busnes yn unig.

Ystyried busnes: Cymarebau elw yn y diwydiant fferyllol

Roedd Tabl 4.6 yn gynharach yn yr adran hon yn dangos elw a refeniw AstraZeneca plc a GlaxoSmithKline plc ar gyfer 2015. Mae'r rhain i'w gweld eto isod.

Blwyddyn	AstraZeneca plc	GlaxoSmithKline plc
	2015 £m	2015 £m
Refeniw gwerthiant	20,252	23,923
Elw net	2,316	8,372

Tabl 4.8 Gwybodaeth ariannol am AstraZeneca plc a GlaxoSmithKline plc, 2015

Yn 2014, maint elw net AstraZeneca oedd £1,012m ÷ £21,760m × 100 = 4.65%. Yn 2014, maint elw crynswth GSK oedd £2,831m ÷ £23,006m × 100 = 12.31%.

1 **Cyfrifwch faint yr elw net ar gyfer AstraZeneca plc a GlaxoSmithKline plc yn 2015.** [6 marc]

2 **Esboniwch pa gwmni allai fod fwyaf bodlon â'i berfformiad ariannol ar sail y canlyniadau maint elw net hyn.** [4 marc]

Sut i wella elw busnes neu leihau ei gostau

Mae rheolwyr yn defnyddio'r wybodaeth yng nghyfrif elw a cholled busnes i ddadansoddi perfformiad ariannol y busnes. Rydyn ni wedi gweld bod y wybodaeth hon yn gallu cael ei defnyddio i wneud y canlynol:

→ cymharu â pherfformiad y busnes mewn blynyddoedd blaenorol

→ cymharu â pherfformiad cystadleuwyr

→ cyfrifo cymarebau ariannol.

Gall rheolwyr ddefnyddio'r wybodaeth hon i'w harwain nhw wrth benderfynu sut i wella elw'r busnes, neu leihau ei gostau. Yn aml bydd y ddau'n golygu'r un peth oherwydd bydd lleihau costau yn cynyddu elw, os na fydd refeniw'r gwerthiant yn gostwng.

Newid prisiau

Efallai bydd busnes yn penderfynu codi ei brisiau er mwyn cynyddu ei refeniw gwerthiant, a'i elw gobeithio. Bydd hyn yn digwydd cyhyd â bod nifer sylweddol o'i gwsmeriaid ddim yn penderfynu gadael. Mae codi prisiau fel hyn yn fwy tebygol o lwyddo os nad oes gan y busnes lawer o gystadleuwyr lleol (os o gwbl). Er enghraifft, gall llawer o gwmnïau rheilffyrdd yn y DU gynyddu eu refeniw gwerthiant drwy godi eu prisiau. Mae hyn yn gweithio oherwydd does dim cwmnïau rheilffyrdd eraill mewn cystadleuaeth â'r cwmnïau hyn. Mae'n rhaid i lawer o bobl ddefnyddio'r gwasanaethau rheilffyrdd i deithio i'r gwaith. Daw'r cynnydd yn y prisiau â mwy o refeniw i mewn. Gan nad yw cyfanswm costau'r busnes wedi cynyddu, mae elw'n cynyddu. Bydd hyn yn cynyddu maint yr elw crynswth a maint yr elw net yn achos y busnes hwn.

Ond mae hyn yn dibynnu ar amgylchedd cystadleuol y busnes. Yn achos rhai busnesau, os oes ganddyn nhw gystadleuwyr cryf, gall codi prisiau arwain at golli llawer o gwsmeriaid. Dyna yw sefyllfa archfarchnadoedd y DU. Gall codi eu prisiau wneud i gwsmeriaid siopa mewn archfarchnadoedd eraill. Bydd refeniw gwerthiant yn gostwng, ac os nad yw'r busnes yn gallu torri ei gostau, bydd elw'n gostwng hefyd.

Mae'r amgylchedd busnes yn un dynamig hefyd. Mae hyn yn golygu ei fod yn newid yn gyson, ac weithiau yn gyflym iawn. Yn aml mae angen i fusnesau newid eu prisiau'n gyflym er mwyn ymateb i newid yn eu hamgylchedd. Er enghraifft, mae bygythiad cynyddol adwerthwyr ar-lein wedi golygu bod rhaid i lawer o adwerthwyr traddodiadol geisio canfod ffyrdd o leihau eu costau er mwyn gallu gwerthu cynnyrch am brisiau is.

Mentro Mathemateg

Yn wreiddiol roedd busnes yn gwerthu 500 o welyau bob mis am bris o £250. Penderfynodd perchennog y busnes godi pris y gwelyau i £280. Ar ôl i'r pris godi, gwerthodd y busnes 425 o welyau.

1 **Cyfrifwch y newid yn refeniw gwerthiant y busnes ar ôl i'r pris godi.**

2 **Pam rydych chi'n meddwl y gostyngodd gwerthiant y gwelyau o 500 i 425 y mis ar ôl i'r pris godi?**

Yn annisgwyl efallai, mae rhai amgylchiadau lle gall gostyngiad pris gynyddu refeniw'r gwerthiant ac o bosibl yr elw, yn ogystal â meintiau'r elw. Os bydd gostyngiad pris yn denu llawer mwy o gwsmeriaid a hynny heb i gostau godi'n sylweddol, efallai bydd refeniw gwerthiant y busnes yn cynyddu, a'i elw hefyd. Gall hyn fod yn wir am gwmnïau hedfan rhad, fel easyJet. Gall gostyngiad yn y pris arwain at fwy o deithwyr, ond dydy cost rhedeg y teithiau hedfan yn newid fawr ddim. O ganlyniad, gall elw fod yn uwch.

Drwy ostwng prisiau, gall cwmnïau hedfan fel easyJet sicrhau mwy o deithwyr ar bob taith hedfan. Gall hyn gynyddu'r refeniw gwerthiant a'r elw

Lleihau costau

Ffordd arall o wella elw busnes yw lleihau ei gostau. Gall hyn olygu lleihau ei gost gwerthiant neu ei dreuliau. Gall busnes geisio lleihau ei gostau mewn nifer o wahanol ffyrdd, gan gynnwys y canlynol.

Lleihau costau defnyddiau crai neu gydrannau

Mae hyn yn gallu bod yn ffordd effeithiol o leihau costau busnes. Gall weithio yn achos busnesau gweithgynhyrchu sy'n defnyddio nifer mawr o ddefnyddiau a chydrannau. Mae hyn yn debygol o leihau cost gwerthiant busnes. O ganlyniad, gall maint yr elw crynswth a maint yr elw net fod yn uwch.

Ond mae risg ynghlwm â hyn. Gall gostwng gwariant ar ddefnyddiau a chydrannau arwain at ostwng ansawdd cynnyrch y busnes. Gall hyn niweidio ei enw da a'i werthiant.

Lleihau costau llafur

Gallai hyn fod yn well dewis i fusnesau sy'n cynnig gwasanaethau, fel banciau neu westai, oherwydd yn aml mae eu costau llafur nhw yn cyfrif am ran fawr o gyfanswm y costau. Gallai costau llafur gael eu lleihau drwy wneud mwy o ddefnydd o dechnoleg, neu drosglwyddo rhywfaint o'r busnes dramor lle mae costau llafur yn is. Ond mae risg i'r dull hwn hefyd. Mae rhai siopau – WH Smith, er enghraifft – wedi gwneud mwy o ddefnydd o dechnoleg i gymryd lle gweithwyr drwy gynnig tiliau hunanwasanaeth i gwsmeriaid. Ond mae hyn wedi bod yn amhoblogaidd gan rai cwsmeriaid.

Mae busnesau eraill, fel Cadbury, wedi symud eu cynhyrchu dramor i fanteisio ar gostau llafur is. Eto mae hyn wedi siomi rhai o gwsmeriaid y cwmni. Mae perygl y bydd yr ymdrech i dorri costau yn arwain at werthiant is a refeniw is.

Lleihau treuliau

Gallai busnes wneud hyn drwy ad-dalu benthyciadau neu leihau costau yswiriant. Mae'n bosibl bod hyn yn gallu cael ei gyflawni heb niweidio ansawdd cynnyrch y busnes na'i enw da. Os yw'n llwyddo, bydd yn cynyddu elw'r busnes. Bydd hefyd yn gwella maint yr elw net. Ni fydd maint yr elw crynswth yn newid gan nad yw treuliau yn rhan o'r cyfrifo.

Awgrym astudio

Wrth feddwl sut i argymell a chyfiawnhau gwella elw busnes (neu dorri ei gostau), ystyriwch atebion posibl, ond byddwch yn barod hefyd i esbonio pam gallen nhw fod yn llwyddiannus.

Crynodeb

Mae cyfrifon elw a cholled yn cofnodi refeniw, costau ac elw busnes dros gyfnod masnachu penodol. Gall cyfrifon elw a cholled roi llawer o wybodaeth am y busnes i'w randdeiliaid. Mae hyn yn eu helpu nhw i asesu perfformiad y busnes ac i benderfynu a ddylen nhw fuddsoddi yn y busnes neu beidio. Mae'r wybodaeth mewn cyfrifon elw a cholled yn ei gwneud hi'n bosibl cyfrifo meintiau'r elw crynswth a meintiau'r elw net. Gall y wybodaeth hon hefyd helpu rheolwyr busnes i benderfynu sut i leihau costau a/neu sut i gynyddu elw.

Cwestiynau cyflym

1 Nodwch **ddwy** o elfennau cyfrifon elw a cholled. (2 farc)

2 Nodwch **dri** rhanddeiliad fydd o bosibl eisiau edrych ar adroddiadau ariannol busnes. (3 marc)

3 Mae cost gwerthiant busnes yn cael ei thynnu o'i refeniw gwerthiant. Beth yw'r term am y ffigur sy'n ganlyniad i hyn? (1 marc)

4 Esboniwch y gwahaniaeth rhwng cost gwerthiant busnes a'i dreuliau. (4 marc)

5 Beth yw'r gwahaniaeth rhwng elw crynswth ac elw net? (1 marc)

6 Nodwch **ddwy** ffordd o asesu elw busnes drwy gymharu. (2 farc)

7 Beth yw ystyr y term 'cymhareb ariannol'? (2 farc)

8 Dyma wybodaeth am fusnes ar gyfer cwestiynau 8 a 9.
- Elw net: £250,000
- Cost gwerthiant: £900,000
- Refeniw gwerthiant: £1,900,000
- Gorbenion: £700,000

Cyfrifwch beth yw maint yr elw crynswth. (3 marc)

9 Cyfrifwch beth yw maint yr elw net. (2 farc)

10 Nodwch **ddau** reswm pam mae cyfrifon elw a cholled yn bwysig i fusnes. (2 farc)

Astudiaeth Achos

Winter Cyf.

Mae Winter Cyf. yn gwmni cyfyngedig preifat sy'n berchen ar ddwy ganolfan arddio yn Abertawe ac yn eu rhedeg. Mae'n cystadlu â chystadleuwyr mwy fel Wyevale Garden Centres. Mae Winter Cyf. wedi cwblhau ei gyfrif elw a cholled (gweler Tabl 4.9) am y flwyddyn ariannol sydd newydd orffen. Mae rhan o hwn i'w weld isod.

	£
Refeniw	750,000
Cost gwerthiant	440,000
Elw crynswth	**310,000**
Treuliau	222,500
Elw net	**87,500**

Tabl 4.9 Cyfrif elw a cholled Winter Cyf.

Yn y flwyddyn cyn y llynedd:
- elw net Winter Cyf. oedd £85,000
- maint yr elw crynswth oedd 45.52%
- maint yr elw net oedd 15.16%

Mae'r cwmni'n bwriadu prynu trydedd ganolfan arddio yng Nghaerdydd. Mae wedi codi rhywfaint o'r cyllid angenrheidiol, ond mae wedi gofyn i'r banc am fenthyciad o £200,000 er mwyn gallu cwblhau'r fargen. Fodd bynnag, mae prif gyfranddaliwr Winter Cyf. yn poeni am berfformiad ariannol diweddar ei chwmni.

Cwestiynau

1 Nodwch **ddau** randdeiliad allai fod â diddordeb yng nghyfrif elw a cholled Winter Cyf. (2 farc)

2 Defnyddiwch y wybodaeth yn Nhabl 4.9 i esbonio'r gwahaniaeth rhwng elw crynswth ac elw net. (4 marc)

3 Cyfrifwch elw crynswth ac elw net Winter Cyf. am y flwyddyn ariannol sydd newydd orffen. (6 marc)

4 Gwerthuswch a yw prif gyfranddaliwr Winter Cyf. yn iawn i boeni am berffomiad ariannol diweddar y cwmni neu beidio. Rhowch resymau dros eich ateb. (10 marc)

Llif arian

Mae rheoli llif arian yn effeithiol yn rhan hanfodol o reoli busnesau hen a newydd yn llwyddiannus. Mae'r adran hon yn eich cyflwyno chi i lif arian a rhagolygon llif arian gan esbonio'u pwysigrwydd i fusnesau a'u rhanddeiliaid.

Erbyn diwedd yr adran hon, dylech chi wybod am y canlynol:

- pam mae llif arian yn bwysig i fusnesau
- sut a pham mae rhagolygon llif arian yn cael eu llunio, eu cyfrifo a'u dehongli
- effaith rhagolygon llif arian ar fusnes a'i randdeiliaid
- sut i ddatrys problemau llif arian.

Pam mae arian parod yn bwysig?

Tasg bwysig iawn i reolwyr yw rheoli **arian parod** busnes yn effeithiol. Os nad oes gan fusnes ddigon o arian parod, efallai na fydd yn gallu talu ei filiau yn brydlon, neu'n methu eu talu o gwbl efallai. Os na fydd busnes yn gallu talu ei gyflenwyr, mae'n bosibl na fydd yn cael rhagor o gyflenwadau. Efallai na fydd yn gallu talu ei weithwyr. Yn yr amgylchiadau hyn, mae'n debyg y bydd y busnes yn gorfod rhoi'r gorau i fasnachu.

Y prif reswm dros fethiant busnesau bach yw rheoli arian yn wael. Mae wedi'i amcangyfrif bod 70% o fusnesau sy'n methu yn eu blwyddyn gyntaf o fasnachu yn gwneud hynny oherwydd anawsterau **llif arian**. Roedd mwy na 20% o fethiannau busnes yn y DU yn 2015 wedi eu hachosi gan daliadau hwyr neu gwsmeriaid oedd heb dalu.

Mae amser yn bwysig iawn wrth ystyried llif arian. Mae angen i reolwyr fod yn ymwybodol ei bod hi'n bosibl i'r busnes fod yn brin o arian os bydd all-lifoedd o arian yn digwydd cyn i fewnlifoedd ddigwydd. Felly, wrth reoli llif arian, mae'n hollbwysig i reolwyr sicrhau bod mewnlifoedd arian yn digwydd mewn pryd fel bod yr arian ar gael ar gyfer all-lifoedd arian.

Termau allweddol

Arian parod yw arian sydd ar gael i fusnes ei wario ar unwaith. Mae fel arfer yn cynnwys arian papur a darnau arian, ac arian mewn cyfrifon banc.

Llif arian yw'r arian sy'n llifo i mewn i fusnes ac allan ohono o ddydd i ddydd.

Mae busnesau bach yn y DU yn wynebu brwydr anodd i oroesi, gan ystyried bod 60% yn methu o fewn pum mlynedd i ddechrau masnachu. Mae ymchwil diweddar gan yr yswiriwr Direct Line wedi dangos bod busnesau bach y DU yn colli £5.8 biliwn y flwyddyn drwy beidio â mynd ar ôl cwsmeriaid sydd ddim yn talu eu biliau. Yn aml mae'r arian sy'n ddyledus gan y cwsmeriaid hyn yn cael ei ddileu, sy'n golygu na fydd byth yn cael ei dalu. Y term am y rhain yw 'dyledion coll'.

1 **Esboniwch pam mae 'dyledion coll' yn gallu achosi problemau llif arian i fusnes bach.** (4 marc)

Y gwahaniaeth rhwng arian parod ac elw

Mae llif arian yn hollol wahanol i elw. Elw yw'r enw ar faint mae refeniw busnes yn fwy na chyfanswm ei gostau dros gyfnod penodol. Gall elw gael ei dalu i berchenogion busnes fel gwobr am gymryd y risg o fuddsoddi yn y busnes. Dewis arall yw ailfuddsoddi'r elw yn y busnes.

Ar y llaw arall, arian parod yw'r arian sydd ar gael i fusnes ar adeg benodol er mwyn talu ei gyflenwyr, ei weithwyr ac unrhyw gostau eraill.

Manteision sefyllfa llif arian bositif

Os oes gan fusnes lif arian positif mae hynny'n golygu ei fod yn osgoi cyfnodau lle mae ganddo weddill arian parod negatif. Mae hyn yn rhoi nifer o fanteision i'r busnes.

→ Does dim angen i'r busnes fenthyg arian, a gall osgoi talu llog. Mae llawer o fusnesau'n benthyg drwy orddrafftiau i ddelio â chyfnodau llif arian anodd.

→ Bydd mwy o siawns i fusnes allu trefnu benthyciadau tymor hir os oes ganddo lif arian positif. Bydd gan fanciau a benthycwyr posibl eraill fwy o hyder y gall y busnes ad-dalu'r benthyciad yn brydlon.

→ Problemau llif arian yw un o'r prif ffactorau sy'n achosi methiant busnesau. Mae llif arian positif yn helpu i leihau'r risg y bydd busnes yn methu.

⬤ Rhagolygon llif arian

Mewnlifoedd arian

Mae mewnlifoedd arian yn golygu bod arian yn llifo i mewn i fusnes a'i fod ar gael iddo. Mae sawl rheswm pam gallai busnes gael mewnlifoedd arian.

→ **Incwm o werthiant**. Daw mewnlif o arian i fusnes wrth i'r busnes ennill arian drwy werthu nwyddau a gwasanaethau. Y term am hyn yw refeniw gwerthiant neu incwm gwerthiant.

→ **Benthyciadau oddi wrth fanciau**. Mae'n gyffredin i fusnes fenthyca arian er mwyn prynu eitemau newydd fel cerbydau, peiriannau neu eiddo. Pan fydd y benthyciad yn cael ei roi i'r busnes, bydd hyn hefyd yn fewnlif arian i'r busnes.

→ **Arian wedi'i fuddsoddi gan berchenogion**. Pan fydd busnes yn cychwyn, efallai bydd ei berchenogion yn buddsoddi arian ynddo, gan arwain at fewnlif arian. Yn ddiweddarach, efallai bydd cwmni'n gwerthu cyfrannau newydd i greu mewnlif arian.

All-lifoedd arian

Pan fydd busnes yn gwneud taliad, bydd hyn yn creu all-lif o arian. Mae nifer o weithredoedd yn gallu arwain at all-lif arian:

→ **Prynu defnyddiau crai**. Mae angen i'r rhan fwyaf o fusnesau brynu rhai defnyddiau crai er mwyn gallu masnachu yn ôl eu harfer. Er enghraifft, bydd angen i dŷ bwyta brynu cynhwysion i'w troi yn brydau, yn ogystal â phrynu stoc o ddiodydd meddwol a diodydd ysgafn i'w gwerthu i gwsmeriaid. Hefyd mae'n rhaid i fusnesau dalu am egni (trydan a nwy) yn ogystal â dŵr.

→ **Marchnata**. Bydd yn rhaid i fusnes dalu am hysbysebu – er enghraifft, ar orsaf radio leol neu'r rhyngrwyd.

→ **Cyflogau**. Mae pob busnes, yn enwedig y rhai sy'n gwerthu gwasanaethau, yn profi all-lif o arian wrth dalu cyflogau i'r gweithwyr.

→ **Rhent neu forgais**. Mae llawer o fusnesau'n rhentu'r adeiladau lle maen nhw wedi'u lleoli. Gall y rhain fod yn siopau, yn swyddfeydd neu'n ffatrïoedd. Felly mae ganddyn nhw all-lif rheolaidd o arian i dalu eu rhent (neu eu morgais, os ydyn nhw wedi cael benthyciad i brynu'r adeilad).

→ **Llog ar fenthyciadau**. Gwelsom yn gynharach fod benthyciad banc yn arwain at fewnlif o arian. Ond mae ad-dalu'r benthyciad yn arwain at all-lifoedd arian rheolaidd (yn fisol, o bosibl).

→ **Trethi**. Rhaid i fusnesau dalu trethi ar werthiant a threthi ar elw. Mae'r rhain yn achosi all-lifoedd arian.

Mae prynu fan yn gallu achosi all-lif mawr o arian i fusnes bach

Cyfrifo rhagolygon llif arian

Mae'n bosibl llunio tabl o'r mewnlifoedd a'r all-lifoedd o arian y mae rheolwyr busnes yn eu disgwyl. Pan fydd tablau fel hyn yn cael eu llunio fel rhan o'r broses o gynllunio gweithgareddau busnes, cân nhw eu galw'n **rhagolygon llif arian**. Mae ffigurau negatif mewn rhagolwg llif arian yn cael eu dangos mewn cromfachau.

Mae'r rhagolwg llif arian yn Nhabl 4.10 wedi'i lunio gan Peter a Sue, sy'n bwriadu agor tŷ bwyta o'r enw 'The Grammy'.

Term allweddol

Mae **rhagolwg llif arian** yn nodi'r mewnlifoedd a'r all-lifoedd o arian mae busnes yn eu disgwyl dros gyfnod penodol.

	Rhagfyr £	Ionawr £	Chwefror £
Mewnlifoedd arian			
Cynilion Peter a Sue	5,000		
Benthyciad banc	7,500		
Refeniw gwerthiant	3,800	6,000	8,800
Cyfanswm mewnlif arian (A)	**16,300**	**6,000**	**8,800**
All-lifoedd arian			
Prynu stoc bwyd a diod	8,000	4,250	3,900
Cyflogau	4,000	3,500	3,700
Llog ar y benthyciad banc	250	250	250
Rhent (am dri mis)	4,250	–	–
Trydan a nwy	250	220	210
Cyfanswm all-lif arian (B)	**16,750**	**8,220**	**8,060**
Llif arian net (C = A – B)	**(450)**	**(2,200)**	**740**
Gweddill agoriadol (CH)	**1,000**	**550**	**(1,670)**
Gweddill terfynol (D = CH + C)	**550**	**(1,670)**	**(930)**

Tabl 4.10 Rhagolwg llif arian Peter a Sue

Fel arfer mae rhagolygon llif arian yn cael eu trefnu'n dair adran:

→ Mewnlifoedd arian sydd ym mhen uchaf y rhagolwg fel arfer, ac yn gyffredinol mae'r rhain yn cael eu hadio yn gyntaf. Mae mewnlifoedd arian yn rhoi syniad o'r gwerthiant y gall y busnes ei ddisgwyl. Mae hyn yn galluogi'r rheolwyr i amcangyfrif costau (neu'r all-lifoedd arian) yn ddiweddarach. Pan fydd y mewnlifoedd arian yn cael eu hadio at ei gilydd, y canlyniad yw'r 'cyfanswm mewnlif arian' (**A**).

→ Yr ail adran yw'r all-lifoedd arian. Mae'r all-lifoedd hyn yn dangos pryd mae'r busnes yn amseru talu ei gostau sefydlog a'i gostau newidiol. Mae'r all-lifoedd hyn yn cael eu hadio at ei gilydd i roi'r 'cyfanswm all-lif arian' (**B**).

→ Mae'r drydedd adran yn dangos y llif arian net, y gweddill agoriadol a'r gweddill terfynol.

→ Mae rhes y 'llif arian net' (**C**) yn dangos y llif net o arian i mewn i'r busnes ac allan ohono. Er mwyn ei gyfrifo mae angen tynnu'r 'cyfanswm all-lif arian' (**B**) o'r 'cyfanswm mewnlif arian' (**A**).

→ Mae'r swm o arian sydd gan y busnes ar ddechrau'r mis yn cael ei ddangos gan ffigur y 'gweddill agoriadol' (**CH**). Hwn hefyd yw'r ffigur a oedd gan y busnes fel arian ar ddiwrnod masnachu olaf y mis blaenorol. Yn achos The Grammy, 30 Tachwedd oedd y dyddiad hwn. Felly mae gweddill terfynol un mis yn dod yn weddill agoriadol y mis nesaf.

→ Yn olaf, mae'r swm o arian sydd gan y busnes ar ddiwedd y mis yn cael ei ddangos gan ffigur y 'gweddill terfynol' (**D**). I gyfrifo'r gweddill terfynol rydyn ni'n adio'r gweddill agoriadol (**CH**) a'r llif arian net (**C**).

Yn achos tai bwyta, mae prynu cyflenwadau o fwyd a diodydd a thalu cyflogau staff yn achosi all-lifoedd arian mawr

Mae pob ffigur negatif yn cael ei ddangos mewn cromfachau. Er enghraifft, yn rhagolwg Peter a Sue mae'r llif arian net ar gyfer Ionawr a'r gweddill terfynol ar gyfer Chwefror yn negatif.

Awgrym astudio

Peidiwch ag ysgrifennu am elw os yw'n gwestiwn am lif arian. Mae'r rhain yn ddau gysyniad gwahanol iawn, ac mae'n bwysig gwahaniaethu rhyngddyn nhw.

Mentro Mathemateg

Tybiwch fod Peter a Sue yn adolygu eu rhagolwg llif arian ar gyfer Chwefror. Mae rhagfynegiad refeniw gwerthiant The Grammy yn cael ei gynyddu i £10,000. Y swm ar gyfer all-lifoedd i brynu stociau o fwyd a diodydd yw £4,750.

Ailgyfrifwch y rhagolwg llif arian ar gyfer Chwefror ar ôl y newidiadau hyn.

Ystyried busnes: Rhagolwg llif arian y Cathedral Bookshop

Mae Leverett Books Ltd wedi creu rhagolwg llif arian ar gyfer ei siop lyfrau newydd fydd yn agor ym Mhrifysgol Warwick ym mis Ionawr. Mae hwn ar gyfer y pedwar mis cyntaf o fasnachu, ac mae'n cael ei ddangos isod.

	Ionawr	Chwefror	Mawrth	Ebrill
Mewnlifoedd arian				
Elw cadw	12,500	0	0	0
Benthyciad banc	30,000	0	0	0
Refeniw gwerthiant o lyfrau	4,800	6,000	8,500	10,500
Cyfanswm mewnlif arian	**?**	**6,000**	**8,500**	**10,500**
All-lifoedd arian				
Prynu stociau llyfrau	36,000	0	15,000	0
Cyflogau	2,000	2,000	2,200	2,200
Llog ar y benthyciad banc	350	350	350	350
Rhent (am bedwar mis)	0	10,000	0	0
Taliadau ffôn	0	0	0	750
Cyfarpar newydd (fel cyfrifiaduron)	0	0	1,500	2,500
Cyfanswm all-lif arian	**38,350**	**12,350**	**19,050**	**5,800**
Llif arian net	**8,950**	**?**	**(10,550)**	**4,700**
Gweddill agoriadol	**0**	**8,950**	**?**	**(7,950)**
Gweddill terfynol	**8,950**	**2,600**	**(7,950)**	**?**

Tabl 4.11 Rhagolwg llif arian ar gyfer y Cathedral Bookshop, Ionawr–Ebrill

Fodd bynnag, dydy'r rhagolwg ddim yn gyflawn.

1 **Cwblhewch y rhagolwg llif arian ar gyfer y Cathedral Bookshop drwy lenwi'r bylchau sydd â marciau cwestiwn.**

(4 marc)

Dehongli rhagolygon llif arian

Mae rhagolygon llif arian yn dangos i reolwyr neu berchenogion busnes pryd mae'r fenter yn debygol o fod yn brin o arian. Mae hyn yn werthfawr iawn gan ei fod yn gallu helpu i osgoi **argyfwng llif arian**, rhywbeth allai achosi i'r busnes orfod rhoi'r gorau i fasnachu. Os gall rheolwyr y busnes adnabod cyfnod o argyfwng o flaen llaw, gallan nhw gymryd y camau angenrheidiol i osgoi'r broblem llif arian.

Beth gall Peter a Sue ei ddysgu o'u rhagolwg llif arian nhw? Y prif ddarn o wybodaeth yw y bydd eu busnes yn brin o arian ym misoedd Ionawr a Chwefror. Yn ôl y rhagolwg, erbyn diwedd Ionawr byddan nhw wedi gwario £1,670 yn fwy nag sydd gan y busnes ar gael.

Mae'r rhagolwg llif arian hefyd yn rhoi gwybodaeth i Peter a Sue am beth sy'n achosi mewnlifoedd ac all-lifoedd arian y busnes. Bydd y wybodaeth hon yn eu helpu nhw i benderfynu sut i wella sefyllfa arian The Grammy. Er enghraifft, mae refeniw gwerthiant y tŷ bwyta yn isel iawn ym mis Ionawr. Gallai Peter a Sue gynnig bargeinion arbennig i bobl sy'n bwyta yno: er enghraifft, potel o win am ddim gyda phryd i ddau. Gallai hyn helpu i ddenu mwy o gwsmeriaid a chynyddu refeniw gwerthiant Ionawr. Gallai hynny yn ei dro wella llif arian net y tŷ bwyta am y mis.

● Effaith rhagolygon llif arian

Mae llunio a dehongli rhagolygon llif arian yn gallu effeithio'n sylweddol ar fusnes a'i randdeiliaid.

Y busnes a'i reolwyr

Mae'n bosibl dadlau bod y busnes yn elwa fwyaf o ddefnyddio rhagolygon llif arian. Er nad yw rhagolygon llif arian yn gywir bob amser, maen nhw'n gallu helpu rheolwyr a pherchenogion busnes i osgoi gwneud penderfyniadau allai fod yn niweidiol iawn i'r busnes. Mae'n gwneud synnwyr i reolwyr ystyried effaith eu penderfyniadau ar y llif arian, yn enwedig y penderfyniadau mawr. Mae hyn yn golygu y gallan nhw ymateb mewn dwy ffordd i broblemau llif arian posibl y rhagolwg:

(i) Peidio â bwrw ymlaen â'r penderfyniad ac osgoi'r broblem.

(ii) Rhoi cynlluniau ar waith i ddelio â'r prinder arian sy'n cael ei ragfynegi – er enghraifft, cael benthyg arian gan fanc.

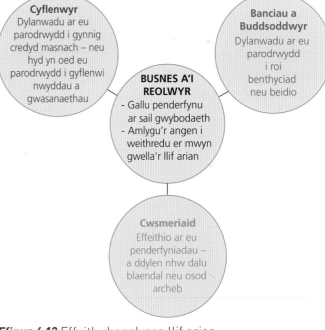

Ffigur 4.13 Effaith rhagolygon llif arian

Gwelsom yn gynharach fod Peter a Sue yn ystyried agor tŷ bwyta o'r enw The Grammy. Gwelsom hefyd fod eu rhagolwg llif arian yn rhagfynegi y byddai gan eu busnes weddill arian negatif ym misoedd Ionawr a Chwefror. Mae'r ffigur negatif yn gymharol fach ar gyfer busnes o'r maint hwn, ond gallai achosi problemau os nad oes gan Peter a Sue gynlluniau ar gyfer ei reoli. Pe bai'r rhagolwg wedi awgrymu ffigur negatif o £10,000 er enghraifft, efallai byddai Peter a Sue wedi penderfynu peidio ag agor eu tŷ bwyta.

Banc y busnes neu fuddsoddwyr eraill

Gall rhagolwg llif arian helpu banc y busnes, neu fuddsoddwyr eraill, i benderfynu a ddylen nhw roi benthyg arian iddo neu beidio. Mae'r rhagolwg llif arian yn darparu gwybodaeth bwysig sy'n dangos a fydd y busnes yn gallu ad-dalu unrhyw fenthyciadau. Felly, os yw rhagolwg llif arian y busnes yn dangos gweddill terfynol negatif dros gyfnod lle dylai fod yn gwneud ad-daliadau, efallai bydd y banc neu'r buddsoddwr yn poeni am beidio â chael ei ad-dalu. Os na all y busnes esbonio sut bydd yn datrys y problemau llif arian hyn, efallai na fydd yn cael y benthyciad.

Cyflenwyr y busnes

Mae llawer o fusnesau'n cael credyd masnach sy'n rhoi amser iddyn nhw dalu am nwyddau a gwasanaethau gan gyflenwyr. Gan ei fod yn gohirio all-lifoedd arian, gall hyn helpu busnes i reoli ei sefyllfa arian yn effeithiol. Ond efallai bydd cyflenwr eisiau gweld rhagolwg llif arian cyn cytuno i gynnig credyd masnach. Dydy cyflenwyr ddim eisiau rhoi nwyddau a gwasanaethau i gwsmer a pheidio â chael eu talu oherwydd nad oes gan y busnes ddigon o arian. Yn 2016 dangosodd ymchwil fod problemau llif arian gan lawer o ffermydd y DU. Gall hyn olygu bod cyflenwyr cynhyrchion fel bwyd anifeiliaid a gwrtaith yn llai parod i gynnig credyd masnach.

Gall adeiladwyr tai wynebu bwlch amser hir rhwng all-lifoedd arian a mewnlifoedd arian pan fydd y tai'n cael eu gwerthu. Gall hyn arwain at brinder arian

Felly, gall rhagolygon llif arian helpu i dawelu meddyliau cyflenwyr. Ond os bydd cyflenwyr yn poeni am sefyllfa arian busnes ar sail ei ragolygon llif arian, efallai byddan nhw'n mynnu cael eu talu cyn dosbarthu'r cynhyrchion. Efallai na fyddan nhw'n fodlon cyflenwi busnesau sydd â sefyllfa arian wan iawn.

Cwsmeriaid y busnes

Gall cwsmeriaid boeni am sefyllfa arian busnes am ddau reswm.

(i) Efallai bydd cwsmeriaid yn talu cyn derbyn nwyddau a gwasanaethau. Er enghraifft, os yw rhywun yn cael adeiladwr i adeiladu estyniad i'w dŷ, efallai bydd yn gorfod talu rhan o'r gost cyn i'r gwaith ddechrau. Yr enw ar y taliad hwn yw'r blaendal. Y bwriad yw rhoi arian i'r adeiladwr ar gyfer prynu'r defnyddiau angenrheidiol. Ond os bydd yr adeiladwr yn mynd yn brin o arian cyn i'r gwaith adeiladu ddechrau a'i fusnes yn methu, efallai bydd y cwsmer yn colli'r blaendal.

(ii) Efallai bydd rhai busnesau eisiau i gyflenwyr ddarparu llif cyson o nwyddau neu wasanaethau er mwyn i'w menter barhau i fasnachu. Gallai anawsterau llif arian atal hyn.

Am y rheswm hwn, gall rhagolygon llif arian dawelu meddyliau. Mae busnes yn annhebygol o roi gwybodaeth fanwl am ei lif arian i'r rhan fwyaf o'i gwsmeriaid. Ond os yw cwsmer yn fusnes mawr, efallai bydd angen y wybodaeth hon i gael archebion yn y dyfodol.

● Rheoli problemau llif arian

Mae'r rhan fwyaf o fusnesau'n wynebu problemau llif arian rywbryd neu'i gilydd. Cam allweddol yn y broses o ddatrys y problemau hyn yw deall beth sy'n eu hachosi.

Achosion problemau llif arian

Mae problem llif arian yn codi os yw busnes yn cael trafferth talu ei ddyledion pan ddaw'n amser eu talu. Os oes gan fusnes lif arian negatif dros gyfnod o amser, gall ei sefyllfa ariannol fynd yn wan iawn.

Gall busnesau wynebu problemau llif arian am nifer o wahanol resymau.

→ **Rheoli gwael**. Mae hyn yn rheswm cyffredin dros broblemau llif arian. Efallai na fydd rheolwyr yn ymwybodol o bwysigrwydd rheoli llif arian ac efallai na fyddan nhw'n cynllunio'n ofalus. Mae hyn yn fwy tebygol gyda busnesau bach sydd heb gyflogi rheolwyr cyllid arbenigol o bosibl. Gall rheolwyr profiadol hyd yn oed wneud penderfyniadau sy'n gwanhau sefyllfa llif arian eu busnes. Er enghraifft, gallai rheolwr wario gormod ar stoc defnyddiau crai gan achosi all-lif o arian ymhell cyn i fewnlifoedd ddod i mewn drwy werthiant.

Mae llawer o fusnesau'n gadael i gwsmeriaid brynu nawr a thalu'n ddiweddarach. Gall hyn helpu i ddenu cwsmeriaid, ond gallai achosi anawsterau llif arian

→ **Mae'r busnes yn gwneud colled**. Mae busnes yn gwneud colled os yw ei gostau cynhyrchu yn fwy na'i refeniw gwerthiant dros gyfnod o amser. Bydd busnes sy'n gwneud colled mewn perygl o fynd yn brin o arian ar ryw adeg. Bydd hyn yn digwydd oherwydd bod mwy o arian yn llifo allan o'r busnes nag mae'n ei dderbyn.

→ **Cynnig gormod o amser i gwsmeriaid dalu**. Pan fydd busnes yn rhoi amser i gwsmer dalu am nwyddau neu wasanaethau, yr enw ar hyn yw credyd masnach. Efallai bydd rheolwyr yn rhy hael wrth gynnig credyd masnach i gwsmeriaid, yn enwedig os ydyn nhw'n awyddus i gynyddu gwerthiant y busnes. Mae cynnig credyd masnach o 60 diwrnod i gwsmer mawr, er enghraifft, yn golygu bod y busnes yn gorfod aros dau fis am y mewnlif arian hwnnw. Yn y cyfamser, efallai na fydd yn gallu talu ei filiau ei hun yn brydlon.

Datrys problemau llif arian

Pan fydd rheolwyr yn wynebu problemau llif arian, gallan nhw ddefnyddio nifer o wahanol ffyrdd o'u datrys, gan gynnwys y rhai ar y dudalen nesaf.

Cynyddu refeniw gwerthiant

Efallai bydd yn bosibl i fusnes greu mwy o refeniw gwerthiant er mwyn annog mewnlifoedd ychwanegol o arian. Mae llawer o dafarnau'n cynnig prydau bwyd a rhai'n darparu lletu, yn enwedig os ydyn nhw mewn lleoliadau sy'n boblogaidd gan dwristiaid. Gall hyn greu mewnlif sylweddol o arian, sy'n golygu nad ydyn nhw'n dibynnu ar fewnlif arian o werthu alcohol yn unig. Gall busnes godi ei brisiau er mwyn creu mwy o refeniw – os na fydd hyn yn arwain at golli gormod o gwsmeriaid. Gall hyn fod yn ddull da i fusnes os oes ganddo gwsmeriaid ffyddlon. Yn yr un modd, mae rhai busnesau'n hyrwyddo cynigion arbennig, fel y cyfle i ennill gwobr, i ddenu cwsmeriaid ac i gynyddu gwerthiant a refeniw o werthiant.

Fodd bynnag, gall y datrysiad hwn gymryd amser i fod yn effeithiol, a gall olygu all-lifoedd ychwanegol o arian wrth i'r fenter newydd gael ei datblygu.

Lleihau costau

Os gall busnes leihau ei gostau, dylai hynny leihau all-lifoedd arian. Mae'n bosibl lleihau costau drwy gyflogi llai o staff neu gadw stociau llai o ddefnyddiau crai. Fel dewis arall, gallai'r busnes geisio defnyddio ffynonellau rhatach o danwydd neu ddefnyddiau crai.

Ond gall hyn olygu bod y busnes yn cyflenwi nwyddau a gwasanaethau o safon is gan fod yr adnoddau sy'n cael eu defnyddio wrth gynhyrchu yn rhai israddol. Yn y tymor hir, efallai bydd yn colli cwsmeriaid o ganlyniad i hyn.

Gohirio taliadau

Efallai bydd yn bosibl i fusnes gytuno â'i gyflenwyr, neu ag eraill y mae arno arian iddyn nhw, i ohirio ei daliadau (ac felly ei all-lifoedd arian). Os bydd hyn yn rhoi digon o amser i'r busnes dderbyn mewnlifoedd o arian, gall y broblem gael ei datrys. Fel dewis arall, efallai bydd busnes yn gallu perswadio cwsmeriaid i dalu'n gynt, gan gyflymu mewnlifoedd arian drwy hynny. Yn aml gall busnesau gynnig gostyngiad i gwsmeriaid am dalu'n gynnar. Yn yr un modd, gallan nhw fynd ar ôl cwsmeriaid sydd heb dalu a'u perswadio nhw i dalu ar unwaith.

Mae gan y dull hwn anfanteision. Efallai na fydd cyflenwyr yn fodlon rhoi gostyngiad os yw'r busnes eisiau mwy o amser i dalu ei filiau. Gallai mynd ar ôl cwsmeriaid fod yn amhoblogaidd, a gallai'r rheini wedyn ddewis prynu gan gystadleuwyr.

Arian ychwanegol

Gall busnes geisio dod o hyd i ffynonellau eraill o arian i gryfhau ei sefyllfa ariannol. Un dewis yw defnyddio gorddrafft banc. Mae gorddrafft yn fenthyciad hyblyg tymor byr sy'n gallu rhoi'r arian angenrheidiol i fusnes. Yn y bôn, mae trefnu gorddrafft yn creu mewnlif o arian yn syth.

Fodd bynnag, gall gorddrafftiau fod yn ddull cymharol ddrud o fenthyca. Os bydd busnes yn eu defnyddio nhw'n helaeth, gallai hynny gael effaith negyddol ar ei elw. Gall banciau ofyn hefyd fod gorddrafft yn cael ei ad-dalu ar unwaith, gan achosi argyfwng llif arian i'r busnes.

<aside>

Awgrym astudio

Yn aml mae datrys problemau llif arian yn creu problemau eraill. Wrth ateb cwestiynau marciau uwch am lif arian, efallai bydd angen i chi drafod y rhain gan y bydd angen i chi gyfiawnhau'ch dewis o ddull i ddatrys problemau llif arian.

</aside>

Ystyried Busnes: Mae disgwyl i Fastjet fynd yn brin o arian parod

Cwmni hedfan sy'n gweithredu yn Tanzania yn Affrica yw Fastjet. Mae ganddo enw am brisiau isel ei docynnau. Ond dydy'r cwmni ddim yn broffidiol. Gwnaeth golled o $25 miliwn yn 2015, yn bennaf oherwydd bod refeniw o werthiant tocynnau ($65 miliwn) yn is na'r rhagfynegiad.

Mae un o gyfranddalwyr y cwmni wedi bod yn feirniadol iawn o reolwyr y cwmni. Mae Syr Stelios Haji-Ioannou wedi dweud nad yw'n gwneud synnwyr i'r cwmni fod â'i brif swyddfa ddrud yn Gatwick, Sussex, y DU, ond gan weithredu yn Tanzania. Mae e wedi dweud ei fod yn disgwyl i'r cwmni fynd yn brin o arian parod.

Mae angen llawer iawn o arian i weithredu cwmni hedfan

1 **Esboniwch un rheswm posibl pam gallai Fastjet gael problemau llif arian.** (4 marc)

Crynodeb

Llif arian yw'r arian sy'n llifo i mewn i fusnes ac allan ohono dros gyfnod penodol o amser. Mae busnesau'n rhagfynegi eu llifoedd arian er mwyn lleihau'r siawns o wynebu problemau llif arian. Yn aml mae busnesau sydd â rheolwyr gwael a busnesau sy'n gwneud colledion yn dioddef problemau llif arian. Gall busnesau gymryd nifer o gamau i wella eu sefyllfa llif arian, gan gynnwys gohirio taliadau a chynyddu refeniw gwerthiant.

Cwestiynau cyflym

1 Beth yw'r gwahaniaeth rhwng arian parod ac elw? (4 marc)

2 Beth yw'r gwahaniaeth rhwng mewnlif arian ac all-lif arian? (3 marc)

3 Pa **ddau** o'r canlynol fyddai'n debygol o arwain at fewnlif arian yn achos gwesty?

  (i) Taliad am gyflenwadau o fwyd

  (ii) Taliad am bryd bwyd gan bobl sy'n bwyta yno

  (iii) Taliad am fil trydan y gwesty

  (iv) Taliad gan gwsmeriaid am aros yn y gwesty am noson (2 farc)

4 Nodwch **ddwy** ffynhonnell bosibl o all-lif arian ar gyfer siop fara. (2 farc)

5 Defnyddiwch y data isod i ateb cwestiynau 5 a 6. Dyma ddata busnes ar gyfer mis Chwefror.

  ● Gweddill agoriadol: (£250,000)

  ● Mewnlifoedd arian: £3,250,000

  ● All-lifoedd arian: £3,150,000

Cyfrifwch beth yw llif arian net y busnes ar gyfer mis Chwefror. (2 farc)

6 Cyfrifwch beth yw gweddill terfynol y busnes ar gyfer mis Chwefror. (2 farc)

7 Disgrifiwch effaith bosibl rhagolygon llif arian ar gyflenwyr busnes. (2 farc)

8 Nodwch **ddau** reswm pam mae rhagolygon llif arian yn bwysig i fusnesau. (2 farc)

9 Esboniwch pam gallai cynnig telerau credyd masnach rhy hael i gwsmeriaid achosi problemau llif arian. (3 marc)

10 Nodwch **ddwy** anfantais bosibl i fusnes o ddefnyddio gorddrafft fel ffordd o ddatrys problem llif arian. (2 farc)

Astudiaeth achos

Garej Kimmi

Mae Kimmi'n berchen ar garej sy'n trwsio a thrin ceir ac mae hi hefyd yn rhedeg y garej. Mae Kimmi newydd gytuno i brynu ei chyflenwadau gan gwmni gwahanol. Mae prisiau'r cwmni'n isel ond rhaid talu wrth osod yr archeb. Roedd ei chyflenwr blaenorol yn rhoi dau fis iddi dalu. Mae Kimmi'n rhoi un mis i'w chwsmeriaid dalu eu biliau.

Mae ei busnes wedi bod yn llwyddiannus yn y gorffennol, ond mae hi'n poeni am ddyfodol y busnes, yn enwedig ei lif arian. Mae'r ffigurau yn ei rhagolwg llif arian diweddaraf yn creu gofid. Mae Kimmi'n fecanydd ceir profiadol, ond nid yw'n gwybod llawer am gyllid. Nid yw'n siŵr beth i'w wneud.

	Ionawr	Chwefror	Mawrth	Ebrill
Mewnlifoedd arian				
Refeniw gwerthiant	3,300	4,250	3,950	3,750
Cyfanswm mewnlif arian	**3,300**	**4,250**	**3,950**	**3,750**
All-lifoedd arian				
Cyflogau	1,500	1,800	1,800	2,000
Llog ar fenthyciad banc	450	450	450	450
Prynu defnyddiau	1,500	1,400	1,200	1,300
Ffôn a gwresogi	350	150	150	160
Hysbysebu	700	600	300	300
Cyfanswm all-lif arian	**4,500**	**4,400**	**3,900**	**4,210**
Llif arian net	**(1,200)**		**50**	**(460)**
Gweddill agoriadol	**245**	**(955)**	**(1,105)**	**(1,055)**
Gweddill terfynol	**(955)**	**(1,105)**	**(1,055)**	

Tabl 4.12 Rhagolwg llif arian Kimmi

Cwestiynau

1 Cwblhewch y ffigurau canlynol yn rhagolwg llif arian Kimmi:
   - y llif arian net ar gyfer Chwefror
   - y gweddill terfynol ar gyfer Ebrill. [2 farc]

2 Esboniwch pam mae'r ffigurau yn ei rhagolwg llif arian o bosibl wedi gwneud i Kimmi boeni. [4 marc]

3 Dadansoddwch pam mae busnes Kimmi'n wynebu problemau llif arian. [6 marc]

4 Mae'r rhagolwg yn dangos y bydd busnes Kimmi'n wynebu problemau llif arian yn ystod y pedwar mis nesaf. Gwerthuswch sut gallai Kimmi wella llif arian ei garej. [10 marc]

Perfformiad ariannol

Rhaid i reolwyr a rhanddeiliaid eraill busnes ddefnyddio'r hyn maen nhw'n ei wybod am faterion ariannol i ddadansoddi gwybodaeth ariannol. Mae hyn yn eu galluogi nhw i ddatrys problemau, asesu a phenderfynu yn well. Bydd y bennod hon yn archwilio sut gall gwybodaeth ariannol gael ei defnyddio i ddadansoddi perfformiad busnes a gwneud penderfyniadau.

Erbyn diwedd yr adran hon, dylech chi wybod am y canlynol:

- sut mae data am refeniw, costau, elw, cyfrifon elw a cholled a rhagolygon llif arian yn cael eu defnyddio i ddadansoddi perfformiad busnes a gwneud penderfyniadau busnes
- sut mae data ansoddol yn cael eu defnyddio yn sail ar gyfer penderfyniadau busnes.

⬤ Mathau o ddata ariannol

Gall data ariannol gael eu dosbarthu'n ddau fath: **data meintiol** a **data ansoddol**. Mae data meintiol yn darparu gwybodaeth sy'n gallu cael ei mesur. Gall y data hyn hefyd gael eu hysgrifennu ar ffurf rifiadol neu o bosibl eu dangos mewn graff neu siart. Mae elw busnes dros nifer o flynyddoedd yn enghraifft o ddata meintiol. Mae data ansoddol yn bwysig ond yn anodd eu mesur.

Data meintiol

Rydych chi wedi gweld amrywiaeth o ddata ariannol hyd yma yn y bennod hon. Mae'r data hyn yn ymwneud â'r canlynol:

→ costau sefydlog, costau newidiol a chyfanswm y costau
→ refeniw gwerthiant
→ elw crynswth ac elw net
→ cymarebau ariannol – maint yr elw crynswth a maint yr elw net
→ llif arian

Caiff y data hyn i gyd eu mynegi ar ffurf rifiadol. Gallan nhw gael eu cyflwyno fel ychydig rifau, fel tablau ffigurau neu ar ffurf siartiau, fel yn achos data adennill costau.

Data ansoddol

Pan fydd rheolwyr a rhanddeiliaid eraill yn dadansoddi data ariannol, byddan nhw'n ystyried rhywfaint o ddata ansoddol. Mae nifer o agweddau ansoddol ar benderfyniadau ac asesiadau ariannol. Mae'r rhain yn bwysig ond yn anodd iawn eu mesur.

Materion amgylcheddol a moesegol

Ym Mhennod 2 cafodd materion amgylcheddol a moesegol eu hystyried yn fanwl. Yn aml mae canlyniadau moesegol ac amgylcheddol i benderfyniadau ac asesiadau ariannol. Felly, wrth ddadansoddi data ariannol, bydd rhanddeiliaid yn aml yn ystyried goblygiadau moesegol ac amgylcheddol y data ariannol.

Er enghraifft, os yw busnes yn buddsoddi mewn ffatri yng Ngwlad Pwyl yn lle ffatri yn y DU, efallai bydd y rhagfynegiad yn awgrymu y bydd hynny'n arwain at elw da. Gall hynny gael ei fesur mewn nifer o ffyrdd gan ddefnyddio data meintiol. Ond mae ffactorau ansoddol i'w hystyried hefyd. Ydy hwn yn benderfyniad moesol, a beth fydd barn cwsmeriaid amdano? Allai'r busnes golli cwsmeriaid o ganlyniad? Mae cludo cynhyrchion o Wlad Pwyl i'r DU hefyd yn ychwanegu at dagfeydd traffig ac yn cyfrannu at lygredd aer. Mae hyn yn creu costau i bobl eraill. Dylai'r ffactorau hyn effeithio ar ddadansoddi'r data.

Enw da'r busnes

Gall penderfyniadau ariannol effeithio ar y ffordd y caiff y busnes ei weld gan nifer o wahanol randdeiliaid. Mae llawer o fanciau yn y DU yn cau nifer o'u canghennau lleol mewn trefi a dinasoedd ar hyn o bryd. Bwriad hyn yn rhannol yw lleihau costau a chynyddu elw. Wrth ddadansoddi'r data meintiol, gallem ni awgrymu bod hwn yn benderfyniad da gan ei bod yn rhatach cynnig mwy o wasanaethau bancio ar-lein. Ond bydd cau banc yn cael effaith sylweddol ar gymuned leol. Yn ei dro, gall hynny niweidio enw da'r banc.

Perthynas â'r gweithwyr

Os yw rheolwyr yn gwneud penderfyniadau ar sail data ariannol meintiol yn unig, gall hynny gael effaith fawr ar weithlu'r busnes dan sylw. Er enghraifft, gallai'r penderfyniad i ddefnyddio mwy o dechnoleg wrth gynhyrchu ymddangos yn benderfyniad ariannol cadarn. Gallai leihau costau a chynyddu elw yn y tymor hir. Ond sgil effaith bosibl yw colli swyddi. Gall y gweithwyr sy'n dal yn eu swydd deimlo'n ansicr, gan ofni rhagor o ddiswyddo. Efallai bydd llawer o weithwyr talentog yn gadael, a gallai perfformiad gweithlu'r busnes ddirywio.

● Dadansoddi data ariannol

Mae'r adran hon yn datblygu'r deunydd o adrannau blaenorol y bennod. Defnyddiwn ddwy senario i ddangos sut gall data ariannol gael eu dadansoddi a sut gall asesiadau gael eu gwneud gan ddefnyddio'r wybodaeth. Ond yn gyntaf mae angen ystyried sut i ddadansoddi data ariannol.

Awgrym astudio

Wrth ddarllen astudiaethau achos, edrychwch yn ofalus am dystiolaeth sy'n gysylltiedig â data ansoddol. Er enghraifft, efallai bydd yr astudiaeth achos yn nodi bod y busnes yn dweud ei fod yn gwmni moesegol sy'n ecogyfeillgar. Os felly, mae'n bwysig ystyried yr effeithiau ar sefyllfa foesegol ac amgylcheddol y busnes pan fyddwch chi'n dadansoddi unrhyw ddata ariannol meintiol.

Sut i ddadansoddi data ariannol

Mae nifer o bethau pwysig i chwilio amdanyn nhw wrth ddadansoddi data ariannol.

→ **Y duedd**. A yw sefyllfa ariannol y busnes yn gwaethygu dros amser, neu a yw'n gwella? Efallai, er enghraifft, y bydd elw'n gostwng i ddechrau o ganlyniad i benderfyniad i ostwng prisiau. Ond efallai y bydd yn gwella dros amser. Yn yr achos hwn gall fod yn well cymryd safbwynt tymor hirach.

→ **Maint y newidiadau**. Yn aml mae'n ddefnyddiol cymharu un rhif â rhif arall er mwyn asesu pwysigrwydd penderfyniad. Er enghraifft, gall gwerth cynnydd mewn elw gael ei asesu drwy ei gymharu â'r gwerthiant ychwanegol oedd yn angenrheidiol i'w gyflawni (gan ddefnyddio meintiau yr elw).

→ **Ydy'r data'n dweud stori gyson?** Weithiau mae rhannau gwahanol o'r data yn rhoi gwybodaeth sy'n gwrthdaro â'i gilydd. Efallai fod penderfyniad yn cynyddu elw tymor byr yn ôl data meintiol. Ond gallai data ansoddol ddweud stori wahanol. Wrth i randdeiliaid ddod i wybod am y penderfyniad, efallai byddan nhw'n ddig wrth y busnes oherwydd, er enghraifft, ei fod yn defnyddio llafur rhad o wlad dramor. Byddai angen i unrhyw asesiad o'r data gydbwyso'r ddau ffactor hyn.

Senario un: Cadw'r cwsmeriaid yn hapus

Mae Wolfson Ltd yn cyflenwi dodrefn i fusnesau ledled y DU. Mae'n gweithgynhyrchu amrywiaeth o fyrddau, cadeiriau, desgiau a soffas sy'n addas ar gyfer swyddfeydd a siopau. Ond dros y ddwy flynedd ddiwethaf mae ei werthiant wedi lleihau ac mae wedi colli cyfran o'r farchnad i'w gystadleuwyr. O ganlyniad, mae ei elw wedi gostwng i £12.20 miliwn.

Naw mis yn ôl, penderfynodd rheolwyr y cwmni gynnig cyfnod hirach o gredyd masnach i'w gwsmeriaid. Cyn hynny, roedd cwsmeriaid Wolfson Ltd yn cael aros un mis ar ôl derbyn eu dodrefn cyn gorfod talu amdanyn nhw. Dan y trefniant newydd, cafodd y cyfnod hwn o gredyd masnach ei ymestyn i dri mis. Ar yr un pryd â'r newid hwn, lansiodd y cwmni gasgliad newydd o ddodrefn ecogyfeillgar.

Ar ôl cyfnod o naw mis, cafodd tîm rheoli Wolfson Ltd gyfarfod i werthuso eu dewis, ac i benderfynu a ddylen nhw barhau â chredyd masnach o dri mis ar gyfer cwsmeriaid neu beidio.

Aethon nhw ati i ddadansoddi'r wybodaeth yn Nhablau 4.13 a 4.14.

Costau a refeniw am naw mis	£m
Refeniw gwerthiant	**57.25**
Costau sefydlog	15.61
Costau newidiol	28.12
Cyfanswm y costau	**43.73**
Elw	**13.52**

Tabl 4.13 Refeniw, costau ac elw Wolfson Ltd am naw mis, ar ôl penderfynu ymestyn credyd masnach i dri mis

Eitem	Misoedd 1–3 £m	Misoedd 4–6 £m	Misoedd 7–9 £m
Mewnlifoedd arian	9.58	13.15	18.04
All-lifoedd arian	13.01	16.23	18.16
Llif arian net	**(3.43)**	**(3.08)**	**(0.12)**
Gweddill agoriadol	1.12	(2.31)	(5.39)
Gweddill terfynol	**(2.31)**	**(5.39)**	**(5.51)**

Tabl 4.14 Sefyllfa llif arian Wolfson Ltd ar ôl penderfynu ymestyn credyd masnach i dri mis

Dadansoddi'r data

Gallai rheolwyr Wolfson Ltd fod yn eithaf hapus â'r ffordd mae elw'r cwmni wedi gwella ers iddyn nhw benderfynu ymestyn cyfnod y credyd masnach i dri mis ar gyfer ei gwsmeriaid. Mae ei elw am y naw mis wedi cynyddu o £12.20 miliwn yn y flwyddyn flaenorol i £13.52 miliwn. Mae hwn yn gynnydd sylweddol mewn elw gan mai dim ond am naw mis mae'r cwmni wedi gweithredu ei reolau credyd masnach newydd. Byddai'r rheolwyr yn fodlon iawn ar yr agwedd hon ar y data ariannol.

Ond byddai canlyniadau llif arian y penderfyniad yn achos gofid i reolwyr y cwmni. Mae Tabl 4.14 yn dangos bod y gweddill terfynol wedi mynd yn fwy a mwy negatif. Gallai hyn achosi problemau difrifol i'r cwmni gan fod angen iddo ganfod ffyrdd o ariannu ffigur negatif o £5.51 miliwn. Byddai cost gorddrafft i ddatrys hyn yn sylweddol. Er hynny, mae llif arian net y cwmni yn gwella ac yn y tri mis olaf, dim ond £0.12 miliwn oedd y ffigur negatif.

Mae rhywfaint o wybodaeth ansoddol yma hefyd. Cyflwynodd Wolfson Ltd gasgliad newydd o ddodrefn moesegol ar yr un pryd ag ymestyn y credyd masnach roedd yn ei gynnig. Gallai hyn fod wedi cael effaith bositif ar y ffigurau, ond mae'n amhosibl asesu i ba raddau roedd hynny ar sail y data sydd yma.

Yn gyffredinol, mae'r naw mis cyntaf yn edrych yn addawol i'r cwmni. Ond, bydd yn rhaid iddo wneud yn siŵr ei fod yn ariannu ei ffigur arian negatif a gobeithio y bydd yn gwella.

Bu'n rhaid i reolwyr Wolfson Ltd ystyried data ariannol ar ffurf costau, refeniw ac elw yn ogystal â llif arian

Senario dau: Y cyfrif elw a cholled cyntaf

Dri mis yn ddiweddarach, roedd rheolwyr Wolfson Ltd yn adolygu ei flwyddyn gyntaf o fasnachu gyda'i bolisi newydd o gredyd masnach o dri mis. Mae Tabl 4.15 yn dangos y cyfrif elw a cholled am y flwyddyn ddiweddaraf a'r flwyddyn flaenorol.

Eitem	Y flwyddyn ddiweddaraf	Y flwyddyn flaenorol
Refeniw gwerthiant	78.44	63.78
Cost gwerthiant	38.98	31.80
Elw crynswth	**39.46**	**31.98**
Treuliau	20.82	19.78
Elw net	**18.64**	**12.20**

Tabl 4.15 Cyfrifon elw a cholled Wolfson Ltd am ddwy flynedd

Dadansoddi'r data

Mae'n debygol bod y gwelliant yn elw'r cwmni wedi creu argraff dda ar dîm rheoli Wolfson Ltd. Y flwyddyn ddiweddaraf uchod oedd y flwyddyn gyntaf o fasnachu ar ôl newid y drefn credyd masnach a lansio'r casgliad newydd o ddodrefn ecogyfeillgar.

Mae ei elw wedi cynyddu £6.44 miliwn, sy'n gynnydd o fwy na 50%. Roedd cynyddu elw'n bwysig ar ôl y gostyngiad blaenorol mewn elw. Un ffigur nodedig o Dabl 4.15 oedd treuliau'r cwmni – doedden nhw ddim wedi codi'n sylweddol ar ôl y cynnydd mawr mewn gwerthiant.

Rydyn ni'n gallu cyfrifo meintiau'r elw ar gyfer y cwmni gan ddefnyddio'r fformiwlâu gafodd eu nodi yn gynharach yn y bennod hon. Mae hyn yn helpu i ddadansoddi'r cyfrif elw a cholled ymhellach, fel sydd i'w weld yn Nhabl 4.16.

Blwyddyn	Elw crynswth £m	Elw net £m	Refeniw gwerthiant £m	Maint yr elw crynswth	Maint yr elw net
Y flwyddyn ddiweddaraf	39.46	18.64	78.44	50.31%	23.76%
Y flwyddyn flaenorol	31.98	12.20	63.78	50.14%	19.13%

Tabl 4.16 Cymarebau meintiau elw Wolfson Ltd ar gyfer dwy flynedd

Mae'r ffigurau ar gyfer meintiau'r elw yn rhoi mwy o wybodaeth i ni drwy gymharu ffigurau elw'r cwmni â'i refeniw gwerthiant. Mae maint yr elw crynswth yn y ddwy flynedd yn debyg iawn, sef ychydig dros 50%. Ond mae ffigur maint yr elw net dros y flwyddyn ddiweddaraf yn welliant mawr ar y flwyddyn flaenorol. Y ffigur yw 23.75%, sy'n golygu bod bron 24 ceiniog ym mhob punt o werthiant yn elw net. Mae'n ganran uchel. Mae'n cymharu'n ffafriol iawn â'r ffigur o 19.13% yn y flwyddyn flaenorol – sef tua 19 ceiniog ym mhob punt o werthiant.

Mae'n debygol y bydd y rheolwyr yn barnu bod perfformiad y cwmni o ran elw wedi bod yn dda ac yn well nag yn y flwyddyn flaenorol. Dydyn ni ddim yn gwybod, wrth gwrs, sut elw mae cystadleuwyr Wolfson Ltd wedi ei wneud dros y ddwy flynedd hyn. Byddai'r data ariannol hynny yn gadael i ni asesu ar sail gwybodaeth well.

Crynodeb

Mae'n rhaid i reolwyr a rhanddeiliaid eraill ddadansoddi perfformiad ariannol busnes. Gallan nhw ystyried data meintiol a data ansoddol fel rhan o'u dadansoddi. Mae'r canlyniadau'n cael eu defnyddio i helpu busnesau i wneud penderfyniadau pwysig.

Cwestiynau cyflym

1 Disgrifiwch y gwahaniaeth rhwng data ariannol ansoddol a data ariannol meintiol. (4 marc)

2 Nodwch **ddwy** enghraifft o ddata ansoddol y gallai rheolwyr eu hystyried wrth wneud penderfyniad ariannol. (2 farc)

3 Nodwch **ddwy** gymhareb ariannol y gallech chi eu defnyddio i helpu i ddadansoddi perfformiad busnes o ran ei elw. (2 farc)

4 Pa **ddau** o'r canlynol mae eu hangen er mwyn cyfrifo maint yr elw net ar gyfer busnes?
(i) Refeniw gwerthiant
(ii) Cost gwerthiant
(iii) Elw crynswth
(iv) Elw net (2 farc)

5 Cwblhewch y tabl isod i ddangos ffigurau elw crynswth ac elw net y busnes. (2 farc)

Costau a refeniw	£
Refeniw gwerthiant	**569,250**
Cost gwerthiant	302,300
Elw crynswth	
Treuliau	172,175
Elw net	

Astudiaeth achos

Stiwdios sain Richie

Mae Richie Morris yn berchen ar ddeg stiwdio recordio ledled y DU ac yn eu rheoli. Mae ei gwmni hefyd yn berchen ar dair siop yn Birmingham ac mae'n rhentu'r rhain i gwmnïau eraill. Yn 2016 torrodd y cwmni ei gostau drwy ostwng nifer y bobl roedd yn eu cyflogi. Ar yr un pryd cyflwynodd nifer o bolisïau er mwyn lleihau ei ddefnydd o egni.

Mae cwmni Richie (Sounds Good Ltd) wedi bod yn broffidiol dros y ddwy flynedd ddiwethaf. Mae Richie wedi bod yn edrych ar ei refeniw gwerthiant ac elw ar gyfer 2015 a 2016. Mae'r rhain i'w gweld yn y tabl.

	2016	2015
Refeniw gwerthiant	£12.0 miliwn	£10.0 miliwn
Elw crynswth	£7.5 miliwn	£6 miliwn
Elw net	£2.4 miliwn	£1.5 miliwn

Tabl 4.18 Data ariannol Sounds Good Ltd

Mae angen i Richie brynu offer recordio newydd yn lle hen offer. Mae e'n credu bydd angen iddo godi £6 miliwn i wneud hyn. Mae e'n ystyried pa ffynhonnell o gyllid fyddai orau.

Cwestiynau

1 Beth yw ystyr y term 'refeniw gwerthiant'?

(2 farc)

2 Cyfrifwch y cynnydd canrannol yn refeniw gwerthiant Sounds Good Ltd rhwng 2015 a 2016. (3 marc)

3 Gan ddefnyddio'r wybodaeth yn y tabl uchod, cyfrifwch beth oedd maint yr elw net ar gyfer Sounds Good Ltd yn 2015 a 2016. (6 marc)

4 Gan ddefnyddio'r holl wybodaeth sydd ar gael i chi, trafodwch a berfformiodd Sounds Good Ltd yn well yn 2016 nag a wnaeth yn 2015. (9 marc)

Adolygu'r bennod

1 Darllenwch Eitem A ac atebwch y cwestiynau sy'n dilyn.

➡️Eitem A: Bar smwddis Rio

Rio Ives yw cyfranddaliwr mwyaf Super Smoothies Ltd. Mae hi'n berchen ar gyfranddaliad o 51% o'r cyfrannau. Mae'r cwmni wedi bod yn llwyddiannus iawn ac mae Rio wedi bod yn fodlon iawn â'r elw. Fodd bynnag, ar adegau mae wedi wynebu anawsterau llif arian. Mae rheolwr banc Rio wedi ei chynghori hi ei bod yn bwysig iawn iddi baratoi rhagolygon llif arian ar gyfer y cwmni.

Mae'r cwmni'n berchen ar chwe bar smwddis yng ngogledd Lloegr ac yn eu rhedeg nhw. Mae Rio'n bwriadu agor dau far newydd yn Sheffield. Er mwyn gwneud hynny mae angen i'r cwmni godi £400,000 i brynu adnoddau fel eiddo ac offer. Nid yw Rio'n siŵr pa ffynhonnell (neu ffynonellau) o gyllid i'w defnyddio. Mae hi wedi ystyried defnyddio benthyciad banc neu werthu mwy o gyfrannau yn ei chwmni. Mae hi wedi ystyried llawer o ffactorau, gan gynnwys barn cyfranddalwyr eraill sydd eisiau mwy o elw. Dydyn nhw ddim yn siŵr am yr ehangu i Sheffield. Hefyd mae rhagfynegiadau y bydd cyfraddau llog yn codi'n sylweddol dros y blynyddoedd nesaf.

Mae Rio'n credu y gall cyfrif elw a cholled diweddaraf Super Smoothies Ltd ei helpu hi i benderfynu sut i godi cyllid ar gyfer y ddau far smwddis newydd. Mae ffigurau allweddol o'r cyfrif hwn i'w gweld isod.

	£
Refeniw gwerthiant	500,000
Cost gwerthiant	305,000
Elw crynswth	**195,000**
Gorbenion, treth a llog	95,000
Elw net	**?**

Mae Rio'n credu bod y cyfrif elw a cholled yn bwysig wrth wneud y penderfyniad hwn.

(a) Nodwch ddau adnodd y byddai eu hangen ar Super Smoothies Ltd i weithredu ei fusnes yn llwyddiannus.

(2 farc)

(a) Byddai angen llawer o adnoddau ar Super Smoothies Ltd os yw'n mynd i weithredu ei fusnes yn llwyddiannus a gwneud yn siŵr bod ei gwsmeriaid yn fodlon. Byddai'r adnoddau hyn yn cynnwys siopau, peiriannau i wneud smwddis, byrddau a chadeiriau ar gyfer cwsmeriaid ac arian parod yn y tiliau.

💬 Mae gan yr ateb hwn elfennau cryf a gwan. Y pethau cryf yw bod y myfyriwr yn gwybod beth yw ystyr y term 'adnoddau' ac yn gallu rhoi enghreifftiau o'r mathau o adnoddau y byddai eu hangen ar y busnes. Ond y peth gwan yw bod hwn yn ateb hir iawn ar gyfer dau farc ac mae llawer o fanylion diangen wedi'u rhoi. Nid yw hyn yn ddefnydd da o amser. Gallai'r ateb fod yn llawer byrrach.

(b) Cyfrifwch y ffigurau canlynol ar gyfer Super Smoothies Ltd am y cyfnod sydd dan sylw yn y cyfrif elw a cholled:

(i) elw net

(ii) maint yr elw net. (4 marc)

(b) (i) Elw net yw refeniw minws yr holl gostau cynhyrchu.

Elw net = £500,000 – (£305,000 + £95,000) = £100,000.

(ii) Maint yr elw net = elw net / refeniw gwerthiant × 100

Maint yr elw net = £100,000 / £500,000 × 100 = 20

Mae hwn yn ateb da iawn gydag un mân beth wedi ei adael allan. Mae'n syniad da cynnwys fformiwlâu, yn enwedig wrth gyfrifo maint yr elw gan fod hyn yn dangos gwybodaeth ac yn helpu i strwythuro atebion. Mae'r ateb i (i) yn gwbl gywir. Ond mae (ii) yn anghyflawn. Mae'r fformiwla a'r cyfrifiad sy'n dilyn yn iawn. Ond dylai'r ateb terfynol fod ag arwydd canran gan mai canran yw maint yr elw bob tro.

(c) Dadansoddwch pam mae rheolwr banc Rio wedi dweud 'ei bod yn bwysig iawn iddi baratoi rhagolygon llif arian ar gyfer y cwmni'. (6 marc)

(c) Llif arian yw'r arian sy'n llifo i mewn i fusnes ac allan ohono bob dydd. Heb arian parod, ni all busnes barhau i fasnachu gan na fydd yn gallu talu ei filiau pan ddaw'r amser i'w talu. Efallai fod rheolwr y banc yn gofidio bod busnes Rio mewn perygl o fod yn brin o arian, gan ei fod wedi cael problemau llif arian yn y gorffennol. Hefyd mae Rio'n bwriadu ehangu'n sylweddol a phrynu dau far smwddis newydd. Bydd hyn yn golygu llawer o all-lifoedd arian, a gallai wneud sefyllfa arian y busnes yn wan. Bydd rhagolygon llif arian yn helpu i ddangos pryd gallai problemau ddigwydd a bod yn barod i'w datrys.

Mae hwn yn ateb da. Cyfunodd y myfyriwr wybodaeth ragorol o'r pwnc â'r wybodaeth sy'n dod o'r astudiaeth achos. Mae'r ateb yn canolbwyntio'n agos ar y cwestiwn. Deallodd y myfyriwr beth yw ystyr llif arian (ac nid yw'n drysu rhwng hyn ac elw) a pham mae'n bwysig i unrhyw fusnes baratoi rhagolygon llif arian. Mae hefyd yn dewis a dethol deunydd o'r astudiaeth achos i gefnogi'r dadleuon – fel y ffaith bod y busnes wedi cael anawsterau llif arian yn y gorffennol.

(ch) Mae Rio Ives yn bwriadu agor dau far smwddis newydd ac mae angen iddi godi £400,000 i wneud hyn.

Dadansoddwch pa ffynonellau cyllid y gallai hi eu defnyddio. Yn eich ateb dylech chi ystyried:

- manteision ac anfanteision defnyddio benthyciad banc
- manteision ac anfanteision gwerthu mwy o gyfrannau.

Cynghorwch Rio a ddylai hi ddefnyddio benthyciad banc neu werthu mwy o gyfrannau fel modd o godi cyfalaf. (10 marc)

(ch) Gall benthyciad banc gael ei ddefnyddio i brynu eiddo os yw'n cael ei drefnu dros nifer sylweddol o flynyddoedd. Os bydd Rio'n penderfynu defnyddio benthyciad banc, bydd hynny'n addas gan ei bod hi'n bwriadu prynu eiddo a gall hwn gael ei ddefnyddio fel gwarant cyfochrog ar gyfer y benthyciad. Mae hi hefyd yn bwriadu cael benthyg llawer o arian – £400,000 – a gall benthyciad banc tymor hir gael ei drefnu dros gyfnod hir. Mae hyn yn golygu na fydd yn rhaid i'r cwmni ad-dalu gormod bob mis. Bydd hyn yn helpu i'w gadw'n broffidiol. Fodd bynnag, mae wedi'i ragfynegi y bydd cyfraddau llog yn codi, a gallai hyn wneud ad-dalu'r benthyciad yn fwy drud dros amser. Gallai elw gael ei niweidio.

Mae gwerthu mwy o gyfrannau yn golygu na fydd yn rhaid i'r busnes ad-dalu ei fenthyciad banc bob mis, a gallai hyn helpu elw'r busnes. Mae hyn yn rhywbeth mae'r cyfranddalwyr eraill yn awyddus i'w weld. Fodd bynnag, mae Super Smoothies Ltd yn gwmni preifat, a byddai'n rhaid i Rio a'r cyfranddalwyr eraill gytuno ar y mater. Gallai hynny fod yn anodd gan eu bod nhw'n ansicr am yr ehangu beth bynnag.

Byddai'n well i Rio benderfynu trefnu benthyciad. Efallai byddai'r cyfranddalwyr eraill yn hapusach â hyn gan y bydden nhw'n derbyn cyfran uwch o'r elw, ac na fyddai'n rhaid iddyn nhw ei rannu â chyfranddalwyr newydd. Mae hefyd yn well dewis i Rio. Mae ganddi 51% o gyfranddaliad ar hyn o bryd. Os bydd hi'n gwerthu mwy o gyfrannau, bydd hi'n siŵr o golli rheolaeth a gallai'r busnes wneud penderfyniadau nad yw hi'n cytuno â nhw.

💬 Mae hwn yn ateb da arall. Mae'r myfyriwr wedi dilyn y strwythur sydd wedi'i awgrymu gan y cwestiwn ac mae wedi datblygu dadleuon o blaid ac yn erbyn y ddwy ffynhonnell o gyllid. Mae'r paragraff olaf yn cynnig penderfyniad clir a rhesymau dros y dewis. Cryfder arall yw defnydd y myfyriwr o'r wybodaeth sydd yn yr astudiaeth achos i ddatblygu dadleuon a chefnogi'r asesiad. Er enghraifft, mae'r ffaith bod Rio'n berchen ar 51% o gyfrannau'r cwmni yn cael ei defnyddio'n effeithiol iawn.

2 Darllenwch Eitem B ac atebwch y cwestiynau sy'n dilyn.

➡️ Eitem B: Y penderfyniad

Mae gan Ritula Shah benderfyniad i'w wneud. Pobydd profiadol yw Ritula ac mae hi wedi gweithio i gwmni pobi adnabyddus ers sawl blwyddyn. Mae ganddi'r cyfle i brynu ei siop fara ei hun yn Corbridge, sydd gerllaw, ac nid yw'n siŵr a ddylai hi ei phrynu neu beidio.

Mae hi wedi cyfrifo'r costau a'r refeniw canlynol ar gyfer ei siop fara yn y flwyddyn gyntaf o fasnachu:

- refeniw – £200,000
- costau sefydlog – £60,000
- costau newidiol – £115,000
- swm sydd ei angen fel buddsoddiad i sefydlu'r siop fara – £200,000.

Mae rhai o'r ffigurau'n ansicr gan y bydd busnesau eraill o bosibl yn newid eu prisiau, a gall costau cynhwysion fel blawd newid yn gyflym.

Mae gan Ritula £200,000 ar gael i'w fuddsoddi yn y busnes – mae mewn cyfrif banc sy'n derbyn llog o 2% yn unig. Ni fyddai angen iddi ddefnyddio unrhyw ffynhonnell arall o gyllid. Mae ffrind wedi ei chynghori hi y gallai hi ddefnyddio dadansoddiad adennill costau i'w helpu i benderfynu. Mae Ritula'n poeni efallai nad yw ei rhagfynegiad yn gywir iawn, a dydy hi ddim yn hoffi risg. Mae'n benderfyniad mawr i'w wneud gan fod ganddi swydd sy'n talu'n dda ar hyn o bryd.

(a) Nodwch ddwy enghraifft o gostau newidiol y bydd yn rhaid i Ritula eu talu os bydd hi'n agor y siop fara.

(2 farc)

(b) Dadansoddwch sut gallai defnyddio dadansoddiad adennill costau helpu Ritula i benderfynu.

(6 marc)

(c) Cynghorwch Ritula a ddylai hi agor y siop fara neu beidio.

(9 marc)

5

Marchnata

Yn y bennod hon, byddwn ni'n ystyried pam mae mor bwysig bod busnes yn deall ei gwsmeriaid, a pheryglon peidio â bodloni'u hanghenion nhw yn effeithiol. Byddwn ni hefyd yn ystyried sut gallai busnes ymchwilio i'w farchnad, ac yn edrych ar fanteision ac anfanteision gwahanol ddulliau o wneud hyn. Yna byddwn ni'n astudio'r holl weithgareddau marchnata mae busnes yn eu gwneud – y term am hyn yw'r cymysgedd marchnata. Byddwn ni'n ystyried y dylanwadau gwahanol ar y cymysgedd, fel pa segment o'r farchnad mae'r busnes yn canolbwyntio arno, a chanfyddiadau'r ymchwil marchnata.

Adnabod a deall cwsmeriaid

> Dim ond os yw'n cwrdd ag anghenion a chwantau ei gwsmeriaid yn effeithiol y gall busnes lwyddo. Mae hyn yn golygu bod rhaid iddo ddeall yr anghenion a'r chwantau hyn a rhoi'r sgiliau, yr adnoddau a'r prosesau angenrheidiol ar waith i ddiwallu'r rhain, gan obeithio gwneud hynny yn well na'u cystadleuwyr.
>
> Erbyn diwedd yr adran hon, dylech chi wybod am y canlynol:
>
> - ystyr marchnata
> - pwysigrwydd adnabod a deall cwsmeriaid i fusnesau
> - sut mae marchnadoedd yn cael eu segmentu
> - y rhesymau pam mae busnesau'n segmentu'r farchnad.

● Proses gyfnewid

Mae busnes yn golygu proses gyfnewid. Mae'n darparu nwydd neu wasanaeth yn gyfnewid am rywbeth – arian yn aml. Er mwyn llwyddo, mae'n rhaid i'r cyfnewid hwn fod yn werth chweil ac yn fuddiol i'r ddwy ochr. Rhaid i'r rhai sy'n buddsoddi yn y busnes, yn ei redeg ac yn ei reoli deimlo bod yr enillion o'r broses gyfnewid yn rhai gwerth chweil ac yn well na'r enillion sy'n bosibl yn rhywle arall. Rhaid i'r cwsmeriaid deimlo bod y buddion yn cyfiawnhau'r pris sy'n cael ei dalu.

● Marchnata

Gwaith swyddogaeth marchnata'r busnes yw rheoli'r broses gyfnewid gyda chwsmeriaid. Bwriad gweithgareddau marchnata yw adnabod, rhagweld a bodloni anghenion a chwantau cwsmeriaid mewn ffordd broffidiol.

Anghenion a chwantau

Mae gan bobl anghenion. Rhywbeth mae'n rhaid i ni ei fodloni neu ei gael er mwyn *goroesi* yw angen. Mae angen i ni fwyta ac mae angen i ni yfed, er enghraifft. Y pethau mae'n rhaid i ni eu cael er mwyn bodoli yw anghenion. Ond mae gennym chwantau hefyd – sef pethau rydyn ni *eisiau* eu cael er mwyn bodloni ein hanghenion. Er enghraifft, mae angen i ni fwyta ond mae gennym ni chwant neu eisiau brechdan o Pret a Manger. Mae angen i ni fynd i Lundain; mae arnom ni chwant neu eisiau mynd ar y trên. Rhaid i fusnesau ddeall yr angen sylfaenol maen nhw'n ei fodloni, a cheisio troi hwn yn chwant neu'n ddymuniad am eu cynnyrch penodol nhw. Gallan nhw wneud hyn drwy ddatblygu cynnyrch neu frand mae pobl ei eisiau.

Defnyddwyr a chwsmeriaid

Y person neu'r corff sy'n prynu'r cynnyrch yw'r cwsmer. Y person sy'n ei ddefnyddio yw'r defnyddiwr. Gall y rhain fod yr un person. Er enghraifft, gallech chi brynu'ch cinio a'i fwyta, ac felly chi yw'r defnyddiwr a'r cwsmer. Ond mae llawer o achosion lle mae'r prynwr a'r person sy'n defnyddio'r cynnyrch yn wahanol. Efallai mai eich rhieni sydd wedi prynu'r grawnfwyd rydych chi'n ei fwyta yn y bore, neu'r ffôn rydych chi'n ei ddefnyddio. Mae hyn yn golygu bod rhaid i fusnesau ystyried anghenion a chwantau'r cwsmer yn ogystal â'r defnyddiwr. Er enghraifft, pan ewch chi i gael ffôn newydd, efallai byddwch chi a'ch rhieni yn gofyn cwestiynau gwahanol – efallai fod gwahaniaeth rhwng yr hyn maen nhw'n ei ystyried wrth benderfynu pa ffôn i'w brynu, a'r hyn rydych chi'n ei ystyried!

⬤ Y farchnad

Mae swyddogaeth farchnata busnes yn cymryd diddordeb yn natur prynwyr posibl cynhyrchion y busnes. Pan fydd rheolwyr marchnata yn siarad am 'y farchnad', fel arfer maen nhw'n canolbwyntio ar ofyn beth yw'r galw sydd am eu cynnyrch a beth yw'r gwerthiant.

Bydd rheolwyr yn ystyried ffactorau fel y rhain:

→ Maint y farchnad. Pa mor fawr yw'r farchnad o ran nifer yr unedau sy'n cael eu gwerthu (**maint y gwerthiant**) ac o ran gwerth yr unedau sy'n cael eu gwerthu (**gwerth gwerthiant**). Er enghraifft, gallai maint marchnad fod yn 200,000 o unedau wedi'u gwerthu, gyda chyfanswm gwerth o £1,000,000. Mae'n bosibl i faint y gwerthiant gynyddu ond bod y gwerth yn lleihau os yw'r pris yn y farchnad yn gostwng. Hefyd efallai fod y maint yn gostwng, ond gallai'r gwerth gynyddu os yw prisiau'n codi.

→ Twf marchnad. Er enghraifft, os cafodd 200,000 o unedau eu gwerthu yn y farchnad y llynedd a 220,000 o unedau eleni, **twf y farchnad** yw 10%.

→ Bydd rheolwyr marchnata eisiau deall beth sy'n digwydd mewn rhannau gwahanol o farchnad (sy'n cael eu galw'n segmentau) yn ogystal â'r farchnad gyfan. Er enghraifft, gallai gwerthiant cyffredinol grawnfwydydd gynyddu, ond efallai fod gwerthiant grawnfwyd oer yn gostwng a gwerthiant grawnfwydydd poeth yn cynyddu. Yn y farchnad parciau thema, efallai y gwelwn ni fod nifer y bobl rhwng 14 a 24 oed sy'n ymweld yn gostwng, ond bod nifer y teuluoedd sy'n mynd yn cynyddu. Mae'n bwysig i reolwyr marchnata ddeall y gwahanol agweddau ar eu marchnad yn fanwl.

Marchnata a swyddogaethau eraill

Bydd penderfyniadau marchnata yn effeithio ar y swyddogaethau eraill yn y busnes, a bydd y swyddogaethau hyn yn effeithio ar benderfyniadau marchnata hefyd. Er enghraifft, efallai bydd penderfyniadau marchnata'n arwain at gynnydd yn y gwerthiant. Bydd hyn yn effeithio ar y lefelau cynhyrchu sydd eu hangen, lefelau staff a sefyllfa ariannol y busnes. Ar yr un pryd, bydd sgiliau a galluoedd gweithwyr yn effeithio ar yr hyn sy'n gallu cael ei gynnig a'r lefelau ansawdd mae'r cwmni'n gallu eu haddo. Yn yr un modd, gall sefyllfa ariannol y busnes effeithio ar beth sy'n bosibl o ran gweithgareddau marchnata.

Marchnata a...	
Gweithrediadau	Gall effeithio ar faint sydd angen ei gynhyrchu, faint sy'n gallu cael ei wario i gynhyrchu'r eitemau ag ystyried y pris gwerthu delfrydol, y nodweddion mae angen eu cynnig a'r gwahanol fersiynau mae angen eu cynnig.
Adnoddau dynol	Gall effeithio ar nifer y staff sy'n angenrheidiol (e.e. gall fod angen mwy o staff i gynyddu gwasanaeth cwsmeriaid) a'r sgiliau sy'n angenrheidiol (e.e. gall fod angen sgiliau gwahanol i gynnig gwasanaeth premiwm yn hytrach na gwasanaeth sylfaenol).
Cyllid	Bydd y pris a maint y gwerthiant yn effeithio ar refeniw; pan fydd costau'n cael eu hystyried hefyd, bydd hyn yn pennu'r elw.

Tabl 5.1 Marchnata a swyddogaethau eraill

Adnabod a deall cwsmeriaid

I allu gwerthu ei gynhyrchion, mae'n rhaid i fusnes gynnig rhywbeth y mae cwsmeriaid yn rhoi gwerth arno ac yn fodlon talu amdano. I wneud hyn, rhaid i fusnesau adnabod cyfle busnes. A oes rhywbeth y gall y busnes ei wneud yn well nag eraill? A yw cwsmeriaid yn anfodlon â rhywbeth ar hyn o bryd? A oes rhywbeth mae cwsmeriaid ei eisiau ond heb ei gael ar hyn o bryd?

Mae llawer o brynwyr beiciau modur Harley-Davidson yn bobl hŷn sydd eisiau cofio cyffro bod yn ifanc!

Rhaid i fusnes nodi beth mae'n ei gynnig i bobl – beth mae'n ei gynnig i gwsmeriaid ei brynu, a beth yw'r budd sy'n cael ei ddarparu? Er enghraifft:

→ Bydd UPS yn dosbarthu eich parsel yn ddiogel ac yn gyflym.

→ Bydd L'Oréal yn gwneud i chi deimlo'n fwy hyderus pan fyddwch chi'n defnyddio'i gynhyrchion.

→ Mae Amazon yn gadael i chi brynu amrywiaeth eang o gynhyrchion a'u cael drwy'r post yn gyflym.

→ Mae beic modur Harley-Davidson yn gwneud i chi deimlo'n fwy ifanc a gallwch chi gofio eich ieuenctid – mae hynny'n sicr yn fudd!

Mae pobl yn talu am y buddion a ddaw gan nwydd neu wasanaeth. Rhaid i fusnes nodi'r rhain a'u hyrwyddo. Efallai na fyddan nhw'n amlwg bob amser. Mae rhai pobl yn prynu siocled yn wobr iddyn nhw'u hunain – wrth ei fwyta y nod yn y bôn yw eu llongyfarch eu hunain. Bydd eraill yn ei brynu pan fyddan nhw'n teimlo'n drist ynglŷn â rhywbeth – mae'r siocled yn gwneud iddyn nhw deimlo'n well. Mae rhai pobl yn prynu siocled i'w roi yn rhodd. Mae rhai'n ei brynu i'w rannu. Mae angen i fusnesau adnabod y gwahanol gyfleoedd sydd i'w cael a datblygu cynhyrchion yn unol â hynny.

Ond efallai na fydd adnabod anghenion a chwantau cwsmeriaid yn ddigon ar ei ben ei hun. Gall fod angen eu rhagweld nhw'n gynt. Dyma pam:

→ Bydd angen i fusnes achub y blaen ar sefyllfa bresennol y farchnad. Mae rheolwyr eisiau gwybod sut olwg fydd ar y farchnad yn y dyfodol er mwyn gallu paratoi ar gyfer hynny ac achub y blaen ar eu cystadleuwyr.

→ Efallai nad yw cwsmeriaid yn gwybod beth maen nhw ei eisiau mewn gwirionedd. Yn ôl Steve Jobs, sefydlydd Apple, roedd e'n gwybod beth roedd pobl ei eisiau cyn iddyn nhw wybod hynny eu hunain.

→ Drwy ragweld anghenion cwsmeriaid, gall busnes greu marchnad, fel gwnaeth Apple gyda'r iPhone. Os yw busnes yn gallu bod y cyntaf yn y farchnad, gall hynny helpu i greu ffyddlondeb i'r brand.

Ystyried busnes: Hotel Chocolat

Mae Hotel Chocolat wedi ceisio hybu'r syniad o roi siocledi fel anrheg. Ar hyn o bryd mae'n canolbwyntio'n benodol ar hyrwyddo ei wasanaethau ar-lein lle gallwch chi archebu anrheg a'i gael wedi'i anfon atoch heb i chi orfod gadael eich cartref. Cododd ei werthiant ar-lein 20% y llynedd, gyda gwerthiant cyffredinol yn codi i £91.5 miliwn. Yn ddiddorol, mae tystiolaeth yn awgrymu bod mwy o bobl yn prynu anrhegion moethus nad oes eu gwir angen yn ystod adegau economaidd ansicr. Mae'r cwmni wedi bod yn llwyddiannus yn benodol wrth ysgogi pobl i brynu siocledi i'w rhoi i eraill. Bu'r cwmni hefyd wrthi'n hyrwyddo cynnwys coco uchel a chynnwys siwgr cymharol isel ei gynhyrchion er mwyn bodloni'r galw am fwyta'n fwy iachus.

1 **Esboniwch sut gwnaeth Hotel Chocolat adnabod a rhagweld anghenion a chwantau cwsmeriaid er mwyn cynyddu gwerthiant.** (6 marc)

● Buddion deall cwsmeriaid

Cynyddu gwerthiant

Drwy ddeall cwsmeriaid yn dda a chynnig mwy o fuddion, dylai gwerthiant busnes gynyddu. Ystyriwch yr enghreifftiau canlynol:

→ Yn y farchnad dacsis, mae Uber yn gadael i ni weld ble mae'r tacsi agosaf ar ein ffonau, gweld manylion y car, gweld sgôr y gyrrwr a thalu'n uniongyrchol o'n cyfrif. Mae hyn yn rhoi llawer mwy o wybodaeth i ni fel prynwyr am ein dewisiadau ac mae'n fwy cyfleus nag archebu tacsis yn y ffordd draddodiadol. Fel arfer, dydyn ni ddim yn gwybod ble mae'r tacsi, faint o amser bydd yn ei gymryd, na pha fath o berson sy'n ei yrru.

→ Mae'r Kindle gan Amazon yn golygu y gallwn ni ddarllen llawer o lyfrau a'u storio ar un ddyfais – mae hyn yn llawer haws (ac ysgafnach!) na chymryd llawer o lyfrau gwahanol ar wyliau. Roedd llawer o bobl yn fodlon talu am y budd hwn, ac mae hynny wedi arwain at werthiant uchel.

→ Nid ffôn yn unig yw'r iPhone. Mae'n dweud rhywbeth amdanoch chi fel person a'ch steil unigol. Mae rhywbeth ynglŷn â'r ffordd rydyn ni'n ei ddefnyddio, y nodweddion sydd ganddo, a'i olwg. Oherwydd hyn i gyd, dyma'r ffôn mae llawer o bobl yn ei ddewis. Mae ei olwg unigryw a'i ddyluniad cryf yn cynyddu gwerthiant.

Dewis y cymysgedd marchnata cywir

Y cymysgedd marchnata yw'r cyfuniad o ffactorau sy'n dylanwadu ar benderfyniad cwsmer i brynu cynnyrch. Efallai eich bod yn mynd i'ch hoff siop ddillad am amrywiaeth o resymau, fel y rhain:

→ rydych chi'n hoffi'r dillad sydd yno
→ rydych chi'n credu bod y dillad yn werth da am arian
→ rydych chi'n hoffi cynllun a theimlad y siop
→ mae'n hawdd ei chyrraedd
→ rydych chi'n hoffi'r staff
→ rydych chi eisiau i bobl wybod eich bod yn siopa yno
→ mae ganddyn nhw bolisi hawdd o ran ad-dalu a dychwelyd dillad
→ mae sêl yno

Mae nifer o resymau gwahanol pam byddwch chi'n mynd i'ch hoff siop ddillad

Mae'r rhain i gyd yn agweddau ar y cymysgedd marchnata. Mae'r ffactorau hyn a llawer o ffactorau eraill yn dylanwadu ar ein penderfyniadau i fynd i siop benodol neu brynu cynnyrch penodol. Y mwyaf mae busnes yn deall ei gwsmeriaid, y mwyaf i gyd mae'r busnes yn gwybod sut i apelio atyn nhw. Er enghraifft, os yw pobl yn prynu pin ysgrifennu yn anrheg i rywun arall yn hytrach nag ar eu cyfer nhw eu hunain, mae angen i'r busnes wneud yn siŵr ei fod wedi'i lapio'n dda ac yn edrych fel rhodd. Os yw pobl yn barnu gwin yn rhannol yn ôl y pris, dydyn ni ddim eisiau ei werthu'n rhy rhad neu gallai hynny gyfleu'r neges anghywir. I ddatblygu cymysgedd marchnata llwyddiannus, rhaid i fusnes ddeall anghenion a chwantau ei gwsmeriaid.

Osgoi camgymeriadau costus

Os nad yw busnesau'n deall cwsmeriaid, byddan nhw'n gwneud penderfyniadau anghywir ac yn dioddef. Os nad yw plaid wleidyddol yn deall ei chwsmeriaid (ei phleidleiswyr) bydd yn colli'r etholiad. Os nad yw cyhoeddwr yn deall ei ddarllenwyr, fydd ei lyfrau ddim yn gwerthu. Os bydd cwmni teithio yn cynnig gwyliau i Periw ond bod y cwsmeriaid eisiau mynd i Malta, ni fydd yn cael y busnes. I gael gwerthiant ac osgoi camgymeriadau costus, rhaid deall eich cwsmeriaid.

Os bydd busnes yn cynhyrchu'r cynhyrchion anghywir, efallai bydd rhaid:
→ rhoi'r gorau i gynnig y cynnyrch oherwydd bod gwerthiant yn rhy isel
→ newid y cynnyrch mewn rhyw ffordd (gallai hyn gostio arian)
→ gostwng y pris, fydd efallai yn gostwng yr elw
→ derbyn bod y brand wedi'i niweidio ac y gallai hynny effeithio ar lwyddiant y cwmni yn y dyfodol.

● Beth yw segmentu?

Mae **segmentu'n** digwydd pan fydd marchnad wedi'i rhannu'n grwpiau gwahanol o anghenion a chwantau. Yn y farchnad geir, efallai bydd rhai prynwyr yn chwilio am gar teulu, rhai eisiau car cyflym, rhai eisiau car bach i'w yrru o gwmpas y ddinas, ac eraill eisiau car mwy ar gyfer tir garw. Mae pob un o'r anghenion a'r chwantau hyn yn segmentau o fewn y farchnad geir.

Mae gwneuthurwyr ceir yn cynhyrchu ceir gwahanol ar gyfer segmentau gwahanol

Buddion segmentu

Drwy adnabod segmentau o fewn marchnad, mae busnes yn gallu:
→ **Datblygu cynhyrchion i gyd-fynd â'u hanghenion yn well**. Er enghraifft, bydd car gyda mwy o seddi a lle yn y gist yn addas i deulu.
→ **Targedu ei gwsmeriaid yn fwy manwl**. Er enghraifft, efallai fod prynwyr ceir teulu yn gwylio rhaglenni gwahanol ar y teledu, yn darllen cylchgronau gwahanol, ac yn ymweld â gwefannau gwahanol o'u cymharu â phrynwyr ceir cyflym. Os yw gwneuthurwr ceir teulu yn gwybod hyn, gall hyrwyddo ei gynhyrchion yn y lleoedd iawn ar yr adeg iawn er mwyn cynyddu gwerthiant. Wrth segmentu, dylai busnes allu targedu'r bobl iawn â'r cynhyrchion iawn a'u cyrraedd nhw â'r mathau iawn o hyrwyddo a dosbarthu.
→ **Gosod pris priodol**. Er enghraifft, os yw busnes yn gwybod bod galw uchel am geir teulu a chymharol ychydig o gwmnïau da i'w darparu, efallai bydd yn gallu codi mwy am ei geir teulu.

Drwy rannu'r farchnad, mae segmentu'n caniatáu gweithgareddau marchnata mwy effeithiol, a dylai hynny arwain at werthiant uwch ac elw uwch.

Yn amlwg, gall fod pen draw i faint mae busnes yn dymuno segmentu marchnad. Wedi'r cyfan, mae gan bawb chwaeth sydd ychydig yn wahanol i'w gilydd, ac fel arfer ni all busnes addasu'i gynnyrch i bob cwsmer unigol.

Sut mae marchnadoedd yn cael eu segmentu

Mae ffyrdd o segmentu yn cynnwys y canlynol:

→ **Yn ôl rhywedd**. Er enghraifft, bydd gan adwerthwr dillad gynhyrchion sy'n targedu menywod, a rhai eraill sy'n targedu dynion.

→ **Yn ôl oed**. Er enghraifft, efallai bydd cwmni teganau yn cynnig rhai teganau ar gyfer plant iau (e.e. Duplo) a rhai wedi'u hanelu at ddefnyddwyr hŷn (e.e. gemau cyfrifiadurol).

→ **Yn ôl lleoliad daearyddol**. Er enghraifft, mae McDonald's yn newid ei fwydlenni mewn gwledydd gwahanol ledled y byd.

→ **Yn ôl incwm**. Efallai bydd banc yn cynnig cynnyrch cynilo i gwsmeriaid incwm uwch, a benthyciadau i rai incwm is.

→ **Yn ôl ffordd o fyw**. Efallai gwelwch chi fod y rhan fwyaf sy'n prynu'ch cynnyrch yn chwarae chwaraeon neu'n mynd allan yn rheolaidd. Efallai eu bod nhw'n hoffi'r un gweithgareddau hamdden, yn ymweld â'r un lleoedd ac yn darllen yr un llyfrau neu bapurau newydd.

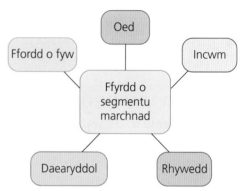

Ffigur 5.1 Ffyrdd o segmentu marchnad

→ **Yn ôl cefndir ethnig a chrefydd**. Er enghraifft, dydy Mwslimiaid ddim yn bwyta porc; byddai hyn yn amlwg yn effeithio ar fwydlen cadwyn o dai bwyta sy'n cael ei sefydlu mewn gwlad Fwslimaidd yn bennaf.

Mae segmentu effeithiol yn gadael i fusnes benderfynu pa segmentau mae eisiau eu targedu. Yna gall ganolbwyntio ei weithgareddau marchnata yn fwy effeithiol ar ei gwsmeriaid. Dylai hyn wneud marchnata'n fwy cost effeithlon ac yn fwy llwyddiannus. Mae segmentu'n golygu bod y farchnad gyfan (sef y farchnad dorfol neu *mass market*) yn gallu cael ei rhannu'n segmentau. Gall busnes nodi pa segmentau mae'n dymuno'u denu. Yna gall rheolwyr sicrhau bod y marchnata'n cael ei addasu'n benodol ar gyfer gofynion y segment hwnnw.

Targedu

Ar ôl i fusnes nodi segmentau perthnasol yn ei farchnad, bydd angen iddo benderfynu pa rai i ganolbwyntio arnyn nhw. Y term am hyn yw targedu. Bydd busnes yn targedu segmentau lle mae'n credu y bydd yn gallu:

→ adennill digon o arian – efallai bydd rhai segmentau'n rhy fach neu ddim yn ddigon proffidiol

→ cystadlu'n effeithiol – hynny yw, bod ganddo'r sgiliau a'r adnoddau i allu ennill cyfran o'r farchnad

→ gwneud cymaint o arian â swm y gost ymwad – hynny yw, does dim dewis arall sy'n well.

Mentro Mathemateg

Os yw segment penodol o farchnad yn werth 40% o gyfanswm y gwerthiant a throsiant yn y farchnad yn £2.6 miliwn, beth yw gwerth y segment?

Ystyried busnes: Segmentu'r farchnad gan Sport England

Bwriad Sport England yw annog mwy o bobl i gymryd rhan mewn chwaraeon yn Lloegr. Mae'n defnyddio sawl person ffuglennol gwahanol fel ffordd o segmentu'r farchnad. Un o'r rhain yw 'Chloe'.

- Mae Chloe tua 23 oed ac yn gweithio yn adran Adnoddau Dynol cwmni mawr.

- Mae hi'n rhannu tŷ gyda ffrindiau o'r brifysgol sydd hefyd ar gynlluniau i raddedigion.

- Heb bwysau teulu na morgais, dydy Chloe ddim yn poeni am ei benthyciad myfyriwr; mae hi'n hoffi gwario ei hincwm ar ddillad, nosweithiau allan a gwyliau gyda ffrindiau.

- Mae Chloe a'r lleill sy'n rhannu'r tŷ yn mynd i ddosbarthiadau yn eu campfa leol ddwywaith yr wythnos ac yn hoffi nofio wedyn. Ar benwythnosau, mae Chloe'n hoffi mynd allan am noson fawr, gan gynnwys pryd da o fwyd ac ychydig ddiodydd gyda'i ffrindiau. Mae Chloe'n weddol ymwybodol o iechyd, gan ofalu beth mae'n ei fwyta ac ymarfer i gadw'n heini. Ond dydy hi ddim yn gwneud y peth yn obsesiwn, ac mae hi eisiau byw bywyd llawn hwyl tra mae hi'n ifanc, yn rhydd ac yn sengl.

- Fel yn achos oedolion eraill, mae ffrindiau a theulu, gwrando ar gerddoriaeth, a gwylio'r teledu i gyd yn rhan bwysig o amser rhydd Chloe. Fel rhan o'r segment iau, mae Chloe'n fwy tebygol na'r boblogaeth gyffredinol o oedolion o ddefnyddio'r rhyngrwyd a'r e-bost, mynd i'r sinema ac ymweld â thafarnau, bariau a chlybiau. Nid chwaraeon yw prif flaenoriaeth Chloe yn ei hamser rhydd; fodd bynnag, mae 62% o'r segment hwn yn gwneud chwaraeon ac ymarfer corff yn eu hamser sbâr, o'u cymharu â 52% o'r holl oedolion.

Teledu/radio: Dydy Chloe ddim yn gwylio llawer o deledu, ond mae hi'n mwynhau operâu sebon, sioeau siarad a theledu realiti. Mae hi'n gwrando ar y radio'n aml iawn, ac mae'n well ganddi raglenni cenedlaethol na gorsafoedd radio masnachol. Er hynny, mae hi'n gallu cofio rhai o brif negeseuon hysbysebu cyffredinol yn fras.

Y rhyngrwyd: Mae Chloe yn defnyddio'r rhyngrwyd yn helaeth, gartref ac yn y gwaith. Mae hi'n defnyddio'r rhyngrwyd ar gyfer e-bost personol, llwytho cerddoriaeth i lawr, anfon negeseuon cymdeithasol a phrynu pethau.

Posteri/post uniongyrchol/papurau newydd: Mae Chloe'n darllen papurau newydd safonol ac mae'n darllen llawer o gylchgronau ffordd-o-fyw i fenywod. Mae ganddi lawer o brofiad o wneud penderfyniadau, sy'n golygu ei bod hi'n hapus i ddod ar draws hysbysebion a'u trafod gyda ffrindiau. Efallai bydd hi'n prynu'n fyrbwyll weithiau ar ôl gweld poster neu erthygl gylchgrawn sy'n cynnig taleb, yn enwedig os yw'r rhain wedi'u marchnata a'u targedu'n dda.

Ffôn: Fel un sy'n defnyddio ffôn symudol yn aml, mae Chloe'n hoffi cadw mewn cyswllt â ffrindiau a theulu, ac mae'n well ganddi ddefnyddio hwn na'i ffôn tŷ. Mae gan Chloe ffôn 3G newydd sy'n gadael iddi ddefnyddio'r rhyngrwyd, ond mae hi'n dal yn debygol o ddefnyddio negeseuon testun fel prif ffynhonnell ei gwybodaeth.

Hoff frandiau Chloe yw TopShop, Zara, Virgin Active, Maybelline a Wagamama.

Wedi'i addasu o http://segments.sportengland.org/

1 **Dadansoddwch sut gallai'r wybodaeth uchod am segment Chloe ddylanwadu ar weithgareddau marchnata Sport England.**

(6 marc)

Crynodeb

Er mwyn llwyddo mewn busnes, dydy cael syniad yn unig ddim yn ddigon – mae angen cwsmeriaid hefyd. Mae llawer o fusnesau wedi methu gan nad oedd digon o gwsmeriaid yn prynu'r cynnyrch. Mae deall eich cwsmer yn hanfodol os ydych am gystadlu – hynny yw, cynnig gwell gwerth am arian na'ch cystadleuwyr. Mae hyn yn golygu bod angen deall y segmentau gwahanol o fewn y farchnad gyfan. Drwy ddeall anghenion a chwantau segmentau penodol, gallwch chi addasu eich cynnyrch yn well i gwrdd â'u hanghenion, gallwch gael y pris yn iawn, gallwch roi'r cynnyrch ar gael yn y lle iawn ar yr adeg iawn, a gallwch hyrwyddo'r negeseuon iawn i apelio at gwsmeriaid.

Cwestiynau cyflym

1 Nodwch **ddwy** broblem bosibl allai ddigwydd os nad yw busnes yn deall cwsmer yn effeithiol. (2 farc)

2 Amlinellwch sut mae deall ei gwsmeriaid yn effeithiol yn gallu arwain at fwy o werthiant i fusnes. (2 farc)

3 Nodwch **ddwy** ffordd o fesur maint marchnad. (2 farc)

4 Esboniwch beth yw ystyr 'twf y farchnad'. (2 farc)

5 Esboniwch beth yw ystyr 'segmentu'. (2 farc)

6 Nodwch **ddwy** ffordd o segmentu'r farchnad ddillad. (2 farc)

7 Esboniwch **un** o fuddion segmentu marchnad. (2 farc)

8 Mae gan farchnad werthiant o £200,000. Os yw'r farchnad yn tyfu 5%, beth yw maint y farchnad nawr? (2 farc)

9 Nodwch yr hafaliad ar gyfer cyfrifo twf marchnad. (2 farc)

10 Os oedd gan farchnad werthiant o £400,000, a bod ganddo werthiant o £420,000 nawr, faint mae'r farchnad wedi tyfu? (2 farc)

Astudiaeth achos

BHS

Yn 2016, caeodd busnes adwerthu BHS ar ôl 88 o flynyddoedd ar stryd fawr y DU. Doedd gan y cwmni ddim mwy o arian ac ni allai ganfod prynwr i'w achub.

Un broblemau BHS oedd fod cwsmeriaid yn y blynyddoedd diwethaf heb wybod beth yn union oedd BHS, na pham dylen nhw siopa yno. Roedd siopau eraill yn cynnig dewis llawer cliriach o amrywiaeth benodol o gynhyrchion. Roedd gan BHS lawer o adrannau gwahanol – dillad a dodrefn cartref – ond nid oedd yn arbenigo mewn un maes penodol, ac nid oedd yn cynnig unrhyw beth arbennig o gryf mewn unrhyw faes. Doedd hi ddim yn glir pam byddech chi'n mynd yno. Hefyd, roedd y siopau'n teimlo braidd yn hen a blinedig, ac roedd diffyg buddsoddi o'i gymharu â chystadleuwyr. Roedd y siopau'n fawr, yn eithaf tawel yn aml, ac roedd y stoc wedi dyddio i bob golwg. Mewn meysydd lle'r arferai fod yn gryf, fel dillad gwely a thywelion, roedd cwmnïau eraill, fel Ikea, TK Maxx a Tesco, wedi gwella'r hyn roedden nhw'n ei gynnig.

Roedd siopau adrannol eraill fel House of Fraser a Debenhams wedi ymateb i alw cwsmeriaid drwy greu ardaloedd consesiwn lle gallai brandiau adnabyddus eraill werthu eu cynhyrchion. Roedd y rhain yn ffyrdd o gael cwsmeriaid i mewn i'r siop.

Cwestiynau

1 Beth yw'r gwahaniaeth rhwng cwsmer a defnyddiwr? (2 farc)

2 Esboniwch un ffordd y gallai arferion siopa cwsmeriaid fod wedi newid yn y 10 mlynedd diwethaf, yn eich barn chi. (4 marc)

3 Dadansoddwch sut mae deall anghenion a chwantau cwsmeriaid ym maes adwerthu o fudd i fusnes. (6 marc)

4 Gwerthuswch y rhesymau pam collodd BHS y gallu i gystadlu. (12 marc)

Ymchwil marchnata

Dychmygwch fynd i mewn i ystafell sy'n gwbl dywyll. Rydych chi'n debygol o fod yn nerfus heb wybod beth rydych yn ei wneud. Os byddwch chi'n symud o gwmpas, byddwch yn gwneud hynny'n araf gan na allwch chi weld beth sydd o'ch amgylch. Fyddwch chi ddim yn gwybod ble dylech chi fynd oherwydd ei bod mor dywyll. Nawr, dychmygwch fod golau'n cael ei gynnau a'ch bod yn gallu gweld. Mae llawer o'ch pryder blaenorol wedi mynd a gallwch symud o gwmpas yn llawer mwy hyderus. Pa sefyllfa fyddai'n well gennych? Yr ateb, mae'n debyg, yw'r ail senario, lle gallwch chi weld beth sy'n digwydd o'ch amgylch a beth sydd o'ch blaen. Mewn amgylchedd busnes, dyma swyddogaeth ymchwil marchnata.

Erbyn diwedd yr adran hon, dylech chi wybod am y canlynol:

- ystyr ymchwil marchnata
- pwysigrwydd cynnal ymchwil marchnata
- y gwahaniaeth rhwng ymchwil cynradd (maes) ac ymchwil eilaidd
- manteision ac anfanteision ymchwil cynradd ac eilaidd
- yr angen am ymchwil diweddar a chywir
- y gwahaniaeth rhwng data ansoddol a data meintiol.

● Cyflwyniad i ymchwil marchnata

Heb wybodaeth am ei gynhyrchion, ei farchnadoedd a'i gystadleuwyr, mae busnes yn gweithredu'n 'ddall', ac felly mae'n cymryd risgiau mawr gan wynebu llawer o bethau nad yw'n gwybod amdanyn nhw. Ond gall busnesau geisio 'troi'r golau ymlaen' drwy wneud **ymchwil marchnata** fel eu bod yn deall y farchnad a'i hamodau ac felly mewn gwell sefyllfa i wneud penderfyniadau. Ymchwil marchnata yw'r broses o gasglu, dadansoddi a chyflwyno data sy'n berthnasol i farchnata.

Bydd ymchwil marchnata'n helpu i gasglu gwybodaeth am y canlynol:

→ **Galw**. Er enghraifft, maint a thwf y farchnad a'r gwahanol **segmentau o'r farchnad** sydd yn y farchnad gyfan.

→ **Dylanwadau ar y galw**. Gall ymchwil marchnata roi gwybodaeth sy'n dangos pam mae cwsmeriaid yn prynu cynnyrch, beth yw eu cymhellion, pryd maen nhw'n ystyried prynu, i bwy maen nhw'n gofyn am gyngor a ble maen nhw'n chwilio am wybodaeth. Gall hyn helpu busnes i ddeall

263

anghenion a chwantau cwsmeriaid er mwyn datblygu cynnyrch sydd â galw amdano. Gall helpu busnes i hyrwyddo'r cynnyrch yn fwy effeithiol hefyd, a chyrraedd y cwsmeriaid maen nhw eu heisiau a dangos y manteision fyddai'n apelio atyn nhw.

→ **Cystadleuaeth**. Er enghraifft, nifer a maint y cystadleuwyr a'u cyfran nhw o gyfanswm gwerthiant y farchnad. Gallai ymchwil nodi pa fusnesau sy'n tyfu a helpu rheolwyr i ddeall pam.

→ **Y farchnad darged**. Mae'n annhebygol y bydd busnes eisiau targedu pawb mewn marchnad; bydd eisiau canolbwyntio ar grwpiau penodol. Er enghraifft, efallai bydd yn targedu prynwyr hŷn, prynwyr gwrywaidd neu grwpiau incwm uwch. Drwy ganolbwyntio ar segmentau penodol, gall y busnes dargedu ei weithgareddau marchnata yn well. Hefyd gall osod ei hun mewn safle gwahanol i'w gystadleuwyr yn y farchnad. Er enghraifft, gallai cwmni hedfan greu safle i'w hun fel cwmni hedfan cost isel (fel Ryanair) neu gwmni hedfan moethus (fel Emirates). Gall fod yn amlwg yn siop ar gyfer pobl sydd eisiau cymryd rhan mewn chwaraeon (fel Decathlon) neu'n fwy o fusnes ffasiwn (fel JD Sports).

● Pwysigrwydd ymchwil marchnata

Bydd ymchwil marchnata yn helpu rheolwyr i wneud y canlynol:

→ adnabod cyfleoedd mewn marchnadoedd; er enghraifft, a oes galw am flas newydd o ddiod y cwmni?

→ pwyso a mesur gwahanol weithredoedd posibl; er enghraifft, a fyddai'n well hyrwyddo lansiad y cynnyrch ar-lein neu mewn print?

→ asesu effeithiolrwydd camau sydd wedi'u cymryd; er enghraifft, pa mor llwyddiannus oedd yr hyrwyddiad pris roedd y cwmni wedi ei weithredu'r wythnos diwethaf?

Bydd ymchwil marchnata effeithiol yn gwneud y canlynol:

→ darparu gwell dealltwriaeth o'r materion er mwyn gallu gwneud gwell penderfyniadau marchnata

→ gadael i fusnesau ddefnyddio adnoddau'n fwy effeithiol a pheidio â'u gwastraffu.

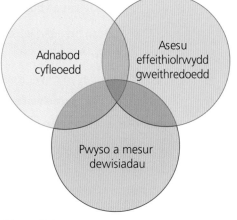

Ffigur 5.2 Amcanion ymchwil marchnata

● Mathemateg ymchwil marchnata

Mae gwahanol gyfrifiadau all helpu i ddadansoddi ymchwil marchnata.

Maint y farchnad

Gall hwn gael ei fesur yn ôl gwerth maint y gwerthiant.

Os yw nifer yr unedau a werthir yn 50 miliwn a'r pris cyfartalog yn £3 yr uned, mae hyn yn golygu:

Maint gwerthiant = 50 miliwn o unedau

Gwerth gwerthiant = 50 miliwn × £3 = £150 miliwn

Twf y farchnad

Gall twf y farchnad gael ei fesur gan ddefnyddio'r hafaliad hwn:

(Newid ym maint y farchnad/maint gwreiddiol y farchnad) × 100

Er enghraifft, os oedd gwerthiant y farchnad yn £400 miliwn a'i fod nawr yn £500 miliwn, mae hyn yn golygu mai twf y farchnad yw (£500 miliwn − £400 miliwn/£400 miliwn) × 100 = (£100 miliwn/£400 miliwn) × 100 = 25%.

Cyfran o'r farchnad

Mae cyfran cynnyrch o'r farchnad yn cael ei rhoi gan yr hafaliad hwn:

(Gwerthiant y cynnyrch/cyfanswm gwerthiant y farchnad) × 100

Er enghraifft, os yw gwerthiant y cynnyrch yn £40,000 a chyfanswm gwerthiant y farchnad yw £800,000, cyfran y cynnyrch o'r farchnad yw (£40,000/£800,000) × 100 = 5%.

O gyfran o'r farchnad i faint y farchnad

Os yw ymchwil marchnata'n dangos cyfran cynnyrch o'r farchnad a gwerthiant y cynnyrch, mae'n bosibl cyfrifo maint y farchnad gyfan.

Er enghraifft, os oes gan gynnyrch 30% o'r farchnad a gwerthiant y cynnyrch yw £60,000, mae hyn yn golygu bod 30% = £60,000.

Nawr mae angen i ni gyfrifo 1%. I wneud hyn rydyn ni'n rhannu dwy ochr yr hafaliad â 30.

Felly mae 1% = (£60,000/30).

Felly mae 1% = £2,000.

Nawr rydyn ni'n cyfrifo maint y farchnad gyfan (100%) drwy luosi'r ddwy ochr â 100:

100% = £2,000 × 100 = £200,000.

⬤ Mathau o ymchwil marchnata

Mae gwahanol ffyrdd o gasglu data. Mae'n bosibl rhannu'r rhain yn ddau brif fath:

→ **Ymchwil marchnata cynradd** (sydd hefyd yn cael ei alw'n 'ymchwil maes'). Mae hyn yn golygu casglu gwybodaeth am y tro cyntaf – er enghraifft, defnyddio holiaduron i gynnal arolwg o gwsmeriaid posibl, trefnu grwpiau bach i drafod materion yn fanwl (y term am y rhain yw grwpiau ffocws) neu wylio ymddygiad cwsmeriaid mewn siopau i weld sut maen nhw'n siopa.

Mentro Mathemateg

Nawr cyfrifwch beth yw twf y farchnad os yw maint y farchnad yn cynyddu o £500 miliwn i £700 miliwn.

Mentro Mathemateg

Nawr cyfrifwch beth yw cyfran cynnyrch o'r farchnad os yw ei werthiant yn £25,000 mewn marchnad sydd â chyfanswm gwerthiant o £800,000.

Mentro Mathemateg

Dychmygwch mai 5% yw cyfran cynnyrch arall o'r farchnad ac mai ei werthiant yw £80,000. Cyfrifwch beth yw cyfanswm gwerthiant y farchnad.

Term allweddol

Mae **ymchwil marchnata cynradd** yn defnyddio data sy'n cael eu casglu am y tro cyntaf.

➜ **Ymchwil marchnata eilaidd** (sydd hefyd yn cael ei alw'n 'ymchwil desg'). Mae hyn yn golygu defnyddio data sydd eisoes ar gael. Er enghraifft:

↬ data mewn papur newydd; gall hyn fod yn ddefnyddiol ond rhaid i gwmni ystyried pa mor ddibynadwy yw'r data. Mae gan bapurau newydd fel y *Financial Times* enw da am adroddiadau cywir ond nid yw'n bosibl dweud hynny am bob papur newydd.

↬ data wedi'u cyhoeddi ar wefan fel gwefan cwmni neu adran fusnes y BBC. Gall y rhain roi llawer o wybodaeth ond mae angen i gwmnïau ofalu bod y ffynhonnell yn ddibynadwy; er enghraifft, bydd cwmni eisiau dangos ei gryfderau ar ei wefan ond nid ei wendidau.

↬ ffynonellau'r llywodraeth, fel data am yr economi neu dueddiadau poblogaeth. Gall y rhain roi llawer o wybodaeth ond gallan nhw fod yn gyffredinol iawn; er enghraifft, efallai byddan nhw'n dangos tueddiadau'r DU gyfan yn hytrach na'r tueddiadau ar gyfer eich dinas chi.

↬ adroddiadau ymchwil marchnata sy'n cael eu cynhyrchu gan gwmnïau fel Nielsen. Gall y rhain fod yn fanwl a chanolbwyntio ar ddiwydiannau penodol, ond maen nhw'n costio cannoedd o bunnoedd i'w prynu.

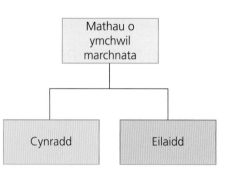

Ffigur 5.3 Mathau o ymchwil marchnata

Mentro Mathemateg

Blwyddyn	Gwerthiant y farchnad (£miliwn)	Gwerthiant cynnyrch A (£miliwn)
2014	300	30
2015	350	35
2016	400	50
2017	450	90

Tabl 5.2 Gwerthiant y farchnad a gwerthiant cynnyrch A

1 Cyfrifwch beth yw'r twf ym maint y farchnad rhwng 2014 a 2017.

2 Cyfrifwch beth yw'r twf yng ngwerthiant cynnyrch A rhwng 2014 a 2017.

3 Cyfrifwch beth yw cyfran cynnyrch A o'r farchnad yn 2014 ac yn 2017.

Ymchwil marchnata eilaidd

Dyma rai o fanteision ymchwil marchnata eilaidd:

➜ Gall gael ei gasglu'n gyflym ac yn rhad. Mae llawer iawn o wybodaeth ar gael o bapurau newydd, llyfrau, cylchgronau, cyfnodolion a'r rhyngrwyd. Mae'r llywodraeth hefyd yn cynhyrchu gwybodaeth yn gyson am faterion fel yr economi a thueddiadau cymdeithasol. Cofiwch fod data sy'n cael eu casglu gan gwmnïau ymchwil marchnata arbenigol, fel Mintel, ar gael hefyd am ffi.

➜ Gall ddarparu gwybodaeth am rannau mawr o'r boblogaeth. Mae'n afrealistig disgwyl i fusnes gasglu gwybodaeth am yr economi cyfan, ond gall y llywodraeth fforddio gwneud hyn.

Dyma rai o anfanteision ymchwil marchnata eilaidd:

→ Efallai na fydd y data yr union beth mae'r busnes ei eisiau. Efallai fod busnes eisiau gwybodaeth am boblogaeth un ardal o Rydychen, ond dim ond data ar y ddinas gyfan sydd ar gael. Efallai fod angen deall arferion prynu pobl 17–30 oed, ond dim ond gwybodaeth am bobl 18–25 oed sydd ar gael.

→ Efallai fod y data wedi dyddio. Efallai fod yr ymchwil eilaidd diweddaraf wedi'i gymryd ychydig flynyddoedd yn ôl. Mae rhai marchnadoedd yn newid yn gyflym – fel y farchnad am gerddoriaeth – felly os nad yw'r ymchwil yn rhoi'r wybodaeth ddiweddaraf, gall y busnes wneud y penderfyniad anghywir.

Er gwaetha'r problemau hyn, dylai busnesau geisio defnyddio ymchwil marchnata eilaidd lle bynnag mae'n bosibl, gan ei fod yn rhad ac yn ddefnyddiol fel man cychwyn. Dylai hyn wedyn amlygu pa ymchwil arall mae angen ei wneud (os oes angen o gwbl) er mwyn cael y wybodaeth angenrheidiol. Gall unrhyw wybodaeth 'newydd' gael ei chasglu gan ddefnyddio ymchwil cynradd.

Mentro Mathemateg

	£m
2014	1,669
2015	1,602
2016	1,537
2017	1,493
2018 (amcangyfrif)	1,509
2019 (amcangyfrif)	1,558
2020 (amcangyfrif)	1,600

Tabl 5.3 Refeniw gwerthiant a rhagfynegiadau o refeniw gwerthiant grawnfwydydd brecwast yn y DU

Defnyddiwch Dabl 5.3 i gyfrifo'r newid canrannol mewn gwerthiant bob blwyddyn. Dadansoddwch werth posibl y data hyn i rywun sy'n ystyried cychwyn busnes fel cynhyrchydd grawnfwyd brecwast.

Dulliau ymchwil marchnata cynradd

Gall data cynradd gael eu casglu drwy wneud y canlynol:

→ arsylwi – er enghraifft, gwylio sut mae pobl yn cerdded o gwmpas archfarchnad i weld beth sy'n tynnu eu sylw. Mewn rhai canolfannau siopa mae ganddyn nhw beiriannau sy'n adnabod siapiau – gallan nhw ddilyn siâp corff person o gwmpas y ganolfan i weld ble yn union mae'n siopa.

→ arbrofi – er enghraifft, mesur yr ymateb i fath newydd o hysbysebu. Gallai busnes werthu cynnyrch newydd mewn marchnad brawf i asesu ymateb cwsmeriaid cyn lansio'n genedlaethol. Mae gan lawer o ffilmiau fwy nag un diweddglo posibl, sy'n cael eu dangos i wahanol grwpiau i weld sut mae'r gynulleidfa'n ymateb cyn rhyddhau'r fersiwn terfynol.

→ cynnal arolwg – er enghraifft, cyfweld â phobl sy'n prynu eich cynnyrch er mwyn deall eu cymhellion. Mae hyn yn bosibl ar-lein y dyddiau hyn: er mwyn cael gwybodaeth, efallai byddwch chi'n gorfod ateb cwestiynau yn gyntaf.

Awgrym astudio

Edrychwch bob amser ar sut mae'r ymchwil yn yr astudiaeth achos wedi ei gynnal a gwnewch yn siŵr fod eich sylwadau'n benodol i hyn. Gall ymchwil cynradd fod yn ddrud ac yn araf os oes miloedd o bobl yn rhan o'r arolwg.

Mathau o arolwg

Gall y gwahanol fathau o arolwg gynnwys y canlynol:

→ **Arolygon ffôn**

Mae ffonio cwsmeriaid i gael eu barn yn gymharol rad. At hynny, mae'n bosibl ei wneud o'r swyddfa (heb fod angen costau teithio ychwanegol). Ond nid pawb sy'n berchen ar ffôn ac mae rhai pobl yn amheus o ateb arolygon ffôn. Hefyd gall fod yn anodd gwybod beth yw'r amser gorau i gysylltu â phobl.

→ **Holiaduron**

Gall holiaduron gael eu postio, ond fel arfer mae'r ymateb yn eithaf gwael. Gellir eu cynnal ar y stryd hefyd, ond efallai na fydd y bobl yn gynrychioliad da o'r farchnad. Os yw pobl yn siopa yng nghanol y prynhawn, dydyn nhw ddim yn y gwaith ac felly efallai na fyddwch chi'n cael safbwyntiau pobl sydd mewn gwaith. Mae'n rhaid sicrhau bod y bobl sy'n cynnal yr arolygon holiadur wedi'u hyfforddi'n iawn. Os na fyddan nhw wedi eu hyfforddi, efallai byddan nhw'n arwain yr atebwyr i roi'r ateb maen nhw ei eisiau.

Ymchwilydd marchnata yn siarad â pherson ar y stryd

→ **Adborth cwsmeriaid/cyflenwyr**

Mae llawer o fusnesau'n gofyn i'w cwsmeriaid am eu barn. Mae llawer o gynhyrchion yn cynnwys llinell gymorth neu rif ffôn ar y defnydd pecynnu fel bod y cwsmer yn gallu cysylltu â'r cwmni'n uniongyrchol. Yr unig broblem gyda hyn yw'r posibilrwydd na fydd y bobl sy'n ffonio yn gwsmeriaid nodweddiadol. Mae adborth cwsmeriaid yn dibynnu ar gwsmeriaid presennol, yn lle cwsmeriaid posibl neu bobl fyddai ddim hyd yn oed yn ystyried y cynnyrch. Gall cyflenwyr hefyd roi adborth am wahanol agweddau ar fusnes, fel cyflymder ei ymateb, sut mae'n delio â rhanddeiliaid a sut mae'n cymharu â busnesau eraill.

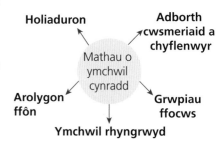

Ffigur 5.4 Crynodeb o fathau o ymchwil cynradd

→ **Grwpiau ffocws**

Grwpiau bach o bobl yw grwpiau ffocws sy'n cael eu dewis i roi eu barn am fater busnes penodol, fel enw brand neu ddelwedd brand, a yw busnes yn well neu'n waeth na'i gystadleuwyr, hysbyseb bosibl, ac ati. Efallai na fydd y grwpiau hyn yn cynrychioli'r farchnad gyfan gan mai ychydig o bobl maen nhw'n eu cynnwys. Fodd bynnag, mae grŵp ffocws yn rhoi'r cyfle i drafod amrywiaeth o faterion yn fanwl. Yn eithaf aml bydd grŵp ffocws yn codi mater sydd wedyn yn gallu cael ei archwilio'n fwy manwl drwy gynnal arolwg o fwy o bobl (os gall y busnes fforddio hynny).

→ **Ymchwil rhyngrwyd**

Mae gwefan gan lawer o fusnesau, sy'n rhoi cyfle arall i gael adborth gan gwsmeriaid. Mae hefyd yn bosibl olrhain faint o bobl sy'n ymweld â'r wefan, sut gwnaethon nhw gael hyd i'r wefan, pa beiriant chwilio ddefnyddion nhw – a gall y math hwn o wybodaeth roi awgrym defnyddiol o gwsmeriaid posibl. Gall y rhyngrwyd gael ei ddefnyddio hefyd i ddarganfod gwybodaeth eilaidd – o wefannau papurau newydd, gwefannau'r llywodraeth (fel y Swyddfa Ystadegau Gwladol) a gwefannau cystadleuwyr.

Awgrym astudio

Peidiwch â thybio y bydd pob darn o ymchwil marchnata yn ddefnyddiol. Gwiriwch bob amser sut cafodd ei gasglu. Er enghraifft, gallai gofyn i rai o'ch ffrindiau am eu barn nhw fod yn gamarweiniol – efallai byddan nhw'n dweud yr hyn maen nhw'n credu rydych chi eisiau ei glywed.

→ **Y wasg brint fel papurau newydd a chylchgronau**

Gall darllen y papurau newydd a gwahanol erthyglau yn y wasg helpu i greu darlun o farchnadoedd, yr economi a chystadleuwyr.

Gellir teilwra ymchwil cynradd i gwrdd ag anghenion busnes, ac mae bob amser yn gyfoes, sy'n fwy defnyddiol nag ymchwil eilaidd. Ond gall fod yn ddrud (er enghraifft, trefnu arolwg ar raddfa fawr) ac os na chaiff ei wneud yn gywir gall arwain at ganlyniadau camarweiniol (er enghraifft, dydy'r bobl yn yr arolwg ddim yn cynrychioli'r grŵp cyfan o gwsmeriaid). I gasglu data cynradd, gall entrepreneuriaid ddefnyddio unrhyw un o'r dulliau hyn.

Ystyried busnes: Ymchwil marchnata Innocent

Yn 1998 datblygodd Richard Reed, Adam Balon a Jon Wright eu ryseitiau smwddis cyntaf. Roedden nhw'n teimlo'n nerfus am roi'r gorau i'w swyddi, ac felly prynon nhw werth £500 o ffrwythau, eu troi nhw'n smwddis, a gwerthu'r rhain o stondin mewn gŵyl gerddoriaeth. Codon nhw arwydd mawr oedd yn dweud 'Ydych chi'n credu y dylen ni roi'r gorau i'n swyddi i wneud y smwddis hyn?' a gosod bin â'r label 'YDW' a bin â'r label 'NAC YDW'. Gofynnon nhw i'w cwsmeriaid roi eu poteli smwddis gwag yn y bin perthnasol. Ar ddiwedd y penwythnos, roedd y bin 'YDW' yn llawn ac felly dyma nhw'n ymddiswyddo y diwrnod canlynol a chychwyn Innocent Drinks. O fewn tair blynedd, roedd eu brand yn enw cenedlaethol.

1 **Esboniwch pa fath o ymchwil marchnata gafodd ei ddefnyddio gan Innocent Smoothies.** (4 marc)

2 **Gwerthuswch y defnydd o'r math hwn o ymchwil marchnata.** (12 marc)

Cymharu ymchwil marchnata cynradd ac eilaidd

	Mantais	Anfantais
Ymchwil marchnata cynradd	Posibl ei deilwra i anghenion y busnes a'r hyn mae angen ei wybod	Gall fod yn ddrud ac araf (yn dibynnu ar sut caiff ei gasglu)
Ymchwil marchnata eilaidd	Gall fod yn gymharol hawdd a chyflym i'w gynnal neu ei gasglu	Efallai bydd yn ddrud (yn dibynnu ar sut caiff ei gynnal) heb fod yn benodol i anghenion y busnes; efallai na fydd yn gyfoes

Tabl 5.4 Cymharu mathau o ymchwil marchnata

⬤ Mathau o ddata ymchwil marchnata

Mae ymchwil marchnata'n cynnwys dau fath o ddata, sef:

1 **Data meintiol**. Mae hyn yn cynnwys defnyddio rhifau fel maint y farchnad, twf y farchnad neu nifer y cwsmeriaid sydd gan fusnes.

2 **Data ansoddol**. Mae hyn yn cynnwys safbwyntiau a barn heb ddarparu gwybodaeth ystadegol ddibynadwy. Drwy siarad â grŵp bach o gwsmeriaid efallai cewch syniad da o'u barn am y brand neu sut ddelwedd sydd gan y cynnyrch o'i gymharu â chystadleuwyr. Mae'r data hyn yn gofyn pam mae pobl yn gwneud pethau – beth sy'n eu cymell i brynu'r cynhyrchion, beth yw eu profiad o'r busnes, sut roedden nhw'n teimlo ar ôl prynu a defnyddio'r cynhyrchion?

Crynodeb

Mae angen gwybodaeth ar fusnesau er mwyn gwneud penderfyniadau da. I wneud hyn efallai byddan nhw'n cynnal ymchwil marchnata. Gall ymchwil marchnata fod yn ymchwil cynradd neu eilaidd. Mae'n cynnwys data meintiol ac ansoddol. Amrywio mae'r dull addas o ymchwil gan ddibynnu ar beth rydych yn ceisio'i ddarganfod. Fodd bynnag, mae ymchwil yn costio arian, yn defnyddio adnoddau ac yn gallu cymryd amser.

Cwestiynau cyflym

1 Esboniwch beth yw ystyr 'ymchwil marchnata'. (2 farc)

2 Beth yw ystyr 'ymchwil marchnata cynradd'? (2 farc)

3 Nodwch **ddwy** ffordd o gynnal ymchwil marchnata cynradd. (2 farc)

4 Esboniwch beth yw ystyr 'ymchwil marchnata eilaidd'. (2 farc)

5 Nodwch **ddau** reswm pam mae busnes yn gwneud ymchwil marchnata. (2 farc)

6 Esboniwch **un** ffactor y gallai busnes ei ystyried wrth ddewis pa ddull o ymchwil marchnata i'w ddefnyddio. (2 farc)

7 Esboniwch **un** fantais bosibl o ddefnyddio ymchwil marchnata cynradd o'i gymharu ag ymchwil marchnata eilaidd. (2 farc)

8 Esboniwch **un** anfantais bosibl o ddefnyddio ymchwil marchnata cynradd o'i gymharu ag ymchwil marchnata eilaidd. (2 farc)

9 Beth yw ystyr 'ymchwil ansoddol'? (2 farc)

10 Beth yw ystyr 'ymchwil meintiol'? (2 farc)

Astudiaeth achos

Gerddi Anna

Roedd Anna Boulton wrth ei bodd yn garddio. O oed ifanc iawn roedd hi wedi helpu ei mam yn yr ardd, ac roedd hi wedi dod yn dipyn o arbenigwraig ym maes blodau a gerddi. Er mwyn ennill arian tra oedd hi'n yr ysgol, roedd hi wedi helpu ffrindiau'r teulu gyda'u gerddi nhw, drwy dorri'r lawntiau, chwynnu a phlannu blodau newydd. Doedd hi byth yn brin o waith i'w wneud, ond doedd hi ddim yn codi llawer iawn ac felly wnaeth hi byth lawer o arian. Ar ôl gadael ysgol, aeth hi i goleg amaethyddol a chael hyfforddiant go iawn. Cafodd hi gynnig swydd yn gweithio i gadwyn fawr o ganolfannau garddio ond roedd hi eisiau rhedeg ei busnes ei hun pe bai'n bosibl. Roedd hi'n cofio pa mor rhwydd oedd hi i gael gwaith ychydig flynyddoedd cyn hynny. Dywedodd ei mam fod digon o bobl yn dal i fod eisiau help yn eu gerddi ac felly roedd hi'n siŵr byddai hyn yn gweithio. Prynodd Anna adroddiad oedd yn cynnwys data yn dangos bod y galw am arddwyr yn y DU wedi bod yn cynyddu. Roedd hefyd yn dangos faint o arian oedd yn cael ei wario ar arddio a garddwyr. Yn ogystal â hyn, holodd nifer o'i chwsmeriaid presennol gan ofyn iddyn nhw pam roedden nhw'n defnyddio garddwyr a beth fyddai'n gwneud iddyn nhw ddewis un yn hytrach nag un arall. Ar sail yr hyn roedd hi wedi ei ddysgu o'i hymchwil marchnata, roedd hi'n teimlo'n eithaf hyderus ynghylch cychwyn busnes lle cafodd ei magu. Ond byddai'n dipyn o risg gwrthod y swydd ddiogel yn y ganolfan arddio i fynd ar ei liwt ei hun, ac roedd hi eisiau gwneud yn siŵr y gallai hi ennill digon o arian. Penderfynodd Anna gynnal rhagor o ymchwil marchnata.

Cwestiynau

1 Beth yw ystyr 'ymchwil marchnata'? (2 farc)

2 Esboniwch fanteision ymchwil marchnata cynradd i Anna. (4 marc)

3 Dadansoddwch sut gall ymchwil marchnata meintiol ac ansoddol helpu Anna. (6 marc)

4 Mae Anna'n credu y bydd cynnal ymchwil marchnata yn sicrhau bod ei busnes yn llwyddo. Trafodwch. (10 marc)

Y cymysgedd marchnata

Nid deall cwsmeriaid yn unig sy'n sicrhau llwyddiant busnes. Elfen bwysig arall yw creu'r galw am ei gynhyrchion. Yma byddwn ni'n archwilio sut mae cwmnïau'n defnyddio marchnata i fodloni cwsmeriaid.

Erbyn diwedd yr adran hon, dylech chi wybod am y canlynol:

- ystyr y cymysgedd marchnata
- yr angen i fusnes greu cymysgedd marchnata llwyddiannus
- sut mae'r cymysgedd marchnata'n cael ei ddefnyddio'n sail ar gyfer penderfynu a gweithredu mewn busnes
- ffactorau sy'n effeithio ar y cymysgedd marchnata
- sut gall y cymysgedd marchnata newid dros amser.

● Beth yw'r cymysgedd marchnata?

Meddyliwch am yr eitem ddiwethaf o ddillad a brynoch chi. Beth wnaeth i chi brynu'r cynnyrch? Mae'n debygol ei fod yn gyfuniad o ffactorau. Efallai y daeth i'ch sylw yn wreiddiol wrth i ffrind sôn amdano neu ei wisgo. Mae'n bosibl eich bod wedi'i weld yn y siop yn cael ei arddangos, neu mewn hysbyseb. Posibilrwydd arall yw eich bod yn hoffi'r dyluniad, y lliw neu'r enw brand. Ond a fyddech chi wedi ei brynu beth bynnag oedd y pris? Mae hynny'n annhebygol. Mae bron yn sicr y byddech wedi edrych ar ei bris a'i gymharu ag eitemau eraill yn rhywle arall. Yr holl ffactorau gwahanol sy'n dylanwadu ar eich penderfyniad i brynu yw'r **cymysgedd marchnata** – neu'r 4 P (gan eu bod i gyd yn dechrau â 'P' yn Saesneg).

Cynnyrch

Y cynnyrch yw'r holl ffactorau sy'n rhan o ddyluniad, manylion a nodweddion y cynnyrch. Mae gan gynhyrchion fel sugnwr llwch Dyson a'r Apple iPhone ddyluniad unigryw ac adnabyddus sydd wedi denu diddordeb llawer o gwsmeriaid. Mae ceir Toyota yn ddibynadwy. Mae byrgyrs McDonald's yn gyson dros y byd. Mae batris Duracell yn para'n hir. Nid yw diodydd Innocent Drinks yn cynnwys ychwanegion. Mae'r rhain i gyd yn agweddau ar gynhyrchion

> **Term allweddol**
>
> Mae'r **cymysgedd marchnata** yn cyfeirio at yr holl weithgareddau sy'n dylanwadu ar y mater a fydd cwsmer yn prynu cynnych neu beidio. Gall elfennau'r cymysgedd gael eu dadansoddi gan ddefnyddio'r 4 P (yn y Saesneg): pris (*price*), lleoliad (*place*), cynnyrch (*product*) a hyrwyddo (*promotion*).

sy'n eu gwerthu. Gall busnes addasu ei gynhyrchion i gynyddu eu hapêl i gwsmeriaid gwahanol (er enghraifft, roedd gan lyfrau Harry Potter un clawr i apelio at oedolion ac un i apelio at blant). Ond rhaid gwneud yn siŵr bod yr arian a enillir yn ddigon i dalu costau gwneud hyn.

Hyrwyddo

Mae hyrwyddo cynnyrch yn golygu cyfleu rhywbeth penodol amdano. Gallech chi roi gwybod i bobl fod eich busnes ar gael, dweud wrthyn nhw am gynnyrch newydd neu gynnig arbennig, neu bwysleisio'r gwahaniaeth rhwng beth rydych chi'n ei gynnig a phethau eraill sydd ar y farchnad. Mae sawl ffordd o gyfathrebu ynghylch cynnyrch – er enghraifft, hysbysebu mewn papur newydd lleol, hysbysebu ar-lein, noddi digwyddiad chwaraeon neu ddefnyddio posteri o gwmpas y dref. Mae'r ffordd orau o hyrwyddo yn dibynnu ar y cynnyrch. Er enghraifft, efallai bydd caffi'n hysbysebu yn y papur newydd lleol, ond bydd gwneuthurwr ceir yn hysbysebu ar y teledu yn genedlaethol. Mae Red Bull yn noddi gwyliau chwaraeon eithafol, ac mae Ryanair yn dibynnu'n fawr ar gynigion ar-lein.

Pris

Mae llawer o agweddau gwahanol ar brisio. Er enghraifft, mae angen meddwl am y telerau talu. Oes rhaid i gwsmeriaid dalu'r swm llawn nawr, neu gawn nhw dalu mewn rhandaliadau? Gawn nhw dalu â cherdyn credyd neu oes rhaid talu arian parod? Fyddan nhw'n cael disgownt os byddan nhw'n prynu meintiau mawr o'r cynnyrch? Rhaid i fusnesau ystyried hefyd pa swm byddan nhw'n gofyn i gwsmeriaid ei dalu am y cynnyrch. Sut mae'r pris yn cymharu â phrisiau cystadleuwyr? Bydd yr holl ffactorau hyn yn dylanwadu ar farn cwsmeriaid am y cynnyrch ac a yw'n cynnig gwerth am arian neu beidio. Dydy gwerth da am arian ddim o reidrwydd yn golygu bod gan y cynnyrch bris isel. Efallai bydd cwsmeriaid yn fodlon talu llawer o arian am rywbeth os ydyn nhw'n credu bod y cynnyrch a'r brand yn werth hynny. Dydy'r Xbox ddim yn rhad, ond efallai eich bod yn credu ei fod yn werth da am arian oherwydd yr holl fuddion mae'n eu cynnig.

Wrth osod prisiau, rhaid i fusnes ystyried ei gostau – bydd eisiau ennill digon o arian i dalu ei gostau a gwneud elw. Ond rhaid ystyried pa effaith bydd y pris yn ei chael ar y galw hefyd. Yn gyffredinol, bydd codi'r pris yn arwain at werthu llai; bydd yn gwneud mwy o elw ar bob uned ond os bydd gwerthiant yn gostwng yn sylweddol, gall wneud pethau'n waeth. Weithiau mae'n well gostwng y pris. Er bod yr elw ar bob uned yn is, os bydd yn gwerthu llawer mwy gall wneud mwy o elw. Dydy siopau fel Primark ac Asda ddim yn gwneud elw mawr ar bob cynnyrch, ond mae eu prisiau cymharol isel yn golygu eu bod nhw'n gwerthu cymaint o eitemau nes gwneud elw mawr yn gyffredinol.

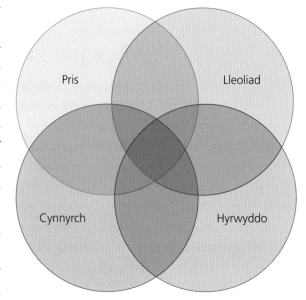

Ffigur 5.5 4 P y cymysgedd marchnata wedi'u cydgysylltu

Lleoliad

Mae lleoliad yn cyfeirio at y ffordd mae cynhyrchion yn cael eu dosbarthu. Ydyn nhw'n cael eu gwerthu yn uniongyrchol i gwsmeriaid (er enghraifft, drwy'r rhyngrwyd) neu drwy siopau? Ydyn nhw'n dod yn uniongyrchol o'r ffatri i'r siop neu ydyn nhw'n cael eu prynu gan gyfanwerthwr (*wholesaler*) gyntaf? Ym mha fath o siopau maen nhw'n cael eu gwerthu? Mae gan Apple rai siopau nodedig a deniadol lle mae ei gynhyrchion diweddaraf yn cael eu dangos. Mae Aldi yn siop fwy syml sy'n gwerthu bwyd rhad â gwerth da am arian.

● Yr angen i fusnes greu cymysgedd marchnata llwyddiannus

Er mwyn ateb anghenion a chwantau cwsmeriaid yn effeithiol, rhaid i fusnes greu cymysgedd marchnata llwyddiannus. Rhaid iddo gynnig y cynnyrch iawn am y pris iawn yn y lle iawn, a chyfathrebu amdano yn y ffordd iawn. Os caiff hyn ei wneud yn gywir, bydd y busnes yn bodloni ei gwsmeriaid. Os nad yw'r cymysgedd marchnata yn iawn, bydd busnes yn cael trafferth gwerthu ei gynnyrch.

Dewis y cymysgedd marchnata gorau

Rhaid i reolwyr wneud penderfyniadau ar bob un o elfennau'r cymysgedd marchata. Ond rhaid iddyn nhw gofio hefyd fod angen i elfennau gwahanol y cymysgedd weithio gyda'i gilydd i fod yn effeithiol. Er enghraifft, gallai cynnyrch o ansawdd uchel arwain at ddewis pris uchel, a'i werthu mewn siopau eithaf dethol a hyrwyddo'r cynnyrch i bobl sy'n ennill incwm cymharol uchel.

> **Ystyried busnes: Y cymysgedd marchnata ar gyfer gemau fideo**
>
> Gêm fideo sydd wedi bod ar restri gwerthwyr gorau Amazon bob blwyddyn ers 2009 yw Call of Duty. Gêm ryfel yw hon lle mae'r chwaraewr yn saethu gelynion. Gall chwaraewr chwarae ar ei ben ei hun neu yn erbyn chwaraewyr eraill ledled y byd ar-lein.
>
> 1 **Beth ydych chi'n credu yw elfen allweddol y cymysgedd marchnata ar gyfer gêm fideo? Cyfiawnhewch eich dewisiadau.** (8 marc)

Bydd y dewis o gymysgedd marchnata yn dibynnu ar ffactorau fel y canlynol:

→ **Y cynnyrch**. A yw'n hawdd ei adnabod? Oes angen dyluniad unigryw ar gyfer y cynnyrch? Am faint o amser mae cwsmer yn disgwyl iddo bara? Gallai rhywbeth unigryw sy'n para'n hir gyfiawnhau codi pris uwch.

→ **Cynhyrchion cystadleuwyr**. Beth maen nhw'n ei gynnig a sut mae'n cymharu â'ch cynnyrch chi?

→ **Y cwsmeriaid targed**. I bwy rydych chi'n ceisio gwerthu? Faint maen nhw'n ei ennill? Pam maen nhw'n debygol o brynu eich cynnyrch? Faint mae arnyn nhw ei angen? Beth maen nhw'n ei wneud â'u hamser (er mwyn i chi wybod sut i'w cyrraedd nhw gyda'ch hyrwyddo)? Mae rhai gwestai'n creu ymdeimlad moethus gyda llawer o gyfleusterau fel pwll nofio, campfa, bar a thŷ bwyta. Mae eraill, fel Travelodge, yn ceisio bod yn fwy syml ac maen nhw'n lân ac yn gymharol rad. Mae'r gwestai hyn yn gwasanaethu mathau gwahanol o gwsmeriaid ac felly mae'r cymysgedd marchnata'n cael ei addasu yn unol â hynny.

→ **Dull busnes**. Ydych chi'n ceisio cystadlu â'r hyn mae eich cystadleuwyr yn ei wneud? Os felly, gallech chi geisio datblygu cynnyrch tebyg ond rhatach. Neu ydych chi'n ceisio bod yn wahanol i'ch cystadleuwyr ac yn well na nhw gyda nodweddion mwy unigryw? Os felly, efallai gallech chi gyfiawnhau bod yn fwy drud.

Ystyried busnes: Dylanwadau ar brynu tai

Dychmygwch eich bod chi'n chwilio am dŷ i'w brynu. Sut byddech chi'n darganfod beth sydd ar werth? Mae hyn yn dibynnu ar hyrwyddo. Pa nodweddion byddwch chi'n chwilio amdanyn nhw, fel nifer yr ystafelloedd a'r lleoliad? Dyma'r cynnyrch. Beth fyddai'n penderfynu faint mae'n ei gostio? Dyma fater y pris. Fyddech chi'n disgwyl prynu'n uniongyrchol gan y gwerthwr neu drwy werthwr eiddo? Cwestiwn am ddosbarthu yw hwnnw. Mae'r cymysgedd marchnata'n bwysig wrth ddylanwadu ar ba dŷ byddwch chi'n ei brynu.

1 **Dadansoddwch y ffactorau allai ddylanwadu ar eich penderfyniad i brynu tŷ.** (6 marc)

Pwysigrwydd y cymysgedd marchnata

Yn ddelfrydol, dylai elfennau gwahanol y cymysgedd marchnata atgyfnerthu ei gilydd a chyfuno i sicrhau bod y cwsmer yn cael ei fodloni ac yn fodlon talu am y cynnyrch. Os yw'r cymysgedd marchnata'n gywir, bydd y cwsmer yn dychwelyd ac yn prynu eto. Bydd hefyd yn dweud wrth eraill pa mor hapus yw â'r cynnyrch. Os yw'r cymysgedd marchnata'n anghywir, efallai na fydd y cwsmer yn prynu'r cynnyrch. Neu efallai bydd yn ei brynu ond na fydd yn fodlon, ac na fydd yn dychwelyd i brynu mwy. Yn ogystal â hynny, gall cwsmer anfodlon ddweud wrth eraill pam nad yw'n hapus, a gall hynny gael effaith negyddol ar werthiant. Gall y cymysgedd marchnata fod yn anghywir oherwydd y canlynol:

→ dydy'r cynnyrch ddim yn bodloni anghenion a chwantau cwsmeriaid yn llawn

→ mae'r pris yn rhy uchel am y buddion sy'n cael eu cynnig

→ dydy'r dosbarthu ddim yn effeithiol – er enghraifft, ni all cwsmeriaid brynu'r cynnyrch yn hawdd

→ mae'r hyrwyddo'n wael – er enghraifft, dydy delwedd y cynnyrch ddim yn apelio at gwsmeriaid.

Awgrym astudio

Cofiwch fod yn rhaid i elfennau gwahanol y cymysgedd marchnata weithio gyda'i gilydd. Maen nhw i gyd yn cyfuno i wneud i gwsmer brynu cynnyrch.

Sut mae'r cymysgedd marchnata'n cael ei ddefnyddio yn sail i benderfynu a gweithredu mewn busnes

Y cymysgedd marchnata yw'r ffordd mae rheolwyr yn gweithredu'r strategaeth farchnata. Er enghraifft, os bod yn gwmni hedfan cost isel yw'r strategaeth, mae hynny'n debygol o ofyn am bris isel, cynnyrch sylfaenol a hyrwyddo rhad. Ond os yw busnes eisiau creu cadwyn o westai moethus, bydd y gwestai'n ddrud, bydd ganddyn nhw gyfleusterau o safon, a byddan nhw'n cael eu hyrwyddo a'u dosbarthu drwy sianeli sy'n debygol o gyrraedd grwpiau incwm uchel. Felly mae'r cymysgedd marchnata'n dylanwadu ar y penderfyniadau busnes strategol.

Ystyried busnes: Strategaeth farchnata Peacocks

Adwerthwr gwerth-am-arian yw Peacocks. Mae ganddo fwy na 400 o siopau yn y DU a mwy na 200 o siopau dramor. Mae wedi bod â'i bencadlys yng Nghaerdydd ers 1940. Ers canol yr 1990au, strategaeth farchnata Peacocks yw canolbwyntio ar ffasiwn rhad.

1 **Dadansoddwch sut bydd strategaeth farchnata Peacocks yn dylanwadu ar ei gymysgedd marchnata.** (6 marc)

Yr angen i'r cymysgedd marchnata newid ac addasu

Bydd angen i strategaethau marchnata newid dros amser wrth i amodau'r farchnad newid – ac felly bydd rhaid i'r cymysgedd marchnata newid hefyd. Er enghraifft, dydy incwm cartrefi ddim wedi bod yn cynyddu gymaint yn y 10 mlynedd diwethaf ac mae hyn wedi cyfrannu at lwyddiant siopau disgownt fel Aldi a Lidl. Newidiodd adwerthwyr eraill fel Tesco a Sainsbury's i ganolbwyntio'n fwy ar eitemau disgownt. Mae siopau wedi addasu eu cymysgedd marchnata i ganolbwyntio ar brisiau is a chynhyrchion mwy sylfaenol. Ar yr un pryd, mae cynnydd wedi bod o ran siopa ar-lein, sy'n golygu bod archfarchnadoedd yn dosbarthu mwy o'u cynhyrchion drwy werthiant ar-lein.

Yn yr un modd, mae'r pryder cynyddol am yr amgylchedd yn golygu efallai fod cynhyrchion yn cael eu newid i fod yn fwy ecogyfeillgar a gall negeseuon gwahanol gael eu defnyddio i hyrwyddo cynnyrch. Er enghraifft, gallai busnes hysbysebu bod cynnyrch wedi'i wneud o gynhwysion sydd wedi'u hailgylchu.

Crynodeb

Y cymysgedd marchnata yw'r enw ar elfennau gwahanol marchnata sy'n effeithio ar benderfyniad cwsmer i brynu cynnyrch. Mae'r cymysgedd marchnata'n cynnwys y 4 P: y cynnyrch, y pris, y lleoliad a'r hyrwyddo. Bydd y cymysgedd marchnata 'cywir' yn dibynnu ar lawer o ffactorau, fel natur y cynnyrch, y cwsmeriaid targed a'r cystadleuwyr.

Cwestiynau cyflym

1 Beth yw ystyr 'marchnata'? (2 farc)

2 Beth yw ystyr y 'cymysgedd marchnata'? (2 farc)

3 Beth yw ystyr 'strategaeth farchnata'? (2 farc)

4 Pe byddech chi'n agor siop newydd yn eich tref chi i werthu offerynnau cerdd, nodwch **ddwy** ffordd o'i hyrwyddo. (2 farc)

5 Nodwch **ddau** ffactor allai ddylanwadu ar bris cynnyrch newydd. (2 farc)

6 Nodwch **ddwy** ffordd y gallai'r cymysgedd marchnata effeithio ar swyddogaethau eraill y busnes. (2 farc)

7 Meddyliwch am eich ffôn symudol delfrydol. Nodwch **ddwy** agwedd ar y cynnyrch rydych chi'n eu hoffi. (2 farc)

8 Meddyliwch am siop rydych chi'n ymweld â hi'n aml i brynu dillad. Nodwch **ddau** reswm pam rydych chi'n dewis y siop hon. (2 farc)

9 A yw'n well gennych chi Pepsi neu Coca-Cola (neu ddim un ohonyn nhw)? Nodwch **ddau** reswm dros eich dewis. (2 farc)

10 Meddyliwch am siop nad ydych chi'n mynd iddi fel arfer. Nodwch **ddau** reswm pam nad ydych chi'n siopa yno. (2 farc)

Astudiaeth achos

Iceland

Mae Iceland yn arbenigwr bwydydd wedi'u rhewi a'u hoeri sydd â 900 o siopau ledled y DU. Yn draddodiadol mae wedi cael ei ystyried yn siop gwerth-am-arian sy'n targedu teuluoedd ar gyllideb cymharol fychan. Er bod gan ei gynhyrchion brisiau isel, mae wedi ennill nifer o wobrau am ansawdd ac amrywiaeth ei fwyd ac mae ei wasanaeth cwsmeriaid yn cael ei ystyried yn rhagorol. Mewn arolwg diweddar o 7000 o siopwyr gan y cylchgrawn *Which?*, enillodd Iceland y bleidlais am y siop orau i adwerthu bwyd ar-lein am yr ail flwyddyn yn olynol. Mewn gwirionedd, dechreuodd y cwmni ddosbarthu i gartrefi pobl yn 1999, ymhell cyn yr archfarchnadoedd eraill. Mae'r cwmni'n cael ei ystyried yn arloesol iawn o ran y cynhyrchion mae'n eu cynnig.

Mae'r cwmni hefyd wedi bod yn gwella cynllun ac ymdeimlad ei siopau.

Yn ddiweddar agorodd y cwmni fath newydd cyffrous o siop yn Clapham, sy'n edrych yn hollol wahanol. Yno mae rhewgelloedd newydd o'r radd flaenaf, a nifer o fathau hollol newydd o nwyddau, gan gynnwys cwrw crefft, gwin oer, peiriant coffi Lavazza a bwyd i fynd. Bydd perfformiad y siop newydd hon yn cael ei fonitro'n agos i asesu ei photensial.

Mae Iceland wedi gwella ei wefan a phwysleisio buddion iechyd bwyd wedi'i rewi. Mae ymgyrch ddiweddar yn dangos bod rhewi bwyd yn syth ar ôl iddo gael ei bigo, ei ddal neu ei baratoi yn cadw'r ffresni, y blas a'r maeth i mewn, gan sicrhau ansawdd a chynnig gwerth rhagorol i gwsmeriaid a llawer llai o wastraff hefyd.

Cwestiynau

1 Disgrifiwch **ddwy** elfen o gymysgedd marchnata Iceland. (2 farc)

2 Amlinellwch sut mae penderfyniad Iceland i'w farchnata ei hun fel darparwr bwyd wedi'i rewi yn effeithio ar ei swyddogaeth gweithrediadau. (4 marc)

3 Dadansoddwch pam, o bosibl, yr agorodd Iceland fath newydd o siop yn ddiweddar. (6 marc)

4 I ba raddau rydych chi'n credu bod gwerthiant Iceland yn dibynnu ar ei gymysgedd marchnata? (10 marc)

Cynnyrch

Cynnyrch yw unrhyw nwydd neu wasanaeth sy'n cael ei werthu i gwsmeriaid. Y cynnyrch yw'r hyn mae cwsmeriaid yn ei brynu. Nid yw'n syndod bod cynnyrch yn elfen bwysig o'r cymysgedd marchnata. Os nad yw'r cynnyrch yn iawn, mae'n anodd dychmygu y bydd y marchnata'n llwyddo.

Erbyn diwedd yr adran hon, dylech chi wybod am y canlynol:

- pwysigrwydd y cynnyrch yn y cymysgedd marchnata
- gwahaniaethu rhwng cynhyrchion
- pwysigrwydd brand
- cylchred oes cynnyrch
- amrywiaeth cynhyrchion
- beth yw ystyr strategaeth estyn.

Y cynnyrch

Wrth brynu cynnyrch, bydd gan gwsmeriaid ddiddordeb yn y canlynol:

→ **swyddogaethau'r cynnyrch**. Mae hyn yn cynnwys ei ddyluniad, sut mae'n perfformio, ei nodweddion a'i ddibynadwyedd. Er enghraifft, os yw'n beiriant golchi, beth yw ei faint? Faint o ddillad mae'n gallu eu dal? Faint o egni mae'n ei ddefnyddio? Beth yw'r brand? Beth arall mae'n gallu ei wneud? Os yw'n westy, pa wasanaethau mae'n eu darparu? Ble mae wedi'i leoli? A oes parcio yno? Pa fath o ystafelloedd sydd yno?

→ **y gwasanaeth sy'n cael ei ddarparu**. Er enghraifft, pa mor hawdd yw hi i'w archebu? A oes digon o wybodaeth gan y staff sy'n gwerthu? A oes gwasanaeth ôl-werthu? A oes gwasanaeth dosbarthu? A oes gwarant ar y cynnyrch?

→ **ydy perfformiad y cynnyrch yn debyg i'r hyn gafodd ei addo?** Ydy'r gwyliau yr un fath â'r disgrifiad? Ydy'r eitem y gwnaethoch chi ei phrynu ar eBay neu Amazon yn cyd-fynd â'r disgrifiad ar-lein?

→ **y pris**. Ydy'r cynnyrch yn cynrychioli gwell gwerth am arian na'r cystadleuwyr? Dydy hynny ddim yn golygu ei fod yn rhad – bydd pobl yn talu prisiau uchel am rai cynhyrchion (meddyliwch am Ferrari) ond rhaid i'r buddion gyfiawnhau'r pris.

Wrth ddatblygu cynnyrch newydd, bydd busnes yn ystyried y canlynol:

→ **dyluniad**. Beth yw ei nodweddion, dyluniad, edrychiad, a yw'n hawdd ei ddefnyddio neu'n ddibynadwy? Pa anghenion a chwantau mae'n eu bodloni?

→ **pris**. Beth bydd cwsmeriaid yn fodlon ei dalu am y cynnyrch? Faint yw gwerth y buddion?

→ **gwerthiant disgwyliedig**. Beth yw'r galw tebygol am y cynnyrch hwn?

→ **cost datblygu a chynhyrchu**. Ag ystyried y gwerthiant disgwyliedig a'r pris, a fydd y cynnyrch hwn yn creu adenillion sy'n cyfiawnhau'r risg o'i gynhyrchu a'i lansio?

● Gwahaniaethu rhwng cynhyrchion

Bydd llawer o fusnesau eisiau gwneud i'w cynnyrch nhw edrych a theimlo'n wahanol i'w cystadleuwyr – dyma yw gwahaniaethu rhwng cynhyrchion. Er enghraifft, mae Pepsi a Coca-Cola yn ddiodydd cola, ond efallai fod pobl yn eu gweld nhw'n wahanol iawn i'w gilydd. Gall busnes fod yn wahanol drwy wneud y canlynol:

→ Adeiladu brand. Ystyr brand yw enw, logo neu slogan adnabyddus sy'n diffinio cynnyrch ac yn gwahaniaethu rhyngddo a chynhyrchion eraill. Enghreifftiau o'r brandiau hyn yw Apple, Amazon, Asos, Next ac Itsu. Maen nhw'n creu disgwyliad ym meddwl y cwsmer o'r hyn mae'n mynd i'w gael. Drwy ei logo, ei ddyluniad a'i gyfathrebu, bydd busnes yn ceisio tynnu gwahaniaeth rhwng delwedd y brand a delwedd ei gystadleuwyr. Mae JD Sports yn fwy o fusnes ffasiwn na Sports Direct, er bod y ddau'n gwerthu cyfarpar chwaraeon – mae hyn i'w weld drwy'r dillad mae'n eu stocio, cynllun ei siopau a'r ffordd mae'n ei hysbysebu a'i hyrwyddo ei hun. Drwy ddatblygu brand, efallai bydd cwsmeriaid:

Mae Dyson yn enwog am ei ddyluniо arloesol a'i dechnoleg flaengar mewn sawl maes, fel ei sugnwr llwch heb fag, ei beiriant sychu dwylo a'r gwyntyll heb lafnau

⇨ yn poeni llai am y pris – efallai byddan nhw'n fodlon talu mwy am fag Gucci

⇨ yn fwy parod i roi cynnig ar gynhyrchion newydd sydd â'r un enw brand.

→ Datblygu cynnig gwerthu unigryw neu bwynt gwerthu unigryw (*Unique Selling Point*, neu *USP*). Bydd busnes yn datblygu rhyw agwedd ar y cynnyrch neu'r gwasanaeth sy'n ei wneud yn unigryw. Gallai fod yn nodwedd arbennig ('wedi'i wneud yn X'), yn wasanaeth penodol ('dosbarthu o fewn dwy awr') neu'n addewid ('ad-dalu heb ofyn cwestiynau'). Mae bagiau Fjallraven wedi'u dylunio fel nad ydyn nhw'n rhoi gormod o bwysau ar gefnau plant. Mae hetiau Tilley wedi'u dylunio ar gyfer morwyr – eu pwynt gwerthu unigryw yw eu bod yn arnofio os ydyn nhw'n disgyn i'r môr. Drwy wahaniaethu rhwng ei gynhyrchion, gall busnes ddenu mwy o werthiant, ac efallai gall godi mwy amdanyn nhw. Mae cwsmeriaid yn fodlon talu mwy am y pwynt gwerthu unigryw (*USP*) – er enghraifft, 'dosbarthu cyflym', 'wedi'i wneud â llaw', 'wedi'i gynhyrchu'n lleol'.

● Cynhyrchion newydd

Bydd busnes eisiau addasu ei gynhyrchion dros amser wrth i anghenion a chwantau newid. Er enghraifft, roedd Lucozade yn wreiddiol yn ddiod i helpu pobl oedd yn teimlo'n sâl i wella – byddech chi'n ei brynu i'w roi i bobl oedd yn yr ysbyty. Wrth i'r farchnad newid, cafodd poteli Lucozade eu hailddylunio a chafodd yr hysbysebu ei newid i ganolbwyntio ar Lucozade fel diod egni. Efallai bydd busnes yn addasu'r cynnyrch ei hun (er enghraifft, drwy newid y rysáit), y defnydd pecynnu (er enghraifft, cyflwyno maint gwahanol ar gyfer teuluoedd) neu ei hyrwyddo (er enghraifft, i bwysleisio buddion gwahanol a thargedu cynulleidfa wahanol).

Bydd busnesau hefyd eisiau datblygu cynhyrchion newydd i'w hychwanegu at eu cynhyrchion presennol neu i gymryd lle'r rhain. Mae creu cynhyrchion newydd yn fuddsoddiad ac mae risgiau eithaf uchel yn ei sgil. Mae hyn oherwydd bod llawer o gynhyrchion newydd yn aflwyddiannus, ac felly gall y buddsoddiad fod yn wastraff arian. Dyma'r camau wrth greu cynnyrch newydd fel arfer:

1 Meddwl am syniad – gall fod yn syniad hollol newydd (er enghraifft, pan gafodd y rhyngrwyd ei datblygu) neu gallwch wella cynnyrch sy'n bodoli eisoes (er enghraifft, powdr golchi newydd a gwell).

2 Sgrinio'r syniad – mae hyn yn golygu profi'r syniad i weld beth fyddai cost ei ddatblygu a pha adenillion posibl y gallai eu hennill; mae hyn yn cael ei wneud i weld a yw'n ymarferol bosibl yn ariannol.

3 Datblygu a dylunio'r cynnyrch – bydd hyn yn cynnwys cynnal profion a rhoi gwahanol fersiynau at ei gilydd i weld beth sy'n gweithio. Yn achos rhai cynhyrchion, gall hyn gymryd llawer o flynyddoedd o ymchwil a phrofi i wneud yn siŵr eu bod yn gweithio ac yn ddiogel.

4 Treialu'r cynnyrch – i weld a yw'n cael yr ymateb maen nhw'n ei ddisgwyl.

5 Lansio'r cynnyrch.

Gall busnes benderfynu peidio â dal i weithio ar gynnyrch yn ystod unrhyw un o'r camau oherwydd, er enghraifft, fod datblygu'r cynnyrch yn fwy drud na'r disgwyl, neu ei fod yn rhy anodd ei ddatblygu. Hyd yn oed ar ôl ei lansio, does dim sicrwydd y bydd yn llwyddo – mae llawer o gynhyrchion newydd yn methu ac yn cael eu tynnu'n ôl. Gall datblygu cynnyrch olygu llawer o risg; ar y llaw arall, gall aros yn yr unfan a pheidio â gwneud pethau newydd olygu risg hefyd, gan fod anghenion a chwantau'n newid, a bod yr hyn mae cystadleuwyr yn ei gynnig yn newid hefyd.

● Dyluniad cynnyrch

Bydd y canlynol yn dylanwadu ar ddyluniad cynnyrch:

→ Anghenion a chwantau cwsmeriaid. Pa nodweddion sy'n ofynnol?

→ Yr hyn mae cystadleuwyr yn ei gynnig. Sut gall buddion y cynnyrch ymddangos yn wahanol i rai'r cystadleuwyr? A yw'n gyflymach? Yn ysgafnach? Yn para'n hirach? Yn haws ei ddefnyddio?

→ Costau datblygu a chynhyrchu.

● Pecynnu

Gall y pecynnu fod yn rhan bwysig o gynnyrch. Mae'n cynnwys dyluniad y cynhwysydd a'r labelu, a'r wybodaeth sy'n cael ei rhoi am y cynnyrch.

Mae'r pecynnu'n gallu gwneud y canlynol:

➜ helpu i ddiogelu'r cynnyrch a'i gadw'n saff; meddyliwch am flychau wyau

➜ bod yn rhan o ddelwedd gyffredinol y brand; meddyliwch pa mor bwysig yw dyluniad y defnydd pacio allanol, neu boteli persawr.

Wrth ddylunio'r pecynnu, dylai busnes ystyried y canlynol:

➜ costau dylunio a chynhyrchu; bydd hyn yn effeithio ar y pris all gael ei godi a maint yr elw.

➜ y gofynion cyfreithiol – er enghraifft, ar gyfer labelu. Rhaid i fusnes sicrhau ei fod yn bodloni'r gofynion cyfreithiol neu gallai gael ei erlyn.

➜ pa mor hawdd yw'r cludo a'r storio; bydd hyn yn effeithio ar gostau'r warws.

➜ a yw'r cynnyrch angen cael ei ddiogelu. Er enghraifft, pa mor fregus yw'r cynnyrch? A oes angen ffordd arbennig o'i amddiffyn, fel ei gadw'n oer? A oes angen ei ddiogelu rhag cael ei ddwyn? Byddai rhai cynhyrchion fel llafnau rasel yn hawdd eu dwyn o siopau oni bai eu bod wedi'u pecynnu mewn ffordd sy'n gwneud hynny'n anodd.

➜ pa mor atyniadol yw'r dyluniad. Mae hyn yn bwysig gyda chynhyrchion fel persawr lle gall y pecynnu fod yn rhan bwysig o apêl y cynnyrch.

● Cylchred oes cynnyrch

Bydd rheolwyr eisiau dilyn datblygiad cynnyrch dros amser, gan fonitro'r gwerthiant o'r lansio nes rhoi'r gorau i gynhyrchu. Mae **cylchred oes cynnyrch** yn disgrifio'r camau nodweddiadol mae cynnyrch yn mynd trwyddyn nhw yn ystod ei fywyd. Mae'n debygol o fynd trwy chwe phrif gam.

> **Term allweddol**
>
> Mae **cylchred oes cynnyrch** yn dangos sut gall gwerthiant cynnyrch amrywio dros amser.

1 **Datblygu**

   Yn y cam cyntaf hwn, mae'r syniad am y cynnyrch yn cael ei ddatblygu a'i brofi i weld a fydd yn gweithio. Gall hyn gynnwys adeiladu prototeip (fersiwn prawf). Adeiladodd James Dyson fwy na 5,000 o brototeipiau o'i sugnwr llwch cyn iddo ei gael yn iawn. Mae meddyginiaethau newydd yn cael eu profi am lawer o flynyddoedd cyn cael caniatâd i'w gwerthu i'r cyhoedd. Yn ystod y cam datblygu, mae busnesau'n gwario arian, ond does dim arian yn dod i mewn oherwydd nad oes gwerthiant. Felly mae llif arian yn negatif ac mae colledion yn digwydd.

2 **Cyflwyno/lansio**

   Cyflwyno yw'r cam pan fydd y cynnyrch yn cael ei lansio a'r gwerthiant yn dechrau. Gall olygu llawer o wario ar hyrwyddo a chyhoeddusrwydd. Yn y cam hwn, mae angen i fusnes berswadio dosbarthwyr i stocio'r cynnyrch newydd yn hytrach na brandiau presennol – gall hyn fod yn anodd gan na fyddan nhw eisiau cymryd risg. Mae gwerthiant yn dechrau cynyddu, ond mae'r busnes yn dal yn debygol o wneud colledion oherwydd y gwariant sylweddol sydd ei angen wrth lansio cynnyrch.

3 Twf

Mae twf yn digwydd pan fydd y cynnyrch yn dechrau gwerthu'n gyflymach. Mae pobl yn prynu mwy ohono a daw'n llwyddiannus. Dylai ddechrau gwneud elw nawr. Efallai bydd angen sicrhau mwy o siopau ar gyfer y cynnyrch yn y cam hwn er mwyn cyrraedd marchnadoedd newydd.

4 Aeddfedrwydd

Yn y cam hwn, mae cyfradd y gwerthu yn dechrau arafu. Efallai fod cystadleuydd wedi lansio rhywbeth tebyg sy'n effeithio ar y gwerthiant, neu fod cwsmeriaid eisiau rhywbeth newydd. Yn ystod y cyfnod hwn, dylai busnes ystyried cyflwyno fersiynau gwahanol o'r cynnyrch er mwyn cadw'r gwerthiant yn gyson. Dylai'r cynnyrch ddal i fod yn broffidiol gan fod costau datblygu a lansio wedi cael eu hadennill yn barod.

5 Dirlawnder

Yn y cam hwn mae'r gwerthiant yn fflat – nid yw'n cynyddu. Mae'r cynnyrch wedi sefydlu ac mae'n dal i werthu, ond does dim rhagor o dwf.

6 Dirywiad

Daw dirywiad pan fydd gwerthiant yn dechrau gostwng. Nawr mae angen i fusnesau wneud penderfyniadau anodd. A ddylid rhoi hwb arall i'r gwerthiant drwy wario mwy ar farchnata, neu dynnu'r cynnyrch o'r farchnad? Yn ystod dirywiad, mae gwerthiant ac elw yn gostwng.

Mae'r cymysgedd marchnata'n newid yn ystod camau gwahanol cylchred oes cynnyrch. Er enghraifft, yn ystod cam y lansio, bydd hyrwyddo'n rhoi gwybod i bobl fod y cynnyrch ar gael. Dros amser, efallai bydd hyrwyddo'n dechrau canolbwyntio ar y rheswm pam mae'r cynnyrch yn well na chynnyrch cystadleuwyr. Efallai bydd pris uchel yn cael ei osod yn ystod y lansio, os yw'r busnes yn defnyddio sgimio pris (er enghraifft, os yw'r galw'n uchel i ddechrau). Dros amser, efallai bydd angen i bris y cynnyrch ddod i lawr er mwyn cynyddu gwerthiant.

Bydd natur cylchred oes cynnyrch yn amrywio o gynnyrch i gynnyrch. Er enghraifft:

→ yn achos cynhyrchion fel Marmite a Heinz Tomato Ketchup, mae'r aeddfedrwydd yn hir; maen nhw'n frandiau sydd wedi sefydlu

→ efallai bydd cylchred oes cynnyrch arall yn fyr; efallai bydd ffilm newydd lwyddiannus yn cyrraedd gwerthiant uchel i ddechrau, ond bydd y gwerthiant yn lleihau yn fuan wedyn

→ efallai bydd patrwm tymhorol i'r gwerthiant; er enghraifft, dodrefn gardd

→ efallai na fydd twf yn digwydd i'r cynnyrch oherwydd nad yw'n cwrdd ag anghenion cwsmeriaid o gwbl.

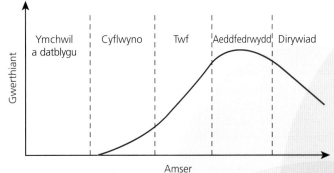

Ffigur 5.6 Cylchred oes cynnyrch

	Lansio	Twf	Dirywiad
Cynnyrch	Mae'r cynnyrch yn cael ei ddatblygu a'i lansio.	Posibl addasu er mwyn targedu segmentau newydd, neu mae'n bosibl ei ddatblygu i gadw'r gwerthiant i fynd	Efallai bydd y cynnyrch yn cael ei dynnu'n ôl, neu dim ond y gwerthwyr gorau gaiff eu cadw
Pris	Posibl targedu prynwyr allweddol gyda phris cychwynnol uchel. Neu'n bosibl dechrau â phris cychwynnol isel. Mae'n dibynnu faint o effaith gaiff y pris ar y gwerthiant	Mae galw'n cynyddu; efallai fod hyn yn gysylltiedig â'r pris yn cael ei ostwng dros amser i ddenu mwy o gwsmeriaid	Gwerthiant yn gostwng; tebygol o dorri'r pris er mwyn lleihau maint y gostyngiad
Hyrwyddo	Canolbwyntio ar gyflwyno'r cynnyrch, e.e. cyhoeddi ei fod yn cael ei lansio	Canolbwyntio fwy ar pam mae'r cynnyrch yn well na chynnyrch cystadleuwyr	Posibl hyrwyddo cynigion arbennig i gadw gwerthiant i fynd
Lleoliad	Mae'n debygol y bydd nifer bach o sianeli (e.e. siopau) yn fodlon cymryd y risg o stocio'r cynnyrch	Gyda mwy o lwyddiant, bydd angen dosbarthu'n ehangach er mwyn cyrraedd ymhellach	Gyda llai o werthiant, bydd dosbarthu'n cael ei leihau i ganolbwyntio ar yr allfeydd mwyaf proffidiol

Tabl 5.5 Enghreifftiau o sut gallai'r cymysgedd marchnata newid yn ystod camau gwahanol cylchred oes cynnyrch

● Strategaethau estyn

Bydd busnes yn gobeithio atal gwerthiant rhag gostwng ac osgoi'r dirywiad yng nghylchred oes cynnyrch. Mae **strategaethau estyn** yn gwneud hyn yn bosibl.

Mae strategaethau estyn yn cynnwys:
➜ torri'r pris i sicrhau bod y cynnyrch yn cynnig gwell gwerth am arian
➜ gwario mwy ar hysbysebu i wneud y cynnyrch yn fwy poblogaidd
➜ newid pecynnu'r cynnyrch
➜ datblygu fersiynau newydd gyda mwy o nodweddion gwahanol
➜ ceisio cael pobl i brynu mwy o'r cynnyrch; mae siampŵ yn dweud ar y label y dylech chi olchi eich gwallt ddwywaith bob tro. Bwriad hyn yw cael pobl i ddefnyddio mwy ac felly prynu poteli'n fwy aml
➜ ceisio cael pobl i brynu'r cynnyrch ar fwy o adegau; er enghraifft, rydyn ni'n dueddol o brynu twrci adeg y Nadolig yn y DU – allech chi gael pobl i'w brynu ar adegau eraill o'r flwyddyn?
➜ ceisio darganfod cwsmeriaid newydd; er enghraifft, gallai busnes geisio targedu marchnad newydd drwy werthu ei gynnyrch dramor.

> ### Term allweddol
>
> Ymdrechion i gynnal gwerthiant cynnyrch a'i atal rhag cyrraedd cam 'dirywiad' cylchred oes y cynnyrch yw **strategaethau estyn**

Ystyried busnes: Hybu gwerthiant yn McDonald's

Yn ddiweddar mae gwerthiant McDonald's wedi bod yn uwch na'r disgwyl yn rhannol o ganlyniad i wella'i fwydlen 'brecwast drwy'r dydd'. Mae'r cwmni wedi lansio nifer o fentrau i hybu gwerthiant. Er enghraifft, mae wedi cyflwyno eitemau newydd i'w frecwast drwy'r dydd, gan gynnwys bisgedi, McMuffins a McGriddles. Mae McDonald's hefyd yn awyddus i dargedu segmentau defnyddwyr iau, gan fod llawer o'r rhain yn dechrau dewis busnesau eraill sydd yn eu barn nhw yn fwy atyniadol, fel Shake Shack.

1 **Dadansoddwch pa gamau marchnata gallai McDonald's eu cymryd i hybu ei werthiant.** (6 marc)

Amrywiaeth cynhyrchion

Pan fydd busnes yn cychwyn mae'n debygol mai dim ond un neu ddau gynnyrch fydd ganddo. Wrth iddo dyfu bydd fel arfer yn datblygu mwy o gynhyrchion. Mae cwmni fel Coca-Cola, er enghraifft, yn gwerthu cannoedd o fathau gwahanol o ddiod. Bydd rheolwr marchnata cwmni eisiau gwybod sut mae pob un o gynhyrchion y cwmni yn gwerthu, a phenderfynu a oes angen newid unrhyw beth.

Drwy fod ag ystod neu amrywiaeth o gynhyrchion, mae'r busnes yn gallu gwneud y canlynol:

→ bodloni anghenion grwpiau gwahanol o gwsmeriaid. Mae Tesco, er enghraifft, wedi symud o werthu bwyd yn unig i ddillad a nwyddau electronig.

→ defnyddio ei sgiliau a'i arbenigedd i dyfu'r busnes. Mae Amazon wedi symud o fod yn werthwr llyfrau i werthu llawer o gynhyrchion gwahanol. Mae wedi adeiladu ei sgiliau ar-lein a'r brand cyn defnyddio'r rhain mewn meysydd cynnyrch gwahanol.

→ sicrhau gwerthiant mwy sefydlog. Er enghraifft, gallai busnes gwyliau sy'n canolbwyntio ar Sbaen fod yn ddibynnol iawn ar werthiant yn ystod yr haf. Felly gallai fod eisiau ehangu a chynnig amrywiaeth o gynhyrchion er mwyn sicrhau gwerthiant yn y gaeaf, er enghraifft, drwy gychwyn neu brynu busnes gwyliau sgïo.

→ sicrhau twf gwerthiant dros amser. Os yw busnes yn ddibynnol ar ychydig gynhyrchion, gall sylwi bod gwerthiant yn gostwng pan fydd y rhain yn cyrraedd cam 'dirywiad' y gylchred. Efallai fod gan gwmnïau fferyllol, er enghraifft, gyffur sy'n llwyddiannus iawn. Ond ar ôl rhai blynyddoedd bydd gwarchodaeth y patent ar gyfer y cynnyrch yn dod i ben a gall cystadleuwyr eraill ddechrau cynhyrchu'r un cyffur. Felly mae angen i gwmnïau fferyllol ddatblygu amrywiaeth o gynhyrchion er mwyn sicrhau, wrth i warchodaeth patent un cynnyrch ddod i ben, fod cynhyrchion eraill yn cyrraedd cam y twf.

Ystyried busnes: Procter and Gamble

Mae Procter and Gamble yn berchen ar rai o'r brandiau mwyaf adnabyddus yn y byd, gan gynnwys Ariel, Crest, Tide, Vicks, Olay, Gillette, Braun, Bold a Head and Shoulders.

1 **Dadansoddwch y buddion i Procter and Gamble o gael amrywiaeth o gynhyrchion.** (6 marc)

Crynodeb

Y cynnyrch yw'r hyn mae'r cwsmer yn ei brynu. Mae angen i fusnesau sicrhau eu bod yn cynnig y cynnyrch iawn gan ystyried anghenion a chwantau cwsmeriaid. Mae gwerthiant cynnyrch yn debygol o newid dros amser a gall fod angen i reolwr gymryd camau i'w gadw'n uchel; er enghraifft, strategaethau estyn i atal gwerthiant rhag gostwng. Bydd rheolwr hefyd eisiau rheoli'r portffolio o gynhyrchion sydd gan y busnes a sicrhau bod cymysgedd priodol o gynhyrchion ar gael.

Cwestiynau cyflym

1 Esboniwch beth yw ystyr 'cylchred oes cynnyrch'. (2 farc)

2 Esboniwch sut gallai prisio newid yn ystod camau gwahanol cylchred oes cynnyrch. (4 marc)

3 Amlinellwch, gydag enghraifft, beth yw ystyr strategaeth estyn. (2 farc)

4 Esboniwch beth yw ystyr 'pwynt gwerthu unigryw' (USP). (2 farc)

5 Nodwch **ddau** ffactor y gallai busnes eu hystyried wrth gynllunio pecynnu cynnyrch. (2 farc)

6 Esboniwch bwysigrwydd brandio. (2 farc)

7 Esboniwch bwysigrwydd pecynnu. (2 farc)

Astudiaeth achos

The Team

Katrin yw Prif Weithredwr Lionpride Films. Mae hi newydd weld y ffigurau sy'n dangos nifer y bobl aeth i wylio ffilm newydd y cwmni, *The Team*, mewn sinemâu yn UDA y penwythnos diwethaf. Roedd hi wrth ei bodd. Dyma'r ffigurau uchaf ar gyfer unrhyw ffilm sydd wedi cael ei rhyddhau yn UDA erioed. Mae'n mynd i agor yn y DU yr wythnos hon. Mae'r ffilm yn seiliedig ar lyfr gafodd ei ysgrifennu gan awdur enwog. Mae nifer o sêr mawr Hollywood yn y ffilm. Cymerodd bron 5 mlynedd i wneud y ffilm, o'r diwrnod pan brynodd y cwmni yr hawliau hyd y diwrnod pan gafodd ei rhyddhau. Ag ystyried y refeniw o'r sinemâu dros y penwythnos diwethaf, mae Katrin yn gwybod bod y ffilm wedi adennill ei chostau. Mae hi'n gwybod bod ffigurau'r gwylwyr yn ystod yr wythnosau cyntaf yn hollbwysig. Mae hi wedi gwario miliynau yn hyrwyddo'r agoriad, ac fe gynhaliodd ddigwyddiad agoriadol mawr gyda llawer o enwogion. Mae hi hefyd wedi arwyddo llawer o gytundebau gyda chwmnïau dillad, rhoddion a theganau i hyrwyddo brand *The Team* ymhlith y gynulleidfa darged o wylwyr rhwng 13 ac 18 oed.

Cwestiynau

1 Lluniwch gylchred oes cynnyrch ar gyfer ffilm newydd fel *The Team*. Esboniwch siâp a hyd y gylchred oes cynnyrch rydych chi wedi ei llunio. (4 marc)

2 Esboniwch sut gallai elw ffilm fel *The Team* amrywio yn ystod camau gwahanol ei chylchred oes cynnyrch. (4 marc)

3 Dadansoddwch pa strategaethau estyn posibl y gallai cwmni ffilmiau eu defnyddio ar gyfer ffilm newydd. (6 marc)

4 Trafodwch pa mor bwysig yw hi i gwmni ffilmiau fod ag amrywiaeth o gynhyrchion. (10 marc)

Pris

Pryd bynnag rydyn ni'n mynd i brynu rhywbeth, fel arfer mae gennym ni ddiddordeb yn y pris. Faint mae'n ei gostio? A yw'n werth yr arian? Allwn ni ei fforddio? Dydyn ni ddim bob amser yn prynu'r cynnyrch rhataf, ond rydyn ni'n tueddu i chwilio am y gwerth gorau am arian. Er enghraifft, efallai y prynwn ni grys sy'n fwy drud na chrys arall, a hynny oherwydd ein bod yn hoffi'r dyluniad a'r brand. Mae rhai brandiau na fydden ni'n eu prynu dim ots pa mor isel fyddai eu pris. (Allwch chi feddwl am enghraifft?) Felly mae gennym ni ddiddordeb mawr yn y pris o gymharu ag elfennau eraill y cymysgedd. Os bydd busnes yn gosod y pris anghywir – er enghraifft, drwy ei osod yn rhy uchel o ystyried ansawdd y cynnyrch – bydd y gwerthiant yn dioddef.

Erbyn diwedd yr adran hon, dylech chi allu gwneud y canlynol:

- deall y gwahanol strategaethau prisio mae busnesau'n eu defnyddio
- gallu gwerthuso'r gwahanol strategaethau fel cost plws, cystadleuol, treiddio, sgimio, seicolegol, nwyddau ar golled a gwahaniaethu o ran pris.

● Pris a galw

Yn gyffredinol, mae cynnydd yn y pris yn mynd i arwain at ostyngiad yn y galw am gynnyrch, gan dybio bod dim byd arall wedi newid. Ond gall fod amrywiaeth fawr o ran faint yn union mae gwerthiant yn gostwng. Os oes gan gynnyrch ddelwedd brand gadarn neu bwynt gwerthu unigryw, efallai bydd y gostyngiad yn y gwerthiant yn weddol fach o'i gymharu â'r cynnydd yn y pris. Dyna pam mae busnesau eisiau gwahaniaethu rhwng eu cynhyrchion, er mwyn sicrhau bod y galw yn llai sensitif i gynnydd yn y pris. Os yw'r gostyngiad yn y gwerthiant yn gymharol fach, mewn gwirionedd gall busnes ennill mwy o refeniw gyda phris uwch.

Mewn achosion eraill, efallai bydd y galw'n ddibynnol iawn ar y pris. Er enghraifft, os oes gan gwsmer ddewis rhwng llawer o gynhyrchion tebyg a rhatach, yna wrth i un busnes godi ei brisiau gall gwerthiant ostwng yn sylweddol. Yn y sefyllfa hon, efallai bydd busnes yn penderfynu gostwng ei brisiau er mwyn ceisio ennill nifer mawr o gwsmeriaid oddi wrth ei gystadleuwyr. Mae busnesau fel Poundland, er enghraifft, yn defnyddio prisiau is i ddenu nifer sylweddol o gwsmeriaid.

Pris cynnyrch yw £10 a'r gwerthiant yw 200 o unedau. Mae'r pris yn codi i £18 a'r gwerthiant yn gostwng i 198 o unedau – dydy'r galw ddim yn ddibynnol iawn ar y pris.

1 Cyfrifwch refeniw'r busnes yn wreiddiol ac ar ôl i'r pris godi.
 Beth mae hyn yn ei awgrymu i'r busnes o ran yr hyn y gallai ei wneud, os nad yw galw'n ddibynnol iawn ar y pris?

Pris cynnyrch yw £10 a'r gwerthiant yw 200 o unedau. Mae'r pris yn codi i £11 a'r gwerthiant yn gostwng i 100 o unedau – mae galw'n ddibynnol iawn ar y pris.

2 Cyfrifwch refeniw'r busnes yn wreiddiol ac ar ôl i'r pris godi.
 Beth mae hyn yn ei awgrymu i'r busnes o ran yr hyn y gallai ei wneud, os yw galw'n ddibynnol iawn ar y pris?

● Mathau o benderfyniad prisio

Mae sawl ffordd o brisio cynhyrchion neu nwyddau.

Sgimio pris

Mae **sgimio pris** yn digwydd pan fydd pris uchel yn cael ei osod am gynnyrch wrth ddod i'r farchnad am y tro cyntaf. Caiff y strategaeth ei defnyddio pan fydd galw uchel am y cynnyrch. Pan fydd busnes yn lansio consol cyfrifiadur neu fodel newydd o liniadur, bydd yn gobeithio bod rhai pobl yn awyddus iawn i brynu'r cynnyrch. Mae'n gosod pris uchel gan wybod bod y grŵp hwn o bobl yn fodlon ei dalu (yn ddelfrydol byddan nhw'n ciwio y tu allan i'r siop yn aros i'r cynnyrch gael ei ryddhau). Gallwn ddweud nad yw prynwyr fel hyn yn sensitif i bris.

Mae sgimio pris yn helpu busnesau i adennill yr arian i ad-dalu'r costau datblygu. Ar ôl i'r grŵp cyntaf o gwsmeriaid dalu'r pris uchel, mae'r pris yn gostwng er mwyn denu cwsmeriaid newydd sydd angen pris is cyn cymryd diddordeb yn y cynnyrch. Gyda'r dull sgimio, mae'r pris yn dechrau'n uchel ac yn cael ei ostwng yn raddol dros amser. Mae'r strategaeth yn gweithio orau pan fydd y cynnyrch yn unigryw, a phobl felly'n fodlon talu mwy.

Ffigur 5.7 Dulliau prisio

Prisio treiddio

Caiff y dull hwn ei ddefnyddio i lansio cynnyrch â phris isel er mwyn gwerthu'n gyflym. Mae **prisio treiddio** yn ffordd o ennill cyfran o'r farchnad yn gyflym a sefydlu cynnyrch yn arweinydd yn y farchnad. Mae'r strategaeth yn gweithio orau os yw cwsmeriaid yn sensitif iawn i'r pris. Drwy gynhyrchu ar raddfa fwy, gall busnes wneud enw iddo'i hun yn gyflym. Gall gael budd o gostau is drwy swmp brynu cyflenwadau hefyd, a drwy ddarbodion maint eraill. Fel arfer mae prisio treiddio yn golygu bod y busnes yn mynd i mewn i'r farchnad gyda phris sy'n is na'r pris mae'n bwriadu ei ddefnyddio yn y pen draw. Y bwriad yw ennill gwerthiant oddi ar ei gystadleuwyr. Yna, pan fydd y busnes wedi ennill ffyddlondeb cwsmeriaid, gall godi ei bris.

Prisio cystadleuol

Mae busnesau sy'n defnyddio **prisio cystadleuol** yn ceisio gosod pris sy'n cyd-fynd â'r pris mae busnesau eraill yn ei osod. Caiff y dull hwn ei ddefnyddio'n aml gan archfarchnadoedd a chwmnïau yswiriant, sydd yn cymharu eu prisiau'n agored â phrisiau cwmnïau eraill er mwyn dangos i gwsmeriaid eu bod nhw'n cynnig gwerth da. Mae prisio cystadleuol yn gyffredin mewn marchnadoedd lle mae ychydig o gwmnïau mawr yn cystadlu'n uniongyrchol â'i gilydd a lle gall cwsmeriaid gymharu eu cynhyrchion yn hawdd. Os yw'r cynhyrchion yn debyg i'w gilydd, bydd pris yn ffactor pwysig sy'n dylanwadu ar benderfyniad cwsmer i brynu'r cynnyrch.

Prisio cost plws

Mae **prisio cost plws** yn ddull manwl o brisio sy'n ceisio sicrhau bod y busnes yn adennill ei gostau ac yn gwneud elw. Mae'n gweithio drwy gyfrifo costau darparu'r cynnyrch, cyn ychwanegu canran at hynny i benderfynu ar y pris. Er enghraifft, os yw eitem yn costio £10 ac rydych chi'n ychwanegu 20%, byddwch yn ei gwerthu am £12. Mae hyn yn golygu mai £2 (20%) yw'r ychwanegiad at y costau. Maint yr elw yw'r elw fel canran o'r pris. Yn yr achos hwn, yr elw yw £2 a'r pris yw £12, ac felly dyma yw maint yr elw:

(£2/£12 × 100) = 16.66%

Mae prisio cost plws yn ddull cyffredin iawn yn achos adwerthwyr. Maen nhw'n prynu am bris penodol, yn ychwanegu canran ac yna'n ei adwerthu. Mae'r dull hwn yn syml i'w roi ar waith, ond nid yw'n ystyried beth yw'r galw yn y farchnad. Hynny yw, nid yw'n ystyried yn uniongyrchol faint mae pobl yn fodlon ei dalu.

> ### Termau allweddol
>
> **Prisio cystadleuol** – gosod prisiau sy'n cyd-fynd â'r prisiau mae cystadleuwyr yn eu gosod.
>
> **Prisio cost plws** – prisio cynnyrch drwy adennill ei gost i'r adwerthwr ac ychwanegu canran ar ben hynny.

Mentro Mathemateg

Dychmygwch eich bod chi'n prynu eitem am £20 ac yn ychwanegu 25%.

I gyfrifo 25% o £20, rydyn ni'n defnyddio hyn:

25/100 × £20 = £5

Y pris newydd fydd £20 + £5 = £25.

1 **Beth os yw'r ychwanegiad at y costau yn 30%? Beth fyddai'r pris?**
   Os yw'r ychwanegiad at gostau cynnyrch yn 20% a'r costau yn £15, beth fydd y pris gwerthu?

Os yw busnes yn prynu cynhyrchion am £10 yr un ac yn eu gwerthu am £15, yr ychwanegiad at gostau yw £5. Maint yr elw yw:

£5 (elw)/ £15 (pris) × 100 = 33.3%

2 **Os yw'r busnes yn prynu cynhyrchion am £10 yr un ac yn eu gwerthu am £12, beth yw'r ychwanegiad at y costau a beth yw maint yr elw?**

Nwyddau ar golled

Yn achos **nwydd ar golled** mae busnes yn gwerthu cynnyrch am golled, er mwyn denu'r cwsmer i brynu mwy o rywbeth arall lle gall y cwmni wneud elw. Gallai cwmni werthu argraffydd ar gyfer y cyfrifiadur yn rhad, cyn codi prisiau uchel am y cetris inc. Neu gallai cwmni werthu raseli'n rhad a chodi prisiau uchel am y llafnau. Mae archfarchnadoedd yn defnyddio'r dull hwn drwy werthu rhai cynhyrchion ar golled a'u hysbysebu yn ffenestri'r siop. Mae hyn yn denu cwsmeriaid i mewn, ac mae'r archfarchnadoedd yn gobeithio y byddan nhw wedyn yn prynu eitemau â phrisiau uwch. Mae rhai wedi cael eu beirniadu yn ddiweddar am gynnig prisiau isel am alcohol er mwyn cael pobl i mewn i'w siopau – cawson nhw eu beirniadu am annog pobl i yfed yn drwm.

Prisio seicolegol

Yn achos **prisio seicolegol**, gosodir prisiau i gael effaith seicolegol ar ddewis y defnyddiwr. Efallai bydd pris yn cael ei osod ar £2.99 yn lle £3 i wneud i'r defnyddiwr feddwl ei fod yn 'llai na £3'. Gall fod yn gymhelliad ychwanegol i brynu. Efallai bydd busnes yn pwysleisio bod y pris wedi bod yn uwch o'r blaen – 'arfer bod yn £50, nawr yn £45' neu '10% i ffwrdd' – i gynyddu gwerthiant.

Gwahaniaethu o ran pris

Ceir **gwahaniaethu o ran pris** (neu **briswahaniaethu**) pan fydd busnes yn codi pris gwahanol am yr un cynnyrch. Er enghraifft, mae'n fwy drud teithio ar y trên ar adegau prysur na ganol dydd. Gall prisiau gwahanol gael eu codi oherwydd gwahaniaethau yn y galw. Efallai bydd brand penodol yn cael ei weld fel nwydd moethus mewn rhai ardaloedd a gall pris uchel gael ei osod. Ond mewn ardaloedd eraill caiff ei ystyried yn gynnyrch mwy sylfaenol, ac mae'r pris yn is. Gellir gwahaniaethu o ran pris os nad yw'n bosibl i bobl symud o un farchnad i'r llall, neu os nad yw gwneud hynny yn werth yr amser a'r ymdrech.

⬤ Ffactorau sy'n dylanwadu ar y pris

Mae pris cynnyrch yn dibynnu ar nifer o ffactorau.

→ **Costau**. I wneud elw, rhaid i'r pris adennill y costau. Mae yna gostau sefydlog (fel rhent) a chostau newidiol (fel defnyddiau a chydrannau) i'w hystyried.

→ **Galw**. Mae'r galw'n pennu beth mae pobl yn fodlon ei dalu ac yn gallu ei dalu am gynnyrch. Os yw galw'n uchel, gall busnes godi'r prisiau. Os yw galw'n isel, mae'n debyg bydd yn rhaid gostwng eu prisiau. Yn 2008 dechreuodd economi'r DU berfformio'n wael, a chollodd llawer o bobl eu swyddi neu roedd ganddyn nhw incwm is. Bu raid i lawer o fusnesau dorri prisiau er mwyn gwerthu cynhyrchion.

> ### Termau allweddol
>
> **Nwyddau ar golled** – gwerthu cynnyrch am golled, yn y gobaith y bydd y cwsmer yn prynu eitemau eraill gan y busnes lle bydd yn gwneud elw.
>
> Mae **prisio seicolegol** yn digwydd pan fydd prisiau'n cael eu gosod er mwyn cael effaith seicolegol ar benderfyniad prynu'r defnyddiwr – er enghraifft, mae'n annog y defnyddiwr i brynu.
>
> **Gwahaniaethu o ran pris** – lle mae busnes yn codi prisiau gwahanol am yr un gwasanaeth neu nwydd.

Ffigur 5.8 Ffactorau sy'n dylanwadu ar bris cynnyrch

→ **Natur y farchnad**. Os oes llawer o gwmnïau sy'n gwerthu cynhyrchion tebyg, rhaid i'r prisiau fod yn gystadleuol. Mewn marchnadoedd fel hyn, gall cwsmeriaid gymharu'n uniongyrchol pa brisiau a gynigir gan gwmnïau sy'n cystadlu â'i gilydd. Byddan nhw'n prynu gan y rhataf. Os ydych chi'n cynnig cynnyrch sy'n wahanol iawn i gynnyrch cystadleuwyr, gallwch godi pris uwch.

→ **Amcan y cwmni a'i agwedd at brisio**. Os yw cwmni'n ceisio ennill cyfran fawr o'r farchnad a gwneud ei gynnyrch yn adnabyddus, efallai bydd yn defnyddio prisio treiddio ac yn gosod pris cymharol isel. Os yw'n ceisio hyrwyddo ei gynnyrch fel cynnyrch o safon uchel iawn ym mhen uchaf y farchnad, mae'n debyg y bydd yn codi pris uchel.

→ **Safle yng nghylchred oes y cynnyrch**. Mae'n debygol bydd y pris yn newid yn ystod camau cylchred oes y cynnyrch. Pan fydd galw'n cynyddu'n gyflym yn ystod cam y twf, gellir cadw'r pris yn uchel. Pan fydd galw'n gostwng yn ystod cam y dirywiad, efallai bydd angen gostwng y pris.

→ **Gweddill y cymysgedd marchnata**. Dim ond un elfen o'r cymysgedd marchnata yw'r pris. Mae'n rhaid iddo gyd-fynd â'r elfennau eraill. Yn achos dillad label dylunydd ffasiwn enwog, a werthir mewn siopau dethol yn Llundain a'u hyrwyddo mewn cylchgronau ffasiwn drud, dylen nhw fod â phris uchel i gyd-fynd â gweddill y cymysgedd. Os yw'r cynnyrch yn cael ei fasgynhyrchu, yn sylfaenol ac yn cael ei werthu mewn llawer o siopau gyda brandiau tebyg, bydd y pris yn fwy cystadleuol.

> **Awgrym astudio**
>
> Mae llawer o ffactorau'n dylanwadu ar y pris. Bydd angen i chi ystyried union sefyllfa'r busnes yn yr astudiaeth achos. A oes ganddo gynnyrch arloesol i'w gynnig? Os felly, gallai'r pris fod yn uchel. A yw'n gynnyrch sylfaenol? Os felly, gall y pris fod yn is. A yw'r perchennog yn awyddus i gael llawer o werthiant yn gyflym neu beidio? Bydd y pris iawn yn dibynnu ar sefyllfa'r busnes.

Ystyried busnes: Agwedd Ryanair at brisio

Mae'r cwmni hedfan cost isel Ryanair yn disgwyl i brisiau cyfartalog ei docynnau ostwng 7% eleni, wrth iddo dorri prisiau i gynyddu ei gyfran o'r farchnad yn wyneb mwy o gystadleuaeth. Dywedodd dadansoddwyr fod cystadleuwyr Ryanair yn debygol o ddilyn ei esiampl. Torrwyd y prisiau wrth i Ryanair gyhoeddi cynnydd o 43% yn ei elw i €1.2bn am y flwyddyn.

Yn ôl Prif Weithredwr Ryanair, pe bai cwmnïau eraill yn torri eu prisiau nhw, byddai Ryanair yn torri ei brisiau ymhellach. Mae'r cystadleuwyr yn cynnwys perchennog British Airways, IAG; Lufthansa; ac Air France-KLM. Mae Ryanair yn defnyddio model sy'n golygu y bydd yn torri prisiau ei docynnau gymaint ag sydd angen i gadw ei awyrennau'n llawn a gwneud y defnydd gorau posibl o ofod i gludo teithwyr.

Er torri prisiau, dywedodd Ryanair fod disgwyl i'w elw ar gyfer 2017 gynyddu 13%, gyda chynnydd yn nifer y teithwyr yn gwneud iawn am y prisiau is. Ond gallai effeithio ar ei broffidioldeb yn 2018.

1 **Dadansoddwch pa ffactorau allai ddylanwadu ar y pris mae Ryanair yn ei osod am ei deithiau hedfan.** (8 marc)

Ystyried busnes: Agwedd Aldi at brisio

Siop ddisgownt yw Aldi. Mae'n gwerthu llai o frandiau o gynhyrchion na rhai archfarchnadoedd eraill, ond mae'n swmp brynu'r rhain ac felly'n eu cael am brisiau is. Mae ganddo leoliadau rhatach y tu allan i ganol dinasoedd er mwyn cadw rhenti'n is. Does dim cymaint o eitemau wedi'u rhewi, gan eu bod nhw'n ddrud i'w storio, ac mae ei ddeunydd arddangos yn syml. Bwriad Aldi yw cynnig amrywiaeth gyfyngedig o gynhyrchion am brisiau isel.

1 **Dadansoddwch y rhesymau pam nad yw archfarchnadoedd eraill yn gosod prisiau mor isel ag Aldi.** (8 marc)

Penderfyniad prisio	Manteision	Anfanteision
Prisio treiddio	Gall y dull hwn greu gwerthiant yn gyflym a chael pobl i roi cynnig ar y cynnyrch – wedyn efallai byddan nhw'n aros yn ffyddlon i'r busnes	Gall cwsmeriaid ddod i ddisgwyl a mynnu cael y pris isel gwnaethon nhw ei dalu ar y cychwyn. Gall achosi rhyfel prisiau wrth i gystadleuwyr ostwng eu prisiau. Gall cwsmeriaid fanteisio ar y pris isel cyn newid i'r busnes nesaf sy'n cynnig pris isel.
Sgimio pris	Gall sicrhau adenillion uchel gan y rhai sy'n fodlon talu pris uchel. Er enghraifft, bydd rhai cwsmeriaid yn awyddus iawn i gael gêm gyfrifiadur newydd pan gaiff ei lansio	Gall cystadleuwyr ddenu cwsmeriaid drwy ostwng eu prisiau nhw a gwneud y gwahaniaeth yn fwy byth. Efallai bydd y niferoedd sydd ar gael yn isel, a gall hynny ei gwneud yn anodd cael dosbarthwyr i'w stocio
Nwyddau ar golled	Hybu gwerthiant cynhyrchion eraill sy'n fwy proffidiol	Gall cwsmeriaid ddod yn gyfarwydd â hyn a disgwyl prisiau isel, felly dim ond am gyfnod byr y gall gael ei ddefnyddio
Prisio seicolegol	Gall annog cwsmeriaid i brynu'r cynnyrch	Efallai na fydd yn cael unrhyw effaith oherwydd yn aml mae'r gwahaniaethau'n fach iawn – er enghraifft, £2.99 yn lle £3
Prisio cystadleuol	Sicrhau bod y cwmni'n gystadleuol o ran pris	Efallai nad y pris sy'n allweddol; efallai bydd gweddill y cymysgedd marchnata yn bwysicach ac felly mae angen i'r cwmni gael y rhain yn iawn hefyd
Cost plws (prisio ychwanegiad ar gost)	Sicrhau bod costau'n cael eu hadennill a bod elw	Nid yw'n ystyried amodau'r galw, na gwir werth y cynnyrch i gwsmeriaid

Tabl 5.6 Manteision ac anfanteision rhai mathau o brisio

Crynodeb

Caiff y pris sy'n cael ei osod ei gymharu â'r buddion mae'r cynnyrch yn eu cynnig. Hyn fydd yn pennu a yw pobl yn teimlo ei fod yn cynnig gwerth am arian neu beidio. Mae gwahanol ffactorau yn dylanwadu ar y pris a osodir – ffactorau fel cost a galw. Mae gwahanol strategaethau prisio i'w cael, fel sgimio pris a phrisio treiddio.

Cwestiynau cyflym

1 Nodwch **ddau** ffactor allai effeithio ar bris eitem. (2 farc)

2 Esboniwch beth yw ystyr 'prisio cost plws'. (2 farc)

3 Esboniwch **un** ffactor fyddai'n golygu bod prisio treiddio yn strategaeth brisio dda i'w defnyddio. (2 farc)

4 Esboniwch beth yw ystyr 'sgimio pris'. (2 farc)

5 Esboniwch pryd gallai sgimio pris fod yn ddull priodol. (2 farc)

6 Beth yw ystyr 'nwyddau ar golled'? (2 farc)

7 Esboniwch beth yw ystyr 'gwahaniaethu o ran pris'. (2 farc)

8 Amlinellwch yr amodau sy'n angenrheidiol i wneud gwahaniaethu o ran pris yn effeithiol. (2 farc)

9 Esboniwch beth yw ystyr 'prisio seicolegol'. (2 farc)

10 Beth yw ystyr 'prisio cystadleuol'? (2 farc)

Astudiaeth achos

Xmos

Sam yw prif leisydd Xmos, band gyda thri o'i ffrindiau o'r ysgol. Mae Xmos wedi chwarae llawer o nosweithiau ledled y wlad yn ystod y flwyddyn ddiwethaf gyda nifer o ddilynwyr yn dod yn rheolaidd i'w perfformiadau. Yn anffodus mae rheolwr y band newydd eu gadael gan ei fod wedi darganfod grŵp arall mae e'n credu fydd yn fwy llwyddiannus, ac mae eisiau gweithio'n llawn amser gyda nhw. Mae'r band eisoes wedi cael ei wahodd i chwarae mewn canolfan leol ar Noswyl Nadolig. Cafodd y band gyfnod prysur iawn yn ddiweddar ac maen nhw wedi bod oddi cartref am ddau fis. Gan eu bod wedi bod yn brysur ar daith, mae Sam a'r lleill yn falch o fod yn ôl ac yn chwarae i'w torf gartref. Cost y lleoliad yw £500 yn unig gan fod y clwb yn gwneud arian wrth y bar. Gall y clwb ddal tua 400 o bobl. Mae'r costau hyrwyddo yn debygol o fod tua £700. Bydd y costau eraill yn cyrraedd £200 ac fel arfer mae'r band yn talu £150 iddyn nhw eu hunain am bob perfformiad, cyn rhoi unrhyw elw mewn cronfa ar gyfer treuliau yn y dyfodol. Mae Sam yn teimlo cyffro o fod yn ôl yn y ddinas lle dechreuodd y cyfan. Ond heb reolwr, mae'r band eisiau i Sam wneud y gwaith rheoli ei hun. Yn gyntaf mae'n rhaid iddo benderfynu pa bris i'w godi am docynnau ar gyfer y perfformiad. Mae ei dad wedi awgrymu ei fod yn cyfrifo'r costau am bob person fydd yn mynd yno ac yna'n ychwanegu canran at y costau. Dywedodd ei fam, sydd mewn swydd farchnata bwysig, fod hynny'n wirion a bod angen iddo ystyried faint o alw sydd am y band.

Cwestiynau

1 Beth yw ystyr y dull 'cost plws' ar gyfer prisio? *(2 farc)*

2 Cyfrifwch y gost am bob person fydd yno, gan gymryd bod y clwb yn llawn. *(2 farc)*

3 Pe bai Sam yn ychwanegu 50% at y costau, beth fyddai pris tocyn? *(2 farc)*

4 Ag ystyried y pris rydych chi newydd ei gyfrifo, beth fyddai maint yr elw ar y tocynnau hyn? *(2 farc)*

5 Beth ydych chi'n credu fyddai'r strategaeth brisio fwyaf addas i Sam? Cyfiawnhewch eich dewis. *(10 marc)*

Hyrwyddo

Yn yr adran hon byddwn ni'n edrych ar weithgareddau hyrwyddo a dosbarthu yn fwy manwl, ac yn ystyried eu pwysigrwydd i fusnes sy'n tyfu.

Erbyn diwedd yr adran hon, dylech chi wybod am y canlynol:

- y dulliau hyrwyddo mae busnesau'n eu defnyddio
- y cyfryngau sydd ar gael i fusnesau
- effaith technoleg ar weithgareddau hyrwyddo.

Cyflwyniad i hyrwyddo

Mae'r cymysgedd marchnata yn cynnwys y 4 P: pris, cynnyrch, lleoliad a hyrwyddo. Drwy'r **gweithgareddau hyrwyddo** gall y busnes gyfathrebu â phobl amdano'i hun a'i gynhyrchion.

Gall busnes gyfathrebu am ei gynhyrchion er mwyn gwneud y canlynol:
- → rhoi gwybod i gwsmeriaid am y busnes
- → ceisio perswadio cwsmeriaid i brynu cynnyrch
- → atgoffa cwsmeriaid o fanteision cynnyrch.

Gall gweithgaredd hyrwyddo ddigwydd ar sawl ffurf gan ddefnyddio amrywiaeth o sianeli cyfryngau gwahanol.

> **Term allweddol**
>
> Y **gweithgareddau hyrwyddo** yw'r gwahanol ffyrdd mae cwmni'n eu defnyddio i geisio cyfathrebu â'i gwsmeriaid.

Mathau o weithgaredd hyrwyddo

Mae sawl ffordd o gyfathrebu â chwsmeriaid:

1 Hysbysebu

Gall hysbysebion ymddangos ar y teledu, mewn cylchgronau, mewn papurau newydd ac ar bosteri. Rhaid talu am y mathau hyn o gyfathrebu.

Gall hysbysebion fod ar sawl ffurf. Er enghraifft:
- ⇨ mewn print fel papurau newydd, cylchgronau a byrddau posteri mawr
- ⇨ ar-lein, gan gynnwys hysbysebion sy'n ymddangos pan ddefnyddir termau chwilio penodol; hysbysebion digidol pan fyddwch yn edrych ar wefannau ar-lein; cynigion hyrwyddo drwy gyfryngau cymdeithasol; a hysbysebion ar eich ffôn symudol

⇨ ar y radio

⇨ ar y teledu neu yn y sinema

⇨ ar gerbydau fel bysiau.

	Manteision	Anfanteision
Teledu	Gallu cyrraedd miliynau o wylwyr; mae'r hysbysebion yn weledol, gyda sain a symud; posibl cysylltu hysbyseb â rhaglenni penodol i gyrraedd mathau penodol o wylwyr	Drud; mwy addas ar gyfer cynhyrchion y farchnad dorfol
Radio	Cymharol rad (o'i gymharu â'r teledu); posibl cysylltu hysbyseb â rhaglenni penodol i gyrraedd mathau penodol o wrandawyr	Sain yn unig; dim byd gweledol
Bysiau	Cymharol rad; gallu targedu ardal ddaearyddol gymharol fach	Nid yw'n gallu targedu cwsmeriaid sydd â ffyrdd o fyw neu ddiddordebau penodol
Print	Gall pobl dderbyn neges weddol fanwl a darllen yr hysbyseb eto	Hysbysebion disymud – gall fod yn anodd mynnu sylw
Ar-lein	Gall gael ei dargedu'n fanwl: er enghraifft, ei gysylltu â thermau chwilio neu nifer ymweliadau â gwefan	Ni fydd yn cyrraedd pobl sydd ddim ar-lein

Tabl 5.7 Cymharu rhai mathau o hysbysebu

2 Hyrwyddo gwerthiant

Creu cymhellion i annog cwsmeriaid i brynu yw hyn. Gallech ddweud bod hysbysebu'n 'gwthio' cwsmeriaid i brynu, ond bod hyrwyddo gwerthiant yn 'tynnu' cwsmeriaid.

Mae sawl math o hyrwyddo gwerthiant, gan gynnwys:

⇨ disgowntiau – gostwng y pris i roi mwy o reswm dros brynu

⇨ cynigion prynu un a chael un am ddim (term am hyn yw *BOGOF*, neu *Buy One Get One Free*)

⇨ cystadlaethau a thalebau

⇨ arddangosfeydd wrth y pwynt talu (arddangos cynnyrch yn y siop i ddenu prynwyr)

⇨ rhoddion am ddim; er enghraifft, weithiau mae cylchgronau plant yn dod gyda rhodd ar y clawr blaen

⇨ samplau am ddim; er enghraifft, weithiau mae gan bersawr sampl am ddim fel bod pobl yn gallu penderfynu a ydyn nhw'n ei hoffi neu beidio.

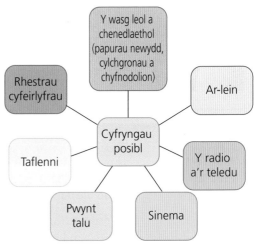

Ffigur 5.9 Enghreifftiau o wahanol gyfryngau sy'n cael eu defnyddio i hyrwyddo

3 Marchnata uniongyrchol

Mae hyn yn digwydd pan fydd rhywun yn cyfathrebu'n uniongyrchol â'r cwsmer – er enghraifft, gan ollwng taflenni drwy'r drws, eu galw ar y ffôn neu anfon e-bost.

4 Gweithgareddau cysylltiadau cyhoeddus

Camau yw'r rhain y gall busnes eu cymryd i drefnu bod y cyfryngau'n rhoi sylw am ddim i'w weithgareddau a'i gynhyrchion. Mae pennaeth Virgin, Richard Branson, yn dda iawn yn cael sylw am ddim i'w fusnes. Pan fydd e'n agor siop newydd, er enghraifft, bydd e'n aml yn rhoi sioe fawr ymlaen a bydd hyn yn cael sylw yn y cyfryngau. Mae'n rhatach na hysbysebu. Yn yr un modd, mae pennaeth Ryanair yn aml yn dweud pethau dadleuol er mwyn cael sylw yn y newyddion. Y broblem gyda chysylltiadau cyhoeddus yw na allwch chi reoli beth fydd yn cael ei ddweud amdanoch chi na'ch busnes.

5 Gwerthu personol

Mae gan lawer o fusnesau dîm o werthwyr sy'n eu helpu nhw i hyrwyddo eu cynhyrchion. Gallai aelodau o'r tîm gwerthu ymweld â gwahanol siopau i'w perswadio nhw i stocio'u cynhyrchion. Byddan nhw'n rhoi gwybod i'r busnesau am gynigion newydd, cynhyrchion newydd a buddion eu cynhyrchion o'u cymharu â chynhyrchion cystadleuwyr.

Ystyried busnes: Red Bull

Mae diodydd egni Red Bull yn cael eu gwerthu ledled y byd. Mae mwy na 4 biliwn o ganiau o'r ddiod yn cael eu prynu bob blwyddyn. Yn hytrach na gwario miliynau o bunnoedd ar hysbysebu traddodiadol ar bosteri neu ar y teledu, mae Red Bull yn defnyddio gwahanol weithgareddau hyrwyddo. Er enghraifft, mae'n hyrwyddo digwyddiadau chwaraeon eithafol fel eirafyrddio, deifio oddi ar glogwyni a syrffio. Mae hefyd yn creu ceir â chaniau mawr o Red Bull ar y to. Mae'n rhoi'r ceir hyn i fyfyrwyr eu gyrru nhw o amgylch prifysgolion a chael pobl eraill i gymryd diddordeb ynddyn nhw. Ei slogan yw 'Red Bull gives you wings'.

1 **Dadansoddwch y rhesymau posibl pam mae Red Bull yn defnyddio'r mathau gwahanol hyn o hyrwyddo yn lle'r hysbysebu mwy arferol.**

(6 marc)

Gweithgaredd hyrwyddo	Manteision	Anfanteision
Hysbysebu	Gallu cael ei ddefnyddio i adeiladu galw a datblygu delwedd brand; gallu cyrraedd cynulleidfa eang	Unffordd; ddim yn gallu ateb cwestiynau cwsmeriaid
Gwerthu personol	Dwyffordd; gallu ateb cwestiynau cwsmeriaid ac adnabod eu hanghenion; ffordd dda o gyfleu gwybodaeth fanwl a rhoi cyngor arbenigol	Drud a dim ond yn bosibl os oes nifer cyfyngedig o gwsmeriaid
Cysylltiadau cyhoeddus	Gallu bod am ddim (ond erbyn hyn mae llawer o fusnesau'n talu arbenigwr i 'blannu' straeon yn y cyfryngau); gall gael ei ystyried yn fwy credadwy gan ei fod yn rhywbeth sy'n cael ei ddweud am y busnes, ond heb fod yn uniongyrchol gan y busnes	Dim modd rheoli beth yn union fydd yn cael ei ysgrifennu neu ei ddweud am y busnes
Hyrwyddo gwerthiant	Gallu cael ei ddefnyddio fel cymhelliad tymor byr i wthio cwsmeriaid i brynu – er enghraifft, yn y siop ei hun	Gall annog cwsmeriaid i newid o un brand i frand arall; gall cwsmeriaid ddod i ddisgwyl y cymhelliad hwn

Tabl 5.8 Cymharu rhai gweithgareddau hyrwyddo

Mae'r **cymysgedd hyrwyddo** yn cyfeirio at y cyfuniad o weithgareddau gwahanol mae busnes yn eu defnyddio. Er enghraifft, gall busnes sy'n gwerthu yn bennaf i fusnesau eraill (fel busnes sy'n cyflenwi lorïau i gludo nwyddau neu dryciau i symud eitemau mewn warws) ddefnyddio gwerthu personol fel rhan bwysig o'i weithgareddau hyrwyddo. Gall busnes sy'n gwerthu cynnyrch mae miliynau o bobl yn ei ddefnyddio, fel coffi, wneud rhywfaint o werthu personol i gael y siopau i'w stocio, a hysbysebu i gael y cwsmeriaid terfynol i'w ddewis. Os yw busnes eisiau i bobl ddefnyddio ei wefan cymharu prisiau, gallai hysbysebu ar-lein ac ar y teledu. Mae'r math o weithgaredd hyrwyddo yn dibynnu ar y cynnyrch a'r cwsmer targed.

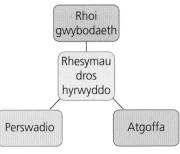

> **Term allweddol**
>
> Y **cymysgedd hyrwyddo** yw'r cyfuniad o ddulliau hyrwyddo mae busnes yn eu defnyddio i gyfathrebu â'i gwsmeriaid.

> **Mentro Mathemateg**
>
> Mae busnes yn gosod cyllideb hyrwyddo o 5% o'r trosiant mae'n ei ddisgwyl. Mae'n disgwyl trosiant o £2 filiwn.
>
> **Faint yw ei gyllideb hyrwyddo?**

● Ar gyfer beth mae hyrwyddo'n cael ei ddefnyddio?

Cyfathrebu yw'r allwedd i bob gweithgaredd hyrwyddo. Efallai bydd busnes eisiau cyfathrebu er mwyn gwneud rhai o'r rhain:

→ rhoi gwybodaeth i gwsmeriaid neu eu hatgoffa nhw o ryw agwedd ar y cynnyrch. Er enghraifft, efallai bydd busnes eisiau cyhoeddi bod ganddo gynnyrch newydd ar y farchnad, neu atgoffa pobl o ddigwyddiad penodol.

→ creu neu gynyddu gwerthiant. Efallai bydd busnes eisiau ceisio hyrwyddo gwerthiant drwy ddweud wrth gwsmeriaid am gynnig neu sêl.

→ creu neu newid delwedd y cynnyrch. Efallai bydd busnes eisiau newid ffordd cwsmeriaid o feddwl am gynnyrch. Efallai ei fod eisiau i gwsmeriaid ei ystyried yn gynnyrch moethus sy'n werth talu mwy amdano.

→ dangos buddion cynnyrch. Efallai bydd busnes eisiau pwysleisio pam mae ei gynnyrch mor dda. Gall hyn gynnwys amlygu ei gryfderau arbennig – er enghraifft, mae'n fwy effeithiol nag oedd yn y gorffennol, neu mae'n well na chynnyrch y cystadleuwyr.

Ffigur 5.10 Rhesymau dros ddefnyddio hyrwyddo

● Ffactorau sy'n dylanwadu ar weithgareddau hyrwyddo busnes

Mae'r ffactorau sy'n dylanwadu ar sut mae busnes yn ei hyrwyddo ei hun yn cynnwys y canlynol.

1 **Costau a chyllid**

Mae rhai mathau o hyrwyddo yn llawer mwy drud na'i gilydd. Mae hysbysebu ar y teledu yn fwy drud na hysbysebu mewn papur newydd lleol. Gall swm y cyllid sydd ar gael i fusnes effeithio ar y mathau gwahanol o hyrwyddo mae'n gallu eu fforddio.

2 **Marchnad darged**

Os yw busnes eisiau cyfathrebu â phobl ledled y byd, gallai'r rhyngrwyd gynnig ateb. Ond dydy papur lleol ddim yn addas am na fydd yn cyrraedd digon o bobl. I

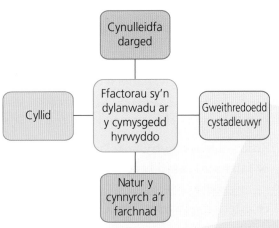

Ffigur 5.11 Ffactorau sy'n dylanwadu ar y cymysgedd hyrwyddo

fusnes sydd eisiau cyrraedd cynulleidfa leol, mae teledu cenedlaethol yn rhy ddrud a heb allu targedu'n ddigon manwl; gallai radio lleol wneud mwy o synnwyr. Mae angen i fusnesau ystyried beth mae eu cynulleidfa darged yn ei wneud. Beth maen nhw'n ei ddarllen? Beth maen nhw'n ei wylio? Beth maen nhw'n gwrando arno? Dim ond wrth ddeall eu harferion y byddwch chi'n gwybod y ffordd orau o'u cyrraedd.

3 Gweithredoedd cystadleuwyr

Os yw cystadleuwyr yn weladwy iawn o ran eu hysbysebu, gall fod pwysau ar fusnes i ymateb. Os yw cystadleuwyr yn rhedeg ymgyrch hyrwyddo yn llwyddiannus, efallai bydd busnes eisiau defnyddio dulliau hyrwyddo tebyg.

4 Natur y farchnad

Mae ffactorau fel maint y farchnad, y cyfanswm sy'n cael ei wario yn y farchnad a lleoliad cwsmeriaid yn effeithio ar y ffordd orau o hyrwyddo'r cynnyrch. Os yw'r farchnad yn farchnad dorfol gyda llawer o werthwyr, gall hysbysebu ar y teledu fod yn gost effeithiol. Os yw'r farchnad yn gymharol fach, fyddai hynny ddim yn cyfiawnhau costau'r ymgyrch. Yn y sefyllfa hon bydd busnes yn dibynnu ar gymhellion eraill. Os yw cwsmeriaid wedi'u lleoli mewn ardal gymharol glir gallai ymgyrch bosteri weithio. Ond os ydyn nhw mewn ardaloedd gwahanol iawn, efallai na fydd hynny'n ffordd dda o'u cyrraedd. Os yw cwsmeriaid yn sensitif i bris, gall disgowntiau weithio. Os nad yw pris yn allweddol, gallai rhodd am ddim fod yn well.

5 Natur y cynnyrch

Gall delwedd y brand a'r math o gynnyrch ddylanwadu ar y math o hyrwyddo sy'n addas. Er enghraifft, os yw cynnyrch yn frand moethus, fyddai hi ddim yn syniad da disgowntio'r pris, rhedeg cystadlaethau na chynnig dau am bris un. Fyddai hynny ddim yn cyd-fynd â'r brand na'r ffordd mae cwsmeriaid yn meddwl amdano. Gall cynnig dau am bris un weithio'n dda yn achos bwytai bwyd cyflym.

⬤ Dewis gweithgareddau hyrwyddo

Yn gyffredinol, wrth ddewis pa weithgareddau hyrwyddo i'w defnyddio, mae angen i fusnesau ystyried y canlynol:

→ cyrhaeddiad yr hyrwyddo – faint o bobl fydd yn ei weld?

→ ansawdd yr hyrwyddo – pa mor effeithiol ydy e'n debygol o fod?

→ y gost

→ yr opsiynau gwahanol o ran cyfryngau, er enghraifft, print, ffilm neu sain.

Dewis y cyfryngau hyrwyddo cywir

Bydd y dewis o gyfryngau i'w defnyddio yn dibynnu ar ffactorau fel y rhain:

→ faint o arian sydd ar gael. Mae hysbyseb ar y teledu yn fwy drud na hyrwyddo ar y radio.

→ arferion y cwsmer – ydyn nhw'n bennaf ar-lein neu'n gwylio'r teledu? Ydyn nhw'n cerdded heibio i fyrddau posteri neu'n mynd i'r sinema? Bydd angen sicrhau bod y negeseuon a'r sianel yn cyd-fynd ag anghenion, diddordebau a ffyrdd o fyw y grŵp targed. Er enghraifft, er mwyn cyrraedd grwpiau incwm uchel, gallai busnes hysbysebu mewn clybiau iechyd moethus preifat.

→ natur y neges. Mae hysbyseb mewn print yn llonydd, ond ar y teledu neu fideo ar-lein gall cerddoriaeth a delweddau gael eu defnyddio.

→ pa mor fanwl mae'r busnes eisiau targedu ei neges. Bydd llawer yn gweld hysbyseb mewn papur newydd cenedlaethol, ond ni fydd yn berthnasol i bob un; gall hysbyseb ar-lein dargedu pobl sy'n chwilio am eiriau penodol.

Mae gan bob cyfrwng ei fanteision a'i anfanteision. Er enghraifft, gall hysbyseb mewn print gael ei darllen sawl gwaith, ond efallai mai dim ond unwaith bydd hysbyseb ar y radio yn cael ei chlywed. Ar y llaw arall, efallai bydd rhywun yn cofio seiniau yn fwy nag y byddan nhw'n sylwi ar hysbyseb mewn print.

Effaith technoleg ar hyrwyddo

Mae datblygiadau technolegol wedi cael effaith ryfeddol ar hyrwyddo yn y blynyddoedd diwethaf drwy roi cyfle i reolwyr marchnata dargedu cwsmeriaid yn fwy effeithiol, tracio eu hymddygiad yn agosach a mesur effeithiolrwydd ymgyrch. Gall hysbyseb ar-lein gael ei datblygu fel bod rheolwyr yn dewis pryd mae'n cael ei dangos, i bwy, a beth yw'r gyllideb ddyddiol. Gall rheolwyr ddilyn sawl gwaith mae rhywun yn clicio ar yr hysbyseb, a beth mae pobl yn ei wneud ar y wefan. Gall hysbysebion ychwanegol gael eu creu a'u dangos i unrhyw un sydd wedi ymweld â'r wefan – y term am hyn yw 'ailfarchnata'.

Yn ogystal â hyn, mae technoleg nawr yn cael ei defnyddio gan siopau i ganfod pryd mae pobl yn y siop a'u dilyn i weld ble maen nhw'n mynd yn y siop; gall cynigion a disgowntiau perthnasol gael eu dangos ar ffôn person.

Mae defnyddiau eraill o dechnoleg yn cynnwys y canlynol:

→ Defnyddio blogiau, blogiau fideo a chyfryngau cymdeithasol i ddenu dilynwyr a datblygu'r brand. Gellir defnyddio'r cyfrifon hyn i roi gwybodaeth i ddilynwyr am gynhyrchion newydd a chynigion arbennig.

→ Hysbysebion naid (*pop-up adverts*) i ddefnyddwyr ar wefannau perthnasol.

→ Hysbysebion digidol. Erbyn hyn mae'r rhain yn cymryd lle posteri print ar fyrddau posteri mawr. Gellir eu newid yn haws a gall y delweddau symud. Yn y dyfodol, byddan nhw'n addasu yn ôl pa bobl sy'n cerdded heibio, a chael eu tracio drwy eu ffonau.

> ### Awgrym astudio
>
> Mae'r cymysgedd cywir o weithgareddau hyrwyddo yn dibynnu ar nifer o ffactorau, a bydd angen i chi ystyried union sefyllfa'r busnes yn yr astudiaeth achos. A yw'n ceisio cyrraedd enillwyr incwm uchel? Pobl ifanc neu'r henoed? Faint o arian sydd ganddo i'w wario?

Ystyried busnes: Blogiau fideo

Mae Huw yn 17 oed ac yn y coleg. Creodd ei flog fideo cyntaf pan oedd yn 12, ac erbyn hyn mae ganddo un o'r sianeli garddio mwyaf poblogaidd ar YouTube, gan ennill miloedd o bunnoedd o incwm o'i fideos.

Dechreuodd Huw greu blogiau fideo fel hobi, ond yna dechreuodd degau o bobl eu gwylio, cyn tyfu'n gannoedd ac yna'n filoedd. Mae wrth ei fodd â'r twf.

Magwyd Huw ar fferm yn Nhregaron, Ceredigion. Mae ei fideos yn trafod nifer o faterion garddio, ond maen nhw'n canolbwyntio ar sut i dyfu bwyd yn rhad. Enwyd Huw yn Ddarpar Entrepreneur yn seremoni gwobrwyo 'Gwneud i Fusnes Ddigwydd' Prifysgol De Cymru yn 2016. Mae Huw nawr yn bwriadu creu fideos tiwtora garddio ar-lein.

1 **Esboniwch fanteision blogiau fideo fel ffordd o hyrwyddo busnes.** (6 marc)

Ystyried busnes: Eggxactly

Cafodd yr Eggxactly ei ddylunio gan James Seddon. Roedd James yn aml yn gorgoginio wyau wedi'u berwi ar gyfer ei ferch. Penderfynodd y dylai coginio wyau fod mor hawdd â gwneud tost. Bu'n arbrofi tipyn, a datblygodd y syniad o ddefnyddio elfennau gwresogi meddal yn lle dŵr berw. Drwy ymestyn yr elfennau dros yr wy a'u rheoli nhw â microbrosesydd, roedd e'n gallu coginio wyau yn gywir ac yn union fel roedd ei ferch eu heisiau nhw.

Mae'r syniad yn ymddangos yn gymharol syml, ond mae wedi bod yn anodd datblygu'r dechnoleg mewn ffordd sy'n gallu adennill digon o arian. Mae wedi cymryd mwy na 10 mlynedd ers lansio'r syniad ar raglen deledu *Dragon's Den* ar y BBC yn 2006 i ddod â'r cynnyrch i'r farchnad.

Nawr mae'r cynnyrch yn barod i gael ei lansio gyda phris adwerthu o tua £30.

Mae cwmni Eggxactly yn honni bod y teclyn yn defnyddio dim ond 1% o'r egni sy'n angenrheidiol ar gyfer coginio wy mewn sosban gyda dŵr. Mae'r dyfeisiwr yn dweud bod y rhan fwyaf o bobl yn defnyddio peint o ddŵr i ferwi wy. Os ydych chi'n bwyta un wy bob dydd, bydd yr Eggxactly yn talu amdano'i hun o fewn blwyddyn!

1 **Dadansoddwch y ffyrdd y gallai Eggxactly gael ei hyrwyddo.**

(6 marc)

Crynodeb

Rhaid i fusnes hyrwyddo ei gynhyrchion, neu ni fydd cwsmeriaid yn gwybod beth sydd ganddo i'w gynnig. Gall hyrwyddo roi gwybodaeth i gwsmeriaid, eu gwneud nhw'n ymwybodol o ddatblygiadau neu eu perswadio nhw am fuddion cynhyrchion. Mae gwahanol ffyrdd o hyrwyddo busnes neu gynnyrch, fel hysbysebu a hyrwyddo gwerthiant. Mae'n bosibl defnyddio gwahanol gyfryngau, gan gynnwys mewn print ac ar-lein. Rhaid i reolwyr ystyried beth yw'r ffordd orau o ddyrannu adnoddau er mwyn cyflawni'r amcanion hyn.

Cwestiynau cyflym

1 Beth yw ystyr 'hyrwyddo'? (2 farc)

2 Disgrifiwch **ddau** ddull hyrwyddo. (2 farc)

3 Esboniwch beth yw pwrpas hyrwyddo. (2 farc)

4 Nodwch **ddau** ffactor allai ddylanwadu ar y math o hyrwyddo gaiff ei ddefnyddio. (2 farc)

5 Amlinellwch **un** ffactor allai effeithio ar ddewis busnes o gyfrwng hyrwyddo. (2 farc)

6 Nodwch **ddwy** o fanteision hysbysebu mewn papur newydd o gymharu â hysbysebu ar y radio. (2 farc)

7 Amlinellwch **un** ffordd mae'r rhyngrwyd wedi newid sut mae busnesau'n gallu hyrwyddo eu cynhyrchion. (2 farc)

8 Nodwch **ddau** o fuddion hyrwyddo ar y rhyngrwyd o gymharu â phrint. (2 farc)

9 Nodwch **ddwy** ffordd o fesur pa mor effeithiol yw hyrwyddo. (2 farc)

10 Beth yw'r gwahaniaeth rhwng hyrwyddo gwerthiant a hysbysebu? (2 farc)

Astudiaeth achos

Persawr a chwistrelli corff yn y DU

Yn 2016 syrthiodd gwerthiant cyffredinol persawr a chwistrelli corff yn y DU. Bu lleihad hefyd yn nifer y cynhyrchion newydd i gael eu lansio yn y marchnadoedd

hyn. Ond daliodd y gwariant ar hysbysebu i godi, er mwyn ceisio cynyddu diddordeb cwsmeriaid.

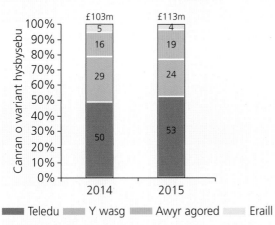

Ffigur 5.12 Gwariant hysbysebu (gan gynnwys postio'n uniongyrchol a hysbysebu ar-lein) ar bersawr a chwistrelli corff

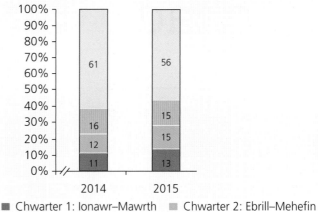

- Chwarter 1: Ionawr–Mawrth
- Chwarter 2: Ebrill–Mehefin
- Chwarter 3: Gorffennaf–Medi
- Chwarter 4: Hydref–Rhagfyr

Ffigur 5.13 Y gyfran o wariant hysbysebu fesul chwarter ar bersawr a chwistrelli corff

Cwestiynau

1 Beth yw ystyr 'hyrwyddo'? (2 farc)

2 Gan gyfeirio at Ffigur 5.12, dadansoddwch pa ffactorau allai fod wedi dylanwadu ar y cyfrannau gwahanol o wariant ar y mathau gwahanol o hysbysebu. (6 marc)

3 Gan gyfeirio at Ffigur 5.13, dadansoddwch y rhesymau posibl pam mae'r gwariant fesul chwarter yn amrywio. (6 marc)

4 Hyrwyddo yw elfen bwysicaf y cymysgedd marchnata wrth lansio cynnyrch newydd. Trafodwch. (12 marc)

Lleoliad

Mae'r cymysgedd marchnata yn cynnwys y 4 P: pris, cynnyrch, hyrwyddo a lleoliad. Mae'r 'lleoliad' yn cyfeirio at y farchnad lle mae prynwyr a gwerthwyr yn cyfarfod er mwyn cyfnewid arian am nwyddau a gwasanaethau. Er enghraifft, gall y lleoliad lle mae'r cyfnewid hwn yn digwydd fod yn siop neu ar-lein. Wrth drafod lleoliad rydyn ni hefyd yn sôn am y sianel ddosbarthu. Mae hyn yn disgrifio sut mae'r cynnyrch yn mynd o fod yn berchen i'r cynhyrchydd i fod yn berchen i'r defnyddiwr terfynol.

Erbyn diwedd yr adran hon, dylech chi wybod am y canlynol:
- y sianeli a ddefnyddir i ddosbarthu cynhyrchion
- y gwahanol sianeli dosbarthu
- pwysigrwydd e-fasnach
- dosbarthu aml-sianel.

● Ystyried lleoliad

Gall y lleoliad lle mae prynwyr a gwerthwyr yn masnachu amrywio, a gall ei arwyddocâd amrywio hefyd yn dibynnu ar y busnes. Er enghraifft, yn achos rhai cynhyrchion drud fel ceir cyflym, gwaith celf a gemwaith, mae'r lleoliad lle cân nhw eu gwerthu yn bwysig i'w delwedd gyffredinol ac i brofiad y cwsmer. Yn yr un modd, mae dyluniad siopau Apple, siopau Zara a siopau Lush yn ychwanegu at ddelwedd y brand.

Gall y lleoliad gyfrannu at weithrediadau cyffredinol y busnes, ac ychwanegu at ba mor unigryw yw'r cwmni. Yn Yo! Sushi mae cwsmeriaid yn codi bwyd iddyn nhw eu hunain oddi ar drac sy'n symud. Yn IKEA mae'r siopau wedi'u cynllunio fel bod cwsmeriaid yn gorfod dilyn llwybr penodol a gweld y rhan fwyaf o'r cynhyrchion sydd ar werth.

Ond wrth i fwy o bobl ddefnyddio'r rhyngrwyd, mae'r lleoliad ffisegol yn dod yn llai pwysig mewn rhai marchnadoedd. Erbyn hyn mae llawer o lyfrau a dillad yn cael eu gwerthu ar-lein, ac felly mae profiad y cwsmer yn cael ei siapio gan y wefan a'r ffordd mae'r gwerthu'n cael ei reoli.

⬤ Y sianel ddosbarthu

Gall y **sianel ddosbarthu** gynnwys y cyfryngwyr canlynol:

1 Cynhyrchwyr neu wneuthurwyr

Mae cynhyrchydd yn cyflenwi nwyddau neu wasanaethau. Er enghraifft, mae Cadbury yn cynhyrchu siocled ac mae Direct Line yn darparu yswiriant.

2 Cyfanwerthwyr

Mae **cyfanwerthwyr** yn swmp brynu cynhyrchion gan gynhyrchwyr ac yn gwerthu meintiau llai i adwerthwyr (y term am hyn yw 'lleihau swmp'). Mae rhai cyfanwerthwyr yn gwerthu drwy siopau talu a chludo. Warysau yw'r rhain lle mae nwyddau'n cael eu harddangos er mwyn i adwerthwyr ddewis y cynhyrchion maen nhw eu heisiau. Gall cyfanwerthwyr gynnig cyngor a gwasanaethau cludo i adwerthwyr. Drwy werthu i ychydig o gyfanwerthwyr mawr, mae'n golygu bod y costau cludiant yn llai i'r gwneuthurwyr (oherwydd ei fod yn llawer rhatach na chludo i lawer o adwerthwyr gwahanol). Mae hefyd yn golygu bod y gwneuthurwyr yn gorfod negodi llai o gytundebau.

3 Adwerthwyr

Y siopau sy'n gwerthu nwyddau a gwasanaethau i'r cwsmeriaid a'r defnyddwyr terfynol yw **adwerthwyr**. Mae archfarchnadoedd fel Asda, siopau cadwyn fel Waterstones, masnachfreintiau fel McDonald's a siopau bach sydd dan berchenogaeth annibynnol i gyd yn enghreifftiau o adwerthwyr sydd ar ddiwedd y gadwyn ddosbarthu. Mae rhai gwasanaethau (yswiriant, er enghraifft) yn cael eu gwerthu drwy allfeydd eraill fel canghennau banciau a chymdeithasau adeiladu.

Cysylltu'r sianel ddosbarthu

Busnesau archebu drwy'r post

Mae cwmnïau archebu drwy'r post yn cynhyrchu catalogau, ac mae cwsmeriaid yn archebu drwy ddewis o'r rhain. Does gan y busnesau hyn ddim lleoliadau adwerthu ffisegol.

Gwerthu ar y ffôn

Gall busnesau werthu eu cynhyrchion dros y ffôn hefyd. Efallai byddan nhw'n ffonio pobl gan obeithio eu perswadio nhw i brynu eu cynnyrch (er enghraifft, ffenestri dwbl) neu efallai byddan nhw'n derbyn archebion dros y ffôn yn lle agor siop.

Gwerthu ar-lein drwy e-fasnach ac m-fasnach

Erbyn hyn mae llawer o fusnesau'n gwerthu cynhyrchion llawer o gynhyrchwyr ar-lein. Ystyriwch Amazon, Zappos, ASOS ac eBay. Does ganddyn nhw ddim siop ffisegol lle gall pobl fynd – mae ganddyn nhw wefan lle gall cwsmeriaid archebu fel pe baen nhw'n archebu o gatalog drwy'r post. Mae twf cyflym ffonau clyfar yn golygu bod mwy a mwy o werthu ar-lein yn digwydd drwy ffonau symudol; y term am hyn yw m-fasnach.

Termau allweddol

Mae'r **sianel ddosbarthu** yn disgrifio sut mae'r cynnyrch yn mynd o fod yn berchen i'r cynhyrchydd i fod yn berchen i'r defnyddiwr terfynol.

Mae **cyfanwerthwyr** yn torri swmp yn feintiau llai – sef lleihau swmp. Maen nhw'n prynu meintiau mawr gan gynhyrchydd, ac yn gwerthu meintiau llai i adwerthwyr.

Adwerthwyr yw'r siopau sy'n gwerthu'n uniongyrchol i'r cwsmer.

Manteision ac anfanteision e-fasnach ac m-fasnach

Manteision	Anfanteision
Gall cwsmeriaid archebu ar unrhyw adeg	Mae angen gallu dosbarthu i lawer mwy o leoedd; ystyriaethau logisteg a chost
Gall cwsmeriaid archebu o'u cartrefi	Mae angen ymdrin â nwyddau'n cael eu dychwelyd. All pobl ddim gwisgo eitemau na'u cyffwrdd cyn eu prynu: maen nhw'n fwy tebygol o'u dychwelyd
Mae'n bosibl i gwsmeriaid archebu o unrhyw le yn y byd	Problemau technolegol posibl; er enghraifft, cyrraedd y wefan, neu rywun yn hacio data am gwsmeriaid

Tabl 5.9 Manteision ac anfanteision gwerthu ar-lein

Mae archebu drwy'r post, gwerthu dros ffôn ac ar-lein i gyd yn **farchnata uniongyrchol**. Mae'r gwneuthurwr yn gwerthu'n uniongyrchol i'r cwsmer.

⬤ Lefelau dosbarthu

Mae cyfanwerthwyr ac adwerthwyr yn gyfryngwyr yn y sianel ddosbarthu. Cyrff yw'r rhain sy'n darparu gwasanaeth ac yn helpu i gludo'r cynhyrchion oddi wrth y cynhyrchydd i'r cwsmer. Mae gwahanol fathau o sianel ddosbarthu:

→ Dim lefel. Mae hyn yn golygu nad oes dim cyfryngwr rhwng y cynhyrchydd a'r cwsmer. Mae gwneuthurwr y cynnyrch yn gwerthu'n uniongyrchol i'r prynwr terfynol. Yn y gorffennol roedd cyfrifiaduron Dell yn cael eu gwerthu ar-lein yn unig, felly roedd y cwmni'n delio â'r cwsmer yn uniongyrchol.

→ Un lefel. Mae hyn pan fydd un cyfryngwr rhwng y cynhyrchydd a'r cwsmer. Gall busnes werthu i adwerthwr sydd yn gwerthu i'r cwsmer.

→ Dwy lefel. Yma mae dau gyfryngwr rhwng y cynhyrchydd a'r cwsmer. Mae cynhyrchydd yn gwerthu i gyfanwerthwr, sy'n gwerthu i adwerthwr, sy'n gwerthu i'r cwsmer. Mae cyfanwerthwr yn swmp brynu gan nifer o fusnesau. Yna mae adwerthwr yn prynu cyfuniad o gynhyrchion gan y cyfanwerthwr i'w stocio ar gyfer y cwsmer. Wrth i'r adwerthwr brynu gan gyfanwerthwr, mae'n haws na chysylltu â llawer o gynhyrchwyr gwahanol yn uniongyrchol.

Ystyried busnes: Dell

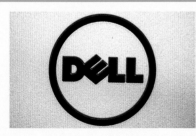

Yn y gorffennol roedd Dell yn gwerthu'n uniongyrchol o'i wefan yn unig. Erbyn hyn mae'n gwerthu drwy adwerthwyr fel PC World.

1 **Dadansoddwch y rhesymau posibl pam newidiodd Dell ei ddull gwerthu.**

(6 marc)

Manteision defnyddio cyfryngwyr yn y sianel ddosbarthu

→ Gall cynhyrchydd gyrraedd miloedd ar filoedd o gwsmeriaid drwy werthu i adwerthwyr sydd wedyn yn dosbarthu i'w siopau eu hunain, neu drwy werthu i gyfanwerthwyr sy'n eu gwerthu nhw ymlaen. Mae'r cyfryngwyr yn helpu i ddosbarthu'r cynhyrchion yn eang, ac yn gallu arbed costau i'r gwneuthurwr wrth geisio dosbarthu i lawer o gwsmeriaid gwahanol mewn llawer o leoedd gwahanol.

→ Drwy werthu ei gynhyrchion yn siopau busnesau eraill, mae'r cynhyrchydd yn rhoi cyfle i'r cwsmeriaid gymharu'r hyn sy'n cael ei gynnig. Er enghraifft, os ydych chi'n cynhyrchu dim ond peiriannau golchi, dydy hi ddim yn debygol y gallech chi redeg eich siopau adwerthu eich hun ar eu cyfer mewn ffordd broffidiol. Mae cwsmeriaid eisiau mynd i rywle lle gallan nhw gymharu amrywiaeth o frandiau gwahanol.

Anfanteision defnyddio cyfryngwyr yn y sianel ddosbarthu

→ Bydd cyfryngwyr eisiau gwneud elw, ac felly bydd y pris yn cael ei godi ar bob cam o'r broses. Bydd hyn yn gwneud y cynnyrch terfynol yn fwy drud na phe bai'r cynhyrchydd yn gwerthu'n uniongyrchol i gwsmeriaid.

→ Drwy werthu'r cynnyrch ymlaen i rywun arall, mae'r cynhyrchydd yn colli rheolaeth. Gall cyfryngwr hyrwyddo'r cynnyrch fel mae'n dewis – efallai na fydd y cynhyrchydd yn hapus â'r arddangosfa neu'r disgrifiad neu hyd yn oed cynllun y siopau, ac ati.

⬤ Dewis y sianel ddosbarthu orau

Er mwyn dewis y sianel ddosbarthu orau, mae angen i fusnesau ystyried y canlynol:

→ **Costau**

Beth yw costau dosbarthu drwy gyfryngwyr eraill o'i gymharu â gwerthu'n uniongyrchol?

→ **Diffyg rheolaeth**

I ba raddau mae ots am hyn? Yn achos rhai cynhyrchion, mae dyluniad a delwedd y siop, y ffordd o arddangos cynhyrchion a'r ffordd o ddisgrifio'r brand yn bwysig iawn – er enghraifft, labeli ffasiwn dethol. Efallai bydd cynhyrchwyr nwyddau fel hyn eisiau gwerthu drwy eu siopau eu hunain yn lle trosglwyddo'r cyfrifoldeb i rywun arall. Yn achos papurau newydd neu felysion, efallai na fydd natur y siop mor bwysig, ac felly ni fydd problem o ddefnyddio cyfryngwyr.

→ **Y cynnyrch**

Mae rhai cynhyrchion, fel llefrith a gwm cnoi, yn cael eu galw'n gynhyrchion 'cyfleus'. Fydd cwsmeriaid ddim yn teithio'n bell iawn i'w prynu nhw; byddan nhw'n mynd i'r siop agosaf. Er mwyn gwerthu, mae angen i nwyddau cyfleus gael eu dosbarthu'n eang mewn llawer o siopau. Allech chi ddim dibynnu ar eich siopau eich hun i werthu'r rhain gan na fyddai digon o gynhyrchion gwahanol ar gynnig. Mae cynhyrchion eraill yn eitemau mwy 'arbenigol'. Nid yw cwsmeriaid yn prynu'r rhain yn aml iawn – fel arfer maen nhw'n ddrud a dydyn nhw ddim ar gael yn eang. Bydd cwsmeriaid yn teithio tipyn o bellter i ddod o hyd i'r rhain, a phan fyddan nhw'n cyrraedd yno bydd natur y siop a hyfforddiant y staff yn bwysig iawn. Mae enghreifftiau o'r rhain yn cynnwys systemau cerddoriaeth, brandiau ffasiwn neu geir cyflym. Mae'n siŵr y bydd y cynhyrchion hyn yn cael eu dosbarthu mewn ychydig o siopau arbenigol, ac mae'n bosibl mai'r cynhyrchydd fydd yn berchen arnyn nhw.

Ystyried busnes: Betterware

Un o gwmnïau mwyaf llwyddiannus y DU ym maes siopa o gartref yw Betterware. Mae'n adnabyddus am ei amrywiaeth helaeth o gynhyrchion cartref a chynhyrchion glanhau tŷ. Ond mae hyn wedi tyfu dros y blynyddoedd i gynnwys rhoddion, gofal personol a harddwch, yn ogystal â chynhyrchion awyr agored. Mae gan y cwmni fwy na 5,000 o ddosbarthwyr sy'n ymweld â thai o ddrws i ddrws, ac mae ganddo swyddfa bwrpasol a chanolfan warws yng Nghanolbarth Lloegr sy'n prosesu tua 5 miliwn o archebion bob blwyddyn gan gwsmeriaid. Gall cwsmeriaid archebu cynhyrchion drwy'r rhwydwaith o ddosbarthwyr, drwy'r post neu dros y ffôn ac ar-lein.

1 **Dadansoddwch fanteision ac anfanteision cyflogi gwerthwyr ddrws i ddrws.**

(6 marc)

Mae llawer o fusnesau'n defnyddio amrywiaeth o sianeli dosbarthu. Allwch chi feddwl am gynhyrchion y gallwch chi eu prynu drwy fwy nag un sianel ddosbarthu – er enghraifft, drwy brynu'n uniongyrchol gan y cynhyrchydd a phrynu drwy ei siopau adwerthu ei hun? Drwy ddefnyddio mwy nag un sianel ddosbarthu, mae'n bosibl cynyddu gwerthiant a lleihau'r risgiau os bydd problem gydag un o'r sianeli.

Dosbarthu amlsianel

Mae dosbarthu amlsianel yn digwydd pan fydd busnes yn defnyddio mwy nag un math o sianel ddosbarthu. Er enghraifft, gallai busnes wneud y canlynol:
→ dosbarthu'n uniongyrchol drwy e-fasnach ac m-fasnach; mae hyn yn dod yn fwy a mwy pwysig gyda'r nifer cynyddol o bobl sydd ar-lein ac sy'n defnyddio ffonau clyfar
→ dosbarthu'n uniongyrchol drwy gatalogau sy'n cael eu hanfon yn y post at gwsmeriaid
→ dosbarthu drwy siopau adwerthu
→ cynnig gwahanol ffyrdd i gwsmeriaid weld a phrynu cynhyrchion y busnes, gan wneud y broses yn fwy cyfleus a helpu i gynhyrchu mwy o werthiant.

Manteision dosbarthu amlsianel	Anfanteision posibl dosbarthu amlsianel
Gallu cyrraedd mwy o gwsmeriaid	Gall arwain at broblem 'canibaleiddio', h.y. pan fydd gwerthiant un sianel yn cynyddu ond ar draul sianel arall. Efallai bydd mwy o werthiant ar-lein yn lleihau gwerthiant siopau adwerthu
Mwy cyfleus i gwsmeriaid	Gall prisiau amrywio rhwng sianeli gwahanol, gan wneud cwsmeriaid yn anfodlon os ydyn nhw'n darganfod y gallen nhw fod wedi ei brynu'n rhatach
Gallu cynyddu gwerthiant, e.e. os na fydd digon o'r cynnyrch yn y siop, efallai bydd y cwsmer yn gallu ei brynu ar-lein	Gallu bod yn gymhleth i'w reoli

Tabl 5.10 Manteision ac anfanteision dosbarthu amlsianel

● Pwysigrwydd dosbarthu'n gywir

Mae gallu dosbarthu'n dda yn dylanwadu ar lwyddiant y busnes, oherwydd gall effeithio ar y canlynol:

→ **Gwerthiant** – os nad yw cynnyrch ar gael pryd a lle mae cwsmeriaid ei eisiau, efallai gwnân nhw brynu rhywbeth arall yn ei le.

→ **Delwedd** – os gwerthir cynnyrch yn y lle anghywir, gall niweidio'r brand ac effeithio ar ei werthiant. Dydy cwmnïau persawr fel Chanel ddim yn gadael i'w cynhyrchion gael eu gwerthu mewn rhai siopau (fel Superdrug) gan eu bod yn credu byddai hynny'n lleihau gwerth y brand.

→ **Costau** – bydd y ffordd mae cynnyrch yn cael ei ddosbarthu yn effeithio ar gostau a'r pris terfynol. Y mwyaf o gyfryngwyr sydd yn y broses, yr uchaf fydd y pris terfynol gan fod pob cyfryngwr eisiau gwneud elw.

● Y rhyngrwyd a dosbarthu

Mae twf y rhyngrwyd wedi ei gwneud yn haws i fusnesau gyrraedd eu cwsmeriaid yn uniongyrchol. Gan ddefnyddio gwefannau, gall cwsmeriaid archebu o unrhyw le yn y byd, 24 awr y dydd. Mae dosbarthu uniongyrchol yn llawer mwy posibl nag y bu yn y gorffennol. Pam mynd at adwerthwr os gallwch chi brynu'n uniongyrchol gan y gwneuthurwr? Mae manteision i'r cwsmer wrth ddefnyddio adwerthwr: gallwch gael cyngor a gweld pa amrywiaeth o gynhyrchion sydd ar gael. Ond mae adwerthwyr yn debygol o fod yn fwy drud.

Erbyn hyn mae gan lawer o adwerthwyr siopau ffisegol a phresenoldeb ar-lein. Mae hyn yn rhoi ffyrdd gwahanol o weld cynhyrchion a'u prynu. Weithiau mae busnesau'n cynnig gwasanaeth clicio a chasglu: gall cwsmeriaid archebu eitemau ar-lein a'u casglu o'r siop. Gallai fod yn bosibl gwneud y canlynol:

→ mynd i'r siop a phrynu'r cynnyrch

→ mynd i'r siop ac archebu'r cynnyrch i gael ei ddosbarthu i'ch cartref

→ archebu ar-lein a chael y cynnyrch wedi'i ddosbarthu i'ch cartref

→ archebu ar-lein a'i gael wedi'i ddosbarthu i siop i chi ei gasglu

Nod y dull hwn yw gwneud y profiad o brynu a derbyn cynhyrchion mor gyfleus â phosibl i gwsmeriaid.

> **Awgrym astudio**
>
> Yn aml mae'r 'lleoliad' yn cael ei anghofio pan fydd myfyrwyr yn ysgrifennu am y cymysgedd marchnata – maen nhw bron bob amser yn canolbwyntio ar hyrwyddo a phwysigrwydd hysbysebu. Ond gall lleoliad fod yn hollbwysig.

Ystyried busnes: Presenoldeb ar-lein Iceland

Mae Iceland yn adwerthwr sydd â mwy nag 800 o siopau yn y DU. Mae ei bencadlys yng Nghymru. Mae'n canolbwyntio'n bennaf ar fwydydd wedi'u rhewi ac mae'n ceisio bod yn fusnes arloesol wrth gynnig bwyd sy'n rhoi gwerth da am arian, a thargedu mamau yn benodol. Yn 2007 lansiodd y cwmni wasanaeth ar-lein, ond yn ddiweddarach fe dynnodd y gwasanaeth hwn yn ôl. Yn 2014, aeth y cwmni ar-lein eto.

1 Dadansoddwch pa ffactorau allai fod wedi dylanwadu ar benderfyniad Iceland i fynd ar-lein eto yn 2014.

(6 marc)

Crynodeb

Mae angen i gwsmer allu cyrraedd cynhyrchion. Rhywbeth sy'n gallu effeithio ar werthiant y busnes yw sut a ble mae'r cwsmer yn eu cyrraedd. Mae dosbarthu'n cynnwys y lleoliad ffisegol lle mae'r broses gyfnewid yn digwydd, ond hefyd y sianel ddosbarthu – hynny yw, symud y cynnyrch oddi wrth y cynhyrchydd i'r defnyddiwr. Mae datblygiadau technolegol yn cael effaith sylweddol ar ddosbarthu cynhyrchion.

Cwestiynau cyflym

1 Beth yw ystyr 'y farchnad'? (2 farc)

2 Beth yw ystyr 'sianel ddosbarthu'? (2 farc)

3 Beth yw'r gwahaniaeth rhwng cyfanwerthwr ac adwerthwr? (2 farc)

4 Nodwch **ddau** ffactor fyddai'n dylanwadu ar fusnes wrth ddewis sianel ddosbarthu. (2 farc)

5 Beth yw ystyr 'e-fasnach'? (2 farc)

6 Beth yw ystyr 'm-fasnach'? (2 farc)

7 Amlinellwch **un** o fanteision dosbarthu'n uniongyrchol i gwsmeriaid. (2 farc)

8 Nodwch **ddau** reswm pam mae busnesau'n gwerthu drwy gyfryngwyr. (2 farc)

9 Pam mae'n bwysig dewis sianel ddosbarthu yn ddoeth? (2 farc)

10 Amlinellwch beth yw ystyr 'dull amlsianel o ddosbarthu'. (2 farc)

Astudiaeth achos

Zalando

Yn Westphalia yn yr Almaen, mae warws sydd yr un maint ag 13 cae pêl-droed. Dyma ganolfan logisteg Zalando, gwerthwr ar-lein mwyaf Ewrop o ddillad ac esgidiau. Yn y warws mae staff yn pacio blychau ag esgidiau, dillad a chyfwisgoedd (*accessories*) ar felt 14 cilometr o hyd, lle maen nhw'n cael eu pwyso, eu rhannu a'u labelu. Yna maen nhw'n cael eu dosbarthu i 15 gwlad. Mae Zalando yn dosbarthu mwy na 55 miliwn o archebion (hynny yw, mwy na 100 y munud) o dri o'r warysau hyn bob blwyddyn.

Cafodd y cwmni ei gychwyn gan David Schneider a Robert Gentz yn eu fflat yn Berlin yn 2008 lle roedden nhw'n gwerthu fflip-fflops ar-lein. Er bod gwerthiant dillad mewn siopau ffisegol yn weddol wastad, mae gwerthiant ar-lein yn cynyddu tua 15% y flwyddyn yn y gwledydd lle mae'r cwmni'n gweithredu.

Dydy gwerthu dillad ffasiwn a chyfwisgoedd ddim yn hawdd. Mae tua hanner yr hyn mae Zalando yn ei werthu (yn nhermau gwerth gwerthiant) yn cael ei ddychwelyd oherwydd bod y steil yn anghywir neu oherwydd nad yw'r dillad yn ffitio. Gall cwsmeriaid archebu cymaint ag maen nhw'n ddymuno, ac mae ganddyn nhw 100 diwrnod i ddychwelyd eitemau heb gost. Mae'r cwmni hyd yn oed wedi dechrau treialu casglu nwyddau o gartrefi a swyddfeydd pobl i'w dychwelyd.

Mae gan Zalando berthynas â 1,500 o frandiau sy'n cyflenwi 150,000 o nwyddau. Mae'n gwerthu labeli enwog yn bennaf. Adwerthwr ffasiwn ar-lein arall yw ASOS, sy'n gwerthu dim ond 850 o frandiau o ddillad ac esgidiau, gan ddibynnu'n helaeth ar ei label ei hun. Un peth apelgar i adwerthwyr a brandiau yw'r ffaith fod Zalando yn eu harbed nhw rhag gorfod buddsoddi mewn e-fasnach eu hunain, neu rhag meddwl sut bydd ffactorau fel y tywydd yn effeithio ar werthiant. Mae Zalando hyd yn oed yn gallu adnabod pa rai o'i gwsmeriaid sy'n arwain ffasiynau, a stocio'r hyn maen nhw'n ei brynu.

Mae'r cwmni'n dadlau bod Amazon yn targedu siopwyr sy'n fwy ymwybodol o bris, ond bod Zalando yn targedu segment sy'n rhoi mwy o bwyslais ar werth ac sy'n fwy ymwybodol o frandiau. Mae'r cwmni'n credu bod siopa am ddillad, esgidiau a chyfwisgoedd yn weithred emosiynol i gwsmeriaid fel hyn; cyfnewid syml yw siopa gydag Amazon. 'Wrth i Amazon restru prisiau, rydyn ni'n rhoi cyngor', meddai Zalando.

Cwestiynau

1 Beth yw ystyr 'e-fasnach'? *(2 farc)*

2 Amlinellwch beth yw ystyr targedu 'segment sy'n rhoi mwy o bwyslais ar werth ac sy'n fwy ymwybodol o frandiau'. *(4 marc)*

3 Dadansoddwch pa mor bwysig yw logisteg i Zalando. *(6 marc)*

4 Mae e-fasnach yn sianel ddosbarthu dda i bob busnes. Gwerthuswch y farn hon. *(10 marc)*

Adolygu'r bennod

1 Darllenwch Eitem A ac atebwch y cwestiynau sy'n dilyn.

⇨ Eitem A: Portffolio cynhyrchion Whitbread

Whitbread yw cwmni gwestai, tai bwyta a siopau coffi mwyaf y DU. Mae ganddo 45,000 o weithwyr ac mae'n gwasanaethu miliynau o gwsmeriaid yn y DU a thramor.

Mae portffolio cynhyrchion Whitbread yn cynnwys siopau Costa Coffee, gwestai Premier Inn a thai bwyta fel Brewers Fayre, Beefeater Grill a Table, Table.

Yn 2016 cyhoeddodd Whitbread gynnydd mewn elw. Roedd twf gwerthiant Costa Coffee a gwestai Premier Inn wedi helpu'r cynnydd hwn. Mae Costa wedi cael twf rhyfeddol yn y blynyddoedd diwethaf. Mae'r cwmni'n dweud bod ei frand wedi llwyddo oherwydd y gall ddarparu gwerth gwych am arian yn gyson. Mae'n honni bod hyn oherwydd ei gyfuniad o wasanaeth, pris ac ansawdd y cynnyrch. Mae Whitbread yn bwriadu agor rhwng 230 a 250 o siopau Costa Coffee newydd ledled y byd, yn ogystal â 3,700 o ystafelloedd Premier Inn newydd yn y DU yn ystod y flwyddyn nesaf. Mae hefyd yn datblygu cynhyrchion coffi moethus newydd i'w gwerthu yn Costa, cyflwyno amrywiaeth newydd o fwyd ffres a dechrau ar y gwaith o gyflwyno siopau Costa Drive Thru.

Mae Costa a Premier Inn wedi gorfod wynebu costau cyflogau uwch o ganlyniad i ddeddfwriaeth y llywodraeth wrth iddi gyflwyno Isafswm Cyflog Cenedlaethol yn 2015. Bu raid i Costa ymdopi â chostau uwch wrth brynu'r coffi hefyd. Felly mae Costa yn ystyried codi pris ei goffi. Mae hyn yn golygu bod cwsmeriaid yn mynd i orfod talu llawer mwy am eu coffi, neu bod Costa yn mynd i orfod amsugno rhywfaint o'r costau.

(a) Beth yw ystyr elw? (2 farc)

(a) Mae elw'n cael ei gyfrifo gan ddefnyddio'r hafaliad hwn: cyfanswm y refeniw – cyfanswm y costau.

💬 Mae hwn yn ateb cywir sy'n canolbwyntio ar y cwestiwn. Marciau llawn.

(b) Esboniwch pam mae Costa yn datblygu cynhyrchion newydd, fel Drive Thru a chynhyrchion coffi a bwyd mwy moethus. (4 marc)

(b) Mae Costa eisiau mwy o werthiant. Bydd y Drive Thru a'r coffi moethus yn denu cwsmeriaid. Mae hyn yn golygu y byddan nhw'n gwerthu mwy. Os byddan nhw'n gwerthu mwy, gallan nhw wneud mwy o elw. Mae cynhyrchion newydd yn dod â chwsmeriaid newydd. Mae cwsmeriaid yn dod â gwerthiant. Mae gwerthiant yn dod ag elw.

💬 Mae rhywfaint o werth i'r ateb hwn gan ei fod yn nodi bod cynhyrchion newydd yn cael eu lansio er mwyn cynyddu gwerthiant. Ond dydy'r pwynt ddim yn cael ei ddatblygu. Pam mae'r busnes wedi datblygu'r cynhyrchion hyn? Byddai ateb gwell yn rhoi esboniad – er enghraifft, byddai'n awgrymu bod chwaeth cwsmeriaid yn newid a bod pobl eisiau rhywbeth mwy cyfleus; dyma pam mae'r 'Drive Thru' yn dod yn fwy poblogaidd. Neu: gyda chystadleuaeth yn tyfu yn y farchnad goffi, mae angen i Costa wahaniaethu rhwng ei gynnyrch a chynnyrch ei gystadleuwyr, ac mae cynhyrchu coffi moethus yn helpu i wneud hyn.

(c) Dadansoddwch y manteision i Whitbread o fod yn berchen ar bortffolio o gynhyrchion.

(8 marc)

(c) Mae portffolio o gynhyrchion yn gasgliad. Mae gan Whitbread westai, siopau coffi a thai bwyta. Mae hyn yn golygu ei fod yn gweithredu mewn marchnadoedd gwahanol sy'n gallu helpu i daenu risgiau. Os bydd y galw am westai yn gostwng, er enghraifft, efallai bydd y galw am siopau coffi yn dal i gynyddu, gan leihau risgiau i'r busnes. Gall hyn arwain at refeniw a llif arian mwy sefydlog, a staffio mwy effeithlon gan fod y galw cyffredinol yn gyson. Mae'r busnesau hyn i gyd yn rhoi bwyd a diod i gwsmeriaid ac yn eu gwasanaethu, felly mae ganddyn nhw rywbeth yn gyffredin a gallan nhw rannu rhai profiadau ac adnoddau. Gall hyn arwain at benderfyniadau gwell, mwy o effeithlonrwydd a llai o gamgymeriadau. Gallai wella profiad y cwsmer a chynyddu'r gwerthiant gan leihau'r costau.

💬 Mae hwn yn ateb da. Mae'n dadansoddi manteision portffolio o gynhyrchion yn dda.

(ch) Dadansoddwch y ddadl o blaid ac yn erbyn codi pris coffi Costa. Ar sail eich dadansoddiad, argymhellwch a yw codi ei bris yn syniad da neu beidio. [15 marc]

(ch) Efallai fod Costa eisiau codi pris ei goffi oherwydd bod ei gostau wedi cynyddu. Mae'n talu mwy am goffi ac am gyflogau, felly er mwyn talu ei gostau a dal i wneud yr un elw am bob eitem, bydd angen iddo godi'r pris.

Fodd bynnag, os bydd yn codi'r pris, efallai bydd gwerthiant yn gostwng wrth i gwsmeriaid roi'r gorau i goffi yn gyfan gwbl neu fynd i siop goffi arall. Erbyn hyn mae llawer o fusnesau eraill yn gwerthu coffi, felly mae'n hawdd i gwsmeriaid ganfod rhywle arall i brynu eu diodydd. Efallai felly na fydd Costa eisiau codi prisiau rhag ofn i'r gwerthiant ostwng cryn dipyn.

O bwyso a mesur, dylai Costa godi'r pris oherwydd y costau uwch. Er mwyn gwneud elw gyda chostau uwch mae angen mwy o refeniw. I wneud mwy o refeniw mae angen prisiau uwch.

💬 Mae gan yr ateb hwn rywfaint o botensial ac mae'n codi pwyntiau perthnasol. Bydd, fe fydd angen i Costa ystyried costau a bydd, fe fydd hefyd yn poeni am golli gwerthiant. Ond dydy'r casgliad ddim yn datblygu'r holl ddadleuon gafodd eu cyflwyno ynghynt. Mae'n anwybyddu'r ddadl am golli gwerthiant. Mae'n tybio bod y ddadl gyntaf yn gywir heb gyfeirio'n ôl at yr wrthddadl. Dylai'r casgliad (sef yr argymhelliad) ddod yn ôl at y dadleuon cynharach. Yn yr achos hwn, gallai'r ymgeisydd ddadlau bod y perygl o golli gwerthiant yn llai o ystyried cryfder brand Costa neu ansawdd ei goffi, ac felly byddai'n gallu codi prisiau.

2 Darllenwch Eitem B ac atebwch y cwestiynau sy'n dilyn.

➡️ Eitem B: Gwerthiant watshys clyfar

Yn ôl adroddiad ymchwil marchnata diweddar, gostyngodd gwerthiant watshys clyfar fwy na 50% eleni. Apple Watch oedd yn dal i fod â'r gyfran fwyaf o'r farchnad watshys clyfar, ond ychydig dros 1 filiwn oedd y nifer a werthwyd rhwng mis Gorffennaf a mis Medi, i lawr o 39 miliwn yn y flwyddyn flaenorol.

O blith y 5 brand mwyaf (Apple, Garmin, Samsung, Motorola a Pebble) dim ond gwerthiant Garmin oedd wedi tyfu – ond roedd ei ffigurau'n dal yn isel. Un ffactor posibl yw bod disgwyl fersiynau newydd o'r watshys clyfar hyn yn fuan, ond eto i gyd mae gwerthiant yn ymddangos yn araf. Mae'n ymddangos nad yw rhai cwsmeriaid yn siŵr pam dylen nhw brynu watsh clyfar. I fynd i'r afael â'r mater hwn, mae gwneuthurwyr yn edrych ar ba segmentau maen nhw'n eu targedu ac yn addasu'u negeseuon hyrwyddo. Canolbwyntio ar fesur ffitrwydd fel mantais allweddol y watsh mae'r rhan fwyaf o gwmnïau. Mae ymgyrch hyrwyddo ddiweddaraf Apple yn canolbwyntio ar yr Apple Watch a'i allu i helpu gyda materion iechyd yn hytrach na bod yn gyfwisg ffasiwn. Mae wedi rhoi'r gorau i'r fersiwn aur o'i watsh gwreiddiol, oedd yn adwerthu am $10,000 (£8,000). Mae'r ferswn diweddaraf o Apple Watch yn gallu'ch tracio wrth i chi nofio, ac mae Apple yn gweithio ar fersiwn arbennig mewn partneriaeth â'r cwmni ffitrwydd mawr Nike.

Mae watshys clyfar yn gorfod cystadlu'n gynyddol â gwneuthurwyr watshys mwy traddodiadol fel Fossil. Mae'r gwneuthurwyr traddodiadol hyn yn cynhyrchu modelau newydd ac yn eu gwerthu drwy sianeli adwerthu yn hytrach na siopau technoleg.

(a) Beth yw ystyr 'cyfran o'r farchnad'? (2 farc)

(b) Amlinellwch un fantais i gynhyrchwyr watshys clyfar o segmentu'r farchnad. (4 marc)

(c) Dadansoddwch pa ffactorau y gallai gwneuthurwr watshys traddodiadol eu hystyried wrth benderfynu a ddylai ddefnyddio adwerthwyr i werthu ei gynhyrchion. (8 marc)

(ch) Mae gwerthiant watshys clyfar yn gostwng. Trafodwch a yw'n anochel – hynny yw, does dim posibilrwydd arall – y bydd gwerthiant watshys clyfar yn parhau i ostwng. (12 marc)

6

Adnoddau dynol

Mae pob busnes yn defnyddio pobl mewn rhyw ffordd neu'i gilydd er mwyn cynhyrchu nwyddau a gwasanaethau. Byddwn ni'n astudio sut mae busnesau'n recriwtio gweithwyr newydd a'r technegau maen nhw'n eu defnyddio i ddewis yr ymgeiswyr gorau ar gyfer swyddi. Bydd y bennod hon yn trafod sut gall busnesau wella perfformiad eu gweithluoedd drwy ddarparu hyfforddiant, ac yn dadansoddi manteision ac anfanteision mathau gwahanol o hyfforddiant. Mae'n bwysig bod gweithwyr yn cael eu cymell i weithio mor galed â phosibl i'r busnes, a byddwn ni'n ystyried beth yw manteision gweithlu â chymhelliant uchel a sut mae modd mynd ati i gymell gweithwyr. Mae'r strwythur trefniadaeth yn ddylanwad pwysig ar y swyddi y mae gofyn i bobl eu gwneud. Mae'n effeithio ar eu rôl o fewn y gweithle a sut maen nhw'n cyfathrebu â gweithwyr eraill. Mae'r bennod hon hefyd yn edrych ar sut mae arferion gweithio yn newid yn y DU ac ar natur gyd-ddibynnol y byd busnes.

Recriwtio

Mae gan bron pob busnes weithwyr, ac maen nhw'n gallu chwarae rhan allweddol yn llwyddiant unrhyw fusnes. Mae'n bwysig bod busnesau'n gweithredu proses recriwtio a dewis effeithiol. Bydd hyn yn eu galluogi i recriwtio'r gweithwyr gorau.

Erbyn diwedd yr adran hon, dylech chi wybod am y canlynol:

- pwysigrwydd cael proses recriwtio effeithiol
- y broses recriwtio
- y dulliau recriwtio gwahanol sy'n cael eu defnyddio mewn busnesau a chyd-destunau gwahanol
- manteision ac anfanteision y dulliau recriwtio gwahanol
- y broses recriwtio a'r dulliau mwyaf priodol ar gyfer cyd-destunau a senarios gwahanol

⬤ Pam mae angen i fusnesau recriwtio'r gweithwyr cywir

Mae recriwtio'r bobl gywir yn bwysig i bob busnes. Bydd gan y bobl 'gywir' y sgiliau angenrheidiol i wneud y swydd yn llwyddiannus a byddan nhw'n fodlon gweithio'n galed. Os bydd y bobl anghywir yn cael eu recriwtio, gall busnes golli cwsmeriaid sy'n anhapus am eu bod wedi derbyn gwasanaethau neu nwyddau o **ansawdd** gwael. Mae'n bosibl y bydd rhaid i'r busnes hefyd dreulio amser a gwario arian yn recriwtio pobl eraill, sy'n fwy addas.

Ar ôl i fusnes recriwtio'r gweithwyr cywir, mae'r busnes fel arfer yn ceisio'u cadw. Mae cyfraddau cadw uchel yn golygu mai dim ond cyfran fechan o weithlu busnes sy'n gadael dros gyfnod penodol, blwyddyn fel arfer. Mae cyfraddau cadw uchel yn helpu i leihau gwariant busnes ar recriwtio a hyfforddi gweithwyr newydd.

> **Term allweddol**
>
> Mae **ansawdd** yn disgrifio i ba raddau mae cwsmer yn fodlon â chynnyrch.

Manteision proses recriwtio a dewis effeithiol

Mewn proses recriwtio a dewis effeithiol, mae'r gweithwyr gorau a mwyaf addas yn cael eu penodi. Mae hyn yn golygu bod busnes yn cael y gweithwyr mwyaf medrus a phrofiadol ac mae'n lleihau'r siawns y byddan nhw'n gadael o fewn cyfnod byr.

Er bod gweithredu proses effeithiol ar gyfer recriwtio a dewis gweithwyr yn gallu bod yn gostus, mae'n cynnig manteision sylweddol i fusnes. Gall y manteision hyn ddod yn fwy amlwg yn y tymor hir a dylen nhw arwain at fwy o elw i'r busnes.

Lefelau cynhyrchedd uchel

Mae penodi'r gweithwyr gorau yn gallu helpu busnes i sicrhau lefelau **cynhyrchedd** uchel. Os yw gweithiwr yn gynhyrchiol, mae hyn yn golygu bod cost y llafur i gynhyrchu uned allgynnyrch sengl yn debygol o fod yn is. Mae hyn yn gallu helpu busnes i fod yn fwy cystadleuol gan ei fod yn ei helpu i werthu cynhyrchion am brisiau is. Gall hyn gynyddu gwerthiant. Yn yr un modd, gall y busnes werthu am brisiau uwch a mwynhau elw uwch gan fod ei gostau cynhyrchu'n isel.

Mentro mathemateg

Busnes	Nifer cyfartalog yr eitemau sy'n cael eu cynhyrchu gan weithiwr bob blwyddyn	Cyflog blynyddol cyfartalog fesul gweithiwr (£)
A	240	20,160
B	200	19,000

Defnyddiwch y wybodaeth yn y tabl uchod i gyfrifo pa fusnes sydd â'r costau llafur isaf ar gyfer pob uned allgynnyrch sy'n cael ei chynhyrchu.

Cynhyrchion neu wasanaeth cwsmeriaid o ansawdd uchel

Bydd penodi'r bobl orau yn helpu busnes i gyflenwi cynhyrchion o ansawdd da. Mae hyn yn golygu bydd y cynhyrchion yn cwrdd ag anghenion cwsmeriaid mor llawn â phosibl. Drwy gyflogi pobl â'r wybodaeth a'r sgiliau priodol, mae'n golygu eu bod nhw'n gallu cyflenwi nwyddau neu wasanaethau y mae cwsmeriaid yn fodlon â nhw.

→ **Ansawdd**. Bydd gwneuthurwr ceir, fel Nissan, yn awyddus i gyflogi'r peirianwyr mwyaf medrus er mwyn galluogi'r cwmni i gyflenwi ceir sy'n defnyddio tanwydd yn effeithlon ac yn diogelu'r amgylchedd er mwyn bodloni ei gwsmeriaid.

→ **Gwasanaeth cwsmeriaid**. Bydd bwyty sy'n cyflogi cogydd gwybodus a medrus yn gallu ymdopi â chyfnodau prysur iawn, pan fydd nifer fawr o gwsmeriaid yn aros am eu prydau bwyd. Bydd yr un person yn gallu coginio pryd o fwyd i rywun ag anghenion deiet arbennig.

Gall gwella lefelau ansawdd a gwasanaeth cwsmeriaid fod yn bwysig iawn i rai mathau o fusnesau, fel y rhai sydd ag amcanion heblaw gwneud elw.

Cadw gweithwyr

Mae **cyfraddau cadw** gweithwyr yn mesur pa gyfran o weithlu busnes sy'n aros gyda'r busnes dros gyfnod o amser, blwyddyn fel arfer. Mae'n aml yn cael

Termau allweddol

Cynhyrchedd yw swm y nwyddau neu'r gwasanaethau sy'n cael eu cynhyrchu gan weithiwr dros gyfnod o amser, fel blwyddyn.

Y **gyfradd gadw** yw'r gyfran o weithlu busnes sy'n aros gyda'r busnes dros gyfnod o amser, blwyddyn fel arfer.

ei fesur drwy gyfrifo nifer y bobl sydd wedi gweithio i'r busnes am gyfnod penodol o amser (efallai blwyddyn neu fwy) fel canran o gyfanswm y gweithlu. Er enghraifft, os oes gan fusnes 1,500 o weithwyr a bod 1,350 wedi gweithio i'r busnes am flwyddyn neu'n hirach, bydd ei gyfradd cadw gweithwyr yn 1,350/1,500 x 100 = 90%.

Dylai system recriwtio a dewis effeithiol gynyddu'r lefel cadw gweithwyr mewn busnes gan ei fod yn fwy tebygol o arwain at benodi'r person gorau a mwyaf addas. O ganlyniad, mae'r gweithiwr yn fwy tebygol o fod yn fodlon yn ei swydd gan ei fod yn teimlo'i fod yn llwyddiannus yn y rôl hon. Yn yr un modd, bydd rheolwyr y busnes yn hapus bod y person yn cydweithio'n dda â'r gweithwyr eraill a bod ganddo lefelau cynhyrchedd da.

Mae cael cyfraddau cadw gwael oherwydd bod nifer fawr o weithwyr yn gadael, yn gallu achosi problemau i fusnes.

→ Costau uwch. Mae gwaith ymchwil yn dangos bod y broses o gael gweithiwr newydd yn lle un sydd wedi gadael yn gallu costio hyd at £30,000. Mae recriwtio a dewis gweithwyr yn gostus (er enghraifft, hysbysebu swyddi a thalu staff eraill i recriwtio a dewis gweithwyr) yn ogystal â chostau hyfforddiant ar gyfer y gweithiwr newydd.

→ Gostyngiad mewn ansawdd a gwasanaeth cwsmeriaid. Mae hyd yn oed gweithwyr profiadol a medrus yn gallu cymryd amser i setlo mewn swydd newydd. Yn y cyfamser, gall ansawdd eu gwaith fod yn gymharol isel.

→ Cyfraddau cynhyrchedd is. Mae'n debygol y bydd gweithiwr newydd yn llai cynhyrchiol tan ei fod yn gyfarwydd â'r busnes a'i fod wedi derbyn hyfforddiant, o bosibl. Mae gwaith ymchwil yn dangos ei bod hi'n cymryd hyd at chwe mis i weithiwr newydd gyrraedd ei lefel cynhyrchedd uchaf.

Ystyried busnes: Nissan yn arwain y ffordd

Mae'r gwneuthurwr ceir o Japan, Nissan, yn cynhyrchu un o bob tri char sy'n cael eu gwneud yn y DU. Mae'n wynebu tipyn o gystadleuaeth gan wneuthurwyr ceir eraill fel Volkswagen a Ford. Mae rheolwyr y cwmni'n dweud ei bod hi'n bwysig i gadw'r costau cynhyrchu mor isel â phosibl.

Ffatri'r cwmni yn Sunderland yw'r ffatri geir fwyaf yn y DU. Hon sydd â'r cyfraddau cynhyrchedd uchaf o unrhyw ffatri geir yn Ewrop neu Ogledd America. Cynhyrchodd 476,589 o geir yn 2015, gan eu hadeiladu ar gyfradd o un car y funud, 24 awr y dydd. Mae'r ffatri'n cyflogi mwy na 6,800 o bobl ac mae llawer o dechnoleg yn cael ei defnyddio ar y llinellau cynhyrchu.

1 **Dadansoddwch pam mae'n bwysig i Nissan weithredu proses recriwtio a dewis effeithiol yn ei ffatri yn Sunderland.** (6 marc)

Mae Nissan yn cyflogi rhai gweithwyr medrus iawn yn ei ffatri yn Sunderland

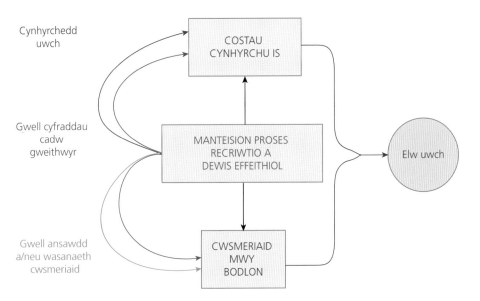

Ffigur 6.1 Crynodeb o fanteision proses recriwtio a dewis effeithiol

● Y broses recriwtio a dewis

Mae gan y rhan fwyaf o fusnesau swyddi gwag ar ryw adeg neu'i gilydd. Gwelsom yn gynharach ei bod hi'n bwysig bod busnesau'n penodi'r bobl gywir. Er mwyn gwneud hyn, rhaid i fusnesau gael prosesau effeithiol:

→ i adnabod yn gywir y gweithwyr newydd sydd eu hangen
→ i recriwtio'r ymgeiswyr gorau posibl
→ i ddewis y person neu'r bobl orau o blith y rhai sydd wedi ymgeisio.

Mae'r camau yn y broses recriwtio yn cael eu crynhoi yn Ffigur 6.2.

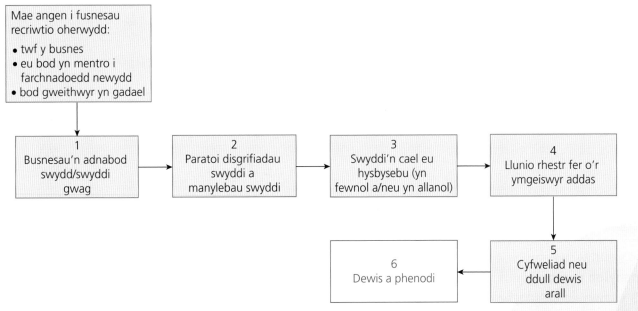

Ffigur 6.2 Camau yn y broses recriwtio

Adnabod swyddi gwag

Mae nifer o fusnesau'n llunio **cynlluniau gweithlu** er mwyn adnabod eu hanghenion staffio ar gyfer y dyfodol. Mae cynllun gweithlu yn gosod anghenion disgwyliedig busnes am weithwyr yn y dyfodol ac mae'n eu cymharu â'r gweithlu presennol. Un elfen o gynllun gweithlu yw ei fod yn amlinellu unrhyw weithwyr ychwanegol bydd eu hangen ar y busnes ar ben yr hyn sydd ganddo nawr. Gall hyn fod oherwydd:

→ bod busnes yn rhagweld y bydd yn mwynhau gwerthiant uwch a bod angen recriwtio gweithwyr arno er mwyn ei gwneud hi'n bosibl i'r busnes gynhyrchu mwy

→ efallai fod nifer o weithwyr yn ymddeol (neu'n gadael am resymau eraill) a bod angen pobl eraill yn eu lle

→ bod busnes yn bwriadu cynhyrchu a gwerthu cynhyrchion newydd a bod angen gweithwyr ychwanegol arno er mwyn gallu gwneud hyn.

Paratoi disgrifiadau swydd a manylebau person

Cyn i unrhyw ddogfennau recriwtio allu cael eu paratoi, mae angen i fusnes gynnal **dadansoddiad swydd**. Mae hyn yn golygu casglu a dehongli gwybodaeth am swydd. Mae dadansoddiad swydd yn helpu rheolwyr i lunio penderfyniadau recriwtio a dewis effeithiol.

Er mwyn canfod y person gorau ar gyfer y swydd, rhaid i reolwyr ddeall beth yw gofynion y swydd. Mae dadansoddiad swydd yn darparu'r ddealltwriaeth hon drwy edrych ar y tasgau sy'n cael eu perfformio mewn swydd a'r sgiliau sydd eu hangen i gyflawni'r swydd yn effeithlon. Mae'r wybodaeth hon yn bwysig iawn er mwyn gallu penodi'r person neu'r bobl 'gywir'.

Ar ôl i'r dadansoddiad swydd gael ei gwblhau, mae'n bosibl i reolwyr lunio'r dogfennau sy'n cael eu defnyddio yn y broses recriwtio.

1 Disgrifiadau swydd

Dogfennau yw'r rhain sy'n nodi gwybodaeth am y dyletswyddau a'r tasgau sy'n rhan o swydd benodol. Mae **disgrifiad swydd** fel arfer yn cynnwys:

⇨ teitl y swydd

⇨ yr oriau a'r man gwaith

⇨ prif dasgau'r swydd

⇨ y gweithwyr bydd y person yn gyfrifol amdanyn nhw, os unrhyw un o gwbl

2 Manylebau person

Mae'r dogfennau hyn yn amlinellu'r cymwysterau a'r sgiliau sydd eu hangen ar weithiwr er mwyn gallu llenwi swydd sy'n cael ei hysbysebu. Gallai **manyleb person** gynnwys y canlynol:

⇨ cymwysterau addysgol

⇨ cymwysterau galwedigaethol neu broffesiynol

⇨ y gallu i weithio fel rhan o dîm

⇨ profiad o swyddi tebyg.

Termau allweddol

Mae **cynlluniau gweithlu** yn cymharu anghenion disgwyliedig busnes am weithwyr yn y dyfodol gyda'r gweithlu presennol.

Dadansoddiad swydd yw casglu a dehongli gwybodaeth am swydd.

Mae **disgrifiad swydd** yn nodi gwybodaeth am y dyletswyddau a'r tasgau sy'n rhan o swydd benodol.

Mae **manyleb person** yn amlinellu'r cymwysterau a'r sgiliau sy'n ofynnol i weithiwr eu cael er mwyn ymgymryd â swydd benodol.

Mae manyleb person yn gallu rhestru rhai rhinweddau a chymwysterau fel rhai hanfodol, ac eraill fel rhai dymunol. Er enghraifft, gallai adwerthwr fod eisiau ymgeiswyr â sgiliau gwasanaeth cwsmeriaid neu gallai ysgol fod yn gofyn am athro neu athrawes ymarfer corff sydd â chymhwyster cymorth cyntaf.

Hysbysebu swyddi

Gall hysbysebion swyddi gael eu rhoi mewn papurau newydd lleol neu genedlaethol, mewn cylchgronau neu ar y rhyngrwyd. Neu, mae'n bosibl hysbysebu swyddi o fewn y busnes gan ddefnyddio hysbysfyrddau neu fewnrwydi, neu drwy ddefnyddio canolfan waith neu asiantaeth gyflogaeth.

Byddai hysbyseb swydd fel arfer yn cynnwys:
→ teitl y swydd
→ ychydig o wybodaeth am y busnes
→ lleoliad y swydd
→ yr oriau gwaith disgwyliedig a'r gwyliau sydd ar gael
→ y cyfraddau cyflog
→ sut i ymgeisio a'r dyddiad cau ar gyfer ceisiadau.

Mae nifer o fusnesau'n hysbysebu swyddi gwag yn eu cangen leol o'r Ganolfan Byd Gwaith, sydd wedi'u lleoli ledled y DU

Nod y rhai sy'n hysbysebu swyddi yw cyfathrebu â'r nifer fwyaf posibl o ymgeiswyr addas.

Llunio rhestr fer

Wrth **lunio rhestr fer**, mae'r ymgeiswyr mwyaf addas yn cael eu dewis o blith y rhai sydd wedi gwneud cais am swydd. Pwrpas llunio rhestr fer yw canfod yr ymgeiswyr hynny sy'n fwyaf tebygol o allu cyflawni dyletswyddau'r swydd; a'r rhai hynny yr hoffai'r rheolwyr wybod mwy amdanyn nhw.

Gall manyleb person chwarae rhan hollbwysig wrth lunio rhestr fer. Mae'n bosibl defnyddio manylebau person i lunio barn ynglŷn â cheisiadau. Os yw rhinweddau a chymwysterau ymgeisydd yn cyd-fynd yn agos â manyleb person, gall ef neu hi fod yn berson da i'w recriwtio.

Geirda

Datganiad yw **geirda** (*reference*) sy'n amlinellu pa mor addas yw ymgeisydd ar gyfer swydd benodol. Mae geirda fel arfer yn cael ei ysgrifennu, ond mae modd ei roi ar lafar hefyd. Yn aml, bydd geirda'n cael ei roi gan gyn-gyflogwr, cydweithwyr yn y gwaith neu bobl eraill sy'n adnabod y person yn dda. Yn aml, bydd gofyn i ymgeiswyr swyddi i ddarparu dau eirda.

Cyfweliadau

Cyfweliadau yw'r ffordd fwyaf cyffredin o ddewis o hyd. Gall ymgeiswyr gael eu cyfweld gan banel o hyd at ddeg person, ond mae'n fwy cyffredin i gynnal cyfweliad gydag un neu ddau berson. Mae'n eithaf rhad i fusnes gynnal cyfres o

---

Termau allweddol

Llunio rhestr fer yw'r broses o ddewis yr ymgeiswyr mwyaf addas o blith y bobl sy'n ymgeisio am swydd.

Geirda yw datganiad am ba mor addas yw ymgeisydd ar gyfer swydd benodol.

gyfweliadau, ond dydyn nhw ddim bob amser yn ffordd ddibynadwy o ddewis y bobl orau ar gyfer swydd. Mae rhai pobl yn dda iawn mewn cyfweliadau, ond dydy hynny ddim bob amser yn golygu y byddan nhw'n dda yn y swydd.

Dewis a phenodi

Cam olaf y broses recriwtio yw dod i benderfyniad. Mae'n rhaid i'r busnes sy'n recriwtio, benderfynu pa un (neu fwy) o'r ymgeiswyr sydd fwyaf addas ar gyfer y swydd wag sydd ganddyn nhw. Ar ôl i'r penderfyniad hwn gael ei wneud, mae'r person neu'r bobl yn cael gwybod beth yw'r penderfyniad ac yn cael eu penodi i'r swydd. Efallai na fyddan nhw'n dechrau gweithio am rai wythnosau os oes ganddyn nhw swydd yn barod. Fel arfer, mae'n rhaid i ymgeiswyr llwyddiannus roi cyfnod o rybudd cyn y gallan nhw adael eu hen swyddi.

Sut mae'r broses recriwtio'n newid yn ôl yr amgylchiadau

Ni fydd pob busnes yn dilyn yr un broses recriwtio. Efallai y bydd busnes mawr sydd yn recriwtio uwch weithiwr, fel rheolwr, yn mynd drwy bob cam yn y broses a restrir uchod. Efallai y bydd hefyd yn defnyddio busnesau arbenigol i gyflawni rhai camau fel hysbysebu'r swydd. Gydag uwch swyddi o'r fath, gall y busnesau hyn ddefnyddio **herwhela** (*headhunting*) i ganfod ymgeiswyr addas o fusnesau eraill. Mae hyn yn golygu eu bod nhw'n cysylltu â phobl ac yn eu gwahodd i ymgeisio am swydd. Gyda swydd ar lefel uchel, gall y broses gyfweld fod yn hir ac yn drwm iawn.

> ### Term allweddol
>
> Dull recriwtio yw **herwhela** (*headhunting*) lle mae busnes yn cysylltu â phobl addas sy'n cael eu cyflogi gan fusnesau eraill ac yn eu gwahodd i ymgeisio am swydd benodol.

> ### Ystyried busnes: Darganfod rheolwr newydd
>
> Mae Oxon plc yn un o'r adwerthwyr sy'n tyfu gyflymaf yn y DU. Mae'r cwmni'n bwriadu ymestyn ei fusnes i agor saith siop newydd yng ngogledd ddwyrain Lloegr. Mae'r cwmni'n bwriadu dechrau'r broses o ehangu drwy benodi rheolwr rhanbarthol a fydd yn gyfrifol am holl siopau newydd y cwmni.
>
> Mae twf cyflym Oxon plc yn golygu na fydd y cwmni'n penodi rhywun mewnol, ond bydd yn defnyddio dulliau recriwtio allanol i benodi ei reolwr newydd.
>
> 1 **Esboniwch y camau yn y broses recriwtio y bydd angen i'r cwmni eu cwblhau er mwyn penodi rheolwr newydd.**
> (6 marc)

Mewn cyferbyniad â hyn, mae rhai busnesau'n gwneud defnydd helaeth o weithwyr dros dro sy'n cael eu recriwtio am gyfnodau byr yn unig, fel yn ystod yr haf neu adeg y Nadolig. Er enghraifft, gall siopau recriwtio gweithwyr ar gyfer y cyfnod prysur cyn y Nadolig a gall ffermydd logi gweithwyr ychwanegol dros y cyfnod cynaeafu.

Mae technoleg hefyd yn newid y ffordd mae busnesau'n recriwtio pobl. Er enghraifft, mae nifer o fusnesau'n defnyddio'u gwefannau i hysbysebu swyddi gwag. Mae gan nifer ohonyn nhw hefyd brofion ar eu gwefannau ac maen nhw'n eu defnyddio i ddewis gweithwyr addas i'w cyfweld ar gyfer swyddi yn y busnes.

⬤ Dulliau recriwtio gwahanol

Mae rheolwyr yn defnyddio dulliau **recriwtio mewnol** neu **recriwtio allanol**, gan ddibynnu ar yr adnoddau ariannol sydd ar gael a'r math o weithiwr sy'n cael ei recriwtio.

Hysbysebu swyddi

Hysbysebu mewnol

Mae busnesau'n aml yn recriwtio'n fewnol drwy roi dyrchafiad (*promotion*) i weithiwr presennol i rôl uwch, neu drwy drosglwyddo gweithiwr i swydd wahanol sydd ar lefel debyg. Gallai busnes recriwtio'n fewnol drwy osod hysbysiadau yn y gweithle sy'n gwahodd gweithwyr addas i ymgeisio am y swydd.

Dyma ffordd rad i hysbysebu swyddi gwag a bydd yr holl ymgeiswyr yn gyfarwydd â'r busnes. Gall hyn helpu i leihau costau hyfforddi, yn enwedig rhai sy'n gysylltiedig â hyfforddiant sefydlu. Mae dyrchafu staff mewnol yn gallu cael effaith gadarnhaol hefyd ar gymhelliant gweithwyr. Gallai'r cyfle i gael dyrchafiad helpu i wella perfformiad a chynhyrchedd gweithwyr. Mae hyn yn gallu arwain at berfformiad gwell o ran y gweithlu.

Ar y llaw arall, dim ond nifer gyfyngedig o bobl fydd gan y busnes i'w targedu gyda'i hysbysebion a gall llai o ddewis ei gwneud hi'n anoddach i'r busnes benodi'r bobl fwyaf talentog. Dydy hysbysebu mewnol ddim yn dod â syniadau newydd i'r busnes. Mae hyn yn gallu bod yn broblem i fusnesau sy'n ffynnu ar syniadau newydd. Gall enghreifftiau o hyn gynnwys busnesau sy'n datblygu technolegau newydd a busnesau creadigol, fel asiantaethau hysbysebu.

Hysbysebu allanol

Gall busnesau hysbysebu swyddi yn allanol os yw'r busnes yn ehangu neu'n symud i farchnadoedd newydd neu, o bosibl, yn cyflenwi cynhyrchion newydd. O dan yr amgylchiadau hyn, efallai nad oes gan y busnes ymgeiswyr addas yn gweithio iddo'n barod.

Mae busnesau'n gallu hysbysebu'n allanol mewn papurau newydd a chylchgronau, neu ar y rhyngrwyd neu ar y radio, a gwahodd pobl sydd â diddordeb i wneud cais erbyn dyddiad penodol.

Mae hyn yn cynnig manteision gan ei fod yn targedu grŵp llawer ehangach o weithwyr. O ganlyniad, mae'n bosibl y gall y busnes benodi pobl fwy talentog. Gall hyn helpu busnesau i ddatblygu syniadau a chynhyrchion newydd. Mae'n bosibl bod cael y bobl fwyaf talentog sydd ar gael, yn gallu helpu i wella cynhyrchedd y gweithlu gan fod syniadau newydd a brwdfrydedd yn chwarae eu rhan.

Fodd bynnag, mae'n debygol o fod yn fwy costus na hysbysebu mewnol. Mae hysbysebu allanol yn gymharol ddrud a gall fod y tu hwnt i gyllideb rhai busnesau llai neu fusnesau llai proffidiol. Gall hysbysebu allanol gael effaith negyddol ar gymhelliant a pherfformiad gweithwyr. Mae'n bosibl y byddai rhai o'r gweithwyr presennol yn teimlo eu bod nhw'n cael eu hanwybyddu; gallen nhw adael y busnes o ganlyniad i hyn a gallai'r busnes golli gweithwyr medrus a phrofiadol.

Ymddangosodd yr hysbyseb isod yn *The Times Educational Supplement*, sef papur newydd wythnosol sy'n cael ei werthu drwy'r DU gyfan. Mae'r papur yn adnabyddus am gynnwys hysbysebion ar gyfer swyddi dysgu yn y DU.

Pennaeth TGCh a Busnes, Swydd Northampton

Mae'r galw cynyddol am lefydd yn Academi Weavers yn rhoi'r cyfle hwn i ni i gynyddu niferoedd ein staff mewn nifer o bynciau gwahanol. Rydyn ni'n awyddus i benodi penaethiaid adran brwdfrydig, llawn ysbrydoliaeth a gallai'r rhain fod yn bobl broffesiynol, profiadol neu'n rhai sy'n cychwyn ar eu gyrfa.

Bydd yr ymgeisydd llwyddiannus yn ymuno â thîm staff cydweithredol ac ymroddedig sydd â gweledigaeth i sicrhau llwyddiant drwy ganolbwyntio ar ddysgu. Mae'r canlyniadau ar gyfer 2016 wedi gwella'n aruthrol ac mae gennym enw da yn yr ardal leol am fod yn ysgol ofalgar sydd â disgwyliadau uchel ym maes dysgu,

ymddygiad a phresenoldeb. Mae'r academi yn rhan o'r ymddiriedolaeth aml-academi 'CET' sy'n tyfu ac mae cefnogaeth dda iddi ymhlith arweinwyr o'r byd addysg ar draws y wlad.

Mae disgrifiad swydd a ffurflen gais ar gael ar ein gwefan: www.weaversacademy.org.uk/contact-us/vacancies

Anfonwch eich ffurflen gais wedi'i chwblhau ynghyd â'ch llythyr cais at ein Rheolwr Adnoddau Dynol, Mrs S Cirelli, yn Academi Weavers, Brickhill Road, Wellingborough, NN8 3JH.

Rydym ni'n croesawu ceisiadau drwy e-bost a dylech chi eu hanfon at: HRManager@weaversacademy.org.uk

Ffynhonnell: Times Educational Supplement, https://www.tes.com/jobs/vacancy/head-of-ict-and-business-northamptonshire-443263

1 Gwerthuswch benderfyniad rheolwr yr ysgol i hysbysebu'r swydd yn allanol. (10 marc)

Asiantaethau recriwtio

Busnesau dan berchenogaeth breifat yw asiantaethau recriwtio, sy'n helpu busnesau eraill i recriwtio gweithwyr. Mae'r asiantaethau yn rhoi manylion i gyflogwyr am ymgeiswyr addas ar gyfer swyddi, ac efallai byddan nhw'n helpu i ddewis y gweithiwr mwyaf addas. Yn aml, mae gan asiantaethau recriwtio wybodaeth eang am farchnadoedd swyddi arbenigol, fel y rhai ar gyfer gwyddonwyr, dylunwyr meddalwedd ac uwch reolwyr. Efallai gall asiantaethau ddefnyddio'u gwybodaeth a'u sgiliau i helpu busnesau i benodi'r bobl orau. Maen nhw'n derbyn ffioedd am ddarparu'r gwasanaethau.

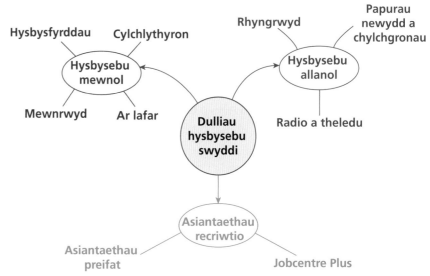

Ffigur 6.3 Dulliau hysbysebu swyddi

Mae'r llywodraeth yn gweithredu cyfres o asiantaethau drwy'r DU gyfan i helpu busnesau i recriwtio gweithwyr, gyda'r nod o gadw diweithdra mor isel â phosibl. Enw'r asiantaethau hyn yw Canolfan Byd Gwaith. Mae'r canolfannau wedi'u lleoli drwy'r wlad i gyd a rôl y canolfannau hyn yw dod â busnesau sy'n chwilio am weithwyr, a phobl â'r sgiliau angenrheidiol at ei gilydd. Mae amrywiaeth eang o fusnesau'n defnyddio gwasanaethau'r Ganolfan Byd Gwaith. Maen nhw'n cael eu rhedeg gan yr Adran Gwaith a Phensiynau.

Dewis y cyfryngau cywir

Rhaid i fusnesau ddewis pa gyfryngau i'w defnyddio wrth hysbysebu swyddi. Bydd nifer o ffactorau'n effeithio ar ba gyfryngau bydd busnes yn eu dewis i hysbysebu swyddi gwag. Mae lefel y swydd yn ffactor pwysig. Bydd busnesau sy'n hysbysebu swyddi uchel yn aml yn ceisio hysbysebu'r swydd mor eang â phosibl. Gallai hyn olygu defnyddio papurau newydd cenedlaethol neu efallai gylchgronau, fel *The Economist*, sy'n cael eu cyhoeddi'n rhyngwladol. Mewn cyferbyniad, efallai y bydd siop fara sy'n hysbysebu swydd ar gyfer cynorthwyydd siop yn gosod hysbyseb mewn papur newydd lleol. Mae'n debygol y bydd yr ymgeiswyr yn byw'n lleol.

Gall faint o arian sydd ar gael hefyd fod yn bwysig. Mae hysbysebu'n genedlaethol neu'n rhyngwladol yn gallu bod yn ddrud. Mae'r cyfryngau lleol yn debygol o fod yn rhatach ac yn cael eu defnyddio os mai dim ond cyllideb fach sydd gan y busnes.

Yn olaf, bydd y math o ymgeisydd sy'n cael ei dargedu hefyd yn gallu chwarae rhan yn y dewis o gyfryngau. Er enghraifft, gallai busnes sy'n chwilio am ddatblygwyr meddalwedd neu weithwyr eraill â sgiliau TG, ddefnyddio'r rhyngrwyd fel ffordd o gyrraedd y bobl gywir.

Dulliau i wneud cais am swyddi

I wneud cais am swydd, mae'n angenrheidiol bod ymgeiswyr yn rhoi ychydig o wybodaeth am eu hunain. Bydd hyn yn cynnwys gwybodaeth bersonol fel cyfeiriad, hanes cyflogaeth a chymwysterau'r ymgeisydd. Mae'r wybodaeth hon yn hanfodol fel bod busnes yn gallu cymharu rhinweddau a chymwysterau'r ymgeisydd â'r rhai sy'n cael eu hamlinellu yn y fanyleb person. Fel hyn, gall rheolwyr y busnes ddewis pa ymgeiswyr sy'n addas.

Gellir defnyddio amrywiaeth o ddulliau i ymgeisio am swyddi.
→ **Llythyrau cais.** Yn aml, bydd **llythyr cais** yn cyd-fynd â ffurflen gais wedi'i chwblhau, pan fydd ymgeisydd yn gwneud cais am swydd. Gall rhain amrywio o ran beth sy'n cael ei gynnwys gan fod busnesau gwahanol yn gallu gofyn am fathau gwahanol o wybodaeth. Fodd bynnag, mae'n gyffredin i'r llythyrau hyn gynnwys gwybodaeth ynglyn â'r rhesymau dros wneud cais am y swydd a pham mae sgiliau a phrofiad yr ymgeisydd yn addas.
→ **Curriculum vitae (CV).** Weithiau, dydy ymgeiswyr swydd ddim yn llenwi ffurflen gais, ond maen nhw'n darparu **curriculum vitae (CV)**. Dogfen yw hon sy'n amlinellu gwybodaeth ynglyn â chymwysterau, hanes cyflogaeth a diddordebau person. Er bod y wybodaeth sy'n cael ei chynnwys yn gallu amrywio, mae CV fel arfer yn cynnwys gwybodaeth fel enw a chyfeiriad, addysg a chymwysterau, hanes cyflogaeth a manylion y bobl sy'n darparu geirda.

Termau allweddol

Mae **llythyr cais** yn cael ei ysgrifennu i gyd-fynd â chais am swydd ac fe fydd yn aml yn cynnwys gwybodaeth fel y rhesymau dros wneud cais.

Mae **curriculum vitae (CV)** yn darparu gwybodaeth am berson, gan gynnwys cymwysterau, hanes cyflogaeth a diddordebau.

→ **Cyswllt anffurfiol**. Nid yw'n anarferol i bobl sy'n chwilio am waith i ysgrifennu llythyrau at fusnesau yn gofyn a oes ganddyn nhw swyddi addas ar gael. Yn yr un modd, gallai rhywun sy'n gweithio i'r busnes yn barod, gymeradwyo rhywun y mae ef neu hi'n ei adnabod ar gyfer swydd benodol gyda'r busnes.

Dulliau o ddewis gweithwyr

Dewis yw enw'r broses o ddethol gweithiwr o blith y bobl hynny sydd wedi gwneud cais am swydd. Gwelsom yn gynharach ei bod hi'n gostus i ddewis y person anghywir. O ganlyniad, mae busnesau'n ceisio sicrhau bod ganddyn nhw ddulliau dewis trylwyr.

Mae pob hysbyseb swydd yn cynnwys dyddiad cau a rhaid derbyn pob cais erbyn y dyddiad hwnnw. Ar y dyddiad hwnnw, bydd rheolwyr y cwmni'n edrych ar yr holl geisiadau sydd wedi dod i law a phenderfynu pa rai mae ganddyn nhw ddiddordeb ynddyn nhw. Byddan nhw'n llunio 'rhestr fer' o ymgeiswyr ac yn dewis yr ymgeisydd neu'r ymgeiswyr llwyddiannus o'r rhestr honno.

Gall cyflogwr ddefnyddio nifer o dechnegau er mwyn dewis yr ymgeiswyr gorau o'r rhestr fer.

Cyfweliadau

Cyfweliadau yw'r dull dewis mwyaf cyffredin o hyd. Gall ymgeiswyr gael eu cyfweld gan banel o hyd at ddeg person wyneb yn wyneb, ond mae'n fwy cyffredin i gael un neu ddau berson yn cynnal y cyfweliad. Neu, gellir cynnal cyfweliadau dros y ffôn neu ar-lein. Mae hyn yn galluogi busnesau i asesu ymgeiswyr o rannau eraill o'r DU, neu o wledydd eraill, heb gostau teithio drud.

Mae'n eithaf rhad i fusnes gynnal cyfres o gyfweliadau, ond dydyn nhw ddim bob amser yn ffordd ddibynadwy o ddewis y bobl orau ar gyfer swydd. Mae rhai pobl yn dda iawn mewn cyfweliadau, ond dydy hynny ddim bob amser yn golygu y byddan nhw'n dda yn y swydd. Dyma un o'r prif resymau pam mae busnesau'n datblygu ffyrdd eraill o ddewis gweithwyr.

Profion sgiliau a phrofion cymhwyster

Prawf cymhwyster (*aptitude test*) yw unrhyw asesiad sy'n profi gallu person i gyflawni dyletswyddau penodol. Gallen nhw brofi gallu ymgeisydd i resymu gan ddefnyddio gwybodaeth ar lafar neu wybodaeth rifiadol. Gallen nhw hefyd gynnwys profion sgiliau iaith a llythrennedd. Yn aml, bydd profion cymhwyster ar ffurf cwestiynau amlddewis a byddan nhw'n cael eu cynnal o dan amodau arholiad. Maen nhw'n cael eu hamseru'n llym ac, mewn prawf nodweddiadol, gallai ymgeisydd gael 30 munud i ateb tua 30 o gwestiynau.

Math o brawf cymhwyster yw profion sgiliau, sy'n canolbwyntio ar asesu a oes gan ymgeisydd y sgiliau i gyflawni'r swydd. Mae pobl sy'n ceisio am waith fel cynorthwywyr siop gydag adwerthwyr fel Marks and Spencer, yn aml yn gorfod cwblhau prawf sgiliau ar-lein fel rhan o'r broses recriwtio.

Canolfannau asesu

Dros y blynyddoedd diwethaf, mae busnesau wedi cynyddu eu defnydd o ganolfannau asesu er mwyn osgoi penodi'r bobl anghywir. Mae canolfannau asesu'n fwy tebygol o gael eu defnyddio i wneud penodiadau uwch. Mewn canolfan asesu, bydd ymgeisydd yn gwneud amrywiaeth o weithgareddau er mwyn helpu'r broses ddewis, gan gynnwys y canlynol:

→ **Chwarae rôl**. Mae chwarae rôl yn creu sefyllfaoedd dychmygol lle mae modd profi sgiliau a gwybodaeth ymgeiswyr yn uniongyrchol. Er enghraifft, gallai busnes sy'n penodi gweithwyr ym maes gwasanaeth cwsmeriaid ddefnyddio sefyllfaoedd chwarae rôl sy'n ymwneud â thrin cwynion gan gwsmeriaid blin. Mae chwarae rôl yn cael ei ddefnyddio'n eang fel rhan o'r broses ddewis ar gyfer swyddi eraill fel rheolwyr swyddfa a chynorthwywyr siop.

→ **Profion grŵp**. Mae profion grŵp yn aml yn cael eu defnyddio ar gyfer swyddi sy'n cynnwys gwaith tîm – er enghraifft, gweithio fel rhan o dîm TG. Mae ymgeiswyr yn cael problem neu senario berthnasol, sy'n golygu bod rhaid i'r tîm cyfan weithio gyda'i gilydd. Mae'r dasg yn berthnasol i'r swydd wag dan sylw a gall ymgeiswyr fod yn gweithio â phobl eraill sy'n ymgeisio am yr un swydd. Mae'r ymgeiswyr i gyd yn cael eu gwylio ac mae eu hymddygiad a'u perfformiad yn cael eu hasesu. Mae'n gallu bod yn ddrud i gynnal digwyddiadau fel hyn a dydy pobl ddim bob amser yn ymddwyn yn naturiol mewn amgylchiadau o'r fath.

→ **Profion seicometrig**. Mae busnesau yn defnyddio **profion seicometrig**, sef profion dewis lluosog sydd wedi'u dylunio i ddangos personoliaeth yr ymgeiswyr sydd wedi ymgeisio am swydd. Gall canlyniadau'r profion hyn helpu rheolwyr busnes i benderfynu pa ymgeisydd sydd â'r bersonoliaeth fwyaf addas ar gyfer y swydd. Gall y profion hyn hefyd ddangos pa ymgeisydd sy'n fwyaf tebygol o gydweithio'n dda â'r tîm o bobl y bydd ef neu hi yn gweithio gyda nhw.

> **Term allweddol**
>
> Profion amlddewis wedi'u dylunio i ddangos personoliaeth ymgeisydd yw **profion seicometrig**.

Mae'r tasgau sy'n cael eu cynnal mewn canolfannau asesu yn gallu bod yn anodd a gallan nhw roi straen ar ymgeiswyr. Gall hyn helpu busnes i ddewis pobl sy'n perfformio'n dda o dan bwysau. Felly, er eu bod nhw'n ddrud i'w gweithredu, gall canolfannau asesu helpu busnesau i ddewis y person neu'r bobl orau ar gyfer swydd benodol.

● Manteision ac anfanteision dulliau recriwtio gwahanol

Does dim un dull recriwtio yn berffaith. Mae yna gryfderau a gwendidau i bob un ohonyn nhw. Mae angen i fusnesau ystyried eu hanghenion yn fanwl wrth recriwtio gweithwyr, ochr yn ochr â chryfderau a gwendidau pob dull.

Rydyn ni wedi ystyried rhai o fanteision ac anfanteision y gwahanol ddulliau recriwtio yn gynharach yn yr adran hon. Mae'r rhain yn cael eu crynhoi yn Nhabl 6.1 ar y dudalen nesaf.

Dull	Manteision	Anfanteision
Hysbysebu mewnol	• Dull recriwtio rhad • Targedu pobl sy'n debygol o fod â'r wybodaeth gywir	• Targedu nifer gyfyngedig o bobl – efallai na fydd yn cynnwys y bobl fwyaf talentog • Efallai na fydd yn dod â syniadau newydd i'r busnes
Hysbysebu allanol	• Caniatáu busnesau i recriwtio'r bobl fwyaf talentog sydd ar gael • Gallu dod â syniadau a phrofiad newydd i'r busnes	• Gall fod yn gostus iawn i'w ddefnyddio • Yn debygol o arwain at ddull recriwtio mwy cymhleth ar gyfer gweithwyr newydd
Asiantaethau recriwtio	• Mae ganddyn nhw arbenigwyr ym maes recriwtio fel arfer • Gallan nhw fod â chysylltiadau a gwybodaeth a fydd yn ddefnyddiol wrth recriwtio'r gweithwyr gorau	• Gall rhai asiantaethau recriwtio fod yn ddrud iawn i'w defnyddio • Yn annhebygol o fod yn addas ar gyfer penodi gweithwyr heb lawer o sgiliau, yn rheolaidd
Cyfweliadau	• Caniatáu'r rhai sy'n cyfweld i ofyn cwestiynau penodol i unigolion • Ffordd gost-effeithlon i ddewis o blith nifer gymharol fawr o bobl	• Mae rhai pobl yn perfformio'n dda mewn cyfweliad – ond nid rhain yw'r ymgeiswyr gorau bob amser • Mae llawer yn dibynnu ar sgiliau'r rhai sy'n cyfweld
Profion cymhwyster a sgiliau	• Gallu bod yn ddull effeithiol o asesu a oes gan ymgeiswyr y sgiliau angenrheidiol ar gyfer swydd • Cost-effeithlon gan fod modd eu cynnal ar-lein a'u defnyddio ar gyfer nifer fawr o ymgeiswyr	• Os nad yw'r profion wedi'u cynllunio'n dda ac yn addas ar gyfer y swydd, gall y canlyniadau fod yn gamarweiniol • Efallai nad ydyn nhw bob amser yn barnu rhai agweddau ar ymgeisydd, fel brwdfrydedd
Chwarae rôl a phrofion grŵp	• Helpu i farnu sut byddai ymgeiswyr yn gweithio fel rhan o dîm • Gallu creu senarios realistig i asesu sut mae pobl yn ymateb	• Gallu bod yn gostus i'w cynnal ac efallai na fyddan nhw'n realistig • Efallai na fydd ymgeiswyr yn ymddwyn yn naturiol pan fydd pobl yn eu gwylio
Profion seicometrig	• Gallu barnu pa mor dda y byddai ymgeiswyr yn gweithio fel rhan o dîm • Gwerthfawr mewn swyddi lle mae'n rhaid i weithwyr gydweithio â'i gilydd	• Dim ond yn darparu rhan o'r wybodaeth sydd ei hangen – angen eu cefnogi â dulliau recriwtio eraill

Tabl 6.1 Manteision ac anfanteision dulliau dewis gwahanol

Dave Lewis yw Prif Weithredwr Tesco plc. Roedd yn arfer gweithio i Unilever plc. Mae perfformiad ariannol Tesco plc wedi gwella ers iddo gael ei benodi

● Y prosesau a'r dulliau recriwtio mwyaf addas

Rydyn ni wedi gweld yn yr adran hon bod busnesau'n gallu defnyddio amrywiaeth o brosesau a dulliau i recriwtio gweithwyr newydd. Mae dwy ffactor allweddol y gallen nhw eu hystyried wrth benderfynu ar y dulliau a'r prosesau i'w defnyddio.

Cost

Gall busnesau sy'n recriwtio gweithwyr di-grefft neu weithwyr sgiliau isel ar gyfer penodiadau dros dro, fod eisiau cadw costau recriwtio mor isel â phosibl. Mae nifer o adwerthwyr yn y DU yn penodi cynorthwywyr siop ar gyfer cyfnod y Nadolig. Efallai bydd y gweithwyr hyn yn cyflawni tasgau cymharol isel o ran y sgiliau sydd eu hangen, fel ail-lenwi silffoedd. Mae dulliau recriwtio'n gallu dibynnu ar brofion sgiliau a chymhwyster ar-lein. Gall hyn sgrinio nifer fawr o weithwyr yn gyflym ac yn rhad. Mae'n bosibl mai dim ond nifer gymharol fach o'r ymgeiswyr mwyaf addas fydd yn cael eu cyfweld.

Dibynadwyedd

Mae penodi uwch weithwyr neu weithwyr tra medrus yn gallu bod yn broses ddrud ac mae'n bwysig penodi'r bobl gywir. Felly, mae nifer o fusnesau'n ceisio defnyddio'r dulliau a'r prosesau mwyaf dibynadwy, a thrwy wneud hyn, maen nhw'n gobeithio sicrhau'r penodiadau 'gorau' bosibl.

I rai busnesau, gall hyn olygu gwahodd ymgeiswyr o faes sydd mor eang â phosibl, a bydd hysbysebu'n allanol yn hanfodol er mwyn cyflawni hyn. Mae cwmnïau fel arfer yn hysbysebu swyddi uwch yn y cyfryngau rhyngwladol, ond gallen nhw hefyd ddefnyddio gwasanaethau asiantaethau recriwtio. Mae gan yr asiantaethau hyn bobl sy'n dra medrus wrth ddenu'r ymgeiswyr gorau posibl ac wrth ddewis yn ofalus rhyngddyn nhw. Mae hwn yn debygol o fod yn ddull recriwtio drud, ond caiff ei ystyried yn wariant doeth os bydd y person a benodir yn llwyddiannus.

Crynodeb

Mae'n bwysig iawn fod gan bob busnes broses recriwtio effeithiol er mwyn sicrhau eu bod yn cyflogi'r bobl 'gywir'. Mae'r broses recriwtio'n cael ei haddasu i gwrdd ag anghenion busnesau gwahanol mewn amgylchiadau gwahanol. Gall busnesau ddefnyddio amrywiaeth o ddulliau recriwtio ac mae gan bob un ohonyn nhw fanteision ac anfanteision.

Cwestiynau cyflym

1 Beth yw ystyr y term 'recriwtio'? (2 farc)

2 Nodwch **ddwy** enghraifft o amgylchiadau a allai olygu bod angen recriwtio gweithwyr newydd mewn busnes. (2 farc)

3 Nodwch **ddwy** ffordd gallai busnes elwa drwy weithredu proses recriwtio a dewis effeithiol. (2 farc)

4 Esboniwch **un** rheswm pam gallai proses recriwtio a dewis effeithiol arwain at well cyfraddau cadw gweithwyr mewn busnes. (3 marc)

5 Pa **ddwy** o'r dogfennau canlynol byddai ymgeisydd yn eu hanfon at y busnes yn ystod y broses recriwtio?

   (i) Disgrifiad swydd

   (ii) Manyleb person

   (iii) Llythyr cais

   (iv) Curriculum vitae (CV) (2 farc)

6 Disgrifiwch y gwahaniaeth rhwng recriwtio mewnol a recriwtio allanol. (4 marc)

7 Nodwch **ddau** ddarn o wybodaeth y mae busnes yn debygol o'u cynnwys mewn hysbyseb swydd. (2 farc)

8 Pa ddogfen a ddefnyddir yn y broses recriwtio a dewis sy'n rhestru'r cymwysterau a'r sgiliau sydd eu hangen ar ymgeisydd swydd? (1 marc)

9 Nodwch **un** fantais ac **un** anfantais o ddefnyddio cyfweliadau fel dull dewis. (2 farc)

10 Esboniwch **un** rheswm pam byddai busnes efallai'n defnyddio profion seicometrig fel dull dewis. (3 marc)

Astudiaeth achos

Swaledale Hotel Group Ltd

Mae'r Swaledale Hotel Group Ltd (SHG Ltd) yn rheoli 20 gwesty moethus mewn lleoliadau ar draws y DU. Mae'n disgwyl safonau uchel iawn gan ei weithwyr ac mae'n eu hyfforddi'n ofalus er mwyn rhoi gwasanaeth cwsmeriaid arbennig i westeion y gwestai. Oherwydd hyn, mae wedi sicrhau enw ardderchog i'w hun.

Mae SHG Ltd wedi tyfu'n raddol ers 1996, gan agor un gwesty newydd, fwy neu lai, bob blwyddyn. Mae gwerthiant ac elw'r cwmni wedi gostwng yn araf dros y tair blynedd diwethaf. Mae wedi gweld nifer fawr o'i weithwyr yn gadael dros y cyfnod hwn.

Mae'r cwmni ar fin agor pedwar gwesty newydd yng ngogledd Lloegr ac mae'n chwilio am reolwyr ac is-reolwyr ar gyfer pob un o'r gwestai hyn. Mae rheolwyr adnoddau dynol SHG Ltd yn rhagweld y bydd y swyddi hyn yn boblogaidd, a dylen nhw ddenu nifer fawr o ymgeiswyr, os ydyn nhw'n cael eu hysbysebu'n fewnol neu'n allanol. Mae un rheolwr adnoddau dynol yn poeni y bydd hi'n anodd iddyn nhw ddewis yr ymgeiswyr gorau.

Cwestiynau

1 Nodwch **ddau** ddull dewis gweithwyr y bydd SHG Ltd efallai'n eu defnyddio dros y misoedd nesaf. (2 farc)

2 Esboniwch pam dylai'r rheolwyr adnoddau dynol yn SHG Ltd ddefnyddio manylebau person fel rhan o'u proses recriwtio. (4 marc)

3 Dadansoddwch pam mae'n bwysig i SHG Ltd gael proses recriwtio effeithiol. (6 marc)

4 Gwerthuswch a ddylai SHG Ltd ddefnyddio hysbysebu mewnol neu allanol i benodi ei reolwyr a'i is-reolwyr newydd. Rhowch eich argymhellion. (12 marc)

Hyfforddiant

Mae hyfforddi gweithwyr yn gallu cynnig amrywiaeth o fanteision i fusnesau fel cynyddu morâl gweithwyr a lleihau costau. Gall hefyd helpu busnes i fod yn fwy cystadleuol na'i gystadleuwyr. Gellir defnyddio mathau gwahanol o hyfforddiant mewn sefyllfaoedd gwahanol lle bydd angen hyfforddiant.

Erbyn diwedd yr adran hon, dylech chi wybod am y canlynol:

- manteision hyfforddiant effeithiol
- y sefyllfaoedd pan fydd angen hyfforddiant
- y mathau gwahanol o hyfforddiant
- manteision ac anfanteision mathau gwahanol o hyfforddiant
- yr hyfforddiant mwyaf priodol ar gyfer gweithwyr mewn cyd-destunau a senarios gwahanol.

◉ Manteision hyfforddiant effeithiol

> **Term allweddol**
>
> Mae **hyfforddiant** yn amrywiaeth o weithgareddau sy'n rhoi sgiliau a gwybodaeth sy'n gysylltiedig â gwaith penodol i weithwyr.

Mae **hyfforddiant** yn rhoi sgiliau a gwybodaeth sy'n gysylltiedig â gwaith penodol i weithwyr. Gall hyn gynnig nifer o fanteision i fusnesau. Mae busnesau yn y DU yn amlwg yn cydnabod ei bwysigrwydd gan eu bod wedi gwario dros £45 biliwn ar hyfforddi 17.4 miliwn o weithwyr yn ystod 2015.

Gwella lefelau cynhyrchedd

Drwy gael hyfforddiant, mae gweithwyr yn dysgu sgiliau newydd ac yn dysgu gwybodaeth sy'n gallu eu helpu i berfformio'n well yn eu swyddi. Er enghraifft, gall hyfforddiant sy'n cael ei roi i weithwyr ar linell gynhyrchu eu galluogi i ddefnyddio technoleg newydd. Mae hyn yn golygu eu bod yn gallu gwneud cynhyrchion yn gyflymach, a gyda llai o gamgymeriadau.

Gall defnyddio technoleg arwain at welliannau enfawr yn lefelau cynhyrchedd gweithwyr, ond er mwyn defnyddio'r dechnoleg yn effeithlon, mae angen hyfforddiant

Morâl gwell a chymhelliant uwch ymhlith gweithwyr

Yn yr adran nesaf, byddwn ni'n archwilio sut mae gweithlu effeithiol yn debygol o gael morâl da, sy'n cael ei ddangos gan lefelau cymhelliant uchel. Mae hyfforddiant yn gallu gwella morâl a chymhelliant gweithwyr.

→ Gall hyfforddiant wneud i weithwyr deimlo'n werthfawr. Bydd hyn yn helpu i'w cymell ac yn eu gwneud yn fwy ymroddedig i'r busnes ac i'w swyddi.

→ Mae hyfforddiant yn galluogi gweithwyr i gyflawni dyletswyddau mwy heriol a diddorol – cyfoethogi swydd yw'r enw ar hyn. Gall hyn eu helpu i fwynhau'r gwaith yn well a bydd yn gwella eu perfformiad yn y gwaith.

Cynhyrchu nwyddau a gwasanaethau o ansawdd uchel

Mae hyfforddiant yn hanfodol er mwyn sicrhau bod pob gweithiwr, gan gynnwys rhai sydd newydd eu penodi, yn darparu cynhyrchion o ansawdd uchel. Mae hyfforddiant yn lleihau'r risg y bydd nwyddau diffygiol (*faulty*) yn cael eu cynhyrchu gan fod y gweithwyr yn llai tebygol o wneud camgymeriadau. Gall hyn helpu i wella enw da busnes fel un sy'n darparu cynhyrchion o ansawdd da. Efallai y bydd hyn yn galluogi'r busnes i osod prisiau uwch.

Gwell lefelau gwasanaeth i gwsmeriaid

Yn yr un modd, gall hyfforddiant ym maes gwasanaeth cwsmeriaid roi dealltwriaeth eglur i weithwyr ynglyn â sut i gwrdd ag anghenion cwsmeriaid a sut i ddefnyddio systemau'r busnes i wneud hynny. Yn 2016, derbyniodd Vodafone, un o gwmnïau gwasanaeth ffonau symudol mwyaf y DU, nifer fawr o gwynion ynglyn â gwasanaeth cwsmeriaid gwael, fel biliau anghywir a phroblemau wrth drosglwyddo rhifau ffôn. Ymatebodd Vodafone drwy wario £15 miliwn ar 72,000 awr ychwanegol o hyfforddiant gwasanaeth cwsmeriaid ar gyfer gweithwyr y cwmni. Mae'r cwmni wedi rhoi llawer o gyhoeddusrwydd i'r ymateb hwn er mwyn rhoi tawelwch meddwl i'r cwsmeriaid ac mae perfformiad y cwmni wedi gwella.

Llai o wastraff

Mae **gwastraff** yn digwydd pan nad yw cynhyrchion yn gallu cael eu gwerthu gan fod eu hansawdd yn annerbyniol. Gall ddigwydd hefyd pan nad yw lefelau stoc yn cael eu rheoli'n ofalus a gall y cynnyrch fynd yn rhy hen. Mae hyn yn fwy tebygol o ddigwydd gyda stoc ddarfodus (*perishable*), fel bwyd. Mae adwerthwyr yn dioddef gwastraff pan fydd dillad 'wedi'u baeddu yn y siop'. Gall y rhain fod yn ddillad sy'n fudr neu wedi'u difrodi drwy gael eu storio'n wael yn yr ystafell stoc, neu drwy gael bwyd neu ddiod arnyn nhw. O ganlyniad, efallai na fydd hi'n bosibl i'w gwerthu.

Gall hyfforddiant helpu busnesau i ddygymod â gwastraff drwy roi'r sgiliau sydd eu hangen ar weithwyr i gynhyrchu nwyddau o ansawdd derbyniol ac er mwyn osgoi difrodi cynhyrchion gorffenedig.

> **Term allweddol**
>
> Mae **gwastraff** yn digwydd pan nad yw cynhyrchion yn gallu cael eu gwerthu gan fod eu hansawdd yn wael neu eu bod wedi'u difrodi neu fod y stoc wedi mynd yn rhy hen.

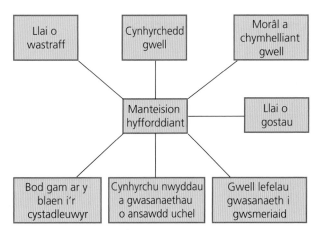

Ffigur 6.4 Manteision hyfforddiant

Llai o gostau

Gall hyfforddiant leihau costau busnes mewn sawl ffordd.

➜ **Gwelliannau mewn cynhyrchedd**. Gall hyfforddiant helpu i wella cynhyrchedd drwy ddysgu gweithwyr sut i wneud eu swyddi mor effeithlon â phosibl. Dylai hyn leihau'r amser sy'n cael ei wastraffu ar dasgau diangen neu ar gywiro camgymeriadau, a'i gwneud hi'n bosibl i dreulio mwy o amser ar y gweithgareddau pwysicaf. Er enghraifft, gall hyfforddiant sy'n cael ei roi i weithwyr ar linell gynhyrchu eu galluogi i ddefnyddio technoleg newydd. Mae hyn yn golygu eu bod yn gallu gwneud cynhyrchion yn gyflymach a gyda llai o gamgymeriadau.

➜ **Costau recriwtio is**. Gall hyfforddiant olygu bod gweithwyr yn llai tebygol o adael y cwmni gan eu bod yn gwerthfawrogi'r cyfle i ddatblygu sgiliau newydd ac, o bosibl, i gael eu dyrchafu. Gallai hyn leihau costau recriwtio'r busnes. Mae'r rhain yn gallu bod yn sylweddol, sef tua £2,000 ar gyfer gweithiwr llai profiadol.

➜ **Llai o wastraff**. Mae gwastraff yn ychwanegu at gostau busnes gan fod cynhyrchion yn cael eu cynhyrchu ac efallai na fydd modd eu gwerthu. Mae hyn yn ychwanegu at y costau ond nid at y refeniw. Drwy gael gwared ar wastraff, mae'n bosibl lleihau'r costau ac, o ganlyniad, cynyddu'r elw.

Bod gam ar y blaen i'r cystadleuwyr

Gall gweithlu sydd wedi'i hyfforddi'n dda roi mantais gystadleuol i fusnes dros ei gystadleuwyr. Mae hyn yn gallu helpu'r busnes i gynnal teyrngarwch y cwsmeriaid presennol, yn ogystal â denu rhai newydd. Gall gweithlu effeithlon sydd wedi'i hyfforddi'n dda weithredu fel pwynt gwerthu unigryw a helpu i wahaniaethu rhwng busnes penodol a'i gystadleuwyr. Felly, gallai hyfforddiant roi hwb i gyfran y busnes o'r farchnad.

Mae hyfforddiant hefyd yn gwneud busnes yn fwy deniadol i weithwyr posibl. Mae hyn yn ei gwneud hi'n haws i'r busnes ddenu'r gweithwyr gorau, a'r rhai mwyaf cynhyrchiol. Mae gan gwmnïau fel Google, John Lewis a'r banc buddsoddi JP Morgan i gyd enw da am ddarparu hyfforddiant ardderchog. Maen nhw'n cael eu hystyried fel rhai o'r cyflogwyr gorau yn y DU.

● Y sefyllfaoedd lle bydd angen hyfforddiant

Mae nifer o fusnesau'n darparu hyfforddiant parhaus i'w gweithwyr. Fodd bynnag, mae yna nifer o sefyllfaoedd lle bydd hyfforddiant yn aml yn cael ei ddarparu gan bob busnes.

Hyfforddiant sefydlu

Hyfforddiant sefydlu (*induction training*) yw'r math cyntaf o hyfforddiant y bydd gweithiwr yn ei dderbyn ar ôl iddo ef neu hi ddechrau swydd newydd. Y bwriad yw helpu gweithwyr newydd i ddod yn fwy cyfarwydd â'r busnes a'r swydd y byddan nhw'n ei gwneud. Gall hyfforddiant sefydlu olygu cwrdd â gweithwyr eraill y busnes y bydd yr ymgeisydd yn cydweithio'n agos â nhw. Bydd y gweithiwr newydd hefyd yn dysgu gwybodaeth allweddol am y busnes, fel sut mae ei systemau TG yn gweithio, yn ogystal â mwy am ei rôl ef neu hi yn y busnes. Mae'r math hwn o hyfforddiant fel arfer yn digwydd yn y gweithle. Ar ôl yr hyfforddiant sefydlu, mae modd cynnig mathau eraill o hyfforddiant i'r gweithwyr.

> **Term allweddol**
>
> **Hyfforddiant sefydlu** yw'r hyfforddiant sy'n cael ei roi i weithiwr pan fydd ef neu hi yn dechrau swydd am y tro cyntaf.

Ailhyfforddi

Gall busnesau roi cyfle i weithwyr ailhyfforddi am ddau brif reswm.

→ **Perfformiad gwael**. Efallai nad ydy rhai gweithwyr yn perfformio'n dda yn y gwaith. Efallai fod y busnes wedi derbyn cwynion amdanyn nhw gan gwsmeriaid neu gydweithwyr. Mae'n bosibl bod rheolwyr y busnes yn credu y byddai ailhyfforddi'n gwella eu perfformiad. Gallai ailhyfforddi hefyd fod yn opsiwn rhatach i fusnes na diswyddo'r gweithwyr a recriwtio a hyfforddi rhai eraill yn eu lle.

→ **Newid rôl**. Efallai fod gweithiwr yn ymgymryd â rôl wahanol o fewn y busnes ac efallai nad oes ganddo efo neu hi'r wybodaeth na'r sgiliau angenrheidiol i wneud hyn yn effeithiol. O ganlyniad, gallai'r busnes benderfynu ailhyfforddi'r gweithiwr er mwyn iddo ef neu hi ymgymryd â rôl wahanol o fewn y busnes. Er enghraifft, mae'r llywodraeth yn Lloegr yn gweithredu cynllun i ailhyfforddi athrawon presennol i addysgu pynciau eraill. Mae'r ailhyfforddi hwn yn aml yn cael ei ddefnyddio i hyfforddi athrawon i addysgu pynciau sydd â phrinder athrawon, fel mathemateg a ffiseg.

Defnyddio technoleg newydd

Mae busnesau yn y DU wedi cynyddu eu defnydd o dechnoleg dros y blynyddoedd diwethaf. Mae busnesau gweithgynhyrchu'n defnyddio robotiaid ar y llinell gynhyrchu i gynhyrchu ceir. Mae adwerthwyr yn y DU yn gwerthu mwy o nwyddau ar-lein yn hytrach na thrwy siopau traddodiadol. Mae hyn yn golygu defnyddio'r rhyngrwyd i hyrwyddo a gwerthu cynhyrchion. Mae rhai o brif adwerthwyr y DU, fel Amazon a John Lewis, yn defnyddio warysau enfawr i gadw'r cynhyrchion maen nhw'n eu gwerthu. Mae llawer o dechnoleg yn cael ei defnyddio yn y warysau i ddewis cynhyrchion i gyd-fynd ag archebion cwsmeriaid.

Gall cyflwyno technoleg newydd ddisodli rhai swyddi. Fodd bynnag, mae hefyd yn newid swyddi nifer o'r gweithwyr sy'n parhau gyda'r busnes. Er enghraifft, bydd rhaid i weithwyr ddefnyddio'r dechnoleg newydd a chael eu hyfforddi i wneud hynny'n effeithlon.

Ystyried busnes: Robotiaid Amazon

Amazon yw'r adwerthwr ar-lein mwyaf yn y byd. Yn ei warws yn Doncaster, mae byddin fechan o weithwyr Amazon yn cael eu gwthio i'r eithaf o fore gwyn tan nos. Mae'r robotiaid yn gallu cario pwysau car ar eu cefnau a theithio pellteroedd enfawr yn warws y cwmni bob dydd.

Mae gweithwyr newydd Amazon yn edrych yn debyg i robotiaid sugnwr llwch crwn. Enw'r robotiaid yw Kiva, maen nhw'n pwyso 320 lb ac yn cael eu harwain gan godau QR – y sgwariau du a gwyn mae ffonau symudol yn gallu eu darllen – wedi'u dotio dros loriau'r warws.

Mae'r robotiaid yn golygu nad oes angen i gasglwyr dynol gerdded milltiroedd bob dydd, yn casglu archebion o bob rhan o'r warws, ond mae'r dyfeisiau'n golygu bod gwaith traddodiadol llenwi silffoedd yn cael ei drawsnewid wrth i'r silffoedd eu hunain gael eu cludo ar gefn y robotiaid.

Dywedodd un o reolwyr Amazon: 'Mae bodau dynol yn eithaf da am adnabod cynhyrchion ac mae robotiaid yn gweld hyn yn anoddach, ond mae robotiaid yn symud o gwmpas yn haws. Felly nag yw hi'n llawer gwell ein bod ni'n gallu cyflwyno robotiaid ar gyfer y swyddi y gallan nhw eu gwneud a chadw bodau dynol i wneud y pethau maen nhw'n well yn eu gwneud?'

1   **Esboniwch sut gallai defnydd Amazon o robotiaid effeithio ar angen y cwmni i hyfforddi ei weithwyr.**

(4 marc)

Cwrdd ag anghenion iechyd a diogelwch newydd

Mae deddfau iechyd a diogelwch yn atal busnesau rhag rhoi gweithwyr mewn unrhyw berygl felly maen nhw'n gwarchod y gweithlu. Mae'r gofynion sydd wedi'u hamlinellu yn y deddfau hyn yn ceisio sicrhau nad yw damweiniau'n digwydd yn y gweithle.

Mae Deddf Iechyd a Diogelwch yn y Gwaith 1974 yn nodi bod rhaid i fusnesau ddarparu gwybodaeth, cyfarwyddyd, hyfforddiant a goruchwyliaeth er mwyn sicrhau, cyn belled â phosibl, iechyd a diogelwch eu gweithwyr yn y gwaith.

Mae deddfau iechyd a diogelwch yn cael eu diweddaru'n rheolaidd. Mae hyn yn golygu bod rhaid i fusnesau fuddsoddi mewn hyfforddiant i weithwyr er mwyn sicrhau eu bod yn gyfarwydd â'r rheoliadau diweddaraf. Yn 2015, newidiwyd y rheoliadau iechyd a diogelwch a oedd yn ymwneud â'r diwydiant adeiladu er mwyn gwneud safleoedd adeiladu'n fwy diogel. Cafodd hyn oblygiadau sylweddol ar adeiladwyr tai a oedd yn gweithio ar raddfa fach. O ganlyniad, roedd angen i rai o'u gweithwyr gael sgiliau a gwybodaeth wahanol. Roedd hyn yn golygu bod angen hyfforddiant.

Creu cyfleoedd i weithwyr

Gall busnesau greu swyddi sy'n fwy diddorol i weithwyr a gallai hyn wella eu cymhelliant. Mae hyn yn gallu arwain at berfformiad gwell gan y gweithlu. Rydyn ni'n edrych ar hyn yn fanylach yn yr adran nesaf.

Gall swyddi gael eu gwneud yn fwy diddorol drwy ymestyn yr amrediad o ddyletswyddau mae gweithiwr yn eu cyflawni. Neu, efallai bydd gofyn i weithiwr gyflawni dyletswyddau mwy cymhleth ac anodd. Yn y naill achos neu'r llall, mae'n debygol y bydd angen hyfforddiant er mwyn galluogi'r gweithiwr i gwblhau'r dyletswyddau ychwanegol yn llwyddiannus.

Bydd angen nifer o reolwyr newydd ar y diwydiant arlwyo a lletygarwch yn y DU erbyn 2024. Bydd hyfforddiant yn helpu i greu gweithwyr medrus er mwyn manteisio ar y cyfleoedd a fydd ar gael

Mae diwydiant arlwyo a lletygarwch y DU yn cynnwys caffis, bwytai, parciau gwyliau ac atyniadau ymwelwyr fel parciau thema ac amgueddfeydd. Mae rhagolygon yn amcangyfrif y bydd angen mwy na 200,000 o reolwyr ychwanegol yn y diwydiant hwn erbyn 2024. Mae cynnig cyfle i weithwyr gyflawni rhai tasgau rheolaethol, fel cynllunio digwyddiadau neu reoli timau bach, yn un ffordd i ddatblygu'r sgiliau angenrheidiol. Er hyn, byddai angen cefnogi'r rhaglen hon gydag hyfforddiant er mwyn darparu'r sgiliau a'r wybodaeth y byddai eu hangen ar y gweithwyr.

● Y mathau gwahanol o hyfforddiant

Gall busnesau gynnig dau brif fath o hyfforddiant i'w gweithwyr. Mae **hyfforddiant wrth y gwaith** yn digwydd yng ngweithle'r gweithwyr. Yr enw ar hyfforddiant y tu allan i'r gweithle yw **hyfforddiant i ffwrdd o'r gwaith**. Mae cyflogwyr yn defnyddio'r ddau fath o hyfforddiant yr un mor aml â'i gilydd, fwy neu lai. Yn 2015, defnyddiodd 49% o fusnesau'r DU hyfforddiant i ffwrdd o'r gwaith, o'u cymharu â 53% a ddefnyddiodd hyfforddiant wrth y gwaith.

Hyfforddiant yn y gwaith

Mae defnyddio hyfforddiant wrth y gwaith yn golygu nad yw'r gweithwyr yn gadael y gweithle. Mae'r math hwn o hyfforddiant yn golygu y gall gweithwyr ddysgu gan weithwyr eraill mwy profiadol. Mae'n boblogaidd yn y DU, gyda mwy na 50% o fusnesau'n ei ddefnyddio yn 2015. Mae llawer iawn o hyfforddiant wrth y gwaith yn cael ei ddarparu drwy ddefnyddio cyfrifiaduron. Fodd bynnag, gall hyfforddiant ar gyfrifiadur hefyd ddigwydd y tu allan i'r gweithle.

Termau allweddol

Mae **hyfforddiant wrth y gwaith** yn cael ei ddarparu yn y gweithle.

Mae **hyfforddiant i ffwrdd o'r gwaith** yn cael ei ddarparu y tu allan i weithle'r gweithiwr.

Mae yna nifer o fathau o hyfforddiant wrth y gwaith.

→ **Cysgodi swydd**. Mae **cysgodi swydd** yn galluogi gweithwyr neu rai sydd â diddordeb mewn cael gwaith, i gael gwybodaeth fanwl am beth yn union yw cynnwys swydd benodol o ddydd i ddydd. Mae'n golygu arsylwi gweithwyr profiadol a medrus drwy gydol y diwrnod gwaith. Mae gweithwyr dan hyfforddiant yn gallu cael cyfleoedd i wneud y gwaith am gyfnod byr, dan arweiniad. Mae'n bosibl y bydd y gweithwyr profiadol yn cynnig cyngor ac arweiniad i rai dan hyfforddiant hefyd.

→ **Sesiynau arddangos**. Gall rhain fod dan arweiniad gweithwyr profiadol neu hyfforddwyr arbenigol o'r tu allan i'r busnes. Mae sesiynau arddangos yn gallu dangos i weithwyr sut i gyflawni tasgau a rolau penodol. Gall y math hwn o hyfforddiant ddarparu hyfforddiant arbenigol iawn sy'n benodol i fusnes arbennig.

→ **Hyfforddi**. Gyda **hyfforddi** (*coaching*), mae gweithiwr profiadol yn rhoi arweiniad a chefnogaeth i weithiwr llai profiadol, sy'n aml yn iau. Nod y math hwn o hyfforddiant yw gwella perfformiad gweithiwr yn y gwaith. Mae fel arfer yn canolbwyntio ar sgiliau gweithiwr (er enghraifft, defnyddio cronfeydd data a thaenlenni) ac mae'n gosod targedau ar gyfer gwella. Gall hyfforddi hefyd effeithio ar agweddau o gymeriad gweithiwr fel hyder neu gyfathrebu. Mewn busnesau yn y DU, rheolwr llinell y gweithiwr sy'n ei hyfforddi fel arfer. Er hyn, gall gweithwyr ar lefel uwch gael eu hyfforddi gan arbenigwyr o'r tu allan i'r busnes. Dangosodd arolwg yn 2015 fod 44% o fusnesau'r DU wedi defnyddio hyfforddi i ryw raddau ac mae'r mwyafrif yn rhagweld y byddan nhw'n ei ddefnyddio'n amlach yn y dyfodol.

→ **Mentora**. Dull hyfforddiant yw **mentora** lle mae unigolyn uwch neu fwy profiadol (y mentor) yn cael ei benodi i fod yn ymgynghorydd, yn gynghorwr, neu'n dywysydd i weithiwr llai profiadol neu hyfforddai (*trainee*). Mae'r mentor yn gyfrifol am ddarparu cefnogaeth i, ac adborth ar, yr unigolyn y mae ef neu hi'n gyfrifol amdano. Mae perthynas fentora'n tueddu i fod yn fwy hirdymor na threfniadau hyfforddi.

→ **Cylchdroi swyddi**. Yn y math hwn o hyfforddiant, mae gweithwyr yn symud yn rheolaidd rhwng swyddi sydd â graddau tebyg o gymhlethdod. Mae busnesau gweithgynhyrchu yn ei ddefnyddio'n aml i greu swyddi mwy amrywiol a diddorol i weithwyr. Mae **cylchdroi swyddi** fel arfer yn mynd ochr yn ochr â hyfforddiant, gan fod angen sgiliau a gwybodaeth newydd ar weithwyr i symud yn llwyddiannus rhwng swyddi gwahanol.

Manteision hyfforddiant wrth y gwaith

→ Gall hyfforddiant wrth y gwaith fod yn ffordd gymharol rad o ddarparu hyfforddiant, gan nad oes raid i weithwyr deithio ac efallai y gall gweithwyr eraill gynnal yr hyfforddiant. Dydy llawer o fusnesau ddim yn gallu gwario llawer o arian ar hyfforddiant. Drwy ddefnyddio'r math hwn o hyfforddiant, mae'n golygu bod mwy o weithwyr yn gallu elwa o wariant cyfyngedig. Gall hyn arwain at welliannau mawr yn lefelau cynhyrchedd unrhyw weithlu.

→ Mae hefyd wedi'i dargedu i gwrdd ag union anghenion y busnes, yn enwedig gan ei fod yn aml yn cael ei roi gan weithwyr eraill drwy gysgodi swydd, mentora neu hyfforddi. Mae hyn yn golygu y bydd gweithwyr yn derbyn yr union wybodaeth a'r sgiliau sydd eu hangen arnyn nhw i gyflawni eu rolau'n effeithlon. Er enghraifft, gall gweithwyr sy'n derbyn hyfforddiant TG ei dderbyn ar system TG y busnes, yn hytrach nag ar system wahanol.

Termau allweddol

Mae **cysgodi swydd** yn fath o hyfforddiant lle mae gweithwyr dan hyfforddiant yn dilyn gweithwyr profiadol drwy gydol y diwrnod gwaith.

Mae **hyfforddi** yn golygu bod gweithiwr profiadol yn darparu arweiniad a chefnogaeth i weithiwr llai profiadol.

Mae **mentora** yn system hyfforddi lle mae gweithiwr uwch a phrofiadol yn cynnig hyfforddiant i weithiwr llai profiadol.

Cylchdroi swyddi yw symud staff yn rheolaidd rhwng swyddi sydd â lefel gymhlethdod debyg.

→ Mae busnesau'n gwneud defnydd cynyddol o gyfrifiaduron i ddarparu hyfforddiant wrth y gwaith. Yr enw ar hyn yw e-ddysgu. Mae'n galluogi busnesau i ddefnyddio rhaglenni cyfrifiadurol i gynnig hyfforddiant sy'n cwrdd ag anghenion y busnes. Gall hwn gael ei gynnal ar unrhyw adeg ac mae'n ddull hyfforddi cymharol rad, yn enwedig os yw'n cael ei ddefnyddio gan nifer fawr o weithwyr.

Anfanteision hyfforddiant wrth y gwaith

→ Dydy hyfforddiant wrth y gwaith ddim yn debygol o ddod â syniadau newydd i'r busnes oni bai bod hyfforddwr o'r tu allan yn cael ei ddefnyddio. Oherwydd hyn, efallai na fydd hyfforddiant wrth y gwaith yn arwain at welliannau dramatig ym mherfformiad gweithwyr y busnes.

→ Mae defnyddio'r math hwn o hyfforddiant yn gallu golygu bod gweithwyr ddim ar gael i weithio i'r busnes am gyfnod. Gallai'r busnes, er enghraifft, golli gwasanaethau'r rhai sy'n darparu'r hyfforddiant, yn ogystal â'r rhai sy'n ei dderbyn.

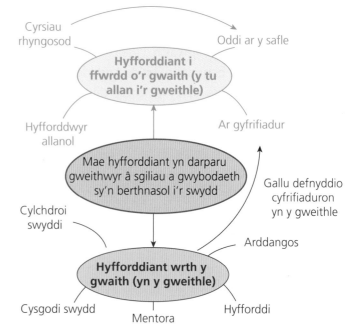

Ffigur 6.5 Hyfforddiant i ffwrdd o'r gwaith ac wrth y gwaith

Ystyried busnes: Parc Antur a Sw Folly Farm

Parc antur a sw yn Sir Benfro yw Folly Farm – rhan dawel iawn o Gymru. Mae wedi ymrwymo i ofalu am ei weithwyr, yn rhannol drwy ddarparu hyfforddiant. Mae'r cwmni'n dibynnu ar hyfforddiant wrth y gwaith i roi sgiliau i'r gweithwyr ym maes arlwyo a gwasanaeth cwsmeriaid, yn ogystal â sut i ofalu am fwy na 90 o fathau gwahanol o anifeiliaid.

Busnes bach yw Folly Farm sydd ag enw da iawn a gweithwyr profiadol a thra medrus. Yn 2016 cafodd ei enwi fel y busnes gorau yn Sir Benfro.

1 **Esboniwch pam mae Folly Farm yn defnyddio hyfforddiant wrth y gwaith ar gyfer ei weithwyr.**

(4 marc)

Hyfforddiant i ffwrdd o'r gwaith

Mae hyfforddiant i ffwrdd o'r gwaith yn digwydd y tu allan i'r gweithle. Gallai ddigwydd mewn lleoliad arall neu, yn syml, mewn man gwahanol i le mae'r gweithiwr yn gweithio fel arfer.

→ **Hyfforddiant oddi ar y safle.** Gallai olygu mynychu cwrs mewn coleg neu brifysgol, astudio gartref neu fynd ar gwrs sy'n cael ei gynnal gan gwmni hyfforddi. Weithiau, gall hyfforddiant i ffwrdd o'r gwaith bara am gyfnod sylweddol. Gall hyfforddiant arwain at weithwyr yn derbyn cymwysterau ffurfiol, fel gradd.

→ **Cyrsiau rhyngosod.** Mae rhai mathau o hyfforddiant i ffwrdd o'r gwaith yn cael eu cynnal dros gyfnod hir, ond am gyfnod cyfyngedig bob wythnos. Mae'r rhain yn cael eu galw'n gyrsiau rhyngosod. Er enghraifft, gallai cwmni cyfrifeg dalu i'w weithwyr ennill cymwysterau cyfrifeg. Gallai hyn olygu sawl blwyddyn o astudio'n rhan-amser mewn coleg lleol.

→ **Hyfforddwyr allanol.** Mae busnesau'n aml yn defnyddio cwmnïau hyfforddi allanol i ddarparu hyfforddiant arbenigol neu i ddarparu diweddariadau. Mae'n gyffredin i fusnesau gweithgynhyrchu ddefnyddio hyfforddwyr allanol i roi hyfforddiant i ffwrdd o'r gwaith sy'n diweddaru gweithwyr ar iechyd a diogelwch.

→ **Hyfforddiant ar gyfrifiadur**. Mae'n dod yn fwyfwy cyffredin i weithwyr dderbyn hyfforddiant yn y gweithle drwy ddefnyddio rhaglenni cyfrifiadurol. Mae'r rhain yn aml wedi'u dylunio gan weithwyr mwy profiadol y busnes. Yn 2015, defnyddiodd 30% o fusnesau yn y DU gyfrifiaduron i ddarparu hyfforddiant.

Mae colegau lleol yn cynnig amrywiaeth eang o raglenni hyfforddi i ffwrdd o'r gwaith, gan gynnwys cyrsiau ym maes marchnata, plymio, cyfrifeg ac arlwyo

Manteision hyfforddiant i ffwrdd o'r gwaith

→ Gall hyfforddiant i ffwrdd o'r gwaith helpu i gyflwyno syniadau a dulliau newydd i fusnes. Mae hyn yn gallu bod yn werthfawr mewn diwydiannau fel datblygu meddalwedd cyfrifiaduron, lle mae popeth yn newid mor gyflym.

→ Mae hyfforddiant i ffwrdd o'r gwaith yn gymharol ddrud a gellir ei ddefnyddio i gymell gweithwyr. Byddwn ni'n edrych ar hyn yn fanylach yn yr adran nesaf. Gall derbyn hyfforddiant i ffwrdd o'r gwaith wneud i weithwyr deimlo'n werthfawr gan fod eu cyflogwr yn gwario arian sylweddol ar wella eu sgiliau. Gallai hyn arwain at dipyn o welliant ym mherfformiad y gweithiwr.

Anfanteision hyfforddiant i ffwrdd o'r gwaith

→ Gall y math hwn o hyfforddiant fod yn ddrud ac efallai na fydd yn fforddiadwy i fusnesau sy'n gwneud symiau bach o elw'n unig. Efallai na fydd nifer o fusnesau bach yn ystyried hwn yn opsiwn realistig.

→ Mae pob busnes sy'n cynnig hyfforddiant i ffwrdd o'r gwaith i'w gweithwyr yn cymryd risg. Mae'n hollol bosibl y bydd y gweithiwr sydd newydd gael ei hyfforddi yn gadael y busnes am swydd newydd ar ôl i'r rhaglen hyfforddi ddod i ben. Gall hyfforddiant i ffwrdd o'r gwaith baratoi gweithwyr i weithio mewn amrywiaeth o fusnesau gwahanol. Felly, gallai busnes wario llawer o arian ar hyfforddi gweithiwr, ond heb elwa llawer, os o gwbl, yn y pen draw.

<table>
<tr><td>**Awgrym astudio**</td></tr>
<tr><td>Gwnewch yn siŵr eich bod chi'n gallu gwahaniaethu rhwng hyfforddiant wrth y gwaith a hyfforddiant i ffwrdd o'r gwaith a'ch bod chi'n gwybod beth yw manteision ac anfanteision defnyddio'r mathau hyn o hyfforddiant.</td></tr>
</table>

● Yr hyfforddiant mwyaf addas ar gyfer busnesau gwahanol

Mae yna sawl ffactor a fyddai'n dylanwadu ar ba un o'r ddau fath o hyfforddiant sy'n cael ei ddefnyddio.

Sefyllfa ariannol y busnes

Mae hyfforddiant, yn enwedig hyfforddiant i ffwrdd o'r gwaith, yn ddrud. Bydd busnesau mewn sefyllfaoedd ariannol gwan yn fwy tebygol o ddewis hyfforddiant wrth y gwaith, os ydyn nhw'n hyfforddi eu gweithwyr o gwbl. Dim ond tua £300 y flwyddyn mae'r busnes cyffredin yn y DU yn ei wario ar hyfforddi pob gweithiwr.

Y math o hyfforddiant sydd ei angen

Mae angen hyfforddiant penodol iawn ar rai busnesau er mwyn cwrdd â'u hanghenion arbennig nhw. Efallai mai cynnig hyfforddiant wrth y gwaith yw'r ffordd orau i wneud hyn. Mae'n bosibl na fyddai hyfforddiant sy'n cael ei gynnig gan golegau lleol neu gyrff hyfforddi eraill yn cwrdd ag anghenion penodol y busnes, a gallen nhw fod yn rhy gyffredinol. Er enghraifft, gallai cwmnïau sy'n defnyddio gweithwyr i ddatblygu gemau cyfrifiadurol neu feddalwedd arall ddefnyddio hyfforddiant wrth y gwaith.

Gallai hyfforddiant i ffwrdd o'r gwaith fod yn fwy addas ar gyfer hyfforddiant tymor hir y mae angen pasio arholiad ar ei gyfer. Gallai costau hyn fod yn is os yw'n digwydd y tu allan i oriau gwaith.

Sgiliau a phrofiad gweithlu'r busnes

Mae'n hawdd anghofio bod y gallu i hyfforddi pobl eraill yn sgìl. Nid oes gan bob gweithiwr y sgìl hon, sy'n golygu efallai y bydd angen i fusnesau hyfforddi eu gweithluoedd ar sut i wneud hyn, os ydyn nhw'n gwneud defnydd helaeth o hyfforddiant wrth y gwaith. Heb weithwyr addas i hyfforddi gweithwyr eraill, mae'n bosibl y bydd busnesau'n dewis hyfforddiant i ffwrdd o'r gwaith.

Bydd gan fusnesau sy'n tyfu'n gyflym, neu fusnesau â chyfraddau cadw gweithwyr isel, nifer fawr o weithwyr newydd. Gall hyn ei gwneud hi'n anodd darparu hyfforddiant wrth y gwaith a gall olygu bod cyrff allanol yn cael eu dewis i ddarparu hyfforddiant.

Ystyried busnes: Hyfforddiant i beirianwyr ar linellau pŵer uwchben

Mae Canolfan Hyfforddi Peirianneg Llinellau Uwchben yn Penrith, Cumbria yn cynnig hyfforddiant i beirianwyr sy'n gyfrifol am gynnal a chadw llinellau pŵer. Mae'r cwrs hyfforddi i ffwrdd o'r gwaith wedi'i ddylunio er mwyn darparu sgiliau sydd yn brin iawn.

Newton Rigg College, sy'n rhan o Askham Bryan College, sydd yn darparu'r hyfforddiant. Mae'n gwrs rhan-amser tair blynedd. Mae'r addysgu yn dechrau gyda hyfforddiant i ffwrdd o'r gwaith yn yr ystafell ddosbarth ac mewn cae hyfforddi wedi'i adeiladu'n bwrpasol ar safle Newton Rigg. Mae ymarferion dysgu yn digwydd oddi ar y safle hefyd, mewn nifer o leoliadau dros y DU sy'n cael eu rheoli gan SPIE.

1 **Esboniwch y rhesymau posibl pam mae'r peirianwyr hyn yn derbyn hyfforddiant i ffwrdd o'r gwaith.**
(6 marc)

Crynodeb

Gall busnes elwa mewn sawl ffordd drwy ddarparu hyfforddiant effeithiol i'w weithwyr. Mae angen hyfforddiant mewn nifer o amgylchiadau gwahanol, er enghraifft, wrth gyflwyno technoleg newydd. Hyfforddiant wrth y gwaith a hyfforddiant i ffwrdd o'r gwaith yw'r ddau brif fath o hyfforddiant. Mae gan y ddau fath o hyfforddiant fanteision ac anfanteision. Mae'r hyfforddiant mwyaf priodol yn dibynnu ar amgylchiadau pob busnes unigol.

Cwestiynau cyflym

1 Beth yw ystyr y term 'hyfforddiant'? (2 farc)

2 Esboniwch pam gallai hyfforddiant helpu i wella lefel cynhyrchedd y gweithlu mewn busnes. (3 marc)

3 Esboniwch **un** rheswm pam gallai hyfforddiant helpu i leihau'r lefel gwastraff mewn busnes. (2 farc)

4 Gan ddefnyddio enghreifftiau, esboniwch y gwahaniaeth rhwng hyfforddiant wrth y gwaith a hyfforddiant i ffwrdd o'r gwaith. (4 marc)

5 Pa **ddau** o'r canlynol sy'n enghreifftiau o hyfforddiant i ffwrdd o'r gwaith?

(i) Cysgodi swydd cydweithiwr

(ii) Cwblhau cwrs hyfforddi ar gyfrifiadur gartref

(iii) Sesiwn dan arweiniad hyfforddwr allanol yn y ffatri

(iv) Cwrs rhyngosod mewn coleg lleol (2 farc)

6 Disgrifiwch beth yw ystyr 'hyfforddiant sefydlu'. (2 farc)

7 Nodwch **ddwy** sefyllfa lle gallai busnes fod eisiau darparu hyfforddiant i'w weithwyr. (2 farc)

8 Esboniwch y gwahaniaeth rhwng hyfforddi a mentora. (3 marc)

9 Esboniwch **un** o fanteision hyfforddiant wrth y gwaith. (3 marc)

10 Esboniwch pam gallai cynnig hyfforddiant i ffwrdd o'r gwaith fod yn risg i fusnes. (3 marc)

Astudiaeth achos

Partneriaeth John Lewis

Mae The John Lewis Partnership (JLP) yn gwmni adwerthu yn y DU sydd dan berchenogaeth ei weithwyr. Mae'n gyfrifol am siopau adrannol John Lewis ac archfarchnadoedd Waitrose. Mae'r JLP yn cyflogi dros 91,000 o bobl. Mae staff y cwmni'n aros gyda'r JLP ddwywaith yn hirach nag y mae gweithwyr yn ei wneud gydag adwerthwyr fel arfer.

Mae'r JLP wedi ymrwymo'n llawn i hyfforddi ei weithwyr ac mae'n gwario 56% yn fwy na chyrff tebyg ar hyfforddiant. Mae hyn er gwaethaf gostyngiad o

14% yn elw'r cwmni yn 2016 a chynlluniau i leihau maint y gweithlu.

Mae'r cwmni'n darparu hyfforddiant sefydlu i bob gweithiwr newydd ac mae'n dyrchafu pobl yn fewnol pryd bynnag y mae hynny'n bosibl. Mae ganddo enw da am wasanaeth cwsmeriaid rhagorol ac mae'n gwario llawer iawn o arian ar hyfforddiant ym maes gwasanaeth cwsmeriaid. Mae'r cwmni'n darparu hyfforddiant wrth y gwaith i reolwyr dan hyfforddiant (mae nifer ohonyn nhw newydd raddio o'r brifysgol).

Cwestiynau

1 Beth yw ystyr y term 'hyfforddiant sefydlu'? (2 farc)

2 Esboniwch **un** ffordd gallai'r JLP elwa drwy ddarparu hyfforddiant i'w weithwyr. (4 marc)

3 Dadansoddwch yr anfanteision posibl y gallai JLP ddod ar eu traws drwy ddefnyddio hyfforddiant wrth y gwaith ar gyfer ei reolwyr dan hyfforddiant. (6 marc)

4 Trafodwch a wnaeth JLP y penderfyniad cywir i wario llawer o arian ar hyfforddiant wrth y gwaith yn hytrach na hyfforddiant i ffwrdd o'r gwaith. (9 marc)

Cymhelliant

Mae'r rhan fwyaf o reolwyr yn ceisio cymell eu gweithwyr, er bod llawer o anghytuno ynglŷn â'r ffordd orau i wneud hyn. Mae rheolwyr yn cytuno, fodd bynnag, bod cymhelliant yn bwysig gan fod gweithlu â chymhelliant yn gallu helpu i wneud busnes yn gystadleuol iawn.

Erbyn diwedd yr adran hon, dylech chi wybod am y canlynol:

- manteision gweithlu â chymhelliant
- y dulliau cymhelliant y mae busnesau'n eu defnyddio
- y dull cymhelliant mwyaf priodol o dan amgylchiadau gwahanol.

● Beth yw cymhelliant?

Cymhelliant yw'r amrywiaeth o ffactorau sy'n dylanwadu ar bobl i ymddwyn mewn ffyrdd arbennig. Gellir ei ddisgrifio fel yr awydd i wneud rhywbeth. Ym myd busnes, cymhelliant yw'r grym sy'n gyrru gweithiwr i weithio'n galed iawn ac i gyflawni ei swydd ef neu hi mor effeithiol â phosibl. Mae yna ddau safbwynt hollol wahanol ynghylch o ble y daw cymhelliant. Mae'n anodd gwybod pa un sy'n gywir, a bydd pobl wahanol yn cael eu cymell gan bethau gwahanol.

→ **Cymhelliant gan y gweithiwr ei hun**. Mae rhai pobl yn credu bod cymhelliant yn dod gan y person ei hun. Mae hyn yn awgrymu y bydd gweithwyr yn gweithio'n galed os ydyn nhw'n mwynhau eu gwaith, a'u bod nhw'n hapus felly i wneud pob ymdrech i wneud y swyddi hynny'n dda.

→ **Cymhelliant o'r tu allan i'r gweithiwr**. Fodd bynnag, mae eraill yn edrych ar gymhelliant fel rhywbeth a ddaw o ganlyniad i ryw ffactor allanol – naill ai addewid o wobr, neu fygythiad o gosb. Mae edrych ar gymhelliant fel hyn yn awgrymu y dylai perchenogion/entrepreneuriaid demtio gweithwyr gyda gwobrwyon, fel arian, neu fygythiadau, fel colli cyflog.

Awgrym astudio

Mae'r ddau safbwynt hyn ar wahanol achosion cymhelliant yn esbonio'r technegau neu'r dulliau gwahanol y mae busnesau bach yn eu defnyddio i gymell staff. Cofiwch hyn wrth esbonio pam mae busnesau'n defnyddio technegau gwahanol neu wrth feddwl beth fyddai'r dull gorau mewn sefyllfa benodol.

● Manteision gweithlu â chymhelliant

Byddai'r rhan fwyaf o reolwyr yn dweud ei bod hi'n bwysig iawn i gael gweithwyr â chymhelliant er mwyn sicrhau llwyddiant busnes. Mae nifer o resymau am hyn. Mae manteision gweithlu â chymhelliant yn cael eu crynhoi yn Ffigur 6.6.

Gwell perfformiad gan y gweithwyr

Mae perfformiad gweithwyr yn aml yn cael ei fesur drwy ddefnyddio ffigurau cynhyrchedd. Mae cynhyrchedd yn mesur faint o nwyddau neu wasanaethau sy'n cael eu cynhyrchu gan weithiwr dros gyfnod, fel blwyddyn. Mae gweithwyr â chymhelliant fel arfer yn gweithio'n galed ac yn ceisio gwneud eu gwaith mor effeithlon â phosibl. Mae'n bosibl y bydd rheolwr busnes yn gweld bod gweithwyr â chymhelliant yn cyrraedd eu gwaith yn brydlon bob amser, yn defnyddio'u hamser yn y gwaith mor effeithiol â phosibl a'u bod nhw ddim, er enghraifft, yn sefyll o gwmpas yn sgwrsio. Mae hyn yn golygu bydd y busnes yn cynhyrchu nifer fawr o nwyddau neu wasanaethau drwy ddefnyddio nifer cymharol fach o weithwyr. Hynny yw, bydd gan ei weithwyr lefelau cynhyrchedd uchel.

Mae gweithwyr â chymhelliant yn tueddu i berfformio'n well yn y gwaith

Gall lefelau cynhyrchedd uchel gynnig manteision sylweddol i fusnesau. Mae'n eu galluogi i gynhyrchu nwyddau a gwasanaethau'n gymharol rad gan fod cost y llafur sy'n gysylltiedig â chynhyrchu pob cynnyrch yn is. Felly, gall y nwyddau neu'r gwasanaethau gael eu gwerthu am brisiau is, gan wneud y busnes yn fwy cystadleuol. Mae hyn yn bwysig iawn mewn diwydiannau lle mae prisiau isel yn bwysig i gwsmeriaid. Mae cwmni teithiau awyren Ryanair yn elwa drwy gael gweithlu cynhyrchiol a chostau llafur isel. Roedd costau llafur y cwmni yn llai na 10% o'r incwm a dderbyniodd drwy werthu teithiau awyren yn 2013. Mae hyn yn is na nifer o gwmnïau teithiau awyren eraill ac o ganlyniad, roedd hi'n bosibl i Ryanair werthu teithiau awyren am brisiau rhad iawn.

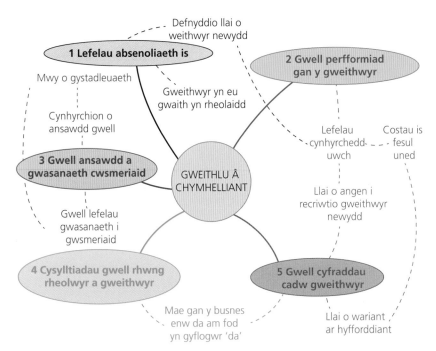

Ffigur 6.6 Manteision gweithlu â chymhelliant

Gwell cyfraddau cadw gweithwyr

Mae gweithwyr â chymhelliant yn fwy tebygol o fod yn ffyddlon i fusnes ac i barhau gyda'r busnes, hyd yn oed os oes swyddi deniadol ar gael mewn busnesau eraill. Mae gan fusnes gyfradd gadw uchel os oes cyfran uchel o weithlu'r busnes yn parhau gyda'r busnes dros gyfnod o amser, blwyddyn fel arfer. Mae hyn yn ffordd arall o ddweud bod gan y busnes lefel isel o drosiant llafur.

Mae cyfradd gadw uchel yn cynnig dwy brif fantais i fusnes.
- → Mae'n osgoi costau recriwtio a dewis gweithwyr newydd. Mae gwaith ymchwil yn dangos bod y gost o benodi gweithiwr newydd yn lle rhywun sy'n gadael yn gallu bod hyd at £30,000.
- → Mae'n golygu nad oes angen hyfforddi gweithwyr newydd, sy'n gallu bod yn gostus. Hyd yn oed os oes gan weithwyr newydd y sgiliau gwaith cywir, maen nhw'n cymryd amser i ddod yn gyfarwydd â swydd newydd ac i weithio fel tîm gyda'u cydweithwyr.

Gwell perthynas rhwng y rheolwyr a'r gweithwyr

Drwy gael gweithlu â chymhelliant uchel, mae'n helpu i gynnal perthynas dda rhwng y rheolwyr a'r gweithwyr eraill. Mae busnes yn gallu elwa mewn sawl ffordd drwy gael perthynas dda rhwng y ddau grŵp hyn. Er enghraifft, mae gweithwyr yn llai tebygol o gymryd camau fel mynd ar streic neu weithio'n araf. Mae hyn yn helpu busnesau i barhau'n effeithlon ac i gadw teyrngarwch eu cwsmeriaid.

Gall perthynas dda rhwng y rheolwyr a'r gweithwyr hefyd helpu i roi enw da i fusnesau fel cyflogwyr. Mae hyn yn ei gwneud hi'n haws i'r busnes i recriwtio'r gweithwyr gorau, gan helpu i wella'i werthiant a'i elw.

Lefelau absenoliaeth is

Absenoliaeth yw pan na fydd gweithiwr yn y gwaith. Mae'r term hwn yn cael ei ddefnyddio'n aml i ddisgrifio sefyllfa lle mae gweithiwr yn absennol o'i waith yn rheolaidd a hynny heb reswm da. Fel hyn, mae'n gallu cael ei ddefnyddio i fesur lefel y cymhelliant ymhlith gweithlu busnes. Mae gweithwyr â chymhelliant uchel yn llai tebygol o gymryd amser i ffwrdd o'u gwaith heb reswm da. Mae gan weithwyr â chymhelliant yr ewyllys i berfformio'n dda yn eu gwaith ac mae bod yn bresennol yn rhan hanfodol o hyn.

Gall lefelau absenoliaeth uchel arwain at gynnydd dramatig yng nghostau cynhyrchu busnes, yn ogystal â cholli gwerthiannau. Mae'r newidiadau hyn yn gallu digwydd am nifer o resymau.
- → Efallai fod angen i'r busnes dalu gweithiwr sydd ddim yn ei waith, yn ogystal â'r person sy'n cymryd lle'r gweithiwr.
- → Gallai'r gweithiwr sy'n cymryd lle'r gweithiwr absennol fod yn llai effeithiol, gyda lefelau cynhyrchedd llawer is.
- → Gallai cwsmeriaid fod yn anhapus ag ansawdd cynnyrch sydd wedi'i gyflenwi gan y gweithiwr newydd. O ganlyniad, gallen nhw brynu gan gystadleuwyr eraill.

Ystyried busnes: Jaguar Land Rover yw cyflogwr gorau Prydain

Mae adroddiad diweddar wedi datgelu mai Jaguar Land Rover (JLR) yw'r cyflogwr gorau i weithio iddo ym Mhrydain. Mae Tabl 6.2 yn dangos y pum cyflogwr gorau ym Mhrydain yn 2016, yn dilyn arolwg ymhlith 15,000 o weithwyr a thros 400 o fusnesau.

Safle	Cwmni	Math o fusnes	Sgôr (uchaf = 10)
1	Jaguar Land Rover (JLR)	Cynhyrchu ceir	8.56
2	AstraZeneca	Cyffuriau a biodechnoleg	8.51
3	Harrods	Adwerthwr	8.49
4	Adidas	Cynhyrchu ac adwerthu dillad	8.47
5	Dyson	Peirianneg a gweithgynhyrchu	8.46

Tabl 6.2 Deg cyflogwr gorau Prydain, 2016 (**Ffynhonnell:** Bloomberg, http://bbe.trunky.net)

Cafodd Jaguar Land Rover (JLR) lwyddiant pellach yn 2016 gan fod ei ffigurau gwerthiant yn drawiadol iawn. Cynyddodd gwerthiant blynyddol ei gerbydau i 521, 571 – cynnydd o 13%. Cynyddodd gwerthiant JLR yn bennaf oherwydd bod mwy o alw am geir fel y Jaguar XE. Ei refeniw ar gyfer y flwyddyn ariannol oedd £22,200 miliwn, £342 miliwn yn uwch na'r flwyddyn flaenorol. Mae JLR wedi creu dros 20,000 o swyddi newydd mewn pum mlynedd ac mae'n buddsoddi llawer o arian mewn hyfforddiant ar gyfer ei weithwyr.

Yn ôl yr adroddiad, gall bod yn gyflogwr da greu dulliau cymell anariannol. Mae'r rhain yn cynnwys caniatáu i bobl weithio mewn timau, ymgymryd â gwaith diddorol, yn ogystal â chael y cyfle i dderbyn hyfforddiant.

1 **Dadansoddwch y manteision posibl i Jaguar Land Rover oherwydd iddo gael ei bleidleisio'n gyflogwr gorau Prydain.**

(6 marc)

Gwell ansawdd a gwasanaeth cwsmeriaid

Mae gweithlu â chymhelliant yn debygol o ddarparu nwyddau o ansawdd gwell a gwell lefelau gwasanaeth i gwsmeriaid. Bydd gweithwyr sy'n ymroddedig i'w gwaith yn anelu at gynnig y cynhyrchion o'r safon uchaf neu'r gwasanaeth gorau i gwsmeriaid. Mae hyn yn cynnig mantais gystadleuol i'r busnes dan sylw dros ei gystadleuwyr, sydd efallai â gweithluoedd heb eu cymell i'r un graddau.

Mae gweithwyr â chymhelliant hefyd yn llai tebygol o adael busnes gan eu bod yn ymroddedig i'r swydd. O ganlyniad, gellir disgwyl iddyn nhw fod yn fwy profiadol a medrus. Efallai eu bod nhw'n adnabod cwsmeriaid y busnes yn dda. Gallan nhw ddefnyddio'u profiad, eu sgiliau a'u gwybodaeth i gynhyrchu nwyddau sy'n cwrdd ag anghenion cwsmeriaid unigol mor llawn â phosibl. Mae'n debygol y bydd cwsmeriaid yn fodlon iawn o ganlyniad i hyn. Unwaith eto, mae hyn yn helpu i wneud busnes yn gystadleuol yn erbyn cystadleuwyr eraill, a gall roi hwb i lefelau gwerthiant ac elw.

Mae gweithwyr â chymhelliant yn llai tebygol o adael

⬤ Dulliau sy'n cael eu defnyddio gan fusnesau i gymell eu gweithluoedd

Mae'n bosibl rhannu'r dulliau sy'n cael eu defnyddio gan fusnesau i gymell eu gweithwyr yn ddau gategori:
➜ dulliau ariannol
➜ dulliau anariannol.

Awgrym astudio

Does dim angen i chi wybod unrhyw beth am ddamcaniaethau cymhelliant gweithwyr.

Dulliau cymhelliant ariannol

Mae'n gyffredin iawn i fusnesau ddefnyddio arian fel dull cymhelliant. Mae nifer o reolwyr yn credu bod gan arian y pŵer i ddylanwadu ar ymddygiad gweithwyr.

Mae busnesau'n defnyddio sawl dull i dalu gwobrwyon i'w gweithwyr. Mae nifer o'r dulliau hyn wedi'u dylunio i gymell gweithwyr.

➜ **Cyflogau**. Cyflog yw'r incwm mae gweithiwr yn ei dderbyn, wedi'i ddatgan fel ffigur blynyddol. Er enghraifft, gallai cyflog blynyddol cyfrifydd fod yn £47,500. Fel arfer, does dim rhaid i weithwyr sy'n derbyn cyflog weithio nifer penodol o oriau bob wythnos. Gellir cymell gweithwyr sy'n cael eu talu fel hyn drwy gynyddu eu cyflog, efallai ochr yn ochr â rhai **cilfanteision**.

➜ **Tâl**. Mae tâl yn cael ei dalu'n wythnosol gan amlaf ac mae gweithwyr fel arfer yn gweithio nifer penodol o oriau y cytunwyd arnyn nhw. Mae cyfradd uwch yn cael ei thalu bob awr (o'r enw **goramser**) ar gyfer unrhyw oriau ychwanegol a weithir. Gallai cynnig codiad yn nhâl gweithwyr weithredu fel cymhelliant – i rai pobl o leiaf.

➜ **Cyfradd yn ôl amser**. Mae hon yn ffordd gyffredin i gyfrifo tâl gweithiwr. Yn syml, mae'r gyfradd fesul awr yn cael ei lluosi â nifer yr oriau a weithiwyd yn ystod yr wythnos er mwyn cyfrifo faint o dâl sydd i'w dalu. Mae modd defnyddio cynnydd yn y gyfradd fesul awr i gymell gweithwyr. Ers 2016, mae'n rhaid talu'r **Cyflog Byw Cenedlaethol** i weithwyr 25 oed a throsodd yn y DU – £7.50 yw hwn ar hyn o bryd ac mae disgwyl iddo godi i £9 yr awr erbyn 2020. Rhaid talu'r isafswm cyflog i weithwyr o dan 25 oed. Yn 2017, roedd yr isafswm cyflog rhwng £3.50 a £7.05 yr awr, yn dibynnu ar oedran y gweithiwr.

➜ **Cyfradd yn ôl y gwaith**. O dan system **cyfradd yn ôl y gwaith**, mae gweithwyr yn cael eu talu yn ôl faint maen nhw'n ei gynhyrchu. Maen nhw'n derbyn ffigur y cytunwyd arno am bob uned allgynnyrch maen nhw'n ei chynhyrchu, gan gymryd eu bod yn derbyn y Cyflog Byw Cenedlaethol neu'r Isafswm Cyflog fel isafswm cyfradd eu taliad fesul awr. Mae'r gyfradd yn ôl y gwaith yn cael ei defnyddio yn y diwydiant dillad lle mae gweithwyr yn cael eu talu am bob dilledyn maen nhw'n ei wneud.

Mentro mathemateg

Mae Sarah newydd orffen hyfforddi fel nyrs filfeddygol ac mae'n chwilio am ei swydd gyntaf. Mae wedi gweld dau bosibilrwydd:

1 Swydd sy'n talu cyflog o £17,500 iddi a bonws o 12% o'i chyflog ar ddiwedd y flwyddyn.

2 Swydd debyg sy'n golygu gweithio 35 awr yr wythnos gan dderbyn £10 yr awr, yn ogystal â dwy awr yr wythnos ar gyfradd goramser uwch, sef £12.50 yr awr.

Pa un fydd yn rhoi'r cyflog mwyaf i Sarah bob blwyddyn?

→ **Comisiwn a thaliadau bonws**. Mae'r ddau daliad hyn yn ymwneud â pherfformiad gweithiwr. Mae **comisiwn** yn daliad sy'n cael ei wneud i weithiwr ar sail lefel y gwerthiant y mae ef neu hi wedi'i wneud dros gyfnod. Mae fel arfer yn cael ei dalu'n ychwanegol at dâl neu gyflog. Mewn ffordd, mae'n ffurf ar gyfradd yn ôl y gwaith sy'n cael ei thalu i bobl sy'n cael eu cyflogi i werthu nwyddau a gwasanaethau. Mae **bonws** yn daliad ychwanegol sy'n cael ei roi i weithiwr. Fel arfer mae'n cael ei dalu pan mae gweithiwr yn cyrraedd targed penodol.

→ **Rhannu elw**. Gyda'r dull hwn o dalu, mae gweithwyr yn derbyn cyfran o elw'r cwmni, ochr yn ochr â'u tâl neu gyflog arferol. Mae hyn yn gallu cymell gweithwyr gan eu bod nhw'n elwa'n uniongyrchol pan fydd cynnydd yn elw'r busnes. Mae nifer o gwmnïau adnabyddus fel John Lewis a Zara yn gweithredu cynlluniau rhannu elw.

→ **Cilfanteision**. Gall busnesau gynnig amrywiaeth o fuddion ychwanegol i'w gweithwyr i ychwanegu at eu cyflog. Dyma rai enghreifftiau o gilfanteision:
  ⇨ yswiriant iechyd
  ⇨ car cwmni
  ⇨ disgowntiau ar gyfer gweithwyr pan maen nhw'n prynu cynhyrchion y cwmni.

Gall defnyddio cilfanteision helpu i wneud gweithwyr yn fwy ffyddlon a gwella cyfraddau cadw. Er hyn, os ydyn nhw'n cael eu cynnig i nifer fawr o weithwyr, maen nhw'n gallu mynd yn ddrud iawn.

Dulliau cymhelliant anariannol

Cyfoethogi swydd

Efallai nad oes gan rai gweithwyr lawer o gymhelliant gan eu bod wedi diflasu. Maen nhw'n teimlo bod eu swydd yn hawdd i'w gwneud ac felly'n colli diddordeb ynddi. Gall **cyfoethogi swydd** helpu i wella hyn drwy wneud y swydd yn anoddach ac yn fwy heriol. Mae'n gallu rhoi dyletswyddau mwy amrywiol i weithwyr, yn ogystal â mwy o awdurdod i lunio penderfyniadau yn y gwaith. Er enghraifft, gallai person sy'n gweithio ar y dderbynfa mewn busnes bach gael ei gymell drwy dderbyn tasgau ychwanegol fel cynllunio ymgyrch farchnata. Byddai hyn yn cael ei wneud ochr yn ochr â'i ddyletswyddau arferol. Mae cyfoethogi swyddi yn aml yn golygu trosglwyddo awdurdod i weithwyr llai profiadol.

Helaethu swydd

Mae'n bosibl helaethu swydd gweithiwr drwy roi mwy o dasgau sy'n debyg o ran lefel cymhlethdod iddo ef neu hi. **Helaethu swydd** yw'r enw ar y broses hon ac mae'n golygu y gall gwaith y gweithiwr fod yn fwy amrywiol. Er enghraifft, gellid ymestyn dyletswyddau criwiau daear mewn maes awyr i gynnwys trin bagiau hefyd. Mae hyn yn gallu helpu i leihau unrhyw undonedd sy'n gysylltiedig â swydd gweithiwr a chreu ffynhonnell cymhelliant.

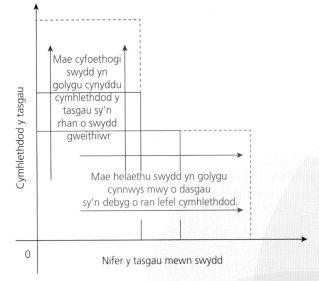

Ffigur 6.7 Cyfoethogi swydd a helaethu swydd

Cylchdroi swyddi

Wrth gylchdroi swyddi mae gweithwyr yn symud yn rheolaidd rhwng swyddi sy'n debyg o ran lefel cymhlethdod. Mae'n wahanol i helaethu swydd gan ei fod yn golygu newid swydd yn gyfan gwbl, nid cael dyletswyddau ychwanegol yn unig. Mae busnesau gweithgynhyrchu yn ei ddefnyddio'n aml i greu swyddi mwy amrywiol a diddorol ar gyfer eu gweithwyr. Mae hyfforddiant fel arfer yn cael ei gynnig i gyd-fynd â chylchdroi swyddi gan fod angen sgiliau a gwybodaeth newydd ar weithwyr i symud yn llwyddiannus rhwng swyddi gwahanol. Drwy gyfuno'r ddau beth hyn, gall fod yn ffordd bwerus o gymell gweithwyr sy'n teimlo'u bod nhw'n cael eu gwerthfawrogi gan eu cyflogwyr.

Hyfforddiant

Mae hyfforddiant yn amrywiaeth o weithgareddau sy'n rhoi sgiliau a gwybodaeth cysylltiedig â'r swydd i weithwyr. Mae hyfforddiant yn debygol o gymell gweithwyr gan ei fod yn dangos bod perchennog neu reolwr y busnes yn gwerthfawrogi'r gweithiwr a dylai hyn gynyddu hunanhyder. Mae hyfforddiant yn gallu helpu i gymell mewn ffyrdd eraill, er enghraifft, drwy wneud y gweithle'n fwy diogel yn dilyn hyfforddiant iechyd a diogelwch. Mae defnyddio hyfforddiant fel dull cymhelliant yn gallu cynnig buddion eraill i fusnesau gan ei fod yn gwella sgiliau a gwybodaeth y gweithlu. Mae hyn yn gallu arwain at lefelau cynhyrchedd uwch, gan helpu i leihau costau cynhyrchu.

Grymuso

Mae **grymuso** yn digwydd pan fydd gweithwyr yn cael mwy o reolaeth dros eu bywydau gwaith eu hunain. Gallai hyn olygu bod gweithwyr yn gallu trefnu eu gwaith eu hunain a gwneud rhai penderfyniadau heb ofyn i'w rheolwyr. Gall hyn wella cymhelliant gweithwyr gan eu bod nhw'n teimlo bod eu rheolwyr yn ymddiried ynddyn nhw a'u bod nhw'n gallu mwynhau swyddi mwy amrywiol a heriol. Os yw'r gweithwyr yn teimlo bod y busnes yn gwrando ac eisiau iddyn nhw fod yn rhan ohono, maen nhw'n mynd i fod yn hapusach ac wedi'u cymell hyd yn oed yn fwy.

Mae'n debygol y bydd gweithwyr sydd wedi'u grymuso, yn fwy cynhyrchiol, cyn belled â'u bod nhw'n derbyn digon o hyfforddiant i gefnogi eu rolau swyddi gwell.

Ystyried busnes: 'diwrnod annymunol' Virgin Group

Mae Syr Richard Branson yn adnabyddus am gefnogi amgylchedd gwaith hamddenol. Yn ddiweddar, cynhaliodd y Virgin Group 'Ddiwrnod Corfforaethol' i amlygu'r ffyrdd mae'r cwmni'n cymell ei weithwyr.

Gofynnwyd i weithlu Virgin Group:
→ wisgo dillad swyddfa traddodiadol, dim dillad hamdden
→ anghofio am oriau gwaith hyblyg a chyrraedd erbyn 9 a.m.
→ defnyddio'r teitlau Mr a Mrs neu Ms gyda gweithwyr yn eu timau eu hunain ac mewn timau eraill

→ peidio ag edrych ar gyfryngau cymdeithasol na gwneud galwadau ffôn personol.

Mewn cyfweliad â'r BBC, esboniodd Richard Branson pam roedd y cwmni wedi cynnal y diwrnod. Dywedodd mai nod yr ymarfer oedd 'rhoi blas i'w weithwyr o'r ffordd mae llawer o'r byd yn dal i gael ei redeg. Roedd yn brofiad annymunol i bawb'. Roedd yn sioc i weithlu sydd fel arfer yn elwa o ddulliau cyfoethogi swyddi a gwyliau diderfyn.

1 **Esboniwch un ffordd mae'r Virgin Group yn cymell ei weithwyr.**

(4 marc)

● Y dull mwyaf priodol y gall busnes ei ddefnyddio i gymell staff

Dydy pob gweithiwr ddim yn cael ei gymell yn yr un ffordd. Mae nifer o ffactorau y gall rheolwyr eu hystyried wrth edrych ar y ffordd orau i gymell gweithiwr unigol, neu grŵp o weithwyr.

Y math o waith

Mae rhai gweithwyr yn ymateb yn well i ddulliau cymhelliant anariannol. Efallai byddai gweithwyr medrus, er enghraifft, yn fwy tebygol o gael eu cymell drwy dechnegau fel grymuso neu gyfoethogi swydd. Mae'n fwy tebygol y bydd gan y gweithwyr hyn y sgiliau i fanteisio ar waith anoddach a mwy heriol. Yn wir, maen nhw'n siŵr o werthfawrogi'r cyfle i gyflawni tasgau anoddach a gallai hyn gael effaith gadarnhaol iawn ar eu lefelau cymhelliant. Er enghraifft, efallai fod dylunwyr medrus yn gweithio ar eu gorau os ydyn nhw'n cael eu grymuso ac yn cael eu gadael i lunio eu penderfyniadau eu hunain cymaint â phosibl. Byddai hefyd yn gam synhwyrol i fusnesau pe baen nhw'n grymuso neu'n cyfoethogi swyddi gweithwyr medrus. Gan fod gan y gweithwyr hyn lawer o sgiliau, mae'n annhebygol y bydd rhaid i'r busnes fuddsoddi cymaint o arian mewn hyfforddiant.

Gallai gweithwyr sydd â llai o sgiliau, yn enwedig rhai sy'n cyflawni tasgau syml ac ailadroddus, elwa drwy gyfoethogi eu swyddi. Gall hyn helpu i leihau undonedd gan fod y gweithiwr yn cael cyflawni amrywiaeth ehangach o dasgau. Mae hefyd yn golygu y bydd gan y busnes weithlu mwy hyblyg. Mae hyn yn gallu ei gwneud hi'n haws i weithwyr lenwi swyddi cydweithwyr sy'n absennol.

Anghenion y gweithwyr

Mae gweithwyr yn gweithio am resymau gwahanol ac i gwrdd ag anghenion gwahanol. Mae rhai'n cael eu cymell yn gryf gan ffactorau ariannol. Dulliau cymhelliant ariannol fydd y rhai mwyaf effeithiol i'w defnyddio gyda gweithwyr fel hyn. Yn benodol, gall taliadau bonws neu gomisiwn gael eu defnyddio i dargedu gweithwyr unigol a helpu i wella cymhelliant wrth geisio cyflawni amcanion penodol.

Efallai fod gweithwyr eraill yn gweithio i gwrdd ag anghenion gwahanol fel cyflawniad neu gydnabyddiaeth gan bobl eraill. Yn achos gweithwyr fel hyn, efallai mai ffactorau anariannol fel grymuso neu gyfoethogi swyddi fyddai'n fwyaf effeithiol. Mae grymuso gweithwyr, er enghraifft, yn cydnabod eu gallu i reoli eu hunain yn y gwaith. Mae modd cwrdd â'r angen i lwyddo yn y gwaith drwy gynnig gwaith mwy heriol i bobl, a hynny drwy gyfoethogi swyddi.

Mae rhai pobl yn gweithio i gwrdd â'u hanghenion cymdeithasol. Bydd y grŵp hwn o weithwyr yn cael eu cymell os ydyn nhw'n cael y cyfle i weithio fel rhan o dîm a rhyngweithio â'u cydweithwyr.

Ystyried busnes: Diwrnod cyntaf Tom

Roedd Tom yn edrych ymlaen yn fawr at ddechrau swydd newydd gyda chwmni dylunio gwefannau a oedd newydd agor. Fodd bynnag, cafodd sioc ar ei ddiwrnod cyntaf yn y gwaith. Cafodd Tom swyddfa fechan, fudr i weithio ynddi ar ei ben ei hun, tra roedd dau berchennog y busnes yn gweithio mewn ystafell fwy, llawer mwy smart, ar wahân. Doedd gan Tom ddim llawer o gysylltiad â nhw a doedden nhw ddim yn rhoi llawer o sylwadau iddo ar y gwaith roedd yn ei wneud. Nid oedd yn siŵr a oedd yn gwneud gwaith da ai peidio. Er gwaethaf y cyflog uchel, gadawodd Tom y swydd ar ôl yr wythnos gyntaf.

1   **Esboniwch y camau posibl y gallai dau berchennog y busnes fod wedi eu cymryd i wella cymhelliant Tom yn y gwaith.**   (4 marc)

Sefyllfa ariannol y busnes

Mae dulliau cymhelliant ariannol yn cynnwys costau amlwg. Gall rhain fod yn sylweddol os ydyn nhw'n cael eu talu i nifer fawr o weithwyr drwy gynyddu cyfraddau fesul awr. Oherwydd hyn, gallai busnes mewn sefyllfa ariannol wael benderfynu defnyddio taliadau bonws i wella perfformiad nifer fach o weithwyr allweddol. Fel arall, gallai'r busnes ddefnyddio rhai dulliau anariannol.

Fodd bynnag, mae gan ddulliau cymhelliant anariannol y potensial i greu costau uchel i fusnes. Mae hyn yn fwy tebygol os yw'r busnes yn dewis defnyddio technegau fel cyfoethogi swyddi, sy'n gallu arwain at angen sylweddol am hyfforddiant i weithwyr.

Crynodeb

Mae pobl yn cael eu cymell mewn ffyrdd gwahanol. Mae rhai'n cael eu cymell o'r tu mewn ac eraill gan ffactorau allanol fel yr addewid o wobr. Mae gan bobl anghenion gwahanol y gellir eu diwallu drwy weithio, a gall diwallu'r anghenion hyn helpu eu lefelau cymhelliant. Mae busnesau'n gallu elwa'n aruthrol drwy gael staff â chymhelliant: maen nhw'n fwy ffyddlon, yn fwy cynhyrchiol ac maen nhw fel arfer yn cyrraedd lefelau gwerthiant uwch. Gall busnesau gymell staff drwy dalu mwy iddyn nhw, ond hefyd drwy roi swyddi anoddach a mwy diddorol iddyn nhw, drwy gynnig hyfforddiant neu drwy ddefnyddio cilfanteision.

Cwestiynau cyflym

1 Beth yw ystyr y term 'cymhelliant'? (2 farc)

2 Esboniwch y gwahaniaeth rhwng cymhelliant gan yr unigolyn ei hun a chymhelliant drwy ffactorau allanol. (3 marc)

3 Nodwch **ddwy** ffordd gall busnes newydd elwa drwy gael gweithwyr â chymhelliant uchel. (2 farc)

4 Beth yw ystyr y term 'cyfoethogi swydd'? (2 farc)

5 Pa **ddau** o'r canlynol sy'n ddulliau cymhelliant ariannol?

   (i) Comisiwn

   (ii) Cyfoethogi swydd

   (iii) Hyfforddiant

   (iv) Cyfradd yn ôl y gwaith (2 farc)

6 Nodwch **ddwy** enghraifft o gilfanteision. (2 farc)

7 Beth yw ystyr y term 'grymuso'? (2 farc)

8 Esboniwch **un** rheswm pam gall hyfforddiant wella cymhelliant gweithlu. (3 marc)

9 Esboniwch y gwahaniaeth rhwng cyflogau a thaliadau. (4 marc)

10 Esboniwch sut mae busnes yn defnyddio gwobrwyon ariannol i gymell ei weithwyr. (3 marc)

Astudiaeth achos

Gweithlu Amil

Mae Amil Khan yn berchen ar ffatri fach sy'n cymysgu a rhostio hadau. Mae hadau wedi'u rhostio yn dod yn fwyfwy poblogaidd fel byrbryd iach ac roedd Amil yn awyddus i fod yn rhan o farchnad a oedd yn tyfu. Mae ei fusnes yn gwneud elw bychan bob mis ar hyn o bryd, er bod ei werthiant yn cynyddu'n raddol.

Mae gan Amil saith o weithwyr yn ei ffatri. Mae wedi penderfynu ei bod hi'n bwysig iddo'u talu'n dda. Mae'n credu mai gwobrwyon ariannol yw'r ffordd orau o gymell pobl ac y dylid talu mwy o arian i'r rhai sy'n cynhyrchu mwy. Mae'n credu bydd y busnes yn elwa drwy gael gweithlu â chymhelliant uchel.

Mae gan bob gweithiwr swydd syml i'w gwneud yn y ffatri a dim llawer o gyfrifoldeb. Mae'n rhaid i Amil adael y busnes yn aml er mwyn mynd i siarad â pherchenogion siop ynglŷn â stocio ei gynhyrchion. Weithiau, pan fydd Amil i ffwrdd, mae'r broses gynhyrchu'n dod i stop gan fod y gweithwyr yn wynebu problemau nad ydyn nhw'n gwybod sut i'w datrys.

Cwestiynau

1 Nodwch **ddau** ddull talu y byddai Amil yn debygol o'u defnyddio ar gyfer ei weithlu. (2 farc)

2 Esboniwch **un** ffordd gallai busnes Amil elwa drwy gael gweithlu â chymhelliant uchel. (4 marc)

3 Dadansoddwch y rhesymau pam dylai Amil wario mwy o arian ar hyfforddi ei weithwyr. (6 marc)

4 I ba raddau rydych chi'n cytuno â barn Amil mai dulliau cymhelliant ariannol yw'r rhai gorau? (12 marc)

Strwythurau trefniadaeth

Mae gan bob busnes strwythur trefniadaeth. Mae hyn yn golygu bod pob gweithiwr yn cael rôl yn y busnes a bod rhain i gyd yn ffitio at ei gilydd er mwyn helpu'r busnes i gwrdd â'i amcanion. Mae gan rai pobl swyddi uwch ac maen nhw'n gyfrifol am lawer o bobl, mae pobl eraill â llai o gyfrifoldebau. Mae'r strwythur yn amlinellu'r berthynas rhwng pobl yn y busnes. Byddwn ni'n gweld bod busnesau gwahanol yn defnyddio strwythurau trefniadaeth gwahanol. Mae cyfathrebu effeithiol hefyd yn bwysig yn y gweithle.

Erbyn diwedd yr adran hon, dylech chi wybod am y canlynol:

- y rolau a'r cyfrifoldebau gwahanol mewn busnes
- y strwythurau trefniadaeth gwahanol y gall busnesau eu defnyddio, a'u manteision a'u hanfanteision
- pwysigrwydd cyfathrebu effeithiol yn y gweithle a chanlyniadau cyfathrebu gwael
- natur esblygol arferion gweithio.

● Strwythurau trefniadaeth

Pam mae gan fusnesau strwythurau trefniadaeth

Mae'n rhaid i fusnesau drefnu eu hunain fel eu bod yn gallu cynnal eu gweithgareddau'n effeithiol. Mae'n bwysig bod pawb yn y cwmni yn gwybod:
→ beth yw eu dyletswyddau
→ i bwy maen nhw'n atebol
→ y gweithwyr eraill yn y cwmni maen nhw'n gyfrifol amdanyn nhw.

Mae **strwythur trefniadaeth** yn amlinellu hyn fel bod pawb yn y busnes yn gwybod yr atebion i'r cwestiynau hynny. Heb y strwythur mewnol hwn, byddai'r busnes yn ddi-drefn iawn ac ni fyddai'n gynhyrchiol iawn.

> **Term allweddol**
>
> **Strwythur trefniadaeth** yw'r ffordd y mae busnes yn trefnu ei hun er mwyn cynnal ei weithgareddau.

Rolau a chyfrifoldebau swyddi o fewn strwythurau trefniadaeth

Mae gan bob busnes strwythur trefniadaeth mewnol. Mae'r strwythur trefniadaeth yn dangos y rôl sydd gan bob gweithiwr yn y busnes a phwy sy'n atebol i bwy o fewn y busnes. Mae'r rolau a'r perthnasau gwaith mewn busnes yn cael eu dangos mewn **siart trefniadaeth**.

Ffigur 6.8 Rhai o nodweddion rolau swyddi gwahanol

Yn y siart trefniadaeth yn Ffigur 6.8 gwelwn fod:

→ gweithwyr cyffredin (sy'n cael eu galw hefyd yn weithwyr ar lawr y siop) yn atebol i ac yn adrodd yn ôl i oruchwylwyr, sef eu **rheolwyr llinell**

→ yn eu tro, mae'r goruchwylwyr yn adrodd i reolwyr, gyda phob rheolwr yn gyfrifol am grŵp o oruchwylwyr

→ mae rheolwyr yn adrodd i gyfarwyddwyr unigol sy'n adrodd i'r prif weithredwr neu'r rheolwr gyfarwyddwr

→ y prif weithredwr (*CEO: chief executive officer*) neu'r rheolwr gyfarwyddwr sydd â'r awdurdod neu'r pŵer dros y busnes yn y pen draw. Mewn busnes llai, gallai'r bobl yn y swyddi uwch gael eu galw'n arweinwyr neu berchenogion y busnes.

Mae siartiau trefniadaeth yn dangos sut mae pob gweithiwr unigol yn ffitio yn y busnes. Maen nhw'n dangos rheolwr llinell pob gweithiwr a'r bobl mae'r rheolwyr a phobl eraill yn gyfrifol amdanyn nhw.

Mae Tabl 6.3 yn dangos y cyfrifoldebau ar gyfer pob un o'r rolau swyddi hyn o fewn strwythur trefniadaeth busnes.

> ## Termau allweddol
>
> **Siart trefniadaeth** yw cynllun sy'n dangos swyddogaethau pob gweithiwr mewn busnes a'r berthynas rhwng pob un ohonyn nhw.
>
> Pennaeth gweithiwr yw **rheolwr llinell**, neu'r person sy'n uniongyrchol uwch ei ben.

Rolau swyddi	Cyfrifoldebau
Arweinwyr, perchenogion neu gyfarwyddwyr	→ Sefydlu amcanion cyffredinol y busnes → Gosod cynlluniau a thargedau tymor hir ar gyfer y busnes
Rheolwyr	→ Gweithio i gyflawni'r targedau tymor byr a thymor hir sydd wedi'u gosod gan y perchenogion neu'r cyfarwyddwyr → Gallan nhw fod yn gyfrifol am un maes o fewn y busnes e.e. marchnata neu gyllid → Defnyddio gweithwyr ac adnoddau eraill yn y ffyrdd gorau posibl.
Goruchwylwyr (neu arweinwyr tîm)	→ Helpu rheolwyr i gwrdd â'u targedau drwy adrodd yn ôl am unrhyw broblemau a phasio cyfarwyddiadau ymlaen → Gwneud penderfyniadau syml fel dosbarthu gwaith rhwng gweithwyr gwahanol.
Gweithwyr cyffredin (neu weithwyr ar lawr y siop)	→ Cyflawni dyletswyddau neu weithgareddau syml y busnes. Enghreifftiau o hyn fyddai gweithio ar linell gynhyrchu, gweini ar gwsmeriaid mewn siop neu ddyletswyddau swyddfa.

Tabl 6.3 Rolau swyddi gwahanol o fewn busnes

● Nodweddion rolau swyddi gwahanol

Yn Nhabl 6.3, gallwn ni weld bod cyfrifoldebau rolau swyddi gwahanol mewn busnes yn amrywio'n fawr. Mae'r swyddogaethau hyn hefyd yn wahanol mewn ffyrdd eraill.

Mae rheolwyr fel arfer yn gyfrifol am ddefnyddio gweithwyr ac adnoddau eraill i gwrdd â thargedau'r busnes

→ **Awdurdod**. Mae gan weithwyr ag **awdurdod** y pŵer neu'r rheolaeth dros rywbeth neu rywun. Uwch weithwyr mewn busnesau, fel perchenogion, arweinwyr neu gyfarwyddwyr, sydd â'r awdurdod mwyaf ac mae ganddyn nhw bŵer dros bob gweithiwr arall yn y cwmni. Mae gan reolwyr awdurdod dros y rhai oddi tanyn nhw yn y strwythur trefniadaeth. Does gan y gweithwyr cyffredin ddim awdurdod dros unrhyw un arall yn y cwmni fel arfer.

→ **Gwneud penderfyniadau**. Mae uwch weithwyr yn gwneud penderfyniadau tymor hir pwysig o fewn corff. Er enghraifft, nhw sy'n penderfynu ar amcanion cyffredinol y busnes, fel cynyddu ei gyfran o'r farchnad. Mae rheolwyr yn chwarae rhan allweddol wrth benderfynu sut bydd y targedau hyn yn cael eu cyflawni. Er enghraifft, gallai rheolwyr gynyddu cyfran y busnes o'r farchnad drwy benderfynu gostwng prisiau. Mae goruchwylwyr fel arfer yn gyfrifol am benderfyniadau o ddydd i ddydd fel sut i lenwi bwlch gweithiwr sy'n absennol.

→ **Sgiliau a rhinweddau**. Mae uwch weithwyr mewn busnes yn fwy tebygol o fod â llawer o sgiliau. Mae gan berchenogion neu gyfarwyddwyr busnes sgiliau a ddaw yn sgil unrhyw gymwysterau perthnasol sydd ganddyn nhw (er enghraifft mewn marchnata, peirianneg neu gyfrifeg) yn ogystal â phrofiad mewn swyddi tebyg mewn busnesau eraill. Gallai gweithwyr sy'n is i lawr y strwythur, fel goruchwylwyr, fod yn astudio ar gyfer cymwysterau. Efallai na fydd ganddyn nhw chwaith rai rhinweddau personol fel sgiliau cyfathrebu da, sy'n angenrheidiol ar gyfer swyddogaethau mwy cyfrifol.

→ **Dirprwyo**. Dydy hi ddim yn anarferol i weithwyr uwch drosglwyddo awdurdod i lawr i weithwyr oddi tanyn nhw er mwyn gwneud rhai penderfyniadau. Yr enw ar drosglwyddo awdurdod i lawr yw **dirprwyo**. Gallai rheolwr fod yn rhy brysur i gadw golwg ar hyfforddiant rhai gweithwyr a gallai ddirprwyo awdurdod i oruchwyliwr profiadol gyflawni'r gwaith hwn.

→ **Cyflog a buddion**. Fel arfer, mae uwch weithwyr yn derbyn cyflog llawer uwch na'r rhai sy'n is i lawr yn hierarchaeth y busnes. Mae'r gwahaniaeth rhwng cyflog y rhai sydd ar frig cwmnïau a'r rhai sydd ar y gwaelod wedi cynyddu yn y DU dros y blynyddoedd diwethaf. Yn 1998, roedd prif weithredwyr prif fusnesau'r DU yn derbyn cyflog a oedd 47 gwaith cymaint â'r gweithiwr cyfartalog. Erbyn 2015 roedd eu cyflog 130 gwaith cymaint â'r gweithiwr cyfartalog. Gallai uwch weithwyr hefyd dderbyn taliadau bonws ar sail cwrdd â thargedau fel cyfran o'r farchnad neu lefel gwerthiant penodol.

⬤ Mathau gwahanol o strwythurau trefniadaeth

Mae'n bosibl addasu dwy nodwedd allweddol mewn strwythurau trefniadaeth i gyd-fynd ag anghenion penodol unrhyw fusnes.

Rhychwant rheoli

Y **rhychwant rheoli** yw nifer y gweithwyr mae rheolwr yn eu rheoli'n uniongyrchol. Mae hyn yn golygu mai'r rheolwr yw pennaeth uniongyrchol neu reolwr llinell y gweithwyr hyn.

Termau allweddol

Mae **awdurdod** yn golygu bod â phŵer neu reolaeth dros rywbeth.

Dirprwyo yw trosglwyddo awdurdod i lawr i weithwyr â llai o gyfrifoldebau.

Termau allweddol

Y **rhychwant rheoli** yw nifer y gweithwyr sy'n cael eu rheoli'n uniongyrchol gan weithiwr arall.

Ni ddylai cyfarwyddwr, rheolwr nac arweinydd tîm fod â rhychwant rheoli rhy lydan. Os bydd hyn yn digwydd, bydd ef neu hi'n cael anhawster i reoli'r gweithwyr yn iawn gan na fydd digon o amser ar gael ar gyfer pob gweithiwr. Mae arbenigwyr yn argymell na ddylai rhychwant rheoli unrhyw reolwr fod yn fwy na chwech, er bod mwy na hyn mewn nifer o fusnesau.

Lefelau hierarchaeth

Lefelau hierarchaeth yw'r haenau awdurdod mewn busnes. Mae pedair lefel hierarchaeth yn y busnes yn Ffigur 6.8. Mae hyn yn golygu bod gan y gweithwyr ar waelod y strwythur trefniadaeth dair haen awdurdod uwch eu pen.

> **Term allweddol**
>
> **Lefelau hierarchaeth** ydy'r haenau awdurdod mewn busnes.

Strwythurau trefniadaeth tal a fflat

Dydy pob busnes ddim yn defnyddio'r un strwythur trefniadaeth. Gallai rhai ddewis defnyddio strwythurau trefniadaeth 'tal' neu hierarchaidd. Mae'n well gan rai eraill ddefnyddio strwythurau llorweddol neu 'fflat'.

Mae'r uwch reolwyr mewn busnes yn gallu dewis y strwythur ar gyfer eu cwmni nhw. Efallai bydd y rheolwyr yn penderfynu:

Gall fod yn anodd i reolwyr os oes ganddyn nhw rychwant rheoli llydan. Cred rhai arbenigwyr na ddylai rhychwant rheoli unrhyw un gynnwys mwy na chwe pherson.

→ **defnyddio rhychwant rheoli llydan**. Mae hyn yn golygu bod gan bob cyfarwyddwr/perchennog, rheolwr neu oruchwyliwr nifer fawr o bobl yn uniongyrchol atebol iddo ef neu hi. Os oes gan y cwmni rychwant rheoli llydan, mae'n debygol y bydd ganddo lai o lefelau hierarchaeth a disgrifir strwythur y busnes fel un 'fflat'.

→ **defnyddio rhychwant rheoli cul**. Yn yr achos hwn, mae'r busnes yn rhoi nifer bach o weithwyr i bob cyfarwyddwr, rheolwr neu arweinydd tîm i fod yn gyfrifol amdanyn nhw. Oherwydd hyn, efallai fod angen i fusnes fel hwn gael mwy o lefelau hierarchaeth. Yr enw ar y math hwn o strwythur trefniadaeth yw un 'tal' neu hierarchaidd, am resymau amlwg.

Manteision ac anfanteision strwythurau trefniadaeth tal a fflat

Mae manteision ac anfanteision i'w cael gyda strwythurau trefniadaeth tal a fflat, fel y gwelwch yn y grynodeb yn Ffigur 6.4. Bydd amgylchiadau busnes yn llywio'r penderfyniad i ddewis math arbennig o strwythur trefniadaeth. Rydyn ni'n edrych ar hyn yn fanylach yn nes ymlaen yn yr adran hon.

Math	Manteision	Anfanteision
Fflat	→ Gall llai o reolwyr helpu i leihau costau. → Gallai gweithwyr sy'n is i lawr y strwythur gael eu cymell drwy gael mwy o awdurdod. → Gellir cyfathrebu'n gyflym ac yn effeithiol gan fod llai o lefelau hierarchaeth.	→ Gallai rheolwyr fod â rhychwant rheoli rhy lydan. → Efallai bydd angen i'r busnes wario llawer o arian ar hyfforddiant er mwyn rhoi sgiliau angenrheidiol i'r gweithwyr sy'n is i lawr y strwythur.
Tal	→ Gall rhychwant rheoli cul helpu i gadw llwyth gwaith rheolwyr o dan reolaeth. → Cyfleoedd eglur a mwy rheolaidd am ddyrchafiad i weithwyr sy'n is i lawr y strwythur.	→ Gall cyfathrebu fod yn anodd gan ei fod yn pasio drwy sawl lefel hierarchaeth. → Gall gymryd llawer o amser i lunio penderfyniadau gan fod gwybodaeth yn gorfod cael ei phasio drwy'r cwmni.

Tabl 6.4 Manteision ac anfanteision strwythurau trefniadaeth tal a fflat

Gall busnesau ddefnyddio sawl techneg i'w helpu i oresgyn anfanteision y strwythur trefniadaeth maen nhw wedi'i ddewis.

1 Dirprwyo

Mae strwythur trefniadaeth fflat yn golygu bod rhaid i reolwyr a goruchwylwyr weithio â rhychwant rheoli llydan. Mae hyn yn golygu bod rhaid iddyn nhw fod yn gyfrifol am nifer cymharol fawr o weithwyr sydd oddi tanyn nhw yn y strwythur. Oherwydd y llwyth gwaith trwm hwn, rhaid i bobl sy'n gyfrifol am reoli gweithwyr roi mwy o annibyniaeth iddyn nhw yn eu bywydau gwaith. Mae hyn yn golygu bod gweithwyr sy'n is i lawr y strwythur yn gallu gwneud mwy o benderfyniadau ar eu pen eu hunain a dydyn nhw ddim yn cael eu rheoli mor agos gan eu rheolwyr llinell. Y term am drosglwyddo awdurdod i lawr i weithwyr is fel hyn yw dirprwyo.

2 Dihaenu

Pan mae busnes yn dihaenu, mae'n cael gwared ar un neu fwy o lefelau hierarchaeth o'i strwythur trefniadaeth. Mae hyn yn cael ei wneud gan amlaf i leihau costau'r busnes. Yn 2016, cyhoeddodd Rolls Royce plc, sef cwmni sy'n cynhyrchu peiriannau ar gyfer awyrennau a llongau, ei fod yn dihaenu ei strwythur trefniadaeth fel rhan o gynllun i weld gostyngiad o £200 miliwn yn ei gostau bob blwyddyn. Mae nifer o fusnesau wedi defnyddio dihaenu er mwyn lleihau nifer y rheolwyr maen nhw'n eu cyflogi. Fodd bynnag, mae dihaenu yn gallu cynnig mwy o gyfleoedd dyrchafiad ar gyfer gweithwyr sy'n is i lawr y strwythur a gall wella lefelau cymhelliant. Mae hefyd yn gallu helpu i wella cyfathrebu o fewn y busnes.

3 Gwella cyfathrebu

Gwelsom ni yn Nhabl 6.4 fod cyrff â strwythur tal yn wynebu problemau gyda chyfathrebu gan ei fod, o bosibl, yn gorfod pasio drwy sawl lefel hierarchaeth wahanol. Gall busnesau ddefnyddio dulliau gwahanol i geisio gwella cyfathrebu o dan yr amgylchiadau hyn.

⇨ **Technoleg**. Mae busnesau'n defnyddio systemau e-bost a rhyngrwydi mewnol (o'r enw mewnrwydi) i helpu holl weithwyr y cwmni i gyfathrebu'n effeithlon. Fodd bynnag, mae busnesau'n defnyddio cyfryngau cymdeithasol fwyfwy (fel tudalennau Facebook mewnol) fel ffordd o gyfathrebu â gweithwyr.

⇨ **Cyfarfodydd**. Gall busnesau bach gynnal cyfarfodydd byr yn rheolaidd er mwyn rhoi cyfle i weithwyr drafod amrywiaeth o faterion. Mae hyn yn caniatáu i gyfathrebu dwyffordd ddigwydd rhwng gweithwyr ar bob lefel yn y busnes.

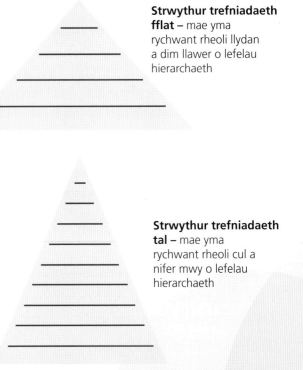

Strwythur trefniadaeth fflat – mae yma rychwant rheoli llydan a dim llawer o lefelau hierarchaeth

Strwythur trefniadaeth tal – mae yma rychwant rheoli cul a nifer mwy o lefelau hierarchaeth

Ffigur 6.9 Strwythurau trefniadaeth tal a fflat

Ystyried busnes: Siopau coffi Martin

Mae busnes Martin Fisher wedi tyfu'n raddol. Dechreuodd drwy redeg un siop goffi yng Nghaerdydd. Roedd pedwar gweithiwr yn y siop goffi honno – fel sydd yn y rhan fwyaf o siopau'r busnes. Mae Martin wedi agor un ar ddeg siop arall dros Dde Cymru, sy'n rhoi cyfanswm o ddeuddeg. Pan oedd ganddo dair siop goffi yn unig, ef oedd yn rheoli pob un ohonyn nhw ei hun. Ef oedd yn gwneud y prif benderfyniadau ac roedd ei weithwyr yn dilyn ei gyfarwyddiadau. Fodd

bynnag, mae'r busnes mor fawr erbyn hyn fel bod angen iddo benodi rheolwyr cangen ar gyfer pob un o'r siopau coffi, ac uwch reolwr i fod yn gyfrifol am hanner y rheolwyr cangen. Mae'n gweld nawr ei fod yn ymwneud llai â'r materion o ddydd i ddydd yn ei siopau coffi.

1 **Dadansoddwch effaith y twf yn y busnes ar rychwant rheoli Martin.**   (6 marc)

Dadansoddi strwythurau trefniadaeth

Mae strwythurau trefniadaeth yn datgelu llawer am fusnes.

Rolau swyddi

Mae llai o lefelau hierarchaeth a llai o reolwyr gan strwythurau trefniadaeth fflat. Mae hyn yn golygu bod gweithwyr is o fewn y busnes yn debygol o gael mwy o awdurdod i lunio penderfyniadau ac i drefnu eu gwaith eu hunain. Bydd rheolwyr yn aml yn gyfrifol am ran helaeth o waith y busnes. Mae'r gwrthwyneb yn wir ar gyfer strwythurau trefniadaeth tal.

Rhychwant rheoli

Gwelsom yn gynharach fod busnesau â threfniadaethau fflat yn gweithredu â rhychwant rheoli lletach, ond â llai o haenau hierarchaeth. Mae gan strwythurau trefniadaeth tal rychwant rheoli culach, ond mwy o lefelau hierarchaeth.

Y gadwyn awdurdod a llwybrau cyfathrebu

Cadwyn awdurdod yw'r llinell awdurdod o fewn busnes ac ar hyd y llinell hon mae cyfathrebu'n digwydd. Gallai cyfarwyddwyr benderfynu ar darged i'r busnes a chyhoeddi cyfarwyddiadau i reolwyr ar sut i gyrraedd y targed hwn. Bydd cyfarwyddiadau'n cael eu pasio i lawr i arweinwyr tîm ac yn y pen draw, i'r gweithwyr ar lawr y siop ynglŷn â'r camau i'w cymryd er mwyn cwrdd â'r targed. Hefyd, bydd pob lefel hierarchaeth o fewn y busnes yn adrodd i'r lefel uwch eu pen am y cynnydd a wneir i gwrdd â'r targed. Bydd y gadwyn awdurdod yn fyrrach mewn strwythur trefniadaeth fflat ac yn hirach mewn un tal.

Ymagweddau gwahanol at strwythurau trefniadaeth

Rydyn ni wedi gweld bod busnes yn gallu cael strwythur trefniadaeth tal neu fflat. Rhaid i fusnesau hefyd benderfynu sut i strwythuro'u hunain yn fewnol. Gall busnesau ddewis sawl dull gwahanol.

Trefnu yn ôl swyddogaeth

Mae busnesau wedi'u rhannu'n nifer o feysydd swyddogaethol gwahanol:

- → cyllid
- → marchnata
- → gweithrediadau
- → adnoddau dynol.

> ### Term allweddol
>
> **Cadwyn awdurdod** yw'r llinell awdurdod mewn busnes ac ar hyd y llinell hon mae cyfathrebu'n digwydd.

Mae nifer o fusnesau'n trefnu eu hunain drwy rannu pobl a rolau swyddi i'r adrannau hyn, fel sydd i'w weld yn Ffigur 6.10.

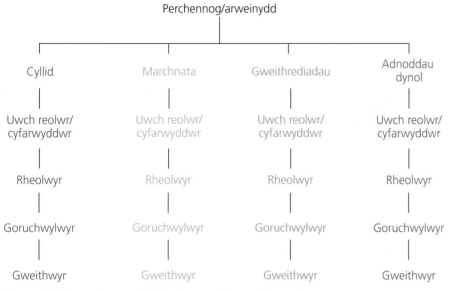

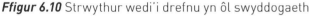

Ffigur 6.10 Strwythur wedi'i drefnu yn ôl swyddogaeth

Trefnu yn ôl cynnyrch

Caiff y dull hwn ei ddefnyddio'n aml gan fusnesau mwy, sy'n creu sawl cynnyrch gwahanol. Maen nhw'n rhannu staff a rolau i gynhyrchu cynhyrchion gwahanol. Dairy Crest yw un o brif gynhyrchwyr caws a menyn y DU. Mae wedi'i strwythuro'n dair adran, yn seiliedig ar y cynhyrchion:

→ Caws – fel Cathedral City
→ Menyn a chynnyrch taenu – Country Life a Clover, er enghraifft.
→ Cynhwysion – mae cynhwysion fel maidd yn cael eu gwerthu i fusnesau eraill i wneud cynhyrchion fel llaeth powdr i fabanod.

Trefniadaeth ddaearyddol

Dyma strwythur a ddefnyddir gan fusnesau sy'n gwerthu mewn nifer o wledydd, sydd fel arfer yn fusnesau mawr. Maen nhw'n creu adrannau i gynhyrchu a gwerthu eu cynhyrchion mewn gwledydd gwahanol. Mae HSBC, sy'n hyrwyddo'i hun fel 'banc y byd' wedi'i drefnu fel hyn, gydag adrannau'n seiliedig ar ei weithgareddau yn Ne America, Gogledd America, y Dwyrain Canol/Affrica, Asia ac Ewrop.

Ystyried busnes: Dihaenu yn Boots y Fferyllydd

Mae'r siopau fferyllydd mae Boots yn berchen arnyn nhw i'w gweld yn y rhan fwyaf o drefi a dinasoedd ar draws y DU. Maen nhw'n gwerthu cynhyrchion iechyd a harddwch yn ogystal â pharatoi meddyginiaethau. Yn 2016, cyhoeddodd y cwmni gynlluniau i gael gwared ar hyd at 350 o swyddi yn y DU er mwyn lleihau costau, yn enwedig yn ei siopau mwy. Bydd colli'r swyddi hyn yn golygu bod angen cael gwared ar un haen o reolwyr yn y siopau – swyddi is-reolwyr y siopau fydd yn diflannu. Mae cael gwared ar y swyddi hyn yn rhan o gynllun i symleiddio'r strwythur trefniadaeth o fewn siopau'r fferyllydd. Mae'r cam hwn yn dilyn penderfyniad gan y cwmni i gael gwared ar 700 o swyddi swyddfa, dim ond saith mis yn gynharach. Cafodd Boots ei brynu gan gwmni Americanaidd yn ddiweddar ac mae'n ceisio gwella'i elw.

1 **Esboniwch un fantais ac un anfantais i Boots yn sgil ei benderfyniad i ddihaenu ei strwythur trefniadaeth yn ei siopau mwy.** (6 marc)

● Cyfathrebu

Mae gweithwyr ym mhob busnes yn **cyfathrebu** mewn rhyw ffordd neu'i gilydd. Gall hyn fod â phobl eraill y tu mewn i'r cwmni (cyfathrebu mewnol) neu â phobl neu gyrff eraill (cyfathrebu allanol).

Pwysigrwydd cyfathrebu effeithiol

Mae cyfathrebu effeithiol yn golygu bod gwybodaeth yn cael ei chyfnewid yn effeithlon o fewn y cwmni a'r tu allan iddo. Mae'n golygu bod y wybodaeth yn cyrraedd y derbynnydd y bwriadwyd iddi ei gyrraedd a bod y wybodaeth yn cael ei deall. Mae cyfathrebu effeithiol yn bwysig i fusnesau am nifer o resymau.

> **Term allweddol**
>
> **Cyfathrebu** ydy cyfnewid gwybodaeth rhwng dau neu fwy o bobl.

Mae'r adwerthwr dillad Sports Direct wedi cyhoeddi y bydd yn rhoi cynrychiolydd o blith y gweithwyr ar ei Fwrdd Cyfarwyddwyr. Gallai hyn wella cyfathrebu a sicrhau bod gan y gweithwyr well dealltwriaeth a chyfraniad at benderfyniadau sy'n cael eu gwneud gan uwch weithwyr y cwmni

Mwy o ymwneud gan y gweithwyr

Mae gweithwyr yn ymwneud mwy â materion yn y gwaith pan mae gwybodaeth yn llifo'n rhwydd. Mae cyfathrebu effeithiol yn golygu bod gweithwyr yn ymwybodol o'r gweithgareddau sy'n digwydd o fewn y busnes. Byddan nhw hefyd yn gwybod am unrhyw benderfyniadau gan reolwyr sy'n effeithio ar eu swyddi. Mae cyfathrebu effeithiol yn helpu busnesau i roi newidiadau ar waith, fel oriau gwaith gwahanol neu ddefnyddio dulliau cynhyrchu newydd. Os ydy gweithwyr yn teimlo'n rhan o'r trafodaethau, maen nhw'n fwy tebygol o gefnogi newidiadau fel y rhain.

Gwell cymhelliant

Gall cyfathrebu effeithiol fod yn ddull cymhelliant effeithiol iawn. Er enghraifft, yn syml iawn, gallai rheolwr ganmol gweithredoedd un o'r gweithwyr llai profiadol. Bydd y gweithiwr hwn yn gwybod bod y rheolwr yn gwerthfawrogi ei ymdrechion ef neu hi. Gall rheolwyr hefyd roi cyhoeddusrwydd i lwyddiannau gweithwyr eraill o fewn y cwmni drwy ddefnyddio cylchlythyron neu wefannau cyfryngau cymdeithasol. Mae defnyddio cyfathrebu i gydnabod llwyddiannau pobl eraill yn gallu gwella cymhelliant a lefelau cynhyrchiant.

Gweithio tuag at yr un nodau ac amcanion

Targedau busnes ydy nodau ac amcanion. Nodau yw targedau tymor hir fel datblygu i fod y busnes mwyaf mewn marchnad. Mewn busnesau mawr, gall gweithwyr fod yn ansicr beth mae'r busnes yn ceisio'i gyflawni. Gall rheolwyr sy'n gwneud penderfyniadau tymor hir pwysig fod ar safle arall, hyd yn oed mewn gwlad arall. Gallai gweithwyr mewn adrannau neu ranbarthau gwahanol fod yn anelu at amcanion gwahanol. Gall cyfathrebu effeithiol gydlynu gweithredoedd a phenderfyniadau fel bod gweithwyr yn canolbwyntio ar y nodau a'r amcanion cywir.

Cymorth wrth wneud penderfyniadau

Mae cyfathrebu effeithiol yn helpu i roi llais i nifer mwy o weithwyr wrth benderfynu. Os yw busnes yn ystyried defnyddio mwy o dechnoleg yn ei waith cynhyrchu, gallai drafod hyn gyda'i weithwyr. Gall hyn helpu i leihau gwrthwynebiad gweithwyr tuag at newidiadau. Efallai bydd y gweithwyr yn cynnig syniadau ac awgrymiadau da wrth gyflwyno'r dechnoleg newydd.

Adborth

Mae cyfathrebu effeithiol yn gallu sicrhau bod gweithwyr yn cael **adborth** pwysig ar eu perfformiad. Gall hyn helpu i nodi gwendidau yn eu gwaith. Mae hefyd yn gallu cynnig ffyrdd y gellir gwella perfformiad gweithiwr. Os yw hyn yn llwyddiannus, efallai bydd cynhyrchiant llafur y busnes yn gwella.

Gall adborth hefyd helpu busnes i ddeall a yw ei gyfathrebu allanol yn effeithiol ai peidio. Yn 2016 cafodd yr adwerthwr dillad Joy ei feirniadu am hysbyseb a oedd yn cael ei ystyried yn 'sarhaus a rhywiaethol'. Mae'r cwmni'n defnyddio Facebook i gyfathrebu â'i gwsmeriaid ac fe wnaeth hyn ddarparu ffordd effeithlon o roi adborth ar yr hysbyseb hwn.

> **Term allweddol**
>
> **Adborth** yw'r cam ymateb yn y broses gyfathrebu. Mae beirniadu ymgyrch hysbysebu yn enghraifft o adborth.

> **Ystyried busnes: Cyfathrebu gwael yn y BBC**
>
> Mae'r BBC wedi dweud ei bod yn bwriadu lleihau nifer y gohebwyr mae'n eu hanfon i ddigwyddiadau tramor. Cyfaddefodd y gorfforaeth ei bod wedi bod yn 'dyblu i fyny' ar staff sy'n gweithio ar straeon tramor oherwydd cyfathrebu gwael rhwng adrannau.
>
> Mewn cyfarfod i drafod toriadau i'r gyllideb newyddion, fe wnaeth Jonathan Munro, pennaeth hel newyddion y BBC, ddweud wrth staff fod angen ailystyried nifer y gweithwyr sy'n cael eu defnyddio ar gyfer digwyddiadau tramor. Cafodd y BBC ei feirniadu am anfon 17 aelod o staff i Frwsel i weithio ar gyfarfod y Prif Weinidog â'r arweinwyr Ewropeaidd yn 2016.
>
> 1 **Dadansoddwch un rheswm pam gallai'r BBC elwa drwy wella'i dulliau cyfathrebu.** (3 marc)

Canlyniadau cyfathrebu gwael
Morâl isel ymhlith gweithwyr

Gall gweithwyr fynd yn anfodlon os nad ydyn nhw'n gwybod beth sy'n digwydd yn y busnes. Gall sibrydion a chlecs gymryd lle gwybodaeth gywir. Mae'n hawdd i weithwyr boeni bod eu hamodau gwaith o dan fygythiad neu eu bod mewn perygl o golli eu swyddi pan nad oes ganddyn nhw ddigon o wybodaeth. Gall hyn arwain at gynhyrchedd gwael.

357

Cynnydd mewn absenoliaeth

Absenoliaeth yw pan fydd gweithiwr yn absennol o'i waith yn aml heb reswm da. Gall cyfathrebu gwael arwain at gymhelliant isel. Mae hyn yn effeithio ar benderfyniadau gweithwyr ynghylch a ddylen nhw fynd i'r gwaith ai peidio. Mae ymchwil yn dangos bod cyfathrebu da yn allweddol wrth geisio lleihau cyfraddau absenoliaeth.

Llai o gydweithrediad ymhlith gweithwyr

Mae gweithwyr yn gallu bod yn amharod i gydweithredu os nad ydyn nhw'n derbyn digon o wybodaeth am ddigwyddiadau o fewn y busnes y maen nhw'n gweithio iddo. Gall hyn, er enghraifft, ei gwneud hi'n anodd iawn i fusnesau roi newidiadau ar waith, yn enwedig rhai mawr fel cyflwyno cynhyrchion newydd.

Camau a gweithgareddau anghyflawn

Mae'r mwyafrif o gamgymeriadau gweithwyr yn digwydd o ganlyniad i ddiffyg dealltwriaeth, yn hytrach na gwneud camgymeriad bwriadol. Mae diffyg dealltwriaeth yn ganlyniad i ddiffyg cyfathrebu. Er enghraifft, gallai cyfathrebu gwael olygu nad yw gweithiwr yn gwybod sut i roi archeb cwsmer ar system TG y busnes. Gallai hyn arwain at gwsmer anhapus.

Effeithlonrwydd is

Mae cyfathrebu gwael yn golygu bod rhaid i weithwyr ganfod gwybodaeth eu hunain er mwyn cyflawni eu gwaith. Mae gwastraffu amser yn holi cwestiynau neu'n gofyn am gymorth yn lleihau'r amser sydd ar gael i gynhyrchu nwyddau a gwasanaethau. O ganlyniad, mae'n debygol y bydd cynhyrchedd y gweithiwr yn is.

⬤ Newid arferion gweithio

Mae'r rhan fwyaf o fusnesau wedi datblygu camau i'w gweithwyr eu dilyn wrth gyflawni eu gwaith. Mae rhai busnesau'n gwneud defnydd helaeth ar staff dros dro a gyflogir am gyfnod penodol. Mae eraill yn dibynnu'n fawr ar weithwyr llawn-amser. Mae busnesau yn y DU wedi cyflwyno nifer o newidiadau i'w **harferion gweithio** yn ddiweddar wrth i anghenion cwsmeriaid newid, fel y disgwyliad y bydd busnesau ar agor yn hirach.

Oriau hyblyg

Mae busnesau sy'n cynnig **oriau hyblyg** i'w gweithwyr yn rhoi'r cyfle iddyn nhw weithio ar adegau gwahanol er mwyn cwrdd â'u hanghenion personol. Er enghraifft, gallai rhiant sydd â phlant yn yr ysgol gychwyn gweithio'n hwyrach er mwyn mynd â'r plant i'r ysgol. Efallai y bydden nhw wedyn yn gweithio'n hwyrach, a pherthynas arall yn mynd i nôl y plant o'r ysgol.

Mae oriau hyblyg yn cynnig manteision amlwg i weithwyr sy'n gallu ffitio'u gwaith yn haws o amgylch ymrwymiadau eraill. Gall busnesau hefyd elwa drwy gael gweithwyr ar gael i weithio ar adegau gwahanol. Mae hyn yn gallu helpu rhai busnesau fel bwytai, i gwrdd ag anghenion eu cwsmeriaid yn well.

Termau allweddol

Yn syml, **arfer gweithio** yw'r ffordd mae gwaith fel arfer yn cael ei wneud o fewn busnes penodol.

Mae **oriau hyblyg** yn rhoi'r cyfle i weithwyr weithio ar adegau gwahanol er mwyn cwrdd â'u hanghenion personol.

Gweithio o'r cartref

Pan mae gweithwyr yn gweithio o'r cartref, yn hytrach nag mewn gweithle fel swyddfa, siop neu ffatri, rydyn ni'n eu disgrifio fel rhywun sy'n gweithio o'r cartref. Fodd bynnag, mae gweithio o'r cartref yn disgrifio amrywiaeth o sefyllfaoedd, o sefyllfa lle mae gweithiwr yn gweithio o'i gartref o bryd i'w gilydd, i un lle mae'r gweithiwr bob amser yn gweithio o'i gartref. Yn 2015 roedd 1.5 miliwn o bobl yn y DU yn gweithio o'u cartrefi. Roedd y ffigur hwn wedi codi o 1.34 miliwn yn 2005.

Gall busnesau elwa drwy gael gweithwyr yn gweithio o'u cartrefi. Gallan nhw osgoi'r costau sydd ynghlwm â darparu gofod gwaith a dodrefn i weithwyr. Gallai gweithwyr hefyd fod yn barod i fod yn fwy hyblyg o safbwynt oriau gwaith gan nad oes raid iddyn nhw deithio adref pan maen nhw'n gorffen gweithio. Mae'r gweithwyr hefyd yn elwa gan eu bod yn aml yn gallu gweithio'r oriau sydd fwyaf cyfleus iddyn nhw. Mae hyn yn eu helpu i gwrdd ag ymrwymiadau eraill, fel gofalu am berthnasau.

Rhannu swydd

Mae **rhannu swydd** yn digwydd pan fydd dau neu fwy o bobl yn cyfuno i lenwi rôl un swydd. Er enghraifft, mae rhai swyddi dysgu'n cael eu llenwi gan ddau berson. Efallai fod un yn gweithio o ddydd Llun i ddydd Mercher bob wythnos, ac ail berson yn gweithio ar ddydd Iau a dydd Gwener. I weithwyr sy'n rhannu swydd, mae hyn yn gallu cynnig manteision fel cael amser i ofalu am berthnasau neu i astudio am gymhwyster. Gall cyflogwyr elwa drwy gael amrywiaeth ehangach o sgiliau. Fodd bynnag, gall greu anfanteision hefyd os nad yw'r bobl sy'n rhannu'r swydd yn cyfathrebu'n dda â'i gilydd.

> ## Term allweddol
>
> Mae **rhannu swydd** yn bodoli pan fydd dau neu fwy o weithwyr yn cytuno i rannu cyfrifoldebau un swydd.

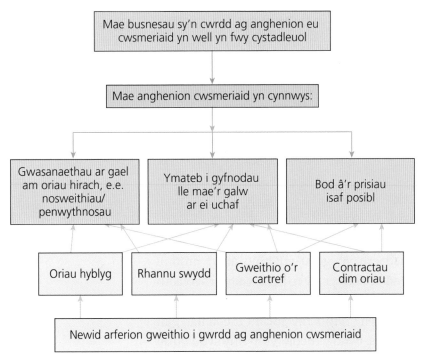

Ffigur 6.11 Anghenion cwsmeriaid ac arferion gweithio yn newid

Contractau dim oriau

Mae **contractau dim oriau** (*zero hours contracts*) yn cael eu defnyddio'n aml yn economi'r DU. Dydy person â chontract dim oriau ddim yn cael gwarant o oriau penodol i'w gweithio bob wythnos. Efallai na fyddan nhw'n cael unrhyw oriau o gwbl, neu y byddan nhw'n cael cynnig llawer o oriau. Does dim rhaid i weithwyr ar y math hwn o gontract dderbyn unrhyw oriau gwaith sy'n cael eu cynnig iddyn nhw. Fodd bynnag, gallen nhw deimlo y byddai gwrthod gwaith yn golygu efallai na fydden nhw'n cael cynnig unrhyw oriau yn y dyfodol. Yn 2017 roedd ychydig dros 1.05 miliwn o bobl yn y DU yn gweithio ar gontract dim oriau - mae hyn yn fwy na 3% o gyfanswm gweithlu'r wlad.

Mae contractau dim oriau yn cynnig nifer o fanteision i fusnesau. Maen nhw'n osgoi talu gweithwyr pan nad oes eu hangen. Gall busnesau ddefnyddio gweithwyr ar gontractau dim oriau er mwyn ymdopi â chyfnodau prysur, heb fynd i gostau cyflogau tymor hir. Mae'r math hwn o gontract yn addas ar gyfer rhai gweithwyr sydd efallai ddim ond eisiau gweithio'n achlysurol. Fodd bynnag, i lawer, mae'n golygu nad ydyn nhw'n derbyn incwm rheolaidd. Mae hyn yn gallu ei gwneud hi'n anodd i weithwyr dalu biliau rheolaidd fel rhent neu forgais.

● Sut mae strwythurau trefniadaeth ac arferion gweithio yn gallu bod yn wahanol

Mae nifer o ffactorau a allai ddylanwadu ar benderfyniad rheolwyr ynghylch a ddylid defnyddio strwythur trefniadaeth tal neu fflat. Yn yr un modd, mae'r math o arferion gweithio a allai gael eu mabwysiadu yn dibynnu ar nifer o ffactorau.

→ **Maint y busnes**. Efallai byddai busnesau mwy yn fwy tebygol o ddefnyddio strwythurau tal neu hierarchaidd. Bydd busnes yn rhedeg yn fwy esmwyth os yw swyddogaethau'r gweithwyr yn eglur, ynghyd â'r cadwyni awdurdod a phwy sy'n gyfrifol am beth.

→ **Amcanion y busnes**. Gallai busnesau sy'n anelu at dyfu neu at gynyddu eu cyfran o'r farchnad ddewis strwythurau mwy fflat a defnyddio gweithio o'r cartref, yn y gobaith o weithredu mewn ffordd sydd mor gost-effeithlon â phosibl. Mae hyn yn eu galluogi i werthu am brisiau cystadleuol iawn. Mewn cyferbyniad, gallai busnes sy'n anelu at gyflenwi cynhyrchion o ansawdd uchel ddefnyddio strwythur trefniadaeth hierarchaidd a chael mwy o reolaeth dros weithgareddau'r gweithwyr.

→ **Yr arddull rheoli sy'n cael ei ddefnyddio yn y busnes**. Gwelsom yn gynharach fod strwythurau trefniadaeth yn gallu effeithio ar yr arddull rheoli sy'n cael ei ddefnyddio. Bydd rheolwyr sy'n hoffi cadw rheolaeth dros eu gweithwyr yn fwy tebygol o ddefnyddio strwythur trefniadaeth tal ynghyd â chontractau dim oriau. Mae hyn yn rhoi rhychwant rheoli llai, gan ei gwneud hi'n haws i oruchwylio'n agos. Bydd y rheolwyr hynny sydd ddim eisiau rheoli eu gweithwyr yn agos, yn dirprwyo ac yn defnyddio strwythur trefniadaeth mwy fflat.

→ **Y farchnad mae'r busnes yn gweithredu ynddi**. Gallai busnes mewn marchnad gystadleuol fod eisiau cadw ei gostau mor isel â phosibl a chael y perfformiad gorau bosibl gan ei weithlu. Gallai hyn arwain at ddefnyddio strwythur trefniadaeth fflat ochr yn ochr ag arferion gweithio fel contractau dim oriau. Mae angen llai o reolwyr yn y math hwn o strwythur, sy'n helpu i leihau costau cyflogau. Gall strwythurau fflat hefyd gymell gweithluoedd wrth i weithwyr sy'n is i lawr y strwythur gael mwy o awdurdod, ac o bosibl swyddi mwy diddorol.

Crynodeb

Mae gweithwyr yn cyflawni dyletswyddau gwahanol o fewn strwythur busnes. Mae'r strwythurau hyn yn gallu bod yn rhai fflat neu'n rhai tal ac mae gan bob un ohonyn nhw fanteision ac anfanteision. Gall cyfathrebu chwarae rhan allweddol yn llwyddiant pob busnes. Mae'r arferion gweithio yn y DU yn newid.

Cwestiynau cyflym

1 Beth yw 'strwythur trefniadaeth'? (2 farc)

2 Mae gan fusnes brif weithredwr (*CEO*), 4 cyfarwyddwr arall, 16 rheolwr a 64 arweinydd tîm. Beth yw rhychwant rheoli'r prif weithredwr? (1 marc)

3 Beth yw'r gwahaniaeth rhwng rhychwant rheoli cul a llydan? (3 marc)

4 Beth yw'r gwahaniaeth rhwng strwythur trefniadaeth tal a fflat? (4 marc)

5 Esboniwch **un** rheswm pam gallai busnes â strwythur trefniadaeth tal fod â rhychwant rheoli culach. (2 farc)

6 Esboniwch pam mae dirprwyo'n fwy tebygol o ddigwydd mewn strwythur trefniadaeth fflat. (3 marc)

7 Nodwch **ddau** reswm pam mae cyfathrebu effeithiol yn bwysig yn y gweithle. (2 farc)

8 Beth yw ystyr y term 'rhannu swydd'? (2 farc)

9 Disgrifiwch **un** fantais i fusnes pe bai'n defnyddio contractau dim oriau. (2 farc)

10 Beth yw ystyr y term 'oriau hyblyg'? (2 farc)

Astudiaeth achos

Strwythur trefniadaeth Apple

Mae Apple yn gwerthu amrywiaeth o gynhyrchion technolegol (gliniaduron, watshys a ffonau symudol, er enghraifft) mewn marchnadoedd dros y byd i gyd. Mae'n enwog am ddatblygu nifer o gynhyrchion newydd llwyddiannus.

Ers i Tim Cook ddod yn arweinydd neu'n brif weithredwr ar Apple yn 2011, mae ei rychwant rheoli wedi tyfu'n sylweddol. Pan gafodd ei benodi'n brif weithredwr, roedd gan Tim Cook rychwant rheoli o naw. Erbyn 2016 roedd hwn yn 17, yn ôl gwybodaeth ar wefan Apple. Mae gan brif weithredwyr cwmnïau mawr eraill rychwant rheoli llydan hefyd. Mae gwaith ymchwil diweddar yn awgrymu bod rhychwant rheoli

prif weithredwr ar gyfartaledd wedi codi o tua phump yn yr 1980au i ddeg. Mae rhai pobl yn poeni y bydd hyn yn arwain at gyfathrebu gwael yn y gweithle.

Mae Tim Cook wedi newid y cwmni mewn sawl ffordd. Mae wedi gosod nod i ddatblygu cynhyrchion mwy amrywiol, gan gynnwys ceir sy'n gyrru eu hunain. Ar yr un pryd, mae'n hoffi cynnwys rhai gweithwyr allweddol eraill wrth lunio penderfyniadau pwysig.

Yn 2016, cyhoeddodd Apple ei fod wedi gwneud elw o £14.15 biliwn dros dri mis o fasnachu'n unig – dyma'r ffigur uchaf erioed i gael ei gofnodi gan gwmni am yr elw a wnaed dros dri mis!

Cwestiynau

1 Nodwch **ddau** ganlyniad posibl i fusnes sy'n dioddef oherwydd cyfathrebu gwael yn y gweithle. (2 farc)

2 Disgrifiwch nodweddion rôl Tim Cook fel arweinydd neu brif weithredwr Apple. (4 marc)

3 Dadansoddwch y manteision posibl i Apple pe bai'n gweithredu strwythur trefniadaeth fflat. (6 marc)

4 Awgrymwch sut gallai Tim Cook leihau ei rychwant rheoli. Rhowch resymau dros eich cyngor. (9 marc)

Adolygu'r bennod

1 Darllenwch Eitem A ac atebwch y cwestiynau sy'n dilyn.

➡️ Eitem A: West Norfolk Farms Ltd

Mae West Norfolk Farms Ltd yn tyfu bylbiau fel cennin pedr ac mae hefyd yn torri blodau sy'n cael eu cyflenwi i siopau a busnesau ledled y DU. Gwelwyd gostyngiad o 20% yn elw'r cwmni'r llynedd, i lawr i £125,000. Er gwaethaf hyn, mae'n ehangu ac mae'n bwriadu cyflogi 12 o weithwyr i weithio yn ei dai gwydr a'i gaeau. Mae nifer o'r swyddi'n syml ac yn ailadroddus. Bydd pob gweithiwr newydd yn derbyn hyfforddiant sefydlu a hyfforddiant pellach yn y gwaith. Strwythur trefniadaeth fflat sydd gan West Norfolk Farms Ltd.

Mae'r cwmni'n annog ei weithwyr i lunio penderfyniadau a threfnu eu gwaith eu hunain. Mae rheolwyr y cwmni yn defnyddio arddull rheoli sy'n galluogi pob gweithiwr i lunio o leiaf rhai penderfyniadau.

Fodd bynnag, dydy gweithwyr y cwmni ddim yn hapus â'u cyfraddau cyflog. Dywedodd un fod ffermydd blodau eraill lleol 'yn talu o leiaf 5% yn fwy'. Mae'r rheolwyr yn West Norfolk Farms Ltd yn meddwl y bydd codiad cyflog efallai'n gwella cymhelliant y gweithlu.

(a) Nodwch ddwy ddogfen y gallai West Norfolk Farms Ltd eu defnyddio i recriwtio ei weithwyr newydd.

(2 farc)

(a) Mae'r rhan fwyaf o fusnesau'n defnyddio nifer o ddogfennau i recriwtio a dewis gweithwyr a gall hyn eu helpu i ddewis y bobl orau. Y dogfennau y gallen nhw eu defnyddio ydy hysbysebion swydd, manylebau person a disgrifiadau swydd.

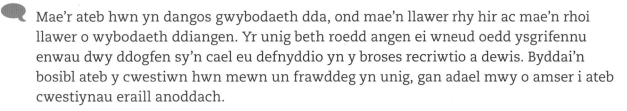 Mae'r ateb hwn yn dangos gwybodaeth dda, ond mae'n llawer rhy hir ac mae'n rhoi llawer o wybodaeth ddiangen. Yr unig beth roedd angen ei wneud oedd ysgrifennu enwau dwy ddogfen sy'n cael eu defnyddio yn y broses recriwtio a dewis. Byddai'n bosibl ateb y cwestiwn hwn mewn un frawddeg yn unig, gan adael mwy o amser i ateb cwestiynau eraill anoddach.

(b) Esboniwch beth yw ystyr y ffaith bod gan West Norfolk Farms Ltd 'strwythur trefniadaeth fflat'.

(4 marc)

(b) Mae strwythur trefniadaeth fflat yn golygu bod y diagram yn driongl fflat. Mae hyn yn golygu nad oes llawer o weithwyr yn y busnes rhwng y brig a'r gwaelod. Mae hyn yn ei gwneud hi'n haws i'r rheolwyr basio negeseuon i'r gweithwyr ac mae gweithwyr ar lawr y siop fel arfer yn hoffi'r math hwn o strwythur.

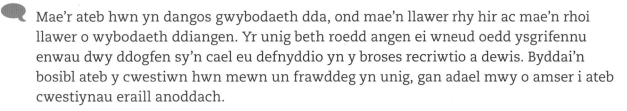 Dydy'r ymgeisydd hwn ddim wedi ateb y cwestiwn hwn yn dda iawn. Dylai fod wedi treulio mwy o amser yn meddwl cyn dechrau ysgrifennu'r ateb. Gwendid yr ateb hwn yw'r ffaith nad yw'n cynnwys y wybodaeth gywir – efallai nad oedd yr ymgeisydd wedi adolygu'n ddigon trwyadl. Dylai fod wedi nodi na fyddai gan y cwmni lawer o lefelau

hierarchaeth ac esbonio y gallai hyn olygu bod y rhychwantau rheoli yn lletach. Mae hyn yn ei gwneud hi'n haws i'r gweithwyr yn y tai gwydr i gyfathrebu â'r rheolwr.

(c) Dadansoddwch y rhesymau posibl pam mae'n well gan West Norfolk Farms Ltd ddefnyddio hyfforddiant wrth y gwaith. (6 marc)

(c) Hyfforddiant wrth y gwaith yw dysgu sgiliau a gwybodaeth i weithwyr yn y gweithle ac mae'n aml yn cael ei ddarparu gan weithwyr profiadol eraill.

Mae gan y cwmni nifer o swyddi 'syml ac ailadroddus' ac felly mae hyn yn ei gwneud hi'n hawdd iddyn nhw gael eu dysgu gan weithwyr eraill. Does dim angen i West Norfolk Farms Ltd anfon ei weithwyr ar gyrsiau hyfforddi drud i ffwrdd o'r gwaith i ddysgu sgiliau fel hyn. Mae defnyddio hyfforddiant wrth y gwaith hefyd yn ddefnyddiol i'r cwmni gan ei fod wedi dioddef gostyngiad o 20% yn ei elw y llynedd a dydy elw o £125,000 ddim yn cyfiawnhau talu i 12 o weithwyr newydd gael hyfforddiant drud y tu allan i'r gweithle.

💬 Dyma ateb da. Mae gan yr ymgeisydd wybodaeth berthnasol am y pwnc ac mae'n ei defnyddio ochr yn ochr â'r wybodaeth o'r astudiaeth achos er mwyn datblygu dadleuon sy'n esbonio'n eglur pam mae'n well gan y cwmni *hwn*, o dan yr amgylchiadau *hyn*, ddefnyddio hyfforddiant wrth y gwaith. Nid yw'n ateb hir, ond mae'n canolbwyntio ar y ffeithiau'n dda ac mae wedi'i lunio'n feddylgar ac mae wedi defnyddio'r amser sydd ar gael yn effeithiol. Mae'n debygol iawn bod yr ymgeisydd wedi cynllunio'r ateb hwn cyn ei ysgrifennu – dyma dechneg dda i'w defnyddio mewn arholiad.

(ch) Rhowch argymhelliad ynghylch a ddylai West Norfolk Farms Ltd gynyddu cyflog ei weithwyr er mwyn gwella cymhelliant ei weithlu. Rhowch resymau dros eich cyngor. (9 marc)

(ch) Gallai cynyddu cyflog gweithwyr wneud iddyn nhw weithio'n galetach gan eu bod nhw'n teimlo'u bod nhw'n cael eu gwobrwyo ac mae'n cwrdd â rhai o'u hanghenion fel bwyd, lloches a dillad. Dylai West Norfolk Farms Ltd gynyddu cyflog ei weithwyr gan fod o leiaf un ohonyn nhw'n anhapus ac yn cwyno am gyfraddau cyflog isel. Gan fod y cwmni ar fin recriwtio 12 o weithwyr newydd, gallai'r codiad cyflog wneud y cwmni'n gyflogwr mwy deniadol a helpu i ddenu pobl fwy talentog a gweithgar.

Ond mae nifer o resymau dros beidio â gwneud hyn. Mae'r cwmni'n cymell ei weithwyr mewn ffyrdd gwahanol gan ddefnyddio dulliau cymell anariannol. Mae'n galluogi gweithwyr i lunio penderfyniadau ac i drefnu eu gwaith eu hunain. Gall hyn wneud y gwaith yn llawer mwy pleserus ac mae'n helpu i wneud gweithwyr yn fwy cynhyrchiol.

Ni fyddwn yn argymell y dylai'r cwmni godi cyflog ei weithwyr ar hyn o bryd. Mae elw'r cwmni wedi lleihau a bydd ganddo gostau recriwtio a hyfforddi 12 o weithwyr newydd. Mae hefyd yn cynnig amrywiaeth o ddulliau cymell anariannol. Dylai'r cwmni ymchwilio i weld beth sy'n cymell ei weithwyr fwyaf a beth yw eu hanghenion cyn ymrwymo'i hun i godiad cyflog nad yw'n gallu ei fforddio mewn gwirionedd.

💬 Dyma ateb meddylgar arall sydd â nifer o gryfderau. Mae'n canolbwyntio ar y cwestiwn drwy'r amser. Mae'n dadansoddi'r rhesymau pam efallai byddai'r cwmni'n rhoi codiad cyflog i'w weithwyr a'r rhesymau pam na fyddai'n gwneud hynny. Mae dwy ochr y ddadl hon yn defnyddio deunydd o'r astudiaeth achos i'w cefnogi. Mae'r paragraff olaf yn dda iawn. Mae'n cynnig penderfyniad eglur ac yn rhoi rhesymau dros y cyngor hwn – yr union beth roedd y cwestiwn yn gofyn amdano.

2 Darllenwch Eitem B ac atebwch y cwestiynau sy'n dilyn.

➡ Eitem B: Pennod newydd?

Jim O'Grady yw perchennog a rheolwr Volume – cadwyn o siopau llyfrau yn Ne Lloegr. I ddechrau, dim ond un siop lyfrau oedd ganddo yn Chichester, ond mae ei gwmni bellach yn gyfrifol am 33 o siopau.

Mae cyfraddau cadw gweithwyr Volume (ar 68%) yn llawer is na rhai adwerthwyr eraill. Hoffai ef ehangu'r busnes i gael dros 100 o siopau ledled y DU.

Mae Jim yn gwybod bod angen iddo wneud rhai newidiadau gan ei fod yn cael trafferth i reoli'r busnes wrth iddo dyfu. Mae'n ystyried y newidiadau canlynol:

→ Cyflwyno dulliau cymell anariannol fel cyfoethogi swyddi gan mai ef sy'n gwneud y rhan fwyaf o'r penderfyniadau ar hyn o bryd.

→ Cyflwyno cynllun rhannu elw ar gyfer ei holl weithwyr gan fod eu cyflogau'n is na rhai mewn siopau llyfrau eraill.

→ Adolygu'r broses recriwtio mae'r busnes yn ei defnyddio er mwyn ei gwneud hi'n fwy effeithiol. Yn benodol, hoffai benodi rheolwyr siop talentog ac uchelgeisiol.

→ Gwella hyfforddiant y cwmni drwy gynnig hyfforddiant rheolaidd yn y gwaith yn ogystal â hyfforddiant sefydlu.

    (a) Nodwch ddwy fantais i Volume pe bai'n defnyddio hyfforddiant sefydlu.   (2 farc)

    (b) Esboniwch pam efallai byddai Jim yn awyddus i gyflwyno system rhannu elw i'r busnes. (4 marc)

    (c) Dadansoddwch beth fyddai'r manteision i Jim pe bai ganddo broses recriwtio effeithiol ar gyfer Volume.   (6 marc)

    (ch) Rhowch argymhelliad ynghylch a ddylai Jim ddefnyddio dulliau anariannol i gymell y gweithwyr yn ei fusnes. Rhowch resymau dros eich cyngor.   (9 marc)

Mynegai

Cydnabyddiaeth ffotograffau